Guide *de* Charme

HÔTELS
ET AUBERGES
DE CHARME
EN FRANCE

Conformément à une jurisprudence constante (Toulouse, 14/01/1887), les erreurs ou omissions involontaires qui auraient pu subsister dans ce guide, malgré nos soins et les contrôles de l'équipe de rédaction, ne sauraient engager la responsabilité de l'éditeur.

ISBN : 2-7436-0724-6
ISSN : 0991-4781

© éditions Payot & Rivages, 2001
106, boulevard Saint-Germain
75006 Paris

Guide *de* Charme

HÔTELS ET AUBERGES DE CHARME EN FRANCE

Guide dirigé par
Jean de Beaumont

Guide établi par
Tatiana de Beaumont, Jean de Beaumont,
Anne-Sophie Brard, Véronique De Andreis,
Anne Deren et Jean-Emmanuel Richomme

Guide établi avec les conseils de
Michelle Gastaut

Rivages

web : http://www.guidesdecharme.com

Les 581 adresses présentes dans cette nouvelle édition 2001 sont le fruit d'un très rigoureux travail de terrain mené en toute indépendance. C'est notamment incognito, et sans jamais être invités, que nos différents auteurs ont réalisé chaque étape nocturne. A l'issue de ces enquêtes :

• 47 nouveaux établissements ont été sélectionnés.
• 47 hôtels ont été retirés.
• Toutes les informations pratiques et les textes descriptifs ont été remis à jour.

Conformément à l'idée que nous nous faisons du charme, les auberges sélectionnées sont de catégories diverses allant d'un confort très simple à un luxe de bon aloi. Les niveaux sont donc très variables mais la qualité est toujours là.

Nous avons procédé à un classement par régions puis à un classement alphabétique des départements et localités. Le numéro de la page correspond au numéro de l'auberge tel qu'il figure sur l'une des cartes routières, ainsi que dans le sommaire, dans l'index alphabétique et dans l'index des 259 hôtels proposant des chambres à moins de 450 F la nuit.

Il vous reste à trouver l'adresse qui vous correspond le mieux, lisez attentivement son texte descriptif, il en restitue l'ambiance générale et n'hésite pas à mentionner certaines faiblesses.

Ne perdez cependant pas de vue que :

• Les étoiles mentionnées dans les informations pratiques correspondent au classement du ministère du Tourisme et non à une hiérarchie établie par les auteurs de ce guide.

• On ne peut avoir le même niveau d'exigence pour une chambre à 300 F et pour une chambre à 800 F et plus.

• Les prix communiqués étaient ceux en vigueur à la fin de 2000 et sont, bien entendu, susceptibles d'être modifiés par les hôteliers en cours d'année.

En ce qui concerne les tarifs des chambres simples, personne supplémentaire ou pension complète, nous n'avons pu, faute de place, vous les indiquer systématiquement. N'hésitez donc pas à questionner l'hôtelier. De même, nous vous recommandons de vous faire préciser les conditions et les prix de demi-pension qui varient parfois suivant le nombre de personnes et la durée du séjour (il peut également arriver que la demi-pension soit obligatoire lors d'une étape ou en été).

Enfin, il est fréquent que les hôteliers ne tiennent plus compte d'une réservation si le client n'est pas arrivé à 18 heures, il est donc important de prévenir l'hôtel en cas de retard.

Si vous êtes séduit par une auberge ou par un petit hôtel qui ne figure pas dans notre guide 2001 et qui, selon vous, mériterait d'être sélectionné, veuillez nous le signaler pour que nous puissions nous y rendre.
De même, si vous êtes déçu par l'une de nos adresses, n'hésitez surtout pas à nous le faire savoir.

Votre courrier devra être adressé à :

Jean de Beaumont
Editions Rivages
106, bd Saint-Germain - 75006 Paris
Tél. : 01.44.41.39.90 - Fax : 01.44.41.39.69

Vous pouvez également lui laisser un message
sur le site Internet des guides Rivages :

www.guidesdecharme.com

Merci d'avance.

Remerciements

Françoise et Robert Mourot
Florence et Hervé Audinet

Crédits photographiques

N° 24 © P. Mignot – N° 49 © G. Miniot – N° 98 © G. Laconche/R.
Toulouse – 110 © J.L. Bernuy – N° 123 © M. Deroude – N° 145 © B.
Galeron – N°170 © J. Vapillon – N° 236 © H. Gaud – N° 302 D. Julien-
Nouvelle – N° 333 © A. Da Silva – N° 386 © Quadrim – N ° 446 © C.
Lang – N° 539 © Buscail – N° 572 © J.V. Ligeon

Remerciement particulier à la société

Eliophot

Z.I Les Milles, 13100 – Aix-en-Provence
Tel : 04.42.39.93.13
pour les photos N° 10, 17, 75, 85, 237, 413, 425, 507, 513

S O M M A I R E G E N E R A L

Sommaire

Carte générale de France

Cartes routières

Hôtels :

S O M M A I R E

ALSACE - LORRAINE

BAS-RHIN

HAUT-RHIN

A Q U I T A I N E

DORDOGNE

LOT-ET-GARONNE

PYRÉNÉES-ATLANTIQUES

A U V E R G N E - L I M O U S I N

ALLIER

CANTAL

CORRÈZE

CREUSE

HAUTE-LOIRE

PUY-DE-DOME

HAUTE-VIENNE

BOURGOGNE - FRANCHE-COMTÉ

B R E T A G N E

CENTRE - VAL-DE-LOIRE

CHAMPAGNE - ARDENNE

ARDENNE

AUBE

MARNE

MEUSE

C O R S E

I L E - D E - F R A N C E

LANGUEDOC - ROUSSILLON

OISE

PAS-DE-CALAIS

SOMME

N O R M A N D I E

CALVADOS

EURE

PAYS DE LA LOIRE

LOIRE-ATLANTIQUE

MAINE-ET-LOIRE

SARTHE

VENDÉE

R H Ô N E - A L P E S

AIN

* Les prix indiqués entre parenthèses correspondent au prix d'une chambre double, parfois en demi-pension. Pour plus de précisions, reportez-vous à la page mentionnée.

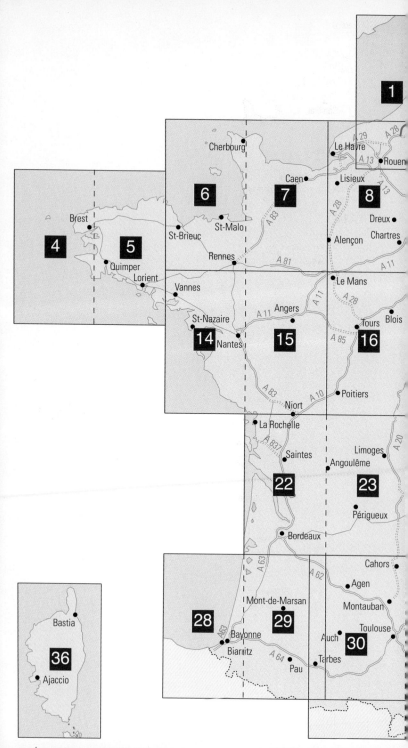

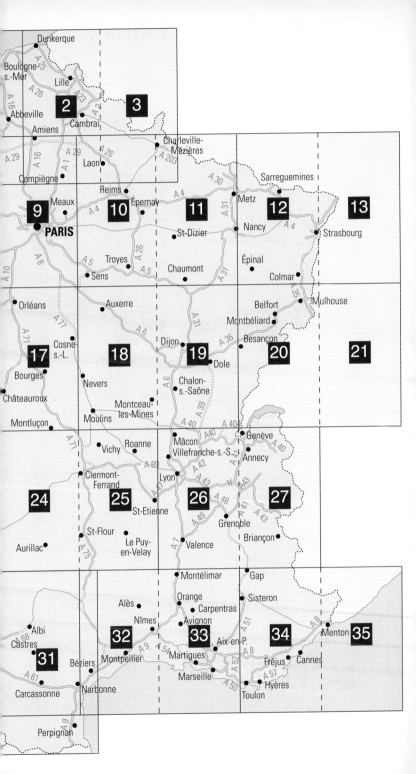

LÉGENDE DES CARTES

échelle : 1/1 000 000

cartes 30 et 31 : échelle 1/1 200 000

AUTOROUTES

A9 – L'Océane

En service

En construction
ou en projet

ROUTES

Voie express

Route à chaussées séparées

Route à 4 voies

Grande route

Route secondaire

TRAFIC

National

Régional

Local

ÉCHANGEURS

Complet

Partiel

BALISES DE KILOMÉTRAGE

Sur autoroute   10

Sur route   10

LIMITES

D'État

De région

De département

AGGLOMÉRATIONS

Masse bâtie

Métropole

Grande ville

Ville importante

Ville moyenne

Petite ville

VILLAGE

AÉROPORTS

FORÊTS

PARCS

Limite

Zone centrale
de parc national

Zone périphérique
de parc national
et zone de parc
régional

Cartographie

Sélection du Reader's Digest

Réalisée par

☎ 01 45 84 30 84

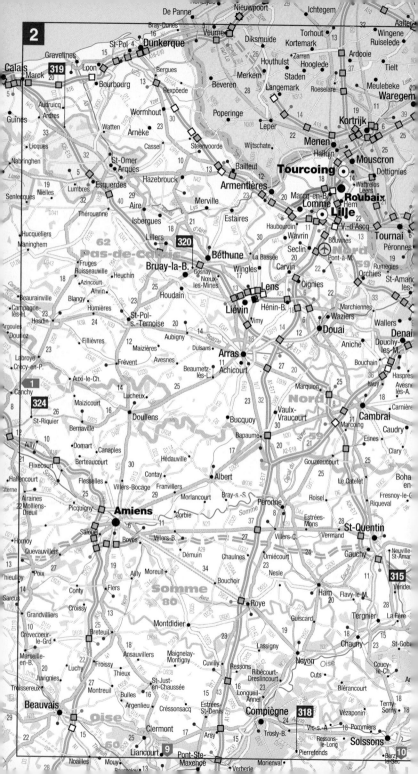

4

145

Plouguerneau
Landéda D10
Lannilis
Portsall
Ploudalmézeau
Plouguin
Porspoder
Plourin
Bourg-B.
Brélès
Gouesnou
St-Renan
13
Brest
24

Ile Molène

Lampaul

MER

Camaret-
s.-Mer
Lanvéoc
Crozon
9
Tal-
Gro
Morgat

D'IROISE

*Baie de
Douarnenez*

Ile de Sein
Pont-Croix
Plogoff
Audierne
Plouhinec
Plozévet

Pouldreu

Plonéour-Lan

Penmarc'

Cap de la Hague

Alderney
(Aurigny)

Auderville
Jobourg
Urville-
Nacqueville
Beaumont
Équeurdreville-H.
Octeville
Cherbourg
Vasteville
12
Diélette
St-Martin-
le-Gréard
Les Pieux
Grosville
Quettetot
Bricquebec

Guernsey
(Guernesey)
St-Sampson
Sark
St-Peter-Port.

Carteret
Barneville
St-Sauveur-
le-V.
Portbail
19
346
347
La Haye-
du-Puits
St-Germain-s.-Ay
Lessay

Jersey
St-Hélier

Agon-Coutainville
Montmartin-
s.-Mer
348
Lingreville
26
Iles Chausey
(Grande Ile)
Bréhal
Donville-les-Bains
Bréville-
s.-Mer
Granville
St-Pair-s.-Mer
Jullouville
25
158
159
160
161
152
Carolles
Dragey-Ronthon
St-Coulomb
Genêts
153
154
Pointe du Grouin
Baie du Mont
St-Michel
Paramé
Cancale
Mont
St-Michel

Les Sables
d'Or
Erquy
Fréhel
St-Malo
Dinard
Le Vivier-
s.-Mer
St-Broladre
6
Pléneuf-
Val-André
Matignon
La Gouesnière
St-Quay-
Portrieux
Baie de
St-Brieuc
Hénanbihen
Ploubalay
Trégon
18
Pleurtuit
St-Suliac
22
Planguenoual
137
Pléslin-
Trigavou
Miniac-
Morvan
Dol-de-B.
Pontorson
Plancoët
Plouer-
sur-
Rance
St-Brieuc
Langueux
Bourseul
156
St-Pierre-de-Plesguen
Lanhélin
La Boussac
15
Ploufragan
Pléven
Corseul
138
Dinan
12
Lamballe
St-Michel-de-Plelan
Pléslan-
le-Petit
Lanvallay
St-André-des-Eaux
Cuguen
Antrain
Quessoy
Calorguen
Pleugueneuc
Combourg
Bazouges-
la-Pérouse
Ploeuc-
s.-Lié
La Malhoure
Jugon-les-Lacs
134
Evran
Dingé
L'Hermitage-Lorge
Langouèdre
155
Tinténiac
Séns-de-B.
Uzel
Plouguenast
Collinée
Yvignac
Hédé
11
St-Aubin-
d'Aubigné
Broons
Caulnes
Liffré
Éréac
Bécherel
Médréac
Montreuil
Loudéac
Plémet
Merdrignac
Irodouër
35
Gévezé
Melesse
La Chèze
Trémorel
Illifaut
St-Méen-le-G.
Bédée
Rennes
Noyal-
s.-V.
St-Samson
Rohan
Gaël
Muel
St-Gilles
Châteaugiron
Crédin
Mohon
Guilliers
Iffendic
Montfort
Mordelles
Naizin
Les Forges
Néant-s.-Y.
Paimpont
St-Péran
St-Jacques-
de-la-L.
Bruz
Vern-
s.-S.
Réguiny
14
157
St-Allouestre
Josselin
Plélan-le-G.
Campénéac
Ploërmel
Augan
La Chapelle-
Bouëxic
Guichen
Janzé
Guéhenno

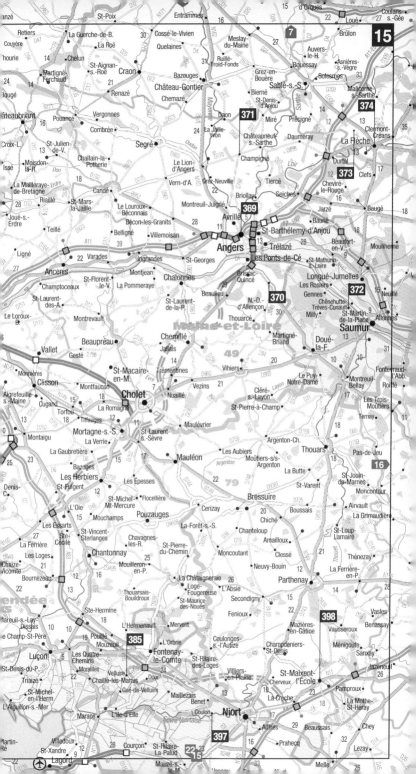

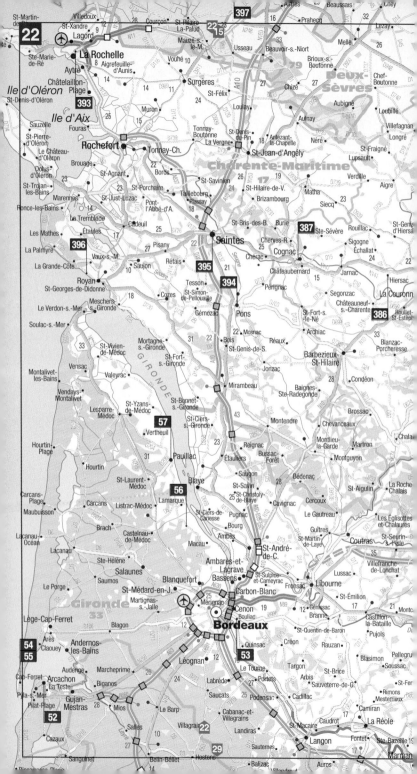

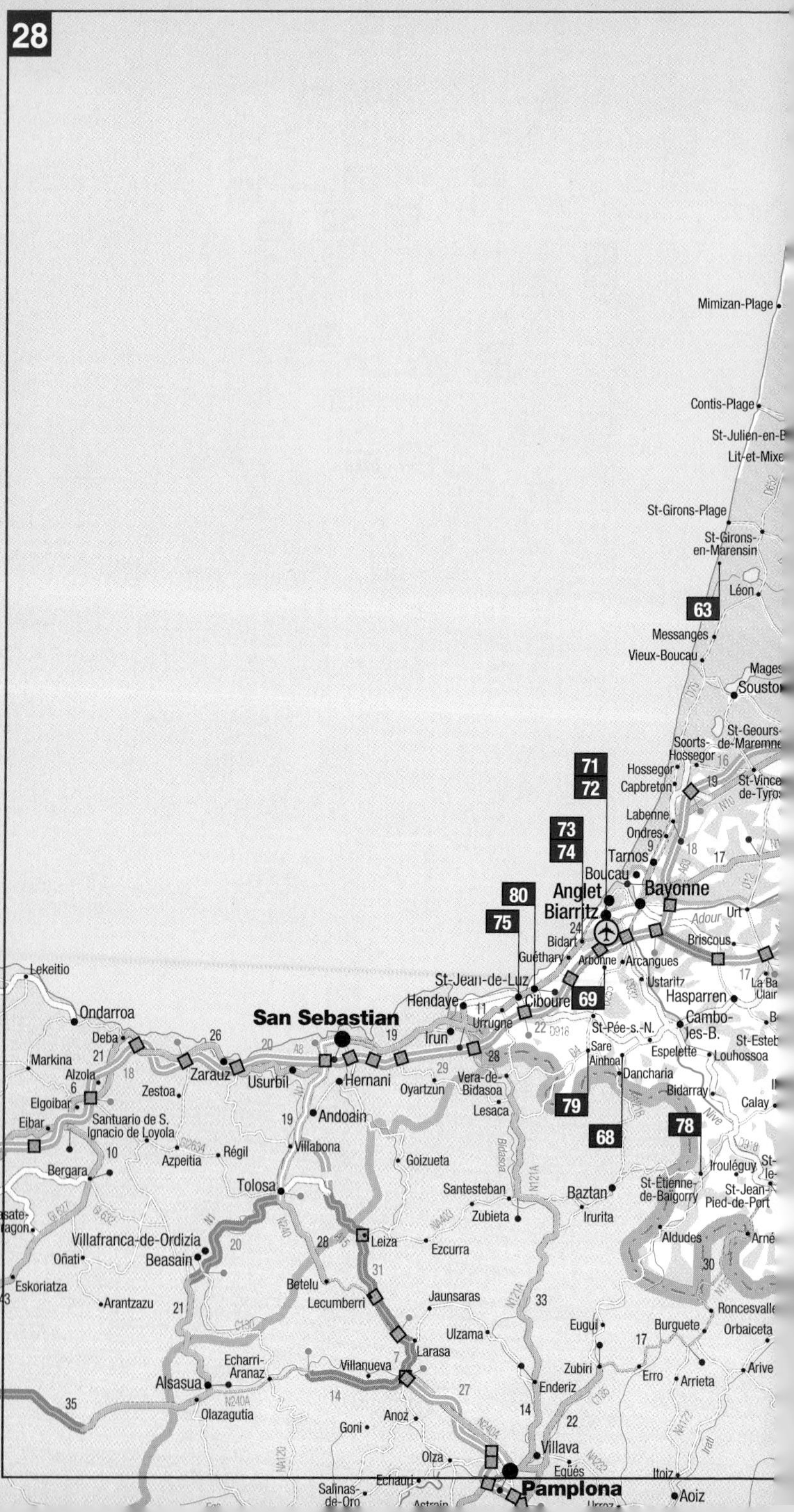

Mimizan-Plage

Contis-Plage

St-Julien-en-B
Lit-et-Mixe

St-Girons-Plage

St-Girons-
en-Marensin

Léon

63

Messanges

Vieux-Boucau

Mages

Sousto

St-Geours-
de-Maremne

Soorts-
Hossegor

St-Vince
de-Tyro

71
72

Hossegor
Capbreton

Labenne
Ondres

73
74

Tarnos

Boucau

Anglet
Biarritz

Bayonne

Urt

Adour

Briscous

80

Bidart

75

Guéthary
Arbonne Arcangues

Ustaritz
Hasparren

La Ba
Clair

St-Jean-de-Luz

69

Cambo-
les-B.

St-Estel

Hendaye
Irun

Urrugne

St-Pée-s.-N.

Louhossoa

San Sebastian

Sare
Ainhoa

Espelette

Dancharia

Bidarray

Calay

Vera-de-
Bidasoa

Lesaca

Oyartzun

79

Andoain

Hernani

Usurbil

68

78

Irouléguy
St-Jean-
Pied-de-Port

Zarauz

Deba

Markina
Alzola

Zestoa

Régil

Villabona

Goizueta

Baztan

Irurita

St-Étienne-
de-Baïgorry

Aldudes

Arné

Lekeitio

Ondarroa

Eibar

Elgoibar

Santuario de S.
Ignacio de Loyola

Azpeitia

Tolosa

Santesteban

Zubieta

Roncesvalle

Orbaiceta

Bergara

Arrasate-
Mondragon

Oñati

Villafranca-de-Ordizia

Beasain

Betelu
Lecumberri

Leiza

Ezcurra

Jaunsaras

Ulzama

Eugui

Burguete

Arive

Arantzazu

Eskoriatza

Echarri-
Aranaz

Larasa

Ercurra

Zubiri

Erro

Arrieta

Alsasua

Olazagutia

Villanueva

Goni

Anoz

Enderiz

Salinas-
de-Oro

Olza

Olza

Villava
Eguës

Itoiz

Pamplona

Aoiz

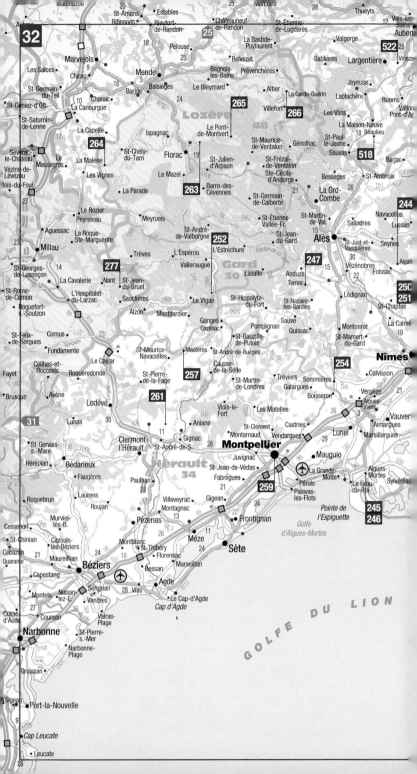

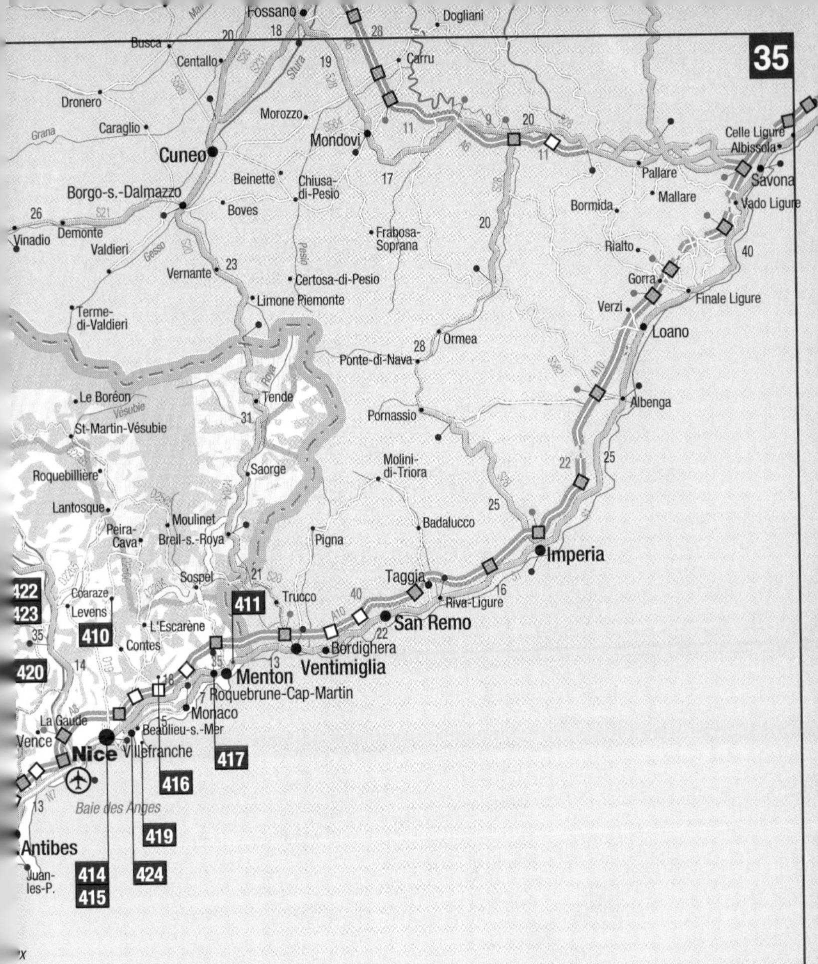

Fossano
Dogliani
Busca
Centallo
Carru
18
28
20
19
Dronero
Morozzo
Celle Ligure
Albissola
Caraglio
Mondovì
11
20
Pallare
Savona
CUNEO
11
Vado Ligure
Borgo-s.-Dalmazzo
Beinette
Chiusa-di-Pesio
17
Mallare
Borgo-s.-Dalmazzo
Boves
Bormida
40
26
Demonte
Frabosa-Soprana
20
Rialto
Vinadio
Valdieri
Gorra
Finale Ligure
Vernante
23
Certosa-di-Pesio
Verzi
Termedi-Valdieri
Limone Piemonte
Loano
28
Ormea
Le Borèon
Ponte-di-Nava
Albenga
St-Martin-Vésubie
Tende
31
Pornassio
25
Roquebilliere
22
Lantosque
Saorge
Molinidi-Triora
Peira-Cava
Moulinet
Badalucco
25
422
Breil-s.-Roya
Pigna
Imperia
423
Sospel
Taggia
San Remo
16
35
Coaraze
Levens
Trucco
Riva-Ligure
420
L'Escarène
22
411
Contes
14
3
Ventimiglia
Menton
La Gaude
Roquebrune-Cap-Martin
Vence
Monaco
410
Beaulieu-s.-Mer
417
Nice
Villefranche
416
Baie des Anges
419
Antibes
414
Juan-les-P.
424
415
13
420

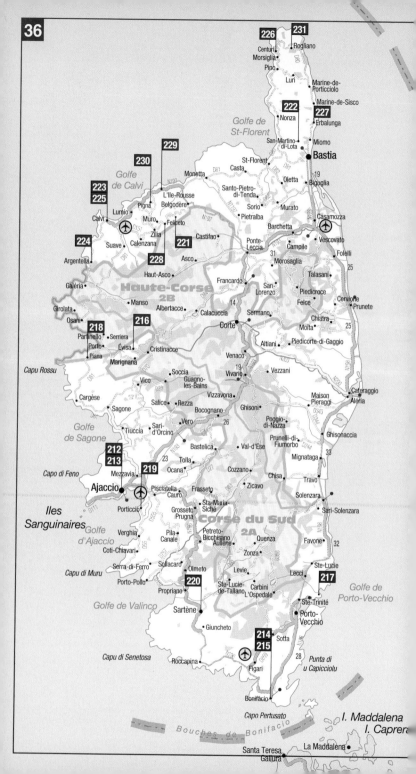

Zinck Hôtel

67140 Andlau (Bas-Rhin)
13, rue de la Marne
Tél. 03.88.08.27.30 - Fax 03.88.08.42.50 - M. et Mme Zinck

Catégorie ★★★ **Ouverture** toute l'année **Chambres** 14 avec tél. direct, s.d.b. ou douche, w.c. et 4 avec t.v.; chambre accessible pour handicapés **Prix** chambres simples et doubles: 330 à 600 F / 50,31 à 91,47 € - Petit déjeuner: 40 F / 6,10 €, servi de 8 h à 10 h **Carte de crédit** Visa **Divers** chiens non admis - Parking **Alentour** route des vins; églises d'Andlau et de Sainte-Marguerite d'Epfig **Pas de restaurant** à l'hôtel.

A ménagé dans un ancien moulin XVIIIe transformé par la suite en bonneterie, cet hôtel, situé dans le bourg, exprime le goût et la fantaisie de ses propriétaitres. Ils ont aménagé ici 14 chambres aux noms évocateurs. La "Coloniale", la "Jazzy" et la "Baroque" sont pleines d'humour et de couleur, la "Japonaise" plus sobre et l'"Alsacienne" très chaleureuse. Traitées dans un esprit contemporain, toutes bénéficient du meilleur confort, y compris dans les salles de bains. Le petit déjeuner se prend dès que possible en terrasse ou dans l'immense salle de la fabrique aménagée dans un esprit *design* mettant parfaitement en valeur le bois clair et l'acier du mobilier. Les amateurs de l'époque préindustrielle pourront questionner monsieur Zinck pour connaître le fonctionnement de l'imposante roue définitivement immobilisée devant le mur du fond, ou obtenir quelques explications à propos des nombreux objets relatifs à cette période et exposés dans les vitrines. A trois pas, un délicieux petit verger entouré de murs sert de salon d'été pour le repos de chacun. Une adresse de qualité qui pratique des prix raisonnables. Pour vos repas, nous vous conseillons quelques bonnes *winstub* voisines: à Andlau, *Le Relais de la Poste* et le *Caveau Val d'Eléon*. A Mittelbergheim, (2 km): l'*Hôtel Gilg*.

Accès (carte n° 12) : à 39 km au sud de Strasbourg par A 352, direction Sélestat, sortie à Mittelbergheim.

Hôtel Arnold

67140 Itterswiller (Bas-Rhin)
98, route du Vin
Tél. 03.88.85.50.58 - Fax 03.88.85.55.54 - M. et Mme Simon - M. Arnold
Web : http://www.hotel-arnold.com - E.mail : arnold-hotel@wanadoo.fr

Catégorie ★★★ **Ouverture** toute l'année **Chambres** 28 avec tél. direct, s.d.b. ou douche, w.c., t.v. et minibar et 1 appartement (2/6 pers.) **Prix** chambres doubles : 450 à 670 F / 68,60 à 102,14 € ; appart. : 950 à 1 800 F / 144,83 à 274,41 € - Petit déjeuner : 50 F / 7,63 €, servi de 7 h 30 à 10 h 30 - Demi-pension : 430 à 560 F / 65,55 à 85,37 € (par pers.) **Cartes de crédit** Amex, Visa **Divers** chiens admis - Parking **Alentour** route des vins, de Marlenheim à Thann ; églises d'Andlau et de Sainte-Marguerite d'Epfig **Restaurant** service de 11 h 30 à 14 h 30, 19 h à 21 h - Fermeture le dimanche soir et le lundi - Menus : 130 à 385 F / 19,82 à 58,69 € - Carte saisonnière - Spécialités : noisette de chevreuil ; civet de sanglier ; choucroute ; baeckeofe ; foie gras.

C'est au cœur du vignoble alsacien que se trouve l'*Hôtel Arnold*. Il se compose de trois bâtiments construits dans un pur style alsacien. Fenêtres et balcons débordent de fleurs. Les chambres, plaisamment aménagées, sont très confortables, lumineuses et plutôt grandes. La plupart, c'est là leur point fort, donnent sur le vignoble et profitent d'un grand balcon. A dominante rouge, l'entrée, les couloirs, la salle du petit déjeuner et le salon (au premier étage) sont chaleureux et joliment décorés. Du côté de la "Réserve", les chambres sont plus fonctionnelles et la vue y est moins séduisante. La famille Arnold-Simon, soucieuse de conserver les traditions alsaciennes, vous propose d'excellentes spécialités régionales servies dans une chaleureuse *winstub* ou sur la terrasse fleurie en été. A côté, une boutique cède au charme du *business-tourism* et propose vins, foie gras et divers autres produits…

Accès (carte n° 12) : à 41 km au sud de Strasbourg par A 35, sortie Mittelbergheim, puis suivre direction Villé jusqu'à Itterswiller.

Hôtel Neuhauser

Les Quelles
67130 Schirmeck (Bas-Rhin)
Tél. 03.88.97.06.81 - Fax 03.88.97.14.29 - M. Neuhauser

Catégorie ★★ **Ouverture** toute l'année **Chambres** 11 et 5 chalets avec tél., s.d.b. ou douche, w.c. et t.v. **Prix** des chambres simples et doubles : 300 à 600 F / 45,73 à 91,47 € ; chalets : 700 F à 900 F / 106,71 à 137,20 € (2 à 4 pers.) - Petit déjeuner : 50 F / 7,63 €, servi de 8 h à 10 h - Demi-pension : 360 à 550 F / 54,88 à 83,85 € (par pers., 3 j. min.) **Carte de crédit** Visa **Divers** chiens admis (40 F/ 6,10 €) - Piscine couverte chauffée (sauf l'hiver) - Parking **Alentour** belvédère de la Chatte Pendue (2 h à pied AR.) **Restaurant** climatisé, service de 12 h à 14 h, 19 h à 21 h - Menus : 110 à 300 F / 16,77 à 45,73 € - Carte - Spécialités : foie gras maison ; noisette de chevreuil forestière.

Cernés de tous côtés par les prés et la forêt, l'hôtel ainsi que les quelques maisonnettes qui constituent le hameau bénéficient d'une paix totale. Les chambres sont bien tenues, les plus anciennes étant aménagées dans un style traditionnel (meubles rustiques, poutres…). Désuètes mais non sans charme au premier étage, elles deviennent trop sommaires au second et nous ne vous les recommandons pas, sauf la 16. D'autres viennent d'être aménagées dans un bâtiment récent ; vastes, gaies et dotées de belles terrasses donnant sur la campagne, ce sont nos préférées. S'y ajoutent cinq petits chalets, avec salon, kitchenette et terrasse, parfait pour les familles. La cuisine, servie dans une vaste salle à manger panoramique dominant une petite combe, est copieuse et variée. La carte des vins mérite aussi votre attention, tout autant que les eaux-de-vie et les liqueurs produites sur place. Une agréable adresse agrémentée d'une piscine chauffée et couverte pour profiter, même en demi-saison, de ce superbe site.

Accès (carte n° 12) : à 56 km au sud de Strasbourg par A 35, A 352, puis N 420 ou D 392. A Schirmeck suivre Les Quelles par Labroque-Albret.

Hôtel Gilg

67140 Mittelbergheim (Bas-Rhin)
1, route du Vin
Tél. 03.88.08.91.37 - Fax 03.88.08.45.17 - M. Gilg

Catégorie ★★★ **Fermeture** du 8 au 31 janvier et du 25 juin au 11 juillet - le mardi et le mercredi **Chambres** 15 avec tél. direct, s.d.b., w.c. et t.v. **Prix** des chambres doubles : 275 à 420 F / 41,92 à 64,02 € - Petit déjeuner : 40 F / 6,10 €, servi de 7 h 30 à 10 h **Cartes de crédit** acceptées **Divers** chiens admis - Parking **Alentour** Barr ; églises d'Andlau et de Sainte-Marguerite à Epfig ; mont Sainte-Odile **Restaurant** service de 12 h à 14 h, 19 h à 21 h - Menus : 105 à 380 F / 16,01 à 57,92 € - Carte - Spécialités : filet de sandre et langoustines en croustillant, asperges glacées sur mousseline de céleri.

Cette imposante *winstub* est l'une des plus anciennes d'Alsace ; vous la découvrirez à l'angle de deux petites rues, dans un village très typique, largement dominé par la viticulture. L'on accède aux chambres par un superbe escalier à vis réalisé en 1614 par les sculpteurs de pierre de la cathédrale de Strasbourg. Sur chaque palier, quelques vieilles et imposantes armoires de famille accueillent les générations de voyageurs qui se succèdent ici. Au premier étage, les chambres sont souvent vastes et très bien rénovées, dans un style sobre et gai. Plus petites et plus désuètes au second, elles ont le charme des auberges d'autrefois avec leurs murs lambrissés de bois clair et leurs tissus un peu démodés. Toutes sont calmes et bien tenues. Pour les repas, vous rejoindrez la grande salle à manger avec ses tables espacées, dressées avec élégance et entourées de chaises alsaciennes sculptées. Dans ce très beau décor traditionnel, vous dégusterez une excellente cuisine tout en saveur et en finesse. L'accueil et les multiples qualités de cet hôtel en font une adresse appréciable au cœur du vignoble et à proximité des splendides villages alsaciens.

Accès (carte n° 12) : à 37 km au nord de Colmar, A 35, sortie n° 13, puis rond-point Zellwiller.

Relais des Marches de l'Est

67280 Oberhaslach (Bas-Rhin)
24, rue de Molsheim
Tél. 03.88.50.99.60 - Fax 03.88.48.74.88
Mme Weber

Catégorie ★★ Ouverture toute l'année **Chambres** 9 avec tél. direct, s.d.b. ou douche, w.c. et t.v. **Prix** chambres simples et doubles : 190 à 280 F / 28,97 à 42,69 € - Petit déjeuner : 35 F / 5,34 €, servi de 7 h à 10 h 30 - Demi-pension : 280 F / 42,69 € (par pers.) **Cartes de crédit** non acceptées **Divers** chiens admis - Parking **Alentour** Barr ; églises d'Andlau et de Sainte-Marguerite d'Epfig - Golf club de la Wantzenau **Restaurant** réservé aux résidents à partir de 19 h sur réservation - Menus : 80 à 160 F / 12,21 à 24,39 € - Spécialités : tarte flambée (samedi et dimanche soir) ; choucroute ; baeckeofe.

Sculpteurs et hôteliers, Bénédicte et Sylvain sont parvenus à créer ici un univers personnel et chaleureux grâce auquel les clients deviennent volontiers des amis. Côté rue, la maison ne paie pourtant pas de mine ; elle est certes sympathique avec ses murs en grès rose d'Alsace mais reste discrète, comme si elle redoutait qu'on la découvre trop facilement. A l'intérieur, les pièces du rez-de-chaussée affichent une ambiance "bistrot raffiné". Le four à pain en est l'élément central ; les week-ends, chacun peut le voir délivrer baeckeofe (réservez-le deux jours à l'avance) et autres tartes flambées. A l'étage, les chambres ont toutes conservé leurs murs de pierre et, dans les lits anciens, on a réussi à ajuster le confort moderne ; une vieille armoire, de jolis tissus et d'impeccables salles de bains en complètent l'aménagement. Le résultat est simple, charmant, seuls les sols carrelés appelleraient quelques tapis pour les réchauffer... Le matin, vous aurez le choix entre deux formules de petits déjeuners servis, dès les beaux jours, dans le jardin. Une très agréable adresse, idéale pour découvrir la vallée du Hasel et le Nideck. Prix plus que raisonnables.

Accès (carte n° 12) : à 40 km à l'ouest de Strasbourg, direction Saint-Dié.

Hôtel A la Cour d'Alsace

67210 Obernai (Bas-Rhin)
3, rue de Gail
Tél. 03.88.95.07.00 - Fax 03.88.95.19.21 - Mme Hager - M. di Mattéo
Web: cour-alsace. com - E-mail : info@cour-alsace.com

Catégorie ★★★★ **Fermeture** du 23 décembre au 23 janvier **Chambres** 43 et 1 suite avec tél. direct, s.d.b. ou douche, w.c., t.v. câblée et minibar; ascenseur **Prix** chambres doubles: 700 à 850 F / 106,71 à 129,58 € ; suite: 1 600 F / 243,92 € - Petit déjeuner (buffet): 60 à 80 F / 9,16 à 12,21 €, servi de 7 h à 10 h - Demi-pension: 1 280 à 1 430 F / 195,13 à 218 € (pour 2 pers.) **Cartes de crédit** acceptées **Divers** chiens non admis - Parking **Alentour** route des vins; mont Sainte-Odile; Barr; églises d'Andlau et de Sainte-Marguerite d'Epfig - Golf club de la Wantzenau - Golf du Kempferhof **Restaurant** service de 12 h à 14 h, 19 h à 21 h - Menus: 185 à 400 F / 28,20 à 60,98 € - Carte.

Plusieurs maisons reliées entre elles, organisées autour d'une très ancienne cour dîmière et adossées aux remparts d'Obernai, constituent ce magnifique ensemble hôtelier. Que l'on soit dans la "Petite France" ou la "Petite Suisse", on profite toujours de chambres élégantes, très confortables et aux dimensions variables (ce qui justifie les différences tarifaires). Teintes claires aux reflets jaune pâle ou beiges, meubles et lambris en bois naturel, couettes blanches, etc., caractérisent leur style et ne sont pas étrangers à l'ambiance raffinée qui s'en dégage. Pour déjeuner ou dîner, vous choisirez entre le restaurant gastronomique ou la sympathique *winstub*. Vous pourrez aussi, à toute heure, prendre un verre dans le jardin. Celui-ci, savamment fleuri, se cache dans les anciennes douves et accompagne l'hôtel sur toute sa longueur. Une adresse impeccable, au luxe de bon aloi, à la cuisine excellente et où vous êtes assurés de trouver un accueil professionnel, attentif et souriant.

Accès (carte n° 13) : à 24 km au sud de Strasbourg.

Hôtel Anthon

67510 Obersteinbach (Bas-Rhin)
40, rue Principale
Tél. 03.88.09.55.01 - Fax 03.88.09.50.52
Mme Flaig

Catégorie ★★ **Fermeture** en janvier; mardi et mercredi **Chambres** 9 avec tél. direct, s.d.b. (1 avec douche), w.c. et 7 avec minibar **Prix** des chambres doubles: 350 F / 53,36 € - Petit déjeuner: 60 F / 9,16 €, servi de 8 h à 10 h **Carte de crédit** Visa **Divers** chiens admis - Parking **Alentour** étang de Hanau; châteaux de Lützelhardt et de Falkenstein - Golf 18 trous de Bitche **Restaurant** service de 12 h à 14 h, 18 h 30 à 21 h - Menus: 155 à 380 F / 23,63 à 57,93 € - Carte - Spécialités: foie gras frais de canard; gibier selon saison.

L'*Hôtel Anthon* est situé à Obersteinbach, petit village pittoresque, au cœur du parc naturel des Vosges du Nord. Il dispose de chambres agréables mais de niveaux différents. Au premier étage, elles sont très bien rénovées, lumineuses, simples et gaies. Certaines disposent d'amusants lits en alcôve de style alsacien, alignés le long du même mur. Celles du second attendent leur tour et afficheront bientôt des qualités identiques; une petite "suite" est même en projet. Toutes sont calmes et donnent sur le jardin où il n'est pas rare de surprendre quelques chevreuils venus grappiller au pied des arbres fruitiers avant de regagner les pentes boisées des Vosges. Très spacieuse, la salle à manger déploie une architecture en rotonde éclairée par de grandes baies vitrées qui donnent l'impression de dîner directement dans un jardin fleuri (quelques tables sont d'ailleurs installées dehors). On y sert une cuisine qui n'usurpe pas sa réputation gastronomique et que nous vous recommandons sans hésiter. Un hôtel tranquille et accueillant, idéal pour les séjours de repos.

Accès (carte n° 13): à 66 km au nord de Strasbourg par A 4 et D 44 jusqu'à Haguenau, puis D 27 jusqu'à Lembach, et D 3 jusqu'à Obersteinbach.

A l'Ami Fritz

67530 Ottrott-le-Haut (Bas-Rhin)
8, rue des Châteaux
Tél. 03.88.95.80.81 - Fax 03.88.95.84.85 - Patrick Fritz
E-mail : hotel@amifritz.com - Web : amifritz.com

Catégorie ★★ **Fermeture** 2 semaines en janvier **Chambres** 21 et 1 suite (10 climatisées) avec tél. direct, s.d.b., w.c. et t.v. satellite **Prix** des chambres doubles : 480 F / 73,18 € ; suites : 550 à 750 F/ 83,85 à 114,34 € - Demi-pension : 385 à 430 F / 58,69 à 65,55 € - Petit déjeuner : 60 F / 9,16 €, servi de 8 h à 10 h **Cartes de crédit** acceptées **Divers** chiens admis (50 F / 7,62 €) - Parking fermé **Alentour** mont Sainte-Odile ; château d'Ottrott **Restaurant** service de 12 h à 13 h 45, 19 h à 21 h - Menus : 125 à 360 F / 19,06 à 54,88 € - Carte - Spécialités : caille farcie au foie gras en cocotte ; salade tiède de cochon de lait.

Dans le joli village fleuri d'Ottrot, au pied du mont Sainte-Odile, cette auberge chaleureuse et rustique offre cependant beaucoup de raffinement. Les chambres colorées sont très confortables et dotées de belles salles de bains. Typiquement alsacienne, la salle du petit déjeuner contribuera à commencer joyeusement la journée. Celle du restaurant, ornée de boiseries et de tableaux choisis, est à la hauteur des repas qu'on y sert. Parfois, on fait rôtir des viandes dans la grande cheminée du Kaminstub. En été, on prend les repas sur une agréable terrasse fleurie. C'est, sans renoncer à la tradition, que Patrick Fritz a renouvelé cette auberge familiale bien connue dans la région. Ses talents de chef et sa faconde donnent au lieu beaucoup de belles qualités. A quelques centaines de mètres, *Le Chant des Oiseaux*, un petit hôtel repris par la famille offre quelques chambres d'un bon confort à prix plus doux.

Accès (carte n° 12) : à 25 km au sud de Strasbourg. A Obernai prendre D 426 jusqu'à Ottrott, l'hôtel se trouve après l'église, sur la droite.

Hôtel du Dragon

67000 Strasbourg (Bas-Rhin)
2, rue de l'Ecarlate
Tél. 03.88.35.79.80 - Fax 03.88.25.78.95 - Jean Zimmer
Web: dragon.fr - E-mail: hotel@dragon.fr

Catégorie ★★★ **Ouverture** toute l'année **Chambres** 32 avec tél. direct, s.d.b., w.c. et t.v.; accès handicapés **Prix** des chambres simples et doubles: 430 à 655 F / 65,55 à 99,85 €, 515 à 705 F / 78,51 à 107,48 € - triples: 850 à 950 F / 88,41 à 144,82 € - Petit déjeuner: 60 F / 9,14 €, servi de 6 h 30 à 11 h **Cartes de crédit** acceptées **Divers** chiens non admis **Alentour** route des vins; fête de la Bière et fête des Vendanges; foire aux vins - Golf 18 trous à Illkirch-Graffenstaden et à Plobsheim **Pas de restaurant** à l'hôtel.

On a tendance à attribuer le charme au pittoresque et pourtant l'*Hôtel du Dragon*, qui a opté pour un décor résolument moderne, n'en manque pas. Derrière les murs de sa maison XVIIIᵉ, la décoration intérieure en camaïeu de gris et les meubles *design* créent une atmosphère un peu froide, très heureusement tempérée par le service aimable et accueillant ainsi que par la qualité des tableaux contemporains. Très bon confort dans les chambres qui donnent sur une des rues calmes du quartier historique. Pas de restaurant, mais d'agréables petits déjeuners dans la jolie vaisselle du café *Coste*; si vous "craquez" pour une toile, sachez que certaines sont à vendre. En ce qui concerne les restaurants, faites confiance au choix de Jean Zimmer, mais n'oubliez pas de passer *Chez Yvonne*, un des bars à vin les plus appréciés de la ville, et au *Pont Corbeau* ainsi qu'au *Strissel* pour une des meilleures choucroutes de Strasbourg. L'atmosphère de l'hôtel, l'accueil très prévenant de monsieur Zimmer font du *Dragon* l'une des adresses les plus appréciées du petit monde européen qui fréquente régulièrement Strasbourg.

Accès (carte n° 13): dans le centre-ville par le quai Saint-Nicolas et le quai Charles-Frey.

Hôtel Gutenberg

67000 Strasbourg (Bas-Rhin)
31, rue des Serruriers
Tél. 03.88.32.17.15 - Fax 03.88.75.76.67 - M. Pierre Lette

Catégorie ★★ **Fermeture** du 1ᵉʳ au 14 janvier **Chambres** 42 (28 climatisées) avec tél. direct, s.d.b., w.c. et t.v.; ascenseur **Prix** des chambres doubles: 340 à 540 F / 51,83 à 82,32 €, triples: 470 F / 71,65 € - Petit déjeuner: 44 F / 6,71 €, servi de 7 h à 10 h **Carte de crédit** Visa **Divers** chiens non admis, parking public à proximité **Alentour** cathédrale, marché de Noël; La Wantzenau; route des vins - Golf 18 trous à Illkirch-Graffenstaden et à Plobsheim **Pas de restaurant** à l'hôtel.

L e *Gutenberg* occupe un bel immeuble édifié en 1745, tout près de la cathédrale, dont on aperçoit la flèche depuis l'entrée. Très attaché à son hôtel, monsieur Lette n'a pas hésité à laisser, dans les pièces d'accueil, les couloirs et les chambres, de nombreux meubles et tableaux de famille. Si vous ne prenez pas l'ascenseur, vous pourrez admirer une collection de gravures militaires des Premier et Second Empire avant d'accéder aux chambres. Celles-ci viennent d'être entièrement rénovées, insonorisées, climatisées pour certaines, et affichent des tailles variables selon les étages. Au 6ᵉ, installées en duplex en soupente (poutres apparentes), elles jouissent d'une charmante vue sur les vénérables toits et sur l'enchevêtrement des vieilles rues du quartier. Dans les étages inférieurs, leurs volumes sont plus classiques mais certaines sont très vastes comme la "Baldaquin" qui comporte deux fenêtres et une porte-fenêtre ouvrant sur le balcon central et sa guirlande de géraniums. Partout, la décoration est plaisante: papiers peints unis à frise, épaisse moquette, vieilles gravures… Une réussite qui touche également les agréables salles de bains. Bon petit déjeuner avec vrai jus d'orange et accueil très aimable.

Accès (carte n° 13): dans le centre-ville, près de la cathédrale. Accès uniquement par la place du Corbeau en direction du parking Gutenberg.

Relais de la Poste

67610 La Wantzenau (Bas-Rhin)
21, rue du Général-de-Gaulle
Tél. 03.88.59.24.80 - Fax 03.88.59.24.89 - M. Daull
Web : relais-poste.com - E-mail : info@relais-poste.com

Fermeture du 2 au 22 janvier et du 27 août au 9 septembre **Chambres** 17 (8 climatisées) et 2 appart. avec tél., s.d.b. ou douche, w.c. et t.v. ; 1 chambre handicapés ; ascenseur **Prix** des chambres : 400 à 750 F / 60,98 à 114,34 €, appart. : 850 F / 129,58 € - Petit déjeuner : 50 F / 7,63 €, servi de 7 h à 10 h - Demi-pension : 750 F / 114,34 € (par pers.) **Cartes de crédit** acceptées **Divers** chiens admis - Parking **Alentour** Strasbourg ; route des vins ; fête de la Bière et fête des Vendanges ; foire aux vins - Golf 18 trous de La Wantzenau **Restaurant** service de 12 h à 14 h, 19 h à 22 h - Fermé samedi midi, dimanche soir et lundi - Menus : 175 F / 26,68 € (à midi en semaine), 235 à 455 F / 35,83 à 69,36 € - Carte - Spécialités : loup grillé aux herbes de Provence ; caille désossée farcie aux morilles.

Au nord de Strasbourg, dans un charmant village à colombage, cette maison de 1789, ancien relais de poste et bistrot campagnard, est aujourd'hui devenue une étape gourmande. Depuis 1986, Jérôme Daull, passionné de cuisine, en a fait une des meilleures tables gastronomiques de la région, et aménage peu à peu sa vingtaine de petites chambres. Style alsacien rustique pour l'ensemble dont certaines comportent une alcôve qui dissimule le poste de télévision. D'autres ont droit à un petit salon et même à un balcon. Les salles de bains, toutes équipées de sèche-cheveux, miroirs grossissants et autres produits d'accueil, mériteraient un lifting plus contemporain. Le bar très *cosy* en lambris couleur miel affiche des toiles d'influence espagnole, et si l'on veut dîner à part entre amis, les salons peints de fresques alsaciennes sont là pour vous accueillir.

Accès (carte n° 13) : à 15 km au nord-est de Strasbourg par A 4, sortie Reichtett, puis N 363 direction Lauterbourg, sortie Wantzenau.

Le Colombier

68000 Colmar (Haut-Rhin)
7, rue Turenne
Tél. 03.89.23.96.00 - Fax 03.89.23.97.27
Mme Lejeune

Catégorie ★★★ **Fermeture** vacances de Noël **Chambres** 24 climatisées avec tél. direct, s.d.b. (certaines avec balnéo) ou douche, w.c., coffre-fort, minibar et t.v. câblée ; 2 chambres accessibles pour handicapés ; ascenseur **Prix** des chambres doubles : 560 à 910 F / 85,37 à 138,73 € ; suites : 1 190 à 1 400 F / 181,41 à 213,43 € - Petit déjeuner : 65 F / 9,90 €, servi de 7 h 30 à 11 h 30 **Cartes de crédit** acceptées **Divers** chiens admis **Alentour** retable d'Issenheim au musée d'Unterlinden à Colmar ; route des vins ; écomusée ; Neuf-Brisach ; Munster ; route des crêtes ; Trois-Epis - Golf 18 trous à Ammerschwihr **Pas de restaurant** à l'hôtel.

Situé dans le vieux quartier de la Petite Venise parcouru de quelques canaux, *Le Colombier* s'est installé dans une grande maison Renaissance où subsiste notamment un escalier de pierre hélicoïdal extraordinaire de légèreté. La décoration de chacune des chambres au confort des plus modernes a été pensée dans ses formes, ses matières et ses couleurs. Le mobilier venu d'Italie leur confère élégance et raffinement. Sur quatre étages, petites ou vastes, sous les toits, donnant sur la rue ou sur la cour intérieure aux colombages anciens où se dresse une fontaine, monumentale sculpture contemporaine, elles sont toutes aussi tentantes. Les œuvres d'artistes actuels qui ornent l'établissement participent aussi à l'originalité et à l'atmosphère de l'hôtel. L'hiver, un grand feu de bois crépite dans la cheminée du salon. Enfin, les petits déjeuners sont excellents et l'accueil prévenant. Une belle adresse. Restaurants conseillés : *Winstub Brenner, Les Trois Poissons, Le Caveau Hansi, Le Chaudron*. Plus gastronomiques : *Le Fer Rouge* et *Garbo*.

Accès (carte n° 12) : dans le centre du vieux Colmar.

La Maison des Têtes

68000 Colmar (Haut-Rhin)
19, rue des Têtes
Tél. 03.89.24.43.43 - Fax 03.89.24.58.34 - M. et Mme Marc Rohfritsch
E-mail : les-tetes@rmcnet.fr

Catégorie ★★★★ Fermeture vacances de février **Chambres** 21 avec ascenseur, tél., s.d.b. (parfois jacuzzi), w.c., t.v. satellite, coffre-fort et minibar ; 1 chambre handicapés **Prix** des chambres : 595 à 1 030 F / 90,71 à 157,02 € ; triples et duplex : 1 250 à 1 750 F / 190,56 à 266,79 € - Petit déjeuner : 70 F / 10,67 €, servi de 7 h 30 à 10 h - Demi-pension : 720 à 1 100 F / 109,76 à 167,69 € (par pers., 3 j. min.) **Cartes de crédit** acceptées **Divers** chiens admis (60 F / 9,15 €) - Parking **Alentour** retable d'Issenheim ; route des vins ; Neuf-Brisach - Golf 18 trous à Ammerschwihr **Restaurant** service de 12 h à 14 h, 19 h à 21 h 30 - Fermeture dimanche soir et lundi - Menus : 172 à 355 F / 26,22 à 54,12 € - Carte - Spécialités : foie gras frais au riesling, gibier en saison.

Au cœur de Colmar, entre l'église des Dominicains et le musée d'Unterlinden, *La Maison des Têtes* se trouve dans un beau bâtiment Renaissance composé d'une façade de cent cinq masques de grotesques. Restaurant réputé pour sa cuisine régionale et ses magnifiques boiseries fin XIXe siècle, l'établissement s'est adjoint un hôtel tout neuf qui s'intègre bien à la partie ancienne. Le hall s'appuie sur les vestiges du mur d'enceinte de Colmar, construit entre 1216 et 1220. Les dix-huit chambres entourent une courette pavée où pousse une treille ancienne. Une petite entrée précède la chambre aux murs blancs façon torchis et mobilier en sapin vernis mat. Les salles de bains, au sol en grès rose, ont baignoire et douche indépendantes pour les plus grandes. Celles du premier étage sont les plus petites. A signaler également des duplex avec petit salon en bas et chambre à l'étage. Très bon accueil de Carmen et Marc Rohfritsch. Une excellente étape gastronomique.

Accès (carte n° 12) : dans le centre du vieux Colmar.

L'Hostellerie du Château

68420 Eguisheim (Haut-Rhin)
3, place du Château-Saint-Léon-IX
Tél. 03.89.23.72.00 - Fax 03.89.41.63.93 - Emmanuel Nasti

Catégorie ★★★ **Fermeture** du 1ᵉʳ janvier au 14 février **Chambres** 12 avec tél, s.d.b, w.c., t.v. et minibar; 1 chambre handicapés **Prix** des chambres : 410 à 780 F / 62,50 à 118,91 € ; triples: 1 050 à 1 280 F / 160,07 à 195,13 € - Petit déjeuner: 55 F / 8,38 €, servi de 8 h 30 à 10 h - Demi-pension: 465 F / 70,89 € (par pers.) **Cartes de crédit** acceptées **Divers** chiens admis (50 F / 7,62€) **Alentour** vieil Eguisheim, retable d'Issenheim à Colmar; route des vins - Golf 18 trous à Ammerschwihr **Pas de restaurant** à l'hôtel mais possibilité de demi-pension avec *Le Chambard* à Kaysersberg.

C'est sur la place de l'un des plus charmants villages médiévaux de la route des vins que se trouve ce très agréable petit hôtel installé dans une vieille maison du bourg. Plutôt que de recréer un intérieur ancien dans un édifice où rien n'était récupérable, on a opté ici pour un style résolument moderne. Beaux papiers recyclés unis teintés de vert, de corail ou de turquoise, lits très confortables, mobilier en bois composite, superbes salles de bains décorées de carreaux italiens en ciment teinté, œuvres contemporaines d'artistes amis… Une vraie réussite! Ajoutez-y chaque soir une assiette avec des fruits et souvent un petit dessert, chaque matin d'excellents petits déjeuners (servis sur la place en été, près d'une fontaine et de l'étonnant petit château des comtes d'Eguisheim) et vous comprendrez pourquoi cette adresse mérite un large détour. Pour vos repas, n'hésitez surtout pas à rejoindre *Le Chambard* à Kayserberg. Tenu par un autre membre de la famille Nasti : le jeune Olivier, à l'aise aussi bien dans l'audace que dans la tradition et qui devrait rapidement faire de son restaurant l'une des toutes meilleures tables d'Alsace.

Accès (carte n° 12) : à 5 km de Colmar, rocade ouest, sortie Eguisheim.

Les Hirondelles

68970 Illhaeusern (Haut-Rhin)
33, rue du 25-Janvier
Tél. 03.89.71.83.76 - Fax 03.89.71.86.40
Mme Muller

Catégorie ★★ **Fermeture** en février **Chambres** 19 climatisées avec tél. direct, douche, w.c. et t.v. satellite **Prix** des chambres doubles : 260 à 300 F / 39,64 à 45,73 € - Petit déjeuner : 42 F / 6,40 €, servi de 8 h à 10 h - Demi-pension : 270 à 300 F / 41,16 à 45,73 € (par pers., 1 nuit min. sur réservation) **Carte de crédit** Visa **Divers** petits chiens admis - Tennis communal (20 F/ 3,04 €/h) - Parking fermé **Alentour** Colmar ; route des vins, de Marlenheim à Thann ; Haut-Kœnigsbourg ; Riquewihr ; Ribeauvillé - Golf 18 trous à Ammerschwihr **Restaurant** réservé aux clients en demi-pension : service à 19 h 30 - Fermé du 1er octobre au 1er avril - Cuisine paysanne traditionnelle et alsacienne.

Illhaeusern signifie maison au bord de l'Ill et, en effet, la rivière longe avec nonchalance ce petit village alsacien. Sur le pont, ne manquez pas de saluer la célèbre étape gastronomique *L'Auberge de l'Ill*, avant de rejoindre, une centaine de mètres plus loin, cette ancienne ferme aux vastes dimensions. L'accueil y est vraiment charmant, familial. Les chambres se trouvent alignées dans une grande dépendance entièrement refaite à neuf. Rationnelles et confortables, elles sont bien tenues mais souffrent d'un défaut d'éclairage qui les rend souvent sombres, surtout celles décorées de couleurs trop ternes. Vous aurez le choix entre celles donnant sur le balcon fleuri et la cour, ou celles plus champêtres donnant sur un paysage de petits potagers. Au rez-de-chaussée, accueillant coin-salon en rotin blanc et vaste salle à manger progressivement personnalisée par quelques boiseries polychromes et un joli nappage. La cuisine est simple, régionale et familiale. Une étape économique non loin des vignobles.

Accès (carte n° 12) : à 12 km de Colmar par N 83, direction Strasbourg.

Auberge Les Alisiers

68650 Lapoutroie (Haut-Rhin)
5, rue Faude
Tél. 03.89.47.52.82 - Fax 03.89.47.22.38 - M. et Mme Degouy
E-mail : jacques.degouy@wanadoo.fr - Web : perso.wanadoo.fr/alisiers

Catégorie ★★ **Fermeture** en janvier **Chambres** 18 avec tél. direct, s.d.b. ou douche et w.c. **Prix** des chambres simples et doubles : 190 à 700 F / 28,97 à 106,71 € - Petit déjeuner-buffet : 50 F / 7,62 €, servi de 7 h 30 à 10 h - Demi-pension : 320 à 550 F / 48,78 à 83,85 € **Carte de crédit** Visa **Divers** chiens admis - Parking **Alentour** Colmar ; route des vins - Golf 18 trous à Ammerschwihr **Restaurant** service de 12 h à 13 h 45, 19 h à 20 h 45 - Fermé le lundi soir (sauf clients en demi-pension) et le mardi - Menus : 89 à 230 F / 13,72 à 35,06 € - Carte - Spécialités : cervelas rôti sur salade de choucroute ; kouglof façon pain perdu.

L'Auberge *Les Alisiers* se trouve dans un site montagneux, à 700 mètres d'altitude. Le panorama sur le massif des hautes Vosges et sur la vallée de la Béhine y est splendide. L'établissement lui-même est agréable. Ses petites chambres sont intimes et confortables ; l'une d'elles dispose d'une terrasse privative. Au rez-de-chaussée, un salon chaleureusement décoré est à votre disposition où, l'hiver, on profite de belles flambées avant de rejoindre la salle à manger. Celle-ci est irrésistible avec ses quelques meubles anciens et surtout son admirable vue panoramique. Vous y dégusterez une excellente cuisine à prix très raisonnables. Depuis votre table, vous verrez peut-être, le soir, quelques chevreuils brouter à la lisière du bois, un rapace tournoyer sur la vallée et, plus sûrement encore, l'aide-cuisinier remonter du vivier une truite frétillant dans son épuisette. Une très sympathique adresse dont l'ambiance calme et décontractée doit beaucoup à l'amabilité de ses propriétaires.

Accès (carte n° 12) : à 19 km au nord-ouest de Colmar par N 415 ; à Lapoutroie, prendre à gauche devant l'église et suivre le fléchage pendant 3 km.

Auberge et Hostellerie Paysanne

68480 Lutter (Haut-Rhin)
Tél. 03.89.40.71.67 - Fax 03.89.07.33.38
Christiane Litzler

Catégorie ★★ **Fermeture** 15 jours fin janvier, début février **Chambres** 16 avec tél. direct, s.d.b. ou douche, w.c. et t.v. **Prix** des chambres : 240 à 450 F / 36,59 à 68,60 € - Petit déjeuner : 40 F / 6,10 €, servi de 7 h à 9 h 30 - Demi-pension : 290 à 440 F / 44,21 à 67,08 € **Carte de crédit** Visa **Divers** chiens admis - Parking **Alentour** Bâle, musées de Mulhouse, GR **Restaurant** service de 11 h 30 à 14 h, 18 h 30 à 21 h - Menus : 48 et 60 F / 7,32 et 9,15 € à midi ; 135 à 330 F / 20,58 à 50,31 € le soir - Carte.

Lutter. Un petit village au pied des premiers contreforts du Jura. Un ruisseau bordé d'arbres et qui a pris sa source quelque part sur une pente du mont voisin. Deux auberges en une seule, dirigées avec amour, humour et énergie par Christiane Guérinot et sa fille Carmen. A l'origine, il n'y avait que la maison principale, solide édifice à la façade un peu terne, heureusement égayée par une dégringolade de géraniums aux fenêtres. C'est ici que se trouve le restaurant (bonne cuisine traditionnelle) et, à l'étage, quelques chambres, très simples, parmi lesquelles nous préférons les 6 et 7 et déconseillons les 4 et 5. Les plus belles sont à 200 mètres, dans une ancienne ferme du Sundgau (XVIIᵉ), sauvée de la démolition et transportée depuis son lieu d'origine jusqu'à ce champ et ce verger en bordure de village. Ici, les chambres sont belles, confortables et intimes avec leurs éléments de bois, leur mobilier traditionnel et leurs plafonds bas (sauf les 17 et 19 dont les superbes volumes accompagnent la pente du toit). Vous y serez bien, au calme, face à un jardin très soigné. Seule contrainte, les petits déjeuners sont servis à l'auberge. Mais une petite promenade n'est-elle pas le meilleur moyen de s'ouvrir l'appétit ?

Accès (carte n° 21) : autoroute Mulhouse-Bâle, sortie Hesingue-Saint-Louis puis Folgensbourg, Bettlach, Oltingue, Lutter.

Hostellerie Saint-Barnabé

Murbach 68530 Buhl (Haut-Rhin)
Tél. 03.89.62.14.14 - Fax 03.89.62.14.15 - M. et Mme Orban
E-mail: hostellerie.st.barnabe@wanadoo.fr

Catégorie ★★★ Fermeture de mi-janvier à début mars, et le dimanche soir de novembre à mai **Chambres** 27 avec tél. direct, s.d.b. ou douche, w.c., t.v. et minibar **Prix** des chambres simples et doubles: 405 à 750 F / 61,74 à 114,34 € ; suites: 990 à 1100 F / 150,92 à 167,69 € - Petit déjeuner-buffet: 70 F et 80 F / 10,67 à 12,20 € (en chambre), servi de 7 h 30 à 10 h 30 **Cartes de crédit** acceptées **Divers** chiens admis (35 F / 5,34 €) **Alentour** musée Unterlinden à Colmar, musée de l'Automobile et des Chemins de fer à Mulhouse - Golf de Rouffach 18 trous **Restaurant** climatisé, service de 12 h à 13 h 30, 19 h à 21 h - Fermé dimanche soir de novembre à mars, lundi midi et mercredi midi - Menus: 158 à 450 F / 24,12 à 68,60 € - Carte - Spécialités: trilogie de foies gras; variante de l'Océan; pigeon rôti au miel.

Cet hôtel se situe dans un beau paysage forestier, à deux pas de l'abbaye de Murbach. Plusieurs salles à manger, salons, fumoirs occupent le rez-de-chaussée. De larges baies vitrées permettent de profiter au mieux de la campagne. L'ambiance y est feutrée, la décoration classique et agréable. Les chambres sont très confortables avec de belles salles de bains. Leur rénovation, très réussie, vient de débuter (les 11, 16 et 20 peuvent être néanmoins un peu gênées par la soufflerie de la cuisine aux heures des repas). Ceux qui recherchent la nature apprécieront les chambres du "Pavillon vert", de plain-pied, plus petites mais qui peuvent communiquer pour le plus grand bonheur des familles. A retenir aussi le "Chalet", irrésistible, où il est possible de se faire de belles flambées. Partout, le choix des tissus est une réussite. Excellente cuisine (en terrasse l'été), amusant caveau alsacien, accueil jeune et sympathique.

Accès (carte n° 20): à 3 km de Guebwiller. Traverser Guebwiller puis tout droit jusqu'à Buhl; tourner à gauche pour Murbach.

Hôtel Le Clos Saint-Vincent

68150 Ribeauvillé (Haut-Rhin)
Route de Bergheim
Tél. 03.89.73.67.65 - Fax 03.89.73.32.20
Famille Chapotin

Catégorie ★★★★ **Fermeture** du 15 novembre au 15 mars **Chambres** 12 et 3 appartements avec tél. direct, s.d.b., w.c., t.v., coffre-fort et minibar **Prix** des chambres simples et doubles : 800 à 1 000 F / 121,96 à 152,45 € ; appart. : 1 100 à 1 225 F / 167,69 à 186,75 € - Petit déjeuner compris, servi de 8 h 15 à 10 h 30 - Demi-pension : 1 300 à 1 600 F / 198,18 à 243,92 € (pour 2 pers.) **Carte de crédit** Visa **Divers** chiens admis (30 F / 4,58 €) - Piscine couverte - Parking **Alentour** Hunawihr ; centre de reproduction des cigognes ; ruines du château de Saint-Ulrich ; Riquewihr ; route des vins - Golf 18 trous à Ammerschwihr ; fête des ménestriers en septembre ; festival de musique ancienne en septembre et octobre **Restaurant** service de 12 h à 14 h, 19 h à 20 h 30 - Fermé le mardi, et à midi les lundi, mercredi et jeudi - Menu : 260 F / 39,64 € - Carte - Spécialités : rognons au pinot noir ; cailles farcies à la marjolaine.

L a situation du *Clos Saint-Vincent* est magique : au cœur des vignes qui donneront le riesling, il domine le plateau d'Alsace tandis qu'au loin se dessinent la Forêt-Noire et, plus à l'est, les Alpes. L'hôtel est construit sur trois niveaux. Au premier étage se trouvent la réception et la salle de restaurant. Celle-ci est très agréable, tant la décoration y est harmonieuse et la vue panoramique omniprésente. Les chambres, au mobilier rustique ou de style Directoire, sont lumineuses, très confortables et d'un calme parfait. Les tissus, toujours bien choisis, apportent une note essentielle à leur décoration. Très belle piscine couverte.

Accès (carte n° 12) : à 19 km au nord de Colmar par N 83 et D 106 direction Ribeauvillé, puis D 1b direction Bergheim (suivre fléchage).

Hostellerie des Seigneurs de Ribeaupierre

68150 Ribeauvillé (Haut-Rhin)
11, rue du château
Tél. 03.89.73.70.31 - Fax 03.89.73.71.21
Mmes Barth

Catégorie ★★★ Fermeture du 23 décembre au 1er mars **Chambres** 10 avec tél. direct, s.d.b. ou douche et w.c. **Prix** des chambres doubles : 670 à 840 F / 102,14 à 128,06 € ; suites : 840 à 990 F / 102,14 à 150,92 € - Petit déjeuner compris, servi de 8 h à 11 h **Cartes de crédit** Amex, Visa **Divers** animaux non admis **Alentour** Hunawihr ; centre de reproduction des cigognes ; ruines du château de Saint-Ulrich ; route des vins ; Haut-Kœnigsbourg - Golf 18 trous à Ammerschwihr **Pas de restaurant** à l'hôtel.

Ribeauvillé, un des plus beaux villages d'Alsace, héberge un très remarquable petit hôtel. Dans cet édifice du XVIIIe, à l'écart du centre, quelques délicieuses chambres ont été aménagées. Toutes rivalisent de charme et de confort : vieux meubles régionaux, lits moelleux, boiseries et colombages aux tonalités claires, ravissants tissus… Ajoutez-y souvent un coin-salon très *cosy*, de superbes salles de bains et vous aurez une juste idée de ce qui vous attend. Au rez-de-chaussée se trouve un petit salon avec une cheminée souvent en service et, quelques marches plus bas, la salle des petits déjeuners. Fins et copieux, ils peuvent se transformer sur demande en un véritable brunch avec charcuterie, œufs et, pourquoi pas ? une tranche de foie gras. Une magnifique adresse à connaître où l'on est accueilli dans la bonne humeur par deux sœurs très dynamiques. Restaurants conseillés : la *Winstub Zum Pfifferhüs* (le restaurant gastronomique de Ribeauvillé réservé aux non-fumeurs) ; plus simples : l'*Auberge Zahnacker* et, à Kaysersberg, l'excellent *Chambard*.

Accès (carte n° 12) : à 19 km au nord de Colmar par N 83 et D 106 direction Ribeauvillé, dans le village direction Haute-Ville, église paroissiale Saint-Grégoire.

Hôtel A L'Oriel

68340 Riquewihr (Haut-Rhin) - 3, rue des Écuries-Seigneuriales
Tél. 03.89.49.03.13 - Fax 03.89.47.92.87 - Mme Wendel
E-mail: oriel@club-internet.fr

Catégorie ★★★ **Ouverture** toute l'année **Chambres** 19 avec s.d.b. ou douche, w.c. et t.v. (17 avec minibar) **Prix** des chambres doubles: 395 à 480 F / 60,22 à 73,18 €, triples: 640 F / 97,57 € - Petit déjeuner: 49 F / 7,47 €, servi de 8 h à 12 h **Cartes de crédit** acceptées **Divers** chiens admis (60 F / 9,15 €) **Alentour** Riquewihr; Hunawihr; route des vins, de Marlenheim à Thann; Le Haut-Kœnigsbourg - Golf 18 trous à Ammerschwihr **Pas de restaurant** à l'hôtel.

Les fortifications de Riquewihr sont impuissantes face aux hordes de touristes venus prendre d'assaut le village médiéval le plus typique de la route des vins d'Alsace. Evitez donc de visiter le site en pleine journée mais préférez la stratégie du "cheval de Troie" en vous laissant enfermer derrière ses vieux murs à la tombée du jour et en choisissant d'y dormir. Vous aurez ainsi l'avantage d'arpenter les ruelles du village en toute quiétude, lorsque les derniers cars auront levé le camp et avant les premières arrivées du matin. *A l'Oriel* se trouve un peu en retrait de la rue principale, il s'agit d'une vieille maison XVIe aménagée dans un style traditionnel. Organisées autour d'une petite cour intérieure à colombage, (où l'on peut prendre un verre en été), les chambres y sont simples, petites et plaisantes avec leurs papiers peints clairs, unis ou à petits motifs et leur mobilier, parfois ancien, parfois en merisier de style Louis-Philippe. La 2 est notre favorite, la 19 est une suite avec mezzanine, les 18 et 20 sont bien pour les familles. L'ensemble est agréable, rustique, sans prétention. Amusant bar en sous-sol égayé par des murs orangés et par un beau nappage coloré. Pour dîner, nous vous recommandons l'excellent *Chambard* à Kaysersberg. Accueil simple et sympathique.

Accès (carte n° 12) : à 19 km au nord de Colmar par N 83, sortie Riquewihr.

Hôtel Au Moulin

68127 Sainte-Croix-en-Plaine (Haut-Rhin)
Tél. 03.89.49.31.20 - Fax 03.89.49.23.11
M. et Mme Wœlffle

Catégorie ★★ Fermeture du 3 novembre à fin mars **Chambres** 16 et 1 suite avec tél. direct, s.d.b., w.c. et t.v. ; ascenseur ; accès handicapés **Prix** des chambres simples et doubles : 240 à 420 F / 36,59 à 64,03 € ; suite : 510 F / 77,75 € - Petit déjeuner : 50 F / 7,62 €, servi de 7 h 30 à 10 h **Carte de crédit** Visa **Divers** chiens admis (30 F / 4,57 €) - Parking **Alentour** Colmar ; Eguisheim ; Munster ; Trois-Epis - Golf 18 trous à Ammerschwihr **Pas de restaurant** à l'hôtel.

C et ancien moulin céréalier est situé en plaine, sur la vieille Thur, appelée aussi canal des douze moulins (deux fonctionnent encore). Il fut construit au XVIe siècle et fortement rénové puis transformé en hôtel à partir de 1982. Il s'agit d'une grande bâtisse blanche aux fenêtres égayées de géraniums. La famille Wœlffle habite les maisons mitoyennes ; l'ensemble s'organise autour d'une jolie cour intérieure dont les buissons fleuris et les petits massifs entourent un beau puits en pierre près duquel sont servis les petits déjeuners en été. Les chambres donnent sur les Vosges ou sur les champs (sauf trois, installées dans un autre bâtiment ouvert sur la cour). Décorées de manière simple, un peu désuètes pour certaines, plus gaies pour d'autres, la plupart sont spacieuses et toutes sont très bien tenues. Notre préférence va à la 401, blanc et bleu, avec une large vue. Une adresse simple et plaisante, qui pratique des tarifs raisonnables et où vous trouverez un accueil discret mais agréable. Pour dîner, Colmar, propose quelques bonnes tables dont *La Maison des Têtes*, qui sert une cuisine régionale généreuse, et *Au Fer Rouge*, maison réputée avec des prix en conséquence.

Accès (carte n° 12) : à 6 km au sud de Colmar par N 422, puis D 1, direction Sainte-Croix-en-Plaine. Sur A 35, sortie 27 direction Herrlisheim.

Auberge La Meunière

68590 Thannenkirch (Haut-Rhin)
30, rue Sainte-Anne
Tél. 03.89.73.10.47 - Fax 03.89.73.12.31 - M. Dumoulin

Catégorie ★★ **Fermeture** du 20 décembre au 25 mars **Chambres** 23 avec tél. direct, s.d.b. ou douche, w.c. et t.v.; ascenseur **Prix** des chambres doubles: 300 à 400 F / 45,73 à 60,98 € - Petit déjeuner-buffet: 40 F / 6,10 €, servi de 8 h à 9 h 30 - Demi-pension: 260 à 360 F / 39,64 à 54,88 € **Cartes de crédit** Amex, Visa **Divers** chiens admis (20 F / 3,05 €) - Health center et sauna (150 F / 22,87 € pour 2 pers.), vtt, billard - Parking **Alentour** Haut-Kœnigsbourg; Ribeauvillé; Riquewihr; Kaysersberg - Golf 18 trous à Ammerschwihr **Restaurant** service de 12 h 15 à 14 h, de 19 h 15 à 21 h - Menus: 95 à 235 F / 13,72 à 35,83 € - Carte - Spécialités: médaillon de lotte sur lit de choux; foie gras poêlé au miel; noisettes de marcassin.

L e petit village de Thannenkirch s'élève sur les premiers contreforts des Vosges. Impossible de ne pas remarquer la façade typiquement alsacienne de cette ravissante auberge qui borde la rue principale. Vous trouverez le même charme dans la salle à manger avec son nappage vert amande, ses plafonds bas et le bois clair des poutres qui forment de multiples cloisons ajourées, ménageant plusieurs petits coins intimes. Les chambres, qu'elles soient meublées d'ancien ou de façon plus contemporaine, ont toutes, elles aussi, ce côté intime et confortable. Ici, pas de numéro sur les portes mais des prénoms féminins inscrits sur de petites terres cuites émaillées. Certaines disposent de balcons vitrés ou d'une terrasse et donnent sur la campagne avec, au loin, la forteresse du Haut-Kœnigsbourg. Une vue superbe dont tout le monde profitera en s'attablant sur la grande terrasse où sont aussi servis les repas. Excellente cuisine et accueil très agréable.

Accès (carte n° 12): à 25 km au nord de Colmar par N 83 jusqu'à Guémar, puis N 106 et D 42.

Hôtel Crystal

54000 Nancy (Meurthe-et-Moselle)
5, rue Chanzy
Tél. 03.83.17.54.00 - Fax 03.83.17.54.30 - M. Gérard Gatinois

Catégorie ★★★ **Fermeture** du 31 décembre au 3 janvier **Chambres** 56 et 2 junior suites, climatisées, avec tél. direct, s.d.b., w.c. et t.v.; 1 chambre pour handicapés **Prix** chambres simples et doubles: 440 à 550 F / 67,08 à 83,85 € - Petit déjeuner: 50 F / 7,62 €, servi de 6 h 30 à 10 h 30 **Cartes de crédit** acceptées **Divers** chiens admis (30 F / 4,58 €) - Parking public à proximité **Alentour** à Nancy: place Stanislas, vieille ville, musées; château d'Haroué; cristalleries **Pas de restaurant** à l'hôtel.

Non loin de la très célèbre place Stanislas, chef-d'œuvre d'architecture et de ferronnerie XVIIIᵉ, voici le petit hôtel idéal pour faire étape à Nancy. Il s'agit d'un édifice début de siècle, apparemment banal, mais très intelligemment rénové. Résolument contemporains, l'aménagement et la décoration intérieure jouent sur une alternance de lignes droites ou courbes, l'association de couleurs gaies, jaune ou vert (murs) à des bois sombres, ébène ou merbau, (mobilier et portions de sol). Près du bar et du puits de lumière traité en jardin d'hiver, le tissu écossais bleu et vert rayé de jaune (*Kenzo*) des fauteuils résume les trois couleurs que l'on retrouve dans l'hôtel. A l'exception de certaines chambres traitées en jaune et orange, toutes les autres restent dans le ton. Même les plus petites sont très confortables avec leur moquette épaisse, leur mobilier design réalisé sur mesure par l'architecte du lieu, Jean-Philippe Nuel, et leurs irrésistibles salles de bains. Enfin, un efficace double vitrage les isole du bruit de la rue et préserve la quiétude de vos nuits. De nombreuses qualités à découvrir, mais en ne réservant que les chambres rénovées (les autres le seront aussi prochainement). Agréable accueil et nombreux restaurants à proximité dont la célèbre brasserie 1900 *Excelsior* et l'excellent *Cap-Marine*.

Accès (carte n° 12): A 31 sortie Nancy-Centre, puis direction Centre-Gare.

Château d'Adoménil

Rehainviller 54300 Lunéville (Meurthe-et-Moselle)
Tél. 03.83.74.04.81 - Fax 03.83.74.21.78

M. Million

Catégorie ★★★ Fermeture du 2 janvier au 10 février **Chambres** 8 et 4 duplex climatisés, avec tél. direct, s.d.b., w.c., t.v. et minibar **Prix** des chambres simples et doubles : 550 à 950 F / 83,85 à 144,83 €; duplex et suites : 1 150 à 1 200 F / 175,32 à 182,94 € - Petit déjeuner : 85 F / 12,96 €, servi de 8 h à 10 h 30 - Demi-pension : à partir de 820 F / 125,01 € (par pers. en chambre double, 3 j. min.) **Cartes de crédit** acceptées **Divers** chiens admis - Piscine - Parking **Alentour** château de Lunéville; musée du Cristal à Baccarat; place Stanislas et musées de Nancy **Restaurant** service de 12 h 15 à 13 h 30, 19 h 30 à 21 h 30 - Fermé dimanche soir à mardi midi, du 1er novembre au 15 avril; dimanche soir, lundi midi et mardi midi, du 16 avril au 31 octobre - Menus : 250 à 470 F / 38,11 à 71,65 € - Carte - Spécialités : cornets craquants de pavot bleu à la mirabelle, pigeonneau rôti aux épices.

En quelques années, monsieur Million a réussi à faire d'*Adoménil* l'un des plus beaux établissements de la région. Ses talents de chef et la cuisine gastronomique qu'il réalise ici contribuent beaucoup à cette réputation mais il ne faudrait pas pour autant oublier la qualité des chambres. Vous aurez le choix entre celles du château, ravissantes, classiquement décorées et agrémentées de beaux meubles régionaux, et celles installées dans les anciennes écuries. Très luxueuses, elles mêlent avec brio mobilier ancien et néoclassique, beaux tissus et subtils éclairages. Les salles de bains sont tout aussi réussies. Dehors s'étend un beau parc de sept hectares, et la petite ligne de chemin de fer à proximité ne dérange qu'épisodiquement le calme des lieux. Excellents petits déjeuners généreusement pourvus en viennoiseries et accueil des plus sympathiques.

Accès (carte n° 12) : à 30 km au sud-est de Nancy par N 4 jusqu'à Lunéville ; à 3 km au sud de Lunéville par D 914.

La Maison Forte - Restaurant Les Agapes

55800 Revigny-sur-Ornain (Meuse)
6, place Henriot-du-Coudray
Tél. 03.29.70.56.00 - Fax 03.29.70.59.30 - M. et Mme Joblot

Catégorie ★★ **Fermeture** 1 semaine en février et du 1er au 15 août **Chambres** 6 et 1 suite, avec tél., t.v., s.d.b., w.c.; chambre handicapés **Prix** chambres doubles : 370 à 700 F / 56,41 à 106,71 € - Petit déjeuner : 60 F / 9,15 €, servi de 7 h 30 à 10 h **Cartes de crédit** acceptées **Divers** chiens non admis - Parking **Alentour** ville haute de Bar-le-Duc, forêt d'Argonne, abbaye de Trois-Fontaines, vallée de la Saulx, kayak - Golf 18 trous de Combles **Restaurant** service de 12 h à 13 h 30, 19 h 30 à 21 h 15 - Menus : 165, 235 et 320 F / 25,15, 35,83 et 48,78 € - Carte - Spécialités : pot-au-feu de foie gras au vinaigre balsamique ; soufflé à la mirabelle de Lorraine.

Enfants du pays, Danièle et Jean-Marc Joblot sont tombés amoureux de cette demeure d'origine moyenâgeuse et n'ont pas ménagé leur peine pour réaliser leur rêve. A l'arrivée, le résultat est plus que convaincant. Au restaurant d'abord, dans une belle salle (cheminée de pierre souvent en service, hautes poutres, pavage en terre cuite, fauteuils en fer forgé...) où l'on déguste une cuisine fine, savoureuse, équilibrée et magnifiquement mise en valeur par des jus subtils qui nous rappellent que Jean-Marc n'a rien oublié de son passage chez A. Dutournier (*Carré des Feuillants*). Dans les sept chambres qui viennent tout juste d'être installées dans les dépendances. Confortables et agréablement décorées avec quelques meubles rustiques, de beaux matériaux, des tissus colorés, elles affichent un petit côté "campagne raffinée" des plus réussis. L'été, la vaste terrasse qui domine légèrement la cour se pare de meubles en teck et de parasols. On y sert alors les repas, y compris le petit déjeuner, et c'est un plaisir d'avaler la première gorgée de café de la journée en contemplant la perspective de l'allée d'entrée avec, au bout, le village qui commence à s'agiter.

Accès (carte n° 11) : A 4 sortie Châlons-Saint-Etienne-au-Temple puis Bar-le-Duc.

Auberge du Kiboki

57560 Turquestein (Moselle)
Route du Donon (D 993)
Tél. 03.87.08.60.65 - Fax 03.87.08.65.26
M. Schmitt

Catégorie ★★ Fermeture du 15 février au 20 mars et le mardi **Chambres** 12 et 2 suites avec tél., s.d.b. ou douche, w.c. et t.v. **Prix** des chambres doubles : 450 à 500 F / 68,60 à 76,22 € ; suites : 700 F / 106,71 € - Petit déjeuner-buffet : 55 F / 8,38 €, servi de 8 h à 10 h - Demi-pension : 425 et 550 F / 64,79 et 83,85 € (par pers. en chambre double, 3 j. min.) **Carte de crédit** Visa **Divers** chiens non admis - Piscine couverte, jacuzzi, sauna, hydrothérapie, tennis - Parking **Alentour** rocher du Dabo ; cristalleries ; faïenceries de Niderviller **Restaurant** service de 12 h à 14 h, 19 h à 21 h - Carte de 120 à 220 F / 18,29 à 33,54 € - Spécialités lorraines ; gibier, grenouilles ; foie gras maison.

C'est dans la vallée du Turquestein-Blancrupt, en pleine forêt traversée par de nombreux sentiers balisés, que l'on trouve cette authentique et traditionnelle *Auberge du Kiboki* dont le décor chaleureux crée une ambiance très douillette. Les salles à manger sont très accueillantes : l'une avec ses nappes à carreaux, ses rideaux et abat-jour assortis, l'autre avec son grand vaisselier garni de faïences régionales et ses couleurs tendres. On y déguste une savoureuse cuisine du terroir. Confortablement aménagées, les chambres sont dans le même esprit : camaïeu de brun, lits à baldaquin, armoires anciennes. Cette authentique maison forestière est donc le lieu idéal pour un séjour de repos. L'une des très bonnes adresses de ce guide où vous serez toujours bien accueillis.

Accès (carte n° 12) : à 73 km à l'ouest de Strasbourg par A 35 et D 392, direction Saint-Dié ; à Schirmeck D 392 direction Donon, et D 993 direction Turquestein-Blancrupt.

Hostellerie des Bas-Rupts et Chalet Fleuri

Les Bas-Rupts
88400 Gérardmer (Vosges)
Tél. 03.29.63.09.25 - Fax 03.29.63.00.40 - M. et Mlle Sylvie Philippe
E-mail : basrupts@wanadoo.fr

Catégorie ★★★★ **Ouverture** toute l'année **Chambres** 27 avec tél., s.d.b. ou douche, w.c. et t.v. **Prix** des chambres simples et doubles : 450 à 900 F / 68,60 à 137,20 € ; suites : 1 200 F / 182,94 € - Petit déjeuner : 90 F / 13,74 €, servi de 7 h à 10 h - Demi-pension : 580 à 950 F / 88,42 à 144,83 € **Cartes de crédit** Amex, Visa **Divers** chiens admis (50 à 100 F / 17,62 à 25,24 €) - Tennis, piscine - Garage **Alentour** saut des Cuves ; lacs de Longemer et de Retournemer - Golf 18 trous à Epinal **Restaurant** service de 12 h à 14 h, 19 h à 21 h 30 - Menus : 180 à 450 F / 27,44 à 68,60 € - Carte - Spécialités : tripes au riesling ; terrine tiède de foie gras ; civet de joues de porcelet en chevreuil.

Gérardmer fut autrefois une villégiature cossue où Alsaciens et Lorrains fortunés venaient passer le temps et perdre quelque argent au casino. Terriblement détruite à la fin de la dernière guerre, la ville a perdu son charme et ses palaces à grooms. La beauté du lac et des forêts alentour atténue néanmoins le côté nostalgique que le site a conservé. Un peu en dehors du bourg se trouvent cet hôtel et son *chalet fleuri*, restaurant renommé et dûment "roseté". Les fleurs sont en effet ici chez elles : peintes sur les poutres, portes et têtes de lit, en bouquets, fraîches ou séchées sur les tables et les murs. Elles ajoutent beaucoup à l'atmosphère et au grand confort des chambres de l'annexe. Dans l'hôtel lui-même, les chambres viennent d'être refaites dans un style qui évoque avec beaucoup de charme "l'Autriche dans les Vosges". Le service allie au professionnalisme une grande gentillesse.

Accès (carte n° 12) : à 56 km à l'ouest de Colmar par D 417 et D 486, direction La Bresse.

Le Manoir au Lac

88402 Gérardmer (Vosges)
59, chemin de la droite du lac
Tél. 03.29.27.10.20 - Fax 03.29.27.10.27 - Mme Marie-Luce Valentin
E-mail : valentin@manoir-au-lac.com - Web : manoir-au-lac.com

Catégorie ★★★★ **Ouverture** toute l'année **Chambres** 12 et 2 suites avec tél. direct, s.d.b., w.c., coffre-fort, minibar et t.v. satellite **Prix** des chambres simples et doubles : 700 à 1 300 F / 106,71 à 198,18 €; suites (2 pers.) : 1 500 et 1 800 F / 228,67 et 274,41 € (pers. supp. : 200 F / 30,49 €) - Petit déjeuner : 90 F / 13,72 € **Cartes de crédit** acceptées **Divers** chiens non admis - Piscine, hammam et sauna (en projet) - Parking **Alentour** lac de Gérardmer, ski en hiver ; cathédrale de Saint-Dié ; Epinal - Golf 18 trous à Epinal **Pas de restaurant** à l'hôtel.

A u siècle dernier, Guy de Maupassant aimait à séjourner ici, et l'on imagine aisément l'écrivain passant des heures sur la terrasse de l'hôtel à contempler le lac qui s'étend paresseusement quelques dizaines de mètres en contrebas. Depuis, le petit hôtel a fait totalement peau neuve, s'adonnant à un luxe de bon aloi qui préserve un côté chaleureux et "maison" du meilleur effet. Les chambres, décorées dans un goût classique et actuel (mobilier de style, parquets, couettes épaisses), se répartissent sur deux niveaux. Extrêmement confortables, parfaitement tenues, elles bénéficient toutes d'une excellente insonorisation, rendue nécessaire par la proximité invisible, mais un peu bruyante, de la route. Certaines sont très vastes, d'autres un peu plus petites, et la moins chère, installée en soupente, n'est pas la moins jolie même si elle est un peu sombre. Au rez-de-chaussée, un très agréable salon avec une bibliothèque généreusement pourvue se prolonge par une véranda donnant de plain-pied sur la terrasse. Selon l'heure, vous y prendrez un verre ou votre petit déjeuner tout en lisant, pourquoi pas ? quelques nouvelles de Maupassant…

Accès (carte n° 12) à la sortie de Gérardmer, sur la route de Remiremont.

Chalets des Ayés

88160 Le Thillot (Vosges)
Chemin des Ayés
Tél. 03.29.25.00.09 - Fax 03.29.25.36.48 - M. Marsot

Catégorie ★★★ **Ouverture** toute l'année **Chambres** 2 et 17 chalets (4 à 10 pers.), avec s.d.b. ou douche, w.c., t.v.; point phone pour les hôtes; accès handicapés **Prix** des chambres doubles: 340 à 420 F / 51,83 à 64,03 €; prix des chalets: 1 200 à 4 800 F / 182,94 à 731,8 € (4 à 10 pers.) - Petit déjeuner: 55 F / 8,38 €, servi de 8 h à 10 h **Carte de crédit** Visa **Divers** chiens admis dans les chalets - Piscine, tennis (38 F / 7,79 €) - Parking **Alentour** ski de fond et de piste, équitation, véhicules tout-terrain, promenades, plan d'eau **Pas de restaurant** à l'hôtel.

Si les Vosges sont d'une sauvage et séduisante beauté, il semble parfois difficile de trouver où passer la nuit, et l'on se sent pris au piège entre des établissements sinistres et d'autres trop importants pour sauvegarder un quelconque charme campagnard. Voici un endroit qui n'est pas à proprement parler un hôtel, mais offre une formule d'hébergement agréable. Deux confortables chambres sont à votre disposition (nous préférons celle sur la vallée); elles se complètent de petits chalets très bien équipés, plaisamment aménagés et qui ont obtenu le premier prix départemental des maisons fleuries. Bien qu'en principe loués à la semaine, ils peuvent, comme les chambres, être occupés pour quelques nuits en fonction des disponibilités. Le jardin et la piscine profitent d'une superbe vue sur la vallée. Si vous désirez dîner dehors, vous aurez le choix entre *Vincenza*, une agréable ferme-pizzeria, ou le restaurant *Les Sapins*, plus gastronomique.

Accès (carte n° 20): à 51 km à l'ouest de Mulhouse par N 66, direction Remiremont, puis direction Mulhouse jusqu'à Le Thillot. Passer devant l'Intermarché puis tourner à gauche à 200 m; fléchage.

Auberge de la Cholotte

Les Rouges-Eaux 88600 Bruyères (Vosges)
Tél. 03.29.50.56.93 - Fax 03.29.50.24.12
Mme Cholé

Fermeture janvier ; dimanche soir et lundi en basse saison **Chambres** 5 avec s.d.b. ou douche et w.c. **Prix** des chambres doubles : 450 F / 68,60 € - Petit déjeuner : 50 F / 7,62 € - Demi-pension et pension : 400 à 500 F / 60,98 à 76,22 € (par pers., 3 j. min. ; enfant tarif consenti) **Carte de crédit** Visa **Divers** chiens admis - Parking **Alentour** ski en hiver ; cathédrale de Saint-Dié ; lac de Gérardmer ; Epinal - Golf 18 trous à Epinal **Restaurant** sur réservation - Service de 12 h à 14 h, 19 h à 21 h - Menus : 150 F / 22,87 € - Carte - Spécialités : jambon cuit au foin ; rapé de pommes de terre.

Perdue dans un petit val, cette ancienne ferme du XVIIIe est irrésistible de charme. Dans chaque pièce, amoureusement restaurée, tissus et enduits harmonisent avec brio les jaunes, bleus, vert tendre… avec çà et là une tonalité plus vive. En permanence, des expositions de tableaux animent les murs, il y a aussi une collection d'objets régionaux, quelques meubles XIXe et d'autres vosgiens en bois polychrome. Tout ceci contribue à rendre gais et raffinés les confortables salons et les deux petites salles à manger. Une troisième, plus grande, lambrissée de boiseries XVIIIe, avec au centre un piano Steinway, peut se transformer en salon de musique certains soirs. Même réussite dans les chambres simplement aménagées mais charmantes (l'une d'elles dispose d'une balnéo) ; elles donnent sur le jardin fleuri et sur les sapins, toile de fond de ce magnifique paysage. Seules ombres au tableau : la cuisine, bonne mais qui apparaît un peu chère, et le réel manque de personnel, qui s'explique par la petite capacité hôtelière de l'auberge mais peut poser de gros problèmes d'accueil au moment de votre arrivée…

Accès (carte n° 12) à 15 km à l'ouest de Saint-Dié par la D 420, direction Bruyères.

Hôtel de la Fontaine Stanislas

Fontaine-Stanislas - 88370 Plombières-les-Bains (Vosges)
Tél. 03.29.66.01.53 - Fax 03.29.30.04.31
M. et Mme Bilger

Catégorie ★★ **Fermeture** du 15 octobre au 31 mars **Chambres** 16 avec tél. (14 avec s.d.b. ou douche, 12 avec w.c. et 9 avec t.v.) **Prix** des chambres doubles : 225 à 335 F / 34,30 à 51,07 € - Petit déjeuner : 40 F / 6,10 €, servi de 7 h 30 à 9 h 30 - Demi-pension et pension : 285 à 325 F / 43,45 à 49,55 €, 345 à 425 F / 52,59 à 64,79 € (par pers., 3 j. min.) **Cartes de crédit** acceptées **Divers** chiens admis (25 F / 3,81 €) - Parking **Alentour** vallées de l'Augronne et de la Semouse ; cascade de Guéhand ; la Feuillée nouvelle **Restaurant** service de 12 h à 13 h 30, 19 h à 21 h - Menus : 95 à 215 F / 14,48 à 32,78 € - Carte - Spécialités : truite au riesling.

Quatre générations se sont succédé à la tête de cet hôtel perdu dans la nature qui réussit à nous rendre charmant l'esprit des années 1950 et dont les caractéristiques méritent quelques développements. Notons d'abord la cuisine vraiment saine et bonne (accompagnée de vins d'âge à prix raisonnables) servie dans une salle à manger de caractère avec son mobilier en bois clair, ses immenses baies vitrées, ses hauts plafonds parquetés et son beau nappage. Côté chambres, l'impression est plus contrastée : fermez les yeux sur le mobilier (surtout quand il se "pare" de ce laminé-faux bois très en vogue il y a trente ans), sur certains rideaux et couvre-lits un peu ternes et rouvrez-les sur la splendide vue dominante qui embrasse le site forestier. Les sanitaires ont fait de récents progrès, les couloirs se sont égayés, partout la tenue est irréprochable. Pour l'instant, nous vous recommandons en priorité les chambres 2, 3, 4, 7, 11, 20 et la 18 pour les familles. Agréable service en terrasse avec la vallée en contrebas, et accueil d'une inoubliable gentillesse.

Accès (carte n° 20) : à 30 km au sud d'Epinal par D 434. A Xertigny D 3, D 63 et D 20. A Granges-de-Plombières, prendre route forestière sur la droite.

Auberge du Val Joli

88230 Le Valtin (Vosges)
Tél. 03.29.60.91.37 - Fax 03.29.60.81.73
M. Laruelle

Catégorie ★★ **Ouverture** toute l'année - Fermeture dimanche soir et lundi midi (sauf férié) hors vacances **Chambres** 16 avec tél. direct, 13 avec s.d.b. ou douche, w.c. et t.v., 9 avec minibar **Prix** des chambres simples et doubles : 150 à 450 F / 22,87 à 68,60 € - Petit déjeuner : 45 F / 6,86 €, servi de 8 h à 10 h - Demi-pension : 241 à 700 F / 36,60 à 106,71 € **Carte de crédit** Visa **Divers** chiens admis (20 F / 3,05 €) - Tennis - Parking et garage (30 F / 4,58 €) **Alentour** cathédrale de Saint-Dié ; lac de Gérardmer - Golf 18 trous à Epinal **Restaurant** service de 12 h 30 à 14 h, 19 h 30 à 21 h - Menus : 80 à 300 F / 12,20 à 45,73 € - Carte - Spécialités : truite fumée maison ; pâté lorrain ; pigeon et foie gras en feuilleté ; truffes en saison ; tarte aux myrtilles.

L e petit village du Valtin ne compte qu'une centaine d'habitants, et son maire est aussi le propriétaire de cette auberge située au creux d'une des plus jolies vallées des Vosges. La porte à peine ouverte, l'ambiance est donnée : plafonds bas, grosses poutres, carrelage et cheminée créent une atmosphère tout à fait authentique. La salle à manger est très attrayante avec toutes ses petites fenêtres et surtout son beau plafond en bois parqueté, œuvre d'un menuisier local. Le confort des chambres et leur équipement sanitaire sont très variables ; elles gagneraient aussi à être un peu plus décorées. Les dernières-nées sont gaies et confortables avec leur petit balcon fleuri donnant sur la montagne, mais celles de l'ancien bâtiment, plus désuètes, gardent encore tout leur charme, comme d'ailleurs l'ancienne salle à manger. Et même si la route passe juste en face, il n'y a aucun bruit. L'accueil est très gentil. Une adresse sans prétention dans un village très préservé.

Accès (carte n° 12) : à 40 km à l'ouest de Colmar par D 417 (col de la Schlucht). Au lieu-dit Le Collet, prendre à droite par D 23 jusqu'au Valtin.

Les Griffons

Le Bourg
24310 Bourdeilles (Dordogne)
Tél. 05.53.45.45.35 - Fax 05.53.45.45.20
M. et Mme Lebrun
Web : griffons.fr - E-mail : griffons@griffons.fr

Catégorie ★★★ **Fermeture** de 7 octobre au 19 avril **Chambres** 10 avec tél., s.d.b. et w.c. **Prix** des chambres simples et doubles : 450 à 550 F / 68,60 à 83,85 € - Petit déjeuner : 48 F / 6,97 €, servi de 8 h 15 à 10 h - Demi-pension : 375 à 420 F / 57,17 à 64,03 € (par pers., 3 jours min.) **Carte de crédit** Visa **Divers** chiens admis (40 F / 6,10 €) - Parking **Alentour** clocher de l'église abbatiale, grottes de Brantôme ; dolmen "Peiro-Levado" ; Bourdeilles ; grottes de Villars ; châteaux de Puymarteau, de Saint-Jean-de-Côle ; abbaye de Chancelade ; domaine de Saltgourde ; Marsac - Golf 18 trous à Périgueux **Restaurant** service de 12 h 30 à 14 h, 19 h 30 à 21 h - Fermé du lundi au jeudi à midi en haute saison et aussi le vendredi à midi en basse saison - Menus : 125 à 199 F / 19,06 à 30,33 € - Carte - Spécialités : foie gras frais de canard ; magret de canard mariné au Pécharmant.

La Dronne coule paisiblement au pied de ce superbe village dominé par l'un des plus beaux châteaux de la région. En contrebas, à l'entrée d'un pont datant du XIIIe siècle, l'hôtel profite d'un emplacement des plus séduisants. A l'intérieur, on a laissé la part belle aux pierres de taille lisses et blanches et aux vieux éléments de bois. La salle à manger, de style rustique, ouvre sur une terrasse où l'on sert en été face à la verdure. Très récemment rénovées, les chambres sont aménagées sobrement. On y retrouve toujours des murs unis aux teintes pastel, d'amusantes appliques colorées, un mobilier de style et, dans certaines, des poutres et une belle cheminée en pierre. Une accueillante adresse très sérieusement tenue.

Accès (carte n° 23) : à 22 km au nord de Périgueux, à 9 km de Brantôme par CD 78 - Bourdeilles. Sur A 10, sortie Angoulême, sur A 20, sortie Limoges.

Le Chatenet

Le Chatenet
24310 Brantôme (Dordogne)
Tél. 05.53.05.81.08 - Fax 05.53.05.85.52 - M. et Mme Laxton
E-Mail : chatenet@wanadoo.fr

Catégorie ★★★ **Fermeture** de novembre à avril **Chambres** 10 (2 climatisées) avec tél., s.d.b., w.c., (4 avec t.v.) ; 1 chambre pour handicapés (– 20 %) **Prix** des chambres doubles : 500 à 590 F / 76,22 à 89,94 € ; suites : 890 F / 135,68 € - Petit déjeuner : 60 F / 9,16 €, servi de 8 h 30 à 10 h **Cartes de crédit** Visa, Access **Divers** chiens bienvenus - Piscine chauffée, tennis, billard - Parking **Alentour** clocher de l'église abbatiale ; grottes de Brantôme ; dolmen "Peiro-Levado" ; Bourdeilles ; grottes de Villars ; châteaux de Puymarteau, de Saint-Jean-de-Côle ; abbaye de Chancelade ; domaine de Saltgourde ; Marsac - Golf 18 trous à Périgueux **Pas de restaurant** à l'hôtel.

Dans une jolie campagne à proximité de Brantôme, ce *Chatenet*, que son propriétaire Philippe Laxton qualifie de "maison de famille ouverte aux amis et aux amis des amis", constitue un très agréable lieu de séjour. Il s'agit de bâtiments à la belle architecture XVIe Vous y trouverez de superbes chambres, entièrement capitonnées de tissu, meublées avec beaucoup de goût et dotées de superbes salles de bains. Salon et salle à manger sont des plus chaleureux mais, l'été, c'est la loggia qui connaît le plus grand succès (notamment lors des excellents petits déjeuners). Pas de restaurant sur place mais de nombreux établissements à proximité : *Le Moulin de l'Abbaye, Le Fil de l'eau, Les Jardins de Brantôme* et *Le Saint-Sicaire*. Une belle et très accueillante maison.

Accès (carte n° 23) : à 27 km au nord de Périgueux, à 1,5 km de Brantôme par CD 78 - Bourdeilles.

Domaine de la Roseraie

24310 Brantôme (Dordogne)
Tél. 05.53.05.84.74 - Fax 05.53.05.77.94
M. Roux
E-mail : domaine.la.roseraie@wanadoo.fr - Web : domaine-la-roseraie.com

Catégorie ★★★ **Ouverture** du 14 mars au 10 janvier **Chambres** 8 et 2 suites (4 climatisées) avec tél., s.d.b., w.c. et t.v. satellite ; accès handicapés **Prix** des chambres doubles : 540 à 730 F / 82,32 à 111,29 € ; suites : 920 à 950 F / 140,25 à 144,83 € - Petit déjeuner : 65 F / 9,90 €, servi de 7 h 30 à 10 h 30 - Demi-pension : 595 à 810 F / 90,71 à 123,48 € (par pers. en chambre double) **Cartes de crédit** acceptées **Divers** chiens admis - Piscine - Parking fermé **Alentour** clocher de l'église abbatiale de Brantôme, musée de la Miniature, grottes de Villars ; Bourdeilles ; château de Saint-Jean-de-Côle ; abbaye de Chancelade ; Marsac - Golf 18 trous à Périgueux **Restaurant** service de 12 h à 15 h, 19 h à 21 h - Menus : 165 à 295 F / 25,15 à 44,97 € - Carte - Spécialités : foie gras mi-cuit "maison" ; tournedos de canard aux poires rôties au monbazillac.

À 800 m. de Brantôme, dans un parc de 4 hectares, le *Domaine de la Roseraie* se compose de deux corps de logis disposés en angle et d'une tour périgourdine protégeant une charmante petite cour généreusement pourvue en mobilier de jardin. Dès qu'il fait soleil, on y sert les petits déjeuners et des rafraîchissements à proximité des roses. L'intérieur est très *cosy,* la salle de restaurant donnant sur la nature est tapissée de tableaux, et le petit salon au canapé jaune s'agrémente d'une cheminée flambant aux jours gris. Toutes les chambres ont été redécorées : meubles de famille, carreaux au sol, tissus raffinés et même parfois un trompe-l'œil, et les salles de bains sont à nouveau irréprochables. A noter pour les familles une suite en "duplex" qui sera, elle, refaite très prochainement. L'ensemble donne toujours de plain-pied sur l'extérieur, avec entrées indépendantes. C'est le grand calme.

Accès (carte n° 23) : à 1 km du centre de Brantôme direction Angoulême.

Manoir d'Hautegente

24120 Coly (Dordogne)
Tél. 05.53.51.68.03 - Fax 05.53.50.38.52
Mme Hamelin et Patrick Hamelin

Catégorie ★★★ Fermeture de novembre à mars **Chambres** 15 (dont 8 chambres ou duplex climatisés) avec tél., s.d.b., w.c., t.v. satellite et minibar **Prix** des chambres doubles et duplex : 530 à 1 100 F / 80,80 à 167,69 € - Petit déjeuner : 75 F / 11,43 €, servi de 8 h 30 à 10 h - Demi-pension : 550 à 850 F / 83,85 à 129,58 € (par pers., demandée en juillet-août) **Carte de crédit** Visa **Divers** chiens admis - Piscine chauffée, parcours de pêche - Parking **Alentour** grotte de Lascaux ; abbaye de Saint-Amand-de-Coly ; Sarlat ; manoir d'Eyrignac ; jardin de l'Imaginaire ; Hautefort **Restaurant** service à 20 h - Menus : 250 à 380 F / 38,11 à 57,93 € - Carte.

Ancien moulin à draps et forge de l'abbaye des moines guerriers de Saint-Amand-de-Coly, et propriété de la même famille depuis près de trois siècles, cette gentilhommière offre une halte raffinée dans cette belle vallée où noyers et chênes s'alignent avec élégance. La rivière qui y serpente se brise en chantonnant devant le manoir. Des canards se promènent près des rives, attendant de finir en confits ou foies gras, mis en vente à la réception. Les magnifiques chambres, comme l'enfilade de salons, bénéficient du charme et de l'âme des meubles de famille. Toutes ont été décorées avec goût : allure et confort s'y marient parfaitement. Les tissus tendus sur les murs ou assemblés en rideaux sont splendides. Dans la dépendance du meunier, se trouvent une grande suite au rez-de-chaussée avec meubles anciens et, à l'étage, quatre duplex décorés de tissus *Pierre Frey* et de meubles de famille. Accueil attentif et chaleureux. Une très belle adresse.

Accès (carte n° 23) : à 30 km au sud-ouest de Brive par N 89 vers Périgueux. Au Lardin-Saint-Lazare, D 704 puis D 62 vers Sarlat-Souillac.

Hôtel Cro-Magnon

24620 Les Eyzies-de-Tayac (Dordogne)
Tél. 05.53.06.97.06 - Fax 05.53.06.95.45
M. et Mme Leyssales
E-mail : cromagnon@minitel.net

Catégorie ★★★ **Fermeture** du 10 octobre au 8 mai **Chambres** 18 et 4 appartements, avec tél., s.d.b. ou douche, w.c. et t.v. **Prix** des chambres doubles : 350 à 600 F / 53,36 à 91,47 € ; suites : 650 à 900 F / 99,09 à 137,20 € - Petit déjeuner : 50 F / 7,63 €, servi de 8 h à 10 h - Demi-pension : 350 à 550 F / 53,36 à 83,85 € (par pers., 3 j. min.) **Cartes de crédit** acceptées **Divers** chiens admis (30 F / 4,57 €) - Piscine - Parking **Alentour** Les Eyzies : grottes et musée national de la Préhistoire ; Le Bugue : grotte de Bara-Bahau et gouffre de Proumeyssac, Bournat ; Limeuil ; grotte de Lascaux à Montignac - Golf 18 trous de la Croix-de-Mortemart au Bugue **Restaurant** service de 12 h à 14 h, 19 h 30 à 21 h 15 - Fermé les mercredi, jeudi et vendredi à midi sauf jours fériés - Menus : 140 à 280 F / 21,34 à 42,69 € - Carte - Spécialités : escalope de foie de canard au vinaigre de cidre ; salade d'escargots et fèves à l'oie séchée ; croustillant d'anguilles aux châtaignes ; truffes en croustade.

Cet ancien relais de diligences est dans la famille depuis plusieurs générations. Les deux salons dont les tons s'harmonisent très bien avec le rocher qui affleure et le bois des meubles rétros sont pleins de charme. Dans l'un d'eux a été aménagé un petit musée préhistorique. Vous avez le choix entre une jolie salle à manger dans le style des lieux et une autre, récente mais très bien intégrée et s'ouvrant sur une terrasse ombragée. Par beau temps, on peut néanmoins être servi dans le jardin. Bonne cuisine copieuse arrosée de vins bien choisis. Les chambres sont personnalisées et confortables. Très fréquentée en été, la route principale longe l'hôtel ; on préférera donc, pour le calme, celles de l'annexe qui donnent toutes sur le parc de deux hectares agrémenté d'une piscine.

Accès (carte n° 23) : 45 km au sud-est de Périgueux par N 89 et D 710, puis D 47.

Le Moulin de la Beune

24620 Les Eyzies-de-Tayac (Dordogne)
Tél. 05.53.06.94.33 - Fax 05.53.06.98.06
M. et Mme Soulié

Catégorie ★★ Fermeture du 1er novembre au 1er avril **Chambres** 20 avec tél., s.d.b. ou douche et w.c. **Prix** des chambres doubles : 300 à 370 F / 45,73 à 56,41 € - Petit déjeuner : 42 F / 6,40 €, servi de 8 h à 10 h 30 - Demi-pension : 360 à 460 F / 54,88 à 70,13 € (par pers. 2 j. min.) **Cartes de crédit** acceptées **Divers** chiens admis - Parking **Alentour** Les Eyzies : grottes et musée national de la Préhistoire ; Le Bugue : grotte de Bara-Bahau et gouffre de Proumeyssac, Bournat ; Limeuil ; grotte de Lascaux à Montignac - Golf 18 trous de la Croix-de-Mortemart au Bugue **Restaurant** service de 12 h à 14 h 30, 19 h à 21 h 30 - Fermé les mardi midi et mercredi midi - Menus : 125 à 400 F / 19,06 à 70,13 € - Carte - Spécialités : pigeonneau cuit en cocotte avec foie gras, cèpes et ail confit ; truffe entière en croûte de sel et ses tartines de foie gras mi-cuit ; ris de veau poché aux jeunes morilles.

En contrebas de la route, dans l'un des lieux les plus visités de France, cet ancien moulin jouit d'un calme étonnant. Bercées par le cours de la Beune qui fait encore tourner la roue du moulin, les petites terrasses du jardin invitent au repos. Dans l'entrée, le salon s'organise autour d'une grande cheminée alors que, juste à côté, une salle dotée de petites tables et de fauteuils en châtaignier est utilisée selon l'heure, pour l'apéritif ou le petit déjeuner. Décorées avec élégance et sobriété, les chambres viennent d'être refaites dans des tonalités claires, lumineuses et reposantes. Quant au restaurant, il occupe un autre moulin contigu à l'auberge et sa rénovation est tout aussi soignée. On y prépare le pain maison ainsi que des spécialités périgourdines à base de truffes servies dans la grande salle aux pierres et poutres apparentes ou dans le jardin, au pied des falaises préhistoriques. Accueil agréable, familial et professionnel.

Accès (carte n° 23) : à 45 km au sud-est de Périgueux par N 89 et D 710, puis D 47 ; au cœur du village.

Le Château

24150 Lalinde-en-Périgord (Dordogne)
Tél. 05.53.61.01.82 - Fax 05.53.24.74.60
M. Gensou

Catégorie ★★★ **Fermeture** du 20 décembre à mi-février; 3e semaine de septembre et dimanche soir de novembre à fin mars **Chambres** 7 avec tél., s.d.b., w.c. et t.v. **Prix** des chambres doubles : 300 à 900 F / 45,73 à 137,20 € - Petit déjeuner : 68 F / 10,37 €, servi de 8 h à 10 h - Demi-pension (obligatoire en juillet-août) : 340 à 660 F / 51,83 à 100,62 € (par pers.) **Cartes de crédit** acceptées **Divers** chiens admis - Piscine **Alentour** circuits des bastides et des vignobles, vallées de la Vézère et de la Dordogne **Restaurant** fermé le lundi (sauf le soir en juillet-août) - Menus : 125 à 300 F / 19,06 à 45,73 € - Carte - Spécialité : escargots farcis au foie gras et beurre de noix.

Surplombant la Dordogne, cet hôtel bénéficie d'un emplacement remarquable et calme non loin de la place de cette gracieuse petite ville. Depuis l'autre rive, l'édifice du XVe siècle remodelé et agrandi au XIXe ressemble presque à un décor d'opérette. L'intérieur est intimiste avec son tout petit salon au charme un peu désuet et sa salle à manger très lumineuse donnant, côté rivière, sur la terrasse où se trouve une toute petite piscine et où sont servis les repas. Confortables et décorées de couleurs sobres, la plupart des chambres donnent plus ou moins directement sur la Dordogne. Monsieur Gensou, qui se dit lui-même régionaliste et dont la carte des vins ne comporte que des crus locaux et bordelais, s'installe chaque jour aux fourneaux où il cuisine avec soin des spécialités maison basées sur les produits d'un terroir qu'il connaît parfaitement. Une bien sympathique étape.

Accès (carte n° 23) : à 20 km à l'est de Bergerac sur la vallée de la Dordogne direction Sarlat (D 29).

Domaine de la Barde

24260 Le Bugue (Dordogne)
Route de Périgueux
Tél. 05.53.07.16.54 - Fax 05.53.54.76.19
M. Darnaud

Catégorie ★★★ **Fermeture** du 15 octobre au 12 avril **Chambres** 18 avec tél., s.d.b. ou douche, w.c. et t.v. ; 2 chambres handicapés **Prix** des chambres doubles : 450 à 1 250 F / 68,60 à 190,56 € - Petit déjeuner-buffet : 70 F / 10,67 €, servi de 8 h à 10 h 30 **Carte de crédit** Visa **Divers** chiens admis sur réservation (50 F / 7,63 €) - Piscine, tennis, sauna (60 F / 9,16 €) - Parking **Alentour** Le Bugue : grotte de Bara-Bahau et gouffre de Proumeyssac ; Limeuil - Golf 18 trous de la Croix-de-Mortemart au Bugue **Restaurant** menus de 140 à 220 F / 21,34 à 33,54 €.

Ce domaine du XIVᵉ, remanié au XVIIIᵉ et réhabilité par ses actuels propriétaires, allie aujourd'hui confort et plaisir. L'hôtel propose des chambres, toutes différentes, dont le nom évoque tantôt les anciens maîtres de maison, tantôt une plante, tantôt l'histoire du lieu. Réparties dans trois édifices différents, elles occupent ainsi le manoir, l'ancien moulin à huile de noix (plus rustiques mais disposant aussi d'un grand confort avec, pour certaines, une entrée indépendante sur le jardin) et un petit pavillon de style Mansart. Certes, le bruit de la route peut être perceptible depuis certaines chambres du côté du moulin et du petit pavillon, mais l'on s'y sent toujours très bien. Ajoutez à cela un beau parc qui recèle de nombreux coins d'agrément et un jardin à la française reconstitué mais dont on pourrait croire qu'il a toujours été là. Enfin, pour dîner, un restaurant avec terrasse vient d'être aménagé dans un vaste bâtiment un peu à l'écart dans le parc et nous espérons qu'il sera à la hauteur de ce très beau domaine.

Accès (carte n° 23) : à 47 km au sud-est de Périgueux par N 89 jusqu'à Niversac, D 710 jusqu'au Bugue.

Hôtel du Manoir de Bellerive

24480 Le Buisson-de-Cadouin (Dordogne)
Route de Siorac
Tél. 05.53.22.16.16 - Fax 05.53.22.09.05 - M. Clevenot

Catégorie ★★★ **Fermeture** du 3 janvier au 28 février **Chambres** 24 climatisées avec tél., s.d.b. ou douche, w.c., t.v. et minibar **Prix** des chambres simples et doubles : 520 à 1 200 F / 79,27 à 182,94 € - Petit déjeuner : 65 à 95 F / 9,91 à 14,48 €, servi de 8 h à 11 h **Carte de crédit** Visa **Divers** chiens admis - Piscine, tennis, sauna et hammam (120 F / 18,29 €) - Parking **Alentour** Le Bugue : grotte de Bara-Bahau et gouffre de Proumeyssac ; musée de la Préhistoire aux Eyzies - Golf 18 trous de la Croix-de-Mortemart au Bugue **Restaurant** fermé le lundi, le mardi midi et le mercredi midi. Service de 12 h à 14 h et de 19 h 30 à 22 h - Menus : 160 à 475 F / 24,39 à 72,41 € - Carte.

En bordure de la Dordogne, ce château Napoléon III profite d'un beau parc à l'anglaise. Au rez-de-chaussée, un vaste hall à colonnades dessert le salon, le bar anglais et les ravissantes salles à manger. Un escalier à double révolution mène aux chambres. Elégantes, extrêmement confortables, elles sont plus vastes au premier étage, plus intimes au second. D'autres, situées dans l'orangerie, sont souvent décorées de façon plus contemporaine et s'adaptent particulièrement bien aux familles. Partout, la décoration est très élaborée : peintures patinées, marbres en trompe l'œil, superbes tissus… L'ensemble est au calme, excepté le parc qui souffre un peu de la proximité de la route. Dès les beaux jours, les petits déjeuners sont servis en terrasse. Passionné par son hôtel, M. Clevenot veille avec attention et enthousiasme à la réussite de votre séjour. Dans ce but, il a confié les plaisirs de la table au très talentueux Eric Barbé, qui vous régalera d'une cuisine fine, précise, bien enracinée dans son terroir, à notre avis l'une des toutes meilleures de la région.

Accès (carte n° 23) : à 47 km au sud-est de Périgueux par N 89 jusqu'à Niversac, puis D 710 jusqu'au Bugue et D 31.

La Métairie

24150 Mauzac (Dordogne)
Tél. 05.53.22.50.47 - Fax 05.53.22.52.93.
M. Heinz Johner
E-mail : metairie.la@wanadoo.fr - Web : la-metairie.com

Catégorie ★★★ Fermeture de fin octobre à fin mars **Chambres** 10 avec tél., s.d.b., w.c. et t.v. (7 avec minibar) **Prix** des chambres doubles : 580 à 770 F / 88,40 à 117,40 €; suites : 950 à 1 150 F / 144,83 à 175,30 € - Petit déjeuner : 70 F / 10,70 €, servi de 8 h à 10 h 30 - Supplément demi-pension : + 280 F / 42,70 € (par pers., 2 j. min.) **Cartes de crédit** acceptées **Divers** chiens admis - Piscine, vélos - Parking **Alentour** vallée préhistorique de la Vézère ; châteaux de la vallée de la Dordogne ; vignobles de Bergerac ; Les Eyzies - Golf 18 trous de la Croix-de-Mortemart au Bugue **Restaurant** service de 12 h à 13 h 30, 19 h à 21 h 30 - Menus : 240 à 300 F / 36,60 à 45,73 € - Carte.

C'est à quelques kilomètres du fameux méandre en fer à cheval du Cingle de Trémolat, dans cette belle vallée où les grandes boucles de la Dordogne traversent une mosaïque de cultures, que se trouve *La Métairie*. Installé dans une jolie maison de campagne et aménagé avec goût, cet hôtel profite d'une jolie vue et d'un jardin très soigné avec une piscine autour de laquelle vous pourrez, en été, déjeuner légèrement. Les chambres sont réparties dans les différentes ailes de la maison ; toutes sont agréables, simples et confortables. Si certaines d'entre elles viennent d'être rénovées sobrement dans un esprit campagne, d'autres attendent leur nouveau décor. Séparées entre elles par des haies vives, de petites terrasses sont aménagées devant les chambres qui donnent de plain-pied sur le jardin. A côté de la salle à manger, un salon est souvent réchauffé par le feu qui crépite dans la cheminée. L'accueil est agréable, et la cuisine du restaurant, parfumée et appétissante, achèvera de vous ravir.

Accès (carte n° 23) : à 68 km au sud de Périgueux par N 89 et D 70 jusqu'au Bugue, puis D 703 et bifurcation pour Mauzac.

Hôtel de La Ferme Lamy

24220 Meyrals (Dordogne)
Tél. 05.53.29.62.46 - Fax 05.53.59.61.41
M. Bougon

Catégorie★★★ Ouverture toute l'année **Chambres** 12 (2 climatisées) avec tél., s.d.b. ou douche, w.c. et t.v. (10 avec minibar) ; 1 chambre handicapés **Prix** des chambres doubles : 420 à 920 F / 64,03 à 140,25 € - Petit déjeuner : 50 F / 7,63 € **Cartes de crédit** acceptées **Divers** chiens admis (45 F / 6,86 €) - Piscine - Parking **Alentour** Sarlat ; vallée de la Vézère, Lascaux (route préhistorique) ; châteaux de la vallée de la Dordogne ; triangle d'or des Bastides ; vignobles de Bergerac ; Les Eyzies ; musée du Tabac à Bergerac - Golf 9 trous de Rochebois **Pas de restaurant** à l'hôtel.

Près par la distance mais loin par l'ambiance touristique qui caractérise les splendides sites des vallées de la Dordogne et de la Vézère, cet hôtel, comme son nom l'indique, est une ancienne ferme. Situé au sommet d'une colline, dans un lieu d'ombre et de verdure où l'on découvre un magnifique panorama de la région, vous y jouirez d'un calme et d'une détente absolus. Réparties dans divers bâtiments, les 12 chambres récentes sont confortables et elles ont conservé le caractère ancien de leur origine. Un large choix vous est proposé, selon qu'elles sont situées dans les dépendances ou dans la maison principale. Les petits déjeuners avec confitures, brioche et pain maison se prennent sur une belle terrasse ombragée. Il n'y a pas de restaurant à l'hôtel mais l'éventualité d'une demi-pension dans deux établissements voisins en fera un lieu de séjour plein de qualités. N'hésitez donc pas à questionner monsieur Bougon sur les différentes possibilités qui vous sont offertes.

Accès (carte n° 23) : à 12 km à l'ouest de Sarlat direction Périgueux par D 6 puis D 47, au lieu-dit Bénivès, à gauche, par C 3 direction Meyrals.

La Roseraie

24290 Montignac-Lascaux (Dordogne)
11, place d'Armes
Tél. 05.53.50.53.92 - Fax 05.53.51.02.23
M. Guimbaud

Catégorie ★★★ Fermeture du 31 octobre au 1er avril **Chambres** 14 avec tél., s.d.b. ou douche, w.c. et t.v. **Prix** des chambres doubles : 350 à 590 F / 53,36 à 89,94 € - Petit déjeuner : 55 F / 8,38 € - Demi-pension : 350 à 490 F / 53,36 à 74,70 € (par pers., obligatoire en été) **Cartes de crédit** acceptées **Divers** chiens admis - Piscine **Alentour** grotte de Lascaux ; abbaye de Saint-Amand-de-Coly ; Sarlat ; manoir d'Eyrignac ; Hautefort - Golf 18 trous à Brive-la-Gaillarde **Restaurant** service de 12 h à 14 h, 19 h à 21 h 30 - Menus : 145 à 215 F / 22,11 à 32,78 € - Carte - Spécialités : foie gras frais chaud aux fraises ; confit ; tournedos sauce Périgueux ; tarte aux fruits.

Installée sur le quai de la Vézère qui traverse ce village tout proche de la grotte de Lascaux, *La Roseraie* présente, côté place d'Armes, la façade d'une belle grosse maison de ville du XVIIIe siècle. Côté rivière, une terrasse ombragée, prolongée par un ravissant jardin fleuri de roses où est installée une piscine, sert de cadre en été pour les repas, servis le reste du temps dans deux petites salles à manger séparées par un salon. Réparties dans les étages, les chambres sont toutes différentes et agréables. Demandez en priorité celles donnant sur le jardin ou sur la Vézère et celles, plus jeunes et plus gaies, dont la décoration a été refaite (jolis tissus, mobilier décoré de motifs peints à la main). De même, réservez pour vos séjours les deux grandes chambres avec parquet et vue sur la rivière. Le propriétaire, qui fait lui-même ses conserves de produits du Périgord, propose des spécialités gastronomiques du terroir. Une adresse tranquille et gourmande.

Accès (carte n° 23) : à 37 km au sud-ouest de Brive-la-Gaillarde par N 89 direction Périgueux jusqu'au Condat, puis suivre direction Lascaux.

La Plume d'Oie

Au Bourg 24250 La Roque-Gageac (Dordogne)
Tél. 05.53.29.57.05 / 05.53.28.94.93 - Fax 05.53.31.04.81
Mark et Hiddy Walker

Fermeture du 15 novembre au 20 décembre et du 25 janvier à début mars ; le lundi **Chambres** 4 sur réservation avec tél., s.d.b., w.c., t.v. et minibar **Prix** des chambres simples et doubles : 420 à 500 F / 64,03 à 76,22 € - Petit déjeuner : 70 F / 10,67 € (10 F / 1,52 € en chambre), servi de 8 h à 9 h 30 **Carte de crédit** Visa **Divers** chiens admis (25 ou 40 F / 3,81 ou 6,10 €) **Alentour** vieille ville et maison de La Boétie à Sarlat ; châteaux de Puymartin et de Commarques ; Carsac ; grotte de Lascaux Font-de-Gaume - Golf 9 trous à Vitrac **Restaurant** service de 12 h 15 à 13 h 15, 19 h 30 à 21 h 30 - Menus : 220 à 320 F / 33,54 à 48,78 € - Carte.

L es pieds dans la Dordogne, adossées à une gigantesque falaise, les maisons de La Roque-Gageac se serrent les unes contre les autres et forment un splendide décor. Vous trouverez *La Plume d'Oie* le long de l'unique rue qui sert aussi de digue. Il s'agit d'un excellent restaurant à la réputation justifiée et auquel on a ajouté quatre petites chambres charmantes (uniquement réservables pour ceux qui dînent à l'hôtel). Lumineuses, modernes et simplement aménagées avec un mobilier de bois clair et des tissus crème parfois rehaussés d'une touche de couleur. Trois s'ouvrent sur la rivière, à peine séparée d'elle par la largeur de la route. Cette situation exceptionnelle a son revers car l'on entend la circulation, ce qui peut poser problème en juillet, août… Pour les inconditionnels du silence, mieux vaut alors réserver la chambre donnant sur le rocher. Succulents petits déjeuners et accueil des propriétaires plein de caractère et parfois d'humour.

Accès (carte n° 23) : à 8 km au sud de Sarlat-la-Canéda.

Hôtel L'Abbaye

24220 Saint-Cyprien-en-Périgord (Dordogne)
Rue de l'Abbaye-des-Augustins
Tél. 05.53.29.20.48 - Fax 05.53.29.15.85 - M. et Mme Schaller

Catégorie ★★★ **Fermeture** du 15 octobre au 15 avril **Chambres** 24 avec tél., s.d.b. ou douche et w.c. (t.v. sur demande) **Prix** des chambres doubles: 460 à 780 F / 70,13 à 118,91 €; suite: 750 F / 114,34 € - Petit déjeuner: 60 F / 9,16 €, servi de 8 h à 10 h - Demi-pension: 440 à 640 F / 67,08 à 97,57 € (par pers.) **Cartes de crédit** Amex, Visa **Divers** chiens admis - Piscine - Parking **Alentour** gouffre de Proumeyssac; Sarlat, Le Bugue, châteaux de Beynac, Castelnaud, Campagne, Les Eyzies - Golf 9 trous de Rochebois **Restaurant** service de 19 h 30 à 21 h 30 - Menus: 155 à 360 F / 23,63 à 54,88 € - Carte - Spécialités: foie gras poêlé aux fruits; œufs brouillés aux truffes; feuilleté d'asperges.

Toute la beauté du Périgord noir se retrouve dans le paysage de Saint-Cyprien. Sur un horizon de collines et de forêts, la petite cité médiévale s'accroche au flanc du coteau qui descend jusqu'à la Dordogne. L'ancienne abbaye des Augustins a donné son nom à cette grande maison bourgeoise du XVIIIe où la pierre noble a été conservée à nu. Le salon, aménagé dans une cuisine du XVIe, conserve son évier, sa vaste cheminée et son four à pain. Le reste de la maison est beaucoup plus classique. Les chambres, toutes différentes, offrent un bon niveau de confort. Nos préférées sont situées dans les étages de la maison principale. Dans l'une des annexes, deux grandes chambres donnent sur une petite cour intérieure très plaisante (évitez celles donnant sur la rue). Partout, la décoration reflète l'atmosphère d'une grande maison de campagne où il fait bon vivre. Agréable jardin en terrasse avec piscine. Cuisine de qualité, légère, préparée par Yvette Schaller. Accueil prévenant et chaleureux.

Accès (carte n° 23): à 54 km au sud-est de Périgueux par N 89 et D 710 jusqu'au Bugue, puis D 703 et D 35 jusqu'à Saint-Cyprien.

Hostellerie Saint-Jacques

24470 Saint-Saud-Lacoussière (Dordogne)
Tél. 05.53.56.97.21 - Fax 05.53.56.91.33
M. et Mme Babayou

Catégorie ★★★ Fermeture de la Toussaint à début mars ; le dimanche soir et le lundi hors saison **Chambres** 18 et 3 appart., avec tél., s.d.b., w.c., t.v. et minibar **Prix** des chambres simples et doubles : 280 à 550 F / 42,69 à 83,85 € ; appart. : 750 F / 114,34 € - Petit déjeuner : 50 F / 7,63 € ; brunch au bord de la piscine - Demi-pension : 330 à 450 F / 50,31 à 68,60 € (par pers., 2 j. min.) ; en appart. (2 adultes et 2 enfants) : 1 350 F / 205,81 € **Cartes de crédit** Amex, Visa **Divers** chiens admis - Piscine chauffée, tennis - Parking fermé **Alentour** abbaye de Brantôme ; Saint-Jean-de-Côle - Golf 18 trous de Saltgourde **Restaurant** service de 12 h 30 à 13 h 30, 19 h à 21 h / 22 h en juillet-août - Fermé dimanche soir et lundi hors saison - Menus : 120 à 310 F / 18,29 à 47,26 € - Carte - Spécialités : soupe de cèpes au foie gras poêlé ; saint-jacques aux truffes, réduction de lait de parmesan.

L'*Hostellerie Saint-Jacques* a gardé les vastes proportions d'une maison périgourdine du XVIIIe siècle. Les chambres sont toujours différenciées par leurs jolis tissus et leur mobilier de style. Toutes sont confortables, gaies, lumineuses, décorées avec goût et recherche. Dans certaines, on a installé un petit coin-salon et les bibliothèques, dignes d'Arsène Lupin, s'ouvrent pour vous permettre d'accéder à la (luxueuse) salle de bains. En bas, si la salle à manger, élégamment habillée de jaune et bleu, a quelque chose de méridional, la cuisine n'en reste pas moins authentiquement périgourdine. Excellente, elle utilise des produits de qualité et sait rester légère. L'été, quelques tables sont dressées sous les érables. A noter, des prix spéciaux pour des "Accès forfait week-end" ou "forfait détente au vert" (5 jours, à partir de 3000 F pour 2 personnes en demi-pension).

Accès (carte n° 23) : à 58 km au nord de Périgueux par N 21 jusqu'à La Coquille, puis D 79.

La Maison des Peyrat

2001

24200 Sarlat (Dordogne)
Le Lac de la Plane
Tél. 05.53.59.00.32 - Fax 05.53.28.56.56 - Nathalène et Olivier Arnoux
Web : perso.net-up.com/maisondespeyrat - E-mail : maisondespeyrat@net-up.com

Catégorie ★★ **Fermeture** du 15 novembre au 1er avril **Chambres** 5 avec tél., s.d.b., w.c. et t.v. **Prix** des chambres selon saison : 250 à 580 F / 38,11 à 88,42 € - Petit déjeuner : 40 F / 6,10 €, servi de 9 h à 12 h - Demi-pension : 265 à 430 F / 68,68 à 100,74 € **Cartes de crédit** Visa, Diners **Divers** chiens admis - Piscine - Parking **Alentour** grotte de Lascaux ; jardins d'Eyrignac et de Marqueyssac ; vallées de la Dordogne et de la Vézère - Golf de Rochebois 9 trous **Restaurant** pour résidents uniquement. Service de 19 h 30 à 20 h 30 - Menu : 100 F / 15,24 €.

Sur les hauteurs de Sarlat, cette élégante maison de plain-pied vient d'être transformée en hôtel par Nathalène et Olivier. Jeunes et accueillants, ils ne sont évidemment pas étrangers à l'ambiance informelle qui règne ici et l'on ne s'en plaindra pas, même si l'heure tardive du petit déjeuner ne fait pas forcément l'affaire des lève-tôt. Très plaisant, l'aménagement des parties communes associe un mobilier rustique de bon goût à des couleurs unies déclinées en vert, rouge et bleu sur les coussins et les housses des confortables sièges. Même réussite dans les chambres, en camaïeu de beige et de blanc avec des sols en jonc de mer et quelques touches de bois et de rotin. Egalement modernes, les salles de bains, carrelées de blanc sont des plus agréables. D'une simplicité raffinée, la cuisine est à l'image du lieu et, si le choix peut sembler limité, c'est signe que l'on privilégie ici les produits du marché. Vous les dégusterez dans une agréable salle à manger lumineuse et gaie ou, s'il fait beau, en terrasse, face au jardin et à ses grands arbres. Une très sympathique adresse à prix raisonnables.

Accès (carte n° 23) : à Sarlat prendre direction Sainte-Nathalène jusqu'à la gendarmerie. Panneaux face à la gendarmerie, sur la droite en montant.

Le Chaufourg en Périgord

24400 Sourzac (Dordogne)
Tél. 05.53.81.01.56 - Fax 05.53.82.94.87
M. Dambier
E-mail : chaufourg.hotel@wanadoo.fr

Ouverture toute l'année (l'hiver sur réservation) **Chambres** 7 et 2 suites (5 climatisées), avec tél., s.d.b., w.c. et t.v. (4 avec minibar) **Prix** des chambres : 860 à 1 350 F / 131,10 à 205,79 € ; suites à partir de : 1 600 F / 243,90 € - Petit déjeuner : 85 F / 12,96 €, servi de 8 h à 11 h **Cartes de crédit** acceptées **Divers** chiens admis sur demande - Piscine - Parking fermé **Alentour** Saint-Emilion ; Brantôme ; Bergerac ; forêt de la Double ; Aubeterre ; abbaye de Chancelade ; vallées de la Dronne et de la Vézère - Golf 18 trous à Périgueux **Restaurant** réservé aux résidents, sur réservation - Carte.

Une très belle adresse que cette élégante demeure familiale du XVIIᵉ, qui n'est pas vraiment un hôtel. Monsieur Dambier a en effet restauré la maison de son enfance "afin d'y créer le décor raffiné dont il rêvait pour mieux recevoir ses amis". Ainsi, vous trouverez au *Chaufourg* tout ce dont vous pouvez rêver en voyage : un très grand confort, un accueil de qualité, et ces nombreux "plus" qui font la différence, à savoir une décoration (qui a fait les belles pages des magazines spécialisés), où meubles anciens se mêlent aux objets personnels, de nombreux petits détails personnels tels que des revues, des livres, un billard… Sans oublier tous les secrets à connaître pour mieux profiter de ce coin de Périgord. Le jardin surplombant l'Isle est merveilleux et promet d'excellents moments, qu'il s'agisse de paresser au bord de la piscine, de lire ou de rêver sous les ombrages du parc, ou encore de flâner en barque le long de la rivière. Dîner sur réservation, avec une carte qui accorde une large part à la cuisine périgourdine.

Accès (carte n° 23) : à 30 km au sud-ouest de Périgueux par N 89, direction Mussidan.

Le Vieux Logis

24510 Trémolat (Dordogne)
Tél. 05.53.22.80.06 - Fax 05.53.22.84.89
M. Giraudel
E-mail: vieuxlogis@relaischateaux.fr

Catégorie ★★★★ Ouverture toute l'année **Chambres** 24 avec tél., s.d.b., w.c., t.v. et minibar **Prix** des chambres simples et doubles: 880 à 1 480 F / 134,23 à 225,76 €; suites: 1 820 F / 277,62 € - Petit déjeuner: 95 F / 14,48 €, servi de 8 h à 11 h **Cartes de crédit** acceptées **Divers** chiens admis - Piscine - Parking **Alentour** musée du tabac à Bergerac; Lanquais; bastide de Sainte-Foy-la-Grande - Golf 18 trous des Vigiers à Monestier, golf 9 trous du Rochebois à Vitrac **Restaurant** service de 12 h à 13 h 30, 19 h à 21 h - Menus: 220 à 420 F / 33,56 à 64,07 € - Carte - Bistrot (fermé le jeudi) - Menus : 65 et 100 F / 9,92 et 15,25 €.

Depuis quatre siècles, la même famille habite cette superbe propriété transformée en hôtel par la mère de monsieur Giraudel. Les nombreux bâtiments qui la composent sont tous plus charmants les uns que les autres. Il y a, outre le corps principal, le séchoir à tabac, la maison du jardinier, le logis des champs… Pas une chambre qui soit semblable à une autre mais des points communs: l'extrême confort, le calme, et une superbe décoration raffinée jusque dans le détail où meubles anciens s'accordent à merveille aux tissus Souleiado. Avant de rejoindre le restaurant, vous pourrez profiter d'un beau jardin à la française. Les deux salles à manger sont magnifiques. Petite avec des boiseries très claires pour l'une, immense et surmontée par un salon à balustrade (l'ancien fenil) pour l'autre. Les gourmets y trouveront leur bonheur, les esthètes aussi. Aux salons est venu s'ajouter, cette année, un bar-fumoir pour permettre aux amateurs de profiter sereinement des plaisirs du tabac.

Accès (carte n° 23): à 54 km au sud de Périgueux par N 89 jusqu'à Niversac, puis D 710 jusqu'au Bugue et D 81.

Villa Térésa - Hôtel Semiramis

33120 Arcachon (Gironde)
4, allée de Rebsomen
Tél. 05.56.83.25.87 - Fax 05.57.52.22.41 - Mme Baurès

Catégorie ★★★ Ouverture toute l'année **Chambres** 20 avec tél., s.d.b. ou douche, w.c. et t.v. sur demande **Prix** des chambres doubles : 530 à 760 F / 80,80 à 115,86 € - Petit déjeuner : 68 F / 10,38 € **Carte de crédit** Visa **Divers** petits chiens admis, sauf au restaurant (40 F / 6,09 €) - Piscine - Parking **Alentour** bassin d'Arcachon : dune du Pyla ; Cap-Ferret ; étangs de Hourtins-Carcans, Lacanau ; Bordeaux ; le Bordelais **Pas de restaurant** à l'hôtel.

Au cœur d'un fabuleux ensemble de villas néo-gothiques, mauresques, coloniales, etc., où l'aristocratie côtoyait la haute bourgeoisie et le monde médical, *Térésa* fut très courageusement sauvée de la ruine par monsieur et madame Baurès. Dans le hall, les boiseries enserrant de vastes compositions décoratives en faïence accompagnent le mouvement de l'escalier et s'achèvent sur une galerie à l'étage. Les chambres sont réparties entre la maison et un petit pavillon près de la piscine. Les premières sont sobrement décorées dans des tonalités pastel parfois un peu ternes (vieux rose ou brun pâle), les secondes s'agrémentent de plus jolis tissus et toutes sont parfaitement tenues. Une lumineuse et élégante salle à manger décorée d'un plafond à fresques sert de cadre à un remarquable petit déjeuner dont la composition change chaque jour. Enfin, pour dîner, vous pourrez rejoindre *Chez Yvette* et déguster des produits de la mer. Une adresse reposante où vous trouverez un accueil aimable mais pas toujours disponible compte tenu du manque de personnel.

Accès (carte n° 22) : à Arcachon, suivre les panneaux "Ville d'hiver" puis flèchage.

Hauterive Hôtel Saint-James

33270 Bouliac (Gironde) - 3, place Camille-Hostein
Tél. 05.57.97.06.00 - Fax 05.56.20.92.58 - M. Amat
E-mail : stjames@atinternet.com

Catégorie ★★★★ Fermeture janvier **Chambres** 18 climatisées avec tél., s.d.b., w.c., t.v. et minibar **Prix** des chambres : 800 à 1 100 F / 121,96 à 167,69 € ; suites : 1 300 à 1 700 F / 198,18 à 259,16 € - Petit déjeuner : 100 à 120 F / 15,24 à 18,29 €, servi à partir de 7 h **Cartes de crédit** acceptées **Divers** chiens non admis - Piscine chauffée, sauna - Parking **Alentour** Bordeaux : musées, théâtre Port-de-la-Lune - Golfs 18 trous de Cameyrac et Golf bordelais **Restaurant** service de 12 h à 14 h, 19 h à 22 h - Fermeture les lundis et mardis (sauf en juin et juillet) - Menus : 400 F / 60,98 € - Carte - Spécialités : fondant d'aubergines au cumin ; salade d'huîtres au caviar et sa crépinette.

Voici un lieu hors du commun à l'architecture contemporaine. Réalisé par l'architecte Jean Nouvel, le restaurant de Jean-Marie Amat s'affirme d'année en année comme l'un des hauts lieux de la gastronomie nationale. L'hôtel occupe trois pavillons traités comme d'anciens séchoirs à tabac, reliés par une galerie. Leurs larges fenêtres dominent les vignes, la Garonne, Bordeaux, et la disposition des lits s'aligne toujours dans l'axe de cette vue. Tons blanc ou crème interrompus çà et là par un tapis chatoyant ou l'éclair gris de l'acier. Un confort hautement technologique (qu'il faut apprendre à maîtriser), des volumes qui respectent l'intimité d'une maison et le miracle a lieu : ce qui aurait pu être froid devient chaleureux. Un excellent bistrot, qui donne sur l'élégante cour intérieure, jouxte le restaurant et on y dîne agréablement pour une somme nettement plus modique. Une adresse étonnante, qui a ses inconditionnels.

Accès (carte n° 22) : à 5 km à l'est de Bordeaux ; prendre la rocade jusqu'à la sortie n° 23 ; tourner à droite premier feu, à gauche au second. L'hôtel est en face de la poste, sur la place du village.

La Maison du Bassin - Le Bayonne

Lège 33970 Cap-Ferret (Gironde)
5, rue des Pionniers
Tél. 05.56.60.60.63 - Fax 05.56.03.71.47

Fermeture du 3 janvier au 5 mars **Chambres** 7 avec tél., douche et w.c. **Prix** des chambres : 550 à 750 F / 83,85 à 114,34 € - Petit déjeuner : 50 F / 7,63 €, servi jusqu'à 11 h 30 **Cartes de crédit** Amex, Visa **Divers** petits chiens admis **Alentour** réserve banc d'Arguin ; Bordeaux ; le Bordelais - Golf 18 trous de Lacanau **Restaurant** Le Bistrot du Bassin, service de 20 h à 23 h - Fermé le mardi sauf juillet-août - Menus : 170 à 210 F / 25,92 à 32,01 €.

Après Saint-Tropez et l'île de Ré, Cap-Ferret, refuge d'été des familles bourgeoises bordelaises, devient à son tour, une station mode. *La Maison du Bassin* constitue l'adresse idéale pour un magazine de décoration. Derrière sa façade en bois, bien dans la tradition de ce quartier ostréicole, les chambres ont chacune des objets et un mobilier anciens qui évoquent un thème. Il y a "Louisiane", "Cabane de pêcheur", "Maison du bassin"... Notre préférence va à la numéro 3 "Cabine de bateau" d'où l'on peut apercevoir le bassin. Toutes offrent un confort particulièrement raffiné. Le charme de ce petit hôtel où vous trouverez un accueil très informel, c'est aussi son bon restaurant qui propose des spécialités locales et un superbe chariot de desserts. C'est également son bar, *Le Tchanqué*, qui s'inspire des ambiances coloniales et où l'on ne peut rater l'alignement de bocaux où macèrent différentes et subtiles variétés de punch. Autres adresses à ne pas manquer : *Fredelian*, le célèbre pâtissier-glacier pour ses cannelets, *Le Sail Fish* pour sa bonne cuisine et son ambiance après minuit ou encore, pour déjeuner ou prendre un verre, l'inévitable *Pinasse Café*.

Accès (carte n° 22) : à 65 km au sud-ouest de Bordeaux.

Hôtel des Pins

33950 Cap-Ferret (Gironde)
23, rue des Fauvettes
Tél. 05.56.60.60.11 - Fax 05.56.60.67.41
M. Rohr

Catégorie ★★ **Fermeture** du 12 novembre au 31 mars **Chambres** 14 avec tél., s.d.b. ou douche et w.c. **Prix** des chambres doubles : 329 et 445 F / 50,15 à 67,83 € - Petit déjeuner : 38 F / 5,80 € - Demi-pension : 285 à 310 F / 43,45 à 47,26 € (par pers.) **Cartes de crédit** Amex, Visa **Divers** chiens admis sur réservation **Alentour** dune du Pyla ; île aux oiseaux ; réserve banc d'Arguin ; Bordeaux ; le Bordelais - Golf 18 trous de Lacanau **Restaurant** service de 19 h à 23 h - Menu : 110 F / 16,77 € - Spécialités : pavé de morue fraîche à l'aïoli ; thon grillé à la bordelaise ; brochette de magret à l'orange ; agneau de Pauillac ; assiette aux trois saumons ; escargots ; piquillos.

L'*Hôtel des Pins* est un charmant petit hôtel du début du siècle de style arcachonnais, rénové dans son esprit d'origine. Bâti au milieu d'un jardin fleuri d'hortensias et de rosiers, en plein cœur de Cap-Ferret, dans un quartier calme, il se trouve proche des plages du bassin d'Arcachon (cinquante mètres) et des plages de l'océan Atlantique (sept cents mètres). Atmosphère d'une véritable maison familiale avec un décor "pitchpin et lambris" dans les très petites chambres décorées à l'ancienne. A remarquer, l'accrochage des toiles du peintre local : Malrieux. Le dîner qui propose quelques bonnes spécialités est, en été, servi sur la terrasse surplombant le jardin qu'ombrage l'albysia (on peut également y prendre une formule-déjeuner pour 65 F). En rentrant de la plage et avant de regagner l'hôtel, un petit détour s'impose chez *Fredelian*, le célèbre pâtissier-glacier de Cap-Ferret. Accueil décontracté.

Accès (carte n° 22) : à 65 km au sud-ouest de Bordeaux par D 106, direction Lège, Cap-Ferret.

Le Pavillon de Margaux

33460 Margaux (Gironde)
Tél. 05.57.88.77.54 - Fax 05.57.88.77.73
Mme Laurent et Mme Gonzalez

Fermeture en janvier **Chambres** 14 avec tél., s.d.b., w.c., t.v. et minibar; chambre handicapés **Prix** des chambres simples ou doubles : 480 à 660 F / 73,18 à 100,62 € - Petit déjeuner-buffet : 60 F / 9,16 €, servi de 7 h 30 à 10 h - Demi-pension : 330 F / 50,31 € (par pers.) **Cartes de crédit** Amex, Visa **Divers** chiens admis - Parking **Alentour** le Médoc; le Bordelais; Bordeaux - Golf 36 trous du Médoc **Restaurant** service de 12 h à 14 h, 19 h 30 à 22 h - Fermé mercredi midi en basse saison - Menus : 95 à 270 F / 14,48 à 41,16 € - Carte - Spécialités : poêlée de langoustines au jambon de canard fumé et dés de foie gras chaud; crépinette de daurade rôtie aux champignons.

Château-margaux... ce nom évoquerait à lui seul toute la noblesse des grands crus du Médoc. Rien de mieux pour visiter les chais du château (tous les jours sauf samedi, dimanche et jours fériés) qu'une étape au *Pavillon de Margaux*. Construit récemment sur l'emplacement de l'ancienne école communale, cet hôtel s'inspire de l'architecture "margalaise" du XIXe siècle. Les chambres au décor classique et feutré ont été aménagées en partenariat avec les châteaux médocains. Toutes offrent un bon confort même si le bruit de la route peut se faire entendre quand les fenêtres sont ouvertes. Le restaurant propose une cuisine sincère et authentique dans une belle salle à manger. Mais, dès les beaux jours, on sert sur la terrasse abritée, avec vue sur les célèbres vignobles. L'ensemble est impeccable, élégant, peut-être un peu guindé, très bordelais...

Accès (carte n° 22) : à 30 km au nord-ouest de Bordeaux, A 10 vers Mérignac, sortie n° 7, direction Pauillac.

Château Cordeillan-Bages

33250 Pauillac (Gironde)
Tél. 05.56.59.24.24 - Fax 05.56.59.01.89
M. Alain Rabier

Catégorie ★★★★ **Fermeture** mi-décembre et janvier **Chambres** 25 avec tél., s.d.b., w.c., t.v. et minibar; accès handicapés; ascenseur **Prix** des chambres simples et doubles: 800 à 1 420 F / 121,96 à 216,48 € - Petit déjeuner: 80 à 100 F / 12,21 à 15,24 €, servi de 7 h 30 à 10 h 30 **Cartes de crédit** acceptées **Divers** chiens admis - Parking **Alentour** Médoc ; Bordeaux - Golf du Médoc, 36 trous **Restaurant** service de 12 h 15 à 14 h, 19 h 30 à 21 h 30 - Fermé samedi midi, lundi, et mardi midi - Menus: 290 à 480 F / 44,21 à 73,18 € - Carte - Spécialités: foie chaud poêlé sur pêche confite, cordon de porto réduit; agneau de Pauillac rôti à la broche; crème chocolat aux épices.

Cette petite presqu'île du Médoc, sur la rive gauche de la Garonne et de la Gironde qui, le long de la célèbre départementale D 2, aligne des centaines de châteaux viticoles (*Château Margaux, Château Latour, Château Lafite, Mouton-Rothschild…*), est connue dans le monde entier. Rénovée en 1989, cette ancienne chartreuse du XVIIᵉ siècle a gardé son caractère médocain d'origine tout en s'équipant du confort le plus moderne. Confort dont bénéficient les vingt-cinq chambres situées dans des ailes construites récemment tout autour d'un jardin intérieur calme et serein. Aménagées avec beaucoup de raffinement, elles sont de couleurs gaies. Les salons sont chaleureux, et la grande salle à manger dont la terrasse s'ouvre directement sur les vignobles nous rappelle que nous sommes ici au siège de l'école du bordeaux qui reçoit amateurs et professionnels désireux d'approfondir leurs connaissances. Un expert-sommelier vous conseillera à table et pour vos achats. Accueil très attentif et souriant.

Accès (carte n° 22): à 45 km au nord-ouest de Bordeaux, A 10 vers Mérignac, sortie n° 7 dir. Le Verdon; à la sortie d'Ezines D 2 "Route des Châteaux".

Le Couvent des Herbes

40320 Eugénie-les-Bains (Landes)
Tél. 05.58.05.06.07 - Fax 05.58.51.10.10
M. et Mme Guérard

Catégorie ★★★★ **Fermeture** du 3 janvier au 9 février **Chambres** 8 avec tél., s.d.b., w.c., t.v. et minibar **Prix** des chambres : 1 800 à 2 100 F / 274,41 à 320,14 €; suites : 2 000 à 2 400 F / 304,90 à 365,88 € - Petit déjeuner : 150 F / 22,87 €, servi de 7 h 30 à 10 h 30 **Cartes de crédit** acceptées **Divers** chiens admis (200 F / 30,48 €) - Piscine, tennis, thermes - Parking **Alentour** Aire-sur-l'Adour - Golf 9 trous à 1,5 km **Restaurant** "Les Prés d'Eugénie", service de 12 h à 14 h 30, 19 h à 22 h - Fermé mercredi, jeudi midi (sauf du 16/07 au 28/08 et jours fériés) - Menus : 610 à 830 F / 92,99 à 126,53 € - Carte - Spécialités : oreiller moelleux de mousserons ; saint-pierre au plat ; gâteau mollet.

A u cœur des Landes de Gascogne, Eugénie-les-Bains doit sa célébrité à deux familles : l'une impériale la mit à la mode au XIXe, quand l'impératrice Eugénie venait "prendre les eaux" ; l'autre passionnée, les Guérard lui ont donné son renom actuel. L'histoire commence avec *Les Prés d'Eugénie*, internationalement connu pour la cuisine de Michel Guérard. Depuis, les améliorations ne cessent de transcender le parc, foisonnant de palmiers, de bananiers, de magnolias… et les édifices voisins. Tel ce couvent XVIIIe, ancien pensionnat de jeunes filles, qui n'attendait pour revivre que le talent de Christine. C'est aujourd'hui le merveilleux *Couvent des Herbes*, tout de douceur, d'harmonie et de raffinement, avec ses 8 exquises chambres-salons, si belles que l'on voudrait les essayer toutes : "Temps des cerises" pour mieux goûter le parfum des roses anciennes, ou "Belle Nonnette" pour sa belle charpente de chêne ou "Jardin Secret" qui donne sur le jardin d'herbes… Si une semaine de remise en forme fait partie de votre calendrier vacances, n'hésitez pas, vous serez traité "impérialement" à la *Ferme Thermale*.

Accès (carte n° 29) : à 25 km au sud de Mt-de-Marsan par D 124, direction Pau.

Les Logis de la Ferme aux Grives

40320 Eugénie-les-Bains (Landes)
Tél. 05.58.05.05.06 - Fax 05.58.51.10.10
M. et Mme Guérard

Catégorie ★★★ Fermeture du 3 janvier au 9 février **Chambres** 4 logis-suites avec tél., s.d.b., w.c., t.v., minibar **Prix** des chambres : 1 800 à 2 400 F / 274,41 à 365,88 € - Petit déjeuner : 120 F / 18,29 €, servi de 8 h 30 à 10 h - Semaines à thèmes (tarifs sur demande) **Carte de crédit** Visa **Divers** chiens admis (200 F / 30,48 €) - Piscine, tennis, ferme thermale - Parking **Alentour** cathédrale ; musée de faïences de Samadet ; cloître des Jacobins à Saint-Sever - Golf 9 trous à 1,5 km **Restaurant** service de 12 h à 14 h, 20 h à 21 h 45 - Fermé lundi et mardi sauf du 16 juillet au 26 août et jours fériés - Menu : 210 F / 32,01 € - Spécialité : épaule d'agneau de lait rôtie.

Ce petit village d'Eugénie méritait-il encore une sélection ? Nous répondrons que toute initiative mettant la qualité et le charme à l'honneur mérite bien une page et c'est sans conteste le cas des *Logis de la Ferme aux Grives*. Entièrement restaurée dans la meilleure tradition du pays, cette ancienne ferme a retrouvé ses vieux murs en gros galets roulés de l'Adour, ses grandes cheminées, ses sols en terre cuite. Deux salles : le Café du village pour déguster les bons vins de la région et vous régaler du plat du jour, la grande salle-auberge avec un alléchant menu qui met à l'honneur les recettes de famille. Les Logis occupent une noble maison de maître mitoyenne. Christine Guérard a ressuscité ici une nouvelle ambiance poétique, et l'atmosphère d'une aristocratique demeure de campagne. Résultat irrésistible : vieux matériaux savamment patinés, meubles, tableaux et objets anciens qui ont toujours appartenu à la maison et des salles de bains belles comme des salons. Accueil tout en gentillesse.

Accès (carte n° 29) : à 25 km au sud de Mont-de-Marsan par D 124, direction Pau.

La Maison Rose

40320 Eugénie-les-Bains (Landes)
Tél. 05.58.05.05.05 - Fax 05.58.51.10.10
M. et Mme Guérard - MM. Hardy et Leclercq

Catégorie ★★ Fermeture du 3 au 21 décembre et du 3 janvier au 10 février **Chambres** 26 et 5 suites avec tél., s.d.b., w.c. et t.v. **Prix** des chambres simples et doubles : 550 à 700 F / 83,85 à 106,71 €; suites avec cuisinette à l'ancienne : 800 à 950 F / 121,96 à 144,83 € - Petit déjeuner-buffet : 100 F / 15,24 €, servi de 8 h à 9 h 30 - Pension : 750 à 1 150 F / 114,34 à 175,32 € (par pers., 3 jours min.) **Cartes de crédit** acceptées **Divers** chiens admis (100 F / 15,24 €) - Piscine, tennis, cure thermale - Parking **Alentour** cathédrale, orgues et crypte d'Aire-sur-Adour - Golf 9 trous à 1,5 km **Restaurant** service à 13 h et 20 h - Menu : 210 F / 32,01 € - Spécialité : cuisine minceur.

Depuis toujours Michel et Christine Guérard ont su marier leur art. L'art gastronomique de Michel et l'art du bien recevoir de Christine qui a fait des trois maisons d'Eugénie des modèles de charme. Si *Les Prés* et les *Thermes* ont un ravissant côté colonial et si *Le Couvent aux Herbes* est devenu une petite merveille, *La Maison Rose* a, quant à elle, opté pour une décoration plus champêtre. Bel assortiment de couleurs toniques, blanc et jaune dans les salons en enfilade du rez-de-chaussée, couleurs douces pour les chambres. Outre l'hébergement traditionnel, *La Maison Rose* propose une formule "Poids plume, prix plume" avec ses quatre à cinq soins thermaux quotidiens et la possibilité de suivre des cours de "cuisine minceur" pour un prix raisonnable en pension complète. Tout au long du séjour, vous vous délecterez de la désormais célèbre cuisine du maître, à moins que vous n'optiez pour un repas de fête rustique à *La Ferme aux Grives*, la délicieuse auberge villageoise maison. On peut aller aussi faire des soins à la superbe *Ferme Thermale*.

Accès (carte n° 29) : à 25 km au sud de Mont-de-Marsan par la D 124, direction Pau. Aéroports : Pau 45 km, Bordeaux 150 km.

Pain, Adour et Fantaisie

40270 Grenade-sur-Adour (Landes)
14-16, place des Tilleuls
Tél. 05.58.45.18.80 - Fax 05.58.45.16.57
M. Garret

Catégorie ★★★ Ouverture toute l'année **Chambres** 11 climatisées avec tél., s.d.b. (9 avec jacuzzi), w.c., t.v., coffre-fort et minibar ; accès handicapés **Prix** des chambres doubles : 380 à 800 F / 57,93 à 121,96 € ; appartements : 1 300 F / 198,18 € - Petit déjeuner : 75 F / 11,45 € - "Week-end de charme" : 2 750 F / 419,23 € pour 2 pers. - "Soirée Fantaisie" : 1 430 F / 218,00 € pour 2 pers. (sauf juillet-août) **Cartes de crédit** acceptées **Divers** chiens admis (50 F / 7,63 €) - Parking, garage (50 F / 7,63 €) **Alentour** parc régional des Landes de Gascogne ; circuit des bastides ; visite des chais du bas Armagnac et du Madiran organisée par l'hôtel - Golf 18 trous à Mont-de-Marsan **Restaurant** service de 12 h à 14 h, 20 h à 22 h - Fermé dimanche soir, lundi et mercredi à midi (sauf jours fériés) - Menus : 165 à 380 F / 25,15 à 57,93 € - Carte.

Côté village, cette superbe auberge à colombage du XVIIᵉ siècle ouvre sur les arcades de la grande place carrée. Côté rivière, une terrasse fraîche et ombragée (salle à manger d'été) et les grands balcons traditionnels de certaines chambres donnent directement sur l'Adour. Voici un lieu de charme, de calme et de plaisir. Les chambres aux noms évocateurs de nature sont vastes et claires. Décorées avec talent, elles ont toutes beaucoup de cachet et des salles de bains très confortables. La salle à manger a gardé ses boiseries anciennes, on y goûte la bonne cuisine de Philippe Garret qui arrive à tenir le pari d'offrir une telle qualité à un prix étonnant. L'accueil est très sympathique. Encore une très bonne adresse, qui invite à faire le voyage des Landes.

Accès (carte n° 29) : à 15 km au sud de Mont-de-Marsan par N 124. Aéroports : Pau 65 km ; Bordeaux 120 km.

Auberge des Pins

40630 Sabres (Landes)
Route de la Piscine
Tél. 05.58.08.30.00 - Fax 05.58.07.56.74 - M. et Mme Lesclauze
Web : aubergedespins.fr - E-mail : reception@auberge-des-pins.com

Catégorie ★★★ **Ouverture** toute l'année - Fermeture dimanche soir et lundi en basse saison **Chambres** 25 avec tél., s.d.b. ou douche (8 avec bain balnéo), w.c., t.v. ; 1 chambre handicapés **Prix** des chambres simples et doubles : 300 à 480 F / 45,73 à 73,18 € ; suites : 650 F / 99,09 € - Petit déjeuner : 50 F / 7,63 €, servi de 7 h 30 à 10 h - Demi-pension : 320 à 450 F / 48,78 à 68,60 € (par pers., 3 jours min.) **Cartes de crédit** Amex, Visa **Divers** chiens admis - Parking **Alentour** église de Sabres ; écomusée de Marquèze ; parc régional des Landes de Gascogne ; canoë-kayac sur la Leyre **Restaurant** service de 12 h à 14 h, 19 h 30 à 21 h - Menus : 100 à 400 F / 15,24 à 60,98 € - Carte - Spécialités : soupe de pêches ; foie gras poêlé, pointes d'asperges ; filets de rouget.

Dans un village perdu au milieu de l'immense forêt landaise, cette auberge perpétue de génération en génération la meilleure tradition hôtelière, avec un souci de qualité et d'accueil sans faille. Les chambres sont réparties en deux endroits : dans le corps principal, elles ont tout le confort avec un charme un peu suranné. Celles installées dans un bâtiment plus récent, merveilleusement intégré au site, sont nos préférées. Grandes, lumineuses, élégantes bien que modernes, avec de beaux tissus, de superbes salles de bains, elles ont toujours une petite terrasse. La salle à manger invite à prolonger les plaisirs de la table. Vieux meubles, cuivres, faïences, cheminée surmontée d'une rare collection de vieux armagnacs créent une ambiance chaleureuse et raffinée. Ces qualités, vous les retrouverez aussi dans la cuisine de Michel Lesclauze. Les meilleurs produits locaux y sont gastronomiquement préparés, respectant toujours les saveurs naturelles. Une réussite que nous vous recommandons vivement.

Accès (carte n° 29) : à 40 km à l'est de Mimizan, par D 44.

Les Maisons Marines d'Huchet

2001

40560 Vielle-Saint-Girons (Landes)
Tél. 05.58.05.06.07 - Fax 05.58.51.10.10 - M. et Mme Guérard

Fermeture du 4 janvier au 25 février **Chambres** 2 et 2 logis avec tél., s.d.b., w.c., t.v. **Prix** des séjours en demi-pension : 3 200 à 4 000 F / 487,84 à 609,76 € (par jour et par pers.) **Cartes de crédit** acceptées **Divers** chiens admis (150 F / 22,87 €) - Parking **Alentour** forêt landaise ; Biarritz ; Anglet ; villages basques - Golf de Moliets 18 trous **Restaurant** le soir pour les résidents.

A près maintes hésitations, nous avons choisi de vous présenter ce lieu hors normes, uniquement accessible dans le cadre d'une demi-pension à la *Ferme aux Grives* et au *Couvent des Herbes* (voir pages 58 et 59). Car vous êtes ici dans le plus confidentiel des royaumes de Christine et Michel Guérard. Leur maison du bout du monde, somptueux navire échoué sur une dune et que l'on rejoint après avoir traversé des hectares de pins sur une route qui s'achève en chemin de sable semblant conduire vers nulle part. A quelques mètres, l'Océan gronde, change de teintes au gré des heures et de l'aspect du ciel. Ce pourrait être le Kenya, un lodge où quelque riche Anglais aurait entassé de rares collections d'objets coloniaux habilement mariés à quelques antiquités européennes. Superbement intemporels les chambres et les logis (anciens hangars à bateaux transformés en luxueuses maisons) rivalisent de charme et de confort. A l'accueil, Martine orchestre avec le sourire la réussite de votre séjour tandis que Max (formé, comme il se doit, par Michel Guérard) concocte le menu du jour basé sur des produits de toute première qualité, cuisinés avec sobriété, précision et respect. La table commune est alors dressée, selon le temps, dans la salle à manger ou dehors ; le soleil du soir se pose à l'horizon et enflamme la cime des pins, les glaçons tintent dans les verres à apéritif…

Accès (carte n° 28) : compte-tenu de la complexité de l'itinéraire, un plan vous sera remis à Eugénie-les-Bains (voir pages 58 et 59).

Le Square

47220 Astaffort (Lot-et-Garonne)
5, place de la Craste
Tél. 05.53.47.20.40 - Fax 05.53.47.10.38
M. Latrille

Catégorie ★★★ **Fermeture** trois semaines en janvier **Chambres** 14 climatisées avec tél., s.d.b., w.c., t.v. et minibar; 2 chambres handicapés; ascenseur **Prix** des chambres simples et doubles: 310 à 640 F / 47,26 à 97,57 € - Petit déjeuner: 50 F / 7,63 €, servi de 7 h à 10 h **Cartes de crédit** acceptées **Divers** petits chiens admis **Alentour** Agen; bastides de Villeneuve-sur-Lot, Beauville; Prades; Auvillar; Nérac - Manifestation locale: marché fermier le lundi à Astaffort **Restaurant** service de 12 h à 14 h, 19 h 30 à 22 h - Fermé dimanche soir et lundi - Menus: 130 à 190 F / 19,82 à 28,97 € - Carte.

Après les importants changements de l'an dernier (nouveaux gérants, rénovations, agrandissements et prix en conséquence), *Le Square* confirme ses nouvelles qualités. Voici donc un hôtel de village agrandi, tout neuf, qui cache des trésors de confort et de raffinement. Les chambres sont ravissantes, mariant avec goût couleurs chaudes et imprimés de grandes marques exprimant bien les tendances décoratives actuelles. Leurs salles de bains, dans les mêmes camaïeux, sont également superbes. Deux salles à manger pour goûter à la cuisine de Michel Latrille: l'une feutrée donne sur une petite terrasse où l'on prend ses repas l'été; l'autre, fraîche et décontractée, où l'on vous servira sur de beaux guéridons en lave émaillée, jouant là aussi sur une gamme de couleurs chaudes. S'y ajoute, en été, une pergola en fer forgé escaladée par la vigne vierge et le chèvrefeuille. Une adresse de charme toute proche d'Agen.

Accès (carte n° 30): à 16 km au sud d'Agen par N 21. Par A 62 sortie n° 7 Agen.

Château de Lassalle

47310 Moirax-Laplume (Lot-et-Garonne)
Brimont
Tél. 05.53.95.10.58 - Fax 05.53.95.13.01 - M. et Mme Laurens

Catégorie ★★★ **Fermeture** quelques jours en janvier et février **Chambres** 15 avec tél., s.d.b., w.c. et t.v. **Prix** des chambres doubles: 490 à 1 090 F / 74,70 à 166,17 € - Petit déjeuner: 80 F / 12,20 € - Demi-pension: 550 à 730 F / 83,85 à 111,29 € **Cartes de crédit** Amex, Visa **Divers** chiens admis en chenil - Piscine, ball-trap - Parking **Alentour** Agen; bastides de Condom, Fourcès, Lectoure; Nérac **Restaurant** service de 12 h à 14 h 30, 19 h à 22 h - Fermé mardi hors saison - Menus: 155 à 220 F / 23,63 à 33,54 € - Spécialités: œuf coque aux cèpes; foie gras en rubans d'aubergines; croustillant d'agneau au romarin à la Blanche d'Armagnac; terrine de chocolat aux noix et pruneaux.

A seulement sept kilomètres d'Agen, située au bout d'une allée de grands chênes, cette belle maison de maître XVIIe est entourée d'un grand parc vallonné. Avant d'ouvrir cet hôtel, Jacqueline était styliste, Jean-Pierre publicitaire, mais c'est ici à présent que s'expriment leurs talents. Difficile de tout décrire en détail mais nous avons aimé l'association d'un beau mobilier ancien à des tableaux contemporains, les objets originaux chinés chez les brocanteurs, le choix des tissus et la qualité des matériaux toujours délicatement mis en valeur. Immenses ou plus intimes, les confortables chambres ont chacune leur style; les plus simples feront aussi votre bonheur. Les repas sont servis dans la véranda. Laissez-vous conseiller par Jean-Pierre, gastronome passionné et amateur de bonnes bouteilles. En cuisine, Jacqueline fait des merveilles. Là aussi son tempérament d'artiste allié à une organisation rigoureuse lui permet d'ajouter aux classiques spécialités régionales sa touche créative. Une adresse de grande qualité, très attachante, parfaite pour découvrir la région.

Accès (carte n° 30): à Agen direction rond-point de l'autoroute, puis direction Auch sur 3 km. Tourner à droite jusqu'à Moirax, à la sortie de Moirax faire 5 km.

Les Loges de l'Aubergade

47270 Puymirol (Lot-et-Garonne)
Tél. 05.53.95.31.46 - Fax 05.53.95.33.80 - M. Trama
E-mail: trama@aubergade.com - Web: aubergade.com

Catégorie ★★★★ **Fermeture** vacances scolaires de février **Chambres** 11 climatisées avec tél., s.d.b., w.c., t.v. coffre-fort et minibar; accès handicapés **Prix** des chambres doubles: 880 à 1 410 F / 134,16 à 214,95 € - Petit déjeuner: 120 F / 18,29 €, servi de 7 h 30 à 10 h 30 - Demi-pension: 2 200 F / 335,39 € (pour 2 pers., 3 j. min.) **Cartes de crédit** acceptées **Divers** chiens admis (100 F / 15,24 €) - Piscine, jacuzzi, VTT - Parking et garage (50 F / 7,62 €) **Alentour** Agen; bastides de Villeneuve-sur-Lot, Beauville; Prades; Auvillar; Nérac - Golf de Saint-Ferréol 9 trous **Restaurant** service de 12 h à 14 h, 19 h 30 à 21 h 30 - Fermé lundi midi en saison et dimanche soir et lundi hors saison - Menus: 200 F / 30,49 € (déjeuner en semaine), 295 à 680 F / 44,97 à 103,67 € - Carte - Spécialité: le double corona Trama et sa feuille de tabac au poivre.

On ne présente plus Michel Trama dont la table exceptionnelle est nationalement "étoilée", mais l'on ignore encore souvent qu'à l'*Aubergade* le gîte peut accompagner le couvert et qu'en ce domaine aussi la qualité est au rendez-vous. Installées dans les loges, dix chambres spacieuses et claires vous attendent dans une ancienne maison des comtes de Toulouse (XIIIᵉ). Décorées avec beaucoup de personnalité par madame Trama, elles associent les tonalités chaudes des vieilles terres cuites et des enduits couleur sable à quelques éléments vivement colorés (souvent bleu roi). Toutes comme leurs salles de bains invitent à la détente et au plaisir. Enfin, leur distribution autour d'un patio, dont le centre est occupé par un jacuzzi, apporte un attrait supplémentaire. A côté du village fortifié de Puymirol, une adresse haut de gamme à l'accueil professionnel.

Accès (carte n° 30): à 20 km à l'est d'Agen. Par A 62 sortie Valence-d'Agen, direction Golfech-le-Magistère, à droite puis fléchage.

Château de Scandaillac

Saint-Europe-de-Born 47210 Villeréal (Lot-et-Garonne)
Tél. 05.53.36.65.40 - Fax 05.53.36.65.40
M. et Mme Woehe
E-mail: chateau.scandaillac@wanadoo.fr

Fermeture de fin octobre à mars **Chambres** 6 non-fumeurs avec s.d.b., w.c. et téléphone portable **Prix** des chambres doubles: 570 à 630 F / 86,90 à 96,04 € - Petit déjeuner: 65 F / 9,91 €, servi de 9 h à 10 h 30 **Carte de crédit** Visa **Divers** chiens admis sur réservation - Piscine, vélos - Parking **Alentour** Montflanquin; château de Biron; Monpazier; Bastide-Cadouin; Bonaguil; Bergerac **Restaurant** service à 20 h - Fermé le mardi - Menu: 150 F / 22,87 €.

L e petit pont-levis d'opérette qui donne accès à la cour intérieure de *Scandaillac* illustre bien l'ambiance de ce château énergiquement rénové qui a conservé cependant une aile authentiquement Renaissance avec une chapelle du XIe et beaucoup d'autres vestiges: fenêtres à meneaux, poutres et sols d'origine… Le mobilier ancien et de style souvent Louis XIII a quelque chose de théâtral et de gai, les chambres aux tissus élégants sont d'un confort parfait et d'une tenue irréprochable, la vue superbe… Comme nous, vous serez également séduits par la vraie gentillesse et la disponibilité de Maren et de Klaus Woehe qui ne ménagent pas leurs efforts pour faciliter votre séjour: précieux conseils pour découvrir la région, réservation d'un restaurant ou d'une activité touristique, préparation du remarquable buffet du petit déjeuner ou des dîners (menu unique avec apéritif offert). Une agréable adresse, particulièrement appréciée par la clientèle étrangère.

Accès (carte n° 23): à 50 km au nord d'Agen direction Villeneuve-sur-Lot, à Cancon, route de Montflanquin, puis D 153 jusqu'à Saint-Vivien où l'hôtel est fléché. A 30 km au sud de Bergerac.

Hôtel Ithurria

64250 Aïnhoa (Pyrénées-Atlantiques)
Tél. 05.59.29.92.11 - Fax 05.59.29.81.28
Famille Isabal

Catégorie ★★★ Fermeture de novembre à mars, mercredi sauf juillet et août **Chambres** 27 avec tél., s.d.b., w.c. et t.v. satellite; ascenseur **Prix** des chambres simples ou doubles: 450 à 700 F / 68,60 à 106,71 € - Petit déjeuner: 50 F / 7,63 €, servi de 8 h à 10 h - Demi-pension: 520 à 600 F / 79,27 à 91,47 € (par pers., 3 j. min.) **Cartes de crédit** acceptées **Divers** chiens admis - sauna, salle de fitness - Parking **Alentour** Biarritz; Anglet; Arcangues; Bidart; Saint-Jean-de-Luz; villages basques; forêt d'Iraty- Golf 18 trous de Biarritz, le phare - Golf 18 trous de Chiberta à Anglet **Restaurant** service de 12 h à 14 h, 19 h à 21 h - Menus: 170 à 260 F / 25,92 à 39,64 € - Carte.

Situé au cœur de l'un des "plus beaux villages de France" tout rouge et blanc, au sein des doux vallons du Pays basque, *Ithurria* est une belle auberge qui s'ouvre sur la place de l'Eglise, laquelle est aussi celle du fronton où l'on joue à la pelote basque. Ici, tradition familiale et plaisir des vacances s'allient au calme, à l'accueil et à la gastronomie. Vous trouverez aussi un grand choix de chambres confortables, toutes différentes par la taille et la décoration mais toujours agréables. Dans la grande salle à manger, l'atmosphère locale est donnée par de belles tomettes à chevrons, par la cheminée et par le bois sculpté des portes à claire-voie; on y sert avec le sourire une très goûteuse cuisine régionale créative. Ajoutez à cela un délicieux petit bar et une immense piscine au fond du jardin, vous comprendrez alors pourquoi *Ithurria* connaît un franc succès parmi les bons vivants.

Accès (carte n° 28): à 25 km au sud de Saint-Jean-de-Luz par D 918.

Hôtel Laminak

64210 Arbonne (Pyrénées-Atlantiques)
Route de Saint-Pée
Tél. 05.59.41.95.40 - Fax 05.59.41.87.65 - M. et Mme Proux
E-mail: hotel.laminak@wanadoo.fr

Catégorie ★★★ **Fermeture** mi-novembre à mi-décembre **Chambres** 12 avec tél., s.d.b. ou douche, w.c., t.v. et minibar; accès pour handicapés **Prix** des chambres doubles: 350 à 590 F / 53,36 à 89,94 € - Petit déjeuner: 60 F / 9,15 €, servi de 7 h à 12 h **Cartes de crédit** Amex, Visa **Divers** chiens admis (50 F / 7,63 €) - Parking **Alentour** le vieux Bayonne; Biarritz; Anglet et la forêt de Chiberta; Arcangues; Bidart; Saint-Jean-de-Luz; villages basques; musée Guggenheim de Bilbao (1 h 30) - Practice de golf d'Ilbarritz - Golfs 18 trous d'Arcangues et de Bussussary **Pas de restaurant** à l'hôtel mais petite collation sur demande.

Perchée sur la colline aux portes de Biarritz entre mer et montagne, cette ancienne ferme vient d'être entièrement transformée en un charmant petit hôtel. Tout autour, la campagne en vallons apporte beaucoup de calme et la possibilité de nombreux loisirs (randonnées, pêche à la mouche). Mais les plages de Biarritz ne sont aussi pas très loin. Les chambres sont attentivement décorées et dotées de tout le confort moderne, chacune avec sa personnalité. Certaines plus vastes avec un coin-salon, mais toutes sont d'un goût exquis. Vous pourrez prendre un petit déjeuner raffiné et copieux dans le jardin d'hiver aux allures coloniales, ou même un petit en-cas si vous ne voulez pas ressortir dîner. En effet, l'hôtel ne dispose pas de restaurant mais les bonnes adresses à proximité sont nombreuses. N'hésitez donc pas à questionner les jeunes propriétaires, toujours accueillants et disponibles. Citons néanmoins *L'Epicerie d'Ahetze*, *La Ferme Ostalapia* et, à Biarritz, l'excellent *Les Platanes*.

Accès (carte n° 28): à 4 km au sud de Biarritz. Sur A 63 sortie n° 4 Biarritz-La Négresse, puis D 255 direction Arbonne.

Chez Chilo

64130 Barcus (Pyrénées-Atlantiques)
Tél. 05.59.28.90.79 - Fax 05.59.28.93.10
M. et Mme Chilo

Catégorie ★★★ Fermeture du 5 janvier au 3 février, le dimanche soir et lundi en basse saison **Chambres** 11 et 1 appartement, avec tél., s.d.b. ou douche, w.c. et t.v. **Prix** des chambres doubles : 350 à 750 F / 53,36 à 114,34 € - Petit déjeuner : 50 F / 7,62 € - Demi-pension : 450 à 850 F / 68,60 à 129,58 € (pour 2 pers.) **Cartes de crédit** acceptées **Divers** chiens admis - Piscine - Parking fermé **Alentour** Festival du folklore international d'Oloron-Sainte-Marie en août ; châteaux de Moumour, de Mauléon, d'Aren ; hôpital Saint-Blaise ; Pau - Golf d'Artiguelouve **Restaurant** service de 12 h à 14 h, 19 h 30 à 21 h 30 - Fermé dimanche et lundi en basse saison - Menus : 120 à 350 F / 18,29 à 53,36 € - Carte - Spécialités : carré d'agneau "Axuria" aux raviolis de fromage de brebis ; salade paysanne aux oreilles de cochon panées ; macaron à l'Izara ; charlotte au lait de brebis.

Il faut avoir l'humeur curieuse pour s'aventurer sur l'une de ces petites routes sinueuses au cœur de cette montagne verte béarnaise, à quelques kilomètres des villages d'Aramits et de Lanne (seigneurie de Porthau), immortalisés par *Les Trois Mousquetaires* d'Alexandre Dumas. Vous ne le regretterez pourtant pas. Dans ce beau pays vous attendent en effet un restaurant à la cuisine délicieuse et un hôtel digne des plus raffinés. Cette auberge de tradition familiale a été récemment agrandie et réaménagée avec goût et originalité par la jeune madame Chilo dont le mari est chef de cuisine. L'accueil est d'une grande courtoisie.

Accès (carte n° 29) : à 16 km à l'ouest d'Oloron-Sainte-Marie. A Oloron, prendre centre-ville puis la D 24 devant la polyclinique, rue des Basques ; à la sortie du village, direction Mauléon-Licharre.

Château du Clair de Lune

64200 Biarritz (Pyrénées-Atlantiques)
48, avenue Alan-Seeger
Tél. 05.59.41.53.20 - Fax 05.59.41.53.29 - Mme Beyrière

Catégorie ★★★ **Ouverture** toute l'année **Chambres** 18 avec tél., s.d.b., w.c., t.v. et minibar **Prix** des chambres doubles : 450 à 750 F / 68,60 à 114,34 € ; 4 pers. : 780 à 850 F / 118,91 à 129,58 € - Petit déjeuner : 60 F / 9,15 €, servi de 8 h à 11 h **Cartes de crédit** acceptées **Divers** chiens admis (45 F/ 6,87 €) - Parking **Alentour** Bayonne ; Saint-Jean-de-Luz ; villages basques ; musée Guggenheim de Bilbao (1 h 30) - Thalassothérapie - Nombreux golfs **Restaurant** sur la propriété.

Cachée dans son parc au-dessus de Biarritz, cette très accueillante maison fin XIXe semble s'être prise au jeu de réveiller vos souvenirs d'enfance. A grand renfort de charmants raffinements, les pièces de réception et les chambres rivalisent de séduction, (même si leur insonorisation n'est pas toujours parfaite), avec souvent un petit côté fin de siècle adapté à notre époque et égayé. Les salles de bains ont des proportions d'un autre temps et conservent baignoires, lavabos et carrelages anciens. Généreusement ouvert sur le jardin, le vaste salon du rez-de-chaussée est très gai, lumineux, meublé de canapés jaunes et d'un piano à queue. La salle à manger, où l'on prend son petit déjeuner, autour d'une même grande table fait regretter de ne pouvoir y dîner (vous vous consolerez à l'excellent *Campagne et Gourmandises*, situé juste à côté, ou au restaurant *Les Platanes*, dans Biarritz). A noter que dans un coin du parc, gagnée par une végétation luxuriante, une maison de style colonial contient de très jolies chambres avec terrasse ou jardin privatif. Décorées dans un très élégant style actuel, elles sont très confortables et d'un bon rapport qualité-prix pour les familles. Une adresse rare.

Accès (carte n° 28) : à 4 km au sud du centre-ville par le pont de la Négresse et D 255 (route d'Arbonne).

Maison Garnier

64200 Biarritz (Pyrénées-Atlantiques)
29, rue Gambetta
Tél. 05.59.01.60.70 - Fax 05.59.01.60.80 - Jean-Christophe Garnier
E-mail : maison-garnier@hotel-biarritz.com - Web : hotel-biarritz.com

2001

Catégorie ★★★ Ouverture toute l'année **Chambres** 7 avec tél., s.d.b., w.c. et t.v. (Canal +) **Prix** des chambres doubles : 390 à 580 F / 59,46 à 88,42 € - Petit déjeuner : 40 F / 6,10 €, servi de 8 h à 11 h **Cartes de crédit** acceptées **Divers** chiens admis **Alentour** Bayonne ; Saint-Jean-de-Luz ; villages basques - Thalassothérapie - Golf 18 trous de Chiberta à Anglet **Pas de restaurant** à l'hôtel.

E lle n'a pas l'air de grand-chose, cette petite villa début de siècle. Pas de jardin, pas de vue autre que les immeubles du trottoir opposé… Pourtant, on aurait tort d'ignorer la *Maison Garnier* car elle vaut bien mieux que cette impression fugitive. Ainsi, le nombre limité de chambres donne à chacun l'impression d'être ici chez lui, sentiment confirmé par la gentillesse de l'accueil et la qualité de la décoration intérieure. Tout récemment réaménagé, l'hôtel affiche une ambiance sobre et élégante : parquet couleur d'ébène, murs blancs, tissus crème, mobilier rétro, encadrement, de cartes postales sépia du vieux Biarritz… Le ton est donné, mélange d'esprit 1930 teinté de style colonial. Vous le retrouverez aussi bien dans les confortables chambres que dans la salle du petit déjeuner où l'on se régale de viennoiseries, céréales, oranges pressées, confitures. Seul le petit salon Napoléon III fait exception avec ses velours rouges et verts, sa collection de phares miniatures et ses tableaux marins. Vous voici à deux pas du vieux port, de la Grande Plage et du rocher de la Vierge. Pour dîner, laissez-vous guider par Jean-Christophe, il connaît toutes les bonnes adresses de Biarritz.

Accès (carte n° 28) : dans Biarritz, la rue Gambetta débute place Clemenceau.

Auberge de l'Hacienda

2001

64210 Bidart (Pyrénées-Atlantiques)
Route d'Ahetze - Chemin de Bassilour
Tél. 05.59.54.92.82 - Fax 05.59.26.52.73 - Frédéric Peytavy

Catégorie ★★★ **Fermeture** du 15 novembre au 15 mars **Chambres** 11 avec tél., s.d.b., w.c., t.v.
Prix des chambres doubles : 420 à 950 F / 64,12 à 68,60 € - Demi-pension de 423 à 678 F / 64,80
à 103,01 € - Petit déjeuner : 60 F / 6,86 €, servi de 8 h 30 à 11 h **Cartes de crédit** acceptées **Divers**
chiens admis (50 F / 7,62 €) - Piscine - Parking **Alentour** Biarritz ; Anglet ; Saint-Jean-de-Luz ;
villages basques ; musée Guggenheim de Bilbao (1 h 30) - 7 golfs dans un rayon de 8 km **Restaurant**
service de 12 h à 13 h 30 et de 19 h à 21 h 30 - Menu : 150 F / 22,87 € - Carte.

A moins de cinq kilomètres des plages de Bidart et de l'agitation balnéaire
de cette station très prisée, L'*Hacienda* bénéficie d'une situation plus
verdoyante. Derrière l'hôtel, c'est déjà franchement la campagne, devant,
l'autoroute qui se devine entre les pins du jardin trouble à peine la quiétude du
lieu. Il s'agit d'une étonnante maison hispanisante, organisée autour d'un patio
vitré très joliment aménagé, avec un mobilier en fer forgé rehaussé de carreaux
de Zelliges sur fond de murs ocre-rouge et de plantes en pots. Puis on pénètre
dans le salon confortablement aménagé à grand renfort de meubles anciens,
d'objets curieux et de livres. A côté, l'élégante salle à manger permet de goûter
une alléchante cuisine méridionale. Vous retrouverez le même soin dans les
chambres, toutes différentes, de taille variable (certaines sont un peu exiguës)
et agrémentées de quelques petits meubles ou tableaux anciens. Pour le calme,
préférez celles situées latéralement ou à l'arrière. A noter, deux vastes et belles
chambres avec terrasse privée, récemment installées à proximité de la piscine.
Une adresse raffinée où vous êtes assurés de trouver une excellente ambiance.

Accès (carte n° 28) : A 63 sortie Biarritz-la-Négresse. N 10 vers Bidart. Au feu à
l'Intermarché, tourner à gauche, continuer jusqu'à la Carrosserie de la Gare,
tourner à gauche puis immédiatement à droite.

Hôtel Villa L'Arche

64210 Bidart (Pyrénées-Atlantiques)
Chemin Camboénéa
Tél. 05.59.51.65.95 - Fax 05.59.51.65.99 - Mme Salaignac
Web : villa-l-arche.com

Catégorie ★★★ Fermeture de mi-novembre à mi-février **Chambres** 8 et 1 suite avec tél., s.d.b. ou douche, w.c., t.v. et minibar **Prix** des chambres doubles : 530 à 930 F / 80,80 à 141,78 € ; suite : 930 à 1 300 F / 141,78 à 198,18 € - Petit déjeuner : 70 F / 10,67 €, servi jusqu'à 11 h **Carte de crédit** Visa **Divers** chiens admis (60 F / 9,15 €) - Parking fermé couvert gratuit **Alentour** Biarritz ; Anglet ; Saint-Jean-de-Luz et Ciboure ; villages basques ; 7 golfs dans un rayon de 8 km **Pas de restaurant** à l'hôtel.

A lui seul, ce petit hôtel mérite le détour. Comment, en effet, trouver site plus enchanteur que cette falaise fleurie, directement reliée à la plage par un escalier. Bernadette Salaignac, qui aurait pu se satisfaire d'une telle situation, s'est attachée aussi à apporter tout son talent au confort et au décor des chambres. Une paroi vitrée s'ouvre systématiquement sur une terrasse où l'on peut prendre son petit déjeuner (délicieux) et, pour six d'entre elles, contempler l'Océan. Ceux qui préfèrent s'attabler au salon bénéficient de la même vue avec, en prime, un fond de musique classique. Ici encore, la décoration est très réussie : canapé à carreaux bleus et blancs, sièges peints en gris perle, tableaux anciens, objets de collection, le tout sous l'œil goguenard d'un cochon et d'un cheval de manège. Cette ambiance très "maison" se retrouve bien sûr dans l'accueil et vous quitterez donc ce lieu en vous promettant très certainement d'y revenir… Pas de restaurant à l'hôtel, mais les bonnes adresses ne manquent pas dans les proches environs, citons *La Tantina della playa*, *Les Frères Ibarboure*, *La Ferme de l'Ostalapia* ou *La Cucaracha*.

Accès (carte n° 28) : sur N 10, entre Biarritz (7 km) et Saint-Jean-de-Luz. Dans Bidart centre, rue de l'Unabia vers les Embruns.

Lehen Tokia

64500 Ciboure (Pyrénées-Atlantiques)
Chemin Achotarreta
Tél. 05.59.47.18.16 - Fax 05.59.47.38.04 - M. Personnaz
Web : lehen-tokia.com

Catégorie ★★★ **Fermeture** du 15 novembre au 15 décembre **Chambres** 7 avec tél., s.d.b. ou douche, w.c., t.v. et minibar **Prix** des chambres simples ou doubles : 500 à 950 F / 76,22 à 144,83 € ; suite : 1 200 à 1 400 F / 182,94 à 213,43 € - Petit déjeuner : 60 F / 9,15 €, servi de 8 h 30 à 10 h **Cartes de crédit** acceptées **Divers** chiens non admis en haute saison - Piscine, sauna, billard américain **Alentour** Saint-Jean-de-Luz ; corniche basque par le sémaphore de Socoa ; villages basques ; Bayonne ; Biarritz ; musée Guggenheim de Bilbao (1 h 30) - 7 golfs dans un rayon de 20 km **Pas de restaurant** à l'hôtel.

Edifiée en 1925 sur les plans de Joseph Hiriart, cette splendide villa basque fut classée Monument historique grâce, notamment, à un pan de vitrail signé Grüber. Son commanditaire venait ici avec sa famille en villégiature. Aujourd'hui, *Lehen Tokia* est ouvert aux hôtes. L'intérieur, rafraîchi pour ne pas trop subir l'usure du temps, est intact : décoration mêlant subtilement du mobilier Art déco à quelques meubles anciens régionaux, tableaux de famille... Les volumes des pièces sont superbes, on pénètre dans le vestibule, puis on gravit quelques marches pour rejoindre le salon, lui-même bordé par l'élégante envolée d'escalier menant aux chambres. Très confortables, mais pas toujours grandes, la plupart profitent d'une vue sur l'Océan. Celle créée dans le jardin, près de la piscine, n'a que quelques meubles Art déco mais ne manque pas de charme. La suite et le salon ont l'avantage d'une baie vitrée en *bow-window* qui permet d'embrasser toute la rade. Une étonnante adresse qui pose cependant quelques problèmes de stationnement dans les rues avoisinantes.

Accès (carte n° 28) : A 63, sortie Saint-Jean-de-Luz sud, puis fléchage à Ciboure.

Hôtel Etchemaïté

2001

64560 Larrau (Pyrénées-Atlantiques)
Tél. 05.59.28.61.45 - Fax 05.59.28.72.71 - Pierre Etchemaïté
E-mail : hotel.etchemaite@wanadoo.fr

Catégorie ★★ **Fermeture** du 15 au 30 janvier **Chambres** 16 avec tél., s.d.b., w.c., et t.v. **Prix** des chambres : 220 à 340 F / 34,30 à 39,64 € - Petit déjeuner : 40 F / 6,10 €, servi de 8 h à 11 h - Demi-pension : 225 à 260 F / 34,30 à 39,64 € (par pers.) **Carte de crédit** Visa **Divers** chiens non admis - Trinquet-fronton - Parking gardé **Alentour** ski à 30 km, gorges de Kakouetta ; forêt d'Iraty ; passerelle d'Holzarté **Restaurant** service de 12 h à 14 h et de 19 h 30 à 21 h 15 - Menus : de 95 à 240 F / 14,48 à 36,59 € - Carte - Spécialité : feuilleté de ris d'agneau aux cèpes.

A près avoir parcouru les superbes paysages de Haute-Soule, approché des montagnes aux rondeurs pelées offertes à la voracité des moutons et des vaches, longé des rivières, traversé des forêts de châtaigners, de sapins ou de chênes, vous atteindrez enfin Larrau et l'*Etchemaïté* avec son élégante terrasse ombragée de platanes. En poussant plus avant, vous découvrirez la vaste salle à manger aux beau nappage et mobilier traditionnel basque sur fond de baies vitrées panoramiques (on y déguste une remarquable cuisine du terroir interprétée de manière fine et créative). Côté hôtel, intéressez-vous aux chambres qui viennent d'être refaites. Confortables et gaies avec leurs enduits teintés, elles affichent des têtes de lit en chêne clair, de jolis tissus coordonnés et s'enrichissent parfois d'une belle armoire ancienne ou d'un petit meuble rétro (les salles de bains blanches rehaussées d'une frise colorée sont impeccables). Les autres chambres sont, pour l'instant, sans intérêt, sauf au dernier étage où les 20, 21, 22, 23 disposent d'un balcon et sont agréables. Une très accueillante adresse aux prix remarquablement doux, à découvrir sans tarder !

Accès (carte n° 29) : A 4 sortie n°4 vers Bidache, puis D 11 et D 23 jusqu'à Mauléon, puis D 918 jusqu'à Tardets et D 26 jusqu'à Larrau.

Hôtel Bidegain

64130 Mauléon (Pyrénées-Atlantiques)
13, rue de la Navarre
Tél. 05.59.28.16.05 - Fax 05.59.19.10.26
Pierre Chilo
E-mail : bidegain.hotel@wanadoo.fr

Catégorie ★★ **Fermeture** du 15 au 30 janvier, samedi midi et dimanche soir hors saison **Chambres** 20 avec s.d.b. et w.c., 5 avec t.v. **Prix** des chambres doubles : 250 à 300 F / 38,11 à 45,73 € - Petit déjeuner : 45 F / 6,86 € **Cartes de crédit** acceptées **Divers** chiens admis - Garage privé (avec supplément) **Alentour** église de l'hôpital Saint-Blaise ; chemin de Saint-Jacques-de-Compostelle ; maison du Patrimoine **Restaurant** service de 12 h à 14 h, 19 à 21 h - Menu-carte : 150 F / 22,87 €.

Bonne nouvelle, le très ancien relais de voyageurs de la famille Bidegain (qui l'a conservé pendant 250 ans) vient d'être repris par la non moins talentueuse famille Chilo dont la toute proche *Auberge de Barcus* constitue déjà une précieuse adresse dans la région. Tout l'hôtel a conservé son atmosphère d'antan, ses stucs et ses boiseries. Avec leurs meubles cirés et leur décor un brin désuet, les chambres ont chacune leur charme. Celles qui donnent sur la montagne sont très agréables. L'une après l'autre seront rénovées mais, pour ne pas les dénaturer, cela prendra un peu de temps. En attendant, les prix sont doux. Inventive et de grande qualité, la cuisine est servie dans l'harmonieuse salle à manger, au plafond décoré et aux belles portes de verre gravé. L'été, vous lui préférerez néanmoins la délicieuse terrasse ombragée qui domine le cours joyeux du Gave. Comme à l'*Auberge de Barcus*, l'accueil est souriant et attentif. Une belle adresse qui reprend vie. A suivre…

Accès (carte n° 29) : A 4 sortie n° 4 vers Bidache, puis D 11 et D 23. L'hôtel est derrière le château d'Andurain.

Hôtel Arcé

64430 Saint-Etienne-de-Baïgorry (Pyrénées-Atlantiques)
Tél. 05.59.37.40.14 - Fax 05.59.37.40.27 - M. Arcé
E-mail : hotel-arce@wanadoo.fr

Catégorie ★★★ Fermeture de mi-novembre au 1er avril **Chambres** 22 avec tél., s.d.b. ou douche, w.c. et t.v. **Prix** des chambres simples et doubles : 390 à 750 F / 59,46 à 114,34 € ; suites : 800 à 900 F / 121,96 à 137,20 € - Petit déjeuner : 50 F / 7,63 €, servi de 7 h 45 à 10 h 30 - Demi-pension : 440 à 590 F / 67,08 à 89,94 € (par pers., 3 j. min.) **Cartes de crédit** Visa et Diners **Divers** chiens admis (100 F / 15,24 € par séjour) - Piscine chauffée, tennis - Parking **Alentour** vallée de la petite Nive ; Saint-Jean-Pied-de-Port ; dolmens, cromlechs - Golf 18 trous de Souraïde **Restaurant** service de 12 h 30 à 13 h 45, 19 h 30 à 20 h 30 - Fermé lundi midi du 1er octobre au 30 juin (sauf vacances et jours fériés) - Menus : 110 à 180 F / 16,77 à 27,44 € - Carte.

C'est la cinquième génération Arcé qui préside aux destinées de cette superbe auberge basque qui ne cesse de s'améliorer. Le long de l'immense salle à manger aux grandes baies vitrées répondent, à l'extérieur, de belles terrasses ombragées (où l'on sert en été) aménagées sur la berge jusqu'à un petit pont qui enjambe la Nive pour rejoindre la piscine. Les chambres donnant sur la rivière viennent d'être redécorées dans un style actuel, chaleureux et gai. Celles donnant à l'arrière sur la verdure sont classiquement meublées d'ancien et disposent d'un coin-salon qui s'illumine au soleil couchant. D'autres encore, dans l'annexe, sont plus que réussies et présentent un agrément supplémentaire avec leurs balcons qui surplombent la rivière permettant ainsi de pêcher sans même quitter sa chambre ! Partout des lectures variées sont à votre disposition, des fleurs égaient l'hôtel et l'ambiance générale doit beaucoup à la gentillesse informelle de l'accueil. Une très attachante adresse idéale pour un séjour.

Accès (carte n° 28) : à 50 km au sud-est de Bayonne par D 932 et D 918 jusqu'à Saint-Martin-d'Arossa, puis D 948 jusqu'à Saint-Etienne-de-Baïgorry.

Hôtel Arraya

64310 Sare (Pyrénées-Atlantiques)
Place du Village
Tél. 05.59.54.20.46 - Fax 05.59.54.27.04 - M. Fagoaga
E-mail: hotel@arraya.com - Web: arraya.com

Catégorie ★★★ **Fermeture** de mi-novembre à fin mars **Chambres** 20 avec tél., s.d.b. ou douche, w.c. et t.v. satellite. **Prix** des chambres simples et doubles: 395 à 595 F / 60,22 à 90,71 €; suites: 755 à 855 F / 115,10 à 130,34 € - Petit déjeuner: 50 F / 7,63 €, servi de 8 h à 10 h 30 - Demi-pension: 790 à 995 F / 120,43 à 151,69 € (pour 2 pers.) **Cartes de crédit** Amex, Visa **Divers** chiens non admis - Parking **Alentour** Villa Arnaga à Cambo; Espelette; Ascain; Saint-Jean-de-Luz; musée Bonnat à Bayonne - Golfs 18 trous de la Nivelle et de Chantaco **Restaurant** service de 12 h à 14 h, 19 h 30 à 22 h (en haute saison) - Menus: 135 à 190 F / 20,58 à 28,97 € - Carte.

Ce superbe hôtel basque, dressé à un angle de la place du village, est formé de la réunion de trois très anciennes maisons rassemblées autour d'un jardin qui échappe aux regards. Au rez-de-chaussée, de beaux salons et une salle à manger confortable doivent une part de leur charme à la patine des meubles rustiques et à l'éclat de gros bouquets de fleurs. Les chambres, toutes différentes, bénéficient de la même attention, notamment en ce qui concerne les draps et les superbes cache-couvertures. Quelques-unes ouvrent côté jardin, d'autres, plus spacieuses, regardent l'activité du village. Ajoutez-y les vieux escaliers de bois, les couloirs tortueux, l'antique poutraison et vous comprendrez pourquoi l'hôtel *Arraya* est un lieu unique. Au restaurant, la carte est longue et variée, mais les recettes régionales restent les meilleures réalisations du chef. Enfin, une petite boutique au rez-de-chaussée propose de bons produits locaux à emporter ou à déguster sur place.

Accès (carte n° 28): à 28 km au sud de Bayonne par A 63, sortie Saint-Jean-de-Luz-nord, D 918 jusqu'à Ascain et D 4 jusqu'à Sare.

La Devinière

64500 Saint-Jean-de-Luz (Pyrénées-Atlantiques)
5, rue Loquin
Tél. 05.59.26.05.51 - Fax 05.59.51.26.38 - M. Carrère

Catégorie ★★★ **Ouverture** toute l'année **Chambres** 8 avec tél., s.d.b. et w.c. **Prix** des chambres : 550 à 750 F / 83,85 à 114,34 € - Petit déjeuner : 55 F / 8,39 €, servi toute la matinée **Carte de crédit** Visa **Divers** chiens admis sous réserve (50 F / 7,63 €) **Alentour** église Saint-Jean-Baptiste de Saint-Jean-de-Luz ; corniche basque par le sémaphore de Socoa ; Bayonne ; Biarritz ; Ciboure ; musée Guggenheim de Bilbao (1 h 30) - Golfs 18 trous de la Nivelle et de Chantaco à Saint-Jean-de-Luz **Pas de restaurant** à l'hôtel.

Rien ne prédisposait M. et Mme Carrère à créer cette pension de famille (il était notaire et elle était antiquaire), si ce n'est le plaisir d'ouvrir, en plein cœur de Saint-Jean-de-Luz, un lieu de charme, de goût et de raffinement. Les huit chambres sont ravissantes, meublées de belles antiquités, tout comme le salon de musique et la bibliothèque mis à la disposition des amis-clients. L'accueil peut paraître inattendu ; en effet, en même temps que les clés de la maison, on vous donne un petit "règlement" dont il faut percevoir l'humour plus que le dirigisme. La rue piétonne (parking à proximité, voir avec l'hôtel) et le jardin assurent en plein cœur de la ville des nuits paisibles. Un salon de thé qui propose pâtisseries maison, thés et chocolat à l'ancienne, ouvert l'après-midi de 16 h à 19 h, sert aussi de salle de petits déjeuners. Pas de restaurant, mais Saint-Jean-de-Luz compte quelques bonnes adresses authentiques comme l'excellente *Taverne Basque*, *Chez Pablo*, pour ses piperades ou ses chipirons, le *Kaïku* pour ses fruits de mer, à la *Casa Amaya* pour sa cuisine "de l'autre côté" (de la Bidassoa). Dans les environs tout proches, ne ratez pas le ttorro de *Chez Mattin* à Ciboure et les poissons à la plancha de *Chez Pantxoa* à Socoa.

Accès (carte n° 28) : à 15 km au sud-ouest de Biarritz.

Grand Hôtel Montespan Talleyrand

03160 Bourbon-L'Archambault (Allier)
2-4, place des Thermes
Tél. 04.70.67.00.24 - Fax 04.70.67.12.00 - M. Livertout
E-mail : hotel montespan@wanadoo.fr - Web : hotel-montespan.com

Catégorie ★★★ Fermeture fin octobre à début avril **Chambres** 47 et 2 appartements avec tél., s.d.b. ou douche, w.c. et t.v. ; ascenseur **Prix** des chambres : 320 à 450 F / 48,78 à 68,59 €, 4 pers. : 560 F / 85,36 €, appart. : 580 à 850 F / 88,41 à 129,57 € - Petit déjeuner : 52 F / 7,92 €, servi de 7 h 30 à 10 h 30 - Demi-pension : 300 à 400 F / 45,73 à 60,97 € **Cartes de crédit** Amex, Visa **Divers** chiens admis - Piscine, salle de fitness, VTT - Garage **Alentour** château des ducs de Bourbon et de la vallée de la Besbre ; prieuré de Souvigny ; triptyque du Maître de Moulins à la cathédrale de Moulins - Golf 9 trous et 18 trous **Restaurant** service de 12 h 30 à 13 h 30, 19 h 30 à 21 h - Menus : 130 à 220 F / 19,81 à 33,54 € - Carte - Spécialités : gratin de ris de veau au jus de truffe ; filet de canette à la Duchambais.

L'hôtel tire son nom des hôtes illustres venus séjourner ici et profiter des célèbres thermes. Il s'agit de quatre maisons de ville, reliées entre elles et dotées de chambres bien aménagées. "Sévigné" et "Talleyrand" sont très vastes, meublées d'ancien, certaines avec balcon. "Capucine" a la vue sur les jardins, des meubles en rotin et d'élégants tissus fleuris. Quant à "Montespan", elle est réservée aux curistes. Au rez-de-chaussée, confortables pièces de réception et vaste salle à manger (bonne cuisine familiale) donnant sur la verdure où, l'été, il est possible de prendre son petit déjeuner. Autre atout de l'hôtel, son immense terrasse-jardin accrochée à la muraille et bordée par une tour médiévale. On y a installé une piscine et une salle de fitness, aménagé quelques rocailles fleuries, disposé tables et chaises longues. Une chaleureuse et très accueillante adresse à prix plus que raisonnables.

Accès (cartes nᵒˢ 17 et 18) : à 20 km à l'ouest de Moulins. A 71 sortie Montmarault ou Saint-Amand-Montrond puis D 953.

Château de Boussac

Target
03140 Chantelle (Allier)
Tél. 04.70.40.63.20 - Fax 04.70.40.60.03 - M. et Mme de Longueil
E-mail: longueil@club-internet.fr

Fermeture du 16 novembre au 31 mars **Chambres** 5 chambres d'hôtes avec s.d.b. et w.c. **Prix** des chambres simples et doubles: 600 à 900 F / 91,47 à 137,20 €; suites: 950 à 1 100 F / 144,83 à 167,69 € - Petit déjeuner: 55 F / 8,38 €, servi à 8 h à 10 h - Demi-pension: 1 300 F (pour 2 pers., 5 jours min.) / 198,18 € **Carte de crédit** Visa **Divers** chiens admis avec supplément - Parking **Alentour** prieuré de Souvigny; triptyque du Maître de Moulins à la cathédrale Notre-Dame à Moulins - Golf du Val-de-Cher 18 trous à Montluçon **Restaurant** Dîner en table d'hôtes: 260 à 320 F / 39,64 à 48,78 € (vin et alcools compris) sur réservation.

Boussac est un ravissant édifice aux multiples facettes mêlant l'austérité médiévale à la grâce du XVIIIᵉ siècle. Dans ce lieu rare, perdu dans la campagne bourbonnaise, les maîtres de maison vous recevront en amis et vous feront tout naturellement partager leur noble existence rurale. Chaque chambre, très confortable, est superbement décorée de meubles anciens (souvent Louis XV ou Louis XVI), souvenirs de famille, belles étoffes. Les salons ont conservé leur aménagement et leur fraîcheur de toujours pour restituer, sans aucune mise en scène, l'ambiance d'autrefois. Enfin, la grande table de la salle à manger est le théâtre de dîners conviviaux très prisés des amateurs de gibier en saison de chasse. L'argenterie, les mets, la conversation, tout participe à faire de chaque soirée une fête hors du temps.

Accès (cartes n° 18 et n° 25): à 40 km au sud de Moulins par A 71, sortie n° 11 Montmarault D 46, puis D 42 au lieu-dit Boussac (entre Chantelle et Montmarault).

Le Grenier à Sel

03100 Montluçon (Allier)
10, rue Sainte-Anne
Tél. 04.70.05.53.79 - Fax 04.70.05.87.91
M. Morlon

Fermeture dimanche soir et lundi, sauf jours fériés et saison d'été **Chambres** 6 avec tél., s.d.b. ou douche, w.c. et t.v. **Prix** des chambres doubles : 500 à 700 F / 76,22 à 106,71 € - Petit déjeuner : 55 F / 8,38 €, servi à partir de 7 h 30 - Demi-pension sur demande (3 jours min.) **Cartes de crédit** acceptées **Divers** chiens admis (25 F / 3,81 €) - Parking **Alentour** forêt de Tronçais - Evaux-les-Bains et le viaduc de Tardes (Eiffel) - Châteaux de Boussac et de Culan **Restaurant** service de 12 h 30 à 14 h (13 h 30 en hiver), 19 h 30 à 22 h (21 h 30 en hiver) - Fermé samedi midi (en hiver), dimanche soir et lundi, sauf jours fériés ; ouvert tous les jours en juillet-août - Menus : 120 à 390 F / 18,29 à 59,46 € - Carte - Spécialités : chausson de morilles ; canette fermière à la Duchambais.

Petit îlot de verdure et de tranquillité au cœur du vieux Montluçon, cette grande maison aux toits pointus date du XVIᵉ siècle. C'est peut-être ce qui explique la majesté des grands arbres qui ombragent le délicieux petit jardin sur lequel ouvre la belle salle à manger. *Le Grenier à Sel* est surtout connu et fréquenté pour son restaurant, repris il y a quelques années par Jacky Morlon (et son épouse) qui revint dans sa région natale, après un grand périple auprès de quelques-uns de nos meilleurs chefs. Tous deux ont aménagé cette maison avec beaucoup de soin : meubles anciens, objets, tableaux libèrent un sentiment de confort chaleureux et de luxe discret. Les trois chambres du premier étage sont vastes et lumineuses, elles disposent de salles de bains ultramodernes. Au second, elles sont mansardées mais tout aussi bien équipées. Accueil jeune et souriant pour cette belle adresse qui devrait vous procurer de grands plaisirs.

Accès (carte n° 17) : à 332 km au sud de Paris par A 10 jusqu'à Orléans et A 71, direction Bourges. Dans la ville médiévale, à proximité du théâtre.

Hôtel de Paris

03000 Moulins (Allier)
21, rue de Paris
Tél. 04.70.44.00.58 - Fax 04.70.34.05.39 - Yveline Gély

Catégorie ★★★ **Fermeture** du 2 au 25 janvier et du 1er au 15 août **Chambres** 23 et 4 suites, avec tél., s.d.b., w.c. minibar, ascenseur et t.v. **Prix** des chambres : 350 à 650 F / 53,36 à 99,09 € ; suites : 800 F / 121,96 € - Petit déjeuner : 60 F / 9,15 €, servi de 7 h à 11 h - Demi-pension sur demande (3 jours min.) **Cartes de crédit** acceptées **Divers** chiens admis - Piscine - Parking gardé **Alentour** musée Anne de Beaujeu - Aéro-club, canoë-kayak, VTT, golf 9 trous **Restaurant** service de 12 h 15 à 13 h 45, 19 h 15 à 21 h 15 - Menus : 160 F / 24,39 € (en semaine), 250 à 380 F / 38,11 à 57,93 € - Carte.

Sur la légendaire nationale 7, Moulins marque la limite entre l'Auvergne et la Bourgogne et conserve de nombreux vestiges moyenâgeux groupés autour de la cathédrale. C'est tout près que vous trouverez la façade un rien austère de l'*Hôtel de Paris*. L'établissement connut ses heures de gloire avant de sombrer peu à peu dans une douce torpeur. Le voici à nouveau "dans le coup" avec le rajeunissement de l'équipe : Yveline Gély, directeur et sommelier et Jean-Marc Réal aux fourneaux. Le résultat s'en ressent, d'abord dans la belle et vaste salle du restaurant où l'on déguste une très alléchante cuisine. Ensuite dans les chambres, dont l'aménagement suit deux styles bien distincts : les "standard", simples mais riantes avec leur mobilier moderne et leurs tissus orangés ; les "supérieures", vastes et dont on a conservé le mobilier rétro en le réveillant par de jolis tissus. Vous retrouverez cette touche bourgeoise et provinciale dans l'élégant salon et au bar. Enfin, à l'extérieur, une terrasse avec piscine et un grand jardin améliorent encore la qualité de vie dans cette belle adresse d'étape.

Accès (carte n° 18) : A 71, sortie Montmarault, N 7, à Moulins prendre direction "gare", l'hôtel est en centre-ville.

84

Le Tronçais

03360 Saint-Bonnet-Tronçais (Allier)
Avenue Nicolas-Rambourg
Tél. 04.70.06.11.95 - Fax 04.70.06.16.15 - M. et Mme Bajard

Catégorie ★★ **Fermeture** du 15 novembre au 15 mars, dimanche soir et lundi en basse saison **Chambres** 12 avec tél., s.d.b. ou douche, w.c. et t.v. **Prix** des chambres doubles : 300 à 380 F / 45,73 à 57,93 € - Petit déjeuner : 40 F / 6,10 €, servi de 8 h à 10 h 30 - Demi-pension : 280 à 320 F / 42,69 à 48,78 € (par pers., 3 j. min.) **Carte de crédit** Visa **Divers** chiens admis dans les chambres uniquement - Tennis - Parking **Alentour** forêt de chênes et étangs de Tronçais ; châteaux d'Ainay-le-Vieil et Meillant - Golf de Nassigny 18 trous **Restaurant** service de 12 h à 13 h 30, 19 h 30 à 21 h - Menus : 120 à 200 F / 18,29 à 30,49 € - Carte - Spécialités : terrine d'anguilles aux mûres ; sandre au gratin ; côte de veau aux cèpes ; gibier.

Cette ancienne maison bourgeoise du maître des forges de Tronçais est située dans un parc en bordure d'étang, à la lisière de l'une des plus vastes et des plus célèbres forêts domaniales de France. À l'intérieur, tout y est très calme, plaisant et plutôt raffiné. Les chambres sont soignées, confortables et souvent vastes. Il en existe également dans une petite annexe ; nous les trouvons petites, mais elles viennent d'être refaites. Un jardin gravillonné devant les deux bâtiments sert de terrasse et de bar à la belle saison. Excellente cuisine, légère et savoureuse, servie dans une charmante salle à manger. Le terrain de l'hôtel s'étendant jusqu'aux berges de l'étang, il vous est possible de vous consacrer à la pêche depuis le parc. Mais ce sont les balades en forêt, la rencontre des biches, des cerfs ou des sangliers, ou encore la découverte de chênes plusieurs fois centenaires, hauts comme des cathédrales, qui constituent l'attrait principal de ce site.

Accès (carte n° 17) : à 45 km au nord de Montluçon. Sur A 71 sortie Forêt-de-Tronçais puis N 144 et D 978 A, au lieu-dit Tronçais.

Château d'Ygrande

03160 Ygrande (Allier) - Le Mont
Tél. 04.70.66.33.11 - Fax 04.70.66.33.63 - M. Tissier
E-mail: reservation@chateauygrande.fr - Web : chateauygrande.fr

Catégorie ★★★ **Fermeture** du 10 janvier au 20 février **Chambres** 16 avec tél., s.d.b., w.c. et t.v. satellite **Prix** des chambres: 390 à 850 F / 59,46 à 129,58 € - Petit déjeuner: 55 F / 8,38 €, servi de 7 h à 10 h 30 - Demi-pension: 480 à 580 F / 73,18 à 88,42 € (3 j. min.) **Cartes de crédit** Visa, Amex **Divers** chiens admis - Billard, sauna, jacuzzi, VTT - Parking **Alentour** forêt de Tronçais; équitation - Golf de Nassigny 18 trous **Restaurant** service à partir de 12 h et de 19 h 30 - Menus: 150 à 220 F / 22,87 à 33,54 € - Carte.

A u sortir de l'épaisse forêt de Tronçais, la route fait encore quelques kilomètres, longe d'immenses paddocks, puis débouche sur la cour du château. Hennissement d'un cheval saluant l'arrivant, crissement du gravier... Le hall d'entrée ne manque pas d'allure mais c'est surtout le sublime panorama s'étirant à perte de vue qui attire le regard; rien que des prés, des bois, des lacs. Pour en profiter, quelques tables permettent de prendre un verre avant de passer au restaurant où l'on goûte à une cuisine pleine de saveur et de finesse accompagnée d'un très beau choix de vins. Côté décor, l'ambiance générale est plutôt raffinée: mobilier de style (souvent fin XVIIIe et début XIXe), boiseries à réchampi doré encadrant des panneaux de soie, revues, objets... Au premier étage, les chambres affichent de nobles volumes et des meubles choisis, parfois anciens. Confortables, lumineuses, ce sont nos préférées. Ne négligez cependant pas celles du second, également très recommandables (sauf celle éclairée par des Velux) avec leur poutraison, leur beau choix de tissus colorés et leur très agréable salle de bains. Une remarquable et très accueillante adresse.

Accès (cartes n° 17 et n° 18): à 45 km au nord de Montluçon. Sur A 71 sortie Saint-Amand-Montrond, puis N 144 et D 978 à Ygrande, fléchage.

Auberge de Concasty

15600 Boisset (Cantal)
Tél. 04.71.62.21.16 - Fax 04.71.62.22.22
Mme Causse
Web : auberge-de-concasty.com

Catégorie ★★★ Fermeture du 15 au 30 novembre et du 15 au 31 janvier **Chambres** 14 et 1 suite, avec tél., s.d.b., w.c. et t.v. **Prix** des chambres doubles : 330 à 520 F / 50,31 à 79,27 € ; suite : 620 à 760 F / 94,52 à 115,86 € - Petit déjeuner : 52 à 82 F / 7,92 à 12,50 €, servi de 9 h à 11 h 30 - Demi-pension : 340 à 460 F / 51,83 à 70,13 € (par pers., 2 j. min.) **Cartes de crédit** acceptées **Divers** chiens admis (40 F / 6,10 €) - Piscine chauffée, jacuzzi, hammam, billard - Parking **Alentour** Aurillac ; vallées du Lot et de La Truyère ; musée Champollion à Figeac - Golf 18 trous de la haute Auvergne **Restaurant** service de 12 h 30 à 13 h 30, 20 h à 21 h sur réservation - Fermé le mercredi sauf pour les résidents - Menus : 160 F à 200 F / 24,39 à 30,49 €.

L'*Auberge de Concasty* est une ancienne maison de maître qui a encore conservé sa ferme et les prés alentour. Entièrement restaurée, dotée d'une piscine et d'un jacuzzi, l'auberge a gardé son authenticité et a pris l'aspect d'une grande maison de vacances familiales. Le confort est correct, aussi bien dans les chambres que dans la suite du rez-de-chaussée et dans les salons agréablement décorés. A *Concasty*, c'est la maîtresse de maison qui est aux fourneaux pour concocter une cuisine de saison où les produits locaux sont privilégiés ; vous pourrez aussi y apprécier un bon petit déjeuner auvergnat. Une halte ou un séjour à recommander dans le Cantal avec, autour de l'hôtel, de nombreuses randonnées fléchées et un superbe golf qui vient d'ouvrir à 15 km.

Accès (carte n° 24) : à 25 km au sud-ouest d'Aurillac. A Aurillac prendre direction Cahors/Montauban par N 122 ; rouler environ 20 km, puis à Manhes tourner à gauche sur D 64, puis fléchage.

Hôtel Beauséjour

15340 Calvinet (Cantal)
Tél. 04.71.49.91.68 - Fax 04.71.49.98.63
M. Puech
Web : cantal-restaurant-puech.com

Catégorie ★★ **Fermeture** du 15 janvier à début mars, dimanche soir et lundi hors saison **Chambres** 12 avec tél., s.d.b. ou douche, w.c. et t.v. satellite **Prix** des chambres simples et doubles : 250 à 300 F / 38,11 à 45,73 € - Petit déjeuner : 40 à 60 F / 6,10 à 9,16 €, servi de 9 h à 11 h 30 - Demi-pension : 250 à 300 F / 38,11 à 45,73 € (par pers.) **Carte de crédit** Visa **Divers** chiens admis - Parking fermé **Alentour** Aurillac ; vallées du Lot et de La Truyère ; musée Champollion à Figeac ; Conques - Foire à la Châtaigne le 3e dimanche d'octobre **Restaurant** service de 12 h 30 à 14 h, 20 h à 21 h 30, sur réservation - Fermé dimanche soir et lundi hors saison, lundi midi en saison sauf jours fériés - Menus : 95, 140 à 300 F / 14,48, 21,34 à 45,73 €.

Monsieur et madame Puech sont des enfants du pays et, malgré une renommée de chef cuisinier sans cesse grandissante, Louis-Bernard a préféré rénover entièrement l'hôtel créé par ses parents plutôt que de s'installer dans une architecture plus prestigieuse, ou dans une région plus accessible mais loin de ses racines. La bâtisse n'a pas beaucoup de caractère mais l'intérieur moderne est vraiment agréable. Tout y est sobre, parfaitement tenu, y compris dans les chambres qui vont être à nouveau rafraîchies et affichent un excellent rapport qualité-prix vu leur taille et leur confort. Les principaux atouts du lieu commencent au restaurant qui s'est agrandi d'une terrasse-véranda, prolongeant la salle grande et lumineuse dominant la verdure et quelques maisons du village. Là, vous vous régalerez de cette cuisine fine et pleine d'idées pour laquelle on vient de plus en plus loin. Ambiance sympathique et prix vraiment raisonnables.

Accès (carte n° 24) : à 34 km au sud d'Aurillac, direction Rodez, D 920 jusqu'à Lafeuillade, puis Calvinet-Conques par D 601.

Auberge du Vieux Chêne

15270 Champs-sur-Tarentaine (Cantal)
34, route des Lacs
Tél. 04.71.78.71.64 - Fax 04.71.78.70.88
Mme Moins

Catégorie ★★ **Fermeture** du 1er novembre au 30 mars, le dimanche soir et le lundi, sauf en juillet et août **Chambres** 15 avec tél., s.d.b. ou douche, t.v. et w.c. **Prix** des chambres doubles : 350 à 480 F / 53,36 à 73,18 € - Petit déjeuner : 50 F / 7,63 €, servi de 8 h à 10 h - Demi-pension : 320 à 410 F / 48,78 à 62,50 € (par pers., 3 j. min.) **Cartes de crédit** Diners, Visa **Divers** chiens admis - Parking **Alentour** Bort-les-Orgues ; barrage de Bort et château de Val ; les gorges de la Dordogne, de Bort au barrage de l'Aigle (3 h) - Golf 9 trous du Mont-Dore **Restaurant** service de 12 h à 13 h 30 (le dimanche seulement), 19 h à 21 h - Menus : 140 à 230 F / 21,34 à 35,06 € - Carte - Spécialités : foie gras d'oie maison ; confit de canard aux lentilles vertes du Puy ; escalope de saumon à l'oseille.

Au bord du village et à l'écart de la route, cette ancienne ferme, où dominent la pierre et le bois, a été restaurée et agrandie sans rien perdre de son caractère. Les chambres rénovées sont une réussite. Madame Moins a choisi des couleurs gaies et raffinées, harmonisant tissus, papiers peints et petits détails décoratifs. Une seule immense pièce occupe presque tout le rez-de-chaussée. Il s'agit principalement de la salle de restaurant décorée de manière rustique et gaie avec son élégant nappage, sa série de rideaux blancs et son immense cheminée. Sur la gauche se trouve le coin-bar, en face, la vaste terrasse ombragée où, dès les beaux jours, l'on sert les petits déjeuners et les dîners (pas de déjeuner en semaine). La cuisine est d'une vraie qualité, vous la dégusterez sur fond de collines et face aux herbages où paissent quelques chevaux. Une belle adresse où vous trouverez toujours un excellent accueil.

Accès (carte n° 24) : à 93 km au nord d'Aurillac par D 922 jusqu'à Bort-les-Orgues puis D 979 et D 679.

Auberge du Pont de Lanau

Lanau
15260 Chaudes-Aigues (Cantal)
Tél. 04.71.23.57.76 - Fax 04.71.23.53.84 - M. Cornut
E-mail : cornut.jm@wanadoo.fr - Web : jm-cornut.com

Catégorie ★★ **Fermeture** janvier et février, lundi soir et mardi **Chambres** 8 avec tél., s.d.b., w.c. et
t.v. **Prix** des chambres simples et doubles : 270 à 390 F / 41,16 à 59,46 € - Petit déjeuner : 37 F /
5,64 € - Demi-pension : 285 à 365 F / 43,45 à 55,64 € (par pers., 3 j. min.) **Carte de crédit** Visa
Divers chiens admis - Parking **Alentour** Saint-Flour ; les gorges de la Truyère **Restaurant** service de
12 h 30 à 14 h, 19 h 30 à 21 h 30 - Menus : 95 à 300 F / 14,48 à 45,73 € - Carte.

La courtoisie est de tradition dans cette ancienne ferme-auberge construite
en 1855, où l'on faisait autrefois table d'hôtes, en servant les clients à
gauche (aujourd'hui le restaurant) et les chevaux à droite (aujourd'hui salle de
séjour, salle de petit déjeuner et bar). Le restaurant, bien décoré, rustique avec
ses murs aux pierres apparentes et toujours dominé par l'immense cheminée,
fait revivre cette époque passée où les hôtes dormaient près de la cheminée
dans leurs lits-alcôves dont on devine encore les portes en bois. Aujourd'hui,
l'auberge se présente plutôt en tant que restaurant, offrant une très bonne
cuisine régionale, raffinée et allégée, où monsieur Cornut s'engage à vous servir
des spécialités que vous ne trouverez pas ailleurs : souvent des nouvelles
versions bien réussies de plats traditionnels de la région. Les huit chambres
sont agréables, quelques-unes fleuries, d'autres plus élégantes aux couleurs
saumonées. Décorées de tissus muraux, elles sont également bien insonorisées
grâce à leur double vitrage. En effet, l'auberge se trouvant au bord d'une
route départementale, les inconditionnels du silence préféreront donc celles qui
donnent sur l'arrière. Une bonne adresse d'étape.

Accès (carte n° 25) : à 20 km au sud de Saint-Flour par D 921.

Auberge des Montagnes

2001

15800 Pailherols (Cantal)
Tél. 04.71.47.57.01 - Fax 04.71.49.63.83 - Mme Combourieu
Web : auberge-des-montagnes.com - E-mail : aubdemont@aol.com

Catégorie ★ ★ Fermeture du 12 octobre au 20 décembre **Chambres** 22 avec tél., s.d.b., w.c , 9 avec t.v. et minibar ; 1 chambre handicapés **Prix** des chambres : 228 à 290 F / 34,80 à 44,21 € - Petit déjeuner : 37 F / 5,54 €, servi de 8 h à 9 h 30 - Demi-pension : 230 à 285 F / 35,06 à 43,45 € **Carte de crédit** Visa **Divers** chiens admis - VTT, piscine couverte et chauffée, ski de fond - Parking **Alentour** monts du Cantal ; gorges de la Luyère **Restaurant** service à 12 h 30 et à 19 h 30 - Menus : 80 à 130 F / 12,20 à 19,82 € - Carte - Spécialité : truite saumonée feuilletée.

Paysage de creux, de bosses, de murets, d'herbe rase et de bois, le plateau de Pailherols est d'une beauté sauvage. Situé entre la chaîne des Puys et l'Aubrac, il semble appartenir aux vaches de Salers et à quelques maisons coiffées de lauze. L'hôtel occupe le centre du village et comporte plusieurs bâtiments plus ou moins éloignés. La maison principale est consacrée au restaurant, récemment "relooké" dans des tonalités chaudes et gaies, et à quelques petites chambres également rénovées dans les mêmes teintes. Simples et très plaisantes, elles n'ont toutefois pas les mêmes atouts que leurs consœurs du *Clos des Gentianes* installées à 200 mètres, dans un petit manoir fraîchement construit à l'ancienne. Très accueillants, monsieur et madame Combourieu veillent sur l'atmosphère familiale et bon enfant de leur auberge. Ils réussissent également à maintenir une cuisine du terroir de qualité dont la réputation traverse les vallées. Une charmante adresse au rapport qualité-prix particulièrement avantageux.

Accès (carte n° 24) : à 21 km à l'est d'Aurillac par Vic-sur-Cère puis D 54 jusqu'à Pailherols.

Hostellerie de la Maronne

Le Theil
15140 Saint-Martin-Valmeroux (Cantal)
Tél. 04.71.69.20.33 - Fax 04.71.69.28.22 - Mme Decock
E-mail : hotelmaronne@cfi.fr

Catégorie ★★★ **Fermeture** du 6 novembre au 2 avril **Chambres** 21 avec tél., s.d.b., w.c., minibar et t.v. **Prix** des chambres simples et doubles : 500 à 720 F / 76,22 à 109,76 € ; suites : 690 à 820 F / 105,19 à 125,01 € - Petit déjeuner-buffet : 65 F / 9,91 €, servi de 8 h à 10 h - Demi-pension : 480 à 570 F / 73,18 à 86,90 € **Carte de crédit** Visa **Divers** chiens admis sauf au restaurant - Piscine, tennis - Parking **Alentour** cité médiévale de Salers ; basilique Notre-Dame-des-Miracles à Mauriac ; Puy Mary **Restaurant** service de 19 h 30 à 21 h - Menus : 150 à 280 F / 22,87 à 42,69 € - Carte - Spécialités : escalope de sandre aux mousserons ; gâteau tiède aux marrons et chocolat amer.

Monsieur et madame Decock ont merveilleusement transformé en hôtel cette maison auvergnate du XIXe siècle. Tout est prévu pour le divertissement et le repos de chacun, c'est ainsi que les télévisions seront dotées de casques d'écoute pour ne pas gêner les voisins le matin ou tard le soir. Salon, salle de lecture et bar ont été aménagés avec un raffinement feutré, de bons fauteuils et quelques vieux meubles. Très confortables, les chambres aux tonalités claires affichent un modernisme élégant, nos préférées sont celles avec la vue qui est splendide ; pour en profiter au mieux, plusieurs disposent de grandes terrasses et de balcons (il y a aussi un appartement pour le bonheur des familles). La belle salle de restaurant permet de goûter à une cuisine de plus en plus réputée, tout en contemplant la campagne alentour et ses promesses de promenade. Pour se détendre sur place, piscine et tennis sont à votre disposition.

Accès (carte n° 24) : à 33 km au nord d'Aurillac par D 922 jusqu'à Saint-Martin-Valmeroux, puis D 37 direction Fontanges.

92

Auberge de la Tomette

15220 Vitrac (Cantal)
Tél. 04.71.64.70.94 - Fax 04.71.64.77.11
M. et Mme Chausi

Catégorie ★★ **Fermeture** de janvier à Pâques **Chambres** 15 avec tél., douche ou s.d.b., w.c. et t.v. **Prix** des chambres doubles : 290 à 350 F / 44,21 à 53,36 € ; suites : 450 à 590 F / 68,60 à 89,94 € - Petit déjeuner : 43 F / 6,55 € - Demi-pension : 268 à 342 F / 40,86 à 52,14 € (par pers., 3 j. min.) **Cartes de crédit** Amex, Visa **Divers** chiens admis dans les chambres - Piscine couverte, sauna, salle de fitness en projet - Parking fermé **Alentour** Conques ; Rocamadour ; Salers ; monts du Cantal ; château d'Anjony - Golf de la Cère **Restaurant** service de 12 h à 14 h, 19 h 30 à 21 h - Menus : 72 à 205 F / 10,98 à 31,25 € - Carte - Spécialités : foie gras maison ; carré d'agneau à la crème d'ail ; magret au vinaigre de cidre ; crépinette de pied de cochon aux craterelles ; ris de veau crémaillère.

Vitrac, au milieu de la châtaigneraie, est un beau site du sud du Cantal. L'*Auberge de la Tomette* est située au cœur même du village. Le restaurant se trouve ici et l'on peut, l'été, dîner dans le délicieux jardin qui se trouve derrière la maison. Les chambres vous attendent à quelques mètres de là, au milieu d'un vaste parc fleuri avec une très belle vue sur la campagne. Elles sont confortables, impeccablement tenues et décorées dans un style sobre égayé par de jolis tissus. A signaler les duplex, parfaits pour les familles. Très conviviale, l'ambiance de la salle à manger rustique doit beaucoup à sa belle poutraison et à ses boiseries. La cuisine y est soignée. Madame Chausi vous accueillera avec gentillesse et vous informera de toutes les possibilités de loisirs ou d'excursions que vous offre la région. Un séjour pittoresque où l'on vit au rythme du village.

Accès (carte n° 24) : à 25 km au sud d'Aurillac par N 122 direction Figeac, la D 66 à Saint-Mamet-la-Salvetat.

Auberge Les Charmilles

19120 Beaulieu-sur-Dordogne (Corrèze)
20, boulevard Saint-Rodolphe-de-Turenne
Tél. 05.55.91.29.29 - Fax 05.55.91.29.30
Mme Catherine Perrette

Catégorie ★★ **Fermeture** en novembre **Chambres** 7 et 1 suite, avec tél., s.d.b. ou douche, w.c., t.v. satellite ; 1 chambre handicapés **Prix** des chambres simples et doubles : 320 à 440 F / 48,78 à 67,08 € - Petit déjeuner : 40 F / 6,10 € - Demi-pension : 280 à 350 F / 42,69 à 53,36 € (par pers.) **Cartes de crédit** acceptées **Divers** chiens admis (20 F / 3,05 €) **Alentour** église de Beaulieu-sur-Dordogne ; village et église de Collonges ; village, église et château de Turenne ; Argentat - Golf 18 trous de Coiroux à Aubazine **Restaurant** service de 12 h à 14 h 30, 19 h à 21 h - Fermé le mardi et le mercredi, sauf en juillet-août - Menus : 105 à 225 F / 16,01 à 34,30 € - Carte.

À Beaulieu, un bras de la Dordogne entoure la petite ville et baigne les terrasses des maisons situées à sa périphérie. C'est le cas des *Charmilles*, adorable petit hôtel début de siècle récemment remis à neuf. Confortables à souhait, simplement et harmonieusement décorées avec un bel assortiment de tissus colorés, les chambres sont une réussite. Chacune dispose d'une salle de bains toute neuve et irréprochable. Les repas sont servis dans une vaste salle éclairée par de larges baies vitrées. Le nappage blanc ressort sur le miel du parquet, l'ambiance est raffinée, sereine. Vous y dégusterez une cuisine délicate, alliant tradition et créativité à travers des menus basés sur d'excellents produits frais. En été, quelques tables sont installées dehors, sur la terrasse surplombant la rivière. Très accueillante et amoureuse de son petit hôtel, Catherine Perrette a travaillé dans plusieurs grands établissements avant de s'installer ici, à son compte. Son professionnalisme s'applique au moindre détail et nous sommes sûrs qu'elle saura faire des *Charmilles* une adresse de référence dans la région.

Accès (carte n° 24) : à 39 km au sud de Tulle par D 940.

Le Turenne

19120 Beaulieu-sur-Dordogne (Corrèze)
1, boulevard Saint-Rodolphe-de-Turenne
Tél. 05.55.91.10.16 - Fax 05.55.91.22.42 - M. Cavé - Mme Gasquet

Catégorie ★★ **Fermeture** de mi-novembre à mi-mars, le dimanche soir et le lundi en basse saison
Chambres 15 avec tél., s.d.b. ou douche, w.c. et t.v. **Prix** des chambres doubles : 290 à 310 F / 44,21
à 47,26 € - Petit déjeuner : 45 F / 6,86 € - Demi-pension : 280 à 300 F / 42,69 à 45,73 € (par pers.)
Cartes de crédit acceptées **Divers** chiens admis **Alentour** église de Beaulieu ; village et église de
Collonges ; Argentat - Golf de Coiroux 18 trous à Aubazine **Restaurant** service de 12 h 15 à 13 h 30,
19 h 30 à 21 h - Fermé dimanche soir et lundi en basse saison - Menus : 75 F / 11,43 € (en semaine),
100 à 370 F / 15,24 à 56,41 € (dégustation, vin compris) - Carte - Spécialités : croustillant de foie
gras et cèpes sauce banyuls ; crépinette de pied de porc à la moutarde violette.

Si l'on trouve autant de superbes maisons à Beaulieu, c'est qu'au
XIIIe siècle s'y élevait une puissante abbaye. L'hôtel occupe une partie de ses
vénérables murs, à cent mètres des berges de la Dordogne. A l'intérieur, des
vestiges en rappellent, çà et là, l'ancienneté : nombreuses cheminées monumentales, superbe escalier à vis, éléments de portes séculaires… confèrent ainsi un
caractère particulier à l'endroit. Pascal Cavé est aux fourneaux, il respecte la
tradition quercynoise tout en y ajoutant de fines saveurs qui l'allègent et c'est une
réussite. En hiver, l'immense cheminée du restaurant crépite en permanence,
alors qu'en été les larges portes-fenêtres ogivales s'ouvrent sur une terrasse
verdoyante où l'on dresse quelques tables. Côté chambres, les rénovations vont
bon train, Pascal et Sylvie les habillent de teintes pastel et les meublent dans un
style plutôt classique. Certaines donnent sur la ville médiévale, d'autres sur la
place et toutes sont très calmes. L'ensemble reste simple, familial et les prix sont
plus que raisonnables.

Accès (carte n° 24) : à 39 km au sud de Tulle par D 940.

Relais de Saint-Jacques-de-Compostelle

19500 Collonges-la-Rouge (Corrèze)
Tél. 05.55.25.41.02 - Fax 05.55.84.08.51
M. Guillaume

Catégorie ★★ **Fermeture** de mi-novembre à mi-mars **Chambres** 24 dont 12 avec tél., s.d.b. ou douche et w.c. ; 14 dans l'annexe avec cabinet de toilette, 4 avec t.v. **Prix** des chambres doubles : 170 à 310 F / 25,92 à 47,26 € - Petit déjeuner : 40 F / 6,10 € **Cartes de crédit** acceptées **Divers** chiens admis - Parking **Alentour** village et église de Collonges ; village, église et château de Turenne ; église de Beaulieu-sur-Dordogne ; Argentat - Golf 18 trous de Coiroux à Aubazine **Restaurant** service de 12 h 30 à 13 h 30, 19 h 30 à 21 h - Menus : 100 à 250 F / 15,24 à 38,11 € - Carte - Spécialités : feuilleté de Saint-Jacques ; filet de bœuf fourré au foie gras ; terrine de cèpes au coulis de jambon du pays ; crème brûlée aux noix ; fondant au chocolat.

Collonges-la-Rouge est un village incroyablement beau avec son enchevêtrement de maisons moyenâgeuses construites en grès rouge vif. Situé au cœur de la cité, l'hôtel a été restauré avec beaucoup de goût ; cela constitue un ensemble lumineux et fleuri. Au rez-de-chaussée se trouvent deux salles à manger, un petit salon d'accueil meublé avec d'amusants fauteuils "crapaud" et un bar intime. Les petites chambres sont, elles aussi, très agréables à l'exception de celles de l'annexe. Bonne cuisine servie avec le sourire (en été, des tables sont dressées sur de très belles terrasses-tonnelles). Une adresse de charme qui démontre que même dans un haut lieu touristique on peut encore trouver des hôteliers amoureux de leur métier. Accueil familial et informel.

Accès (carte n° 24) : à 45 km au sud de Tulle par N 940, et D 38 direction Meyssac (l'hôtel est dans le village).

La Maison des Chanoines

19500 Turenne (Corrèze)
Route de l'Eglise
Tél. 05.55.85.93.43 - M. et Mme Cheyroux

Fermeture du 5 novembre au 31 mars et le mercredi en basse saison **Chambres** 5 et 1 suite, avec s.d.b. et w.c. **Prix** des chambres doubles : 370 à 400 F / 56,41 à 60,98 € ; suite (2/3 pers.) : 500 à 570 F / 76,22 à 86,90 € - Petit déjeuner : 45 F / 6,86 €, servi de 8 h à 10 h - Demi-pension : 375 à 440 F / 57,17 à 67,08 € (par pers.) **Carte de crédit** Visa **Divers** chiens admis **Alentour** abbatiale d'Aubazine ; Uzerche ; Argentat ; Collonges-la-Rouge ; haras de Pompadour ; Carennac - Golf 18 trous de Coiroux à Aubazine **Restaurant** service de 12 h à 14 h, 19 h 30 à 21 h - Fermé mardi midi, mercredi et jeudi midi (de juillet à septembre ouvert le mercredi soir) - Menus-carte : 170 et 210 F / 25,92 et 32,01 € - Spécialités : escalope de foie gras frais mariné de canard ; filet de sandre à l'étuvée de cèpes ; moules de bouchot au jus de noix vertes ; médaillon de veau du Limousin aux girolles.

Cette ancienne maison du Chapitre (xve) avec sa porte de style gothique flamboyant et son bel escalier à vis, illustre bien les richesses architecturales de Turenne, l'un des plus beaux villages de France. Il s'agit d'abord d'un petit restaurant créé dans la maison de famille auquel on a ajouté six chambres (dont trois dans une maison voisine) totalement rénovées, élégantes et délicatement meublées d'ancien. Pour le plus grand bonheur de leurs hôtes, monsieur et madame Cheyroux ont choisi de privilégier la qualité sur la quantité. Un nombre raisonnable de plats à la carte, pas plus de 16 couverts dans la belle salle voûtée, pas plus de 25 lorsque l'on sert dehors, sous la treille de chèvrefeuille. Voilà de quoi garantir des produits de première fraîcheur, une qualité gastronomique constante et un accueil des plus sympathiques. Le résultat est là, et nous vous recommandons donc sans réserve cette belle adresse.

Accès (cartes n° 24) : à 14 km au sud de Brive-la-Gaillarde. Sur A 20, sortie n° 52 à Noailles, Turenne est à 10 minutes.

Hôtel du Cèdre

23210 Bénévent-L'Abbaye (Creuse)
Rue de l'Oiseau
Tél. 05.55.81.59.99 - Fax 05.55.81.59.98
M. et Mme Choukroun

Catégorie ★★ **Fermeture** février **Chambres** 16 avec tél., s.d.b. ou douche, w.c. et t.v. satellite; 1 chambre handicapés **Prix** des chambres doubles : 250 à 550 F / 38,11 à 83,85 € - Petit déjeuner : 40 F / 6,10 €, servi de 8 h à 9 h 30 **Carte de crédit** Visa **Divers** chiens admis - Parking **Alentour** abbatiale de Bénavent, commanderie de Pulhac, Aubusson, musée des Beaux-Arts de Guéret **Restaurant** réservé aux résidents - Service de 12 h à 14 h, 19 h 30 à 21 h - Menus de 68 à 130 F / 10,36 à 19,82 € - Carte - Spécialités : magret au miel ; râble de lapin ; pavé de sandre sauce vierge.

D ans le petit village creusois de Bénévent-L'Abbaye, cette maison de maître a retrouvé ses fastes d'antan. Restaurée avec goût, volets bleus, pierres apparentes, elle est flanquée d'un cèdre de 150 ans d'âge. Les chambres, toutes différentes, donnent sur l'arbre et le joli miroir d'eau noir de la piscine chauffée, ou sur rue sans crainte d'une circulation nocturne. Couleurs gaies et douces, mobilier moderne qui marie lit en fer forgé, osier et même futon en banquette. Les salles de bains sont en général grandes et tout à fait modernes. Le salon, où la grande cheminée s'active en saison froide, comporte d'agréables canapés recouverts de tissus à carreaux. Le jeune chef Jérôme Bellot, qui doit encore affirmer ses marques, concocte des plats où ce terroir de la châtaigne fait une apparition avec magret au miel du pays ou râble de lapin aux noix. Partout, des plantes séchées, cueillies dans la nature comme les joncs ou les blés, ou au jardin, comme les hortensias et les roses, sont agencées avec talent par la dame du lieu. Une belle adresse que nous n'hésitons pas à vous recommander pour un séjour.

Accès (carte n° 24) : *A 20 sortie 23 (La Souterraine). N 145 sortie Grand-Bourg, puis D 914 jusqu'à Bénévent.*

Domaine des Mouillères

Les Mouillères
23250 Saint-Georges-la-Pouge (Creuse)
Tél. 05.55.66.60.64 - Fax 05.55.66.68.80 - Elisabeth Blanquart-Thill

Catégorie ★★ **Fermeture** du 1ᵉʳ octobre au 1ᵉʳ avril **Chambres** 7 avec tél., 3 avec s.d.b., 4 avec w.c.
Prix des chambres doubles : 220 à 380 F / 33,54 à 57,93 € - Petit déjeuner : 45 F / 6,87 €, servi de
8 h à 9 h 30 **Carte de crédit** Visa **Divers** chiens non admis - Parking **Alentour** hôtel de Moneyroux et
musée de Guéret ; église abbatiale de Moutier-d'Ahun - Golf 18 trous de la Jonchère à Montgrenier-
Gouzon **Restaurant** réservé aux résidents - dîner de 20 h à 20 h 30 - Petite carte : 90 à 150 F / 13,72
à 22,87 € - Spécialités : cuisse de canard à l'ancienne ; civet de lièvre aux cèpes ; confit de canard.

Cette vieille demeure marchoise est environnée d'un paysage absolument
magnifique de vallons, herbages, petites rivières, bouquets de bouleaux,
collines où se mélangent résineux et feuillus, etc. A l'intérieur, le petit salon, la
salle à manger et les chambres sont sympathiques avec leur mélange de meubles
et d'objets. L'ensemble est quelque peu désuet mais charmant. Préférez les
chambres équipées de salles de bains. Les autres, simplement dotées de cabinets
de toilette, sont bien entretenues mais d'un niveau de confort vraiment sobre.
Toutes sont coquettes et plaisantes avec leurs dessus-de-lit souvent satinés et
leurs guéridons juponnés. Les dîners sont servis dans une salle à manger de
style rustique, bonnes entrées et salades, viandes de qualité (demandez-les avec
peu de sauce). Les propriétaires louent des vélos et on peut faire de superbes
balades dans les alentours. Un service bar-restaurant est assuré sur la très belle
terrasse-jardin. L'accueil est des meilleurs. Une adresse très attachante où l'on
sait vivre avec simplicité.

*Accès (carte n° 24) : à 34 km au sud de Guéret par D 942 direction Limoges. A
Pontarion, direction La Chapelle-Saint-Martial, D 13.*

99

Hôtel de l'Echo et de l'Abbaye

43160 La Chaise-Dieu (Haute-Loire)
Place de L'Echo
Tél. 04.71.00.00.45 - Fax 04.71.00.00.22
M. Degreze

Catégorie ★★ **Fermeture** du 15 novembre aux Rameaux **Chambres** 10 avec tél., s.d.b. ou douche (9 avec t.v.) **Prix** des chambres doubles : 300 à 380 F / 45,73 à 57,93 € - Petit déjeuner-buffet : 52 F / 7,92 €, servi de 7 h 30 à 9 h 30 - Demi-pension : 320 à 350 F / 48,78 à 53,36 € (par pers., 3 j. min.) **Cartes de crédit** acceptées **Divers** chiens non admis **Alentour** basilique Notre-Dame du Puy et église Saint-Laurent et Aiguilhe au Puy ; mont Mezenc ; Mont Gerbier-de-Jonc ; village d'Arlempdes ; moulin Richard-de-Bas à Ambert ; abbaye Lavaudieu **Restaurant** service de 12 h à 14 h, 19 h 30 à 21 h - Menus : 95 à 250 F / 14,48 à 38,11 € - Carte - Spécialités : flan aux cèpes sauce forestière ; mignon de porc à la crème de myrtilles ; tournedos de saumon aux lentilles vertes du Puy.

Installé au sein de l'enclave de la splendide abbaye de *La Chaise-Dieu*, cet hôtel doit son nom à la "salle de l'écho", située à quelques mètres et théâtre d'un étrange phénomène acoustique. Voici donc l'étape idéale pour visiter les lieux. Il s'agit d'une très ancienne maison remarquablement tenue par son jeune propriétaire et par une équipe restreinte, très accueillante et très professionnelle. Les petites chambres sont simples mais coquettes et confortables, certaines donnent sur le cloître de l'abbaye. Dans la salle du restaurant, décorée dans un style classique Haute Epoque, se succèdent des expositions de tableaux modernes. La cuisine y est bonne, saine, copieuse et très agréablement servie. Enfin, la terrasse, exclusivement réservée aux clients de l'hôtel, permet de prendre ses repas à l'ombre des parasols, face à l'entrée de l'abbaye. Une belle petite adresse à prix raisonnables.

Accès (carte n° 25) : à 35 km au nord du Puy-en-Velay.

Le Pré Bossu

43150 Moudeyres (Haute-Loire)
Tél. 04.71.05.10.70 - Fax 04.71.05.10.21
Mme Grootaert-Moreels

Catégorie ★★★ **Fermeture** du 1er novembre au 1er avril **Chambres** 10 avec tél., s.d.b. ou douche et w.c. **Prix** des chambres : 390 à 495 F / 59,46 à 75,46 € - Petit déjeuner : 65 F / 9,90 €, servi de 8 h à 9 h 30 - Demi-pension recommandée : 470 à 525 F / 71,65 à 80,04 € (par pers.) **Cartes de crédit** acceptées **Divers** chiens admis dans les chambres (45 F / 6,87 €) - Parking **Alentour** basilique du Puy-en-Velay ; mont Gerbier-de-Jonc ; forêt du Mézenc - Golf 18 trous de Chambon-sur-Lignon **Restaurant** non-fumeurs - Service de 12 h à 13 h 30 (fermé à midi, sauf le samedi et dimanche, jours fériés et juillet-août), 19 h 30 à 21 h - Menus : 195 à 365 F / 29,73 à 55,64 €, enfants : 80 F / 12,20 € - Spécialités : menu légumes ; pot-au-feu de pigeonneaux ; gibier en automne.

Située dans le joli village classé de Moudeyres, cette vieille chaumière en pierre du pays doit son nom au pré qui l'entoure. L'ambiance douillette et accueillante de la réception se poursuit dans les pièces attenantes : l'une, avec cheminée, sert pour les petits déjeuners, l'autre, décorée dans des tons pastel, est dédiée au restaurant. Vous pourrez goûter une cuisine savoureuse et gourmande, confectionnée entre autres avec les légumes du jardin potager, et qui sait particulièrement bien mettre en valeur la qualité des produits régionaux. Chambres avec tout le confort, mobilier sympathique souvent en bois décoré. Jardin et terrasse face à la campagne avec service-bar ; et si vous avez envie de vous promener, des paniers pique-nique vous seront fournis. Accueil très amical dans cet hôtel qui organise des week-ends botaniques au printemps et mycologiques en automne.

Accès (carte n° 25) : à 25 km au sud-est du Puy. Au Puy prendre direction Valence par D 15 et suivre 15 km environ jusqu'aux Pandreaux, puis D 36 jusqu'à Moudeyres par Laussonne.

Auberge de Fondain

63820 Laqueuille (Puy-de-Dôme)
Lieu-dit Fondain
Tél. 04.73.22.01.35 - Fax 04.73.22.06.13
Sophie Demossier et Danielle Desboudard

Fermeture du 1er au 12 mars et du 28 octobre au 13 novembre **Chambres** 6 avec tél., s.d.b. ou douche et w.c. **Prix** des chambres : 190 à 300 F / 28,96 à 45,74 € - Petit déjeuner : 40 F / 6,10 €, servi de 8 h à 10 h - Demi-pension : 300 à 320 F / 45,73 à 48,78 € (par pers.) **Carte de crédit** Visa **Divers** chiens admis (30 F / 5,50 €) - Salle de remise en forme, sauna **Alentour** basilique d'Orcival ; châteaux de Cordès et de Val ; Puy-de-Dôme ; Vulcania **Restaurant** service de 12 h à 14 h, 20 à 22 h - Menus : 55 à 125 F / 8,38 à 19,06 €.

Près du parc naturel régional des Volcans d'Auvergne, cette belle maison bourgeoise connut successivement l'inventeur du fromage bleu de Laqueuille, quelques colonies de vacances avant d'être entièrement remaniée par une mère et sa fille, courageuses et surtout très aimables. Danielle et Sophie y ont créé six chambres répondant aux noms de fleurs locales et à la décoration toute simple mais de bon ton : murs blancs avec une légère frise de feuilles de lierre, parquet, armoires paysannes années 1930, et draps beiges d'une douceur bienvenue. Les salles de bains, un peu spartiates mais impeccables, ont toutes des douches et toilettes. La salle du restaurant, où la cheminée flambe en hiver, a conservé quelques murs en pierre, s'est colorée de brique et ornée de vieux outils. La cuisine du terroir auvergnat est concoctée par Sophie qui a su retrouver d'anciennes recettes comme la faude (poitrine de porc farcie de veau et de cardons) ou le stofinado (morue à la crème avec ail et persil). Pour les amateurs, de retour d'une randonnée à pied ou en VTT, possibilité de profiter de la salle de musculation ou du sauna.

Accès (carte n° 24) : à 50 km au sud-ouest de Clermont-Ferrand. N 89 direction Bordeaux puis D 922 vers Laqueuille.

Castel-Hôtel 1904

63390 Saint-Gervais-d'Auvergne (Puy-de-Dôme) - Rue du Castel
Tél. 04.73.85.70.42 - Fax 04.73.85.84.39 - M. Mouty
E-mail: castel.hotel.1904@wanadoo.fr

Catégorie ★★ **Fermeture** du 12 novembre à Pâques **Chambres** 17 avec tél., s.d.b. ou douche, w.c. et t.v. **Prix** des chambres simples et doubles: 350 à 370 F / 53,36 à 56,41 € - Petit déjeuner: à partir de 49 F / 7,47 €, servi de 7 h 30 à 10 h - Demi-pension: 300 F / 45,73 € (par pers., 3 nuits min.) **Carte de crédit** Visa **Divers** chiens non admis - Parking **Alentour** gorges de la Sioule; manoir de Veygoux; église de Menat; musée Mandet et musée d'Auvergne à Riom - Golf des Volcans 18 trous à Orcines **Restaurant** service à 12 h 30 et 19 h 30 - Menus: 79 à 280 F / 12,04 à 42,69 € - Carte - Spécialités: tournedos roulé au hachis de pieds de porc; sandre; crêpe Célina.

Aménagé en hôtel en 1904, cette ancienne maison est tenue depuis ses débuts par la même famille. Jean-Luc Mouty a aujourd'hui repris le flambeau. Tout le charme des hôtels "vieille France" est présent dans les salles accueillantes et chaleureuses, le bar et surtout une très vaste salle à manger au parquet bien ciré. Des cheminées et un beau choix de meubles anciens ou de style autant que les tons ocre des murs et des rideaux contribuent au caractère désuet mais plein de charme de l'endroit. Les couloirs et toutes les chambres ont été récemment rénovés. D'une taille souvent respectable, décorées dans un style rustique rajeuni, elles sont confortables, très bien tenues et leurs prix nous semblent particulièrement raisonnables. Pour dîner, vous aurez le choix entre le restaurant qui propose une gastronomie inventive (fermé le lundi) et le *Comptoir à Moustache*, élégant bistrot de campagne, orienté vers une cuisine régionale. Dans les deux cas, les cuissons et la qualité des produits sont parfaites. Un lieu attachant qui vous réservera le meilleur des accueils.

Accès (carte n° 24): à 55 km au nord-ouest de Clermont-Ferrand par N 9. A Châtelguyon, D 227 jusqu'à Saint-Gervais-d'Auvergne par Manzat.

Au Moulin de la Gorce

87800 La Roche-l'Abeille (Haute-Vienne)
Tél. 05.55.00.70.66 - Fax 05.55.00.76.57 - Pierre Bertranet
E-mail : moulingorce@relaischateaux.fr

Catégorie ★★★ Fermeture 10 jours fin novembre et vacances scolaires de février **Chambres** 9 et 1 appartement avec tél., s.d.b., w.c. et t.v. **Prix** des chambres doubles : 750 à 950 F / 114,34 à 144,83 € ; suites (2 pers.) : 1 300 F / 198,18 € - Petit déjeuner : 75 F / 11,43 €, servi de 8 h à 10 h - Demi-pension (obligatoire en haute saison) : 1 450 à 1 550 F / 221,05 à 236,30 € (pour 2 pers., 3 j. min.) **Cartes de crédit** acceptées **Divers** chiens admis - Parking **Alentour** cathédrale Saint-Etienne et musée de la Céramique Adrien-Dubouché à Limoges - Golf 18 trous à Limoges **Restaurant** fermé dimanche soir et lundi du 1er octobre à Pâques - Service de 12 h à 13 h 30, 19 h 30 à 21 h - Menus : 240 à 610 F / 36,59 à 93,99 € - Carte - Spécialités : harmonie gourmande de homard et foie gras.

Les voyageurs qui recherchent le charme et le grand confort seront ici satisfaits. Appartenant depuis vingt ans à la même famille, ce moulin de 1569 et ses dépendances sont devenus un très agréable hôtel-restaurant. En pleine campagne, il profite d'un cadre exceptionnel et totalement calme. Les chambres de style, agréables et entièrement rénovées, sont réparties dans différents bâtiments. Toutes sont confortables et très soignées, certaines sont grandes (il y a même un petit appartement indépendant), d'autres petites ; leurs prix sont en conséquence. Partout règne une atmosphère cossue et confortable. A la belle saison, on sert petits déjeuners et déjeuners au bord du petit lac qui se rompt en cascade pour finir par serpenter dans le jardin en contrebas. Pour le dîner, une salle à manger classique, et une autre plus rustique avec une grande cheminée. Agréable salon pour se détendre après le dîner. Gastronomie fine avec un intéressant menu, petits déjeuners très soignés. Une adresse luxueuse et très professionnelle ayant su conserver un accueil familial.

Accès (carte n° 23) : à 30 km au sud de Limoges par D 704 puis D 17.

Chez Camille

21230 Arnay-le-Duc (Côte-d'Or)
1, place Edouard-Herriot
Tél. 03.80.90.01.38 - Fax 03.80.90.04.64 - M. et Mme Poinsot

Catégorie ★★★ Ouverture toute l'année **Chambres** 14 avec tél., s.d.b. ou douche, w.c. et t.v. **Prix** des chambres doubles : 450 F / 68,60 € - Petit déjeuner : 55 F / 8,38 €, servi de 7 h à 12 h - Demi-pension : 453 F / 68,60 € (par pers.) **Cartes de crédit** acceptées **Divers** chiens admis - Garage privé fermé **Alentour** basilique Saint-Andoche à Saulieu ; château de Commarin ; Châteauneuf - Golf 18 trous du château de Chailly **Restaurant** service de 12 h à 14 h 30, 19 h à 22 h - Menus : 108 à 498 F / 16,41 à 76,12 € - Carte - Spécialités : ravioles de foie gras de canard au jus de truffes et crème de champignons ; fricassée de ris de veau aux pleurotes, jus de carotte ; charolais.

Au cœur du bourg, précisément dans l'axe de la rue principale, *Chez Camille* est à Arnay-le-Duc ce que l'Arc de triomphe est à Paris : un monument. On vient donc ici depuis des générations pour retrouver ses souvenirs et goûter au meilleur de la tradition bourguignonne. Derrière ses vieux murs, tout est chaleureux, pas de longs couloirs anonymes mais un vénérable escalier pour desservir de confortables chambres à l'ambiance désuète et provinciale, souvent agrémentées de meubles anciens. C'est pour le dîner que la magie "Camille" donne sa pleine mesure : choix du menu agréablement installé dans l'un des nombreux coins-salons du hall (tandis que l'on vous prépare une table dans la ravissante salle à manger installée sous la verrière de l'ancienne cour intérieure), ronde stylée d'un personnel costumé, attentif et concerné, remarquables produits en provenance directe de la ferme de l'hôtel. Une très belle adresse d'étape, avec un sens de l'accueil hors du commun et où les enfants de moins de onze ans sont totalement invités.

Accès (carte n° 19) : à 28 km au nord-est d'Autun par N 81. Sortie A6 Pouilly en Auxois à 16 km.

Château de Challanges

Challanges 21200 Beaune (Côte-d'Or)
Rue des Templiers
Tél. 03.80.26.32.62 - Fax 03.80.26.32.52 - M. Schwarz

Catégorie ★★★ **Fermeture** du 23 décembre au 7 janvier; de décembre à mi- mars sur réservation uniquement **Chambres** 9 et 5 suites, avec tél., s.d.b., w.c. et t.v. satellite **Prix** des chambres : 530 F / 80,80 €; suites : 920 F / 140,25 € - Petit déjeuner : 60 F / 9,15 €, servi de 8 h à 10 h **Cartes de crédit** acceptées **Divers** arriver entre 14 h et 19 h, chiens admis dans les suites - Parking **Alentour** Hôtel-Dieu, basilique Notre-Dame à Beaune; visite de caves et route des vins; Nolay; Rochepot - Golf 18 trous de Beaune-Levernois **Pas de restaurant** à l'hôtel - Possibilité de plateau-repas froid sur demande (suivant disponibilités).

En arrivant à Challanges, ne vous inquiétez pas trop de la proximité de l'autoroute car le bruit des voitures ne traverse que discrètement les vieux murs de ce château à l'abri d'un parc de 7 hectares. L'intérieur est décoré dans un style classique et soigné : murs jaune paille, beaucoup de bleu, mobilier contemporain plutôt sobre… Partout l'élégance est au rendez-vous, notamment dans la lumineuse salle à manger où, chaque matin, on dresse le buffet des petits déjeuners. Même réussite du côté des chambres et des suites; cependant, il en est d'un peu exiguës et nous vous conseillons de réserver en priorité celles donnant sur l'entrée du parc. Carrelées de blanc avec une frise coordonnée, les salles de bains sont toutes très plaisantes et ajoutent une qualité supplémentaire à cette bonne étape, parfaite pour visiter Beaune et ses alentours. Enfin, l'absence d'un restaurant à l'hôtel est largement compensée par la qualité des établissements présents à Beaune : *Le Jardin des Remparts*, remarquable adresse gastronomique située près des célèbres Hospices, l'excellent *Gourmandin* et son ambiance bistrot, le chaleureux *Bénaton*… A vous de choisir.

Accès (carte n° 19) : Sur A 6 sortie Beaune n° 24.1; direction Dole, à 2 km sur la droite Challanges.

Hôtel Le Home

21200 Beaune (Côte-d'Or)
138, route de Dijon
Tél. 03.80.22.16.43 - Fax 03.80.24.90.74
Mme Jacquet

Catégorie ★★ Ouverture toute l'année **Chambres** 23 avec tél., s.d.b. ou douche et w.c. (8 avec t.v.) **Prix** des chambres simples et doubles : 325 à 450 F / 49,55 à 68,60 € - Petit déjeuner : 39 F / 5,95 € **Carte de crédit** Visa **Divers** chiens admis - Garage **Alentour** Hôtel-Dieu, basilique Notre-Dame, Hôtel de la Rochepot et musée du vin de Bourgogne à Beaune ; la Côte de Beaune entre Serrigny et Chagny ; château du Clos-Vougeot ; Rochepot - Golf 18 trous de Beaune-Levernois **Pas de restaurant** à l'hôtel.

Comme pour beaucoup d'agglomérations, l'entrée de Beaune est cannibalisée par les grandes enseignes commerciales, mais ne vous arrêtez pas à cet inconvénient ni à la fréquentation de la route car l'hôtel est un peu en retrait et son insonorisation intérieure reste efficace. Vous y trouverez un éventail de chambres plus ou moins grandes et généralement bien décorées. Toutes sont correctement tenues et les travaux de rafraîchissement qui devenaient nécessaires vont bon train, notamment pour ce qui concerne les salles de bains et en matière d'isolation phonique entre les chambres... Préférez donc celles qui viennent d'être rénovées et évitez, à notre avis, celles en rez-de-chaussée qui souffrent de la proximité du parking. Pour le reste, saluons la très belle réussite décorative de la salle des petits déjeuners et la convivialité du salon. On y sent tout l'amour de madame Jacquet et de sa fille pour leur maison. Pas de restaurant sur place mais est-ce un inconvénient quand on se trouve à proximité de l'excellent *Jardin des Remparts* où Roland Chanliaud poursuit, à sa manière, l'enseignement de Marc Meneau ?

Accès (carte n° 19) : par A 6 sortie A 31 n° 24 "Savigny-les-Beaune" ; à Beaune, direction Dijon ; au-delà de l'église Saint-Nicolas.

Hôtel Le Parc

Levernois 21200 Beaune (Côte-d'Or)
Rue du Golf
Tél. 03.80.22.22.51/03.80.24.63.00 - Fax 03.80.24.21.19 - Mme Oudot

Catégorie ★★ Fermeture du 1er décembre au 15 janvier **Chambres** 25 avec tél., t.v., (19 avec douche, 6 avec s.d.b., 24 avec w.c.) **Prix** des chambres doubles : 210 à 530 F / 32,01 à 80,80 € - Petit déjeuner : 38 F / 5,79 €, servi de 7 h 30 à 9 h 30 **Carte de crédit** Visa **Divers** chiens non admis - Parking **Alentour** Hôtel-Dieu, basilique Notre-Dame à Beaune ; la Côte de Beaune entre Serrigny et Chagny ; Nolay ; Rochepot - Golf 18 trous de Beaune-Levernois **Pas de restaurant** à l'hôtel.

Après avoir goûté aux charmes de Beaune et de ses vins, rendez-vous à quatre kilomètres de là, aux abords du petit village de Levernois. Voici les grilles de l'*Hôtel Le Parc ;* vieille maison bourguignonne couverte de vigne vierge, avec son parc aux arbres centenaires et sa belle cour fleurie où l'on peut prendre son petit déjeuner. Malgré le nombre de ses chambres, cet hôtel a le charme d'une petite auberge. Chacune d'elles a son atmosphère : l'une la doit à ses tissus, l'autre à sa commode, une autre encore à sa courtepointe. Monsieur et madame Oudot les rénovent régulièrement. Celles qui viennent d'en bénéficier présentent de jolis papiers peints anglais, bordés par des frises fleuries, assortis aux rideaux et dessus-de-lit. Parmi ces chambres, il en est de vastes et luxueuses mais toujours de bon goût. Bien que non loin de la ville, vous serez ici à la campagne et, de surcroît, très gentiment accueillis. Pour vos repas, vous pourrez goûter dans un cadre élégant la cuisine du réputé chef Jean Crotet à *L'Hostellerie de Levernois,* ou essayer les quelques restaurants de Beaune déjà cités : *Le Jardin des Remparts* raffiné, près des Hospices, *Le Bénaton*, chaleureux, ou *Le Gourmandin* pour son ambiance bistrot.

Accès (carte n° 19) : à 4 km au sud-est de Beaune par D 970, direction Verdun, Lons-le-Saunier.

Hostellerie du Château

21320 Châteauneuf-en-Auxois (Côte-d'Or) - Rue du Centre
Tél. 03.80.49.22.00 - Fax 03.80.49.21.27 - Mr. et Mme Hartmann
Web : hostellerie-chateauneuf.com
E-mail : hostellerie-du-chateau@hostellerie-chateauneuf.com

Catégorie ★★ Fermeture décembre et janvier **Chambres** 17 avec tél. direct, s.d.b. ou douche, w.c. ; 1 chambre handicapés **Prix** des chambres : 270 à 430 F / 41,16 à 65,55 € - Petit déjeuner : 50 F / 7,62 €, servi de 8 h à 9 h 45 - Demi-pension : à partir de 310 F / 47,26 € (par pers., 2 j. min.) **Cartes de crédit** acceptées **Divers** chiens admis **Alentour** château de Commarin ; basilique Saint-Andoche à Saulieu - Golf 18 trous du château de Chailly **Restaurant** service de 12 h à 13 h 15, 19 h à 21 h - Fermé lundi et mardi sauf juillet et août - Menus : 140 à 220 F / 21,34 à 33,54 € - Carte - Spécialités : filet de charolais au foie gras poêlé ; escargots de Bourgogne en persillade.

Perché sur une colline, ce village fortifié de l'Auxois possède un très beau château du XIIe siècle remanié au XVe, photographié et filmé bien des fois. L'hostellerie, qui jouxte l'entrée, a le charme des auberges de caractère d'autrefois. Les chambres retrouvent peu à peu leur confort et leur simplicité originale sous l'impulsion de André Hartmann et de sa femme, un jeune couple d'Alsaciens, courageux et déterminés. Elles se répartissent dans deux bâtiments : dans l'hôtel lui-même où se trouve notamment une agréable petite suite en bleu et, à quelques mètres, dans une maison de la fin XVIIe siècle, où sont proposées des chambres avec mezzanine, avec pour certaines, des Velux pour pallier l'architecture villageoise qui veut que les fenêtres soient très petites. A l'heure de l'apéritif, on peut paresser sur la terrasse du jardin en admirant les tours du château, ou regarder les nouvelles du jour dans le salon. Bonne cuisine du terroir.

Accès (carte n° 19) : à 30 km au nord-ouest de Beaune par A 6, sortie Pouilly-en-Auxois, puis direction Bligny/Ouche et Châteauneuf ; après le cimetière, à gauche de l'autre côté du canal.

Hôtel Les Magnolias

21190 Meursault (Côte-d'Or)
8, rue Pierre-Joigneaux
Tél. 03.80.21.23.23 - Fax 03.80.21.29.10
Web : les-magnolias.fr

Fermeture du 1ᵉʳ décembre au 15 mars **Chambres** 11 et 1 suite, avec tél. direct, s.d.b. ou douche et w.c. **Prix** des chambres doubles : 480 à 720 F / 73,18 à 109,76 € ; suite : 900 F / 137,20 € - Petit déjeuner : 48 F / 7,31 €, servi de 8 h à 10 h **Cartes de crédit** acceptées **Divers** chiens non admis - Parking **Alentour** château de Commarin ; basilique Saint-Andoche à Saulieu ; Hôtel-Dieu et basilique Notre-Dame à Beaune - Golf 18 trous du château de Chailly **Pas de restaurant** à l'hôtel.

Dans ce village bourguignon, célèbre pour ses crus de vin blanc, un Britannique excentrique et plein d'humour a réhabilité en étape de charme une ancienne et bourgeoise maison de vigneron. Enfouie dans une végétation exubérante de roses anciennes, d'œillets de poète, de chèvrefeuilles et de magnolias, la dépendance abrite quatre chambres dont une très grande suite et sa petite terrasse privative en rez-de-chaussée. Souvent vastes et belles, les huit autres sont réparties dans la maison avec chacune sa touche particulière, meublées à l'ancienne, se jouant de papiers fleuris ou de frises dans la senteur prégnante des pots-pourris. Si les salles de bains sont généralement de taille moyenne avec de petites baignoires, elles sont dans les tons gris avec marbre blanc et ont tous les accessoires pour se détendre. Les petits déjeuners peuvent être pris dans la cour au soleil en espérant que le bruit des tracteurs viticoles ne troublent pas trop la quiétude du lieu. Restaurants conseillés : *Le Chevreuil* et *Le Centre* à Meursault, sans oublier les restaurants de Beaune qui ne sont qu'à six kilomètres.

Accès (carte n° 19) : A 6, sortie Beaune sud, puis à 5 km par D 973 ou par N 74.

Le Manassès

21220 Curtil-Vergy (Côte-d'Or)
Tél. 03.80.61.43.81 - Fax 03.80.61.42.79
M. Chaley

Fermeture décembre, janvier et février **Chambres** 12 dont 5 en annexe climatisées, avec tél.-fax, s.d.b., w.c., t.v. et minibar **Prix** des chambres : 450 F / 68,60 € ; 600 F / 91,46 € en annexe - Petit déjeuner : 60 F / 9,14 €, servi de 7 h 45 à 10 h **Cartes de crédit** acceptées **Divers** chiens admis sur demande - Parking **Alentour** abbayes de Saint-Vivant et de Cîteaux ; château du Clos-Vougeot ; la Côte de Nuits - Golf 18 trous de Dijon-Bourgogne **Pas de restaurant** à l'hôtel.

Isolé dans un hameau à proximité des plus fameux vignobles de Bourgogne, ce petit hôtel, créé il y a quelques années dans un style traditionnel, cache d'agréables chambres. Petites et coquettes dans la maison principale, vastes et élégantes dans l'annexe, elles sont irréprochables de tenue, y compris dans leurs salles de bains en marbre. Toutes sont très calmes et donnent souvent sur une petite vallée sauvage et verdoyante. Vigneron de son état, monsieur Chaley ne fait pas mentir la réputation de jovialité associée à cette profession, et son accueil, ainsi que celui des membres de sa famille mérite, à lui seul, une visite au *Manassès*. Ici, un lointain parfum laisse deviner la proximité de la cave où continuent de vieillir les précédentes récoltes, et l'on retrouve cette référence au vin dans la belle grange qui abrite un intéressant musée de la Vigne. Signalons enfin l'exceptionnel petit déjeuner (avec jambon sec du Morvan, jambon persillé de Bourgogne, rosette au marc, et une petite surprise pour les œnophiles) servi dans la grande pièce commune agrémentée de beaux meubles anciens et d'un feu de cheminée en saison. Parmi les restaurants conseillés : *L'Auberge du Coteau* à Villars-Fontaine, *Les Gourmets* à Marsannay-la-Côte, *La Sommellerie* à Gevrey-Chambertin, *Chez Robert Losset* à Flagey-Echezeaux.

Accès (carte n° 19) : à 24 km au nord-ouest de Beaune A 31, sortie Nuits-Saint-Georges, puis D 25 et D 35.

Le Hameau de Barboron

21420 Savigny-les-Beaune (Côte-d'Or)
Tél. 03.80.21.58.35 - Fax 03.80.26.10.59
Mme Nominé

Ouverture toute l'année **Chambres** 12 avec tél., s.d.b. ou douche, w.c., t.v. et minibar **Prix** des chambres doubles : 550 à 900 F / 83,85 à 137,20 €; suites : 1 000 à 1 200 F / 152,45 à 182,94 € - Petit déjeuner-buffet : 85 F / 12,96 €, servi jusqu'à 12 h **Carte de crédit** Visa **Divers** chiens admis - Garage **Alentour** Hôtel-Dieu, basilique Notre-Dame à Beaune ; la Côte de Beaune entre Serrigny et Chagny ; Côte de Nuits ; château du Clos-Vougeot ; Nolay ; Rochepot - Golf 18 trous de Beaune **Restaurant** sur réservation.

C'est dans un vallon bien isolé du monde, selon la tradition cistercienne, que se trouve *Barboron*. C'est ici aussi qu'après la Révolution des familles de paysans s'établirent dans cet immense domaine de chasse, d'élevage et de culture. Restaurés avec minutie, les bâtiments du XVIe construits autour d'une petite cour paraissent austères et graves. Mais dès que l'on franchit le seuil, la chaleur, le raffinement et la convivialité sont de mise. Certains préféreront les grandes suites comme "Les Cousins" ou "Le Guet du Loup" avec leur salle de bains éclatante en bleu et blanc. D'autres choisiront celles plus intimes comme "Lucien", ouverte sur le verger et qui, à défaut de baignoire, dispose d'une grande douche. S'ouvrant largement sur la campagne, la salle des petits déjeuners vous accueille toujours avec un fond de musique classique et présente un décor très chaleureux avec sa cheminée et son sol dallé de bois et de céramiques. Quant à l'environnement, c'est la sérénité absolue, à peine troublée par les oiseaux, les lièvres ou les sangliers du domaine…

Accès (carte n° 19) : *sur A 6 sortie A 31 n° 4 : Savigny-les-Beaune.*

Hostellerie du Val-Suzon

21121 Val-Suzon (Côte-d'Or) - R.N. 71
Tél. 03.80.35.60.15 - Fax 03.80.35.61.36 - M. et Mme Perreau
E-mail : hostvalsuzon@mageos.com

Catégorie ★★★ **Fermeture** de mi-novembre à mi-décembre, dimanche soir et lundi d'octobre à mi-mai **Chambres** 17 avec tél., s.d.b., w.c., t.v. satellite, coffre-fort et minibar **Prix** des chambres doubles : 450 à 600 F / 68,60 à 91,47 € ; suites : 700 à 980 F / 106,71 à 149,40 € - Petit déjeuner : 60 F / 9,14 €, servi de 7 h 30 à 9 h 30 - Demi-pension : 485 à 585 F / 73,94 à 89,38 € (par pers., 3 j. min.) **Cartes de crédit** acceptées **Divers** chiens admis (100 F / 15,24 €) - Parking **Alentour** Dijon ; chartreuse de Champhol ; la Côte de Nuits - Golf 18 trous de Dijon-Bourgogne **Restaurant** service de 12 h à 14 h, 19 h 30 à 21 h 30 - Fermé le dimanche soir et le lundi d'octobre à mi-mai - Menus : 130 à 445 F / 19,82 à 67,84 € - Carte - Spécialités : œufs coque, homard et foie gras.

Un hameau endormi au pied d'une imposante colline, une petite auberge avec son jardin en pente qui s'achève sous les grands arbres de la terrasse… le site est enchanteur et, malgré la proximité de la N 71, vous pouvez l'envisager pour un séjour. Les chambres se répartissent entre trois bâtiments. Nous sélectionnons sans hésiter celles du "Colombier" récemment achevées, élégantes, confortables et bien insonorisées, les 6 et 7 de la maison principale, plaisantes, spacieuses et tout aussi recommandables (elles deviennent chères dès que l'on utilise les couchages supplémentaires) et, malgré une décoration un peu surannée, celles du grand "chalet" installé tout en haut du jardin. Les autres chambres sont petites et plus habituelles, nous ne vous les conseillons donc pas. Très agréable restaurant au rez-de-chaussée où quelques tables joliment dressées près d'une cheminée et d'amples rideaux fleuris constituent un chaleureux décor qui complète le plaisir de goûter à la cuisine savoureuse et créative d'Yves Perreau.

Accès (carte n° 19) : à 15 km au nord-ouest de Dijon par N 71, direction Troyes.

Hôtel Saint-Louis et de la Poste

71400 Autun (Saône-et-Loire)
6, rue de l'Arbalète
Tél. 03.85.52.01.01 - Fax 03.85.86.32.54 - M. Bart Barels
E-mail : louisposte@aol.com

Catégorie ★★★★ **Ouverture** toute l'année **Chambres** 32 et 7 suites, avec tél., s.d.b. ou douche et t.v. **Prix** des chambres doubles : 450 à 690 F / 68,60 à 105,19 € ; suites : 1 250 F / 190,56 € - Petit déjeuner : 50 F / 7,62 €, servi de 7 h à 10 h 30 **Cartes de crédit** Amex, Visa **Divers** chiens admis **Alentour** à Autun : cathédrale Saint-Lazare, musée Rolin ; château de Sully ; Couches ; musée de Bibracte ; pierre de Couchard et cascade de Brisecou **Restaurant** service de 12 h à 14 h, 19 h à 21 h 30 - Fermé le samedi midi - Menus : 90 à 165 F / 13,72 à 25,15 € (déjeuner), 165 à 320 F / 25,15 à 48,78 € - Carte - Spécialités : pressé de magret et foie gras ; filets de rouget poêlés et escalope de foie gras ; risotto aux noix ; filet de bœuf du Morvan mi-fumé ; soufflé chaud à la vanille Bourbon.

A vec deux mille ans d'histoire, la ville d'Autun a bien des atouts. Fondée par la tribu celte de Bibracte, elle devint "sœur et émule de Rome" avant de voir, au XIIe siècle, s'élever la cathédrale Saint-Lazare qui étonne encore les visiteurs. L'hôtel date de 1655 et a connu des visiteurs prestigieux, dont Napoléon (dont on peut encore louer la chambre). Il garde néanmoins de beaux souvenirs des années 1930 : une superbe coupole en dalles de verre qui éclaire le hall, des vitrines coiffées de vitraux multicolores et un escalier tout en courbes. Des suites les plus luxueuses aux chambres les plus simples, toutes (sauf une) offrent une atmosphère beige feutrée, égayée par des accessoires et des petits meubles. Elles se distribuent autour d'un grande cour intérieure couverte de vigne vierge où l'on prend petits déjeuners et repas l'été. Une belle adresse pour une étape ou pour rayonner dans une région riche d'histoire, de culture et de vignobles. Accueil aimable et souriant.

Accès (carte n° 18) : à 53 km au nord-ouest de Chalon-sur-Saône par D 978.

Manoir de Sornat

71140 Bourbon-Lancy (Saône-et-Loire)
Allée de Sornat
Tél. 03.85.89.17.39 - Fax 03.85.89.29.47 - M. Raymond

Catégorie ★★★ Fermeture 5 semaines début janvier à mi-février ; le dimanche soir de septembre à juin **Chambres** 13 avec tél., s.d.b. ou douche, w.c., t.v. et minibar **Prix** des chambres simples et doubles : 375 à 800 F / 57,17 à 121,96 € - Petit déjeuner : 65 F / 9,91 €, servi de 7 h 30 à 11 h - Demi-pension : 475 à 700 F / 72,41 à 106,71 € (par pers., 3 j. min.) **Cartes de crédit** acceptées **Divers** chiens admis sauf au restaurant (30 F / 4,57 €) - Parking **Alentour** château de Saint-Aubin-sur-Loire ; église de Ternant ; abbatiale de Paray-le-Monial **Restaurant** service de 12 h à 14 h, 19 h 30 à 21 h 30 - Fermé lundi midi et mardi midi toute l'année et dimanche soir de septembre à juin - Menus : 175 à 450 F / 26,68 à 68,60 € - Carte - Spécialités : foie gras d'oie poêlé et queue de bœuf braisée.

Fruit du caprice d'un soyeux lyonnais qui affectionnait particulièrement les courses de chevaux de Deauville, le *Manoir de Sornat* fut construit au XIXe siècle dans un pur style anglo-normand assez insolite pour la région. Il reste encore de cette toquade, un hippodrome désaffecté jouxtant le manoir où avait encore lieu, avant-guerre, la course "Bourbon-Lancy". Les chambres sont souvent très spacieuses, confortables, décorées avec goût dans un style sagement moderne. Côté parc, certaines bénéficient en plus d'une terrasse où il est possible de se faire servir le copieux petit déjeuner (les grands arbres ne sont pas loin et il est fréquent d'y voir jouer des écureuils). La réputation gastronomique du lieu n'est plus à faire et beaucoup viennent spécialement ici pour retrouver la cuisine de Gérard Raymond. Vous en profiterez dans une vaste salle à manger rénovée de frais ou, l'été, en terrasse. Une belle et très plaisante adresse où vous trouverez toujours un accueil professionnel et compétent.

Accès (carte n° 18) : à 30 km au nord-est de Moulins par N 79, direction Chevagnes, Autun.

115

Château de la Fredière

La Fredière 71110 Céron (Saône-et-Loire)
Tél. 03.85.25.19.67 - Fax 03.85.25.35.01
Mme Charlier

Fermeture en janvier **Chambres** 10 et 1 suite, avec tél., s.d.b. ou douche, w.c. et t.v. **Prix** des chambres doubles : 290 à 620 F / 44,22 à 94,52 € ; suite : 750 F / 114,34 € - Petit déjeuner : 55 F / 8,38 € - Demi-pension et pension : 610 à 1 070 F / 92,99 à 163,12 € (pour 2 pers.) **Carte de crédit** Visa **Divers** chiens admis sur réservation (50 F / 7,62 €) - Piscine - Golf 18 trous - Parking **Alentour** château de Lapalisse - églises romanes du Brionnais **Restaurant** service de 12 h à 14 h, 19 h 30 à 21 h - Fermé le 16 novembre au 15 mars et le mercredi - Menu - Carte - Spécialités : terrine de queues de bœuf ; viande du charolais ; charlotte aux fraises.

Dans ce petit château largement ouvert sur un parc, lui-même entouré d'un golf de 18 trous, madame Charlier et sa famille accueillent ici les arrivants comme des hôtes-amis. Généralement spacieuses et claires, les chambres et la suite sont toutes calmes et très confortables. Au premier, elles ont conservé leurs meubles d'origine et illustrent bien le charme des temps anciens, alors qu'au second étage une récente rénovation les a rajeunies et décorées de tissus aux couleurs vives. Propice au repos ou à la lecture au coin du feu, le grand salon précède une lumineuse salle à manger au parquet blond, où sont servis les petits déjeuners (quand le temps ne permet pas d'utiliser la terrasse). Une impression de détente et de tranquillité émane de cette belle bâtisse et de son environnement champêtre, c'est à quelques mètres de là que vous pourrez dîner dans une jolie salle de restaurant ouverte sur un étang et sur le jardin. Une belle adresse pour un week-end à la campagne.

Accès (carte n° 25) : à 40 km au nord de Roanne jusqu'à Marcigny, direction Le Donjon, Lapalisse et fléchage pour le golf.

Hostellerie du Château de Bellecroix

71150 Chagny (Saône-et-Loire)
Tél. 03.85.87.13.86 - Fax 03.85.91.28.62 - Famille Gautier
E-mail : chateau.de.bellecroix@wanadoo.fr

Catégorie ★★★ **Fermeture** du 19 décembre au 10 février et le mercredi, sauf du 1er juin au 30 septembre **Chambres** 20 avec tél., s.d.b. ou douche, w.c., t.v. et minibar **Prix** des chambres doubles : 550 à 1 200 F / 83,85 à 182,94 € - Petit déjeuner : 78 F / 11,89 €, servi de 7 h 30 à 10 h - Demi-pension : 600 à 950 F / 91,47 à 144,83 € (par pers., 3 j. min.) **Cartes de crédit** acceptées **Divers** chiens admis (80 F / 12,20 €) - Piscine - Parking **Alentour** Hôtel-Dieu, collégiale Notre-Dame à Beaune ; la Côte de Beaune ; Nolay ; Rochepot - Golf 18 trous de Beaune-Levernois **Restaurant** service de 12 h à 13 h 30, 19 h 30 à 21 h - Fermé le mercredi, et le jeudi à midi - Menus : 275 à 365 F / 41,92 à 55,64 € - Carte - Spécialités : terrine de foie gras de canard ; filet de charolais à la moelle.

Un peu à l'écart de la ville et de la N 6, cet hôtel occupe un petit château XIXe et une ancienne commanderie des chevaliers de Malte du XIIe (magnifique avec ses fenêtres à meneaux et ses vieilles murailles). A l'entrée, une grande et belle pièce sert de salon de réception et de salle à manger : élégants rideaux fleuris, confortables chaises de style, tables bien dressées, répliques de toiles de maîtres aux murs... A côté, un charmant petit salon intime a été installé dans une tourelle. Les confortables chambres, dont certaines donnent sur le parc avec piscine, occupent les deux bâtiments. Dans le château, elles sont meublées avec soin dans un style souvent XVIIIe (les 3 et 4 sont très petites et nous ne les conseillons pas). Dans la commanderie, elles sont superbement Haute Epoque, très vastes et certaines ouvrent de plain-pied sur le jardin. Leur prix est en conséquence mais il en est de vraiment exceptionnelles. Une agréable adresse, accueillante, particulièrement professionnelle, et qui a toujours le souci de s'améliorer.

Accès (carte n° 19) : à 15 km au sud de Beaune par N 74, puis N 6, ou sortir à Chalon-sur-Saône nord.

Château d'Igé

71960 Igé (Saône-et-Loire)
Tél. 03.85.33.33.99 - Fax 03.85.33.41.41 - Mme Germond
E-mail : ige@relaischateaux.fr

Catégorie ★★★★ Fermeture du 1er décembre au 28 février **Chambres** 7 et 6 suites, avec tél., s.d.b. ou douche, w.c. et t.v. satellite **Prix** des chambres : 495 à 795 F / 75,46 à 121,20 € ; suites : 995 à 1 215 F / 151,69 à 185,23 € - Petit déjeuner : 80 F / 12,20 €, servi de 7 h 30 à 11 h - Demi-pension : + 610 F / 92,99 € (pour 2 pers.) **Cartes de crédit** acceptées **Divers** chiens admis (55 F / 8,38 €) - Parking gardé (55 F / 8,38 €) **Alentour** abbaye et musée de Cluny ; châteaux de Cormatin et de Berzé - Golf 18 trous à Lugny **Restaurant** service de 12 h à 14 h, 19 h 30 à 21 h - Menus : 160 F / 16,77 € (midi en semaine), 205 à 395 F / 31,25 à 60,22 € - Carte.

La riche campagne mâconnaise, avec son relief vallonné et ses vignobles qui en occupent les versants bien exposés, offre un très bel environnement au petit village d'Igé. A grands renforts de balcons et de cours fleuris, le bourg semble lui donner la réplique, son château-hôtel n'étant pas le moindre de ses arguments en matière de séduction. Avec ses épaisses tours du XVIe, sa portion de douves et son délicieux jardin romantique, voici un hôtel au caractère familial et subtilement luxueux. Capitonnées de tissus et toujours meublées d'ancien, les chambres sont très confortables, soignées, avec de belles salles de bains plus ou moins actuelles mais qui ont souvent l'inconvénient d'une vue un peu limitée bien que verdoyante (la chambre de la tour, isolée dans un coin du jardin, est superbe avec son plafond voûté aux fines arêtes sculptées). Excellent restaurant réparti dans des petits salons Louis XIII ou en terrasse, à côté d'un grand jardin d'hiver meublé en rotin. Accueil vraiment amical de la part d'une famille qui tient la maison depuis deux générations.

Accès (carte n° 19) : A 6, sortie Mâcon sud, route de Montceau-les-Mines, Cluny. Sortir à La Roche-Vineuse, après le village prendre à droite route de Verzé puis Igé.

Hôtel La Reconce - Restaurant de la Poste

71600 Le-Bourg-Poisson (Saône-et-Loire)
Tél. 03.85.81.10.72 - Fax 03.85.81.64.34
M. et Mme Dauvergne

Catégorie ★★★ **Fermeture** les 3 premières semaines de février et 2 semaines en octobre **Chambres** 6 et 1 suite, avec tél., s.d.b. ou douche, t.v. et minibar **Prix** des chambres doubles : 380 à 450 F / 57,93 à 68,60 €, suite : 700 à 750 F / 106,71 à 114,34 € - Petit déjeuner : 60 F / 9,15 €, servi de 8 h 30 à 10 h **Cartes de crédit** acceptées **Divers** chiens admis (50 F / 7,62 €) - Parking privé **Alentour** Paray-le-Monial : église Notre-Dame, musée du Hiéron **Restaurant** service de 12 h à 13 h 30, 19 h à 21 h 30 - Fermé lundi et mardi, sauf en juillet-août - Menus : 85 à 500 F / 12,96 à 76,22 € - Menu enfant : 60 F / 9,15 € - Carte - Spécialités : bœuf du Charolais.

Paisible village, Poisson est situé au cœur des herbages du Charolais parsemés de bovins blancs qui fournissent cette viande réputée que l'on retrouve sur les meilleures tables. C'est bien sûr le cas au *Restaurant de la Poste,* connu depuis longtemps pour sa cuisine savoureuse. A présent, il s'est adjoint une grande maison mitoyenne où madame Dauvergne a aménagé avec esprit sept chambres confortables auxquelles tissus colorés et parquets blonds donnent une atmosphère douillette et chaleureuse. Les salles de bains sont modernes et fonctionnelles, deux d'entre elles bénéficient largement de la lumière du jour. L'été, le petit déjeuner se prend sous un préau qui ouvre sur un délicieux petit jardin. Dans l'autre maison, ancien café du village, la grande salle à manger donne sur un jardin ombragé où les repas prennent un air de fête champêtre. On y déguste le fameux bœuf charolais mais aussi beaucoup de poisson (un clin d'œil au nom du village) et les desserts inventifs de Jean-Noël Dauvergne. Accueil attentif et souriant. Une belle adressse pour le plaisir et le repos.

Accès (carte n° 18) : à 70 km à l'ouest de Mâcon direction Moulins par N 79 jusqu'à Paray-le-Monial ; 1er feu à gauche direction Poisson.

Hôtel du Cheval Blanc

71390 Saint-Boil (Saône-et-Loire)
Tél. 03.85.44.03.16 - Fax 03.85.44.07.25
M. et Mme Cantin

Catégorie ★★★ Fermeture du 15 février au 15 mars **Chambres** 10 et 1 maisonnette, avec tél., s.d.b. ou douche, w.c, t.v. **Prix** des chambres doubles : 380 à 480 F / 57,93 à 73,18 € - Lit suppl. 90 F / 13,72 € - Demi-pension : 450 F / 68,60 € - Petit déjeuner : 58 F / 8,82 €, servi de 8 h à 9 h 30 **Carte de crédit** Visa **Divers** chiens non admis - Vélos, piscine - Parking, garage **Alentour** château de Cormatin, circuit des églises romanes, Cluny, GR à 1 km **Restaurant** service de 12 h à 13 h 30, 19 h à 21 h - Fermé le mercredi - Menus : 140 à 230 F / 21,34 à 35,06 € - Carte - Spécialités : pot-au-feu de volaille ; terrine maison.

Au sud-ouest de la Bourgogne viticole déjà gagnée par les premiers pâturages du Charolais, la campagne qui environne Saint-Boil servirait aisément de modèle pour une carte postale de la "France profonde". A l'entrée du village, le *Cheval Blanc* était jusqu'alors réputé comme restaurant et l'on a, en effet, immédiatement envie de passer à table en découvrant la salle à manger aux tonalités blanches, jaunes et vertes, agrémentée de jolis objets et prolongée par une petite cour-jardin où l'on sert en été (monsieur Cantin fut chef de partie à la célèbre *Closerie des Lilas*, à Paris). Aujourd'hui, après avoir acquis une petite maison bourgeoise située juste de l'autre côté de la rue principale, l'auberge s'est dotée de dix chambres, lumineuses, coquettes, confortables et parfaitement tenues. Vous ne serez pas non plus déçus par les excellents petits déjeuners servis dehors ou dans une pièce décorée, comme les chambres, dans des tons pastel. Une adresse simple et accueillante, parfaite, même pour un long séjour.

Accès (carte n° 19) : A 6, sortie Chalon sud ou Mâcon sud, puis D 981.

La Montagne de Brancion

Brancion 71700 Tournus (Saône-et-Loire)
Tél. 03.85.51.12.40 - Fax 03.85.51.18.64 - M. et Mme Million
E-mail : jacques.million@wanadoo.fr - Web : brancion.com

Catégorie ★★★ **Fermeture** de début novembre à mi-mars **Chambres** 18 et 1 suite, avec tél., s.d.b. ou douche, w.c., t.v., coffre-fort et minibar **Prix** des chambres doubles : 600 à 860 F / 91,47 à 131,11 € ; suite : 1 150 à 1 300 F / 175,32 à 198,18 € - Petit déjeuner : 80 F / 12,20 €, servi de 8 h à 9 h 30/10 h en chambre - Demi-pension : 660 à 790 F / 100,62 à 120,44 € (par pers.) **Cartes de crédit** acceptées **Divers** chiens admis (50 F / 7,62 €) - Piscine chauffée - Parking **Alentour** église Saint-Philibert à Tournus ; église de Chapaize ; Blanot ; Cluny ; Taizé ; château de Cormatin - Golf 9 et 18 trous de Château-la-Salle **Restaurant** service de 12 h à 13 h 30, 19 h 30 à 21 h - Menus : 190 F / 28,97 € (midi en semaine), 340 à 380 F / 51,83 à 57,93 € - Carte - Spécialité : cuisine gastronomique du terroir.

Situé dans un cadre calme et très préservé, cet hôtel de construction récente est perché sur une colline d'où il profite d'une vue dominante sur les vignobles et sur le joli village de Martailly-lès-Brancion. Exposées au soleil levant, face au paysage, les chambres sont très agréables, soignées et harmonieuses. Améliorées sans cesse, agrémentées de couleurs chaudes et gaies, elles disposent, pour certaines, d'un sympathique petit balcon. Saluons également le service attentionné (en terrasse l'été) du restaurant où vous aurez le choix entre une salle à manger moderne et une autre décorée de quelques vieux meubles. Enfin, la très alléchante cuisine achève de rendre plaisante cette adresse où vous trouverez un accueil souriant et d'où vous pourrez rayonner pour faire quelques belles découvertes touristiques.

Accès (carte n° 19) : à 13 km à l'ouest de Tournus ; sur A 6 sortie Tournus ; par D 14 en direction de Brancion. Après Martailly-lès-Brancion, suivre les panneaux et tourner à gauche.

Domaine du Roncemay

89110 Aillant-sur-Tholon (Yonne)
Tél. 03.86.73.50.50 - Fax 03.86.73.69.46 - M. Christian Adam
E-mail : roncemay@aol.com - Web : roncemay.com

Catégorie ★★★★ Ouverture toute l'année **Chambres** 15 et 3 suites (4 pers.), avec tél., s.d.b. ou douche, w.c., t.v. (satellite, Canal +) et minibar **Prix** des chambres doubles : 800 à 1 100 F / 121,96 à 167,69 €; suites : 1 100 à 2 000 F / 167,69 à 304,90 € - Petit déjeuner : 100 F / 15,24 €, servi de 7 h à 10 h - Demi-pension : 680 à 850 F / 103,67 à 129,58 € (par pers.) **Cartes de crédit** acceptées **Divers** chiens admis (40 F / 6,10 €) - Piscine, hammam marocain, salles de fitness et de badminton, vélos, golf 18 trous - Parking **Alentour** vignobles de Chablis et d'Irancy, châteaux de Saint-Fargeau et de Ratilly, musées et cathédrale d'Auxerre **Restaurant** service de 12 h à 15 h, 20 h à 22 h - Menus : 150 F / 22,87 € (déjeuner), 230 et 295 F / 35,06 et 44,97 € - Carte - Spécialités : tarte fine à l'écrevisse et tomates aux herbes.

Situé au cœur d'une immense forêt de chênes, en bordure d'un beau golf, le *Domaine du Roncemay* fera d'abord le bonheur des sportifs, mais les autres s'y trouveront également très bien. Installé dans d'anciens bâtiments rénovés avec soin, l'hôtel ouvre largement sur le green. Une belle clarté règne dans les salons et dans la salle à manger. De taille variable, aménagées avec des meubles et des gravures chinés dans les salles des ventes, les chambres sont toutes très confortables mais leur récente et importante augmentation nous laisse un peu dubitatifs… Fine, créative et précisément exécutée, la cuisine est excellente, de même vous dégusterez, au petit déjeuner, les confitures fabriquées sur place avec les fruits du verger. Enfin, ne repartez pas sans avoir goûté aux plaisirs du hammam, magnifique univers marocain qui ensoleillera votre séjour quelle que soit la température extérieure.

Accès (carte n° 18) : A 6 sortie Joigny, direction Aillant/Tholon, puis "Les Ormes" et fléchage.

Hostellerie de la Poste

13, place Vauban
89200 Avallon (Yonne)
Tél. 03.86.34.16.16 - Fax 03.86.34.19.19 - Alain Gand
Web : hostelleriedelaposte.com - E-mail : info@hostelleriedelaposte.com

2001

Catégorie ★★★★ Fermeture du 19 novembre au 19 mars **Chambres** 17 et 13 suites avec tél., s.d.b., w.c., t.v. (Canal + et satellite) et climatisation (21) **Prix** des chambres : 550 à 650 F / 83,85 à 99,09 € ; suites : 790 à 950 F / 120,44 à 144,80 € - Petit déjeuner : 70 F / 10,67 €, servi de 7 h à 11 h - Demi-pension : 525 à 1 020 F / 80,04 à 155,50 € (par pers) **Cartes de crédit** acceptées **Divers** chiens admis (70 F / 10,67 €) - Parking **Alentour** villages de Vézelay, Bazoches, Noyers, abbaye de Fontenay, vignobles de Chablis **Restaurant** service de 12 h à 14 h, 19 h à 22 h - Menus : 155 à 410 F / 23,63 à 62,50 € - Carte - Spécialités : ravioles d'escargots, flan d'ail, coulis de persil.

On ne compte plus les hôtes illustres qui, depuis 1707, séjournèrent dans cet ancien relais de poste situé sur un axe autrefois très fréquenté. Puis, avec l'autoroute, les étapes se firent plus lointaines et, si l'on vient à Avallon, c'est surtout pour découvrir la vieille ville et les grands sites touristiques voisins. Après quelques vicissitudes et un changement de propriétaire, l'*Hostellerie de la Poste* est aujourd'hui redevenue l'un des plus beaux établissements de la Bourgogne du nord. Sa noble façade XVIIIe ne dépare pas le centre du bourg et, derrière l'imposante porte cochère, ses deux ailes ouvrent la perspective vers un petit îlot de verdure. Belles, voire superbes, vastes, extrêmement confortables, les chambres sont toutes différentes et l'on ne peut que saluer leur décoration classique rehaussée de tissus chatoyants et souvent agrémentées de meubles anciens. Alléchante cuisine servie dans une longue salle à manger cossue à l'élégance XVIIIe, service attentif : une très belle adresse d'un bon rapport qualité-prix, notamment pour les suites familiales.

Accès (carte n° 18) : A 6 sortie Avallon puis N 6. L'hôtel est au centre d'Avallon.

La Fontaine aux Muses

89116 La Celle-Saint-Cyr (Yonne)
Tél. 03.86.73.40.22 - Fax 03.86.73.48.66
Famille Pointeau-Langevin

Catégorie ★★ **Ouverture** toute l'année - Fermé du lundi 11 h au mardi 17 h sauf réservation en haute saison **Chambres** 17 avec tél., s.d.b. ou douche, w.c. (4 avec t.v.) et minibar **Prix** des chambres doubles : 360 à 410 F / 54,88 à 62,50 €; suites : 525 à 630 F / 80,04 à 96,04 € - Petit déjeuner : 40 F / 6,10 €, servi de 8 h à 10 h - Demi-pension : 385 à 545 F / 58,69 à 83,08 € (par pers., 3 j. min.) **Carte de crédit** Visa **Divers** chiens admis sur demande - Piscine, golf (50 F / 7,62 €), tennis (35 F / 5,34 €) - Parking **Alentour** site de la Côte Saint-Jacques ; forêt d'Othe ; Saint-Cydroine ; Saint-Florentin **Restaurant** service de 12 h 30 à 13 h 45, 20 h à 21 h 15 - Fermé lundi, et mardi à midi - Menu : 185 F / 28,20 € (en semaine) - Carte - Spécialité : ragoût de homard au foie gras.

À l'écart d'un petit village, cette chaleureuse auberge créée par un couple d'artistes est aujourd'hui reprise par leur fils, Vincent, très dynamique, et par son épouse. Outre l'exploitation des vignes et de l'auberge, Vincent anime les dîners de fin de semaine avec ses amis musiciens : ballades, bossas-novas, les soirées se terminant en véritable jazz-session. Au salon-bar, d'accueillants fauteuils vous attendent au coin du feu. Décorées de manière simple et sobre, les chambres donnent sur la campagne. Pour conserver l'authenticité de la maison et la pente du toit, le couloir en soupente desservant celles de l'étage demandera un peu "d'acrobatie" aux personnes de grande taille. Non loin de là, sur le parcours du golf, les chambres de l'annexe sont construites dans le syle local et offrent beaucoup plus de confort mais se révèlent plus impersonnelles. Demandez des précisions lors de la réservation. Ambiance très conviviale et, vous l'aviez deviné, décontractée.

Accès (carte n° 18) : à 36 km au nord-ouest d'Auxerre par N 6 direction Joigny, puis D 943 sur 7 km et D 194. Par A 6, sortie Joigny nord, puis Villeneuve-sur-Yonne sud.

Château de Prunoy

Prunoy
89120 Charny (Yonne)
Tél. 03.86.63.66.91 - Fax 03.86.63.77.79 - Mme Roumilhac
E-mail : chateau.de.prunoy@wanadoo.fr

Fermeture du 31 octobre au 31 mars **Chambres** 13 et 6 suites, avec tél., s.d.b., w.c., minibar et t.v. ; 3 chambres handicapés **Prix** des chambres doubles : 750 à 800 F / 114,34 à 121,96 € ; suites : 850 à 1 400 F / 129,58 à 213,43 € - Petit déjeuner compris, servi de 8 h 30 à 10 h 30 **Cartes de crédit** Amex, Visa **Divers** chiens admis - Piscine, tennis - Parking **Alentour** châteaux de Saint-Fargeau et de Ratilly ; parc animalier de Boutissaint ; cathédrale et musées d'Auxerre - Golf 18 trous de Roncemay à Aillant-Thoron **Restaurant** service à 12 h 30 et 20 h - Menus : 160 à 240 F / 24,39 à 36,59 € - Carte.

Entouré par cent hectares de parcs, le château déploie son architecture purement XVIIIᵉ. A l'intérieur, les belles pièces de réception du rez-de-chaussée (superbes boiseries sculptées) expriment le caractère rare de ce lieu entièrement aménagé et pensé par madame Roumilhac. Dans une aile, la salle à manger, décorée dans un style campagnard et gai, se prolonge par une terrasse dominée par les grands arbres du bois. La cuisine y est copieuse mais c'est surtout dans les chambres que vous découvrirez les grandes qualités de *Prunoy*. Très souvent exceptionnelles, tant par l'originalité de leur décoration que par leur taille et par leur confort (malgré quelques signes vieillissants dans certaines), elles offrent une vue magnifique sur la cour d'honneur ou sur le parc dont l'immense perspective semble s'achever par une trouée verticale dans la forêt. Une très belle adresse qui souffre cependant d'un réel manque de personnel hors saison.

Accès (carte n° 18) : à 40 km au nord-ouest d'Auxerre. De Paris (90 mn) : A 6 sortie Joigny/Charny n° 18, puis D 943 direction Montargis, et D 16 direction Charny jusqu'à Prunoy.

Auberge du Pot d'Etain

2001

89440 L'Isle-sur-Serein (Yonne)
Tél. 03.86.33.88.10 - Fax 03.86.33.90.93 - Alain Péchery
E-mail : potdetain@ipoint.fr

Fermeture février et 3ᵉ semaine d'octobre **Chambres** 11 avec tél., s.d.b., w.c., t.v. et minibar **Prix** des chambres : 280 à 420 F / 42,69 à 64,03 € - Petit déjeuner : 40 F / 6,10 €, servi de 8 h à 10 h - Demi-pension obligatoire en haute saison : 300 à 350 F / 45,73 à 53,36 € (par pers.) **Carte de crédit** Visa **Divers** chiens admis - Equitation - Parking gardé **Alentour** abbaye de Fontenay, prieuré de Vausse, Noyers/Serein **Restaurant** service de 12 h à 13 h 45, 19 h à 21 h - Menus : 108 à 308 F / 16,50 à 47,02 € - Carte - Spécialités : tampura de langoustines, crêtes et rognons de coq.

Une opulente maison de village avec sa façade rose mangée par la vigne vierge, le tunnel foncé d'un porche débouchant sur un patio lumineux et fleuri (où l'on s'attable dès qu'il fait beau), quelques colombages… Le *Pot d'Etain* constitue la version brillamment remise au goût du jour de ces nombreux relais de poste qui s'échelonnaient le long des anciennes voies de communication. C'est ainsi que le charme et le raffinement ont remplacé, sans totalement la gommer, la rusticité initiale du lieu. Ses propriétaires ne laissent à personne d'autre le soin de vous accueillir et l'on sent vite que l'auberge est aussi leur maison. Comment expliquer autrement l'ambiance "habitée" du salon-bar ? Et l'élégance de la petite salle à manger avec ses vieux meubles cirés, son gros bouquet de fleurs fraîches, son nappage blanc et vert qui ressort sur la teinte brique d'une moelleuse moquette ? Voici en tout cas le cadre idéal pour déguster une remarquable cuisine, fine, précise, originale ; à notre avis, l'une des meilleures de la région. Côté chambres, vous ne serez pas mal non plus, aussi bien sur le plan du confort qu'en ce qui concerne le style rétro rajeuni du décor. Une bien charmante adresse pour découvrir la ravissante vallée du Serein.

Accès (carte n° 18) : A 6 sortie Avallon puis D 86 vers Noyers/Serein.

Auberge du Château

89580 Val-de-Mercy (Yonne)
3, rue du Pont
Tél. 03.86.41.60.00 - Fax 03.86.41.73.28 - L. et J. Delfontaine
E-mail : delfontaine.j@wanadoo.fr

Fermeture du 15 janvier au 28 février **Chambres** 4 et 1 suite, avec tél., s.d.b. ou douche, w.c. et t.v.
Prix des chambres doubles : 380 à 450 F / 57,93 à 68,60 € ; suite : 600 F / 91,47 € - Petit déjeuner :
55 et 70 F / 8,38 et 10,67 € **Carte de crédit** Visa **Divers** chiens admis **Alentour** cathédrale et abbaye
de Saint-Germain à Auxerre ; vallées de la Cure et de l'Ouanne **Restaurant** service de 12 h à 14 h,
19 h 30 à 21 h - Fermé dimanche soir et lundi - Menus : 120 à 220 F / 18,29 à 33,54 € - Carte -
Spécialités : gâteau de crabes et de gambas et sa quenelle de caviar coulis de concombre ; noisettes
d'agneau parfumées au jus d'agneau et miel d'acacias ; larme de chocolat mousse ivoirine et griottine.

Dans un calme village bourguignon, cette séduisante auberge se compose de
plusieurs petits bâtiments en pierres apparentes reliés par une cour fleurie
et prolongés par un agréable jardin. Les chambres se trouvent à l'étage, elles sont
très réussies : parquets (sauf une), murs blancs sur lesquels ressort bien le vieux
rose des rideaux et dessus-de-lit, un ou deux meubles anciens… Dès les beaux
jours, celle qui dispose d'une immense terrasse jouit d'un attrait supplémentaire.
Le restaurant est installé dans deux petits salons, ses tables sont dressées avec
une belle élégance, seuls les éclairages sont un peu froids. Jacques Delfontaine
est aux commandes de la cuisine, le résultat est tout à fait convainquant qu'il
s'agisse de plats simples ou plus sophistiqués. Petits déjeuners servis au choix
dans un chaleureux coin-bar, au jardin ou sous la belle charpente d'une pièce qui
fait office de galerie d'art et salon de thé. Une charmante adresse à prix
raisonnables où vous trouverez toujours un excellent accueil.

*Accès (carte n° 18) : à 18 km au sud d'Auxerre par A 6 sortie Auxerre sud puis N 6
dir. Avallon, D 85 dir. Coulanges-la-Vineuse, D 165 jusqu'à Val-de-Mercy.*

Auberge La Lucarne aux Chouettes

89500 Villeneuve-sur-Yonne (Yonne)
14, quai Bretoche
Tél. 03.86.87.18.26 - Fax 03.86.87.22.63 - Mme Leslie Caron
E-mail : lesliecaron-auberge@wanadoo.fr - Web : lesliecaron-auberge.com

Ouverture toute l'année **Chambres** 4 avec tél., s.d.b. et w.c. **Prix** des chambres doubles : 490 F / 74,70 € ; suite : 760 F / 115,86 € ; loft et duplex : 870 F / 132,63 € - Petit déjeuner : 60 F / 9,15 €, servi de 8 h 30 à 10 h 30 **Carte de crédit** Visa **Divers** chiens admis - Parking **Alentour** cathédrale, palais synodal et serres de Sens ; Joigny ; cathédrale et musées d'Auxerre ; musée de l'Avallonnais **Restaurant** service de 12 h à 14 h, 19 h à 21 h - Fermé dimanche soir et lundi, sauf en juillet - Menu-affaires : 105 F / 16,01 € (déjeuner), Menu-carte : 210 F / 32,01 € - Spécialités : salade de caille aux graines de sésame et yakitori ; ris de veau au citron vert.

*L*a *Lucarne aux chouettes* se distingue à peine des vieilles maisons du bourg qui se groupent sur les berges de l'Yonne, juste avant que le vieux pont n'enjambe la rivière. Réaménagée par Leslie Caron, l'auberge est avant tout connue pour sa table où l'on goûte à une cuisine sagement créative et de qualité. Vous en profiterez dans une vaste salle à manger dont les charpentes, les hautes parois vitrées et les colombages suffisent à créer l'essentiel de la décoration. De grands lustres en cordage, de la toile blanche sur les sièges, quelques meubles anciens pour le service et une cheminée souvent en activité lui ajoutent une petite touche chaleureuse et appréciable (surtout si le temps ne permet pas d'être servi sur la terrasse qui surplombe le quai). A l'étage, les chambres ont toutes vue sur la rivière. On y a privilégié l'espace, le confort et le charme, comme en témoignent les lits à l'ancienne, les très jolis tissus, les meubles régionaux et les tableaux de famille. Accueil souriant et aimable.

Accès (carte n° 10) : à 15 km au sud de Sens. Par A 6 sortie Courtenay/Villeneuve-sur-Yonne, puis D 15 vers Piffonds et Villeneuve-sur-Yonne.

Castan Relais

25000 Besançon (Doubs)
6, square Castan
Tél. 03.81.65.02.00 - Fax 03.81.83.01.02 - M. Dintroz

Fermeture 1 semaine fin décembre et 3 semaines en août **Chambres** 10 (5 climatisées) avec tél., s.d.b., w.c., t.v. satellite et minibar; chambres handicapés **Prix** des chambres doubles : 580 à 980 F / 88,42 à 149,40 € - Petit déjeuner : 60 F / 9,15 €, servi de 7 h 30 à 10 h 30 **Cartes de crédit** Amex, Visa **Divers** chiens admis - Parking **Alentour** citadelle et musées des Beaux-Arts et de l'Horlogerie à Besançon; salines royales d'Arc-et-Senans; Arbois et maison Pasteur; Baume-les-Dames (la source bleue, grotte de la Glacière); musée Courbet à Ornans - Golf de la Chevillotte 18 trous **Pas de restaurant** à l'hôtel.

Surplombant sur son rocher une boucle du Doubs, Besançon, ville citadelle, compte de nombreux hôtels particuliers comme celui qu'occupe le *Castan Relais*, qui resta dans la même famille durant quatre siècles. Bien situé dans le centre historique, près de la porte Noire (arcade romaine du IIe siècle) et de la cathédrale Saint-Jean, cet ancien hôtel particulier des XVIIe et XVIIIe siècles a été transformé en un petit hôtel luxueux par des amoureux des vieilles pierres. Chacune des chambres porte un nom et se décline sur ce thème : "Guillaume Tell", "Victor Hugo" et "Pasteur" sont des éloges à la culture franc-comtoise, la "Trianon" et la "Régence" rendent hommage à Louis XIV qui rattacha la Franche-Comté à la France et, si vous voulez goûter aux plaisirs des thermes romains, n'hésitez pas à retenir "Olympe" ou "Pompéi"... De nombreuses attentions s'ajoutent à ce grand confort : panier de fruits frais et délicieux petit déjeuner que vous pourrez prendre dans la salle de chasse. Une bonne adresse. Restaurants conseillés : *Mungo-Park* une très bonne table de la ville, *Le Vauban* avec sa superbe vue sur la citadelle, *Le Chaland* pour son ambiance bateau.

Accès (carte n° 20) : dans le centre-ville, suivre fléchage Citadelle et Conseil régional.

129

Hôtel Taillard

25470 Goumois (Doubs)
Tél. 03.81.44.20.75 - Fax 03.81.44.26.15 - M. Taillard
E-mail : hoteltaillard@wanadoo.fr - Web : hoteltaillard.com

Catégorie ★★★ Fermeture de mi-novembre à début mars **Chambres** 22 avec tél., s.d.b. ou douche, w.c. et t.v. (6 avec minibar) **Prix** des chambres : 275 à 520 F / 41,92 à 79,27 € ; appart. : 650 à 780 F / 99,09 à 118,91 € - Petit déjeuner-buffet : 56 F / 8,54 €, servi de 8 h à 9 h 30 - Demi-pension : 350 à 600 F / 53,36 à 91,47 € (par pers., 3 j. min.) **Cartes de crédit** acceptées **Divers** chiens admis (40 F / 6,10 €) - Piscine, salle de remise en forme, sauna, jacuzzi - Parking **Alentour** circuit de Maîche ; corniche de Goumois - Golf de Prunevelle 18 trous **Restaurant** fermé les mercredis en mars, octobre, novembre ; les mercredis midi sauf juillet-août - Service de 12 h à 14 h, 19 h 15 à 20 h 45 - Menus : 130 à 300 F / 19,82 à 45,73 € - Carte - Spécialité : escalope de foie gras poêlée.

Quatre générations se sont succédé dans cette demeure au réel savoir-faire hôtelier, située en pleine campagne jurassienne et à flanc de vallon. Ici, tout respire le calme et l'on entend encore le tintement des clochettes des troupeaux alors que le Doubs fait toujours le bonheur des pêcheurs et des randonneurs. Côté chambres, si la plupart ont un balcon qui ouvre sur la montagne, leur homogénéité s'arrête là car celles qui ont été créées ou rénovées sont d'un niveau nettement supérieur. Nous vous les recommandons donc en priorité ainsi que toutes les chambres et appartements de la Résidence : vastes, gaies et vraiment très réussies. Signalons enfin la qualité de la cuisine qui conserve les saveurs du terroir à travers une carte imaginative et des plats "allégés" qui satisferont plus d'un gourmet. Le service mérite aussi tous les éloges, et l'on se sent décidément très bien dans la belle salle à manger panoramique face aux horizons bleutés de la Suisse qui occupe le versant opposé. Toutes ces qualités font du *Taillard*, une adresse en constant progrès, parfaite pour un séjour.

Accès (carte n° 20) : 53 km au sud de Montbéliard par D 437, direction Maîche ; au lieu-dit Maison Rouge la D 437b direction Goumois (près de l'église).

Hôtel Le Lac

25160 Malbuisson (Doubs)
"Au Village"
Tél. 03.81.69.34.80 - Fax 03.81.69.35.44 - M. Chauvin

Catégorie ★★★ **Fermeture** du 15 novembre au 15 décembre, sauf week-end **Chambres** 54 avec tél., s.d.b. ou douche, w.c., t.v., 2 avec minibar ; ascenseur **Prix** des chambres simples et doubles : 250 à 380 F / 38,11 à 57,93 € ; luxes et suites : 700 à 900 F / 106,71 à 137,20 € - Petit déjeuner : 50 F / 7,62 €, servi de 7 h 30 à 9 h 45 - Demi-pension et pension : 230 à 520 F / 35,06 à 79,27 € (par pers. 3 j. min.) **Cartes de crédit** Diners, Visa **Divers** chiens admis (+ 35 F / 5,34 €) - Piscine - Parking **Alentour** salines royales d'Arc-et-Senans ; Le Saut du Doubs ; fonderie de cloches, émaillerie du Mont-d'Or ; musée Courbet à Ornans ; Besançon **Restaurant** service de 12 h à 14 h, 19 h à 21 h - Menus : 105 à 255 F / 16,01 à 38,87 € - Carte - Spécialités : morilles ; poisson.

Entre le lac et la forêt, cette imposante bâtisse du début du siècle a su conserver son caractère "vieille France". Avant tout ici, la cuisine et l'accueil sont une affaire de famille et tout le monde "met la main à la pâte", depuis le grand-père qui ne manque pas de faire un tour de salle, en passant par les deux couples dont les messieurs sont aux fourneaux, tandis que les dames surveillent le service dans la grande salle à manger classique et élégante. Très bonne cuisine mettant à l'honneur les produits de la région et le poisson de lac. Dans le même bâtiment, le "restaurant du fromage" propose, dans un joli décor de boiseries de chalet tyrolien, un plat du jour à 35 F, tandis qu'au salon de thé vous pourrez déguster les pâtisseries de Frédérique Chauvin et les glaces du célèbre glacier parisien Berthillon. Les chambres confortables et cossues n'ont pas toutes la vue sur le lac de Saint-Point, mieux vaut donc préciser vos desirata lors de la réservation. Possibilité aussi d'avoir ou non un balcon. Une adresse sympathique où toute une famille se met au service de sa fidèle clientèle.

Accès (carte n° 20) : à 75 km au sud de Besançon.

Manoir de Crec'h-Goulifern

Beg-Leguer - Servel
22300 Lannion (Côtes-d'Armor)
Tél. 02.96.47.26.17 - Fax 02.96.47.28.00 - Mme Droniou

Ouverture toute l'année **Chambres** 8 avec tél., s.d.b. ou douche et w.c. **Prix** des chambres simples :
300 F / 45,73 €, doubles : 340 à 440 F / 51,83 à 67,08 € - Petit déjeuner : 30 F / 4,57 €, servi de 8 h
à 10 h **Cartes de crédit** non acceptées **Divers** chiens non admis - Tennis - Parking **Alentour** chapelle
de Kerfons ; châteaux de Tonquédec, de Kergrist, de Rosambo ; chapelle des Sept-Saints ; Côte de
Granit rose - Golf 18 trous de Saint-Samson à Pleumeur-Bodou **Pas de restaurant** à l'hôtel.

L e *Manoir de Crec'h-Goulifern* tire son origine d'une ferme du XVIIIe siècle
amoureusement rénovée et indissociable de Madame Droniou dont nous
apprécions toujours autant le contact simple, direct, réservé et très agréable,
voire humoristique. Dans la grande salle du rez-de-chaussée sont alignés "à la
bretonne", des meubles rustiques régionaux aux cuivres rutilants. C'est ici,
dans cette ambiance très authentique, que madame Droniou sert les bons petits
déjeuners cadencés par le tic-tac de l'horloge. De style rustique, pourvues
d'épaisses moquettes, capitonnées de tissus, les chambres sont souvent un peu
petites et sombres. Toutes cependant sont très confortables, scrupuleusement
tenues, et progressivement rajeunies. C'est déjà le cas de la grande chambre,
installée à l'étage d'une maisonnette à part, vaste et gaie, notre grande favorite
pour l'instant. Ravissant jardin dont le fleurissement est souvent primé par les
concours régionaux. Calme garanti. Le soir, vous pouvez rejoindre Ville
Blanche à 10 km et dîner au restaurant gastronomique *La Ville Blanche*, ou
rallier Trébeurden pour goûter à l'excellente cuisine du *Ti Al Lannec*.

*Accès (carte n° 5) : à 6 km au nord-ouest de Lannion par D 21, puis direction
Servel.*

Château Hôtel de Brélidy

Brélidy 22140 Bégard (Côtes-d'Armor)
Tél. 02.96.95.69.38 - Fax 02.96.95.18.03
M. et Mme Yoncourt-Pémezec

Catégorie ★★★ **Fermeture** de la Toussaint à Pâques **Chambres** 14 avec tél., s.d.b., w.c. et t.v. **Prix** des chambres doubles: 395 à 825 F / 60,22 à 125,77 €; suites: 1150 à 1275 F / 175,32 à 194,37 € - Petit déjeuner: 60 F / 9,15 €, servi de 8 h à 10 h - Demi-pension: 450 à 650 F / 68,60 à 99,09 € **Cartes de crédit** acceptées **Divers** chiens admis (50 F / 7,62 €) - Pêche en rivière 1^m catégorie dans la propriété, VTT, espace forme avec jacuzzi - Parking **Alentour** cathédrale Saint-Tugdual à Tréguier; basilique de Guingamp; châteaux de Tonquedec, Kergrist - Golf des Ajoncs d'or 18 trous à Saint-Quai-Portrieux **Restaurant** service de 19 h 30 à 21 h - Menus: 150 et 190 F / 22,87 et 28,97 € - Spécialité: râble de lapin à la moutarde à l'ancienne et au romarin du jardin.

Niché dans le bocage breton, *Brélidy* affiche des abords fleuris et très soignés. Derrière ses vieux murs, l'ambiance y est agréable, traditionnelle. Certes, le décor de style "Louis XIII rustique" du salon et de la salle à manger commence à faire un peu désuet mais cela n'est pas sans charme et l'on comprend les propriétaires qui ont préféré porter leurs efforts sur la terrasse qui prolonge la salle à manger. Partiellement couverte, celle-ci pourra être utilisée plus fréquemment et vous goûterez ainsi les spécialités culinaires du chef tout en contemplant un ravissant paysage de collines, de bois, de haies vives et de chemin creux. Quelle que soit leur taille, les chambres sont bien tenues, agréables et raffinées. Certaines disposent de lits à baldaquin, d'autres ouvrent de plain-pied sur une terrasse fleurie. Une adresse accueillante et familiale pour amateurs de calme et de tourisme vert.

Accès (carte n° 5): au nord de Guingamp; sur N 12 après Guingamp, sortie Lannion-Bégard, 300 m après le 1er rond-point, prendre D 712 direction Tréguier, puis à 11 km à gauche Brélidy.

Hôtel d'Avaugour

22100 Dinan (Côtes-d'Armor) - 1, place du Champ-Clos
Tél. 02.96.39.07.49 - Fax 02.96.85.43.04 - M. Nicolas Caron
Web : avaugourhotel.com

Catégorie ★★★ **Fermeture** du 15 novembre au 15 décembre **Chambres** 21 et 3 suites familiales, avec tél., s.d.b., w.c. et t.v. **Prix** des chambres doubles : 460 à 900 F / 70,13 à 137,20 € ; suites : 800 à 1 700 F / 121,96 à 259,16 € - Petit déjeuner-buffet : 54 F / 8,23 €, servi de 7 h à 10 h **Cartes de crédit** acceptées **Divers** chiens admis **Alentour** Léhon ; Pleslin ; château de la Hunaudaie ; Saint-Malo ; Cancale ; Mont-Saint-Michel - Golf 18 trous à Saint-Briac-sur-Mer **Pas de restaurant** à l'hôtel.

À deux pas du centre du vieux Dinan, cet hôtel situé sur une grande place un peu bruyante profite à l'arrière d'un très charmant jardin, abondamment fleuri et donnant sur les remparts où, en saison, il fait bon se reposer à l'écart de la foule. Par beau temps, vous y prendrez vos petits déjeuners. C'est bien évidemment sur cette vue bénéficiant du soleil couchant que nous vous recommandons de réserver votre chambre. Nous vous le précisons d'autant plus que, l'an dernier, toutes les chambres et les suites donnant sur le jardin ont été refaites. Décoration entièrement revue dans un style gai, élégant, actuel, réfection des salles de bains avec installation de chauffe-serviettes, de sèche-cheveux et même d'un téléphone, le tout sur fond de carreaux à l'italienne… Une réussite. Les autres, côté place, ont conservé un ton plus classique mais restent néanmoins confortables et protégées par des fenêtres à double vitrage qui leur garantissent un bon niveau de calme. En cours de rénovation, le restaurant ne sera pas ouvert cette année mais les bonnes tables ne manquent pas dans la ville : *La Mère Pourcel*, *Les Grands Fossés*, *Fleur de Sel* (juste en face de l'hôtel et excellent rapport qualité-prix), sans oublier *Les Terrasses* très bien placées sur le vieux port.

Accès (carte n° 6) : à 29 km au sud de Saint-Malo (dans le centre de Dinan).

Le K'loys

22500 Paimpol (Côtes-d'Armor)
21, quai Morand
Tél. 02.96.20.40.01 - Fax 02.96.20.72.68 - Guy Conan

Catégorie ★★★ **Ouverture** toute l'année **Chambres** 11 avec tél., s.d.b., t.v. satellite; ascenseur; 1 chambre handicapés **Prix** des chambres doubles: 495 à 595 F / 75,46 à 90,71 €; 4 pers.: 795 F / 121,20 € - Petit déjeuner: 50 F / 7,62 €, servi de 7 h 30 à 10 h 30 **Cartes de crédit** Diners, Visa **Divers** petits chiens admis - Parking (2 places) **Alentour** abbaye de Beauport; pointe de Guilben; pointe de l'Arcouest; Lanieff, chapelle Kermaria-an-Iskuit, Lanloup **Restaurant** "L'Islandais" service de 12 h 15 à 14 h, 19 h 15 à 22 h - Menus: 98 à 148 F / 14,94 à 22,56 € - Carte - Spécialités: fruits de mer, poissons, crêpes et galettes.

Sur le quai de Paimpol, cette maison bourgeoise fin XIXᵉ vient de profiter d'une totale rénovation intérieure. Dès les beaux jours, la façade et le perron d'entrée se fleurissent d'hortensias et de géraniums. La priorité a été donnée au confort et à la décoration. Si le bar, le salon au plafond à caissons et les parties communes sont un peu trop rutilants, les onze chambres réparties sur trois étages sont gaies, spacieuses, lumineuses et agréables. Qu'elles donnent à l'arrière ou sur le port, toutes restent recommandables. Les salles de bains, très soignées, sont carrelées ou tapissées de teck. Avant de dîner, à *L'Islandais*, le restaurant mitoyen, très fréquenté et tenu par la même direction, vous pourrez boire un verre au bar ou sur l'une des petites tables disposées dehors, devant l'hôtel. Quelques réserves cependant: le petit déjeuner, servi dans les chambres ou dans une véranda donnant sur l'arrière de la maison, mais un peu décevant, et le service, irrégulier, en raison d'un certain manque de personnel.

Accès (carte n° 5): à 33 km à l'est de Lannion par D 786 jusqu'à Paimpol.

Le Manoir du Sphinx

22700 Perros-Guirec (Côtes-d'Armor)
67, chemin de la Messe
Tél. 02.96.23.25.42 - Fax 02.96.91.26.13 - M. et Mme Le Verge

Catégorie ★★★ **Fermeture** du 5 janvier au 20 février **Chambres** 20 avec tél., s.d.b., w.c., coffre-fort et t.v. satellite; accès handicapés; ascenseur **Prix** des chambres doubles: 560 à 675 F / 85,37 à 102,90 € - Petit déjeuner: 52 F / 7,93 €, servi de 7 h 30 à 9 h 45 - Demi-pension: 1 110 à 1 330 F / 169,22 à 202,76 € (pour 2 pers.) **Cartes de crédit** Amex, Visa **Divers** chiens admis sur demande - Accès direct à la mer - Parking **Alentour** Ploumanac'h par le sentier des douaniers (GR 34); Côte de Granit rose (chapelle Notre-Dame-de-la-Clarté); Sainte-Anne-de-Trégastel; excursion en bateau aux Sept Iles - Golf 18 trous à Pleumeur-Bodou **Restaurant** service de 12 h 30 à 14 h, 19 h 30 à 21 h - Fermé lundi à midi, sauf j. fériés, et dimanche soir du 20/02 au 1/04 et du 1/10 au 20/12 - Menus: 130 à 320 F / 19,82 à 48,78 € - Carte - Spécialité: homard grillé "comme autrefois".

Cette maison début de siècle est située sur une petite route de corniche de la Côte de Granit rose. Pour profiter au mieux de cet emplacement exceptionnel, l'hôtel est entièrement tourné vers la baie de Trestrignel. Le salon-bar et l'élégante salle à manger attenante surplombent directement la mer, les jardins très soignés descendent jusqu'aux rochers, les chambres jouissent également toutes de cette vue somptueuse (sauf un petit nombre d'entre elles pour lesquelles la mer n'apparaît que de biais). Leur décoration est sagement moderne, généralement agrémentée d'un mobilier en acajou de style anglais. Les salles de bains sont très réussies et certaines chambres profitent même d'un petit coin-salon installé au bord de baies vitrées ou de *bow-windows* dominant verticalement la mer. L'ensemble est impeccablement tenu. Très savoureuse cuisine où les produits de la mer sont particulièrement bien traités. Accueil des plus sympathiques.

Accès (carte n° 5): à 11 km de Lannion, sur le bord de mer.

Manoir de Vaumadeuc

22130 Pléven (Côtes-d'Armor)
Tél. 02.96.84.46.17 - Fax 02.96.84.40.16
M. O'Neill

Catégorie ★★★★ **Fermeture** de la Toussaint à Pâques **Chambres** 14 avec tél., s.d.b. ou douche et w.c. **Prix** des chambres : 490 à 1 100 F / 74,70 à 167,69 €; suites : 850 à 1 250 F / 129,58 à 190,56 € - Petit déjeuner : 50 F / 7,62 €, servi de 8 h à 10 h - Demi-pension : 450 à 745 F / 68,60 à 113,57 € (par pers. 3 j. min.) **Cartes de crédit** acceptées **Divers** chiens admis (50 F / 7,62 €) - Parking **Alentour** château de la Hunaudaye ; Dinan ; Saint-Malo ; Pleslin - Golfs 18 trous de Saint-Briac et de Pléneuf **Restaurant** sur réservation (résidents prioritaires) - Menu : 195 F / 29,73 €.

Classé Monument historique, ce manoir en granit du XVᵉ siècle, situé au cœur de la forêt de la Hunaudaye a gardé toute son intégrité. L'entrée se fait dans une majestueuse pièce de réception-salon dont vous admirerez le plafond et la cheminée d'origine. Un magnifique escalier mène aux chambres du premier étage. Toutes sont accueillantes. Choisissez en priorité celles du premier étage ; les autres, mansardées, restent néanmoins agréables, confortables et affichent encore leur tonalité originelle. On ne peut qu'apprécier le goût irréprochable des meubles et des objets qui les décorent. La chambre-bibliothèque avec sa cheminée Renaissance est à elle seule un musée. Les salles de bains, très bien entretenues, ont le charme d'autrefois. Les deux petits pavillons aménagés en chambre dans un style plus simple sont ravissants. Monsieur O'Neill, dont la famille est propriétaire de ce manoir depuis plusieurs générations, vous recevra ici avec attention et courtoisie et saura vous conseiller sur les possibilités alentour lorsque le restaurant de l'hôtel est fermé. Une excellente adresse pour un séjour entre campagne et mer.

Accès (carte n° 6) : à 37 km à l'est de Saint-Brieuc par N 12 jusqu'à Lamballe ; dans le village, D 28 jusqu'à Pléven par La Poterie et la forêt de la Hunaudaye.

Le Manoir de Rigourdaine

22490 Plouër-sur-Rance (Côtes-d'Armor)
Route de Langrolay
Tél. 02.96.86.89.96 - Fax 02.96.86.92.46 - M. Van Valenberg
E-mail : hotel.rigourdaine@wanadoo.fr - Web : hotel-rigourdaine.fr

Catégorie ★★ **Fermeture** du 12 novembre au 5 avril **Chambres** 19 avec tél., s.d.b., w.c. et t.v.; accès handicapés **Prix** des chambres: 300 à 470 F / 45,73 à 71,65 € ; studios : 390 à 450 F / 59,46 à 68,60 € (80 F / 12,20 € par pers. suppl.) - Petit déjeuner: 40 F / 6,10 €, servi de 8 h à 10 h 30 **Cartes de crédit** Amex, Visa **Divers** chiens admis au R. de C. sur réservation (30 F / 4,57 €) - Parking **Alentour** St-Malo ; Pays de Rance - Golf de Saint-Cast 18 trous **Pas de restaurant** à l'hôtel.

L'emplacement de cette ancienne ferme, très rénovée, associe les charmes de la campagne à une vue dominante sur les eaux bleues de la Rance (à 200 mètres en contrebas). Les chambres, qui profitent toutes de ce panorama, sont neuves, habillées de papiers peints de style anglais et gentiment décorées. Une armoire ancienne ici, une commode là, quelques tableaux… les personnalisent. Celles qui sont de plain-pied bénéficient d'une terrasse privative et sont parfaites en été, tandis que, pour les familles, nous recommandons les "duplex", particulièrement bien adaptés. Petits déjeuners dans une grande salle à manger de style rustique ou sur une terrasse verdoyante à proximité des massifs de fleurs et d'arbustes. L'ambiance générale est très agréable, tout comme l'accueil jeune et attentif de Patrick Van Valenberg. Pas de restaurant sur place mais le choix ne manque pas : juste à côté, à Plouër, *La Vieille Auberge* propose une bonne cuisine locale ; à Saint-Suliac, près d'un charmant petit port, se trouve *La Grève* et, un peu plus loin mais qui mérite largement le détour, vous pourrez rejoindre l'excellent *Clos des Chanoines*, situé à la sortie de Saint-Malo, sur la route de Cancale.

Accès (carte n° 6) : à 15 km au nord-est de Dinan. Sur N 176, entre Dol et Dinan, sortie Plouër, direction Langrolay, puis fléchage.

Ti Al-Lannec

22560 Trébeurden (Côtes-d'Armor)
14, allée de Mezo-Gwen
Tél. 02.96.15.01.01 - Fax 02.96.23.62.14 - M. et Mme Jouanny
E-mail : ti.al.lannec@wanadoo.fr - Web : pro.wanadoo.fr/ti.al.lannec

Catégorie ★★★ **Fermeture** de novembre à mars **Chambres** 29 avec tél., s.d.b., w.c. et t.v. satellite ; accès handicapés ; ascenseur **Prix** des chambres doubles : 820 à 1 290 F / 125,01 à 196,66 € - Petit déjeuner : 80 F / 12,20 €, servi de 7 h 15 à 10 h 30 - Demi-pension : 705 à 930 F / 107,48 à 141,78 € **Cartes de crédit** acceptées **Divers** chiens admis (50 F / 7,62 €) - Espace balnéo-esthétique de remise en forme - Parking **Alentour** le Castel ; pointe de Bihit ; la corniche bretonne à Perros-Guirec - Golf de Saint-Samson 18 trous à Pleumeur-Bodou **Restaurant** service de 12 h 30 à 14 h, 19 h 30 à 21 h 30 - Menus : 118 à 398 F / 17,99 à 60,67 € - Carte - Spécialité : suprême de saint-pierre doré, jus aux truffes et pommes boulangères.

D'année en année, *Ti Al-Lannec* s'affirme comme un lieu d'exception, tant par la qualité de sa décoration intérieure que par sa position dominante lui assurant une vue sublime sur la Manche que vous pourrez rejoindre à pied par un sentier. Les confortables petites chambres où s'harmonisent un beau mobilier, des tissus et des papiers souvent anglais, disposent presque toujours d'un coin-salon, d'un *bow-window* ou d'une terrasse. Même souci décoratif dans les salons abondamment meublés d'ancien et décorés de tableaux et de tentures harmonieusement choisis pour réaliser une ambiance feutrée très "maison". Juste à côté, l'élégante salle à manger se prolonge par une longue véranda dominant la baie. Le service y est parfait et la cuisine une vraie réussite. Dehors, les jardins se succèdent par paliers. A noter également "l'espace bleu marine", idéal pour se remettre en forme. Une adresse haut de gamme, plutôt chère, mais qui mérite largement votre visite.

Accès (carte n° 5) : à 9 km au nord-ouest de Lannion par D 65.

Kastell Dinec'h

22200 Tréguier (Côtes-d'Armor)
Tél. 02.96.92.49.39 - Fax 02.96.92.34.03
M. et Mme Pauwels

Catégorie ★★★ Fermeture du 10 au 26 octobre et du 1er janvier au 20 mars; le mardi soir et le mercredi en basse saison **Chambres** 15 avec tél., s.d.b et w.c. (9 avec t.v.) **Prix** des chambres doubles: 460 à 560 F / 70,13 à 85,37 € - Petit déjeuner: 65 F / 9,91 €, servi de 8 h à 10 h - Demi-pension: 470 à 540 F / 71,65 à 82,32 € **Carte de crédit** Visa **Divers** chiens admis (50 F / 7,62 €) - Piscine chauffée du 15 mai au 15 septembre - Parking **Alentour** cathédrale Saint-Tugdual et maison d'Ernest Renan à Tréguier; Pleubian; chapelle Saint-Gonéry à Plougrescant; château de la Roche-Jagu - Golf de Saint-Samson à Pleumeur-Bodou **Restaurant** en demi-pension uniquement - service de 19 h 30 à 21 h 30 - Carte - Spécialités: bar en croûte de sel; cassolette de moules aux mousserons; crêpes de seigle au homard; crème de Saint-Jacques.

Nichée dans une verdure luxuriante, cette ancienne ferme-manoir du XVIIe siècle offre l'atmosphère et l'environnement de la pleine campagne, à deux kilomètres de Tréguier. Un bâtiment principal, abritant une belle salle à manger, un petit salon confortable et une partie des chambres, est entouré de deux annexes où se trouvent d'autres chambres; l'ensemble donne sur un beau jardin où, l'été, on vous sert petits déjeuners et consommations. Capitonnées de tissus élégants, les chambres sont petites, certes, mais décorées avec un goût très sûr et quelques meubles anciens bien choisis. L'ensemble est chaleureux, très raffiné. Une très bonne adresse qui doit également beaucoup aux qualités d'accueil de madame Pauwels et au talent de son mari qui officie en cuisine pour le plus grand bonheur des hôtes gastronomes.

Accès (carte n° 5): à 16 km de Lannion par D 786, 2 km avant Tréguier; suivre fléchage.

Le Minaret

29950 Bénodet (Finistère)
Corniche de l'Estuaire
Tél. 02.98.57.03.13 - Fax 02.98.66.23.72 - Mme Kervran

Catégorie ★★ **Fermeture** du 15 octobre au 2 avril **Chambres** 20 avec tél., s.d.b. ou douche, w.c. et t.v.; ascenseur **Prix** des chambres doubles: 280 à 550 F / 42,69 à 83,85 € - Petit déjeuner: 45 F / 6,86 €, servi de 8 h à 10 h - Demi-pension obligatoire en saison: 280 à 485 F / 42,69 à 73,94 € **Carte de crédit** Visa **Divers** chiens admis sauf au restaurant (30 F / 4,57 €) - Parking **Alentour** Quimper; excursions en bateau dans le golf de l'Odet; pays et musée bigoudens; chapelle Notre-Dame du Drennec - Golf de l'Odet à Clohars-Fouesnant, 9 et 18 trous **Restaurant** service de 12 h 30 à 14 h, 19 h 30 à 21 h - Fermé le mardi en avril et en mai - Menus: 90 à 235 F / 13,72 à 35,83 € - Carte - Spécialités: gigot de lotte au poivre vert; homard grillé à la crème d'estragon.

Dessinée par l'architecte Laprade en 1920, cette vaste maison blanche, étonnamment surmontée d'un minaret, domine l'estuaire de l'Odet où barques de pêche et voiliers vont et viennent sans discontinuer. L'intérieur aussi rappelle discrètement ses références méditerranéennes. Ainsi, la chambre "Pacha" (à retenir très à l'avance) affiche-t-elle un superbe décor de mosaïques et d'arcades dignes d'un palais de la Médina (les autres chambres sont plus simples mais confortables et impeccablement tenues). De même, dans la salle à manger, un immense tableau orientaliste se dispute le soleil couchant avec la mer qui s'étend, plein ouest, de l'autre côté des baies vitrées. On y dîne très agréablement; après quoi, en été, on peut demander à se faire servir cafés et digestifs sur la terrasse. Ici, un immense rosier escalade la balustrade, à ses pieds s'étend un superbe jardin avec toutes sortes d'arbustes et de fleurs, puis c'est une toute petite rue, la plage et les eaux bleues de l'Odet... Une bien séduisante adresse où l'on vous réservera le meilleur accueil.

Accès (carte n° 5): à 16 km au sud de Quimper.

La Ferme de Porz-Kloz

Tredudon-Le-Moine - 29690 Berrien (Finistère)
Tél. 02.98.99.61.65 - Fax 02.98.99.67.36 - M. et Mme Berthou
E-mail : porz-kloz@liberty-surf.fr

Fermeture de décembre à mars **Chambres** 7 avec tél., s.d.b. ou douche, w.c. (6 avec t.v., 3 avec minibar) ; 1 chambre handicapés **Prix** des chambres doubles : 260 à 400 F / 39,64 à 60,98 ; 3 pers. : 400 à 460 F / 60,98 à 70,13 € - Petit déjeuner : 40 F / 6,10 €, servi de 9 h à 11 h - Demi-pension : 270 à 340 F / 41,16 à 51,83 € (par pers.) **Carte de crédit** Visa **Divers** chiens non admis - Parking **Alentour** enclos paroissiaux de Saint-Thegonnec, Guimiliau, Lampaul-Guimiliau - Golf 18 trous à Pleumeur-Bodou **Restaurant** réservé aux résidents - service de 19 h à 20 h - Fermé le mardi - Menu : 120 F / 18,29 € - Spécialités : fricassée au cidre ; épaule d'agneau aux poireaux ; chevreau rôti.

Une végétation pauvre où moutonnent des genêts, des lacs où se reflètent les ciels versatiles de Bretagne... Les monts d'Arrée semblent conserver l'âme des vieilles légendes celtiques, et c'est dans ce site particulièrement beau que vous découvrirez l'hôtel. Les bâtiments dépendaient de l'abbaye de Relecq et datent, pour leurs éléments les plus anciens, du XIIIe siècle. Toujours en activité, la ferme fournit en viandes et légumes l'alléchant menu du soir, servi dans une salle agréablement rustique. Réparties dans trois maisons, les chambres ont un charmant petit côté "campagne" avec leurs tissus souvent bien choisis, leurs quelques meubles anciens et leurs lits douillets. La 6 "La Jabadao", la plus grande est très réussie, les 8 et 9 sont parfaites en famille, la n° 4 "Gavotte" est très gaie, enfin, "An Dro" est une vaste chambre-salon en rez-de-chaussée, parfaite pour les familles. Salles de bains agréables malgré quelques détails qui font un peu "bricolé". Possibilité de paniers pique-nique. Accueil d'une vraie gentillesse. Une adresse pour les beaux jours.

Accès (carte n° 5) : à 20 km au sud de Morlaix. A Morlaix, D 769 vers Huelgoat, puis abbaye de Relecq, Tredudon et fléchage.

L'Hôtel de Carantec

2001

29660 Carantec (Finistère) - 20, rue du Kelenn
Tél. 02.98.67.00.47 - Fax 02.98.67.08.25 - Patrick Jeffroy

Catégorie ★★★ Ouverture toute l'année **Chambres** 12 avec climatisation, tél., s.d.b., w.c., coffre-fort et t.v. satellite **Prix** des chambres simples et doubles : 520 et 680 F / 79,27 à 103,67 € - Petit déjeuner : 60 F / 9,15 €, servi 8 h à 11 h 30 **Cartes de crédit** acceptées **Divers** chiens non admis - Cours de cuisine - Parking privé gardé **Alentour** route des calvaires du Centre-Finistère ; club nautique et plongée à 100 m - Golf de Carantec 9 trous **Restaurant** service à partir de 12 h 15 et de 19 h 45 - Menus : 150 F / 22,87 € (à midi en semaine) à 360 F / 54,88 € - Carte.

A vec sa façade crème soulignée de rechampis blancs, son toit d'ardoise hérissé de pignons et de lucarnes, son escalier de granit surmonté d'un auvent et sa cour gravillonnée, *L'Hôtel de Carantec* semble avoir conservé son petit côté rétro pour films de Jacques Tati. La comparaison s'arrête là, car l'établissement vient de faire totalement peau neuve et, si son aspect extérieur reste bien dans l'esprit des anciennes villégiatures (il sent encore la peinture fraîche), il en va tout autrement pour sa décoration. Celle-ci, résolument contemporaine, affiche une élégance minimaliste et un confort feutré. Dans les chambres, le bois sombre et lisse du mobilier tranche sur la blancheur des murs et des tissus alors que, souvent, parquets et moquettes structurent l'espace. Les salles de bains sont irréprochables, la vue sur la baie de Carantec, superbe. C'est au rez-de-chaussée, dans la grande salle à manger panoramique, que bat le cœur de l'hôtel. Cuisinier réputé, Patrick Jeffroy ne ménage pas ses efforts pour faire de son nouveau restaurant l'un des meilleurs de la côte bretonne, et c'est un plaisir de goûter à ses réalisations dans une vaste et belle pièce aux allures de vigie. Vingt-cinq mètres plus bas, la plage n'attend plus que vous, l'escalier qui part de l'hôtel permettra de la rejoindre directement…

Accès (carte n° 5) : N 12 vers Brest. A Morlaix D 58 jusqu'à Carantec.

Hôtel Ty Mad

29100 Douarnenez (Finistère)
Plage Saint-Jean
Tél. 02.98.74.00.53 - Fax 02.98.74.15.16
Mme Martin

Catégorie ★★ Fermeture d'octobre à Pâques **Chambres** 23 avec tél., s.d.b. ou douche et w.c. (possibilité de louer une t.v.) **Prix** des chambres simples et doubles : 260 à 350 F / 39,64 à 53,36 € - Petit déjeuner : 40 F / 6,10 €, servi de 8 h à 11 h **Cartes de crédit** acceptées **Divers** chiens admis (28 F / 4,26 €) - Parking **Alentour** port du Rosmeur à Douarnenez ; sentiers côtiers des Plomarc'h et des Roches-Blanches ; pointe de Beuzec ; cap Sizun ; églises de Confort, Pont-Croix et Sainte-Anne-La-Palud ; Locronan - Golf 18 trous de l'Odet à Bénodet **Pas de restaurant** à l'hôtel.

Autrefois refuge de nombreuses personnalités en quête de tranquillité et de paix, cette maison a compté parmi ses hôtes Christopher Wood, ou encore Max Jacob qui a habité ici pendant plus de deux ans. C'est pourtant un petit hôtel, tout simple, mais vous comprendrez sûrement cet attachement lorsque vous découvrirez sa superbe vue sur la baie de Douarnenez. L'intérieur aussi n'est pas sans séduction : joli petit salon au parquet vert tilleul, agréable salle panoramique décorée de meubles chinés chez les antiquaires, de tentures écrues, et pouvant servir de restaurant (celui-ci étant aléatoirement ouvert, nous ne pouvons le recommander). Côté chambres, soyons francs, elles sont, pour la plupart, vraiment petites et dotées de salles de douches minuscules, mais leur luminosité, leur décoration sobre et jeune associée à leur bonne tenue les rendent néanmoins attrayantes. Bien sûr, réservez en priorité celles donnant sur l'Océan. Agréables petits déjeuners pouvant être servis dehors en été. Un lieu plaisant qui souffre toutefois d'un certain manque de personnel.

Accès (carte n° 5) : à 18 km au nord-ouest de Quimper par D 765 ; au port de plaisance de Tréboul, l'hôtel est fléché.

La Baie des Anges

29870 Landéda (Finistère)
350, route des Anges
Tél. 02.98.04.90.04 - Fax 02.98.04.92.27 - M. Jacques Briant
E-mail : bdanges@abers-tourisme.com

Catégorie ★★★ **Fermeture** janvier **Chambres** 18 et 2 suites, avec tél., s.d.b., w.c., t.v. et coffre-fort ; 1 chambre handicapés **Prix** des chambres doubles (selon saison) : 390 à 695 F / 59,46 à 105,95 € ; suites : 765 à 845 F / 116,62 à 128,82 € - Petit déjeuner : 65 F / 9,91 €, servi de 7 h à 13 h **Cartes de crédit** Amex, Visa **Divers** chiens admis (50 F / 7,62 €) - Parking **Alentour** visite des Abers en bateau, sentiers côtiers, enclos paroissiaux, voile, plongée, kayak de mer, équitation **Pas de restaurant** à l'hôtel.

Non loin de l'Aber Wrach, face à la baie des Anges, ce petit hôtel vient d'être entièrement rénové par un jeune couple qui ne ménage pas sa peine pour faciliter votre séjour. Décorés dans un style balnéaire très actuel (bois clair, osier tressé, tissus bleus ou beiges…), le salon d'accueil et la salle à manger expriment parfaitement la tonalité générale du lieu. Côté chambres, l'ambiance est également très plaisante. Toutes sont aménagées avec un mobilier moderne en bois naturel et de beaux imprimés bleus et crème sur fond de moquette azur. De jolies appliques en laiton, et d'élégantes gravures marines, leur apportent une petite touche supplémentaire. Généreusement éclairées, un grand nombre d'entre elles donnent directement sur la mer sans pour autant souffrir du bruit de la route (desserte locale) grâce à un efficace double vitrage. Ce sont, bien sûr, celles que nous vous recommandons, la vue sur l'arrière étant plus banale. Enfin, de bons petits déjeuners confirment, au moment du départ, l'excellente impression générale et invitent à revenir ici promptement pour humer l'air marin et se laisser bercer par le ressac.

Accès (carte n° 4) : à Brest, D 13 vers Gouesnou, Lannilis, Landéda, l'Aber Wrach.

Grand Hôtel des Bains

29241 Locquirec (Finistère)
15 bis, rue de l'Eglise
Tél. 02.98.67.41.02 - Fax 02.98.67.44.60 - M. Van Lier

Catégorie ★★★ **Ouverture** toute l'année **Chambres** 36 avec tél., s.d.b., w.c. et t.v.; ascenseur; 2 chambres handicapés **Prix** des chambres doubles (selon saison) : 620 à 1 060 F / 94,52 à 161,60 € - Petit déjeuner compris, servi de 8 h à 11 h - Demi-pension (selon saison) : 920 à 1 360 F / 140,26 à 207,34 € (par pers., 3 j. min.) **Cartes de crédit** acceptées **Divers** chiens admis (80 F/ 12,20 €) - Piscine couverte et chauffée, jacuzzi, massages algothérapie, sauna - Parking **Alentour** pointe de Locquirec ; Côte de Granit rose ; Côte sauvage - Golf 18 trous à Pleumeur-Bodou **Restaurant** service de 19 h 30 à 21 h 30 (et dimanche à midi) - Menus : 150 à 295 F / 22,87 à 44,97 € - Carte.

Installé sur l'un des plus beaux sites de la côte bretonne, cet imposant hôtel du début de siècle vient de faire peau neuve. Son parc à fleur d'eau, qui servit de décor au film *L'Hôtel de la plage*, est toujours aussi soigné mais ne possédait pas, à l'époque, sa superbe piscine couverte. Exposées au soleil levant, presque toutes les chambres donnent sur la mer (sauf, notamment, la 210 que nous ne recommandons pas) et offrent le spectacle alternatif des eaux claires battant les rochers ou de l'immense plage découverte à marée basse. De taille variable, mais presque toutes au même prix, leur aménagement extrêmement confortable rappelle le style balnéaire 1900, et c'est une réussite (murs délicatement teintés de gris ou de grège, ravissants tissus bleu pâle, vieux rose ou vert tilleul, meubles peints en blanc…). Certaines profitent même d'une grande terrasse. Excellente cuisine servie dans une vaste salle à manger très élégante et généreusement ouverte sur le jardin. Après de longues années d'oubli, cette superbe résurrection connaît, d'ores et déjà, un vif succès et nécessite, en saison, une réservation très à l'avance.

Accès (carte n° 5) : à 18 km de Morlaix par D 786 vers Plestin-les-Grèves puis D 64 jusqu'à Locquirec.

Manoir de Moëllien

29550 Plonévez-Porzay (Finistère)
Tél. 02.98.92.50.40 - Fax 02.98.92.55.21
M. et Mme Garet

Catégorie ★★ **Fermeture** du 15 novembre au 25 mars **Chambres** 18 avec tél., s.d.b., w.c. et t.v. **Prix** des chambres doubles: 390 à 740 F / 59,46 à 112,81 € - Petit déjeuner-buffet: 50 F / 7,62 €, servi de 8 h à 10 h - Demi-pension: 380 à 570 F / 57,93 à 86,90 € (par pers.) **Cartes de crédit** acceptées **Divers** chiens admis (30 F / 4,57 €) - Parking **Alentour** cathédrale Saint-Corentin et musée des Beaux-Arts à Quimper; Locronan; Sainte-Anne-la-Palud; église de Ploéven; port de Douarnenez - Golf 18 trous de l'Odet à Bénodet **Restaurant** service de 12 h 30 à 14 h, 19 h 30 à 21 h - Menus: 126 à 300 F / 19,06 à 45,73 € - Carte - Spécialités: poissons et crustacés.

Une forêt de pins cache ce château, invisible depuis la petite route qui y mène. Construit au XVIIe siècle, le corps principal abrite au rez-de-chaussée une salle à manger très Haute Epoque avec ses murs de granit, ses meubles anciens bretonnisants et ses fleurs fraîches sur fond de nappage clair. A côté, ambiance intime pour le petit bar et, au premier étage, vaste salle un peu austère, où se tient le buffet des petits déjeuners. Face au manoir et à sa très belle et noble façade, des chambres de plain-pied sont aménagées dans les dépendances. Soignées, classiques et confortables, elles sont calmes et profitent souvent d'une agréable terrasse privative avec une belle vue sur la campagne. Celles qui ont été créées récemment sont nos préférées. Elles affichent une décoration plus jeune, certaines sont en duplex et toutes profitent de très agréables salles de bains. Une adresse de qualité, située à quelques minutes des superbes côtes du Finistère et qui propose une cuisine à l'excellente réputation.

Accès (carte n° 5): à 20 km au nord-ouest de Quimper. Par D 63 jusqu'à Locronan; au 1er rond-point, sortie Plonévez-Porzay et 1re à gauche.

Moulin de Rosmadec

29930 Pont-Aven (Finistère)
Venelle de Rosmadec
Tél. 02.98.06.00.22 - Fax 02.98.06.18.00
Famille Sébilleau

Catégorie ★★ **Fermeture** deuxième quinzaine de novembre, février ; mercredi ; dimanche soir en basse saison **Chambres** 4 avec tél., s.d.b., w.c. et t.v. **Prix** des chambres doubles : 480 F / 73,18 € - Petit déjeuner : 48 F / 7,32 € **Carte de crédit** Visa **Divers** chiens admis (30 F / 4,57 €) **Alentour** musée Gauguin à Pont-Aven ; cathédrale Saint-Corentin et musée des Beaux-Arts à Quimper - chapelle de Tremalo ; Nizon ; Kérangosquer ; Concarneau la ville close ; descente de l'Odet et de l'Aven - Golf de l'Odet 18 trous à Bénodet **Restaurant** service de 12 h 30 à 14 h, 19 h 30 à 21 h 30 - Menus : 168 à 400 F / 25,61 à 60,98 €, avec homard - Carte - Spécialités : poissons ; homard grillé Rosmadec.

C'est au bout d'une petite ruelle du charmant village de Pont-Aven, immortalisé par Paul Gauguin, que l'on découvre l'hôtel. Entre deux bras d'une jolie rivière, cet ancien moulin du XVe siècle est une halte idéale pour faire connaissance avec ce merveilleux village aux quinze moulins. Ses quatre petites chambres qui se trouvent dans le bâtiment jouxtant l'hôtel sont toutes confortables. Le restaurant de l'hôtel, tenu par les fils des propriétaires, existe depuis plus de soixante ans et sa réputation dépasse, à très juste titre, les limites régionales. Belle salle à manger de caractère, prolongée par une ravissante véranda, parfaite pour des petits déjeuners ensoleillés (à moins que vous ne lui préfériez le patio et son vieux puits couvert de mousse). Une adresse particulièrement accueillante et d'une rare qualité, idéale, où vous serez sûrement tentés de prolonger votre séjour.

Accès (carte n° 5) : à 37 km au sud-est de Quimper par D 783, direction Concarneau.

Le Brittany

29681 Roscoff (Finistère)
Boulevard Sainte-Barbe
Tél. 02.98.69.70.78 - Fax 02.98.61.13.29 - Mme Chapalain

Catégorie ★★★ **Fermeture** de novembre à mars **Chambres** 25 avec tél., s.d.b. ou douche, w.c. et t.v.; 1 chambre handicapés **Prix** des chambres doubles: 590 à 890 F / 89,94 à 135,68 €; appartement: 780 à 1 100 F / 118,91 à 167,69 € - Petit déjeuner: 65 F / 9,91 €, servi de 7 h 15 à 10 h 30 - Demi-pension: 520 à 680 F / 79,28 à 103,67 € **Cartes de crédit** Amex, Visa **Divers** chiens admis sauf au restaurant - Ascenseur, piscine couverte et chauffée, sauna - Parking **Alentour** île de Batz (en bateau, durée 15 minutes); Saint-Pol-de-Léon; circuit des châteaux du Léon (château de Kerouzéré, manoir de Tronjoly, château de Kerjean) - Golf de Carantec **Restaurant** Le Yatchman service de 12 h 15 à 14 h, 19 h 15 à 21 h 15 - Fermé à midi les samedi, dimanche et lundi - Menus: 135 à 320 F / 20,58 à 48,78 € - Carte - Spécialités: fruits de mer, poissons et crustacés.

Dans la petite cité de caractère de Roscoff, l'hôtel *Brittany* s'érige en dernier rempart contre les vents et les alizés marins. Ses chambres, décorées de beaux meubles anciens et tapissées de tissu blanc, sont calmes et agréables, les salles de bains d'un bon confort. La salle à manger, installée dans un manoir du XVIIe siècle, est l'endroit le plus charmant et le plus agréable car face à la mer, orientée plein ouest, avec de grandes fenêtres voûtées baignant la pièce de lumière. L'accueil y est très anglais et la cuisine que l'on y sert, typiquement locale, avec une très bonne carte de vins. C'est là que se trouve aussi le bar à l'ambiance feutrée et discrète des grands hôtels. Dernière étape sur le chemin de l'Irlande et de l'Angleterre, cette auberge réunit le charme d'un endroit de passage confortable et le calme d'une vieille maison bretonne.

Accès (carte n° 5): à 25 km au nord de Morlaix.

Hôtel de la Plage

29550 Sainte-Anne-la-Palud (Finistère)
Boulevard Sainte-Barbe
Tél. 02.98.92.50.12 - Fax 02.98.92.56.54
M. et Mme Le Coz

Catégorie ★★★★ Fermeture début novembre à fin mars **Chambres** 30 avec tél., s.d.b. ou douche, w.c., t.v., minibar ; ascenseur **Prix** des chambres doubles : 880 à 1 500 F / 134,16 à 228,67 € ; suites : 1 100 à 1 600 F / 167,69 à 243,92 € - Petit déjeuner : 80 F / 12,20 €, servi de 8 h à 10 h - Demi-pension : + 350 F / 53,36 € (par pers., 2 jours min.) **Cartes de crédit** acceptées **Divers** chiens admis sauf au restaurant - Piscine, tennis, sauna - Parking **Alentour** cathédrale Saint-Corentin et musée des Beaux-Arts à Quimper ; Locronan ; église de Ploéven - Golf de l'Odet 18 trous à Bénodet **Restaurant** service de 12 h 30 à 13 h 30, 19 h 30 à 21 h - Menus : 230 à 450 F / 35,06 à 68,60 € - Carte - Spécialités : poissons et crustacés.

La petite route qui mène à l'hôtel vient s'échouer sur le sable, face à une superbe baie. Cet établissement mérite donc bien son nom, luxueux sans être guindé, il profite au mieux de son exceptionnel emplacement. Petites ou vastes, les chambres y sont très confortables. Classiquement décorées pour la plupart (beau mobilier de style, tableaux, tapis, etc.), récemment aménagées dans un esprit balnéaire particulièrement élégant pour quelques autres. Toutes donnent sur le jardin ou sur l'Océan ; ces dernières, à peine plus chères, étant nos préférées (évitez celles de l'annexe). Ce merveilleux panorama, vous en profiterez aussi au salon-bar et au restaurant. De grandes baies vitrées semblent gommer la frontière entre l'hôtel et la plage de sorte que l'on s'y sent définitivement en vacances. La table est réputée, prix en conséquence.

Accès (carte n° 5) : à 17 km au nord-ouest de Quimper.

Les Grandes Roches

29910 Trégunc (Finistère)
Route des Grandes-Roches
Tél. 02.98.97.62.97 - Fax 02.98.50.29.19 - M. et Mme Henrich

Catégorie ★★★ Fermeture début novembre à fin mars **Chambres** 22 avec tél., s.d.b. ou douche et w.c. **Prix** des chambres doubles : 275 à 430 F / 41,92 à 65,55 € ; appartements : 615 F / 93,76 € - Petit déjeuner : 45 F / 6,86 €, servi de 8 h à 10 h - Demi-pension : 325 à 515 F / 49,55 à 78,51 €, sauf le lundi (par pers., 3 j. min.) **Carte de crédit** Visa **Divers** chiens non admis - Parking **Alentour** Pont-Aven ; cathédrale et musée des Beaux-Arts à Quimper ; Nizon ; Concarneau ; Nevez - Golfs 18 trous de Cornouaille, Plœmeur et de Bénodet **Restaurant** service de 19 h 30 à 21 h 30 - Fermé tous les lundis - Menus : 98 à 260 F / 14,94 à 39,64 € - Carte - Spécialités : duo de saint-jacques et langoustines ; poissons ; homard grillé sur commande.

D'impressionnants mégalithes saluent le visiteur à l'entrée du jardin de l'auberge et font écho au menhir (classé) qui se dresse dans un autre coin de la propriété. Cette ancienne ferme rénovée est constituée de plusieurs bâtiments, construits, pour certains, à même le rocher. Très confortable, l'auberge met à votre disposition un bar avec terrasse donnant sur le jardin, deux salles à manger, un salon et, ce qui est peut-être ici son originalité, ses chaumières très bien restaurées et aménagées en appartements, dans un style traditionnel. Dans les salons, la décoration est extrêmement soignée (tapis orientaux, collection de tableaux, beau mobilier régional). De taille moyenne et parfaitement tenues, les chambres sont également très soignées, chacune avec son style. A proximité des plages, voici une accueillante adresse, particulièrement prisée par nos amis d'outre-Rhin, monsieur Henrich étant d'origine allemande mais breton d'adoption.

Accès (carte n° 5) : *de Quimper, D 783 jusqu'à Trégunc par Concarneau (l'auberge est en dehors du village). De Lorient, N 165 sortie Kerampaou.*

Hôtel Richeux

35260 Cancale (Ille-et-Vilaine)
Tél. 02.99.89.25.25 - Fax 02.99.89.88.47 - M. et Mme Roellinger

Ouverture toute l'année **Chambres** 13 et 2 gîtes marins avec tél., s.d.b., w.c., t.v. et minibar; ascenseur; chambre handicapés **Prix** des chambres doubles : 950 à 1 650 F / 144,83 à 251,54 €; gîtes marins : à partir de 800 à 1 500 F / 121,96 à 222,87 € par jour (selon la durée du séjour) - Petit déjeuner : 90 F / 13,72 €, servi de 8 h à 10 h **Cartes de crédit** acceptées **Divers** chiens admis (50 F / 7,62 €) - Equitation à 100 mètres - Parking **Alentour** Saint-Malo; Côte d'Emeraude; Mont-Saint-Michel - Golf de Dinard 18 trous **Restaurant** service de 12 h 30 à 14 h, 19 h 30 à 21 h 30 - Fermé lundi et mardi midi - Menus : à partir de 110 F / 16,77 € - Carte.

Magnifique! c'est ce qui vient à l'esprit du visiteur qui découvre cette luxueuse auberge amoureusement aménagée par Jeanne et Olivier Roellinger. Dans chaque irrésistible chambre, dominant la mer ou la campagne, vous trouverez une ambiance différente, de beaux meubles anciens, un bouquet de fleurs et même un flacon de cherry. Toutes les salles de bains sont lumineuses et très agréables. Pour dîner, vous vous régalerez de la marée du jour, des légumes et des fruits de la propriété. Cuisinés avec maestria et très agréablement servis dans les deux salles à manger ouvrant sur le jardin et la mer, ils prouvent que l'âme Roellinger sait transcender des menus même à prix modique). A côté, le salon (décoré dans un goût actuel, aussi plaisant que chaleureux) vous attend pour l'apéritif ou le café et, là aussi, la magie du lieu opère pleinement. Signalons enfin que les Roellinger possèdent également le charmant petit hôtel *Les Rimains* qui ravira les amateurs d'ambiance intime. Six chambres, ravissantes et d'esprit anglais (comptez entre 950 et 1 050 F), pas de salon ni de salle à manger mais un merveilleux jardin avec un petit escalier pour rejoindre la mer et le port de Cancale. Une autre belle réussite à découvrir.

Accès (carte n° 6) : à 5 km de Cancale, direction Rennes puis Mont-Saint-Michel.

Hôtel Reine Hortense

35800 Dinard (Ille-et-Vilaine) - 19, rue de la Malouine
Tél. 02.99.46.54.31 - Fax 02.99.88.15.88 - Marc Benoist
E-mail : reine.hortense@wanadoo.fr

Catégorie ★★★ **Fermeture** du 15 novembre au 25 mars (sauf vacances de Noël) **Chambres** 8 et 1 suite, avec tél., s.d.b. ou douche, w.c. et t.v. **Prix** des chambres doubles : 980 à 1 280 F / 149,40 à 195,13 €; suite : 1 800 à 2 200 F / 274,41 à 335,39 € - Petit déjeuner : 75 F / 11,43 €, servi de 7 h 30 à 10 h 30 **Cartes de crédit** Amex, Visa **Divers** chiens admis (70 F / 10,67 €) - Parking **Alentour** pointes du Décollé et de la Garde-Guérin ; îles de Cézembre et Chausey - Golf de Dinard à 5 km **Pas de restaurant** à l'hôtel.

C'est tout le charme et le faste de la Belle Epoque que se propose de vous faire revivre cette villa construite par le prince Vlasov en hommage à celle qu'il avait aimée : Hortense de Beauharnais, reine de Hollande. Ainsi, le salon décoré dans le style Napoléon III et surtout la chambre de la reine conservent-ils plusieurs souvenirs de l'illustre femme (dont sa baignoire en argent, toujours utilisable). Partout, les meubles anciens, les objets précieux, les tableaux et autres décors en trompe-l'œil apportent leur touche cossue et romantique. La véranda du salon, prolongée par une terrasse, surplombe directement la mer. On y sert d'excellents petits déjeuners et, après une dernière gorgée de café, chacun peut accéder à la plage juste au pied de l'hôtel. Neuf chambres sur dix donnent sur cet irrésistible et vivant panorama. Rénovées de frais mais avec tact, toutes rivalisent de confort, de charme et de séduction. Trois d'entre elles possèdent une terrasse-véranda privée et l'exceptionnelle "suite" comporte deux vastes chambres ouvrant sur un salon éclairé par six fenêtres ! Enfin, l'accueil des propriétaires ajoute un style jeune et convivial à cette adresse parmi les plus intimes et les plus belles de la côte ouest.

Accès (carte n° 6) : dans Dinard, près de la plage de l'Ecluse.

Hôtel Printania

35801 Dinard (Ille-et-Vilaine) - 5, avenue George-V
Tél. 02.99.46.13.07 - Fax 02.99.46.26.32 - Mme Caro
E-mail : printania.dinard@wanadoo.fr

Catégorie ★★ Fermeture fin novembre au 15 mars **Chambres** 56 et 1 suite (11 avec tél.), s.d.b. ou douche, w.c. et t.v. **Prix** des chambres : 340 à 480 F / 51,83 à 73,18 €; suite : 900 F / 137,20 € - Petit déjeuner : 42 F / 6,40 €, servi de 7 h à 10 h 30 - Demi-pension : 300 à 370 F / 45,73 à 56,41 € (par pers.) **Cartes de crédit** Amex, Visa **Divers** chiens admis **Alentour** pointe de la Garde-Guérin ; Saint-Malo ; îles de Cézembre et de Chausey - Golf de Dinard 18 trous **Restaurant** service de 12 h à 14 h, 19 h à 21 h 30 - Menus : 100 à 180 F / 15,24 à 27,44 € - Carte.

En contrebas de la pointe du Moulinet, l'hôtel domine le petit port et l'embarcadère des navettes pour Saint-Malo. Il y règne une ambiance familiale, simple, très amicale, et l'on est immédiatement sous le charme de ses pièces où se sont accumulés les bahuts bretons, les nombreuses façades de lits clos ouvragés et cloutés de cuivre, les vieux tableaux de paysages... Les chambres toutes différentes, joliment rétros pour certaines, plus jeunes pour d'autres, sont agréables (réservez surtout celles donnant sur la mer, les autres étant un peu petites et la vue sur la rue n'ayant pas le même attrait). La 102 avec son lit clos typique est agréable, mais la 214 récemment refaite et plus classique mérite aussi une mention, tout comme l'étonnante "suite" avec sa terrasse donnant sur la mer. Nous aimons moins celles situées dans l'annexe, même si elles ont vue sur la mer, leur mobilier est beaucoup plus simple. Petits déjeuners servis dans une véranda un peu chaude en été. Les dîners (préférez la carte à la demi-pension) sont servis dans la salle à manger au décor breton prolongée par une autre véranda très agréable le soir. Accueil attentif mais il nous faut tout de même préciser que l'hôtel peut recevoir des cars de touristes...

Accès (carte n° 6) : à 11 km à l'est de Saint-Malo.

Château de la Motte Beaumanoir

35720 Pleugueneuc (Ille-et-Vilaine)
Tél. 02.99.69.46.01 - Fax 02.99.69.42.49
M. Bernard

Catégorie ★★★ **Ouverture** toute l'année **Chambres** 6 et 2 suites, avec tél., s.d.b. et w.c. (t.v. sur demande) **Prix** des chambres doubles : 800 F / 121,96 € ; suites : 900 F / 137,20 €, (3/4 pers.) : 950 à 1 100 F / 144,83 à 167,69 € - Petit déjeuner : 50 F / 7,62 €, servi de 8 h à 11 h **Carte de crédit** Visa **Divers** chiens admis - Piscine chauffée, tennis, barque, pêche - Parking **Alentour** Dinan ; Léhon ; Cancale ; Combourg ; Dinard ; Saint-Malo ; Mont-Saint-Michel - Golfs 18 trous du château des Ormes et du Tronchet **Pas de restaurant** à l'hôtel.

Édifié en 1410, puis agrandi au XVIIIe siècle, *La Motte Beaumanoir* fait partie des très belles demeures bretonnes. Bordé de pièces d'eau et entouré d'un parc et d'un très grand domaine boisé, le château majestueux de loin sait se faire accueillant et intimiste dès que l'on entre à l'intérieur. Vous y serez vraiment au calme et disposerez de chambres particulièrement agréables, spacieuses, lumineuses et décorées avec un goût certain et un grand sens du confort. Le salon et la salle à manger pour les petits déjeuners, dans le même ton, sont des plus chaleureux. Dès que le soleil apparaît, vous pouvez profiter de la piscine chauffée (et à débordement), dont l'eau semble couler dans l'étang situé devant le château. Si l'hôtel ne dispose malheureusement pas de restaurant, il serait dommage de ne pas y séjourner car c'est un lieu raffiné et plein de charme dont l'harmonie incite au repos. N'oubliez pas pour autant les visites à faire aux environs (Saint-Malo, Dinard, le Mont-Saint-Michel…). Accueil agréable des jeunes propriétaires.

Accès (carte n° 6) : à 12 km au sud-est de Dinan par N 137, puis au nord de Pleugueneuc, 1er carrefour à droite vers Plesder en venant de Dinan.

Manoir de la Rance

Château de Jouvente
35730 Pleurtuit (Ille-et-Vilaine)
Tél. 02.99.88.53.76 - Fax 02.99.88.63.03 - Mme Jasselin

Catégorie ★★★ **Fermeture** en janvier et février **Chambres** 10 avec tél., s.d.b., w.c. et t.v. **Prix** des chambres doubles : 450 à 800 F / 68,60 à 121,96 € ; suites : 800 à 1 200 F / 121,96 à 182,94 € (– 20 % d'octobre à avril) - Petit déjeuner : 50 F / 7,62 €, servi de 7 h à 11 h **Carte de crédit** Visa **Divers** chiens admis (40 F / 6,10 €) - Parking **Alentour** les bords de la Rance (embarcadère à l'hôtel) ; Dinard ; îles de Chausey et de Cézembre ; Côte d'Emeraude de Dinard au Val-André - Golf de Saint-Malo 27 trous **Pas de restaurant** à l'hôtel.

Dominant l'embouchure de la Rance, ce manoir XIXe est situé dans un ravissant parc bien planté et abondamment fleuri. Un grand salon mélange allègrement tous les styles. L'ambiance est celle d'une vraie maison, et on est tenté d'appeler "living" le bar ou le salon de thé. Dehors, de charmants jardins et terrasses attendent avec leurs chaises longues l'heure des rafraîchissements. Qu'elles soient au premier ou au deuxième étage mansardé, les chambres sont d'un grand confort et d'un grand calme. Partout, une atmosphère feutrée et une vue éblouissante (sauf pour 2 chambres) sur la Rance et les falaises. Idem pour la véranda où sont servis les délicieux petits déjeuners. Madame Jasselin adore sa maison et reçoit ses hôtes avec une gentillesse touchante. A Dinard, vous aurez le choix entre plusieurs restaurants dont *La Salle à Manger* pour les dîners gastronomiques ou *Le Prieuré*. Saint-Malo offre aussi de nombreuses possibilités avec, notamment, l'excellent *Clos des Chanoines* (à La Mettrie-aux-Chanoines).

Accès (carte n° 6) : à 15 km au sud-est de Saint-Malo par D 168, puis à gauche, après le barrage de la Rance, la D 114 jusqu'au lieu-dit La Jouvente (par La Richardais). Le manoir est à gauche, à la sortie du village.

Lecocq-Gadby

35000 Rennes (Ille-et-Vilaine)
156, rue d'Antrain
Tél. 02.99.38.05.55 - Fax 02.99.38.53.40 - M. et Mme Bregeon
E-mail : lecocqgadby@wanadoo.fr

2001

Catégorie ★★★ Ouverture toute l'année **Chambres** 11 et 1 suite avec tél., s.d.b. ou douche, w.c., t.v. et minibar **Prix** des chambres doubles : 795 à 910 F / 121,20 à 138,73 € - Petit déjeuner : 80 F / 12,20 € en chambre ou 100 F / 15,24 € en buffet, servi de 8 h à 10 h **Cartes de crédit** acceptées **Divers** chiens admis - Parking gardé **Alentour** visite du vieux Rennes, parc floral de Tabor - golf de Saint-Jacques 18 trous **Restaurant** fermé le dimanche soir et la troisième semaine d'août - Menus : à partir de 95 F / 14,48 € à midi, 150 à 230 F / 22,87 à 35,06 € - Carte.

Dans un quartier très calme, assez proche du centre de Rennes, voici un vrai petit hôtel de charme aux allures de maison particulière. Rien d'étonnant à cela, c'est exactement ce que veulent exprimer monsieur et madame Brégeon et l'on sent immédiatement qu'ils ont aimé chaque meuble, chaque objet, chaque tableau qui constituent le décor de l'hôtel. Très joliment capitonnées de tissus chatoyants, les chambres sont toutes aménagées dans l'esprit des années 1930. Confortables, bien tenues, elles ont chacune leur personnalité. Au salon, c'est le style XIXe qui domine, avec ses meubles en acajou, ses tapis, ses bibelots. Servie avec attention, la cuisine est réellement bonne, raffinée et simple ; vous la dégusterez dans une agréable salle à manger donnant sur un ravissant petit jardin abondamment fleuri de roses. Enfin, le superbe buffet du petit déjeuner achèvera de vous convaincre des incontestables qualités de cette très accueillante adresse.

Accès (carte n° 6) : dans le centre-ville.

L'Ascott Hôtel

35400 Saint-Malo (Ille-et-Vilaine)
Saint-Servan - 35, rue du Chapitre
Tél. 02.99.81.89.93 - Fax 02.99.81.77.40
M. et Mme Hardouin

Catégorie ★★★ **Ouverture** toute l'année **Chambres** 10 avec tél., s.d.b., w.c. et t.v. **Prix** des chambres simples : 400 à 500 F / 60,98 à 76,22 €, doubles : 500 à 600 F / 76,22 à 91,47 € - Petit déjeuner : 50 F / 7,62 €, servi à toute heure **Carte de crédit** Visa **Divers** chiens admis - Parking **Alentour** les remparts, le château et la Ville Close de Saint-Malo ; îles de Chausey et de Cézembre ; Jersey et l'Angleterre ; cathédrale Saint-Samson à Dol-de-Bretagne **Pas de restaurant** à l'hôtel.

Cette demeure familiale du XIXe siècle cache à l'arrière un jardin fleuri qui invite au repos. À l'écart du centre de Saint-Malo, ce petit hôtel a un charme incontestable. L'accueil comme l'ambiance y sont très raffinés. Rien n'a été laissé au hasard et tout est extrêmement soigné. Les chambres, souvent de petite taille mais très joliment décorées, portent chacune le nom d'un champ de courses. Il règne partout une atmosphère feutrée : on a choisi de jolies couleurs pour tapisser les murs assortis aux élégants tissus des couvre-lits et rideaux coordonnés. Certaines d'entre elles ont un petit balcon sur lequel on peut prendre son petit déjeuner que l'on sert aussi dans le jardin par beau temps. Au rez-de-chaussée se trouve le salon, *cosy* comme l'ensemble de la maison, donnant sur le petit jardin très verdoyant où est assuré un service-bar. A quelques mètres de l'hôtel, vous trouverez *Le Saint-Placide*, un des bons restaurants de ce quartier de Saint-Malo ; à signaler aussi *Le Chalut*, *La Corderie, La Duchesse Anne* intra-muros ; mais notre préféré reste Le *Clos des Chanoines* situé sur la route de Cancale, à La Mettrie-aux-Chanoines.

Accès (carte n° 6) : sur N 137 prendre direction Saint-Servan, puis boulevard Douville et 2e rue à gauche (fléché).

Hôtel Brocéliande

35400 Saint-Malo (Ille-et-Vilaine)
43, chaussée du Sillon
Tél. 02.99.20.62.62 - Fax 02.99.40.42.47 - Anne-Marie et André-Guy Chombart
E-Mail : hotel-broceliande@wanadoo.fr - Web : hotel-broceliande.fr

Catégorie ★★★ **Fermeture** du 26 novembre au 11 janvier **Chambres** 6 et 3 suites familiales, avec tél., s.d.b., w.c., t.v. et minibar **Prix** des chambres doubles : 330 à 580 F / 50,31 à 88,42 € ; 4 pers. : 590 à 770 F / 89,94 à 117,39 € - Petit déjeuner : 52 F / 7,93 €, servi jusqu'à 10 h **Cartes de crédit** acceptées **Divers** chiens non admis - Parking et garage privé **Alentour** les remparts, le château et la Ville Close ; îles de Chausey de Cézembre et de Jersey **Pas de restaurant** à l'hôtel.

C'est sur la chaussée du Sillon, le long de la plage, que se trouve le plus petit hôtel de Saint-Malo. Conçu comme une maison particulière, il propose de sympathiques chambres, décorées de tissus et de papiers signés Laura Ashley et complétées d'agréables salles de bains. Petites (sauf les "suites familiales") mais lumineuses et gaies, elles bénéficient d'une impression d'espace grâce à leur vue directe sur la Manche (sauf deux chambres donnant sur la cour-jardin). Au premier étage, des balcons et, pour la chambre centrale, une vaste terrasse permettent de profiter au mieux du superbe spectacle de la mer. Au second étage, leurs volumes les rendent exiguës et nous ne vous les conseillons pas pour des séjours. L'ensemble est très agréable mais il ne faut cependant pas oublier que tout ce qui fait l'agrément d'un hôtel directement sur la plage peut s'avérer un inconvénient pour les amateurs d'île déserte. Très accueillants, Anne-Marie et André-Guy préparent des petits déjeuners aussi bons que variés et il n'est pas rare que les clients, pris par l'ambiance amicale du lieu, viennent s'attabler à la cuisine. Agréable salon-salle à manger avec un vaste *bow-window* sur lequel les vagues viennent parfois se briser lors des équinoxes.

Accès (carte n° 6) : sur le Sillon.

La Korrigane

35400 Saint-Malo (Ille-et-Vilaine)
Saint-Servan - 39, rue Le Pomellec
Tél. 02.99.81.65.85 - Fax 02.99.82.23.89 - Mme Dolbeau

Catégorie ★★★ Ouverture toute l'année **Chambres** 12 avec tél., s.d.b. ou douche, w.c. et t.v.
Prix des chambres simples et doubles : 450 à 950 F / 68,60 à 144,83 € - Petit déjeuner : 65 F /
9,91 €, servi de 8 h à 10 h **Cartes de crédit** acceptées **Divers** chiens admis (50 F / 7,62 €) - Parking
Alentour les remparts, le château et la Ville Close de Saint-Malo ; îles de Chausey et de Cézembre ;
Jersey et l'Angleterre ; cathédrale Saint-Samson à Dol-de-Bretagne **Pas de restaurant** à l'hôtel.

Ce très charmant petit hôtel se cache dans une maison fin de siècle toute
blanche. Il règne ici un raffinement qui donne la délicieuse impression
d'être, si ce n'est chez soi, du moins dans une maison de connaissance. L'accueil
est d'une grande et discrète courtoisie mais, surtout, cette maison a une âme.
Tout y est feutré, d'un goût exquis, d'un esthétisme sans prétention. Le décor
de chaque chambre joue harmonieusement avec les teintes et les matières.
Chacune s'agrémente de meubles et de tableaux et l'on s'y sent très bien. Un
petit jardin se trouve à l'arrière de la maison et on y prend ses petits déjeuners,
ou bien, tout simplement, un verre au soleil. On peut également choisir de se
reposer dans le grand salon empli de livres. Pas de restaurant, mais l'hôtel met
à votre disposition un bar et un salon de thé. *Le Saint-Placide*, *Le Chalut* et *La
Corderie* sont parmi les bons restaurants de ce quartier de Saint-Malo, mais
nous vous incitons à découvrir l'excellent *Clos des Chanoine*s situé à quelques
minutes d'ici, sur la route côtière qui mène à Cancale.

*Accès (carte n° 6) : dans le centre-ville, sur N 137, prendre direction Saint-
Servan.*

Le Valmarin

35400 Saint-Malo (Ille-et-Vilaine)
7, rue Jean XXIII
Tél. 02.99.81.94.76 - Fax 02.99.81.30.03 - M. et Mme Nicolas

Fermeture du 15 novembre aux vacances de février, sauf fêtes de Noël et Jour de l'An **Chambres** 12 avec tél., s.d.b. t.v. et minibar **Prix** des chambres doubles : 550 à 850 F / 83,85 à 129,58 € - Petit déjeuner : 60 F / 9,15 €, servi de 8 h à 11 h **Cartes de crédit** Amex, Visa **Divers** chiens admis (50 F / 7,62 €) - Parking privé jusqu'à 23 h 30 **Alentour** les remparts, le château et la Ville Close de Saint-Malo ; îles de Chausey et de Cézembre ; Jersey et l'Angleterre ; cathédrale Saint-Samson à Dol-de-Bretagne **Pas de restaurant** à l'hôtel.

Cette maison bourgeoise typique des malouinières du XVIIIᵉ cache derrière sa façade de granit un parc arboré où, par beau temps, sont servis les petits déjeuners. Bien situé près de la tour Solidor et du petit port de Saint-Servan où vous pourrez dîner au soleil couchant, cet hôtel est un lieu de séjour agréable. Vous serez d'emblée charmés par les proportions des pièces qui ont conservé leurs boiseries. Le hall d'entrée avec ses quatre mètres de hauteur de plafond, un sol en marbre et un majestueux escalier en bois donnent le ton. Toutes les pièces sont meublées d'ancien et décorées avec goût comme la salle des petits déjeuners aux boiseries bleues et le salon-bar qui donnent sur le parc. Les plus belles chambres se situent au premier étage : très hautes de plafond, elles sont lumineuses, confortables, jolies et soignées. Certaines attendent de nouveaux papiers peints ou de nouvelles moquettes. Au second, elles sont mansardées mais leur taille et leur décoration les rendent très agréables (la familiale est vraiment réussie). Nos préférées donnent sur le parc. Nous aimons moins celles du rez-de-chaussée dont les salles de bains se trouvent au sous-sol.

Accès (carte n° 6) : dans le centre-ville, sur N 137, prendre direction Saint-Servan.

Le Logis Parc Er Gréo

Le Gréo 56610 Arradon (Morbihan)
9, rue Mané-Guen
Tél. 02.97.44.73.03 - Fax 02.97.44.80.48 - M. et Mme Bermond
E-mail : logisparc.er.greo@wanadoo.fr

Catégorie ★★★ **Fermeture** du 3 janvier au 15 mars **Chambres** 12 avec tél., s.d.b. ou douche, w.c. et t.v. ; accès handicapés **Prix** des chambres doubles : 330 à 590 F / 50,31 à 89,94 € - Petit déjeuner : 58 F / 8,84 €, servi de 8 h à 11 h **Cartes de crédit** acceptées **Divers** chiens admis (45 F / 6,86 €) - Piscine - Canot à moteur et voilier (9,20 m) à louer sur place **Alentour** golfe du Morbihan, île de Gavrinis ; île aux Moines ; Carnac - Golf de Baden 18 trous **Pas de restaurant** à l'hôtel.

Même s'il est de construction récente, ce petit hôtel mérite amplement le label "de charme". D'abord par l'accueil. Ensuite par la décoration qui harmonise si bien les formes et les couleurs avec, çà et là, un meuble ancien, une maquette de bateau, le tableau d'un artiste ami. Enfin par l'environnement dont on profite depuis les chambres et la terrasse : la piscine, un champ, un rideau d'arbres et, caché derrière, un petit bras de mer comme seul sait en composer le golfe du Morbihan. Exposées plein sud, les chambres sont une réussite de goût et de confort. Au rez-de-chaussée, la pièce de séjour sert pour les excellents petits déjeuners. A côté se trouve un petit jardin d'hiver où prospère un bougainvillée et qui permet, s'il y a du vent, de profiter du paysage sans en avoir les inconvénients. Les enfants apprécient tout particulièrement la piscine qui, grâce à la récente installation d'un abri transparent, permet une longue utilisation, un véritable atout même si la construction vitrée dénature l'esthétisme du jardin.

Accès (carte n° 14) : *à 10 km au sud-ouest de Vannes par D 101 jusqu'à Le Moustoir, à gauche, puis 6e à droite.*

Hôtel Village La Désirade

56360 Belle-Ile-en-Mer (Morbihan)
Tél. 02.97.31.70.70 - Fax 02.97.31.89.63
M. et Mme Le Nagard

Catégorie ★★★ **Fermeture** du 11 novembre au 24 décembre et du 7 janvier au 15 février **Chambres** 24 avec tél., s.d.b., w.c. et t.v. (satellite et Canal +) **Prix** des chambres doubles : 390 à 700 F / 59,46 à 106,71 € - Petit déjeuner-buffet : 80 F / 12,20 €, servi de 8 h à 11 h - Demi-pension : 450 à 600 F / 68,60 à 91,47 € (par pers.) **Cartes de crédit** acceptées **Divers** chiens admis (40 F / 6,10 €) - Piscine chauffée - Parking **Alentour** citadelle Vauban ; port Donnant - Golf de Sauzon 18 trous à Belle-Ile-en-Mer **Restaurant** à l'hôtel, de Pâques au 1ᵉʳ octobre.

Dans un de ces hameaux typiquement bellilois où Monet peignit *Les Aiguilles de Port-Coton*, les petites maisons blanches qui composent cet hôtel sont regroupées comme un hameau autour de la piscine. Construites par madame Mulon dans le style des habitations de Belle-Ile, elles comptent chacune quatre chambres, ce qui permet à une famille ou à des amis d'occuper totalement les lieux. La décoration est sobre mais de bon goût ; les couleurs vives des chintz créent une atmosphère confortable en toute saison. Permettant à chacun de vivre à son rythme, un sympathique *breakfast*-buffet est dressé toute la matinée dans une grande salle au rez-de-chaussée dotée d'une cheminée carrelée de faïence ; rien ne manque, pas même les confitures maison. Une agréable décontraction règne dans cet anti-hôtel, respectant l'indépendance de chacun. Le soir, vous rejoindrez le petit restaurant décoré dans le même ton ou sa terrasse pour déguster le menu unique du marché ou un plateau de fruits de mer (sur réservation). Une adresse très calme et toute proche du bord de mer.

Accès (carte n° 5) : en voiture, liaison ferry Quiberon-Le Palais ; à 7 km au sud-ouest du Palais par la D 190 par Bangor (l'hôtel est à 2 km de Bangor).

Petit Hôtel Les Pougnots

56360 Belle-Ile-en-Mer (Morbihan)
Rue du Chemin-Neuf - Le Sauzon
Tél. 02.97.31.61.03
Mme Guillouët

Ouverture toute l'année **Chambres** 5 avec tél., douche et w.c. **Prix** des chambres simples et doubles : 470 à 570 F / 71,65 à 86,90 € - Petit déjeuner compris, servi à 8 h 30 à 12 h **Cartes de crédit** non acceptées **Divers** chiens non admis **Alentour** citadelle Vauban ; grotte de l'Apothicairerie ; port Donnan ; les Aiguilles de Port-Coton - Golf de Sauzon 18 trous à Belle-Ile-en-Mer **Pas de restaurant** à l'hôtel - Restaurants et crêperies à Sauzon.

A Belle-Ile, le petit port de Sauzon, composé de maisonnettes blanches ou colorées, est un lieu encore magique et plein de charme, beaucoup plus à l'abri du mouvement des touristes que Le Palais où la plupart des ferrys débarquent. Installé, au bord de la petite route qui mène à la pointe du port, dans une maison début de siècle construite tout en étage et bordée de jardinets en terrasse, *Les Pougnots* profite d'une très belle vue sur le port ou sur le bras de mer qui s'enfonce dans l'île. Avec uniquement cinq chambres, ce mini-hôtel a tout d'une maison particulière où l'on se sent bien. Les petits déjeuners se prennent en commun dans la salle à manger-salon ou encore sur la terrasse à l'extérieur. Ceux qui préfèrent l'indépendance se feront servir dans leurs chambres. Celles-ci sont agréables et confortables ; elles profitent d'une décoration agréable, sobre et soignée, comme dans une maison d'amis du bord de mer. Certaines disposent d'un accès direct sur une terrasse ou sur le jardin. Une charmante petite adresse animée par la personnalité sympathique et intéressante de madame Guillouët qui saura vous conseiller pour découvrir Belle-Ile.

Accès (carte n° 5) : en voiture, liaison ferry Quiberon-Le Palais ; à 5 km du Palais, au port du Sauzon.

Domaine de Rochevilaine

56190 Billiers-Muzillac (Morbihan)
Pointe de Pen Lan
Tél. 02.97.41.61.61 - Fax 02.97.41.44.85 - M. Jaquet
E-mail : domaine@domainerochevilaine.com - Web : domainerochevilaine.com

Catégorie ★★★★ Ouverture toute l'année **Chambres** 38 dont 3 suites, avec tél., s.d.b., w.c. et t.v. satellite ; accès handicapés **Prix** des chambres doubles : 590 à 1 550 F / 89,94 à 236,30 €, suite 1 700 à 2 500 F / 259,16 à 381,12 € - Petit déjeuner : 85 F / 12,96 €, servi de 7 h 15 à 10 h 30 - Demi-pension : 545 à 1 050 F / 83,08 à 160,07 € (par pers., 3 j. min.) **Cartes de crédit** acceptées **Divers** chiens admis (75 F / 11,43 €) - Piscine chauffée, centre de balnéothérapie et remise en forme - Parking **Alentour** Rochefort-en-Terre ; golfe du Morbihan - Golf de Kerver 18 trous **Restaurant** service de 12 h 15 à 13 h 30, 19 h 15 à 21 h 30 - Menus de 270 à 500 F / 41,16 à 76,22 € (avec homard) - Carte - Spécialités : homards du vivier de l'hôtel ; poissons et fruits de mer.

Dans le site exceptionnel de la pointe de Pen Lan, l'ancien poste de guet dominant l'Océan ressemble à un petit village constitué de bâtiments des XVᵉ et XVIIᵉ siècles. Vous profiterez ainsi au maximum de la mer dont la houle parfois mouvementée vient battre la roche au pied de l'hôtel. Etablissement de standing, il propose des chambres à l'élégance classique, très confortables, les plus attrayantes étant décorées à l'ancienne, (les autres sont plus impersonnelles). Précisons enfin que les chambres ayant vue sur la mer sont également plus vastes. Pour déjeuner ou dîner, le restaurant panoramique constitue l'une des bonnes tables de Bretagne et propose une cuisine de qualité servie avec beaucoup de professionnalisme.

Accès (carte n° 14) : à 20 km au sud-est de Vannes par la voie express (direction Nantes) jusqu'à Muzillac, puis prendre la direction de Billiers et de la pointe de Pen Lan.

Les Chaumières de Kerniaven

56700 Hennebont (Morbihan) - Route de Port-Louis-en-Kervignac
Tél. 02.97.76.76.76 - Fax 02.97.76.82.35 - M. de La Sablière
E-mail : locguenole@relaischateaux.fr - Web : chateau-de-locguenole.fr

Fermeture de novembre à mars **Chambres** 11 avec tél., s.d.b., w.c., t.v. et minibar **Prix** des chambres simples et doubles : 490 à 720 F / 74,70 à 109,76 € - Petit déjeuner : 79 F / 12,04 €, servi de 7 h 45 à 10 h 30 **Cartes de crédit** acceptées **Divers** chiens admis (50 F / 7,62 €) - Piscine extérieure chauffée, sauna, hammam et tennis à 4 km - Parking **Alentour** haras national d'Hennebont ; citadelle et musée de la Compagnie des Indes à Port-Louis - Golf Val Queven et Ploemeur Océan 18 trous **Restaurant** au château de Locguénolé.

Ces deux charmantes chaumières dépendent du *Château de Locguénolé* où s'effectue la réception des clients. Elles se situent à 3 km de là, en pleine campagne, mais bénéficient de tous les avantages de l'hôtel. Vous pourrez donc faire alterner votre séjour entre cette luxueuse ambiance et la sérénité campagnarde de votre lieu d'hébergement. Dans la chaumière principale, les chambres sont vastes, décorées dans un style à la fois rustique et raffiné où quelques meubles anciens bien cirés ressortent sur des murs souvent en pierre apparente. Au premier étage, elles disposent d'une mezzanine qui fera le bonheur des familles, alors qu'au rez-de-chaussée d'imposantes cheminées offrent la possibilité de belles flambées. Dans la seconde chaumière se trouve une chambre presque en plein champ et une agréable salle des petits déjeuners, bien utile pour les jours où on ne peut le prendre dehors. Déjeuners et dîners sont servis au château, dans une salle à manger élégamment nappée de jaune ou de bleu et en partie habillée par une verdure d'Aubusson XVIIIᵉ. Vous y dégusterez une cuisine très réputée. Enfin, l'accueil est particulièrement agréable.

Accès (carte n° 5) : à 5 km d'Hennebont, direction Port-Louis.

Hôtel de la Jetée

56590 Ile-de-Groix (Morbihan)
1, quai Port-Tudy
Tél. 02.97.86.80.82 - Fax 02.97.86.56.11 - Mme Tonnerre
E-mail : laurence.tonnerre@freesbee.fr

Catégorie ★★ **Fermeture** du 5 janvier au 15 février **Chambres** 8 avec tél., s.d.b. ou douche et w.c. **Prix** des chambres doubles : 290 à 380 F / 44,21 à 57,93 € - Petit déjeuner : 40 F / 6,10 €, servi de 8 h à 10 h 30 **Cartes de crédit** Amex, Visa **Divers** chiens non admis **Alentour** musée de Groix, pointe de l'Enfer, port Saint-Nicolas, Pen-Men **Pas de restaurant** à l'hôtel (en saison petite restauration et dégustation d'huîtres sur commande).

Voici un très charmant petit hôtel avec une façade sur le port et l'autre battue par les embruns de l'Océan. Vous le trouverez juste au début de la jetée, à l'extrémité du bassin. Le rez-de-chaussée se partage entre un agréable café traditionnel que prolongent quelques jolies tables en terrasse (lieu de rencontre entre les pêcheurs et les plaisanciers), et un pub irlandais où l'on peut déguster les huîtres élevées par le fils de monsieur et madame Tonnerre, installé ici comme ostréiculteur. Les chambres sont petites mais particulièrement charmantes : habillées de papiers peints unis, surmontés d'une élégante frise, et décorées de meubles anciens cirés et de tissus coordonnés d'esprit anglais… tout comme les salles de bains, gaies, confortables et très soignées. Vue de carte postale sur le port ou sur la mer et petite terrasse installée sur un rocher, à l'arrière. Réservée aux hôtes, elle permet de goûter à la solitude face à l'immensité bleue et non loin de petites criques de sable fin.

Accès (carte n° 5) : bateau depuis Lorient (45 minutes) - Tél. : 02.97.64.77.64.

Hôtel de la Marine

56590 Ile-de-Groix (Morbihan)
7, rue du Général-de-Gaulle
Tél. 02.97.86.80.05 - Fax 02.97.86.56.37 - Mme Hubert
E-mail : hotel.dela.marine@wanadoo.fr - Web : hoteldelamarine.com

Catégorie ★★ **Fermeture** en janvier **Chambres** 22 avec tél., s.d.b. ou douche et w.c. **Prix** des chambres doubles : 218 à 470 F / 32,78 à 71,65 € - Petit déjeuner : 48 F / 7,32 €, servi de 8 h à 10 h - Demi-pension et pension : 249 à 372 F / 38,01 à 56,79 €, 334 à 466 F / 50,99 à 71,14 € (par pers., 2 j. min., réduction hors saison) **Carte de crédit** Visa **Divers** chiens admis (22 F / 3,35 €) - Parking **Alentour** musée de Groix, pointe de l'Enfer, port Saint-Nicolas, Pen-Men **Restaurant** service de 12 h à 13 h 30, 19 h 30 à 21 h 30 - Menus : 82 à 180 F / 12,50 à 27,44 € - Carte - Spécialités : feuilleté de Saint-Jacques ; barbecue de poissons ; marquise au chocolat.

Cet hôtel se trouve un peu sur la hauteur, à quelques centaines de mètres du port. Aménagé avec amour par madame Hubert qui fut aussi styliste, il accueille, chaque été, une clientèle fidèle et agréable. L'hôtel vient, grâce à de beaux travaux de rénovation, de retrouver tout son charme avec dans les parties communes une inspiration de coursive de bateau très réussie. Le petit salon d'accueil est joliment meublé d'ancien, la salle à manger où vous dînerez très correctement, pour un prix raisonnable, présente un beau nappage coloré ; sur la cheminée et les étagères s'accumulent les faïences ; dans un coin, l'horloge couverte de coquillages sera le seul rappel du temps qui passe... Les chambres sont très simples, toutes blanches, égayées par la couleur des rideaux et des couvre-lits. Réservez en priorité celles donnant sur la mer (mention spéciale pour la numéro 1). Dehors, une terrasse-jardin permet de prendre un verre à l'ombre du plus vieil arbre de l'île.

Accès (carte n° 5) : bateau depuis Lorient (45 minutes) - Tél. : 02.97.64.77.64.

Le Petit Hôtel des Hortensias

56470 La Trinité-sur-Mer (Morbihan)
Place de la Mairie
Tél. 02.97.30.10.30 - Fax 02.97.30.14.54
P. le Gloahec - N. Gautier

Fermeture du 1er au 18 décembre, du 8 au 22 janvier **Chambres** 5 avec tél., s.d.b., w.c. et t.v. satellite ; 1 chambre handicapés **Prix** des chambres doubles : 500 à 850 F / 76,22 à 129,58 € - Petit déjeuner : 58 F / 8,85 €, servi de 8 h à 11 h **Carte de crédit** Visa **Divers** chiens admis (40 F / 6,10 €) - Parking **Alentour** golfe du Morbihan - Baie de Quiberon (Belle-Ile, Houat, Hoedic) - Golf de Saint-Laurent et de Baden, 18 trous **Restaurant** *L'Arrosoir*, réservation conseillée (tél. : 02.97.30.13.58).

A La Trinité-sur-Mer, on connaissait bien le restaurant *L'Arrosoir*. Un jeune et sympathique tandem a repris l'affaire en lui ajoutant le très charmant *Petit Hôtel des Hortensias*. Tous deux occupent un emplacement exceptionnel, sur le port et un peu en retrait de l'agitation du quai. L'hôtel domine ainsi le va-et-vient des voiliers de régate, les vieux gréements, les bateaux de pêche et même quelques immenses trimarans des courses océaniques. Spectacle permanent assuré donc, sans compter l'animation des quais et des terrasses où l'on retrouve, en toute saison, la population voileuse de La Trinité, La Mecque de la voile. Il n'est pas rare en effet d'y croiser de brillants skippers tels que Laurent Bourgnon, Loïc Peyron, Florence Arthaud. Cinq chambres attendent ici les prévoyants qui auront pensé à réserver très à l'avance. Lumineuses, confortables, elles sont décorées dans un style marin très réussi où les harmonies bleues et blanches se taillent la part du lion. Une bien jolie et confortable adresse.

Accès (carte n° 5) : à 30 km au sud-ouest de Vannes.

Hôtel des Trois Fontaines

56740 Locmariaquer (Morbihan)
Tél. 02.97.57.42.70 - Fax 02.97.57.30.59 - M. Jean-Pierre Orain
E-mail : hot3f@aol.com

Catégorie ★★★ **Fermeture** du 15 novembre au 20 décembre et du 5 janvier au 25 mars **Chambres** 18 avec tél., s.d.b. ou douche, w.c., t.v., 17 avec minibar et coffre-fort ; chambre handicapés **Prix** des chambres doubles : 330 à 600 F / 50,31 à 91,47 € - Petit déjeuner : 55 F / 8,38 €, servi de 8 h à 11 h **Carte de crédit** Visa **Divers** chiens admis - Parking **Alentour** golfe du Morbihan ; sites mégalithiques ; école de voile, tennis ; Golf 18 trous à proximité (réduction pour les résidents) **Pas de restaurant** à l'hôtel.

Locmariaquer occupe une presqu'île à l'extrémité du golfe du Morbihan. Le site est superbe, outre ses vastes plages, criques découpées et autres anses de mouillage, il conserve d'importants vestiges mégalithiques. En arrivant à l'hôtel, ne vous inquiétez pas de la proximité de la route (elle ne dessert que le village) et soyez indulgents pour ses murs encore trop neufs car l'accueil et l'ambiance intérieure atténuent cet inconvénient. Vous apprécierez sûrement l'aménagement sagement moderne et gai du petit salon en demi-cercle autour de la cheminée. Mêmes qualités pour les chambres avec leur sol en terre cuite ou en parquet, leur mobilier simple en acajou, leurs couvre-lits en courtepointe assortis aux rideaux et qui tranchent sur la blancheur des murs. La plus belle dispose d'un *bow-window* idéal pour observer les marées, et, d'une manière générale, préférez celles du premier étage qui offrent quelques beaux points de vue sur un petit port naturel. Dès les beaux jours, les tables en teck de la terrasse sont installées pour recevoir les petits déjeuners et c'est un vrai plaisir d'avaler son café du matin tout en respirant l'air marin avec le cri des mouettes en fond sonore.

Accès (carte n° 5) : N 165 (Nantes-Brest), au niveau d'Auray sortie Locmariaquer et La Trinité-sur-Mer puis D 28 et D 781.

Château du Launay

Locuon 56160 Ploerdut (Morbihan)
Tél. 02.97.39.46.32 - Fax 02.97.39.46.31
Famille Redolfi-Strizzot

Fermeture janvier et février **Chambres** 10 avec tél., s.d.b. **Prix** des chambres doubles : 600 à 750 F /
91,47 à 114,34 € - Petit déjeuner-buffet : 40 F / 6,10 €, servi de 8 h 30 à 10 h 30 - Demi-pension :
450 à 525 F / 68,60 à 80,04 € (par pers.) **Carte de crédit** Visa **Divers** chiens admis - Piscine, salle
de relaxation, hammam - Parking **Alentour** Sainte-Noyale ; vallée du Blavet **Restaurant** service à
20 h - Menu : 135 F / 20,58 € - Spécialités : cuisines italienne et orientale.

En pleine campagne, dans un grand parc entouré de forêts, de prés, et bordé par
un lac, ce ravissant petit château du XVIIIe siècle ravira les amateurs de calme.
Ses propriétaires, un jeune couple népalais et danois, vous accueillent ici avec
simplicité et gentillesse, un peu comme dans une maison particulière. Là ne s'arrête
pas la comparaison puisque, le soir, vous rejoindrez la table d'hôtes pour partager
le menu unique proposant une cuisine simple et raffinée. Les amoureux pourront
choisir de dîner séparément dans la petite salle à manger. Capitonnée de boiseries,
la grande bibliothèque est accueillante, confortable ; vous pourrez y consulter de
nombreux livres d'art à côté d'une cheminée où de belles flambées ont lieu dès les
premiers frimas. D'autres salons, au décor teinté d'exotisme, permettent à chacun
de s'isoler. Le hall d'entrée, au style très dépouillé, met en valeur la collection de
sculptures et d'œuvres d'art d'Extrême-Orient rassemblée par le père du
propriétaire. Les chambres sont spacieuses, sobrement décorées avec élégance, dans
un style minimaliste étudié : peinture et tentures crème avec toujours une paroi plus
colorée, mobilier exotique ou en fer forgé, vastes et confortables lits, luxueuses
salles de bains. Une belle adresse où vous aurez le choix entre indépendance et
convivialité. Téléphonez avant pour prévenir de votre arrivée.

Accès (carte n° 5) : à 30 km de Pontivy.

Hostellerie Les Ajoncs d'Or

Kerbachique - 56340 Plouharnel (Morbihan)
Tél. 02.97.52.32.02 - Fax 02.97.52.40.36 - Mme Le Maguer
Web : lesajoncsdor.com

Catégorie ★★ **Fermeture** du 2 novembre au 15 mars **Chambres** 17 avec tél., s.d.b. ou douche, w.c. et t.v. satellite **Prix** des chambres doubles : 360 à 480 F / 54,88 à 73,18 €; suites pour 4 pers. : 680 F / 103,67 € - Petit déjeuner : 41 F / 6,25 €, servi de 8 h à 10 h - Demi-pension : 330 à 390 F / 50,31 à 59,46 € (par pers.) **Carte de crédit** Visa **Divers** petits chiens admis (20 F / 3,05 €) - Parking fermé **Alentour** alignements de Carnac (2 935 menhirs); menhirs d'Erdeven; église de Plouhinec; Belle-Ile - Golf Saint-Laurent-Ploërmel 18 trous **Restaurant** service de 19 h à 21 h 30 - Menus : 110 à 160 F / 16,77 à 24,39 € - Spécialités : produits de la mer et du terroir.

*L*es *Ajoncs d'Or* est une ancienne ferme bretonne de granit rose composée de trois corps de bâtiments juxtaposés et situés à l'écart du village, dans un jardin régulièrement primé par les concours de fleurs. Au rez-de-chaussée, une grande salle de restaurant de campagne dotée d'une belle cheminée associe avec bonheur poutres, pierres apparentes et tissus imprimés. Elle se prolonge par une autre pièce pour les petits déjeuners (servis dehors par beau temps). Récemment rénovées, les chambres sont souvent égayées par de jolis tissus et de belles moquettes; certaines sont presque des "suites" avec leur petit coin-salon. Toujours différentes, souvent lumineuses, elles sont confortables (même si certains sanitaires comportent encore des w.c. broyeurs). Mention particulière pour celles situées au-dessus du restaurant et pour les suites. Bonne cuisine familiale et accueil dominé par la bonhomie de madame Le Maguer et de sa fille dont la famille est propriétaire des lieux depuis deux cents ans. Leur gentillesse et leur personnalité s'ajoutent au charme de cette attachante adresse.

Accès (carte n° 5) : à 52 km de Lorient par N 165 jusqu'à Auray, puis D 768 et D 781 (entre Carnac et Plouharnel).

Hôtel de Kerlon

56680 Plouhinec (Morbihan)
Tél. 02.97.36.77.03 - Fax 02.97.85.81.14
M. et Mme Coëffic
E-mail : kerlon@minitel.net - Web : auberge-de-kerlon.com

Catégorie ★★ **Fermeture** du 15 novembre au 15 mars **Chambres** 16 avec tél., 15 avec s.d.b. ou douche, w.c. et t.v. **Prix** des chambres doubles : 280 à 320 F / 42,69 à 48,78 € - Petit déjeuner : 40 F / 6,10 €, servi de 8 h à 10 h - Demi-pension (obligatoire en juillet-août) : 290 à 310 F / 44,21 à 47,26 € (par pers.) **Carte de crédit** Visa **Divers** chiens non admis - Parking **Alentour** Quiberon ; golfe du Morbihan ; île de Groix ; Port-Louis - Golf de Queven 18 trous **Restaurant** service de 19 h 30 à 21 h - Menus : 85 à 160 F / 12,96 à 24,39 € - Carte - Spécialités : poissons, coquillages.

Cet accueillant petit hôtel se trouve en pleine campagne, à cinq kilomètres de la mer. Souriante et disponible, madame Coëffic s'occupe de votre bien-être alors que son mari s'active en cuisine ou dans le jardin. Les chambres sont très sommairement meublées mais fort bien tenues (certaines affichent de nouveaux dessus-de-lit et des rideaux qui leur apportent un peu plus de gaieté) ; les petites salles de bains sont impeccables, la literie excellente. Le petit salon-bar en longueur et surtout la lumineuse salle à manger sont mieux décorés. Les tables exhibent un beau nappage blanc, rehaussé de bouquets de fleurs fraîches. On y sert une bonne et saine cuisine, exclusivement basée sur des produits frais (poissons et fruits de mer y occupent la plus grande place). Le petit déjeuner est également très soigné avec une variante pour chaque jour de la semaine. Une bonne et simple adresse pour profiter du calme de la campagne à proximité des plages et des stations réputées.

Accès (carte n° 5) : à 30 km au sud de Lorient. Quitter la N 165 à Hennebont, sortie "Carnac-Quiberon-Port-Louis", puis suivre fléchage Carnac-Quiberon. D 194, puis D 9.

L'Auberge Bretonne

56130 La Roche-Bernard (Morbihan)
2, place Du Guesclin
Tél. 02.99.90.60.28 - Fax 02.99.90.85.00
Solange et Jacques Thorel

2001

Catégorie ★★★ **Fermeture** du 5 au 22 janvier et du 5 novembre au 5 décembre **Chambres** 8 avec tél., s.d.b., w.c. et t.v. (Canal +) ; 1 chambre handicapés **Prix** des chambres : 600 à 1 500 F / 91,47 à 228,67 € - Petit déjeuner : 95 F / 14,48 €, servi de 7 h 45 à 9 h 30 - Demi-pension : 850 à 1 500 F / 129,58 à 228,67 € (par pers.) **Cartes de crédit** acceptées **Divers** chiens admis (50 F / 7,62 €) - Parking et garage (50 F / 7,62 €) **Alentour** La Baule ; circuit de la Brière et des marais de Guérande ; golfe du Morbihan - Golf de La Bretesche, Kerver, Saint-Laurent 18 trous **Restaurant** service de 12 h à 13 h 30, 19 h à 21 h - Menus : 150 à 750 F / 22,87 à 114,34 € - Carte - Spécialités : homard breton rôti au jus, le coffre traité comme un parmentier.

L a réputation du restaurant de *L'Auberge Bretonne* n'est plus à faire, chacun sait qu'il s'agit là de l'une des meilleures tables de Bretagne. L'inventivité de la cuisine du marché de Jacques Thorel enchante les convives dans la salle à manger lumineuse qui s'enroule autour d'un patio-jardin potager où poussent légumes et salades de saison. Mais le plaisir ne s'arrête pas là, car 8 chambres raffinées, confortables, agrémentées de quelques meubles anciens et dotées de superbes salles de bains, occupent des maisons jumelles, jadis propriété d'un frère matelassier et d'une sœur qui les transformèrent en café-crêperie. Vous y serez accueillis avec gentillesse par une jeune équipe, encadrée par la souriante Solange Thorel, toujours très concernée par le bien-être de ses clients. Au cœur du bourg, à deux pas d'un port pittoresque, voici une adresse haut de gamme et de grande qualité.

Accès (carte n° 14) : à 30 km au sud-ouest de Vannes. A partir de la RN 165, aller jusqu'à l'église, au stop, tourner à droite puis rejoindre la place Du Guesclin.

Château de la Verrerie

2001

18700 Oizon (Cher)
Tél. 02.48.81.51.60 - Fax 02.48.58.21.25 - M. de Vogüé
E-mail : laverrerie@wanadoo.fr

Fermeture du 1er novembre au 28 février **Chambres** 10 et 2 suites avec tél., s.d.b. et w.c. **Prix** des chambres : 950 à 1 200 F / 144,83 à 182,94 € ; suites : 1 500 F à 1 640 F / 228,67 à 250,02 € - Petit déjeuner : 80 F / 12,20 €, servi de 8 h 30 à 10 h 30 **Carte de crédit** Visa **Divers** chiens admis (100 F / 15,24 €) - Tennis, canotage, pêche, tir à l'arc **Alentour** Bourges, Sancerre, route Jacques-Cœur **Restaurant** service de 12 h à 14 h, 19 h à 21 h - Menus : 100 à 155 F / 15,24 à 23,63 €.

Depuis 1422, l'ancien château des Stuart puis des ducs de Richmond se reflète dans les eaux calmes d'un lac, au cœur de 800 hectares de forêts. Il s'agit de l'un des plus beaux édifices du Berry et son aménagement n'a rien perdu de ses fastes ni de son caractère, dans les pièces de réception comme dans les chambres. Fréquemment rafraîchies mais toujours meublées avec leur magnificence originelle, ces dernières sont exactement telles que les connurent les amis ou la famille des propriétaires lorsqu'ils venaient ici en visite. Cette rare authenticité, exempte de toute mise en scène, constitue l'un des principaux attraits de *la Verrerie*. N'en déduisez cependant pas que le confort ait eu à souffrir de ce purisme, il suffit de découvrir les superbes salles de bains (l'une d'elle comporte une exceptionnelle baignoire d'enfant) pour s'en convaincre. L'ambiance générale est plaisante, à la limite de l'hôtel et de la maison d'hôtes, ne vous attendez donc pas à un service très présent mais laissez-vous gagner par la quiétude du lieu. Pour dîner, une auberge aménagée à 100 mètres du château dans une ancienne fermette à colombage du XVIIe, propose une cuisine traditionnelle allégée que l'on déguste au coin du feu en hiver et en terrasse l'été.

Accès (carte n° 17) : à 29 km au sud de Giens. A 77 sortie n° 19 puis D 940 vers Bourges-Gien. A Aubigny-sur-Nère suivre le fléchage.

Auberge du Moulin de Chaméron

18210 Bannegon (Cher)
Tél. 02.48.61.83.80 - Fax 02.48.61.84.92 - M. Rommel
E-mail: moulindechameron@wanadoo.fr

Catégorie ★★★ **Fermeture** du 16 novembre au 28 février, le lundi en b.s. **Chambres** 13 avec tél., s.d.b. ou douche, w.c. et t.v. **Prix** des chambres doubles: 395 à 545 F / 60,22 à 83,08 €; suites: 695 F / 105,95 € - Petit déjeuner: 55 et 85 F / 8,38 et 12,96 €, servi de 7 h 30 à 10 h **Cartes de crédit** Amex, Visa **Divers** chiens admis (30 F / 4,57 €) - Piscine - Parking **Alentour** basilique et château de Châteauneuf-sur-Cher; église de Saint-Amand-Montrond; abbaye de Noirlac; châteaux de Meillant et d'Ainay-le-Vieil; forêt de Tronçais; Bourges (cathédrale et musées) **Restaurant** service de 12 h 15 à 14 h, 19 h 30 à 21 h - Menus: 140 à 210 F / 21,34 à 32,01 € (enfant 60 F / 9,14 €) - Carte.

E n pleine campagne, l'hôtel occupe deux bâtiments reliés par un joli jardin. Il y a l'ancien moulin du XVIIIᵉ siècle avec sa machinerie conservée intacte au cœur de l'édifice et son musée qui rassemble les outils et objets utilisés par les meuniers qui s'y sont succédé. C'est également ici que se trouve le restaurant. Tenu par madame et monsieur Merilleau (qui est aux fourneaux), il permet de goûter à une excellente cuisine servie dans une ravissante et intime petite pièce avec cheminée. L'été, quelques tables sont également dressées dehors, près du plan d'eau et c'est un vrai plaisir de prendre ses repas dans un si joli cadre. L'autre bâtiment est consacré aux chambres. Aménagées sans surprise, elles sont plus ou moins vastes et disposent parfois d'une terrasse de plain-pied (où l'on peut prendre son petit déjeuner). Tout juste refaites, elles disposent à présent de salles de bains très confortables. Une adresse qui prend tout son charme dès les beaux jours.

Accès (carte n° 17): à 42 km au sud-est de Bourges par N 76, direction Moulins, puis D 953 et D 41.

La Solognote

18410 Brinon-sur-Sauldre (Cher)
Tél. 02.48.58.50.29 - Fax 02.48.58.56.00
M. et Mme Girard

Catégorie ★★ **Fermeture** du 14 février au 21 mars, du 8 au 18 mai, du 11 au 20 septembre, mardi et mercredi en hiver **Chambres** 13 avec tél., s.d.b. ou douche, w.c. et t.v. **Prix** des chambres : 360 à 480 F / 54,88 à 73,18 € ; appart. (3/4 pers) : 600 F / 91,47 € - Petit déjeuner : 62 F / 9,45 € - Demi-pension : 950 à 1 050 F / 144,80 à 160,07 € (pour 2 pers., 3 jours min.) **Carte de crédit** Visa **Divers** chiens non admis - Parking **Alentour** cathédrale de Bourges ; châteaux de la route Jacques-Cœur ; le haut Berry, de la Chapelle d'Angillon à Saint-Martin-d'Auxigny ; Sancerre - Golf de Sully 18 trous à Viglains **Restaurant** service de 12 h 30 à 14 h, 19 h 30 à 20 h 30 - Fermé mardi midi et mercredi midi en juillet-août - Menus : 170 à 360 F / 25,92 à 54,88 € - Carte.

A seulement un quart d'heure de la N 20, cette petite auberge en brique rose se trouve au cœur d'un bourg solognot. Réputée pour sa gastronomie, elle dispose également de chambres particulièrement réussies et décorées dans un style campagnard raffiné. Chacune a sa touche personnelle, un ou deux meubles anciens, de beaux tissus colorés et le tout sent bon l'encaustique. Confortables, avec des salles de bains bien équipées, elles donnent souvent sur un petit jardin fleuri et sont au calme. S'y ajoutent quelques appartements pour venir en famille. Au rez-de-chaussée, la belle salle de restaurant offre un cadre convivial et chaleureux pour dîner (attention aux horaires car la maison est un peu rigide sur ce point). Enfin, Sologne oblige, en automne et en hiver, on y déguste un très intéressant choix de gibier. Une adresse très soucieuse de sa qualité comme on aimerait en trouver plus souvent dans cet immense et superbe massif forestier.

Accès (carte n° 17) : à 60 km au sud-est d'Orléans par N 20 jusqu'à Lamotte-Beuvron, puis D 923 direction Aubigny-sur-Nère.

Le Piet à Terre

18370 Châteaumeillant (Cher)
21, rue du Château
Tél. 02.48.61.41.74 - Fax 02.48.61.41.88 - M. Finet et Mme Piet

Catégorie ★★ **Fermeture** de mi-janvier à février; du dimanche soir au mardi midi **Chambres** 7 avec tél., s.d.b. ou douche, w.c. et t.v. **Prix** des chambres doubles: 260 à 390 F / 39,64 à 59,46 € - Petit déjeuner: 50 F / 7,62 €, servi de 8 h à 9 h 30 - Demi-pension: 460 à 580 F / 70,13 à 88,42 € (par pers.) **Carte de crédit** Visa **Divers** chiens non admis **Alentour** maison de George Sand à Nohant-Vic (festival en juin); musée George-Sand à La Châtre; abbaye bénédictine de Fontgombault - Golf à Pouligny-Notre-Dame **Restaurant** service de 12 h à 13 h 30, 19 h 30 à 21 h - Fermé du dimanche soir au mardi midi - Menus: 98 F (midi en semaine) à 390 F / 14,96 à 59,46 € - Carte - Spécialités: foie gras de canard et jus de truffes; pigeon de ferme au foin; moelleux de chocolat mi-amer.

Ah! comme l'on aimerait que les petits hôtels de village ressemblent plus souvent à celui-ci! Installé au calme sur une place, il affiche une façade pimpante et vous réserve le meilleur des accueils. Avec un vrai talent de couturière et beaucoup de goût, Sylvie Piet a "habillé" chaque chambre d'un assortiment de tissus choisis, faisant ainsi oublier l'exiguïté de certaines. Les confortables lits se parent quelquefois de beaux draps brodés, les salles de bains sont irréprochables et toutes (exceptées deux avec Velux) bénéficient d'une vue sympathique sur le village. Servie dans deux ravissantes petites salles à manger, la cuisine constitue l'autre point fort de cet établissement et il s'agit, sans conteste, de l'une des toutes meilleures de la région. Carte et menus ne proposent ainsi que des produits de première fraîcheur, traités avec suffisamment de simplicité pour en préserver les saveurs et suffisamment d'originalité pour permettre quelques formidables découvertes gustatives. Voici un hôtel de bel avenir, dans une région encore méconnue mais pleine d'attraits.

Accès (carte n° 17): à 50 km au sud-est de Châteauroux.

Prieuré d'Orsan

18170 Maisonnais (Cher)
Tél. 02.48.56.27.50 - Fax 02.48.56.39.64
Sonia Lesot

Catégorie ★★★ Fermeture du 1er novembre au 31 mars **Chambres** 7 avec tél., s.d.b., w.c ; 2 chambres handicapés **Prix** des chambres : 650 à 1 300 F / 99,09 à 198,18 € - Petit déjeuner : 70 F/ 10,67 €, servi de 8 h 30 à 10 h **Carte de crédit** Visa **Divers** chiens non admis - Visite du jardin et stages de jardinage - Parking **Alentour** Bourges, Nohant, Noirlac - Golf Dryades 18 trous **Restaurant** service de 12 h à 14 h et de 20 h à 22 h - Menus : 195 et 295 F / 29,72 et 44,97 € - Carte - Spécialité : agneau en croûte de basilic ; oignons confits au four à la ventrèche et sauce verte.

Édifié à l'aube du XIIᵉ, *Orsan* connut ses heures de gloire puis sombra lentement dans l'oubli avant d'être ressuscité par un couple d'architectes tombé amoureux de ses vestiges (XVIᵉ, XVIIᵉ et XVIIIᵉ) et de cette région si préservée. Ils eurent d'abord l'idée de recréer un jardin monastique tenant compte de toute la symbolique en vigueur avant la Renaissance. Du jardin d'Eden au paradis terrestre, le résultat est fascinant : haies, palissades et gloriettes de bois cloisonnent l'espace, et l'on ne se lasse pas d'admirer les roses, les herbes aromatiques, les légumes qui défilent au gré des allées et des voûtes végétales. A cette merveille ouverte au public, viennent de s'ajouter quelques magnifiques chambres. Sobres, vastes, décorées dans un esprit intemporel laissant la part belle au bois et à la pierre, elles sont agrémentées de superbes salles de bains. Même ambiance sereine dans les salons et au restaurant avec, comme constante, des parois en pin ciré intégrant rayonnages, bibliothèques, dessertes, cheminées… Enfin, la table, judicieusement basée sur les légumes du jardin, correspond exactement à ce que l'on attend dans ce lieu exceptionnel et très accueillant.

Accès (carte n° 17) : A 71 sortie Saint-Amand-Montrond puis RD 925 vers Lignières puis D 65 direction Le Châtelet puis fléchage.

Château de la Beuvrière

18100 Saint-Hilaire-de-Court (Cher)
Tél. 02.48.75.14.63 - Fax 02.48.75.47.62
M. et Mme de Brach

Catégorie ★★ **Fermeture** du 15 décembre au 15 mars et le dimanche soir **Chambres** 15 avec tél., s.d.b. ou douche et w.c. (2 avec minibar) **Prix** des chambres doubles : 350 à 500 F / 53,36 à 76,22 € ; suite : 800 F / 121,96 € - Petit déjeuner : 50 F / 7,62 €, servi de 7 h 30 à 9 h 30 **Cartes de crédit** acceptées **Divers** chiens admis (50 F / 7,62 €) - Piscine, tennis - Parking **Alentour** cathédrale Saint-Etienne, musées et hôtel Jacques-Cœur à Bourges ; Aubigny-sur-Nère - Golf de la Picardière 18 trous à Vierzon **Restaurant** service de 12 h à 14 h, 19 h 30 à 21 h - Fermé le dimanche soir et le lundi - Menus : 140 à 200 F / 21,34 à 30,49 €, menu gastronomique : 250 F / 38,11 € - Carte - Spécialités : saumon fumé et foie gras maison ; sandre braisé au beurre de truffes ; ris de veau braisés à l'orange.

Ce château conserve intact, depuis le Moyen Age, son domaine de 1 037 hectares. Transmis par héritage aux propriétaires actuels, c'est aujourd'hui un superbe hôtel de charme. L'abondant mobilier de famille a évité le recours aux meubles de style. Ici, tout est authentique, du XVIe au XIXe siècle. Cela forme un ensemble de qualité, aménagé dans un goût parfait. Les chambres donnent sur le parc. Elles sont presque fastueuses au premier étage et, si les salles de bains restent parfois petites, c'est pour ne pas détruire les boiseries des lits en alcôve et l'on ne peut que saluer ce souci d'authenticité. Au second étage, elles sont originales avec leurs poutres et parfois leur mezzanine. Pour le dîner, vous rejoindrez une magnifique salle à manger aux tables bien dressées. La cuisine est à la hauteur du décor. Une adresse très au calme (sauf lorsque le château est loué pour des réceptions et que quelques chambres restent ouvertes à la clientèle individuelle…). Accueil malheureusement irrégulier.

Accès (carte n° 17) : à 39 km au nord-ouest de Bourges par A 71, sortie Vierzon centre, puis N 20 direction Châteauroux, sortie n° 7.

Le Grand Monarque

28005 Chartres (Eure-et-Loir)
22, place des Epars
Tél. 02.37.18.15.15 - Fax 02.37.36.34.18
M. Jallerat

Catégorie ★★★ **Ouverture** toute l'année **Chambres** 49 et 5 appartements (dont 2 climatisés) avec tél., s.d.b., w.c., t.v. satellite et minibar; ascenseur **Prix** des chambres simples : 485 à 900 F / 73,94 à 137,20 €, doubles : 615 à 900 F / 93,76 à 137,20 €; appart. : 1 125 à 1 370 F / 171,51 à 208,86 € - Petit déjeuner-buffet : 60 F / 9,15 €, servi de 7 h à 10 h 30 **Cartes de crédit** acceptées **Divers** chiens admis - Parking et garage (50 F / 7,62 €) **Alentour** à Chartres : cathédrale Notre-Dame, église Saint-Pierre, musée des Beaux-Arts, maison Picassiette; à Illiers-Combray (maison-musée Proust) - Golf de Maintenon 18 trous **Restaurant** service de 12 h à 14 h 15, 19 h 30 à 22 h - Menus : 163 à 295 F / 24,88 à 44,97 € - Restauration légère au bar *Le Madrigal* - service de 12 h à 24 h.

Voici l'endroit idéal pour visiter la célèbre cathédrale et le centre historique de Chartres. Il s'agit d'un important hôtel situé dans un immeuble cossu, juste au départ des rues piétonnes. Dès le grand hall d'entrée, vous découvrirez ici une ambiance feutrée et une décoration classique très réussies. La vaste salle à manger (où vous dégusterez l'une des meilleures cuisines de la région) ne manque pas d'allure avec ses tables bien espacées, entourées de confortables fauteuils, et son bel ensemble de tableaux XVIIIe et XIXe. Qu'il s'agisse des suites, très agréables pour les familles, ou des chambres, le confort est toujours d'un excellent niveau. Côté décoration, pas une chambre ne ressemble à sa voisine et les tissus bien choisis, les meubles de belle qualité, les gravures… forment un ensemble soigné, généralement très réussi. Enfin, qu'elles donnent sur la place (bonne insonorisation) ou sur la cour intérieure, toutes sont lumineuses. Accueil prévenant et très professionnel.

Accès (carte n° 8) : à 90 km de Paris, par A 10 puis A 11, sortie Chartres centre.

Manoir de Boisvillers

36200 Argenton-sur-Creuse (Indre)
11, rue du Moulin-de-Bord
Tél. 02.54.24.13.88 - Fax 02.54.24.27.83 - M. et Mme Bréa
E-Mail : manoir.de.boisvilliers@wanadoo.fr

Catégorie ★★ **Fermeture** du 1er au 31 décembre **Chambres** 14 avec tél., s.d.b. ou douche, w.c. et t.v. (1 sans w.c.) **Prix** des chambres doubles : 240 à 395 F / 36,59 à 60,22 € - Petit déjeuner : 45 F / 6,86 €, servi de 7 h 30 à 10 h **Cartes de crédit** Amex, Visa **Divers** chiens admis (30 F / 4,57 €) - Piscine - Parking **Alentour** à Argenton : Pont-Vieux, chapelle Saint-Benoît et musée archéologique d'Argentomagus ; maison de George Sand à Nohant-Vic ; musée George-Sand à La Châtre ; abbaye bénédictine de Fontgombault - Golfs 18 trous des Dryades et de Pouligny-Notre-Dame **Pas de restaurant** à l'hôtel.

Cet accueillant hôtel de centre-ville profite d'une avantageuse situation avec son grand jardin fleuri et la proximité immédiate de la Creuse. Repris par Claire et Christian, il a été rajeuni et propose d'agréables chambres, simplement décorées dans des tonalités gaies et réparties entre la maison et une dépendance. Toutes différentes, certaines donnent sur la rivière, d'autres sur le jardin ou sur la cour. L'une d'entre elles, la 5, est très belle avec ses boiseries et ses vastes volumes. Au rez-de-chaussée se trouvent un petit salon moderne et la salle des petits déjeuners. Pas de possibilité de dîner sur place mais le centre-ville n'est pas très loin et vous pourrez rejoindre *La Source*. Un peu plus loin, *Le Moulin des eaux vives* à Tendu est également une bonne adresse. Accueil jeune très agréable.

Accès (carte n° 16) : à 30 km au sud-ouest de Châteauroux, à la sortie d'Argenton-sur-Creuse.

Domaine de l'Etape

36300 Le Blanc (Indre)
Route de Bélâbre
Tél. 02.54.37.18.02 - Fax 02.54.37.75.59 - Mme Seiller

Catégorie ★★★ Ouverture toute l'année **Chambres** 35 avec tél., s.d.b. ou douche, w.c. (20 avec t.v.) **Prix** des chambres doubles : 240 à 560 F / 36,59 à 85,37 € - Petit déjeuner : 52 F / 7,93 €, servi de 7 h à 11 h **Carte de crédit** Visa **Divers** chiens admis - Equitation, pêche, chasse, canotage - Parking **Alentour** écomusée du Blanc ; abbaye bénédictine de Fontgombault **Restaurant** service de 12 h 30 à 13 h 30, 19 h 30 à 21 h 30 - Menus : 130 à 300 F / 19,82 à 45,73 € - Carte - Spécialités : salade de homard à l'émulsion d'huile d'olive et de corail ; escalope de sandre au vinaigre de cidre.

Cette demeure XIXe édifiée sur un domaine de 200 hectares ne cesse de s'améliorer : à peine achevée la rénovation très réussie des chambres de la maison principale, l'hôtel prévoit la création de quatre luxueuses chambres qui devraient être prises d'assaut. Sinon nous aimons toujours autant le charme suranné du salon avec son mobilier Louis-Philippe, la salle à manger souvent égayée par un feu de cheminée, la cuisine gastronomique de Daniel Cotar (servie en terrasse l'été) et celle, également très fine, de Vincent Turumel le chef de *L'Île d'Avant*, l'autre restaurant de l'hôtel situé au Blanc... Signalons également les chambres installées dans le pavillon moderne, moins personnalisées mais confortables et, pour certaines, avec une sortie directe sur le jardin. D'autres encore occupent une petite ferme, trop simples à notre goût, elles ont cependant l'avantage d'être très fraîches en été. Un immense étang de pêche et des chevaux pour partir en promenade ou rendre visite aux différentes générations de poulains qui prospèrent dans les prés ajoutent des qualités supplémentaires à cette adresse particulièrement accueillante.

Accès (carte n° 16) : à 59 km à l'ouest de Châteauroux par N 20 et N 151 jusqu'au Blanc, puis D 10 direction Bélâbre.

Château de Bouesse-en-Berry

36200 Bouesse (Indre)
Tél. 02.54.25.12.20 - Fax 02.54.25.12.30
M. et Mme Sluka-Bauer

Fermeture en janvier et le lundi en basse saison **Chambres** 11 avec tél., s.d.b. ou douche et w.c. **Prix** des chambres: 350 à 480 F / 53,36 à 73,18 €; appart. (2 chambres): 720 F / 109,76 € - Petit déjeuner: 60 F / 9,15 €, servi de 8 h à 10 h - Demi-pension: 435 à 495 F / 66,32 à 75,46 € (par pers., 3 j. min.) **Cartes de crédit** Amex, Visa **Divers** chiens non admis - Parking **Alentour** Argenton; musée archélogique d'Argentomagus; maison de George Sand à Nohant-Vic; musée George-Sand à La Châtre; abbaye bénédictine de Fontgombault - Golfs 18 trous des Dryades **Restaurant** service de 12 h à 14 h et de 19 h 30 à 21 h 30 - Fermé lundi et mardi midi hors saison - Menus: 95 F / 14,48 € (déjeuner en semaine), 140 à 220 F / 21,34 à 33,54 € - Carte - Spécialités: croquant d'agneau fumé et foie gras; nage de Saint-Jacques au coulis de langoustines; pigeon fermier à la sauge.

Passionnément restauré, ce superbe château des XIIIe et XVe siècles fait partie des plus intéressants monuments du centre de la France. Très opportunément, les chambres font référence à l'histoire du lieu: "Jeanne d'Arc", "Raoul VI de Gaucourt", etc. Celles-ci sont toujours immenses, avec souvent des cheminées en pierre frappées d'armoiries. Certaines présentent un décor moyenâgeux, reconstitution contemporaine à partir de meubles exécutés spécialement pour le château. D'autres affichent plutôt le goût romantique anglais du XIXe. Le confort et le calme sont totaux, quant à la vue, elle semble n'avoir pas changé depuis des siècles. Nous avons aussi aimé la salle à manger avec ses boiseries bleu clair et grises rehaussées de blanc, surmontées au plafond d'une peinture XVIIe. L'été, les bons petits déjeuners peuvent être servis sur l'ancienne voie canonnière donnant sur le parc.

Accès (carte n° 17): à 33 km au sud de Châteauroux, sur D 927, entre Argenton-sur-Creuse et La Châtre.

Château de la Vallée Bleue

Saint-Chartier - 36400 La Châtre (Indre)
Tél. 02.54.31.01.91 - Fax 02.54.31.04.48
M. Gasquet

Catégorie ★★★ **Fermeture** de mi-novembre à mi-mars ; fermé dimanche soir et lundi soir en mars-avril et en octobre-novembre **Chambres** 14 et 1 appart. avec tél., s.d.b. ou douche, w.c., t.v. et minibar **Prix** des chambres : 390 à 695 F / 59,46 à 105,95 € ; appart : 850 à 990 F / 129,58 à 150,92 € - Petit déjeuner : 60 F / 9,15 € - Demi-pension : 445 à 675 F / 67,84 à 102,90 € (par pers., 3 j. min.) **Cartes de crédit** Visa, Amex **Divers** chiens non admis - Piscine, salle de remise en forme, VTT, practice de golf - Parking **Alentour** château des Maîtres-Sonneurs à Saint-Chartier ; maison de George Sand - Golf des Dryades 18 trous **Restaurant** fermé du dimanche soir au mardi midi en mars-avril et en octobre-novembre et les lundi midi et mardi midi (sauf juillet-août) - Service de 12 h à 13 h 30, 19 h 30 à 21 h - Menus : 100 F / 15,24 € (déjeuner en semaine, sauf fériés) ; 175 à 295 F / 26,68 à 44,97 € - Carte - Spécialité : quasi de veau rôti à l'huile de noix et pleurotes.

L'ombre de George Sand et de Chopin plane sur ce petit château construit par leur médecin dans un parc de quatre hectares. Vous y découvrirez partout des tableaux et des détails ayant un rapport avec le célèbre couple, telles ces plaques de verre identifiant les chambres et sur lesquelles sont reproduites les signatures d'artistes amis. Un agréable confort et un mobilier de style bien harmonisé aux papiers et aux tissus souvent anglais caractérisent l'hôtel. De nombreuses pièces, y compris le salon et les élégantes salles à manger, profitent d'une splendide vue sur la campagne avec, au loin, les vieux toits du village. Très accueillant, monsieur Gasquet veille à tout ; son restaurant propose une excellente cuisine de saison délicatement relevée ainsi qu'une époustouflante carte de vins et d'alcools. Une adresse attachante, adaptée à des séjours prolongés.

Accès (carte n° 17) : à 27 km au sud-est de Châteauroux par D 943 jusqu'à Saint-Chartier. L'hôtel est en dehors du village, sur la route de Verneuil.

Le Manoir Les Minimes

37400 Amboise (Indre-et-Loire) - 34, quai Charles-Guinot
Tél. 02.47.30.40.40 - Fax. 02.47.30.40.77 - Eric Deforge et Patrice Longet
E-mail : manoir-les-minimes@wanadoo.fr - Web : amboise.com/les-minimes

Catégorie ★★★★ **Ouverture** toute l'année **Chambres** 11 et 2 suites climatisées, avec tél., s.d.b., w.c., t.v. satellite; 1 chambre handicapés **Prix** des chambres doubles: 590 à 920 F / 89,94 à 140,25 € ; suites : 1 180 à 1 400 F / 179,89 à 213,43 € - Petit déjeuner: 58 F / 8,85 € - Demi-pension sur demande **Carte de crédit** Visa **Divers** chiens non admis - Parking fermé **Alentour** châteaux d'Amboise et du Clos-Lucé, parc des mini-châteaux - Golf 18 trous à 5 km **Pas de restaurant** mais possibilité de restauration légère en chambre ou en terrasse.

Ancienne propriété de famille restaurée de façon traditionnelle, l'hôtel a su préserver l'ambiance des grandes maisons bourgeoises du XVIIIᵉ siècle. Pleins de clarté, les salons et la salle à manger ont conservé quelques meubles et tableaux anciens. Aménagées avec élégance et un grand sens du confort, les chambres sont le plus souvent spacieuses, agrémentées par de beaux tissus et d'un mobilier bien choisis. S'y ajoute en général une magnifique vue sur le château d'Amboise et sur la Loire. Celles qui donnent sur les rives du fleuve sont immenses, baignées de lumière et isolées du bruit de la route (peu passante) par des doubles vitrages. Dans un petit pavillon se trouvent deux chambres en rez-de-chaussée, plus simples mais un peu sombres. Un agréable jardin peut servir le soir de cadre à un repas léger (mini-carte) servi à ceux qui ne veulent pas ressortir. Sinon, une formule de demi-pension avec un restaurant de la ville vous sera proposée. Enfin, le très aimable accueil fait de cette adresse un lieu idéal pour découvrir les nombreuses merveilles culturelles et gastronomiques d'Amboise et des alentours.

Accès (carte n° 16): A 10 sortie Amboise, D 31, aussitôt après le pont sur la Loire, prendre à droite direction centre-ville, puis 2 km sur le quai.

Le Fleuray

37530 Cangey-Amboise (Indre-et-Loire)
Route Dame-Marie-les-Bois
Tél. 02.47.56.09.25 - Fax 02.47.56.93.97 - M. et Mme Newington
E-mail : lefleurayhotel@wanadoo.fr - Web : lefleurayhotel.com

Catégorie ★★ Fermeture du 21 octobre au 6 novembre, du 19 décembre au 5 janvier et vacances scolaires de février **Chambres** 14 avec tél., s.d.b. ou douche et w.c. ; 2 chambres handicapés **Prix** des chambres : 475 à 580 F / 72,41 à 88,42 € - Petit déjeuner : 70 F / 10,67 €, servi de 8 h 15 à 10 h - Demi-pension : 455 à 575 F / 69,36 à 87,66 € (par pers.) **Carte de crédit** Visa **Divers** chiens admis - Parking, garage couvert **Alentour** châteaux d'Amboise et du Clos-Lucé ; pagode de Chanteloup ; forêt d'Amboise **Restaurant** service de 19 h à 22 h - Menus : 160 à 225 F / 24,39 à 34,30 € - Carte.

C'est avec beaucoup de goût et d'énergie qu'Hazel et Peter ont transformé en un délicieux petit hôtel cette ancienne ferme située sur le plateau verdoyant qui domine la Loire et les vignobles de Vouvray. Chaque chambre est décorée dans un style anglais et frais : papier peint à rayures ou petits motifs pastel, mobilier en osier tressé laqué de blanc, élégants tissus à fleurs arrangés en rideaux et en ciel de lit. Quelques-unes sont installées dans les dépendances ; très vastes, elles disposent d'une terrasse privative de plain-pied sur le jardin et sont parfaites en été. Chaque soir, Hazel se met aux fourneaux, avec beaucoup de bonne volonté, elle réalise une cuisine copieuse mais qui manque de technique. Peter, quant à lui, s'occupe du service dans la jolie salle à manger avec feu de bois ou sur l'agréable terrasse ombragée. Les petits déjeuners sont excellents, l'accueil un modèle de gentillesse. Une charmante adresse extrêmement prisée par les étrangers en été.

Accès (carte n° 16) : A 10 sortie n° 18 Amboise/Château-Renault, puis D 31 direction Amboise jusqu'à Autrèche (2 km), puis à gauche et panneaux "Dame-Marie-les-Bois" (D55) ; dans le village, à droite, D 74 vers Cangey.

Hôtel du Bon Laboureur et du Château

37150 Chenonceaux (Indre-et-Loire)
6, rue du Docteur-Bretonneau
Tél. 02.47.23.90.02 - Fax 02.47.23.82.01 - M. Jeudi
E-mail : laboureur@wanadoo.fr

Catégorie ★★★ Fermeture du 15 novembre au 15 décembre et du 2 janvier au 15 février **Chambres** 28 avec tél., s.d.b. ou douche, w.c., t.v. satellite ; 2 chambres handicapés **Prix** des chambres doubles : 320 à 600 F / 48,78 à 91,47 € ; suites : 900 à 1 000 F / 137,20 à 152,45 € - Petit déjeuner : 45 F / 6,86 €, servi de 7 h 30 à 10 h 30 - Demi-pension : 400 à 650 F / 60,98 à 99,09 € (par pers.) **Cartes de crédit** acceptées **Divers** chiens admis - Piscine - Parking **Alentour** château de Chenonceaux ; châteaux de la Loire - Golf de Touraine 18 trous à Ballan-Miré **Restaurant** service de 12 h à 14 h, 19 h 30 à 21 h 30 - Menus : 155 à 330 F / 23,63 à 50,31 € - Carte - Spécialités : filets de rouget-barbet, pied de porc croustillant au jus de viande ; douceur caramel et chocolat, glace au praliné.

Tel un bon laboureur qui entretient son champ, cet hôtel, dans la même famille depuis quatre générations, ne cesse de s'améliorer, comme en témoigne sa dernière nouveauté : un bar à vins de Loire qui devrait faire de nombreux heureux… Situé à 200 mètres du château, il est constitué de plusieurs maisons réparties de part et d'autre de la rue, de jardins et d'une piscine. Les chambres sont toutes différentes, confortables, joliment décorées et les dernières rénovées sont, bien sûr, les plus séduisantes. Certaines sont particulièrement bien conçues pour les familles. Vous profiterez aussi de trois salons agréables et feutrés. Le premier, de style anglais, fait aussi office de bar, les deux autres sont plus contemporains. Lumineuse et vaste salle à manger où l'on sert une cuisine très appréciée. A noter qu'en été quelques tables sont dressées à l'ombre d'un grand arbre. Accueil prévenant et très sympathique.

Accès (carte n° 16) : à 35 km au sud-est de Tours ; sur A 10, sortie Tours, puis par D 140, ou N 76 jusqu'à Bléré, et D 40 jusqu'à Chenonceaux.

La Roseraie

37150 Chenonceaux (Indre-et-Loire)
7, rue de Docteur-Bretonneau
Tél : 02.47.23.90.09 - Fax 02.47.23.91.59 - M. et Mme Fiorito
E-mail : lfiorito@aol.com

Catégorie ★★★ **Fermeture** du 15 novembre au 15 février **Chambres** 17 avec tél., 16 avec s.d.b. ou douche, w.c., 15 avec t.v. satellite **Prix** des chambres doubles : 280 à 550 F / 42,69 à 83,85 € ; suites familiales : 400 à 650 F / 60,98 à 99,09 € - Petit déjeuner : 38 F / 5,80 €, servi de 8 h à 10 h 30 - Demi-pension : + 160 F / 24,39 € (par pers.) **Cartes de crédit** acceptées **Divers** chiens admis - Piscine chauffée - Parking fermé **Alentour** château de Chenonceaux ; châteaux de la Loire ; Montlouis-sur-Loire par la vallée du Cher - Golf de Touraine 18 trous à Ballan-Miré **Restaurant** service de 12 h à 14 h 30, 19 h à 21 h (22 h en haute saison) - Menus : 98 à 180 F / 14,96 à 27,44 € - Carte.

Récemment repris par une famille bien décidée à lui rendre son lustre d'antan, cet hôtel affiche déjà quelques résultats bien visibles. Vigoureux nettoyage, réfection des peintures, remplacement des literies et des tissus… Les chambres de *La Roseraie* commencent à prendre un air bien sympathique. Bien sûr, l'ensemble reste simple mais les choix décoratifs sont réussis, les sanitaires bien tenus et toutes les chambres sont pour la plupart calmes (celles qui donnent sur la rue bénéficiant de doubles vitrages et, certaines, de climatiseurs). Dès les beaux jours, *La Roseraie* ouvre plusieurs chambres (reliées par une large coursive extérieure au premier étage) d'une aile qui donne sur le jardin et la terrasse. Quand le temps le permet, quelques tables y sont dressées, sinon les repas sont servis dans une vaste salle à manger de style rustique ou à la "rôtisserie" (plus couramment utilisée pour les petits déjeuners). Cuisine copieuse, prix raisonnables et surtout accueil particulièrement agréable et motivé.

Accès (carte n° 16) : A 10 sortie Tours, puis par D 140, ou N 76 jusqu'à Bléré, et D 40 jusqu'à Chenonceaux (l'hôtel est en face de la poste).

Agnès Sorel

37500 Chinon (Indre-et-Loire)
4, quai Pasteur
Tél. 02.47.93.04.37 - Fax 02.47.93.06.37

Ouverture toute l'année **Chambres** 10 avec tél., s.d.b. ou douche, w.c. et t.v. **Prix** des chambres : 280 à 450 F / 42,69 à 68,60 € ; suite : 600 F / 91,47 € - Petit déjeuner : 42 F / 6,40 € **Cartes de crédit** acceptées **Divers** chiens admis - Location de vélos **Alentour** châteaux de la Loire : Chinon, Ussé, Azay-le-Rideau ; Richelieu ; le pays de Rabelais (La Devinière) ; château du Coudray-Montpensier ; Lerné ; château de la Roche-Clermanet - Golf de Touraine 18 trous à Ballan-Miré **Petite restauration** sur réservation - Menus à partir de 70 F / 10,67 €.

L e discret petit hôtel *Agnès Sorel* a été récemment repris par un jeune couple aussi accueillant que motivé, qui propose plusieurs chambres d'attrait et de confort variables. Parmi elles, nous vous recommandons notamment la bleue et la rose (donnant sur la Vienne et protégées du bruit de la rue par un double vitrage) ainsi que la verte et sa petite terrasse. Au rez-de-chaussée, un espace, aménagé avec un sympathique mobilier rétro chiné chez les brocanteurs, sert le matin de salle des petits déjeuners excellents, l'après-midi de salon de thé, ou de salle à manger pour de petits repas servis le soir sur réservation. Favorisé par une capacité d'hébergement restreinte, ce petit hôtel prend amoureusement soin de ses hôtes : on vient chercher à la gare ceux qui arrivent en train, on prépare des paniers "pique-nique", on loue des vélos… autant de délicates attentions qui en font un vrai petit hôtel de charme. Pour vos dîners, nous vous conseillons le gastronomique *Plaisir Gourmand,* le plus folklorique *Hostellerie Gargantua,* et *Les Années 30* et *L'Océanic.* Difficile également d'ignorer le merveilleux restaurant du *château de Marçay* (à quelques minutes de Chinon) dont le chef, Eric Grandjean, est, à notre avis, l'un des plus prometteurs de France.

Accès (carte n° 16) : à 48 km au sud-ouest de Tours par D 751.

Hôtel Diderot

37500 Chinon (Indre-et-Loire)
4, rue Buffon
Tél. 02.47.93.18.87 - Fax 02.47.93.37.10
Mme Kazamias

Catégorie ★★ **Ouverture** toute l'année **Chambres** 28 (dont 4 dans l'annexe) avec tél., s.d.b. ou douche, w.c., t.v. sur demande **Prix** des chambres : 260 à 410 F / 39,64 à 62,50 € - Petit déjeuner : 40 F / 6,10 €, servi de 7 h 30 à 10 h **Cartes de crédit** acceptées **Divers** chiens non admis - Parking **Alentour** châteaux de la Loire : Chinon, Ussé, Azay-le-Rideau ; Richelieu ; le pays de Rabelais (La Devinière) ; château du Coudray-Montpensier ; Lerné ; château de la Roche-Clermanet - Golf de Touraine 18 trous à Ballan-Miré **Pas de restaurant** à l'hôtel.

Situé au centre de Chinon, juste derrière la place Jeanne-d'Arc, cet hôtel est néanmoins bien au calme. Dans la cour-jardin, où l'on sert en été les petits déjeuners, monsieur Kazamias, Chypriote d'origine, acclimate des plantes du soleil. A côté de l'entrée, la salle des petits déjeuners, avec sa grande cheminée (souvent en activité) et ses poutres, rappelle l'origine XVe de cette maison agrandie et modifiée au XVIIIe. On y déguste d'excellentes confitures "maison" que les gourmands pourront emporter en souvenir car l'hôtel les vend au profit du Tchad. Les chambres sont réparties dans les étages ou au rez-de-chaussée des divers bâtiments encadrant la cour. Elles sont toutes différentes, tendues de tissus et s'agrémentent de salles de bains sobres et bien tenues. Nous vous conseillons particulièrement les chambres 1, 3 et 5. D'autres, plus banales, sont situées dans l'annexe. Accueil sympathique. Pas de restaurant à l'hôtel mais, pour le dîner, vous pourrez rejoindre *L'Hostellerie Gargantua*, le *Plaisir Gourmand* ou encore *L'Océanic*.

Accès (carte n° 16) : à 48 km au sud-ouest de Tours par D 751. Longer la Vienne jusqu'à la place Jeanne-d'Arc ; l'hôtel se trouve à l'angle de la rue Diderot et de la rue Buffon.

Château de Beaulieu

37300 Joué-lès-Tours (Indre-et-Loire)
67, rue de Beaulieu (D 207)
Tél. 02.47.53.20.26 - Fax 02.47.53.84.20
M. et Mme Lozay

Catégorie ★★★ **Ouverture** toute l'année **Chambres** 19 climatisées avec tél., s.d.b., w.c., t.v., minibar **Prix** des chambres : 400 à 790 F / 60,98 à 120,44 € - Petit déjeuner : 65 F / 9,91 €, servi jusqu'à 10 h 30 - Demi-pension : 850 à 1 300 F / 129,58 à 198,18 € (2 pers., 2 j. min.) **Cartes de crédit** Amex, Visa **Divers** chiens admis - Tennis - Parking **Alentour** à Tours : cathédrale, musée des Beaux-Arts, musée du Compagnonnage ; prieuré de Saint-Côme ; château de la Roche-Racan ; grange de Meslay ; caves de Vouvray ; châteaux de la Loire - Golf 18 trous à Ballan-Miré **Restaurant** service de 12 h 15 à 14 h 15, 19 h 30 à 21 h 30 - Fermé le 24 décembre au soir - Menus : 225 à 420 F / 34,30 à 64,03 € - Carte - Spécialités : blanquette d'huîtres au vin de Vouvray, épinards et céleri frit ; pigeonneau rôti aux épices et tombée de choux verts, oignons blancs et pois gourmands.

M algré la proximité immédiate du centre de Tours, Beaulieu bénéficie d'un site très "campagne" avec des jardins en terrasse débordant de fleurs et une vue très dégagée. Certes, ce château du XVe siècle, remanié au XIXe, ne conserve plus beaucoup de meubles anciens, mais l'aménagement s'est attaché à respecter l'esprit de l'édifice en ayant recours à un mobilier de style qui gagne en confort ce qu'il perd en authenticité. Les couleurs sont lumineuses, le souci du détail omniprésent, le service toujours disponible. Les prix varient selon la surface et la vue des chambres, toutes très confortables ; certaines occupent un pavillon indépendant et elles n'ont rien à envier à celles de la maison principale. La cuisine est gastronomique avec des cuissons justes et des saveurs franches. Une adresse de qualité.

Accès (carte n° 16) : à 5 km au sud-ouest de Tours par A 10, sortie 24 rocade 585, sortie Savonnières-Villandry, puis deux fois à gauche venant de Bordeaux ou de Paris.

Domaine de la Tortinière

37250 Montbazon-en-Touraine (Indre-et-Loire) - Les Gués-de-Veigné
Tél. 02.47.34.35.00 - Fax 02.47.65.95.70
Mme Olivereau-Capron - M. Olivereau

Catégorie ★★★ Fermeture du 21 décembre à fin février **Chambres** 21 (3 climatisées) avec tél., s.d.b., w.c. et t.v., 1 chambre handicapés **Prix** des chambres doubles : 550 à 980 F / 83,85 à 149,40 € ; suites : 1 100 à 1 500 F / 167,69 à 228,67 € - Petit déjeuner : 85 F / 12,96 €, servi de 8 h à 11 h - Demi-pension : 645 à 1 105 F / 98,33 à 168,46 € (par pers.) **Carte de crédit** Visa **Divers** chiens non admis - Piscine chauffée, barque pour promenades sur l'Indre, tennis de gazon synthétique, VTT sur demande - Parking **Alentour** vallée de l'Indre : Cormery, Monts, Saché (musée Balzac) ; cathédrale et musées de Tours ; château d'Azay-le-Rideau ; jardins de Villandry - Golf de Touraine 18 trous à Ballan-Miré **Restaurant** service de 12 h 15 à 13 h 45, 19 h 30 à 21 h 15 - Menus : 230 à 420 F / 35,06 à 64,03 € - Carte - Spécialités : ravioles de langoustines et pleurotes à l'encre de seiche ; dos de sandre rôti sur la peau verjutée et beurre blanc.

*L*a Tortinière, château de style Renaissance construit en 1861, a la chance de profiter d'un parc de quinze hectares dominant la vallée de l'Indre. Les deux restaurants, le salon et la plupart des chambres se trouvent dans le château. Ces dernières, toutes différentes, superbement décorées et aussi confortables que possible rivalisent en qualité. Certaines sont installées dans des pavillons anciens, à l'extérieur ; leur beauté n'a rien à envier à celles du château et nous vous les recommandons tout autant. Beau et bon restaurant avec une terrasse pour servir les repas dès les beaux jours. A l'automne, des cyclamens envahissent les sous-bois et, s'il fait beau, on peut encore profiter de la piscine chauffée. Accueil professionnel et particulièrement agréable.

Accès (carte n° 16) : à 10 km au sud de Tours par A 10, sortie n° 23 puis N 10 direction Montbazon ; au lieu-dit Les Gués-de-Veigné, tourner au 2ᵉ feu à droite sur la route de Ballan-Miré.

Château de la Bourdaisière

37270 Montlouis-sur-Loire (Indre-et-Loire) - 25, rue de la Bourdaisière
Tél. 02.47.45.16.31 - Fax 02.47.45.09.11 - M. de Broglie
E-mail: labourd@club-internet.fr

Fermeture du 1ᵉʳ au 15 février **Chambres** 17, 2 suites et 1 duplex, avec s.d.b. ou douche et w.c. (t.v. sur demande); ascenseur **Prix** des chambres: 700 à 1 250 F / 106,71 à 190,56 €; suites: 900 à 1 300 F / 137,20 à 198,18 € - Petit déjeuner: 70 F / 10,67 € **Carte de crédit** Visa **Divers** chiens admis - Piscine chauffée, tennis, équitation - Parking **Alentour** Tours: cathédrale et musées; châteaux de la Loire: châteaux de Chenonceaux et du Clos-Lucé; jardins de Villandry; caves de Vouvray et de Montlouis - Golf de Ballan-Miré 18 trous **Pas de restaurant** à l'hôtel.

S uccessivement demeure de Marie Gaudin, maîtresse de François Iᵉʳ, puis de Gabrielle d'Estrée, favorite d'Henri IV, *La Bourdaisière* est dédiée à quelques grandes femmes de cœur, comme en témoigne l'intitulé de ses chambres. Réparties entre les dépendances (immenses, élégantes et à la belle poutraison) et le château, elles sont toutes différentes, très bien décorées avec des copies d'ancien, et dotées de salles de bains non moins séduisantes. Petits déjeuners servis dans une amusante petite pièce ornée des portraits des caniches d'une princesse de Broglie et prolongée par un balcon de pierre où sont disposées quelques tables. Beau salon dominé par une impressionnante cheminée et très agréable accueil. Ne repartez pas avant d'avoir flâné dans le parc et surtout dans l'immense potager: 350 variétés de tomates, presque autant d'herbes aromatiques, des fleurs, une roseraie… vous voici dans un lieu rare et envoûtant et, si vous croisez Pierre, le jardinier, n'hésitez pas à le questionner, il est passionnant. Pour dîner, outre les restaurants à proximité immédiate de l'hôtel, vous pourrez rejoindre de grandes et bonnes tables tel *Jean Bardet* à Tours ou *L'Aubinière*, excellente et toute proche à Saint-Ouen-les-Vignes.

Accès (carte n° 16): à 11 km à l'est de Tours par D 751.

L'Aubinière

37530 Saint-Ouen-les-Vignes (Indre-et-Loire)
Tél. 02.47.30.15.29 - Fax 02.47.30.02.44 - Odile et Jacques Arrayet
E-mail : j.arrayet@libertysurf.fr

Fermeture 15 jours en octobre et mois de février **Chambres** 5 chambres avec tél., s.d.b. ou douche, w.c. et t.v. **Prix** des chambres : 500 à 700 F / 76,22 à 106,71 € - Petit déjeuner : 65 F / 9,91 € - Demi-pension : 600 à 700 F / 91,47 à 106,71 € **Cartes de crédit** Amex, Visa **Divers** petits chiens admis - Piscine chauffée - Parking fermé **Alentour** châteaux de la Loire : Chenonceaux, le Clos-Lucé, Villandry, etc. ; caves de Vouvray et de Montlouis - Golf de Ballan-Miré18 trous **Restaurant** service de 12 h 15 à 13 h 30, 19 h 30 à 21 h 30 - Menus : 240 à 420 F / 36,59 à 64,03 € - Carte.

Une arche de pierre le long de la rue principale du village donne accès à cette auberge de campagne connue principalement pour la qualité de son restaurant. Depuis quelques années, l'ancien bâtiment sur rue s'est prolongé d'une enfilade construite dans l'esprit tourangeau et qui descend le long du parc. C'est ici que se trouve désormais la grande salle à manger et son élégante terrasse où l'on sert dès les beaux jours. En cuisine, Jacques Arrayet signe des plats de saison, subtils, parfumés et très exactement cuits. Une réussite. Le décor est frais, coloré, gentiment moderne et le service fait preuve de beaucoup de professionnalisme. Même soin dans les cinq chambres qui sont spacieuses, très confortables, aménagées dans un style actuel très plaisant et agrémentées de salles de bains tout aussi réussies. Ajoutez à ce lieu calme et gai un grand jardin, abondamment fleuri, qui descend doucement vers une petite rivière où les amateurs de pêche peuvent tenter leur chance. Charmante petite adresse de dimension confidentielle, *L'Aubinière* est idéale pour rayonner dans les châteaux de la Loire ou sillonner à travers les vignobles alentour.

Accès (carte n° 16) : à 30 km à l'est de Tours. A 10 sortie Amboise-Château-Renault, puis D 431 vers Saint-Ouen-les-Vignes.

Hostellerie Les Perce-Neige

37210 Vernou-sur-Brenne (Indre-et-Loire)
Tél. 02.47.52.10.04 - Fax 02.47.52.19.08
Mme Chemin
Web: perceneige.com - E-mail: brigitte@perceneige.com

Catégorie ★★ **Fermeture** de mi-novembre à mi-décembre et début janvier à mi-mars **Chambres** 15 avec tél., s.d.b. ou douche (14 avec w.c.) et t.v. **Prix** des chambres doubles: 200 à 300 F / 30,49 à 45,73 € - Petit déjeuner: 35 F / 5,34 €, servi de 8 h à 10 h - Demi-pension: 400 à 520 F / 60,98 à 79,27 € (2 pers.) **Cartes de crédit** Amex, Visa **Divers** chiens admis - Parking **Alentour** Tours; grange de Meslay; caves de Vouvray; châteaux de la Loire - Golf de Touraine 18 trous à Ballan-Miré **Restaurant** service de 12 h à 14 h, 19 h 30 à 22 h - Menus: 98 à 200 F / 14,96 à 30,49 €; menu enfant: 60 F / 9,15 € - Carte - Cuisine de tradition.

Installée dans un village des bords de Loire, à quelques minutes de Tours, voici une petite adresse, simple et charmante. Décoré dans des tonalités gaies et colorées, le rez-de-chaussée de l'hôtel aligne un bar *cosy* et deux salles à manger très chaleureuses où l'on sert une cuisine du terroir, toujours à base de produits frais. Simples mais à prix très raisonnables, les chambres situées dans le bâtiment principal ont parfois un petit air démodé avec leur mobilier rétro peint en fonction des couleurs dominantes. Nous aimons moins celles de l'annexe qui sont petites et sombres. Au printemps, le jardin est embaumé par une somptueuse glycine presque centenaire. L'été, des tables y sont installées et l'on dîne au milieu de fleurs et d'arbres aux essences très variées, propices aux flâneries romantiques. Enfin, l'accueil plein de gentillessse ajoute une qualité supplémentaire à ce petit hôtel, bien pratique pour visiter les châteaux de la Loire.

Accès (carte n° 16): à 11 km à l'est de Tours, direction Amboise-Blois; à Vouvray direction Vernou.

Château de Chissay

41400 Chissay-en-Touraine (Loir-et-Cher)
Montrichard
Tél. 02.54.32.32.01 - Fax 02.54.32.43.80 - M. Savry
E-mail : chateau-chissay@wanadoo.fr

Catégorie ★★★★ Fermeture de mi-novembre à mi-mars **Chambres** 32 avec tél., s.d.b. et w.c. **Prix** des chambres simples et doubles : 490 à 820 F / 74,70 à 125,01 €; suites et appartements : 920 à 1 500 F / 140,25 à 228,67 € - Petit déjeuner : 65 F / 9,90 €, servi de 7 h 30 à 10 h 30 - Demi-pension : 490 à 680 F / 74,70 à 105,19 € (par pers.) **Cartes de crédit** acceptées **Divers** chiens admis (45 F / 6,87 €) - Piscine - Parking **Alentour** Tours ; grange de Meslay ; caves de Vouvray ; châteaux de la Loire - Golf de Touraine 18 trous à Ballan-Miré **Restaurant** service de 12 h à 14 h, 19 h 30 à 21 h 30 - Menus : 195 à 295 F / 29,73 à 44,97 € - Carte.

Chargé de souvenirs historiques, cet ancien château fort accueillit Charles VII, Louis XI, le duc de Choiseul et, plus récemment, le général de Gaulle y séjourna en juin 1940 avant de rejoindre l'Angleterre. Organisées autour d'une majestueuse cour intérieure, ses pièces de réception sont aménagées avec un mobilier en chêne clair d'époque ou d'inspiration Louis XIII qui sied parfaitement au lieu. Les chambres sont luxueuses, parfois immenses et très confortables. Elles affichent une décoration classique et mélangent les styles avec un effet souvent réussi. Le restaurant est installé dans une vaste et belle pièce ; malheureusement, son ouverture saisonnière impliquant le renouvellement du chef et du personnel, il nous est impossible de vous le recommander. Profitant de la position dominante du château, la vue surplombe le parc et la piscine puis se prolonge sur la plaine tourangelle traversée par le Cher dont on devine le cours à travers les arbres. Accueil agréable et professionnel.

Accès (carte n° 16) : à 35 km à l'est de Tours par D 40 jusqu'à Chenonceaux, puis N 76 ; 4 km avant Montrichard.

197

Relais des Landes

Ouchamps
41120 Les Montils (Loir-et-Cher)
Tél. 02.54.44.40.40 - Fax 02.54.44.03.89
M. Badenier et Mme Rousselet

Catégorie ★★★ Fermeture en décembre, janvier et février **Chambres** 28 avec tél., s.d.b., w.c., t.v. et minibar **Prix** des chambres simples et doubles : 515 à 785 F / 78,51 à 119,67 € - Petit déjeuner : 65 F / 9,91 €, servi de 7 h 30 à 10 h **Cartes de crédit** acceptées **Divers** chiens admis (50 F / 7,62 €) - Piscine - Parking fermé **Alentour** châteaux de Chaumont, Blois, Amboise, Chambord, Beauregard, Chenonceaux, Cheverny - Golf de la Carte 9 trous à Onzain ; golf 18 trous du château de Cheverny **Restaurant** service de 12 h 30 à 13 h 30, 19 h à 21 h 30 - Menus : 190 à 300 F / 28,97 à 45,74 € - Carte - Spécialités : médaillon de foie gras de canard mi-cuit et sa gelée de vouvray ; filet de brochet au beurre rouge et chausson d'asperges ; noisette d'agneau en croûte au jus de thym ; biscuit moelleux au chocolat, sorbet abricot.

En pleine campagne, au milieu d'un parc de 25 hectares, le *Relais des Landes* est une gentilhommière du XVIIe siècle, bien restaurée et bien entretenue. Le salon-réception abrite aussi le bar et divers coins de conversation et de lecture. Un confortable mobilier a été choisi pour ces espaces ainsi que pour la salle à manger, où crépite un feu de cheminée en hiver. A côté, se trouve un jardin d'hiver donnant sur la verdure ; là aussi ont été installées des tables du restaurant. En été, on peut également déjeuner dans le jardin fleuri parcouru de petits cours d'eau. Quant aux chambres, elles sont très confortables, joliment décorées avec de belles salles de bains. Accueil attentif et agréable.

Accès (carte n° 16) : à 15 km au sud de Blois, direction Montrichard et fléchage à partir des Montils.

Hôtel Les Charmilles

41600 Nouan-le-Fuzelier (Loir-et-Cher)
19, rue de la Grande-Sologne
Tél. 02.54.88.73.55 - Fax 02.54.88.74.55
M. Coquet

Catégorie ★★ **Fermeture** février **Chambres** 13 avec tél., s.d.b. ou douche, w.c. et t.v. **Prix** des chambres simples et doubles : 240 à 400 F / 36,59 à 60,98 € - Lit suppl. : 50 F / 7,62 € - Petit déjeuner : 35 F / 5,34 €, servi de 7 h 30 à 9 h **Carte de crédit** Visa **Divers** chiens admis dans les chambres du rez-de-chaussée (30 F / 4,57 €) - Parking **Alentour** église de Saint-Viâtre ; château du Moulin ; route des étangs de Saint-Viâtre à Romorantin par Selle-Saint-Denis ; parc floral de La Source à Olivet - Golf de Chambord-Cheverny 18 trous **Pas de restaurant** à l'hôtel.

Construite au début du siècle, cette solide maison bourgeoise est aujourd'hui un petit hôtel tout simple, au cœur de la Sologne. Ne lui en demandez donc pas trop et laissez-vous gagner par le côté bucolique du lieu ainsi que par la qualité de l'accueil que vous y trouverez. La décoration est à l'ancienne, mais toutes les chambres viennent d'être rafraîchies et offrent un bon confort avec des salles de bains confortables et bien tenues. Tout autour, l'environnement est délicieux. C'est ainsi que le grand parc comporte un petit étang aménagé, un cours d'eau colonisé par des canards et que l'on franchit par des ponts de rondins, des coins fraîcheur sous les arbres séculaires, des meubles de jardin accueillants, et une pelouse où il fait bon se prélasser. Pas de restaurant sur place mais, outre la possibilité de pique-niquer dans la propriété, vous trouverez à proximité *Le Raboliot* et *Le Dahu* à Nouan, *Le Lion d'Or* à Pierrefitte et *La Perdrix Rouge* à Souvigny. Tous très recommandables.

Accès (carte n° 17) : à 44 km au sud d'Orléans par N 20, direction Vierzon ; à la sortie du village par D 122. Par A 71, sortie Lamotte-Beuvron (nord) ou Salbris (sud).

Hôtel Château des Tertres

41150 Onzain (Loir-et-Cher)
Route de Monteaux
Tél. 02.54.20.83.88 - Fax 02.54.20.89.21 - M. Valois
E-mail : chateau.des.tertres@wanadoo.fr

Catégorie ★★★ Fermeture de novembre à avril **Chambres** 18 avec tél., s.d.b. ou douche et w.c. ; ascenseur **Prix** des chambres doubles : 400 à 650 F / 60,98 à 99,09 € - Petit déjeuner : 50 F / 7,62 €, servi de 8 h à 10 h **Cartes de crédit** Amex, Visa **Divers** chiens non admis - Vélos - Parking **Alentour** châteaux de Chaumont, Blois, Amboise, Chambord, Beauregard, Chenonceaux - Golf de la Carte 9 trous à Onzain ; golf 18 trous du château de Cheverny **Pas de restaurant** à l'hôtel.

Beau bâtiment que ce château du XIXe, plein de charme et de goût. Au rez-de-chaussée, donnant sur la campagne et le jardin, une élégante réception côtoie un salon qui a retrouvé ses meubles d'époque. A côté se trouve une salle très sympathique et raffinée où l'on prend de délicieux petits déjeuners. Un climat "maison familiale" règne partout. Les chambres, très confortables, sont toutes plus jolies les unes que les autres, régulièrement rénovées avec de beaux tissus et tout ce qui apparaît nécessaire au fil du temps. Ajoutez à cela de très agréables salles de bains où rutilent parfois le chrome et le bois exotique verni. Idéal pour le calme dans une région très touristique, voici un lieu rare, d'un bon rapport qualité-prix et où vous trouverez un excellent accueil. L'hôtel ne sert pas de repas, mais vous trouverez quelques bons restaurants dans le village comme *Le Domaine des Hauts-de-Loire*.

Accès (carte n° 16) : à 198 km de Paris par A 10, sortie Blois ; à 17 km à l'ouest de Blois par N 152, direction Tours puis direction Monteaux.

Domaine de Valaudran

41300 Salbris (Loir-et-Cher)
Tél. 02.54.97.20.00 - Fax 02.54.97.12.22 - Famille Debois-Frogé
E-mail: info@valaudran.com - Web: valaudran.com

Catégorie ★★★ Fermeture du 22 janvier au 26 février **Chambres** 31 avec tél., s.d.b., w.c., t.v.
Canal + et minibar; 2 chambres handicapés **Prix** des chambres simples et doubles: 390 à 650 F /
59,46 à 99,09 €; appart.: 900 à 990 F / 137,20 à 150,92 € - Petit déjeuner: 70 et 80 F / 10,67 et
12,20 € - Demi-pension: 890 à 1 400 F / 135,68 à 213,43 € (pour 2 pers., 3 j. min.) **Cartes de crédit**
acceptées **Divers** chiens admis (60 F / 9,15 €) - Piscine chauffée, VTT - Parking **Alentour** Bourges;
Aubigny-sur-Nère; Chambord; Cheverny - Golf des Meaulnes 9 trous **Restaurant** service de 12 h à
13 h 30, 19 h 30 à 22 h - Fermé dimanche soir et lundi de décembre à mars - Menus et carte: 120 à
300 F / 18,29 à 45,73 € - Carte - Spécialités: pigeonneau au chou; moelleux chocolat praliné.

En bordure de Salbris, cet hôtel en brique et pierre est bien représentatif de
ces maisons ou relais de chasse qui font le charme de la campagne
solognote. Moins traditionnelles, les pièces de réception affichent de réelles
qualités d'élégance et de confort. Dans le salon d'accueil, un opulent mobilier
en osier tressé donne ainsi le ton d'une décoration soignée, gaie et actuelle. A
côté, on a prolongé la maison par une longue véranda où sont disposées les
tables du restaurant. La table y est excellente, fine et précise (seule l'addition
peut être un peu lourde). Réservez en priorité les chambres du logis central, de
taille moyenne, égayées par de beaux tissus colorés, elles sont confortables et
disposent de superbes salles de bains. Une petite réserve cependant pour cette
belle adresse: la rumeur de l'autoroute à laquelle, dehors, on ne peut échapper.
Quant aux loisirs, les Debois connaissent parfaitement la région et vous
proposeront toutes sortes d'activités sportives et culturelles.

*Accès (carte n° 17): à 56 km au sud d'Orléans par A 71, sortie Salbris et
fléchage au rond-point.*

Château de la Voûte

41800 Montoire-sur-le-Loir (Loir-et-Cher)
Troo
Tél. 02.54.72.52.52 - Fax 02.54.72.52.52
Véronique et Richard Provenzano

Ouverture toute l'année **Chambres** 5 avec s.d.b. ou douche, w.c. **Prix** des chambres doubles : 450 à 600 F / 68,60 à 91,47 € - Petit déjeuner compris, servi de 8 h à 10 h **Cartes de crédit** non acceptées **Divers** chiens non admis - Parking **Alentour** abbaye bénédictine de La Trinité et église de Rhodon à Vendôme ; vallée du Loir : chapelle Saint-Gilles à Montoire, Gué-du-Loir, Lavardin, Saint-Jacques-des-Guérets, manoir de la Possonnière - Golf de la Bosse 9 trous à Oucques **Pas de restaurant** à l'hôtel.

Adossé à une falaise crayeuse et dominant le Loir, cet ancien manoir se trouve dans un charmant village, en partie troglodytique. Il propose cinq ravissantes chambres d'hôtes meublées et décorées comme autrefois. Chacune a son style : la plus petite, décorée de toile de Jouy n'est pas la moins charmante, "Pompadour" est très vaste, aménagée dans le goût XVIIIᵉ, "Louis XIII" a l'avantage d'un lit à baldaquin, "Empire" dispose d'une petite chambre attenante, parfaite pour un enfant, etc. Partout, la vue est digne d'un tableau du XVIIᵉ siècle, avec les méandres du Loir enserrant une petite chapelle médiévale sur fond de cultures et de collines. Ici, le petit déjeuner est servi en chambre ou sur la terrasse et, s'il n'est pas possible de dîner sur place, les restaurants alentour ne manquent pas. Nous vous conseillons en priorité l'étonnant *Le Petit Relais,* joliment situé à côté de la collégiale. Une bonne cuisine à prix très raisonnables rehaussée par la personnalité généreuse et haute en couleur de Maryse. Sinon, *Le Cheval Rouge* à Montoire est également une bonne adresse, plus classique.

Accès (carte n° 16) : à 48 km au nord de Tours par D 29 jusqu'à La Chartre-sur-le-Loir, puis à droite D 305 et D 917 jusqu'à Troo.

Manoir de la Forêt

Fort-Girard
41160 La Ville-aux-Clercs (Loir-et-Cher)
Tél. 02.54.80.62.83 - Fax 02.54.80.66.03
Mme Autebon - M. et Mme Redon

Catégorie ★★ Ouverture toute l'année; fermé dimanche soir et lundi d'octobre à mars **Chambres** 19 avec tél., s.d.b. ou douche, w.c. et t.v. câblée **Prix** des chambres: 300 à 400 F / 45,73 à 60,98 €; suites: 510 à 680 F / 77,75 à 103,67 € - Petit déjeuner: 50 F / 7,62 €, servi de 7 h 15 à 10 h 30 - Demi-pension: 450 F / 68,60 € (par pers.) **Cartes de crédit** Amex, Visa **Divers** chiens admis - Pêche - Parking **Alentour** châteaux de Talcy, Cheverny, Blois, Chambord; abbaye de La Trinité et église de Rhodon à Vendôme; vallée du Loir: Montoire, Gué-du-Loir, Lavardin, Saint-Jacques-des-Guérets, manoir de la Possonnière - Golf 9 trous à Oucques **Restaurant** service de 12 h 15 à 14 h, 19 h 30 à 21 h - Menus: 160 à 300 F / 24,39 à 45,73 € - Carte - Spécialités: foie gras frais au muscat; grenadin de lotte et langoustines au sabayon de champagne; sandre au vin de Chinon; nougat glacé.

Perdu dans un beau paysage du vendômois, cet ancien pavillon de chasse s'élève au cœur d'un parc de deux hectares, avec un plan d'eau. Dès les petits salons d'accueil, le ton est donné: ambiance feutrée, beaux bouquets de fleurs fraîches, mobilier et détails agréables. Juste à côté se trouve une vaste et ravissante salle à manger éclairée par onze fenêtres qui ouvrent sur le jardin (où l'on sert dès les beaux jours). La cuisine y est bonne, notamment pour ce qui concerne les viandes. Un vaste couloir, malheureusement défraîchi, mène aux chambres. Classiquement décorées, elles restent recommandables mais commencent à souffrir, elles aussi, du temps qui passe, de sorte que nous vous recommandons en priorité celles qui viennent d'être rénovées. Excellent accueil, service attentif et très compétent.

Accès (carte n° 16): à 72 km au nord-est de Tours par N 10 jusqu'à 6 km au-delà de Vendôme, puis à gauche par D 141 jusqu'à La Ville-aux-Clercs.

Hôtel de l'Abbaye

45190 Beaugency (Loiret)
2, quai de l'Abbaye
Tél. 02.38.44.67.35 - Fax 02.38.44.87.92 - M. Aupetit

Catégorie ★★★ **Ouverture** toute l'année **Chambres** 18 avec tél., s.d.b., w.c. et t.v. **Prix** des chambres simples: 440 à 500 F / 67,08 à 76,22 € ; doubles: 540 à 580 F / 82,32 à 88,42 € - 3/4 pers. : 640 à 680 F / 97,57 à 103,67 € - Petit déjeuner: 50 F / 7,62 €, servi de 7 h à 12 h **Cartes de crédit** acceptées **Divers** chiens admis (50 F / 7,62 €) - Parking **Alentour** quartiers moyenâgeux et Renaissance de Beaugency; châteaux de Meung-sur-Loire, Blois, Chambord et Cheverny; basilique et chapelle Saint-Jacques à Cléry-Saint-André - Golf des Bordes; golf 18 trous de Saint-Laurent-Nouan **Restaurant** service de 12 h à 14 h, 19 h à 21 h 30 - Menu: 200 F / 30,49 € - Carte - Cuisine traditionnelle.

Discrètement, une plaque signale l'activité hôtelière de l'ancien couvent des Augustins (XVIIᵉ) édifié le long de la Loire, face au vieux pont de Beaugency. A côté du vaste hall d'entrée se trouve un très chaleureux bar; lui-même jouxtant la salle à manger : haute cheminée, ameublement rustique de très bon goût, fenêtres surplombant la Loire, etc., la rendent très agréable, d'autant plus que la cuisine est de qualité. L'été, quelques tables sont installées sur la terrasse qui domine le fleuve. L'extraordinaire escalier en pierre conduisant aux chambres se prolonge par un couloir dont l'immensité et la splendide austérité ne dépareraient pas dans un palais italien. Les chambres du premier exploitent la hauteur des plafonds pour intégrer habilement une mezzanine. Toutes sont confortables et, même si certains joints, peintures et moquettes présentent des signes évidents de vieillissement, elles restent élégantes avec leur mobilier d'époque Louis XIII qui entretient l'authenticité de cette étonnante adresse.

Accès (carte n° 17) : à 25 km au sud-ouest d'Orléans par A 10, sortie Meung-sur-Loire, puis N 152.

Domaine de Chicamour

45530 Sury-aux-Bois (Loiret)
Tél. 02.38.55.85.42 - Fax 02.38.55.80.43
Mme Merckx

Catégorie ★★ **Fermeture** du 15 novembre au 15 mars **Chambres** 12 avec tél., s.d.b. ou douche et w.c. **Prix** des chambres simples et doubles : 405 à 505 F / 61,74 à 76,98 € - Petit déjeuner compris, servi de 8 h à 10 h - Demi-pension : 440 F / 67,07 € (par pers.) **Cartes de crédit** acceptées **Divers** chiens admis (25 F / 3,81 €) - Tennis, équitation, vélos, jeu de boules - Parking **Alentour** Orléans ; arboretum et musée de Châteauneuf-sur-Loire ; parc floral de La Source à Olivet - Golf-club d'Orléans 18 trous gratuit pour 2 nuits en demi-pension **Restaurant** service de 12 h à 14 h, 19 h 30 à 21 h - Menus : 105 à 240 F / 16,01 à 36,59 € - Carte - Spécialités : foie gras ; aumônière de chèvre chaud et son sorbet de tomates.

Au cœur de la forêt domaniale d'Orléans, ce petit château a été transformé en hôtel avec simplicité et élégance. Le résultat est très convaincant. Le salon invite à la détente avec ses profonds canapés encadrant la cheminée, ses élégants rideaux, ses ravissants tableaux souvent dédiés aux paysages flamands et ses objets choisis. Plus simples, les chambres n'ont cependant rien à lui envier avec leur mobilier de bois clair, leurs tissus *Laura Ashley* assortis aux papiers et aux abat-jour. Confortables, elles ont toutes vue sur le parc mais celles (peu nombreuses) qui donnent sur le parcours de saut d'obstacles souffrent du bruit de la route nationale qui parvient à se frayer un chemin à travers les arbres. Dans l'élégante salle à manger est servie une cuisine saine, d'une vraie qualité, bien orientée vers les produits régionaux. Signalons également que la cave propose une grande variété de vins de Loire et que vous pourrez en acquérir quelques bouteilles.

Accès (carte n° 17) : à 39 km à l'ouest de Montargis sur N 60, entre Bellegarde et Châteauneuf-sur-Loire.

Hôtel du Saumon

Place Chanzy
08240 Buzancy (Ardennes)
Tél. 03.24.30.00 42 - Fax 03.24.30.27.47
Colette Réal
E-mail : h-saumon@wanadoo.fr

Catégorie ★★ Ouverture toute l'année **Chambres** 9 avec tél. direct, s.d.b. ou douche, w.c. et t.v. sur demande **Prix** des chambres doubles : 235 à 310 F / 35,83 à 47,26 € - Petit déjeuner : 35 F / 5,34 €, servi à partir de 7 h 30 - Demi-pension : à partir de 230 F / 35,06 € (par pers.) **Carte de crédit** Visa **Divers** chiens admis (30 F / 4,57 €) - Garage fermé **Alentour** château fort de Sedan **Restaurant** service de 12 h à 14 h, 19 h à 21 h - Menus : 70 à 115 F / 10,67 à 17,53 €.

L'Argonne est, on le sait, un pays chargé d'histoire souvent guerrière ; ce que l'on sait moins, c'est que cette belle région de forêts, de campagne, de rivières et de lacs est un paradis pour les pêcheurs, les marcheurs et les cyclistes. Les amateurs d'églises et d'abbayes y trouveront également leur compte. Implanté au cœur de la région, Buzancy est un bourg tranquille qui abrite un délicieux petit hôtel. Dans la famille depuis cinq générations, l'*Hôtel du Saumon* a longtemps fait office d'hôtel-restaurant-boulangerie-café. Aujourd'hui, Colette Réal reprend le flambeau en lui donnant un grand coup de modernité. Pour autant, elle n'a pas voulu perdre le charme désuet de l'endroit. Les chambres ont été rénovées avec une simplicité de bon ton, çà et là un meuble ou un objet ancien leur donnent de l'esprit. Dans le petit restaurant, aux allures de bistrot, on mange une cuisine du marché sans cesse renouvelée. L'accueil est attentionné.

Accès (cartes n° 3 et n° 11) : à Reims prendre D 380 vers Luxembourg, au carrefour Mazagran, D 946 (qui devient 947), Buzancy est à 30 km.

Château du Faucon

08350 Donchery (Ardennes)
Tél. 03.24.52.10.01 - Fax 03.24.52.71.56 - Jean-Claude Evain
Web : faucon.fr - E-mail : faucon@faucon.fr

Ouverture toute l'année **Chambres** 15 et 3 suites avec tél., s.d.b., w.c. et t.v. satellite **Prix** des chambres : 400 à 550 F / 60,98 à 83,85 € ; suites : 750 F / 114,34 € - Petit déjeuner : 50 F / 7,62 €, servi de 7 h à 10 h 30 **Cartes de crédit** acceptées **Divers** chiens admis (30 F / 4,57 €) - Equitation, tennis, tir à l'arc, espace multimédia, institut linguistique - Parking **Alentour** château fort de Sedan, musée Rimbaud **Restaurant** service à partir de 12 h et de 19 h - Menus : de 135 à 280 F / 20,58 à 42,69 € - Carte.

C'est à la persévérance de Jean-Claude Evain que l'on doit de pouvoir aujourd'hui connaître les joies d'un séjour au *Château du Faucon.* Entouré d'un parc de 100 hectares, le château est dans la famille depuis de nombreuses générations, il a connu, depuis un peu plus d'un siècle, les vicissitudes de trois guerres et leur lot d'occupation. Mais c'est parce que l'on garde surtout la mémoire des événements joyeux qui ont eu lieu ici que l'hôtel est convivial et chaleureux, sans pour autant renoncer à son caractère de maison de famille. Pas une chambre identique à l'autre, toutes sont confortables et pleines de cachet. Les nombreux salons de taille raisonnable et la salle à manger du restaurant gastronomique ouvrant sur le parc contribuent à cette impression d'être chez un lointain cousin. On peut aussi préférer prendre ses repas à la *Rôtisserie,* située un peu à l'écart près du centre d'équitation aux activités multiples. Une maison d'où émanent une vitalité et un sens de l'accueil qui en font une adresse pleine de qualités.

Accès (carte n° 11) : A 4 jusqu'à Reims puis direction Charleville-Mézières. A l'entrée de Charleville prendre direction Sedan. Sortie n°4, au rond-point, D 764 puis fléchage.

Le Champ des Oiseaux

10000 Troyes (Aube)
20, rue Linard-Gonthier
Tél. 03.25.80.58.50 - Fax 03.25.80.98.34 - Mme Boisseau
Web : champdesoiseaux.com

Catégorie ★★★ **Ouverture** toute l'année **Chambres** 12 avec tél., s.d.b. ou douche, w.c. et t.v. ; 1 chambre handicapés **Prix** des chambres : 490 à 950 F / 74,70 à 144,83 € - Petit déjeuner : 70 F / 10,67 €, servi à partir de 7 h 30 **Cartes de crédit** acceptées **Divers** chiens non admis - Parking (50 F / 7,62 €) **Alentour** à Troyes : basilique Saint-Urbain, cathédrale Saint-Pierre et Saint-Paul, nombreux musées dont le musée d'Art moderne ; les églises de l'art troyen dans les faubourgs du nord et de l'ouest ; lac et forêt d'Orient - Magasins d'usine de prêt à porter - Golf de Troyes-La Cordelière 18 trous **Pas de restaurant** à l'hôtel mais possibilité de restauration légère en chambre.

C e tout nouvel hôtel n'a de récent que ses aménagements offrant le plus grand confort moderne, car les maisons à colombage qui le composent sont parmi les plus anciennes de la ville de Troyes. Elles datent en effet des XVe et XVIe siècles. Rénovées à la demande des nouveaux propriétaires par des Compagnons du Devoir, elles laissent généreusement admirer leurs savantes charpentes. Autour d'une petite cour intérieure médiévale, vous découvrirez ici douze chambres aux noms évocateurs. "La Marinot", "Les Bengalis", "La Chambre bleue" sont des merveilles, toutes très confortables et meublées avec goût et raffinement. Les excellents petits déjeuners se prennent dans une jolie salle à manger où, l'hiver, brûle un feu de bois, ou bien l'été dans un délicieux petit jardin. L'accueil de madame Boisseau est aimable et attentif, elle a réussi son projet de faire de cet endroit un hôtel-maison. Pour vos repas : *Le Clos Juillet*, gastronomique, *Les Matines*, *L'Auberge de Sainte-Maure* et *Les Mignardises*.

Accès (carte n° 10) : à 158 km au sud-est de Paris par A 5, sortie Troyes centre, puis direction centre-ville-cathédrale.

Le Clos Raymi

51200 Epernay (Marne)
3, rue Joseph-de-Venoge
Tél. 03.26.51.00.58 - Fax 03.26.51.18.98 - Mme Woda
E-mail : closraymi@wanadoo.fr

Catégorie ★★★ Ouverture toute l'année **Chambres** 7 avec tél., s.d.b. ou douche, w.c. et t.v. satellite **Prix** des chambres doubles : 570 à 840 F / 86,90 à 128,06 € - Petit déjeuner : 75 F / 11,43 €, servi de 8 h à 10 h 30 **Cartes de crédit** Amex, Visa **Divers** petits chiens admis (40 F / 6,10 €) - Parking **Alentour** musée du Vin de Champagne et visites des caves de Champagne à Epernay (Moët et Chandon, Pol Roger, Mercier, de Castellane) ; Hautvillers (abbaye où Dom Pérignon inventa le champagne) ; "les Faux de Verzy" ; Reims (cathédrale et musées) - Golf 18 trous à Dormans **Pas de restaurant** à l'hôtel.

L a cathédrale de Reims et le vignoble champenois comptent parmi les attractions principales du tourisme français, Reims et Epernay se partageant la production du divin breuvage. Pour ceux qui voudraient donc visiter les caves, faire des dégustations ou acheter du champagne directement à la propriété, il est une toute nouvelle étape à ne pas manquer : *Le Clos Raymi*. Cette belle maison, qui fut construite par la famille Chandon, justement célèbre, est devenue un ravissant petit hôtel qui a gardé toute l'élégance et l'intimité de son origine. Madame Woda l'a décoré de façon exquise avec, pour l'essentiel, des meubles et objets personnels Art déco, de belles toiles cubistes ou gravures de Jouve, peintre animalier bien connu des années 1930. Les chambres, toujours fraîchement fleuries, sont très *cosy* et leurs salles de bains pleines de raffinement. Le salon tout aussi soigné est le lieu idéal pour vous faire servir une coupe de champagne. Quant au jardin, il sert en été pour de délicieux petits déjeuners. Une très accueillante adresse de qualité.

Accès (carte n° 10) : à 20 km au sud de Reims.

Château d'Etoges

51270 Etoges par Montmort (Marne)
Tél. 03.26.59.30.08 - Fax 03.26.59.35.57 - Mme Filliette-Neuville
E-mail : etoges1@wanadoo.fr

Ouverture toute l'année **Chambres** 20 avec tél., s.d.b. ou douche, w.c., (t.v. sur demande) **Prix** des chambres doubles : 650 à 900 F / 99,09 à 137,20 € ; suite : 1 200 F / 182,94 € - Petit déjeuner : 75 F / 11,43 €, servi de 7 h 30 à 11 h - Demi-pension : 530 à 830 F / 80,80 à 126,53 € (par pers., 2 j. min.) **Cartes de crédit** acceptées **Divers** chiens admis (40 F / 6,10 €) - Parking **Alentour** musée du Vin de Champagne à Epernay ; visites de caves artisanales, dégustation ; Hautvillers (abbaye où Dom Pérignon inventa le champagne) - Golfs 18 trous à Château-Thierry **Restaurant** sur réservation : service de 12 h à 14 h, 19 h 30 à 21 h 30 - Menus : 180 à 360 F / 27,44 à 54,88 € - Spécialités : foie gras de canard ; filets de rougets au champagne et jus d'airelles ; délice de Reims et sa crème au ratafia.

L e splendide *Château d'Etoges* date essentiellement du XVIIe siècle. Entièrement entouré d'eau, il se trouve en contrebas d'une petite colline, et cette déclivité permet aux sources souterraines de resurgir sous la forme d'élégants jets d'eau continus. L'intérieur est tout aussi exceptionnel, rénové avec le meilleur goût pour préserver l'authenticité du lieu et y ajouter un supplément de confort que chacun appréciera. Escalier monumental, vastes pièces de réception aux lambris peints, ravissants nappages de percale dans la salle à manger et superbes chambres… Certaines sont somptueuses, d'autres plus intimes, mais la réussite décorative associant meubles anciens et jolis tissus y est égale et la vue sur les douves pleine de romantisme. A la limite de l'hôtellerie et de la maison d'hôtes, l'accueil y est donc chaleureux, très personnalisé, et fait du *Château d'Etoges* une étape hors du temps, idéale pour découvrir le vignoble champenois.

Accès (carte n° 10) : à 120 km à l'est de Paris par A 4 et D 933.

A l'Orée du Bois

Futeau - 55120 Clermont-en-Argonne (Meuse)
Tél. 03.29.88.28.41 - Fax 03.29.88.24.52 - M. et Mme Aguesse
E-mail : oreedubois@free.fr

Catégorie ★★★ **Fermeture** en janvier et vacances scolaires de la Toussaint, lundi et mardi hors saison **Chambres** 13 et 1 appart. indépendant avec tél., s.d.b., w.c. et t.v. **Prix** des chambres simples : 350 F / 53,44 € ; doubles : 420 à 620 F / 64,12 à 94,66 € ; appart. (3/5 pers.) : 580 à 780 F / 88,55 à 119,08 € - Petit déjeuner : 58 F / 8,85 €, servi de 8 h à 11 h - Demi-pension obligatoire en été : 480 F / 73,28 € (par pers. en chambre double, 3 j. min.) **Carte de crédit** Visa **Divers** chiens admis (40 F / 6,10 €) - Parking **Alentour** forêt d'Argonne, Varennes-en-Argonne, abbaye de Lachalade **Restaurant** fermé dimanche soir et mardi hors saison (lundi midi et mardi midi en saison) - Service de 12 h à 13 h 30, 19 h à 20 h 30 - Menus : 120 F / 18,29 € (en semaine), 175 à 400 F / 26,68 à 60,98 € - Carte - Spécialités : rognons de lapin aux champignons ; bourgeon de sapin glacé.

Adossé à la forêt, ce petit hôtel surplombe un paysage de pâturages, de bois et de collines. Vous y apprécierez la tranquillité et l'accueil plein de bonne humeur. L'intérieur est agréablement aménagé et, ici ou là, un buffet ancien, une vieille armoire viennent donner du caractère à la décoration. Installées dans une aile, les chambres s'alignent de plain-pied face à la pelouse. Toutes bénéficient d'une très belle vue. Grandes, elles sont meublées dans un style rustique mais égayées de tissus fleuris dans des tons pastel. Sept nouvelles, très colorées et meublées à l'ancienne, ont été créées dans une maison voisine. Ce sont nos préférées. Pour vos repas, deux salles à manger ; celle qui est cernée de baies vitrées offre la plus belle vue et jouit d'une très agréable luminosité. Monsieur Aguesse est en cuisine, son épouse veille sur la salle et conseille les vins avec compétence et passion.

Accès (carte n° 11) : à 40 km à l'ouest de Verdun par A 4, sortie Sainte-Menehould ; puis N 3 direction Verdun jusqu'aux Islettes, puis D 2 sur la droite, direction Futeau.

Hôtel Dolce Vita

20000 Ajaccio (Corse-du-Sud)
Route des Sanguinaires
Tél. 04.95.52.42.42 - Fax 04.95.52.07.15 - M. Federici

Catégorie ★★★★ **Fermeture** du 1er novembre au 15 mars **Chambres** 32 avec tél., s.d.b., w.c., t.v. et minibar **Prix** des chambres doubles et triples (sauf juillet-août) : 1045 à 1245 F / 159,31 à 189,80 € - En juillet-août, demi-pension obligatoire : 2095 à 2775 F / 319,38 à 423,05 € (pour 2 pers.) - Petit déjeuner : 95 F / 14,48 €, servi de 7 h à 10 h **Cartes de crédit** acceptées **Divers** chiens admis (80 F / 12,20 €) - Piscine, plage, ski nautique à l'hôtel Alentour golfe d'Ajaccio par la route des îles Sanguinaires ; château de la Punta ; Bastelica **Restaurant** service de 12 h 30 à 13 h 45, 19 h 30 à 21 h 30 - Menus : 220 et 320 F / 33,54 et 48,78 € - Carte - Spécialité : langoustines du pays rôties en croûtes de cheveux d'ange.

L e *Dolce Vita* est un hôtel moderne dont la situation privilégiée compense l'architecture fonctionnelle. Toutes les chambres sont côté mer et viennent d'être rénovées ; situées sur deux niveaux, celles du rez-de-chaussée permettent d'accéder directement à une petite plage construite sur les rochers. Elles offrent un excellent niveau de confort. Les alentours sont superbement fleuris, et c'est avec ravissement qu'on évolue entre bougainvillées, lauriers-roses et palmiers. Les terrasses des chambres du premier étage donnent toutes sur cette végétation luxuriante qui offre un premier plan exotique à la contemplation des flots. La salle à manger se compose d'une grande salle intérieure utilisée en hiver, et d'une vaste terrasse qui domine la mer. Très réputée, la table y est de qualité, elle s'accompagne d'un service stylé et les prix sont donc en conséquence. Une adresse de qualité où, la nuit tombée, la piscine éclairée, les reflets des lumières dans les bosquets et les scintillements au loin dans la baie donnent à l'ensemble un aspect hollywoodien.

Accès (n° 36) : à 8 km à l'ouest d'Ajaccio par la route des Sanguinaires.

Les Mouettes

2001

9, boulevard Lucien-Bonaparte
20000 Ajaccio (Corse-du-Sud)
Tél. 04.95.50.40.40 - Fax 04.95.21.71.80 - Mme Rosselli

Catégorie ★★★★ Fermeture fin octobre à début avril **Chambres** 24 climatisées avec tél., s.d.b., w.c., t.v. satellite, coffre-fort ; 5 chambres handicapés **Prix** des chambres selon saison : 520 à 1 780 F / 99,09 à 198,18 € ; suites : 1 680 à 2 480 F / 256,11 à 378,07 € ; demi-pension l'été : 610 à 1 240 F / 92,99 à 189,04 € - Petit déjeuner : 100 F / 15,24 €, servi de 7 h à 11 h - **Cartes de crédit** acceptées **Divers** chiens admis (100 F / 15,24 €) - Parking fermé **Alentour** plages, vieux quartiers et musées d'Ajaccio - Golf de Porticcio 18 trous **Restaurant** service de 12 h à 14 h et de 20 h à 22 h 30 - Menus de 190 (midi) à 250 F / 29,72 et 44,97 € - Carte.

Sa situation, qui associe le bord de la mer à la pleine ville, n'est pas la moindre des qualités de ce très charmant hôtel. Il en possède néanmoins bien d'autres tant on a ici le sentiment d'être reçu dans une grande villa. Le jardin à la végétation méditerranéenne, l'ombre des grands pins, la terrasse où se prennent les repas l'été et la piscine, largement ouverte sur la baie d'Ajaccio, sont autant de plaisirs reposants et raffinés. Les chambres, qu'il faut choisir de préférence avec vue sur la mer, sont toutes confortables, souvent tendues de tissus colorés d'inspiration provençale, et bénéficient de très agréables salles de bains. Celles avec terrasse ont un caractère vraiment exceptionnel. Il règne, aux *Mouettes,* une atmosphère feutrée et maritime propice au repos et à la rêverie. L'accueil présent et discret complète cette agréable sensation. Une belle adresse dans une ville pleine de ressources et qui a su conserver son caractère.

Accès (carte n° 36) : en front de mer à la sortie d'Ajaccio direction Les Sanguinaires.

Hôtel du Centre Nautique

20169 Bonifacio (Corse-du-Sud)
Quai Nord
Tél. 04.95.73.02.11 - Fax 04.95.73.17.47

Catégorie ★★★ Ouverture toute l'année **Chambres** 10 climatisées avec tél., douche, w.c., t.v. et minibar **Prix** des chambres pour 1/3 pers. (selon saison) : 450 à 850 F / 68,60 à 129,58 € ; 4 pers.: 600 à 1 050 F / 91,47 à 160,07 € - Petit déjeuner : 60 F / 9,15 € - Demi-pension : 220 F / 33,54 € (par pers.) **Cartes de crédit** acceptées **Divers** chiens admis - Parking privé **Alentour** promenade en bateau aux grottes marines, grotte du Sdragonato et tour des falaises ; golfe de Santa-Manza ; Capo Pertusato ; ermitage de La Trinité - Golf 18 trous à Sperone **Restaurant** service 12 h 15 à 15 h, 19 h à 24 h - Carte - Spécialités de pâtes et de produits de la mer.

Sur le port de Bonifacio, face aux bateaux et en dessous de la ville haute, ce petit hôtel n'accueille pas seulement les plaisanciers, mais aussi le simple voyageur qui y sera reçu avec amabilité et gentillesse. Dans les délicieuses chambres, on a profité de la hauteur des étages pour créer de petits duplex. Au premier niveau se trouvent un petit salon et, sur la mezzanine, la chambre et la salle de bains. Moderne, très confortable, l'ensemble évoque plus un studio qu'une chambre d'hôtel classique. Et l'on aurait presque envie d'inviter les voisins à prendre l'apéritif dans ce petit "chez-soi". Certaines ont la vue sur le jardin, d'autres sur le port (un peu plus bruyantes, mais quel bonheur de surveiller, depuis son lit, les allées et venues des bateaux et le vol des mouettes !). On peut prendre le petit déjeuner sur la terrasse, face aux voiliers et autres yachts. Pour dîner, outre le restaurant de l'hôtel, vous pouvez vous reporter aux quelques adresses citées page suivante, pour l'*Hôtel Genovese*.

Accès (carte n° 36) : sur le port. Aéroport de Figari à 21 km, tél. : 04.95.71.00.22.

Hôtel Genovese

20169 Bonifacio (Corse-du-Sud)
Quartier de la Citadelle
Tél. 04.95.73.12.34 - Fax 04.95.73.09.03

Catégorie ★★★ **Fermeture** du 1er novembre au 31 mars **Chambres** 14 climatisées avec tél., s.d.b., w.c., t.v. et minibar **Prix** des chambres doubles : 700 à 1 500 F / 106,71 à 228,67 € ; suites : 950 à 1 700 F / 144,83 à 259,16 € - Petit déjeuner : 70 à 80 F / 10,67 à 12,20 €, servi de 7 h 30 à 11 h **Cartes de crédit** acceptées **Divers** chiens admis - Parking privé **Alentour** promenade en bateau aux grottes marines, grotte du Sdragonato et tour des falaises ; golfe de Santa-Manza ; Capo Pertusato ; ermitage de La Trinité - Golf 18 trous à Sperone **Pas de restaurant** à l'hôtel.

Aménagé sur la ligne des remparts à Bonifacio, dans une ancienne bâtisse de la Marine nationale dominant la mer, la ville et le port, le *Genovese* est un hôtel de luxe à la décoration soignée. Autour d'une ravissante cour intérieure s'ordonnent les chambres aux tons pastel et aux rideaux à fleurs. Toutes semblables, seule leur couleur diffère, elles viennent d'être refaites et dotées de salles de bains confortables. La chambre n° 2 donne sur le port avec un petit balcon. Pas de restaurant mais, au rez-de-chaussée, un coin-bar très chaleureux pour les petits déjeuners et un salon où un grand canapé blanc très *design* se marie joliment avec la pierre des murs. Enfin, pour plus d'agrément, l'hôtel est entièrement climatisé. Pour les restaurants, *La Caravelle* est l'adresse incontournable pour le poisson ; au *Voilier* et au *Stella d'Oro* (1er étage) vous rencontrerez tout ce qui est connu dans la région. Ajoutons-y le restaurant du *Centre Nautique* et l'extraordinaire *Chez Marco*, situé à fleur d'eau sur la plage de Tonnara : un lieu réputé pour ses pantagruéliques et excellentes dégustations de crustacés, poissons grillés, bouillabaisses…

Accès (carte n° 36) : dans Bonifacio, tout de suite à droite à la sortie de la route menant à la Citadelle. Aéroport de Figari à 21 km, tél. : 04.95.71.00.22.

L'Aïtone

20126 Evisa (Corse-du-Sud)
Tél. 04.95.26.20.04 - Fax 04.95.26.24.18
M. Ceccaldi

Catégorie ★★ Fermeture en décembre **Chambres** 32 avec tél., s.d.b. ou douche, w.c. et t.v. satellite **Prix** des chambres doubles(selon saison) : 180 à 650 F / 27,44 à 99,09 € - Lit suppl.: 120 F / 18,29 € - Petit déjeuner: 35 à 45 F / 5,34 à 6,86 €, servi de 8 h à 9 h 30 - Demi-pension (obligatoire en juillet-août: 240 à 490 F / 36,59 à 74,70 € (par pers. en chambre double, 3 j. min.) **Cartes de crédit** Visa, Amex **Divers** chiens admis - Piscine - Parking, garage **Alentour** cascade et piscine naturelle de la forêt d'Aïtone; randonnées (GR 20); gorges de la Spelunca; calanques de Piana; croisière à Girolata (départ de Porto); villages d'Ota et Vico **Restaurant** service de 12 h à 14 h, 19 h 30 à 21 h - Menus: 95 à 160 F / 14,48 à 24,39 € - Carte.

L'auberge *L'Aïtone* est située à 850 mètres d'altitude, aux abords de l'extraordinaire forêt de pins laricios d'Aïtone et de Valdo-Niello; pour la rejoindre, il est fréquent de croiser sur la route ces colonies de cochons semi-sauvages qui vaquent librement avant de finir en excellentes charcuteries. La bâtisse, dont l'architecture moderne manque totalement de charme, jouit cependant d'un emplacement privilégié et l'on a du mal à quitter la grande piscine qui surplombe la belle vallée de la Spelunca. Plus ou moins vastes et décorées sans grande recherche, les chambres sont néanmoins toutes confortables et bien entretenues, celles de la nouvelle partie ayant chacune un balcon avec vue superbe sur le golfe de Porto. Bonne cuisine familiale servie dans la salle à manger ou sur la terrasse panoramique, et bar très convivial avec sa cheminée où un feu brûle dès que le temps le suggère. Service informel. Une adresse de montagne néanmoins proche du golfe de Porto.

Accès (carte n° 36): à 23 km à l'est de Porto par D 84. Aéroport d'Ajaccio (70 km).

La Tour de Benedettu

2001

Presqu'île du Benedettu
20137 Lecci de Porto-Vecchio (Corse-du-Sud)
Tél. 04.95.71.63.44 - Fax 04.95.71.69.44 - Mme Lempereur
E-mail : htourdebenedettu@aol.com

Catégorie ★★ Ouverture toute l'année **Chambres** 4 et 4 mini-villas avec climatisation, tél., s.d.b., w.c. et t.v. ; 1 chambre handicapés **Prix** des chambres : 490 à 1 450 F / 74,70 à 221,05 € ; mini-villas : 590 à 1 390 F / 89,94 à 211,90 € - Petit déjeuner : 60 F / 9,15 €, servi de 9 h à 11 h **Carte de crédit** Visa **Divers** chiens admis - Piscine, plage - Parking **Alentour** Porto-Vecchio ; aiguilles de Bavella ; forêt de l'Ospedale - Golf de Spérone 18 trous **Pas de restaurant** à l'hôtel.

Disséminées autour d'une piscine, au sommet d'un piton à la végétation fournie et parfumée, les quelques chambres et "mini-villas" de cet hôtel ont été construites afin que chacune puisse bénéficier d'une exceptionnelle vue sur la mer. Ce sentiment de tranquillité domine et constitue le principal atout de ce petit ensemble hôtelier. Différentes les unes des autres, toutes les chambres disposent d'une terrasse ; elles bénéficient d'un bon confort et de salles de bains agréables. Au pied des vestiges de la Tour Génoise qui donne son nom à l'hôtel, on rejoint, par un sentier à pic, une petite plage de sable fin qui n'est accessible autrement que par la mer. A proximité, vous découvrirez plusieurs restaurants et profiterez des activités nautiques et de l'animation du beau village de Porto-Vecchio. Une adresse parfaite pour un séjour de grand calme et de repos.

Accès (carte n° 36) : à 10 km au nord de Porto-Vecchio direction Bastia. A Trinité, prendre à droite D 468 vers Cala Rossa. Fléchage après la rivière Oso.

Capo Rosso

20115 Piana (Corse-du-Sud) - Route des Calanques
Tél. 04.95.27.82.40 - Fax 04.95.27.80.00 - M. Camilli-Ollivier
E-mail : caporosso@wanadoo.fr

Fermeture du 15 octobre au 1ᵉʳ avril **Chambres** 57 avec tél., s.d.b. ou douche, w.c., minibar, coffre-fort et t.v. satellite ; chambres accessibles aux handicapés **Prix** des chambres doubles : 350 à 550 F / 53,36 à 83,85 € - Petit déjeuner : 55 F / 8,38 €, servi de 7 h 30 à 10 h - Demi-pension (obligatoire en été) : 495 à 595 F / 75,46 à 90,71 € (par pers.) **Cartes de crédit** acceptées **Divers** chiens non admis - Piscine - Parking **Alentour** calanques de Piana ; croisière à Girolata (départ de Porto) ; villages d'Ota, Evisa et Vico ; col de Lava **Restaurant** service de 12 h à 13 h 30, 19 h 30 à 22 h - Menus : 100 à 380 F / 15,24 à 57,93 € - Carte - Spécialités : poissons ; produits corses.

Impossible de venir en Corse sans découvrir les roches rouges de Piana qui tombent vers la mer en une succession de petits golfes, de caps et de mini-péninsules. Construit dans les années 1970, cet hôtel aux abords très fleuris surplombe ce somptueux panorama. Son architecture moderne n'a certes rien de typique mais on a su au mieux tirer parti du site : l'espace consacré à la piscine offre un belvédère de choix pour admirer le golfe de Porto et chaque chambre dispose d'une petite terrasse. Bien tenues et confortables, elles viennent d'être redécorées, y compris dans les salles de bains. C'est toute une famille qui participe à la vie de ce bel établissement ; que ce soit en mer, pour approvisionner le restaurant, en cuisine et, bien entendu, à l'accueil. Prolongée par une terrasse, la salle à manger panoramique est décorée de manière un peu précieuse dans des tons rose pâle, gris perle et nacre. On y sert avec gentillesse et bonne humeur une cuisine bonne et très généreuse. Multiples possibilités touristiques, dont une superbe route vers les sables fins de la plage d'Arone.

Accès (carte n° 36) : à 71 km au nord d'Ajaccio par la D 81. Aéroport d'Ajaccio. Sur la route des calanques.

Le Maquis

20166 Porticcio (Corse-du-Sud)
Tél. 04.95.25.05.55 - Fax 04.95.25.11.70 - Mme Salini
E-mail : hotel.le.maquis@wanadoo.fr

Catégorie ★★★★ Fermeture du 5 janvier au 5 février **Chambres** 27 climatisées avec tél., s.d.b., w.c., t.v. et minibar **Prix** des chambres doubles (selon saison) : de 900 à 2 700 F / 137,20 à 411,61 €, suites de 1 400 à 5 400 F / 213,43 à 823,22 € - suppl. demi-pension : + 270 F / 41,16 € (par pers.) - Petit déjeuner compris, servi de 7 h à 10 h 30 **Cartes de crédit** acceptées **Divers** chiens admis (200 F / 30,49 €) - Piscine chauffée, tennis, plage aménagée - Parking **Alentour** le golfe d'Ajaccio par la route des îles Sanguinaires ; les Milelli ; château de la Punta ; Bastelica **Restaurant** service de 12 h 30 à 14 h, 20 h à 22 h - Carte.

Exceptionnellement situé sur une petite crique du golfe d'Ajaccio, 2 km après Porticcio, *Le Maquis* est décidément l'une des plus belles adresses de Corse. Avec sa jolie plage de sable fin protégée et aménagée, le raffinement du décor et du service, le confort des parties communes et des chambres (choisissez celles sur la mer avec terrasse), voici un lieu idéal pour un séjour dépaysant et confortable. La terrasse, une piscine couverte et un tennis vous inviteront encore plus à y vivre en autarcie. Le dimanche midi, une délicieuse formule buffet sur la terrasse, et chaque soir un très bon menu qui change tous les jours, que peut-on demander de plus ? Grâce au grand et énergique professionnalisme de sa propriétaire, madame Salini, *Le Maquis* est une magnifique oasis sur une côte qui malheureusement a été bien abîmée. Mais si l'on veut vraiment sortir de l'hôtel, il reste de grandes et belles promenades à faire dans l'arrière-pays.

Accès (carte n° 36) : à 18 km au sud-est d'Ajaccio par N 196, et D 55 par le bord de mer - Aéroport d'Ajaccio-Campo dell'Oro.

La Villa Piana

20100 Sartène (Corse-du-Sud)
Route de Propriano
Tél. 04.95.77.07.04 - Fax 04.95.73.45.65 - Mme Abraini
E-mail : hotel-la-villa-piana@wanadoo.fr

Catégorie ★★ Fermeture du 15 octobre au 10 avril **Chambres** 31 avec tél., s.d.b. ou douche et w.c.; 2 chambres handicapés **Prix** des chambres simples et doubles : 290 à 490 F / 44,21 à 74,70 € - Petit déjeuner : 42 F / 6,40 €, servi de 7 h 30 à 10 h 30 **Cartes de crédit** acceptées **Divers** chiens non admis - Piscine, tennis - Parking **Alentour** musée préhistorique de Sartène et Levie; belvédère de Campomoro; Filitosa; Olmeto; Sollocaro **Restaurant** Snack (à midi uniquement) en juillet-août - Petite carte.

À quelques petites minutes des plages de Propriano, *La Villa Piana* fait face au très beau village de Sartène. Il s'agit d'une construction récente, crépie d'ocre et bien intégrée à la végétation méridionale qui couvre la colline. D'un confort classique, dotées de bonnes salles de bains, les chambres sont agréables et le programme de rénovation suit son cours. Plusieurs possèdent une terrasse privative souvent délimitée par des lauriers-roses. Derrière l'hôtel, un chemin monte vers une belle piscine à débordement, entourée d'oliviers et de lavandes. Juste à côté, un petit bâtiment permet d'assurer un service bar et une restauration légère qui fera le bonheur de ceux qui préfèrent se détendre au bord de l'eau plutôt que de repartir déjeuner. Pour les autres, *L'Auberge Santa Barbara*, tout près de l'hôtel, leur permettra de goûter quelques bonnes spécialités corses. Sinon les restaurants à proximité ne manquent pas, que ce soit à Sartène ou à Propriano (notamment *Le Lido*, au bord de l'eau). Enfin, un accueil jeune et très concerné ajoute une qualité supplémentaire à cet hôtel que nous vous recommandons pour une étape aussi bien que pour un séjour.

Accès (carte n° 36) : à la sortie de Sartène sur la route de Propriano - Aéroport d'Ajaccio ou de Figari.

A Spelunca

20226 Speloncato (Haute-Corse)
Tél. 04.95.61.50.38 - Fax 04.95.61.53.14
Mme Princivalle

Catégorie ★★ **Fermeture** du 1er octobre au 30 avril **Chambres** 18 dont 16 avec s.d.b., 12 avec tél., 1 avec cabinet de toilette **Prix** des chambres doubles : 250 à 350 F / 38,11 à 53,36 € - Petit déjeuner : 30 F / 4,57 €, servi de 8 h à 11 h - **Cartes de crédit** Visa **Divers** chiens admis **Alentour** vestiges romains «I Bagni» à Petratafunata ; mer à 18 km ; forêt de Tartagine - Golf à 10 km **Pas de restaurant** à l'hôtel.

Perché sur un piton rocheux autour des vestiges de la forteresse du XIe siècle, Speloncato est un village corse, calme et harmonieux. Pour y accéder, il vous faudra prudence et patience. Donnant à la fois sur la place du village et sur le magnifique paysage de mer et de montagne alentour, la belle maison patricienne, percée de fenêtres génoises, abrite un hôtel accueillant à la fois simple et confortable. Du cardinal Savelli, ministre du pape Pie IX, dont c'était la résidence, il subsiste une magnifique cage d'escalier éclairée par une véranda construite sur le toit. Les chambres fraîches, de belle taille pour certaines, ont été aménagées simplement avec quelques touches d'ancien ; elles disposent de salles de bains modernes et claires. L'été, on prend le petit déjeuner sur la terrasse qui donne sur la place. Les belles proportions de la maison, les prix pratiqués et l'accueil souriant qui vous est réservé font de *A Spelunca* une adresse où il fait bon séjourner.

Accès (carte n° 36) : à 35 km de Calvi en direction de Ile-Rousse jusqu'à Lumio puis direction Belgodère. Prendre D 71, après Feliceto tourner à droite et continuer sur 4 km.

Hôtel de la Corniche

San-Martino-di-Lota
20200 Bastia (Haute-Corse)
Tél. 04.95.31.40.98 - Fax 04.95.32.37.69
Mme Anziani

Catégorie ★★ **Fermeture** du 21 décembre au 31 janvier **Chambres** 19 avec tél., s.d.b. ou douche et w.c. (10 avec t.v.) **Prix** des chambres doubles : 320 à 490 F / 48,78 à 74,70 € - Petit déjeuner : 40 à 45 F / 6,10 à 6,86 €, servi de 7 h 30 à 10 h - Demi-pension et pension : 320 à 410 F / 48,78 à 62,50 € (par pers.) **Cartes de crédit** acceptées **Divers** chiens non admis - Piscine **Alentour** cathédrale romane de la Canonica et église San Parteo ; villages du cap Corse de Bastia à Saint-Florent **Restaurant** service de 12 h à 14 h, 19 h 30 à 21 h 30 - Fermé dimanche soir et lundi, d'octobre à mai - Menus - Carte - Spécialités : pageot du golfe en étuvée de fenouil confit olives vertes ; pastizzu du cap Corse et son coulis d'orange caramélisé.

À dix minutes de Bastia, une petite route en lacet conduit à San-Martino-di-Lota. L'hôtel, propriété familiale depuis 1935, profite d'une vue sur la mer incomparable. On remarque tout de suite la belle terrasse plantée de grands platanes où sont servis les repas et d'où l'on peut apercevoir, par temps clair, les côtes italiennes. La cuisine, confiée à un jeune et très talentueux chef, mérite à elle seule le voyage. On y retrouve les meilleurs produits locaux préparés avec une finesse et une créativité qui manquent parfois à des maisons beaucoup plus réputées. D'un bon rapport qualité-prix, les chambres sont plus habituelles mais tout à fait agréables ; celles qui viennent d'être rénovées affichent un bel assortiment de couleurs ainsi que d'élégantes salles de bains. Toutes offrent une vue de carte postale sur la mer. Un lieu de qualité, parfaitement calme et où vous trouverez un accueil et un service des plus sympathiques.

Accès (carte n° 36) : à 6 km au nord de Bastia par D 80, puis à Pietranera la D 131. Aéroport de Bastia-Poretta, tél. 04.95.54.54.54.

Hôtel Balanéa

20260 Calvi (Haute-Corse)
6, rue Clemenceau
Tél. 04.95.65.94.94 - Fax 04.95.65.29.71
M. Ceccaldi

Catégorie ★★★ Ouverture toute l'année **Chambres** 38 climatisées avec tél., s.d.b., w.c. et t.v. (31 avec minibar) **Prix** des chambres doubles : 530 à 1 610 F / 48,78 à 245,44 € (réductions en basse saison) - Petit déjeuner : 60 F / 9,16 €, servi de 7 h 30 à 10 h 30 **Cartes de crédit** acceptées **Divers** chiens admis (100 F / 15,24 €) **Alentour** citadelle de Calvi ; circuit des villages de Balagne : Calenzana, Zilia, Montemaggiore, Sant'Antonino, église de La Trinité à Aregno, couvent de Corbara ; parc régional et réserve naturelle de Scandola - Golf de Lumio 9 trous **Pas de restaurant** à l'hôtel.

Situé sur le port de Calvi, le *Balanéa* est l'hôtel le plus agréable du centre - ville. Modernes et standard, les chambres sont très confortablement équipées, spacieuses. Leur principal attrait provient de l'exceptionnelle vue sur le port et la baie de Calvi (certaines avec une terrasse ou un balcon). Climatisées et avec un double vitrage, elles permettent de dormir au calme même quand l'animation du port se prolonge lors des chaudes soirées estivales. Celles donnant sur la rue sont plus petites et moins lumineuses mais bénéficient du même confort. De même, nous vous conseillons de prendre votre petit déjeuner en chambre, la salle à manger n'ayant pas le même attrait… Toujours très accueillant, le *Balanéa* est le seul hôtel ouvert à Calvi en hiver et constitue l'une des bonnes adresses du littoral corse. Quant aux restaurants, nous vous conseillons un dîner sur la merveilleuse terrasse de *La Signoria* et le piano-bar très "branché" de *Chez Tao* où l'on passe d'inoubliables soirées.

Accès (carte n° 36) : sur le port de Calvi. Aéroport de Calvi-Sainte-Catherine à 7 km, tél. 04.95.65.08.09.

Marina d'Argentella

20260 Calvi (Haute-Corse)
L'Argentella
Tél. 04.95.65.25.08 - Fax 04.95.65.25.12
M. Grisoli

Fermeture du 4 octobre à fin mai **Chambres** 25 avec s.d.b. et w.c. **Prix** des chambres doubles en demi-pension : 350 à 475 F / 53,36 à 72,41 € (par pers.) - Tarif spécial enfants - Petit déjeuner compris **Carte de crédit** Visa **Divers** chiens admis - Parking **Alentour** citadelle de Calvi ; circuit des villages de Balagne : Calenzana, Zilia, Montemaggiore, Sant'Antonino, église de La Trinité à Aregno, couvent de Corbara, parc régional et réserve naturelle de Scandola - Golf de Lumio 9 trous **Restaurant** service de 12 h 30 à 14 h 30, 20 h à 22 h - Menu : 130 F / 19,82 € - Carte.

L'*Argentella* est un lieu privilégié en Corse, tant par sa situation sur une plage de petits galets noirs, dans la baie de Crovani, que grâce à Pierre et Dorine qui se font toujours un point d'honneur à vous faire passer de bonnes vacances. Les chambres, dispersées parmi les eucalyptus dans de petits pavillons, sont aménagées très sommairement mais coquettes, et toutes ont des salles de douches. A midi, on peut déjeuner à la carte ; le soir, le menu propose une cuisine familiale. Baignades, planches à voile, pique-niques vous sont proposés à l'hôtel. A 19 heures, vous pourrez participer à la traditionnelle partie de volley et prendre ensuite un verre devant l'exceptionnel coucher de soleil. L'*Argentella* est le lieu idéal pour passer en famille de bonnes vacances, à condition de ne pas redouter d'être à vingt kilomètres de Calvi, d'apprécier l'ambiance "vacances informelles" et la bonne franquette qui font la personnalité de cet endroit. A signaler, une "semaine minceur" en juin.

Accès (carte n° 36) : à 22 km au sud de Calvi, direction Porto par le bord de mer. Aéroport de Calvi-Sainte-Catherine à 25 km, tél. 04.95.65.08.09.

Auberge Relais de la Signoria

20260 Calvi (Haute-Corse)
Route de la forêt de Bonifato
Tél. 04.95.65.93.00 - Fax 04.95.65.38.77 - MM. Ceccaldi
E-mail : info@hotel-la-signoria.com - Web : hotel-la-signoria.com

Catégorie ★★★ Fermeture du 16 octobre au 30 mars **Chambres** 20 climatisées avec tél., s.d.b., w.c., t.v. et minibar **Prix** des chambres (selon saison) - simples et doubles : 900 à 1 600 F / 137,20 à 243,92 € ; suites : 1 200 à 2 600 F / 182,94 à 396,37 € - Lit suppl. : 150 à 200 F / 22,87 à 30,49 € - Petit déjeuner : 100 F / 15,24 €, servi de 8 h à 11 h **Cartes de crédit** Amex, Visa **Divers** chiens non admis - Piscine, tennis, hammam - Parking **Alentour** citadelle de Calvi ; circuit des villages de Balagne ; parc régional et réserve naturelle de Scandola - Golf du Réginu 9 trous **Restaurant** service de 12 h à 13 h 30 le week-end, 19 h 30 à 22 h 30 - (à midi en juillet/août, grill jusqu'à 14 h au bord de la piscine) - Menu : 250 F / 38,11 € - Carte - Spécialités : gâteau de magret fumé ; saint-pierre en chausson et tapenade verte ; macaronnade de brousse.

Une belle et ancienne maison, dans une grande propriété plantée d'eucalyptus et de palmiers, voici un très agréable hôtel non loin de l'un des plus charmants ports de l'île. Les propriétaires ont aménagé le lieu pour accueillir les hôtes de passage tout en réussissant à lui conserver son cachet initial. Les chambres du bâtiment principal sont les plus agréables et les plus confortables, mais vous ne serez pas punis si vous êtes dans la petite maison près de la piscine (dont les abords viennent d'être réaménagés avec de grandes toiles qui dispensent leur ombre aux heures chaudes). Moments de rêve, les excellents dîners sont souvent servis aux chandelles, sous la voûte des palmiers de la terrasse, et l'on voudrait alors profiter interminablement de la fraîcheur du soir. Même en plein mois d'août, *La Signoria* permet de retrouver le calme absolu, et constitue l'une des très belles adresses en Corse.

Accès (carte n° 36) : à 5 km de Calvi direction aéroport.

Le Vieux Moulin

20238 Centuri-Port (Haute-Corse) - Le Port
Tél. 04.95.35.60.15 - Fax 04.95.35.60.24
M. Alessandrini

Fermeture du 15 novembre au 15 février **Chambres** 14 avec tél., s.d.b. ou douche, w.c. et t.v. **Prix** des chambres doubles : 290 à 350 F / 44,21 à 53,36 € - Lit suppl. : 95 F / 14,48 € - Demi-pension (obligatoire en été) : 375 à 440 F / 57,16 à 67,07 € (par pers.) - Petit déjeuner : 38 F / 5,79 €, servi de 8 h 30 à 11 h **Cartes de crédit** acceptées **Divers** chiens admis - Parking **Alentour** cap Corse de Bastia à Saint-Florent (Canari, Nonza, Saint-Florent…) **Restaurant** service de 12 h à 15 h, 19 h 30 à 23 h - Menus : 145 à 310 F / 22,11 à 47,26 € - Carte - Spécialités : crustacés ; bouillabaisse ; bourride ; poissons.

Il faut absolument découvrir le minuscule port de Centuri, un modèle du genre tel qu'il ne s'en trouve malheureusement plus sur le continent. On y pêche la langouste, l'anchois, l'araignée, et toute une quantité de produits merveilleux servis pour des prix très raisonnables dans les quelques restaurants du village, notamment au *Vieux Moulin*. Précédée par une vaste terrasse sous de vieux tamaris, cette belle maison se trouve légèrement au-dessus du port. Construite au XIXᵉ par un oncle ayant fait fortune en Amérique, elle a conservé beaucoup de caractère, surtout dans le hall d'accueil et au salon du premier étage. Pour le reste, les chambres de la maison sont plus chaleureuses en hiver (très belle vue pour les nᵒˢ 5 et 6), celles de l'annexe (modernes) profitent d'une terrasse ombragée, et toutes sont simplement aménagées mais agréables et bien tenues. Enfin, c'est avec un rare plaisir que vous pourrez prendre un verre ou dîner dehors, au milieu des senteurs méridionales et tout en contemplant le va-et-vient des barques de pêche. Accueil agréable et naturel.

Accès (carte n° 36) : à 50 km au nord de Bastia. Aéroport de Bastia-Poretta, tél. 04.95.54.54.54.

Hôtel Castel Brando

20222 Erbalunga (Haute-Corse)
Tél. 04.95.30.10.30 - Fax 04.95.33.98.18 - M. et Mme Piéri
Web : castelbrando.com

Catégorie ★★★ **Fermeture** du 14 novembre au 13 mars **Chambres** 15 et 6 appartements climatisés, avec tél., s.d.b., w.c., t.v., coffre-fort et coin-cuisine; accès handicapés **Prix** des chambres (selon saison), doubles: 380 à 880 F / 57,93 à 134,16 €; appartements (3/4 pers.): 650 à 1 050 F / 99,09 à 160,07 € - Petit déjeuner: 45 F / 6,86 €, servi de 8 h à 11 h **Cartes de crédit** Amex, Visa **Divers** chiens admis - Piscine - Parking **Alentour** Bastia; villages du cap Corse de Bastia à Saint-Florent **Pas de restaurant** à l'hôtel.

Erbalunga est un pittoresque village de pêcheurs du cap Corse, à quelques kilomètres de Bastia et à proximité de la plage de galets d'Erbalunga ou de celle de Piétracorba. Classé, le site qui a inspiré de nombreux peintres est aujourd'hui bien préservé. Avec un goût évident pour les belles choses, Joëlle et Jean-Paul Piéri, des enfants du pays, ont restauré deux belles maisons de caractère, leur apportant confort et personnalité. Chacun peut y vivre confortablement et à son rythme, y compris dans les cinq nouvelles chambres. qui disposent toutes d'une petite terrasse privative donnant sur la piscine. Hôteliers depuis peu, Joëlle et Jean-Paul sont très vite devenus de bons professionnels et leur établissement est aujourd'hui, à notre avis, l'un des plus charmants de l'île. Enthousiastes, ils vous accueilleront avec beaucoup de gentillesse et vous donneront toutes les clés pour découvrir et apprécier la Corse authentique. Si vous voulez un soir dîner dehors, l'hôtel vous indiquera ses bonnes adresses; quant à nous, nous vous conseillons à Bastia *La Citadelle* et *Le Romantique,* et à Erbalunga, face à la mer, *Le Pirate.*

Accès (carte n° 36): à 9 km au nord de Bastia. Aéroport de Bastia-Poretta, tél. 04.95.54.54.54.

Grand hôtel Mare e Monti

20225 Feliceto (Haute-Corse)
Tél. 04.95.63.02.00 / 02 - Fax 04.95.63.02.01
M. Renucci

Catégorie ★★ **Fermeture** d'octobre à avril **Chambres** 18 avec tél., 16 avec s.d.b. ou douche et w.c. **Prix** des chambres doubles : 310 à 350 F / 47,26 à 53,36 € ; appart. (4 pers.) : 630 F / 96,04 € - Petit déjeuner-buffet : 40 F / 6,10 €, servi de 8 h à 10 h - Demi-pension : 266 à 313 F / 40,40 à 47,78 € (par pers., 3 j. min.) **Cartes de crédit** acceptées **Divers** chiens admis - Parking **Alentour** la maison du Bandit, ponts génois ; citadelle de Calvi ; circuit des villages de Balagne : Calenzana, Zilia, Montemaggiore, Sant'Antonino, l'église de La Trinité à Aregno, couvent de Corbara **Restaurant** gestion différente de celle de l'hôtel.

Entre mer et montagne, c'est la situation de cette belle maison de maître, construite vers 1870. Derrière, les roches grimpent presque à la verticale, tandis qu'au loin se profile la mer derrière l'Ile-Rousse. Le hall d'entrée et ses plafonds peints, le très charmant salon Louis-Philippe, le chaleureux salon corse ainsi que le grand escalier ont vraiment beaucoup de caractère. Côté chambres, les améliorations touchent à leur fin. Soignées et disposant de belles salles de bains, les 14 chambres rénovées sont colorées et très confortables, les plus anciennes ne manquent cependant pas de charme. Enfin, l'accueil agréable de monsieur Renucci (dont la famille occupe la maison depuis plusieurs générations) achèvera de séduire l'amateur d'une Corse plus authentique que celle révélée par les simples plaisirs balnéaires.

Accès (carte n° 36) : à 26 km au nord-est de Calvi par N 197 jusqu'au-delà d'Alcajola, puis à droite, D 13 jusqu'à Feliceto par Santa Reparata. Aéroport de Calvi-Sainte-Catherine, tél. 04.95.65.08.09.

La Bergerie

Monticello 20220 Ile-Rousse (Haute-Corse)
Route de Monticello
Tél. 04.95.60.01.28 - Fax 04.95.60.06.36
M. Caumer

Catégorie ★★ Fermeture du 1ᵉʳ novembre au 15 mars, lundi en basse saison **Chambres** 19 (dont 2 climatisées) avec tél., s.d.b. et w.c. **Prix** des chambres: de 270 F (en basse saison) à 450 F (en haute saison) / 39,64 à 64,03 € - Petit déjeuner: 35 F / 5,34 €, servi de 8 h à 10 h 30 - Demi-pension: 350 à 440 F / 53,36 à 67,08 € (par pers., 5 j. min.) **Carte de crédit** Visa **Divers** chiens admis - Piscine - Parking **Alentour** citadelle de Calvi; circuit des villages de Balagne: Calenzana, Zilia, Montemaggiore, etc. **Restaurant** service à 12 h et 19 h 30 - Carte - Spécialités: brochettes de liche; araignées farcies; omelette aux oursins; sardines farcies.

Cette ancienne *Bergerie* se trouve à 800 mètres d'Ile-Rousse et de la plage. Réparties sur plusieurs bâtiments, les chambres sont crépies de blanc, sommairement décorées et un peu sonores. Chacune dispose cependant d'une petite terrasse. Nous vous recommandons surtout celles ayant vue sur mer, d'autant plus que leurs prix ne sont pas majorés. A l'inverse, les chambres allant de 1 à 5 sont sombres et sans intérêt. Dès les beaux jours, la piscine est à votre disposition: au calme, bordée de fleurs, elle est particulièrement agréable. Le propriétaire, grand pêcheur, régale ses clients avec les produits de sa pêche, et vous pourrez déguster des plats aussi raffinés que les omelettes d'oursins ou les anémones de mer en beignets, ainsi que quelques spécialités marocaines. Par beau temps, le service a lieu dehors, sur la terrasse ombragée, sinon, vous dînerez dans la petite bergerie rustique et très paysanne. Ambiance détendue.

Accès (carte n° 36): à 24 km au nord-est de Calvi par N 197 jusqu'à l'Ile-Rousse. Aéroport de Calvi-Sainte-Catherine, tél. 04.95.65.08.09.

La Casa Musicale

20220 Pigna (Haute-Corse)
Tél. 04.95.61.77.31-81 - Fax 04.95.61.74.28
M. Jérome Casalonga
E-mail : casa.musicale.pigna@wanadoo.fr

Fermeture de fin décembre à fin février et le lundi hors saison **Chambres** 7 avec tél., s.d.b. ou douche et w.c. **Prix** des chambres simples et doubles : 195 à 380 F / 29,73 à 57,93 € ; triple : 300 à 400 F / 45,73 à 60,98 € - Petit déjeuner : 30 F / 4,57 €, servi de 8 h à 11 h **Carte de crédit** Visa **Divers** chiens admis **Alentour** citadelle de Calvi ; circuit des villages de Balagne : Calenzana, Zilia, Montemaggiore, Sant'Antonino, église de La Trinité à Aregno, couvent de Corbara **Restaurant** (sur réservation) - Service de 20 h à 22 h 30 - Carte - Spécialités corses.

Accroché à la colline, Pigna domine un superbe paysage planté d'essences méridionales et bordé par la mer. Patiemment rénové, ce ravissant village permet de découvrir, au détour de ses ruelles pavées, quelques ateliers d'artisans, une petite place panoramique et… *La Casa Musicale*. A l'origine, la maison servait pour des concerts et des stages artistiques puis, le succès aidant, ses animateurs décidèrent d'installer quelques tables sur la terrasse et dans l'ancien pressoir (à olives et à raisins) pour ceux qui désiraient déjeuner ou dîner. La nourriture traditionnelle était bonne, l'ambiance sympathique ; beaucoup auraient aimé dormir sur place et, las de les décevoir, on installa bientôt quelques chambres. Elles sont vraiment très simples mais la magie du lieu, la vue exceptionnelle sur la mer ou sur les collines, les couvre-lits colorés, les fresques "à l'éponge" qui habillent certains murs les rendent tout à fait plaisantes. Deux d'entre elles ont une terrasse (dont une accessible par une échelle de meunier). Enfin, les soirées musicales ont toujours lieu une fois par semaine selon la saison.

Accès (carte n° 36) : à 8 km au sud-est d'Ile-Rousse. Aéroport de Calvi-Sainte-Catherine, tél. 04.95.65.08.09.

U Sant'Agnellu

20247 Rogliano (Haute-Corse)
Tél. 04.95.35.40.59 - Fax 04.95.35.40.59
M. et Mme Albertini
Web : hotel.u.sant.agnellu.com

Fermeture de novembre à Pâques **Chambres** 14 avec s.d.b., w.c. et t.v. **Prix** des chambres doubles : 280 à 370 F / 42,69 à 56,41 € - Petit déjeuner : 35 F / 5,34 € - Demi-pension : 270 à 350 F / 41,16 à 53,36 € (par pers.) **Cartes de crédit** acceptées **Divers** chiens admis **Alentour** randonnées équestres et pédestres (sentier des douaniers, crêtes), tennis, plongée à 4 km, villages du cap Corse de Bastia à Saint-Florent (Erbalunga, Sisco, église Saint-Martin, église Saint-Michel, Centuri-Port, Canari, Nonza, Saint-Florent) **Restaurant** service de 12 h à 14 h 30, 19 h 30 à 22 h 30 - Menu : 90 F / 13,72 € - Carte - Spécialités : brandade ; boulettes au broccio ; cannelonis ; tourte Sant'Agnellu ; langoustes ; cabri ; rôti de veau.

Dans cette ancienne maison communale, monsieur et madame Albertini ont aménagé un restaurant, puis un hôtel. Ces jeunes hôteliers méritent d'être encouragés, autant pour leur cuisine simple et peu onéreuse, que pour les chambres où règne une sobriété de bon aloi et tout à fait confortable, avec des murs en crépi blanc, de solides meubles en bois, et des salles de bains aux carrelages impeccables. Cinq d'entre elles donnent sur la mer, les autres sur la montagne. Précisons, toutefois, que certaines chambres ont du mal à se rafraîchir lors des périodes caniculaires. Par beau temps, les repas sont servis sur la terrasse panoramique ; à l'intérieur, la grande salle à manger aux vastes fenêtres en demi-cercle permet elle aussi de profiter de la vue. Pour les amateurs de vieilles pierres, ce joli village du XIIe siècle renferme deux églises, un couvent, des ruines de châteaux et plusieurs tours génoises.

Accès (carte n° 36) : à 42 km au nord de Bastia par D 80, direction Macinaggio (navette gratuite du port de Macinaggio à l'hôtel). Aéroport de Bastia-Poretta, tél. 04.95.54.54.54.

Château des Bondons

77260 La Ferté-sous-Jouarre (Seine-et-Marne)
47-49, rue des Bondons
Tél. 01.60.22.00.98 - Fax 01.60.22.97.01
M. Busconi

Catégorie ★★★★ Ouverture toute l'année **Chambres** 14 avec tél., s.d.b., w.c., t.v. satellite et minibar **Prix** des chambres doubles: 500 à 600 F / 76,22 à 91,46 €; suites: 850 à 1100 F / 119,57 à 167,88 €; appartements: 600 à 850 F / 91,46 à 119,57 € - Petit déjeuner: 60 F / 9,15 € **Cartes de crédit** acceptées **Divers** chiens admis (50 F / 7,62 €) - Room service - Parking **Alentour** Jouarr; Eurodisney **Pas de restaurant** à l'hôtel.

Dans un vaste parc, ce petit château du XIXe siècle allait sombrer dans l'oubli. Monsieur et madame Busconi lui ont rendu un avenir grâce à une énergique restauration. Au rez-de-chaussée se trouvent les pièces de réception donnant sur la verdure. L'entrée, avec son dallage en mosaïque de marbre (dont les motifs géométriques se retrouvent en ivoire serti dans les boiseries), semble revenir de Vienne du temps de Klimt ou d'Hoffmann. La salle à manger conserve aussi d'amusantes boiseries intégrant des petits tableaux de paysage. Mobilier de style XVIIIe, copies modernes mais élégantes. Le salon est grand, très lumineux. Un bel escalier de bois mène aux chambres. L'atmosphère se fait alors feutrée: moelleuses moquettes, très beaux tissus fleuris. Mobilier de style assorti. Toutes sont différentes et s'agrémentent systématiquement de luxueuses salles de bains. Mention particulière pour la 4 et la 8 (plus chères mais exceptionnelles). Enfin, l'accueil est d'une grande gentillesse et les petits déjeuners aussi bons que copieux.

Accès (carte n° 10): à 65 km à l'est de Paris par A 4 sortie La Ferté-sous-Jouarre, puis N 3 (dans la ville, direction Châlons-sur-Marne, Montménard).

Au Moulin

77940 Flagy (Seine-et-Marne)
2, rue du Moulin
Tél. 01.60.96.67.89 - Fax 01.60.96.69.51
M. et Mme Scheidecker

Catégorie ★★★ Fermeture du 16 au 28 septembre et du 16 décembre au 18 janvier ; le dimanche soir et le lundi (sauf Pâques, Pentecôte : lundi soir et mardi) **Chambres** 10 avec tél., s.d.b. et w.c. **Prix** des chambres doubles : 385 à 570 F / 58,69 à 86,90 € - Petit déjeuner : 60 F / 9,15 €, servi de 7 h 45 à 11 h - Demi-pension : 420 à 500 F / 64,03 à 76,23 € (par pers. 3 j. min.) **Cartes de crédit** acceptées **Divers** chiens admis - Parking **Alentour** palais et forêt de Fontainebleau ; Moret-sur-Loing - Golf de la Forteresse 18 trous **Restaurant** service de 12 h 15 à 14 h 15, 19 h 15 à 21 h 15 - Menus : 140 à 250 F / 21,34 à 38,11 € - Carte.

A près bien des vicissitudes, cet ancien moulin à farine du XIIIe siècle, qui demeura en activité jusque dans les années 1940, a retrouvé son visage d'antan. Sous le crépi, on a découvert tout l'appareillage du mur, en excellent état, les colombages d'origine, les tuileaux noyés de torchis, les pierres apparentes du rez-de-chaussée, et le pignon avec sa belle voûte d'échappement. Et c'est une nouvelle vocation qu'on lui a donnée en aménageant dix chambres personnalisées, confortables, souvent dotées de meubles patinés et de jolis détails décoratifs (trois d'entre elles donnent sur le bief). La salle à manger ouvre par de larges baies vitrées sur la rivière et se prolonge par une terrasse-jardin où l'été on installe des tables. Un dîner aux chandelles vous est proposé le soir avec, en hiver, un bon feu de bois. A une heure de Paris, vous recevrez ici un accueil généreux et courtois, dans un lieu où se trouvent réunis calme, confort et campagne.

Accès (carte n° 9) : A 6, sortie Fontainebleau, puis N 6 sur 18 km ; au feu, à droite sur D 403 puis tourner immédiatement sur la gauche sur D 120.

Hostellerie Le Gonfalon

77910 Germigny-L'Evêque (Seine-et-Marne)
2, rue de L'Eglise
Tél. 01.64.33.16.05 - Fax 01.64.33.25.59 - Mme Colubi

Fermeture janvier, dimanche soir et lundi **Chambres** 10 avec tél., s.d.b., w.c., t.v. et minibar **Prix** des chambres : 280 à 380 F / 42,69 à 57,93 € - Petit déjeuner: 55 F / 8,38 €, servi de 7 h 30 à 10 h 30 **Cartes de crédit** acceptées **Divers** chiens admis - Location de vélos (80 F / 12,19 €) - Parking **Alentour** forêt de Montceaux; promenades en bateau sur la Marne **Restaurant** service de 12 h à 13 h 30, 19 h 30 à 21 h - Menus: 198 F / 29,93 € (en semaine) 260 à 350 F / 39,64 à 53,36 € - Carte.

Au cœur du pays de Brie, tout au bord de la Marne, une banale auberge de village est devenue, grâce à Line Colubi, déjà cordon-bleu réputé, et à son chef Patrick, une belle adresse champêtre à moins d'une heure de Paris. En effet, la façade sobre du *Gonfalon* cache une fraîche terrasse de rêve, ombragée par d'énormes tilleuls centenaires, entourée d'une luxuriante verdure surplombant la Marne. Les bons vivants viennent surtout pour les spécialités de la patronne, fine saucière, le tout servi soit sur la délicieuse terrasse, soit dans l'élégante salle à manger Louis XIII aux chaleureuses boiseries, réchauffée en hiver par de belles flambées. Au premier et au second étage, dix chambres confortables, douillettes, très calmes (préférez celles avec grande terrasse-jardin d'hiver, privatives, donnant sur la verdure et sur la rivière – notamment la n° 2 – ou, pour une ambiance plus jeune et plus décontractée, les chambres mansardées du second). Les délicieux petits déjeuners, avec brioches chaudes maison et jus de fruits frais, sont servis dans les chambres, en salle ou en terrasse dès les beaux jours. Service féminin souriant, discret, professionnel. Une bonne et belle adresse gastronomique pour vos prochains week-ends.

Accès (carte n° 9): à 60 km à l'est de Paris par A 4 jusqu'à Saint-Jean les 2 Jumeaux, puis N 3 jusqu'à Trilport et D 97.

Hostellerie Aux Vieux Remparts

77160 Provins (Seine-et-Marne)
3, rue Couverte - Ville Haute
Tél. 01.64.08.94.00 - Fax 01.60.67.77.22 - M. Roy

Catégorie ★★★ Ouverture toute l'année **Chambres** 25 chambres avec tél., s.d.b. ou douche, w.c., t.v. satellite et minibar **Prix** des chambres doubles : 395 à 850 F / 60,22 à 129,58 € - Petit déjeuner : 60 F / 9,15 €, servi de 7 h à 10 h 30 - Demi-pension : 450 à 850 F / 68,60 à 129,58 € (par pers) **Cartes de crédit** acceptées **Divers** chiens admis avec 60 F / 9,15 € de suppl. - Parking **Alentour** remparts, tour de César, église Saint-Quiriace à Provins, spectacle de fauconnerie, tournoi de chevalerie ; église de Saint-Loup-de-Naud - Golf de Fontenaille 18 trous **Restaurant** service de 12 h à 14 h 30, 19 h 30 à 21 h 30 - Menus : 150 à 360 F / 22,87 à 54,88 € - Carte - Spécialités : petite salade de langoustines tièdes gaspacho de tomates ; pomme de ris de veau piquée de foie gras braisée au beurre mousseux.

Isolé sur un promontoire dominant la petite ville de Provins, le quartier médiéval fait penser à un village moyenâgeux avec ses rues en pente et ses maisons à encorbellement groupées autour de la célèbre tour César. Pour la découvrir, l'*Hostellerie Aux Vieux Remparts* dispose de 25 agréables chambres situées dans un bâtiment classiquement moderne et mitoyen au restaurant. Récemment redécorées, elles affichent un bel assortiment de coloris et sont confortablement aménagées avec un mobilier de style. Au restaurant, vous aurez le choix entre une cuisine plaisante, d'un bon rapport qualité-prix et la formule "bistrot" servie dans une belle maison à colombage du XVIe (l'été, on installe quelques tables en terrasse et du côté du jardin). Même réussite pour les petits déjeuners agrémentés de bonnes viennoiseries et de confitures subtiles. Idéale pour venir en week-end, voici une adresse très professionnelle où vous trouverez toujours un excellent accueil.

Accès (carte n° 10) : à 86 km au sud-est de Paris par A 4, puis D 231 jusqu'à Provins.

Abbaye des Vaux de Cernay

2001

78720 Cernay-la-Ville (Yvelines)
Tél. 01.34.85.23.00 - Fax 01.34.85.11.60 - André Charpentier
E-mail : aby_vaux@club-internet.fr

Ouverture toute l'année **Chambres** 54 et 3 suites avec ascenceur, tél. direct et s.d.b. ; chambre handicapés **Prix** des chambres doubles : 590 à 1 590 F / 89,94 à 246,39 €; suites : 1 800 à 3 800 F/ 274,40 à 579,30 € - Petit déjeuner : 80 F / 12,20 €, servi de 7 h à 11 h 30 **Cartes de crédit** acceptées **Divers** chiens admis (75 F / 11,43 €) - Piscine, tennis, barques - Parking **Alentour** châteaux de Versailles et de Rambouillet - Golf de Saint-Quentin 18 trous **Restaurant** service de 12 h à 13 h 30, 19 h 30 à 21 h 30 - Menus : 265 à 405 F / 40,40 à 63,27 € - Carte.

Fascinant ensemble architectural, cette ancienne abbaye cistercienne offre un subtil compromis entre sa fonction hôtelière et son antique vocation religieuse. Il y a l'ancien réfectoire des convers, devenu restaurant, le cellier, transformé en salon de musique, l'immense salle des moines aux colonnades et voûtes d'ogives, le salon gothique et ses cheminées monumentales, l'ancien cloître, la salle capitulaire… Immense ; mais le charme est bien là, dans le mobilier ancien et varié des salons et des chambres, dans l'absence délibérée de téléviseurs, dans l'aménagement des terrasses à l'abri de vieux pans de murs ou à proximité de l'étang, dans l'immense parc qui se confond avec la forêt de Rambouillet. Si le lieu est indéniablement luxueux, le bon goût reste bien présent et pas moins de 15 chambres affichent des prix allant de 590 à 900 F. Côté gastronomie, un peu d'irrégularités avec quelques belles réussites et des réalisations à la complexité moins convaincante, heureusement rachetées par un service remarquable. Une superbe adresse qu'affectionnaient déjà Saint Louis et Marguerite de Provence depuis qu'ils y trouvèrent la fécondité en buvant l'eau miraculeuse de la fontaine Saint-Thibaud située dans le bois voisin.

Accès (carte n° 9) : à 30 km de Paris. N 10 sortie Les Essart Auffargis puis D 24.

L'Auberge du Château

78720 Dampierre (Yvelines) - 1, Grande-Rue
Tél. 01.30.47.56.56 - Fax 01.30.47.51.75 - Sylvie et Christophe Blot

Catégorie ★★ Fermeture quelques jours fin décembre, fin février et fin août ; fermé du dimanche soir au mardi soir **Chambres** 14 avec tél., s.d.b., w.c., t.v. **Prix** des chambres : 500 à 700 F / 76,22 à 106,71 € - Petit déjeuner : 50 F / 7,62 €, servi de 8 h à 10 h 30 **Carte de crédit** Visa **Divers** chiens admis (60 F / 9,15 €) **Alentour** châteaux de Dampierre, Breteuil, Versailles **Restaurant** service de 12 h à 14 h 30, 19 h 30 à 20 h 30 - Fermé du dimanche soir au mardi soir - Menu : 180 F (en semaine) / 27,44 € - Menu-carte : 270 F / 41,16 € - Changement de carte toutes les trois semaines.

Adossée à la forêt de Rambouillet, presque en face de l'entrée du superbe château XVIIIᵉ de Dampierre, voici l'auberge rêvée pour se ressourcer tout près de Paris. Bien décidés à en faire un lieu incontournable, Sylvie et Christophe Blot ont repris l'auberge il y a un peu plus d'un an, et leur restaurant jouit déjà d'une réputation gastronomique tout à fait méritée. En digne élève de Marc Meneau et de Troisgros, Christophe réalise des merveilles en cuisine, ce qui ne l'empêche pas de rejoindre souvent Sylvie en salle pour participer à un service d'une qualité et d'une rapidité hors du commun. Même réussite sur le plan décoratif avec l'agréable mariage d'un mobilier ancien rustique à de beaux tissus jaune orangé, l'ensemble sur fond de murs blancs où de larges fenêtres à petits carreaux donnent sur la terrasse, la rue et les nobles murs du château. Les chambres bénéficient du même soin et l'on aime bien leur simplicité campagnarde rajeunie. La grande majorité donne sur la rue principale, mais elles ont souvent un double vitrage et la circulation nocturne reste très limitée (les inconditionnels du silence préféreront les nᵒˢ 7, 8, 10, 11) ; toutes sont donc plaisantes et recommandables. Accueil particulièrement sympathique.

Accès (carte nº 9) : à 30 km de Paris par A 13 vers Dreux, puis A 12. A Rambouillet prendre N 10. Trappes, Mesnil-Saint-Denis puis Dampierre.

Domaine du Verbois

78640 Neauphle-le-Château (Yvelines)
38, avenue de la République
Tél. 01.34.89.11.78 - Fax 01.34.89.57.33 - M. et Mme Boone
Web : hotelverbois.com

Catégorie ★★★ **Fermeture** du 11 au 26 août et du 21 au 29 décembre **Chambres** 22 avec tél., s.d.b., w.c., t.v. satellite, 10 avec minibar ; 1 chambre handicapés **Prix** des chambres (selon saison) : 590 à 740 F / 89,94 à 112,81 € ; suite : 860 F / 131,11 € - Petit déjeuner : 68 F / 10,36 €, servi de 7 h 15 à 13 h **Cartes de crédit** acceptées **Divers** chiens admis (+ 60 F / 9,15 €) - Parking et garage **Alentour** visite des caves de Grand-Marnier ; Versailles ; Giverny - Golfs d'Isabella et de Saint-Nom 18 trous **Restaurant** service de 12 h à 14 h, 19 h 30 à 21 h 30 - Fermé dimanche soir - Menu : 165 F / 25,15 € - Carte - Spécialités : poularde Houdan ; barbue au jus de viande ; Neauphleen.

Tout près de Versailles, cet hôtel profite d'une vue exceptionnellement dégagée qui s'étend au-delà d'un domaine de trois hectares. Une succession de salons, dont les proportions ont été conservées, perpétue l'atmosphère des grandes maisons bourgeoises du XIXe. Dès les beaux jours, les repas sont servis sur la vaste terrasse dominant le parc et la campagne. Les chambres aux noms de déesses grecques sont toutes confortables et très joliment aménagées. Les plus spacieuses sont au premier étage mais toutes sont agréables et lumineuses. Vous vous endormirez au calme en feuilletant les magazines d'art des années 1950-1960, collection du propriétaire. Prisé par les séminaires toujours reçus dans des salons privés, l'hôtel réserve à sa clientèle un accueil attentif. C'est une adresse de charme dont le confort luxueux reste d'un bon rapport qualité-prix. Vous y serez reçus par un personnel compétent orchestré par monsieur Boone qui aime cette maison comme si elle avait toujours appartenu à sa famille.

Accès (carte n° 9) : à 29 km à l'ouest de Paris, par A 13 direction Dreux, puis A 12 direction Saint-Quentin-en-Yvelines, et N 12 sortie Neauphle-le-Château et Verbois à 2 km.

Hôtel de France

91670 Angerville (Essonne)
2, place du Marché
Tél. 01.69.95.11.30 - Fax 01.64.95.39.59 - Mme Tarrene

Ouverture toute l'année **Chambres** 17 avec tél., s.d.b. ou douche, w.c. et t.v.; ascenseur **Prix** des chambres doubles : 450 à 550 F / 68,60 à 83,85 € - Petit déjeuner: 48 F / 7,39 € - Demi-pension: 430 F / 65,55 € (par pers.) **Cartes de crédit** Amex, Visa **Divers** chiens admis - Parking **Alentour** vallée de la Juine et château de Méréville; vallée de la Chalouette et Chalou-Moulineu; château de Farcheville; Dourdan (place du Marché-aux-Grains) **Restaurant** service de 12 h à 14 h, 19 h 30 à 21 h 30 - Menu: 150 F / 22,87 €.

Ce sont en fait trois maisons très anciennes qui constituent l'*Hôtel de France*. Collées les unes aux autres autour d'une cour verdoyante où quelques tables sont dressées en été, elles cachent un intérieur plein de charme et de caractère. Décorées de manière toujours chaleureuse et utilement isolées de la rue et de la place du marché par des doubles vitrages, les chambres sont toutes différentes. Une petite armoire XVIIIe ici, une commode Louis-Philippe là, quelques gravures, des tissus de marque... créent dans chacune une ambiance intimiste et soignée. Au rez-de-chaussée, l'élégante salle à manger permet de déguster la cuisine savoureuse et fine de madame Tarrene. A côté, une chaleureuse pièce fait office, selon l'heure, de salle des petits déjeuners ou de salon-bar, grâce au canapé et aux fauteuils qui encadrent la cheminée de pierre où un feu crépite dès les premiers frimas. Une accueillante adresse qui doit beaucoup à la gentillesse de ses propriétaires et qui mérite plus qu'une étape pour découvrir les richesses cachées de la campagne beauceronne.

Accès (carte n° 9) : à 40 km au sud de Paris par N 20, direction Etampes, à 15 km au sud d'Etampes.

Auberge de l'Ile du Saussay

91760 Itteville (Essonne) - Route de Ballancourt
Tél. 01.64.93.20.12 - Fax 01.64.93.39.88 - M. Lebrun
Web : auberge-saussay.com

Fermeture en août et le lundi **Chambres** 7 et 2 appartements pour 4 pers. et 13 suites avec tél., s.d.b. ou douche, w.c., t.v., minibar et coffre-fort **Prix** des chambres : 370 à 470 F / 56,41 à 71,65 € ; appartements : 900 F / 137,20 € - Petit déjeuner : 45 F / 6,86 €, servi de 7 h à 10 h 30 **Cartes de crédit** acceptées **Divers** chiens admis - Parking **Alentour** Dourdan ; Arpajon et la vallée de la Renarde ; château de Farcheville **Restaurant** service de 12 h à 14 h 30, 19 h à 22 h - Fermé le lundi - Menus : 125 à 225 F / 19,06 à 34,30 € - Carte.

Au Moyen Age, les moines extrayaient ici la tourbe servant de combustible pour le chauffage des Parisiens. Plus tard, le cours de l'Essonne est venu remplir les anciennes carrières créant ainsi autant de petits lacs. Séduit par le site, monsieur Lebrun a voulu nous faire partager son enthousiasme en concevant une auberge entièrement tournée vers l'eau et la verdure. Certes, son aspect est contemporain, mais le charme est dehors, derrière chaque vitre. Trois catégories d'hébergement sont proposées, toutes ont en commun un confort moderne, une décoration pâlichonne et de larges baies vitrées ouvrant, par-delà une terrasse en bois, sur le lac ou, derrière, sur les arbres et un petit bras d'eau. Vous aurez donc le choix entre des chambres, des suites (petit salon et chambre en mezzanine) ou des appartements (deux chambres et un salon). L'ensemble est agréable, reposant, et les dîners sont vraiment excellents. Vous en profiterez face au reflet éclairé des grands arbres sur le lac. Un vrai plaisir pour l'œil qui s'ajoute à ceux de la bouche et fait de *L'Ile du Saussay* une excellente adresse d'étape où l'acceuil n'est, malheureusement, pas toujours "à la hauteur".

Accès (carte n° 9) : à 40 km au sud de Paris par N 20, direction Etampes, puis après Arpajon, prendre direction La Ferté-Alais.

Château de Cavanac

11570 Cavanac (Aude)
Tél. 04.68.79.61.04 - Fax 04.68.79.79.67
M. et Mme Gobin

Catégorie ★★★ **Fermeture** de mi-janvier à début février **Chambres** 15 climatisées avec tél. direct, s.d.b. ou douche, w.c., coffre-fort et t.v. (Canal +); ascenseur; 1 chambre handicapés **Prix** des chambres simples et doubles: 365 à 585 F / 55,64 à 89,18 € - Petit déjeuner-buffet: 45 F / 6,86 € **Carte de crédit** Visa **Divers** chiens non admis - Piscine, tennis, sauna, salle de musculation - Parking **Alentour** à Carcassonne : la Cité, églises Saint-Vincent et Saint-Nazaire; château de Pennautier - Golf d'Auriac 9 trous à Carcassonne **Restaurant** service de 20 h à 22 h - Menu: 200 F / 30,49 € (vin compris) - Carte - Spécialités: foie gras maison; baron d'agneau au four à bois.

Château viticole familial depuis des générations, cette imposante bâtisse du XVIIᵉ a été transformée par ses jeunes propriétaires en un bel hôtel. Les chambres sont vastes, quelques meubles anciens et de beaux tissus leur ont gardé tout leur cachet et, le plus souvent, elles ouvrent sur le vignoble ou la campagne environnante. Elles sont dotées de salles de bains modernes. La chaleureuse atmosphère donnée par la cheminée de l'immense salle à manger aménagée dans les anciennes écuries, les cuivres anciens, l'imposant billot, tout cela prépare au plaisir de goûter à la copieuse cuisine et aux vins du domaine. Plus intime, mais pleine de charme, la salle des petits déjeuners a gardé des allures d'ancienne cuisine avec ses guéridons et ses tables de bistrot (pas de service en chambre). En allant au tennis ou à la piscine, n'oubliez pas de jeter un coup d'œil sur les chais. Voici une adresse précieuse, à cinq minutes de la Cité de Carcassonne, où tout a été pensé pour le bien-être et le repos.

Accès (carte n° 31): à 7 km au sud de Carcassonne. Depuis Toulouse, sortie Carcassonne-ouest; depuis Narbonne, sortie Carcassonne-est, direction l'hôpital, route de Saint-Hilaire et Cavanac.

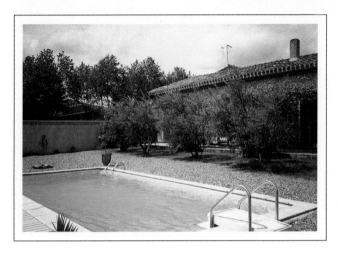

Clos des Souquets

11200 Fabrezan (Aude)
Tél. 04.68.43.52.61 - Fax 04.68.43.56.76
M. Julien

Fermeture du 2 novembre au 30 mars **Chambres** 4 et 1 studio, avec s.d.b., w.c. et t.v. sur demande
Prix des chambres doubles : 280 à 395 F / 42,69 à 60,22 € ; studio : 480 F / 73,18 € - Petit déjeuner :
45 F / 6,86 € - Demi-pension : de 330 à 395 F / 50,31 à 60,22 € (par pers.) **Carte de crédit** Visa
Divers chiens admis - Piscine, vélos - Parking **Alentour** cathédrale Saint-Just à Narbonne ; montagne
de la Clape ; réserve africaine de Sigean ; abbaye de Fontfroide ; Lagrasse ; route des vins de
Corbières ; Carcassonne - Golf d'Auriac 9 trous à Carcassonne **Restaurant** service de 12 h à 14 h,
19 h 30 à 21 h 30 - Fermeture dimanche soir - Menus : 100 à 185 F / 15,24 à 28,20 € - Carte -
Spécialités : poisson et cuisine régionale.

Nichée au cœur du paisible bourg de Fabrezan, voici une petite auberge pas
comme les autres. Constituée par un ensemble de bâtiments organisés
autour de la salle de restaurant qui s'ouvre sur une piscine en patio, on trouve
ici deux chambres donnant de plain-pied sur une cour plantée d'oliviers, un
grand studio tout blanc aménagé au premier étage d'une ancienne grange et qui
a des faux airs de maison grecque ; enfin, deux autres chambres s'ouvrent
chacune sur une petite terrasse ombragée ; ces deux petites terrasses donnant
elles-mêmes sur une seconde piscine qui leur est réservée. La cuisine inventive
de monsieur Julien, à base de poissons et de fruits de mer, ajoute à ce sentiment
de détente et de vacances que les propriétaires font régner par la qualité de leur
accueil attentionné. Une adresse où l'on a envie de rester.

*Accès (carte n° 31) : à 25 km de Carcassonne et de Narbonne. Sur A 61, sortie
Lézignan-Corbières, direction Fabrezan. A Fabrezan, direction Lagrasse.*

Hostellerie du Grand Duc

11140 Gincla (Aude)
2, route de Boucheville
Tél. 04.68.20.55.02 - Fax 04.68.20.61.22 - M. et Mme Bruchet
E-mail : host-du-grand-duc@ataraxie.fr

Catégorie ★★ Fermeture du 12 novembre au 30 mars **Chambres** 12 avec tél. direct, s.d.b. ou douche, w.c., sèche-cheveux, t.v. et coffre-fort **Prix** des chambres simples et doubles : 280 à 370 F / 42,69 à 56,41 € - Petit déjeuner : 42 F / 6,40 €, servi de 8 h à 11 h - Demi-pension : 335 à 360 F / 51,07 à 54,88 € / (par pers., 3 j. min.) **Carte de crédit** Visa **Divers** chiens admis - Parking **Alentour** forêt des Fanges, entre Belvianes et Saint-Louis ; Saint-Paul-de-Fenouillet ; gorges de Galamus ; châteaux cathares **Restaurant** service de 12 h 15 à 14 h, 19 h 30 à 21 h - Fermé le mercredi, sauf juillet-août - Menus : 130 à 350 F / 19,82 à 53,36 € - Carte - Spécialités : baignades de sépiole au fitou ; cailles au muscat ; faux-filet au foie gras et aux griottes.

Cette vieille et immense maison de maître se trouve dans le petit village de Gincla, aux confins de ce pays cathare qui connut tant de vicissitudes. Bien restaurée par ses jeunes et sympathiques propriétaires, il s'agit aujourd'hui d'une hostellerie de charme aux prix encore raisonnables. Vous y trouverez un accueil chaleureux et dix chambres très propres qui varient du style traditionnel, avec leurs papiers à ramages, à des versions plus modernes. Une annexe vient d'ouvrir avec trois nouvelles chambres, et des travaux de rénovation sont prévus dans un proche avenir. Le restaurant affiche quant à lui un décor rustique : murs blanchis, pierres apparentes et plafond à solives pour une cuisine du terroir ou inventive. La petite salle de séjour et le bar sont agréables et accueillants. En été, les petits déjeuners et les dîners aux chandelles peuvent se prendre dans le jardin, à proximité d'un bassin de pierre.

Accès (carte n° 31) : à 63 km au nord-ouest de Perpignan par D 117 jusqu'à Lapradelle, puis D 22 jusqu'à Gincla.

La Buissonnière

Hameau de Foussargues - 30700 Aigaliers (Gard)
Tél. 04.66.03.01.71 - Fax 04.66.03.19.21
M. Robberts et Mme Küchler
E-mail : la.buissonnière@wanadoo.fr - Web : labuissonniere.com

Ouverture toute l'année, sur réservation en hiver **Chambres-suites** 6 et 2 appart. (2/3 pers). avec tél. direct, douche, w.c., minibar et t.v. sur demande ; kitchenette pour les appart. **Prix** des chambres doubles : 500 à 675 F / 76,22 à 102,90 € ; appartements : 650 à 900 F / 99,09 à 137,20 € - Supplément de 100 F / 15,24 € pour une seule nuit - Petit déjeuner compris, servi de 8 h 30 à 10 h **Carte de crédit** Visa **Divers** chiens non admis - Piscine - Parking **Alentour** à Uzès : le Duché, églises Saint-Etienne et Saint-Théodorit ; pont du Gard ; Nîmes ; Avignon - Golf 9 trous à Uzès, 18 trous à 20 km **Pas de restaurant** à l'hôtel.

A quelques kilomètres d'Uzès, ce vieux mas a été restauré avec le constant souci d'en respecter l'authenticité, mais le confort et la décoration n'ont pas été négligés pour autant et l'ensemble affiche une belle réussite. Les chambres sont spacieuses, certaines profitent d'une cheminée, d'autres d'une mezzanine. Quant aux appartements, ils affichent une décoration méditerranéenne et bénéficient toujours d'une petite cuisine et d'une terrasse où l'on prend le petit déjeuner. Si vous recherchez plus de contact, vous pouvez aussi demander à être servi au frais, dans la cour. Enfin, tout autour, les lavandes, les lauriers-roses et les oliviers créent un décor fleuri pour paresser dans le jardin. A mi-chemin entre l'hôtel et la maison d'hôtes, cette adresse ne convient pas à ceux qui attendent des prestations hôtelières classiques mais ravira les amateurs de calme et d'indépendance. Accueil aimable bien qu'un peu pénalisé par une pratique du français encore maladroite.

Accès (carte n° 32) : à 7 km d'Uzès vers Alès. A 6 km prendre direction Aigaliers faire 800 m, tourner à droite au carrefour puis tout de suite à gauche et fléchage.

Hôtel Les Arcades

30220 Aigues-Mortes (Gard)
23, bd Gambetta
Tél. 04.66.53.81.13 - Fax 04.66.53.75.46
Web: les-arcades.fr - E-mail: info@les-arcades.fr

Fermeture du 1ᵉʳ au 15 mars et du 15 au 30 novembre **Chambres** 9 climatisées avec tél. direct, s.d.b., w.c. et t.v. **Prix** des chambres doubles: 500 à 650 F / 76,22 à 99,09 € - Petit déjeuner compris **Cartes de crédit** acceptées **Divers** petits chiens admis - Petite piscine **Alentour** Camargue; Arles; Les Saintes-Maries-de-la-Mer (pèlerinage des Gitans 24 et 25 mai); Tarascon; Nîmes; Montpellier **Restaurant** fermé le lundi et mardi midi en basse saison - Menus: 140 (en semaine sauf jours fériés) à 250 F / 21,34 à 38,11 € - Carte - Spécialités: lotte au safran de Camargue; huîtres chaudes; filet de taureau grillé; noisettes d'agneau à la tamenade; croustillant aux fruits.

Coup de cœur pour cette maison du XVIᵉ siècle située dans une rue calme de la vieille cité. A l'intérieur tout est charmant et soigné. Les beaux enduits patinés à l'ancienne (vert tilleul, rouille, brun…), présents dans les couloirs, se retrouvent aussi dans chaque chambre et s'harmonisent parfaitement avec rideaux, dessus-de-lit et meubles anciens. De vastes volumes sous les plafonds à la française, de hautes fenêtres à meneaux et le confort des salles de bains viennent y ajouter des qualités supplémentaires fort appréciables. Dîners et petits déjeuners sont excellents, servis dans une agréable salle à manger (climatisée en été) au vieux pavage en terre cuite et ouvrant d'un côté sur un jardinet et de l'autre sous les arcades (où quelques tables sont également dressées). Accueil sympathique et familial.

Accès (carte n° 32): à 48 km à l'ouest d'Arles, direction Saintes-Maries-de-la-Mer, puis D 58.

Hôtel Les Templiers

30220 Aigues-Mortes (Gard)
23, rue de la République
Tél. 04.66.53.66.56 - Fax 04.66.53.69.61
M. et Mme Alary

Catégorie ★★★ **Fermeture** de fin octobre à début mars, sauf fête du Nouvel An **Chambres** 11 climatisées avec tél. direct, s.d.b. ou douche, w.c. et t.v. satellite; accès handicapés **Prix** des chambres doubles : 450 à 800 F / 68,60 à 121,96 €; suites : 600 à 960 F / 91,47 à 146,35 € - Petit déjeuner : 55 F / 8,38 €, servi de 8 h 30 à 12 h **Cartes de crédit** acceptées **Divers** chiens admis (50 F / 7,62 €) - Garage **Alentour** la Camargue; Arles; les Saintes-Maries-de-la-Mer (pèlerinage des Gitans 24 et 25 mai); Tarascon; Nîmes; Montpellier **Restaurant** service de 20 h 30 à 23 h - Carte.

D'une maison de marchands du XVIIᵉ, les propriétaires ont fait un hôtel raffiné au cœur d'Aigues-Mortes. Originaires de Nîmes, amoureux de la région, de la ville, de la maison et de leur métier, ils s'attachent en tous points à faire partager leur sens de l'hospitalité à leurs hôtes. Après avoir restauré la maison avec goût, ils ont chiné un mobilier essentiellement provençal mais également années 1950 (comme les fauteuils club en cuir du bar), en donnant à chaque chambre un style personnalisé et en y ajoutant parfois un portrait de famille pour faire "comme chez des amis". Quelques-unes donnent sur la rue mais demeurent très calmes en dehors des périodes de fêtes, car Aigues-Mortes est une ville piétonne. Des autres, on apprécie la douceur de la cour intérieure avec sa fontaine rafraîchissante. Le nouveau restaurant aménagé dans un ancien garage joue les bistrots chic où l'on peut apprécier une cuisine simple et bonne comme le gigot d'agneau, la côte de bœuf ou le rouget avec un filet d'huile d'olive.

Accès (carte n° 32) : à 48 km à l'ouest d'Arles, direction Saintes-Maries-de-la-Mer, puis D 58.

Demeures du Ranquet

Tornac 30140 Anduze (Gard)
Tél. 04.66.77.51.63 - Fax 04.66.77.55.62 - M. et Mme Majourel
E-mail : ranquet@mnet.fr

Fermeture du 11 novembre au 10 mars **Chambres** 10 (certaines climatisées) avec tél. direct, s.d.b., w.c., t.v., coffre-fort et minibar ; accès handicapés **Prix** des chambres (selon saison) : 650 à 950 F / 99,09 à 144,83 € - Petit déjeuner : 85 F / 12,96 €, servi à partir de 7 h 30 - Demi-pension : 600 à 740 F / 91,47 à 112,81 € (par pers., 3 j. min.) **Cartes de crédit** Diners, Visa **Divers** chiens admis - Piscine, practice de golf, stage de cuisine, promenade à dos d'âne - Parking **Alentour** bambouseraie de Prafrance ; Générargues ; Luziers ; musée du désert ; grotte de Trabuc ; Saint-Jean-du-Gard **Restaurant** service de 12 h à 13 h 30, 19 h 30 à 21 h 30 - Menus : 200 à 380 F / 30,49 à 57,93 € - Carte - Spécialités : daurade rose en croûte de sel et fenouil braisé à l'huile d'olive.

R ecevoir des hôtes de marque n'est pas "monté à la tête" de ce couple charmant. Ceux qui apprécient depuis longtemps l'authenticité de leur accueil y reviennent avec une fidélité qui les surprend encore. Ici, on se laisse doucement gagner par une ambiance à la fois professionnelle et amicale les habitués savent qu'ils séjourneront en toute indépendance dans les pavillons dispersés dans le sous-bois ; ils y retrouveront les grandes chambres au décor moderne, toujours très confortables, et leur terrasse de plain-pied. Côté restaurant, la cuisine d'Anne Majourel est variée, les plats sont fins, les idées y fourmillent. Les amateurs de vin trouveront aussi leur bonheur. Pour le reste, il s'agit d'un habile mélange qui résulte à la fois de l'amour de ces gens pour ce métier et de leur intérêt déclaré et généreux pour la peinture ou le jardinage par exemple… Une dernière chose, ne manquez le petit déjeuner sous aucun prétexte.

Accès (carte n° 32) : à 47 km au nord-ouest de Nîmes vers Alès, à 6 km au sud d'Anduze sur D 982, puis route de Saint-Hippolyte-du-Fort.

Hostellerie Le Castellas

30210 Collias (Gard) - Grand' Rue
Tél. 04.66.22.88.88 - Fax 04.66.22.84.28
M. et Mme Aparis

Catégorie ★★★ Fermeture du 7 janvier au 9 mars **Chambres** 15 et 2 suites, climatisées avec tél. direct, s.d.b. ou douche, w.c., t.v. et minibar **Prix** des chambres doubles : 690 à 850 F / 105,19 à 129,58 € ; suites : 1 150 F / 157,32 € - Petit déjeuner : 85 F / 12,96 €, servi de 7 h 30 à 11 h - Demi-pension : 650 à 925 F / 99,09 à 141,02 € (par pers.) **Cartes de crédit** acceptées **Divers** chiens admis (50 F / 7,62 €) - Piscine - Parking **Alentour** pont du Gard ; Uzès ; Nîmes - Golf 9 trous à Uzès **Restaurant** service de 12 h à 13 h 30, 19 h à 21 h 15 - Menus : 195 à 450 F / 29,73 à 68,60 € - Carte - Spécialités : foie gras poêlé et gâteau de pommes de terre à la truffe ; suprême de pigeon rôti à la provençale, champignons et jus de ses abats.

L'*Hostellerie Le Castellas* occupe deux vieilles demeures du XVIIe siècle, dans une petite rue du centre de Collias. Tirant admirablement parti de la disposition des maisons, madame Aparis a réussi à faire de la cour fermée une oasis de verdure, et à cacher en contrebas une petite piscine bordée par un espace où tiennent quatre ou cinq chaises longues. Lieu d'expression privilégié pour des artistes, peintres ou sculpteurs, la seconde maison possède des chambres à la décoration intérieure exceptionnelle, avec parfois des salles de bains fabuleuses (l'une d'elles profite même d'une terrasse-solarium sur le toit avec, en son centre, une baignoire…). Plus classiques, les chambres de la maison principale sont également très agréables et d'un confort parfait. Excellents dîners, fins et inventifs servis en été sur la terrasse, à l'ombre de grands parasols ou d'une treille. Accueil sympathique et très prévenant. Une excellente adresse.

Accès (carte n° 33) : à 26 km au nord-est de Nîmes par A 9, sortie Remoulins ; à Remoulins, prendre D 981 puis D 112 jusqu'à Collias.

La Vieille Fontaine

30630 Cornillon (Gard)
Tél. 04.66.82.20.56 - Fax 04.66.82.33.64
M. Audibert

Catégorie ★★★ Fermeture janvier et février **Chambres** 8 dont 4 climatisées, avec tel., s.d.b., w.c., t.v. et minibar **Prix** des chambres doubles : 650 à 950 F / 99,09 à 144,83 € - Petit déjeuner : 55 F / 8,38 €, servi de 8 h 30 à 10 h - Demi-pension : 600 à 700 F / 91,47 à 106,71 € (par pers., 3 nuits. min.) **Cartes de crédit** Amex, Visa **Divers** chiens admis (55 F / 8,38 €) - Piscine **Alentour** Avignon ; Orange ; Uzès ; pont du Gard ; musée d'Art moderne de Bagnols-sur-Cèze ; Roque-sur-Cèze ; gorges de la Cèze et de l'Ardèche ; aven d'Orgnac ; bambouseraie d'Anduze **Restaurant** service de 12 h à 13 h 30, 19 h 30 à 21 h 30 - Menus : 195 à 295 F / 29,73 à 44,97 € - Carte - Spécialités : moules farcies à la diable ; soupe au pistou en saison ; poêlée de filets de rougets au basilic.

R estaurateurs depuis plus de vingt ans, monsieur et madame Audibert se sont découvert une nouvelle vocation d'hôteliers. Dans les enceintes de l'ancien château médiéval de *Cornillon*, ils ont intégré une structure très moderne qui abrite les huit chambres décorées par Madame. On y décèle le plaisir que cela lui a procuré. Deux chambres par étage. Au premier, les petites ouvertures d'origine ont été conservées permettant, pendant les chaudes journées d'été, d'y trouver une fraîcheur bienveillante. La montée au dernier étage, elle, est récompensée par l'agrément des balcons qui dominent les murs du château et profitent de la vue sur la vallée. Celle-là même qu'on admire depuis le restaurant (que nous ne pouvons vous recommander, n'ayant pas eu l'occasion de le tester). Pour accéder à la piscine, il vous faudra gravir plusieurs escaliers d'un jardin en étages organisé avec soin et aux senteurs agréables.

Accès (carte n° 33) : à 45 km au nord-ouest d'Avignon par A 9 sortie Tavel jusqu'à Bagnols-sur-Cèze, puis D 980 direction Barjac. A 7, sortie Bollène.

Hôtel Imperator Concorde

30900 Nîmes (Gard)
Quai de la Fontaine
Tél. 04.66.21.90.30 - Fax 04.66.67.70.25
M. Creac'h

Catégorie ★★★★ **Ouverture** toute l'année **Chambres** 63 climatisées avec tél. direct, s.d.b. ou douche, w.c., t.v., minibar; ascenseur **Prix** des chambres : 650 à 1 000 F / 99,09 à 152,45 €; suites : 1 900 F / 289,65 € - Petit déjeuner : 80 F / 12,20 €, servi de 7 h à 11 h **Cartes de crédit** acceptées **Divers** chiens admis **Alentour** arènes, Maison carrée, musée des Beaux-Arts et Carré d'Art à Nîmes; pont du Gard; château de Villevieille à Sommières; chapelle Saint-Julien-de-Salinelles - Golf des Hauts-de-Nîmes 18 trous **Restaurant** service de 12 h 30 à 13 h 45, 19 h 30 à 21 h 45 - Menu et carte.

Près des beaux jardins de la Fontaine, l'*Imperator* est une institution à Nîmes : c'est ici que descendent, le temps d'une feria, les toreros et les aficionados les plus célèbres. L'hôtel, qui a perdu un peu de sa patine lors d'un vaste programme de réaménagement, offre des chambres spacieuses et confortables. Leur décoration est toujours très soignée, le mobilier associe des meubles XIXᵉ à quelques belles copies, les tissus et les tentures s'harmonisent bien avec le style de chaque chambre. Nous préférons celles donnant sur le jardin et celles du troisième étage. Le bar et le restaurant donnent sur le jardin clos qui s'étend derrière la maison. Le service a lieu soit dans la véranda moderne, soit sur la terrasse ombragée. La cuisine est inventive, les saveurs subtiles, et le menu du déjeuner propose un choix de spécialités. Excellent accueil.

Accès (carte n° 32) : dans le centre-ville, entre les jardins de la Fontaine et la Maison carrée.

Royal Hôtel

30000 Nîmes (Gard)
3, boulevard Alphonse-Daudet
Tél. 04.66.58.28.27 - Fax 04.66.58.28.28
Mmes Riera et Maurel

Catégorie ★★★ **Ouverture** toute l'année **Chambres** 23 avec tél. direct, s.d.b. ou douche, w.c. et t.v. **Prix** des chambres simples et doubles : 250 à 480 F / 38,11 à 73,18 € - Petit déjeuner-buffet : 50 F / 7,62 €, servi de 7 h à 12 h **Cartes de crédit** Amex, Visa **Divers** chiens admis (40 F / 6,10 €) **Alentour** à Nîmes : arènes, Maison carrée, musée des Beaux-Arts et Carré d'Art ; pont du Gard ; château de Villevieille à Sommières ; chapelle Saint-Julien-de-Salinelles - Golf des Hauts-de-Nîmes 18 trous **Restaurant** "La Bodeguita" - Service de 12 h à 15 h, 19 h 30 à 23 h 30 - Menu et carte - Spécialités espagnoles.

L a jolie place d'Assas, rénovée par Martial Raysse, se trouve tout près de la Maison carrée et du quai de la Fontaine. C'est ici que vous découvrirez ce petit hôtel fréquenté par une clientèle d'artistes et de créateurs qui apprécient son décor et son ambiance décontractée. Les chambres sont toujours aménagées dans un style élégant, dépouillé et très chic. Leur mobilier 1950, en bois ou en fer forgé, ressort sur la blancheur des murs et des tissus, alors qu'au plafond les grandes pales d'un ventilateur brassent discrètement l'air. Les chambres situées sur l'arrière sont plus monastiques mais plus silencieuses, surtout en été, quand le restaurant *La Bodeguita* appartenant à l'hôtel sort quelques tables sur la place. On y déguste des spécialités espagnoles, et le bar à tapas reste ouvert tard dans la nuit. Des soirées jazz ou flamenco ont lieu le jeudi soir dans une ambiance jeune et conviviale ; mais les jours de feria, c'est un brin de folie qui s'empare de l'hôtel et de la ville tout entière. Une très charmante adresse à prix raisonnables.

Accès (carte n° 32) : dans le centre-ville.

Château du Rey

30570 Pont-d'Hérault (Gard)
Tél. 04.64.82.40.06 - Fax 04.67.82.49.32
Guilhem Cazalis de Fondouce

Catégorie ★★ **Fermeture** janvier et février **Chambres** 12 et 1 suite avec tél., s.d.b., w.c., t.v., 4 avec minibar **Prix** des chambres doubles : 360 à 550 F / 54,88 à 83,85 € ; suite : 750 F / 114,34 € - Petit déjeuner : 50 F / 7,62 €, servi de 8 h à 9 h 30 **Cartes de crédit** Visa, Diners **Divers** Piscine, parcours de pêche aménagé - Parking **Alentour** mont Aigoual, cirque de Navacelles, gorges du Tarn, grottes des Demoiselles - Golf de Saint-Gély-du-Fesc 18 trous **Restaurant** service de 12 h à 14 h 30, 19 h à 20 h 30 - Menus : 145 à 250 F / 22,11 à 38,11 € - Carte - Spécialité : croustade cévenole.

Depuis le XIIIe siècle, les hautes tours du *Rey* veillent sur le viganais. Remanié au XIXe par Viollet-le-Duc, le voici désormais ouvert aux hôtes. Pleine d'humour et de personnalité, madame Cazalis et sa charmante belle-fille vous y recevront avec chaleur. Au 1er étage, vous aurez le choix entre quatre belles et grandes chambres et une superbe suite, toutes hautes de plafond, un rien surannées, et aménagées avec du mobilier de famille. Confortables, bien tenues, elles ont réussi à conserver l'atmosphère de chambres d'amis et sont nos préférées. Au second, les volumes sont moins spacieux, mais le confort n'est pas en reste et les prix bien entendu plus doux (à cet étage-là, nous vous conseillons surtout la 5, bien que petite, la 7, et la 8, adaptée aux familles). Le petit déjeuner (un peu décevant) peut être servi en chambre ou sur la grande table de la belle salle à manger. Pour les autres repas, vous rejoindrez, dans le parc, l'étonnante salle voûtée de la bergerie. A proximité, les berges de l'Arre fourniront un agréable terrain de promenade ou de pêche à la mouche.

Accès (carte n° 32) : A 9 sortie Montpellier, D 999 vers Ganges-Le Vigan. Le château se trouve à 1 km après avoir traversé Pont-d'Hérault.

Château de Saint-Maximin

2001

30700 Saint-Maximin (Gard)
Tél. 04.66.03.44.16 - Fax 04.66.03.42.98 - Jean-Marc Perry
Web : chatostmaximin.com - E-mail : info@chatostmaximin.com

Fermeture du 22 janvier au 18 mars **Chambres** 2 et 3 suites avec s.d.b. et w.c. **Prix** des chambres et des suites : 600 à 1 200 F / 91,47 à 182,94 € en basse saison et 800 à 1 600 F / 121,96 à 243,92 € en haute saison - Petit déjeuner compris, servi de 8 h 30 à 11 h **Carte de crédit** Visa **Divers** piscine chauffée - Parking fermé **Alentour** Uzès, Pont du Gard, Nîmes, Avignon ; montgolfière, canoë-kayak, équitation - Golf 9 trous à 2 km **Restaurant** fermé dimanche, lundi et mardi. Service à 20 h 30, réservé aux résidents et sur réservation uniquement - Menu du marché : 250 F / 38,11 €.

Rebaptisé "la maison des siècles" par son jeune propriétaire, le *château de Saint-Maximin* a posé ses premières pierres au sommet du village au XIIᵉ siècle. Modifié au XIIIᵉ, au XVIIᵉ puis encore au XVIIIᵉ, il atteint aujourd'hui son apogée grâce à Jean-Marc Perry qui a su créer ici un lieu à part, à la fois classique et contemporain, sobre et luxueux. Du jardin d'ombre où se cache une grande piscine saphir au jardin de soleil où poussent les plantes aromatiques, tout n'est que beauté, calme et harmonie. A l'intérieur, le raffinement et le confort actuel n'ont pas pour autant fait oublier l'âge des murs et, si le lieu conserve par endroit une certaine austérité, il n'en est pas moins réchauffé par les matières, les tableaux, le choix des tissus et, bien entendu, le mobilier. Visitez autant que possible les chambres et les suites pour mieux choisir celle qui vous conviendra : toutes sont étonnantes et magnifiques, et leurs salles de bains en pierre marbrière contribuent à leur réussite. Les petits déjeuners sont à l'image de la maison. Quant aux excellents dîners, ils ont lieu, certains soirs seulement, autour d'un menu unique. Les autres jours, Jean-Marc Perry saura vous indiquer les bonnes adresses de sa "Toscane française". Une adresse sublime.

Accès (carte n° 33) : *à 35 km à l'ouest d'Avignon. A 9 sortie Remoulins puis D 981 vers Uzès.*

Auberge du Pont Romain

30250 Sommières (Gard)
2, rue Emile-Jamais
Tél. 04.66.80.00.58 - Fax 04.66.80.31.52 - Famille Michel

Catégorie ★★★ **Fermeture** du 15 janvier au 15 mars **Chambres** 19 avec tél. direct, s.d.b. ou douche et w.c.; ascenseur **Prix** des chambres simples et doubles: 350 à 500 F / 45,73 à 73,18 € - Petit déjeuner: 60 F / 9,15 €, servi de 7 h 45 à 10 h - Demi-pension: 350 à 470 F / 55,64 à 68,60 € (par pers.) **Cartes de crédit** acceptées **Divers** chiens admis - Piscine - Parking fermé **Alentour** château de Villevieille; chapelle de Saint-Julien de Salinelles - Golf de Nîmes-campagne 18 trous **Restaurant** service de 12 h à 13 h 30, 20 h à 21 h 30 - Menus: 125 F / 19,06 € (à midi en semaine), 185 à 320 F / 28,20 à 48,78 € - Carte - Spécialité: bisque bouille de dorade comme à la cabane.

Côté rue, la façade du *Pont Romain* vient d'être ravalée atténuant ainsi l'austérité d'un bâtiment qui fut une fabrique de tapis au XIXᵉ, puis coconnerie et distillerie, et ce jusqu'en 1968. Une fois le porche franchi, tout devient plus attrayant: fleurs et arbres poussent à foison et égaient la vieille manufacture. Ce jardin salvateur qui s'ouvre sur le Vidourle qui traverse la ville, abrite piscine et terrasse fleurie. Est-ce à leurs vastes proportions que les chambres doivent ce petit côté pensionnat qu'elles semblent parfois affectionner? Celles qui donnent sur le jardin sont décorées de manière rustique et surannée, les amateurs d'ambiance plus actuelle leur préféreront les "provençales" mais devront le plus souvent se contenter d'une vue sur le village. Au rez-de-chaussée, les salons et le restaurant ont conservé beaucoup de caractère. Vous y dégusterez une cuisine traditionnelle très copieuse, couronnée par d'excellentes pâtisseries (au chocolat notamment). Accueil des plus chaleureux. Le seul hôtel de France sur lequel trône une cheminée d'usine.

Accès (carte n° 32): à 28 km au sud-ouest de Nîmes par D 40. Ou par A 9, sortie Lunel.

Hôtel Marie-d'Agoult

30700 Uzès (Gard)
Château d'Arpaillargues
Tél. 04.66.22.14.48 - Fax 04.66.22.56.10 - M. et Mme Savry
Web : lcm.fr/savry

Catégorie ★★★ Fermeture du 2 novembre au 31 mars **Chambres** 28 (23 climatisées) avec tél. direct, s.d.b., w.c., t.v. et minibar **Prix** des chambres simples et doubles : 400 à 850 F / 60,98 à 129,58 € ; suites : 900 à 1 150 F / 137,20 à 175,32 € - Petit déjeuner : 65 F / 9,91 €, servi de 7 h 30 à 10 h 30 - Demi-pension : 460 à 810 F / 70,13 à 123,48 € (par pers.) **Cartes de crédit** acceptées **Divers** chiens admis (60 F / 9,15 €) - Piscine, tennis - Parking **Alentour** à Uzès ; pont du Gard ; Nîmes ; Avignon - Golf 9 trous à Uzès, 18 trous à 20 km **Restaurant** service de 12 h 30 à 14 h, 19 h 30 à 21 h 30 - Menus : 160 à 250 F / 24,39 à 38,11 € - Carte - Spécialité : filets de rougets au basilic.

Un peu à l'écart d'Uzès, cet hôtel occupe le château d'Arpaillargues, belle demeure du XVIIIᵉ siècle où vécut la comtesse Marie d'Agoult compagne de Franz Liszt. Les chambres sont aménagées avec goût. Neuf d'entre elles, situées dans le château, sont les plus réussies : classiques, bien meublées, elles profitent en plus de la noble élégance des pièces. Dans la magnanerie, les autres ont moins de cachet mais restent néanmoins confortables et meublées d'ancien ; certaines offrent en plus l'avantage d'une petite terrasse privative ou donnent tout simplement de plain-pied sur la superbe cour du château où l'on s'installe volontiers pour lire ou prendre un verre à l'ombre du grand figuier. Pour le soleil, un bel espace isolé côté parc permet de se détendre au bord d'une grande piscine. En saison, on peut aussi y déjeuner au grill d'été, mais le soir, c'est au restaurant de l'hôtel que l'on vous servira une cuisine raffinée. L'accueil et le service sont attentifs.

Accès (carte n° 33) : N 100 jusqu'à Remoulins (sur A 9, sortie Remoulins), puis D 981 jusqu'à Uzès, et D 982 (vers l'ouest) 4 km jusqu'à Arpaillargues.

La Bégude Saint-Pierre

30210 Vers - Pont-du-Gard (Gard)
Tél. 04.66.63.63.63 - Fax 04.66.22.73.73
M. Griffoul
E-mail : bruno.griffoul@enprovence.com

Fermeture du 12 novembre au 4 décembre **Chambres** 29 climatisées avec tél. direct, s.d.b., w.c., t.v., coffre-fort et minibar ; accès handicapés **Prix** des chambres doubles : 350 à 750 F / 53,36 à 114,34 € ; suites : 1 000 à 1 400 F / 152,45 à 213,43 € - Petit déjeuner : 75 F / 11,43 €, servi de 7 h à 10 h 30 - Demi-pension : + 260 F / 39,64 € (par pers., 3 j. min.) **Cartes de crédit** acceptées **Divers** chiens admis (40 F / 6,10 €) - Piscine - Parking codé **Alentour** pont du Gard ; Nîmes ; Uzès ; Avignon **Restaurant** service de 12 h à 14 h, 19 h 30 à 21 h 30 (22 h en été) - Fermé dimanche soir et lundi du 1ᵉʳ novembre au 30 mars - Menus : 195 à 320 F / 29,73 à 48,78 € - Carte - Spécialités : symphonie gardoise à l'émulsion de tapenade ; saumon fumé par la maison ; crème brûlée à la vanille.

Une bégude était un relais de poste jumelé à une ferme. Propriétaire d'une auberge dans un village proche d'Uzès, monsieur Griffoul a cherché à redonner à ce joli mas son ancienne vocation. Il y a fait d'importants travaux, transformant la ferme en hôtel confortable et luxueux : piscine, chambres avec terrasses tropéziennes, bar, restaurant et grill pour l'été. La chambre 31 nous a plu pour ses dimensions inhabituelles, la numéro 15 pour le charme de sa mezzanine. Toutes sont décorées avec la simplicité qui sied aux maisons provençales : tissus Souleiado et meubles régionaux. Idem pour les salons et salles de restaurant : rien ne vient casser l'homogénéité de ce lieu récemment inauguré et c'en est presque dommage… Bien sûr, un soin particulier est apporté à la table puisque c'est monsieur Griffoul qui officie en cuisine. Enfin, signalons qu'en été un grill fonctionne près de la piscine.

Accès (carte n° 33) : à 25 km au nord-est de Nîmes par A 9, sortie Remoulins, puis sur la D 981 direction Uzès.

Château de Madières

Madières - 34190 Ganges (Hérault)
Tél. 04.67.73.84.03 - Fax 04.67.73.55.71
M. et Mme Brucy
E-mail : madieres@wanadoo.fr

Catégorie ★★★★ Fermeture du 15 octobre au 7 avril **Chambres** 12 avec tél. direct, s.d.b. ou douche, w.c., t.v. et minibar **Prix** des chambres doubles : 700 à 1 370 F / 106,70 à 208,86 € ; suites : 1 550 à 1 660 F / 236,30 à 253,07 € - Petit déjeuner : 90 à 120 F / 13,72 à 18,29 €, servi de 8 h 30 à 10 h 30 - Demi-pension : 750 à 1 025 F / 114,34 à 156,26 € (par pers., 3 j. min.) **Cartes de crédit** acceptées **Divers** chiens admis avec supplément - Piscine chauffée, salle de fitness - Parking **Alentour** gorges de la Vis ; cirque de Navacelles ; La Couvertoirade ; grotte des Demoiselles ; église de Saint-Guilhem-le-Désert **Restaurant** service de 12 h 30 à 14 h, 19 h 30 à 21 h - Menus : 195 à 395 F / 29,73 à 60,22 € - Carte - Spécialités : minute de Saint-Jacques ; filet de bœuf ; poule au pot Henri IV.

S ituée dans les Cévennes méridionales, au cœur des gorges de la Vis, cette place forte du XIVe siècle est un véritable balcon accroché à flanc de montagne, à vingt minutes seulement du cirque de Navacelles. Aménagé avec beaucoup de goût, le château jouit d'un charme exceptionnel. Les chambres, d'un luxe de bon aloi, se développent autour d'un patio. Très confortables et gaies, elles ont été aménagées avec un souci évident du détail pour que chacune soit unique. L'élégant salon, où subsiste une cheminée Renaissance, est attenant à une terrasse donnant sur la rivière et le village. Deux salles de restaurant (dont une panoramique) permettent de goûter l'excellente cuisine de Marc Daniel. L'été, il est également possible de déjeuner à l'ombre, près de la piscine aménagée sur une terrasse en contrebas.

Accès (carte n° 32) : à 60 km au nord-ouest de Montpellier par D 986, direction Le Vigan jusqu'à Ganges, puis D 25 direction le cirque de Navacelles, Lodève (à 18 km de Ganges).

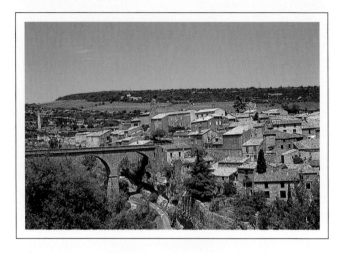

Relais Chantovent

34210 Minerve (Hérault)
Tél. 04.68.91.14.18 - Fax 04.68.91.81.99
Mme Evenou

Fermeture du 1er janvier au 14 mars, lundi en juillet, août et septembre, dimanche soir et lundi en basse saison **Chambres** 7 avec douche (1 avec s.d.b.) et w.c. **Prix** des chambres simples ou doubles : 200 à 260 F / 30,49 à 39,64 € - Petit déjeuner : 30 F / 4,57 €, servi de 8 h à 10 h - Demi-pension : 320 F / 48,78 € (par pers., 3 j. min.) **Carte de crédit** Visa **Divers** chiens admis **Alentour** Minerve ; châteaux cathares de Lastours ; Carcassonne ; abbaye de Lagrasse ; abbaye de Fontfroide ; réserve africaine de Sigean ; vignobles du Minervois **Restaurant** service de 12 h 30 à 14 h, 19 h 30 à 21 h - Menus : 100 à 230 F / 15,24 à 35,06 € - Spécialité : croustillant aux deux saumons sur coulis de poivrons doux.

Minerve est un village-île tout en hauteur, entre les gorges de la Cesse et du Brian. Vous trouverez un accueil vraiment sympathique dans cet hôtel qui s'éparpille au gré des ruelles étroites. Comme nous, vous préférerez certainement être installés dans l'annexe qui se trouve près de "l'agence postale-bibliothèque" car c'est avec beaucoup de goût qu'a été refaite cette vieille maison de village. La chambre 10, très bien adaptée aux séjours, est aménagée sous les toits de façon originale et profite d'une terrasse particulière ; la 7 et la 9 bénéficient, elles aussi, d'une belle terrasse (commune). Quant aux petites chambres installées dans le bâtiment principal faisant face au restaurant, elles ont été rénovées, tout comme leurs salles de bains, mais offrent un décor plus banal. Le restaurant, avec vue sur la vallée calcaire de Brian, propose une bonne cuisine de terroir (service en terrasse aux beaux jours). Un village et des alentours ravissants.

Accès (carte n° 31) : à 45 km au nord-ouest de Carcassonne par N 113 et D 610 jusqu'à Homps, puis D 910 jusqu'à Olonzac, et D 10 jusqu'à Minerve (vers le nord).

Hôtel Le Guilhem

34000 Montpellier (Hérault)
18, rue Jean-Jacques-Rousseau
Tél. 04.67.52.90.90 - Fax 04.67.60.67.67 - M. Charpentier

Catégorie ★★★ **Ouverture** toute l'année **Chambres** 33 (15 climatisées), avec tél. direct, s.d.b., w.c., t.v. satellite, minibar; ascenseur **Prix** des chambres doubles: 360 à 700 F / 54,88 à 106,71 € - Petit déjeuner: 52 F / 7,92 €, servi de 7 h à 13 h **Cartes de crédit** acceptées **Divers** chiens admis - Parking (40 F / 6,10 €) **Alentour** centre historique de Montpellier **Pas de restaurant** à l'hôtel.

Bien caché dans une ruelle au cœur du quartier historique de Montpellier, près de l'arc de triomphe, se trouve cet hôtel aménagé dans une ancienne maison du XVIᵉ siècle. La petite réception, où l'accueil est très courtois, dessert les étages aux couloirs jaune soleil. Très au calme, la plupart des chambres donnent sur un jardin rempli d'oiseaux, face à la faculté de médecine et à la cathédrale qui sonne les heures mais reste silencieuse la nuit. Elles sont blanches avec un liséré de couleur et meublées en ancien, sans chichis, avec une touche de tissus gais rouges, jaunes ou bleus en dessus-de-lit et juponnage de tables. Les salles de bains sont elles aussi toutes blanches, modernes et déclinent selon les cas, baignoire ou douche. Le petit déjeuner, servi en chambre avec bouquet de fleurs et journal du jour, peut également se prendre sur une grande terrasse au soleil levant, sur des fauteuils metteur en scène rayés. Pas de restaurant mais le *Petit Jardin* juste à côté déploie ses tables sous les ramures, sinon la *Maison de la Lozère* dans des caves XIVᵉ ou *Isadora*. Forfait pour le parking Peyrou-Pilot sur place.

Accès (carte n° 32): A 9 sortie Montpellier-est, suivre fléchage Centre historique, passer sous l'arc de triomphe puis 2ᵉ rue à gauche après le palais de justice.

Bergeries de Pondérach

34220 Saint-Pons-de-Thomières (Hérault)
Route de Narbonne
Tél. 04.67.97.02.57 - Fax 04.67.97.29.75
M. Gilles Lentin

Fermeture du 1er décembre au 28 février **Chambres** 7 avec tél. direct, s.d.b., 1 avec minibar; 1 chambre handicapés **Prix** des chambres doubles : 350 à 540 F / 53,36 à 82,32 € - Petit déjeuner : 48 F / 7,32 €, servi de 7 h 30 à 10 h 30 - Demi-pension : 730 à 900 F / 111,29 à 137,20 € (pour 2 pers., 3 j. min.) **Cartes de crédit** Diners, Visa **Divers** chiens admis (80 F / 12,20 €) - Parking - Garage **Alentour** Béziers ; Les monts de L'Espinousse ; Carcassonne **Restaurant** service de 12 h à 14 h et de 20 h à 21 h - Menus : 98 à 260 F / 14,96 à 39,64 € - Carte - Spécialités : rougets au noilly ; confit de canard maison ; salade de langoustines aux épices ; champignons.

Blottie dans un site verdoyant, au cœur du parc naturel du haut Languedoc, cette ancienne ferme du XVIIe siècle domine une petite rivière. C'est autour d'une plaisante cour intérieure que s'organisent les pièces de réception et les chambres. Ces dernières, chacune avec terrasse, viennent de faire "peau neuve". Pour les remettre en état, les propriétaires ont osé des couleurs gaies et tranchées, choisi de beaux tissus et une excellente literie. Les salles de bains aux tonalités pastel sont tout aussi soignées. L'été, la cour intérieure est très appréciée pour les dîners et, parfois, les concerts de musique classique organisés par l'hôtel (les chambres donnent de l'autre côté, sur la campagne). Aménagés de manière plus traditionnelle, le salon-bar et la salle à manger affichent un style plus suranné mais personnalisé par les nombreux tableaux qui rappellent le passé de galeriste du propriétaire. Alléchante cuisine de saison, exclusivement basée sur des produits frais. Accueil très agréable.

Accès (carte n° 31) : à 50 km à l'ouest de Béziers par N 112.

Ostalaria Cardabela

34725 Saint-Saturnin-de-Lucian (Hérault)
10, place de la Fontaine
Tél. 04.67.88.62.62 - Fax 04.67.88.62.82
M. David Pugh

Fermeture fin octobre à mi-mars **Chambres** 7 avec tél. direct, s.d.b., w.c. et t.v. sur demande **Prix** des chambres simples et doubles : 380 à 520 F / 57,93 à 79,27 € - Petit déjeuner : 60 F / 9,15 €, servi de 7 h à 10 h 30 **Cartes de crédit** Visa, Diners **Divers** chiens non admis **Alentour** Lodève ; vallée de l'Hérault : Villeneuvette, Brissac, Saint-Guilhem-du-Désert **Restaurant** *Le Mimosa*, à Saint-Guiraud à 2 km - Service de 12 h à 13 h 30, 20 h à 21 h 30 - Menus : 195 F / 29,73 € (en semaine, à midi), 295 F / 44,97 € (soir et dimanche) - Cuisine inventive et aromatique.

En contemplant cette auberge située au cœur d'un vieux village viticole, l'hôte de passage ne peut deviner les qualités qui se cachent derrière l'étroite façade et la lourde porte d'entrée. Il y découvrira de jolies chambres toutes simples avec un sol en terre cuite ou en carreaux de ciment peint, des meubles en osier et fer forgé, des tissus provençaux rouges et jaunes, et d'impeccables petites salles de bains blanches. Celles du premier étage affichent de beaux volumes mais, hormis "Cardabela", leur vue est limitée, inconvénient moins prononcé au second, les fenêtres atteignant le haut des toits des maisons environnantes. Très soigné, le petit déjeuner se prend, au choix, dans la chambre ou à la table d'hôtes située au rez-de-chaussée ; s'y ajoutent l'été quelques tables en terrasse. Pour déjeuner ou dîner, ne manquez surtout pas de rejoindre à deux km *Le Mimosas* qui n'est autre que le restaurant de l'hôtel. Vous y goûterez, dans le cadre d'un joli jardin, une excellente cuisine (inoubliable carte des vins régionaux). Une dernière précision : l'*Ostalaria* disposant d'un personnel très réduit, il est prudent de préciser l'heure de votre arrivée.

Accès (carte n° 32) : à 10 km au nord de Clermont-l'Hérault.

La Villa d'Eléis

34210 Siran (Hérault)
Avenue du Château
Tél. 04.68.91.55.98 - Fax 04.68.91.48.34 - M. Lafuente - Mme Rodriguez

Catégorie ★★★ **Fermeture** en février et en mars **Chambres** 11 et 1 appartement (4 pers.) avec tél. direct, s.d.b. ou douche, w.c., t.v. et minibar; ascenseur, 1 chambre handicapés **Prix** des chambres doubles: 380 à 830 F / 57,93 à 121,96 € - Petit déjeuner: 65 F / 9,91 €, servi de 8 h à 11 h **Cartes de crédit** Visa, Diners **Divers** chiens admis (60 F / 9,15 €) - Tennis - Parking **Alentour** abbaye de Fontfroide; parc naturel du haut Languedoc; gorges de la Cesse et du Brian; Minerve; Lastours; canal du Midi **Restaurant** service de 12 h à 14 h, 19 h 30 à 21 h 30 - Fermé mardi soir, mercredi, samedi midi, d'octobre à mai - Menus : 160 à 410 F / 16,77 à 62,50 € - Carte.

Situé au cœur du vignoble du Minervois, Siran est un village tranquille aux maisons de pierre claire. De pur style languedocien, *La Villa d'Eléis* (xve et xviie) est l'ancienne bastide de riches vignerons construite sur l'emplacement des remparts qui entouraient le village. Les propriétaires, qui ont déjà fait leurs preuves dans des établissements réputés, l'ont transformée en un bel hôtel où confort et modernité se marient naturellement avec le cachet ancien du lieu. Qu'elles donnent sur les vignes ou sur le village, toutes les chambres ont leur caractère. Chacune a sa couleur dominante, toutes bénéficient de jolies salles de bains. Leur confort n'a d'égal que leur calme. Les repas raffinés de Bernard Lafuente (deux trophées en 1998) se prennent dans une grande salle à manger ou dans le jardin ombragé de grands arbres. Dans la cour intérieure, on donne d'avril à août, chaque deuxième vendredi, une soirée musicale. Il règne ici une atmosphère de bien-être et de détente, bienvenue après la découverte des trésors de la région. Une belle adresse.

Accès (carte n° 31) : à 20 km au nord-ouest de Lézignan; sur A 61, sortie n° 25 Lézignan-Corbières, direction centre-ville puis N 113 vers Olonzac, Pépieux, Siran.

La Lozerette

48400 Cocurès (Lozère)
Tél. 04.66.45.06.04 - Fax 04.66.45.12.93
Mme Pierrette Agulhon
E-mail : lalozerette@wanadoo.fr

Catégorie ★★ **Fermeture** de la Toussaint à Pâques **Chambres** 21 avec tél. direct, s.d.b. ou douche, w.c. et t.v. **Prix** des chambres doubles : 295 à 420 F / 44,97 à 64,03 € - Petit déjeuner : 43 F / 6,56 €, servi de 8 h à 11 h - Demi-pension : 290 à 375 F / 44,21 à 57,17 € (par pers., 3 j. min.) **Cartes de crédit** acceptées **Divers** chiens admis sauf au restaurant - Parking et garage (3 places) **Alentour** parc national des Cévennes (centre d'information à Florac) corniche des Cévennes de Saint-Jean-du-Gard à Florac ; gorges du Tarn de Florac à Millau par Sainte-Enimie ; mont Lozère **Restaurant** service de 12 h à 13 h 30, 19 h 30 à 21 h 15 - Fermé mardi midi toute l'année (menu unique pour les résidents le soir) et mercredi midi sauf juillet-août - Menus : 90 à 250 F / 13,72 à 38,11 € - Carte - Spécialités : panade de morue à l'ail doux ; pied de veau en crépine au genièvre.

Ne négligez pas cette cette petite auberge de village à la façade un peu terne car vous passeriez à côté d'un lieu charmant et d'une incontestable qualité. La majeure partie de ses chambres vient de prendre un grand coup de jeune et c'est une réussite. Un beau parquet de chêne clair remplace généralement les moquettes, l'éclairage est assuré par d'élégantes appliques en laiton, les tissus sont raffinés et gais, les matelas excellents et les salles de bains tout aussi plaisantes. Au rez-de-chaussée, la vaste et belle salle à manger permet de déguster une alléchante cuisine ; pour les vins, remettez-vous en à Pierrette Agulhon, sommelière réputée et propriétaire du lieu. Agréable terrasse ombragée et ambiance très sympathique.

Accès (carte n° 32) : à 38 km de Mende ; à 5,5 km au nord-ouest de Florac par N 106 et D 998.

Château de la Caze

La Malène 48210 Sainte-Enimie (Lozère)
Tél. 04.66.48.51.01 - Fax 04.66.48.55.75 - Sandrine et Jean-Paul Lecroq
E-mail : chateau.de.la.caze@wanadoo.fr

Catégorie ★★★★ **Fermeture** du 15 novembre au 15 mars ; le mercredi hors saison **Chambres** 7 et 9 suites, avec tél. direct, s.d.b., w.c., t.v., minibar dans les suites ; 1 chambre handicapés **Prix** des chambres doubles : 550 à 950 F / 83,85 à 144,83 € ; suites : 850 à 1 400 F / 129,58 à 213,43 € - Petit déjeuner : 75 F / 11,43 €, servi de 8 h à 10 h - Demi-pension : 505 à 690 F / 76,99 à 105,19 € (par pers., 2 j. min.) **Cartes de crédit** Amex, Visa **Divers** chiens admis sauf au restaurant - Piscine - Parking et garage (30 F / 4,57 €) **Alentour** parc national des Cévennes ; gorges du Tarn de Florac à Millau par Sainte-Enimie ; mont Lozère **Restaurant** service de 12 h 30 à 14 h, 19 h 30 à 21 h 30 - Fermé mercredi, jeudi midi hors saison - Menus : 130 à 320 F / 19,82 à 48,78 € - Carte - Spécialités : selle d'agneau de Lozère ; gâteau à la châtaigne et au chocolat amer.

On ne peut être que séduit par l'architecture de ce château du XVe siècle. Ici les gorges du Tarn s'élargissent un peu, comme pour laisser le soleil chauffer les vieilles murailles de *La Caze* et donner à l'eau ses reflets vert émeraude ou turquoise. Avant de pénétrer à l'intérieur du château, une cascade salue le visiteur et déverse son eau claire dans des douves poissonneuses. Puis la porte dévoile un large couloir pavé de pierres polies par les siècles. Il s'ouvre sur le salon-bar et la salle à manger de style médiéval où l'on sert une bonne et très saine cuisine de saison. Les chambres occupent les deux étages supérieurs, certaines bénéficiant d'une terrasse crénelée dominant le Tarn. Un mobilier ancien ou rétro ajoute à leur confort un charme intemporel. De l'autre côté du jardin, un autre bâtiment abrite quelques superbes "suites" qui viennent d'être rénovées dans un esprit méridional très réussi. Accueil jeune et agréable.

Accès (carte n° 32) : à 46 km au sud de Mende ; à 3 km au nord-est de La Malène, sur D 907 bis.

Hôtel Chantoiseau

48220 Vialas (Lozère)
Tél. 04.66.41.00.02 - Fax 04.66.41.04.34
M. Patrick Pagès

Catégorie ★★★ Fermeture du 30 septembre au 1er juin, mardi soir et mercredi **Chambres** 8 avec s.d.b. ou douche, w.c., t.v. et minibar **Prix** des chambres simples et doubles : 299 à 450 F / 45,67 à 68,60 € - Petit déjeuner : 50 F / 7,62 €, servi de 8 h à 10 h - Demi-pension 520 F / 79,27 € (par pers., 3 j. min.) **Carte de crédit** Visa **Divers** chiens admis - Piscine - Parking **Alentour** route des Crêtes qui rejoint Alès par Portes ; La Garde-Guérin ; Florac **Restaurant** service de 12 h à 13 h 30, 19 h à 20 h 30 - Menus : 140 à 495 F / 21,34 à 75,46 € - Carte - Spécialités : ravioles au pélardon ; carré d'agneau ; suprême au chocolat.

*C*hantoiseau est l'une des bonnes adresses gastronomiques de la région. Cet ancien relais cévenol du XVIIᵉ siècle, situé à 600 mètres d'altitude dans une région escarpée annonciatrice du Midi méditerranéen, constitue une étape ensoleillée au seuil du parc national des Cévennes. Aménagées simplement, les petite chambres, ouvrent pour la plupart sur les vallées et les montagnes ; ce sont, bien entendu, celles que nous vous recommandons, sachant aussi qu'il faut éviter la 9 et la 10 dont la vue est "bouchée". La salle à manger a bien conservé l'aspect austère des maisons de la région : grosses pierres granitiques des murs, profondes embrasures, présence chaleureuse du bois ; elle offre, elle aussi, une très belle vue sur la vallée. Le restaurant, réputé, ne propose que des produits cévenols préparés par le propriétaire dont les talents ont été plusieurs fois couronnés, et qui a sélectionné les meilleurs crus pour accompagner les plats : du charmant petit vin de pays aux plus grands millésimes. Une étape gastronomique plus qu'un lieu de séjour.

Accès (carte n° 32) : Au nord-ouest d'Alès par la D 906, direction Genolhac, à Belle-Poèle D 998 jusqu'à Vialas.

La Regordane

La Garde-Guérin 48800 Villefort (Lozère)
Tél. 04.66.46.82.88 - Fax 04.66.46.90.29
M. Nogier

Catégorie ★★ **Fermeture** d'octobre à Pâques **Chambres** 15 avec tél. direct, s.d.b., w.c., 10 avec t.v. **Prix** des chambres simples et doubles : 285 à 355 F / 43,45 à 54,12 € - Petit déjeuner : 38 F / 5,79 €, servi de 8 h à 10 h - Demi-pension : 275 à 325 F / 41,92 à 49,55 € (par pers.) **Cartes de crédit** Visa, Diners **Divers** chiens admis (20 F / 3,05 €) - Parking **Alentour** parc national des Cévennes ; mont Lozère (du mas de la Barque au col de Finiel), sources de l'Allier et du Tarn ; gorges du Tarn, Sainte-Enimie **Restaurant** service de 12 h à 14 h, 19 h 30 à 21 h - Menus : 98 à 190 F / 14,96 à 28,97 € - Carte - Spécialités : maoûche aux pruneaux ; pot-au-feu d'agneau de lait lorézien ; foie gras entier maison ; fario du mont Lozère.

Entre le mont Lozère et les gorges du Chassezac, La Garde-Guérin est un village fortifié installé sur un plateau de landes rocailleuses. L'auberge occupe une ancienne demeure seigneuriale du XVIᵉ et doit son nom à la voie préromaine reliant le Midi au Massif central. Derrière l'austérité de ses murs se cachent de merveilleuses petites chambres refaites à neuf, avec leur parquet couleur de miel, leur décor sobre agrémenté d'un beau tissu et de quelques éléments anciens. Toutes donnent sur les vieux murs du village avec, parfois, une échappée sur la campagne. Vous profiterez également d'un agréable salon plein de caractère avec sa cheminée monumentale et son mobilier XIXᵉ. Excellente cuisine servie dans une salle à manger voûtée ou, l'été, dans la cour intérieure. Une très sympathique adresse, remarquablement tenue par deux frères passionnés.

Accès (carte n° 32) : à 55 km d'Alès par D 906.

La Terrasse au Soleil

66400 Céret (Pyrénées-Orientales)
Route de Fontfrède
Tél. 04.68.87.01.94 - Fax 04.68.87.39.24 - B. et P. Leveillé-Nizerolle

Catégorie ★★★★ **Ouverture** toute l'année **Chambres** 13 et 7 suites, avec climatisation, tél. direct, s.d.b., w.c., t.v., minibar et coffre-fort **Prix** des chambres doubles : 740 à 1 435 F / 112,81 à 218,76 € ; suites : 940 à 1 635 F / 143,30 à 249,26 € - Petit déjeuner-buffet compris, servi de 7 h 30 à 10 h 30 / 12 h en chambre - Demi-pension : 1 140 à 1 635 F / 173,80 à 249,26 € (2 pers.) **Cartes de crédit** acceptées **Divers** chiens admis - Piscine chauffée, tennis, practice et un par trois de golf - Parking **Alentour** à Céret : musée d'Art moderne et église Saint-Pierre ; château de Quéribus ; Arles-sur-Tech ; Quilhac et le château de Peyrepertuse ; Perpignan - Golfs de Saint-Cyprien 27 trous, d'Amélie-les-Bains 7 trous et de Falgos 18 trous **Restaurant** service de 12 h 30 à 14 h, 19 h 30 à 21 h 30 - Menus : 160 à 240 F / 24,39 à 36,59 € - Spécialités : soufflé de foie gras, artichauds violets ; filets de rougets poêlés à l'unilatérale, sauce noire ; rosés de veau des Pyrénées poêlés.

*L*a Terrasse au Soleil *est un ancien mas entièrement restauré. Cet hôtel présente à l'évidence plusieurs atouts : calme et bien situé sur les hauteurs du village, au milieu des cerisiers, il propose des chambres avec une vue exceptionnelle sur les montagnes, dont quelques suites agrémentées d'un coin-salon et souvent d'une terrasse. Nous préférons néanmoins celles du premier étage à d'autres, s'ouvrant de plain-pied sur le jardin. Le restaurant La Cerisaie vous régale d'une cuisine toujours aussi savoureuse, sans compter la carte des desserts avec son superbe millefeuille. Dès que le temps le permet, les repas peuvent être servis dans le jardin. La piscine chauffée, le tennis, le golf (sans supplément) agrémenteront encore votre séjour. Ambiance chaleureuse et décontractée. Une excellente adresse.*

Accès (carte n° 31) : à 31 km au sud-ouest de Perpignan par A 9, sortie Le Boulou, puis D 115 vers Céret ; à 2 km du centre par D 13f vers Fontfrède.

Le Mas des Trilles

66400 Céret-Reynès (Pyrénées-Orientales)
Tél. 04.68.87.38.37 - Fax 04.68.87.42.62
M. et Mme Bukk

Catégorie ★★★ **Fermeture** du 10 octobre à Pâques **Chambres** 10 avec tél. direct, s.d.b., w.c. et t.v.; 1 chambre handicapés **Prix** des chambres doubles et suites: 520 à 1 100 F / 79,27 à 167,69 € - Petit déjeuner: 70 F / 10,67 €, servi de 8 h 30 à 10 h 30 - Demi-pension: 520 à 810 F / 79,27 à 123,48 € (par pers.) **Carte de crédit** Visa **Divers** chiens admis avec supplément - Piscine chauffée - Parking fermé **Alentour** à Céret: musée d'Art moderne et église Saint-Pierre; Cabestany; château de Quéribus; Quilhac et le château de Peyrepertuse; Perpignan - Golf de Saint-Cyprien 27 trous, golf d'Amélie-les-Bains 7 trous, golf de Falgos 18 trous **Restaurant** service à 20 h - Menus: 190 à 235 F/ 28,97 à 35,83 € - Cuisine du marché et de saison.

C'est un mas très ancien entouré d'un jardin et d'arbres fruitiers. A l'intérieur de la maison, tout vient d'être rénové et décoré avec un goût parfait. Les sols sont en terre cuite provençale, les murs sont peints à l'éponge dans certaines pièces, talochés de blanc dans d'autres, et chaque tissu a été amoureusement choisi par madame Bukk pour se marier avec l'ensemble. Confortables et silencieuses en toutes circonstances, les chambres profitent de très agréables salles de bains et, souvent, d'une terrasse privative où l'on peut vous servir les petits déjeuners (toujours avec quelques fruits frais). Le soir, un dîner réservé aux résidents est servi dans une ravissante salle à manger où en terrasse. Cette ambiance très "maison" est encore renforcée par le chaleureux accueil que vous y trouverez. Une adresse aussi belle que confortable qui connaît un succès de plus en plus vif.

Accès (carte n° 31): à 31 km au sud-ouest de Perpignan par A 9, sortie Le Boulou, puis D 115 direction Céret (ne pas entrer dans Céret); à 2 km après Céret, direction Amélie-les-Bains.

Hôtel Casa Païral

66190 Collioure (Pyrénées-Orientales)
Impasse des Palmiers
Tél. 04.68.82.05.81 - Fax 04.68.82.52.10 - Mmes De Bon et Lormand

Catégorie ★★★ Fermeture de novembre à mars **Chambres** 28 climatisées avec tél. direct, s.d.b. ou douche, w.c., t.v. satellite et minibar **Prix** des chambres simples et doubles : 390 à 790 F / 59,46 à 120,43 € ; junior-suites : 850 à 990 F / 129,58 à 150,92 € - Petit déjeuner : 60 F / 9,15 € **Cartes de crédit** acceptées **Divers** chiens admis (30 F / 4,57 €) - Piscine - Parking (40 F / 6,10 €) **Alentour** Côte vermeille entre Argelès-sur-Mer et Cerbère ; balcon de Madeloc ; route de montagne entre Collioure et Banyuls ; château de Salses ; musée d'Art moderne à Céret - Golf de Saint-Cyprien 27 trous **Pas de restaurant** à l'hôtel.

Cachée dans une petite impasse, au centre même de Collioure, la *Casa Païral* se trouve à quelques minutes des plages, des restaurants, des cafés, mais reste néanmoins au calme. Cette luxueuse maison bourgeoise du siècle dernier fut construite dans un style arabisant : fers forgés, marbres, céramiques sont les éléments essentiels de la décoration, sans oublier le patio où pousse, à l'ombre d'un grand palmier et d'un magnolia centenaire, une végétation luxuriante. Toutes les chambres sont confortables (malheureusement peu insonorisées comme souvent dans ces vieilles maisons), mais préférez celles de la maison principale qui ont plus de charme. La salle du petit déjeuner, les salons qui donnent sur le jardin clos où se trouve la piscine sont aussi très agréables. Une adresse recherchée qui nécessite une réservation. Accueil très agréable et très attentif. Pour vos dîners, allez goûter le poisson chez *Trémail*, rejoignez *La Marinade* pour sa jolie terrasse qui donne sur l'ancienne place colliourencque. Enfin, n'oubliez pas l'excellent *Relais des Trois Mas*, l'adresse gastronomique de Collioure.

Accès (carte n° 31) : à 26 km au sud-est de Perpignan par N 114.

Relais des Trois Mas

66190 Collioure (Pyrénées-Orientales)
Route de Port-Vendres
Tél. 04.68.82.05.07 - Fax 04.68.82.38.08 - M. de Gelder

Catégorie ★★★★ **Fermeture** du 13 novembre au 21 décembre **Chambres** 23 climatisées avec tél. direct, s.d.b., w.c., t.v. satellite, minibar et coffre-fort **Prix** des chambres doubles : 570 à 1190 F / 89,94 à 173,79 €; suites : 1360 à 2490 F / 207,33 à 379,60 € - Petit déjeuner : 95 F / 14,48 €, servi de 8 h 30 à 10 h 30 - Demi-pension : 680 à 990 F / 103,67 à 150,92 € (par pers.) **Carte de crédit** Visa **Divers** chiens admis (88 F / 13,43 €) - Piscine, jacuzzi - Parking **Alentour** Côte vermeille entre Argelès-sur-Mer et Cerbère ; balcon de Madeloc ; route de montagne entre Collioure et Banyuls ; château de Salses ; musée d'Art moderne à Céret - Golf de Saint-Cyprien 27 trous **Restaurant** service de 12 h 30 à 14 h, 20 h à 21 h 30 - Menus : 195 à 395 F / 29,73 à 60,22 € - Carte - Spécialités : anchois frais de Collioure marinés ; poivrons et vinaigrette de Banyuls.

Comment ne pas rêver plus belle situation pour apprécier Collioure ? C'est en effet directement face à la baie et à la citadelle médiévale que se situe l'hôtel. Ses chambres se répartissent entre plusieurs constructions qui épousent la pente rocheuse et sont reliées par des galeries ou des escaliers bordés par des terrasses plus ou moins grandes où s'épanouit une luxuriante végétation méridionale. Chaque chambre porte le nom d'un peintre célèbre venu chercher l'inspiration à Collioure. La décoration est plaisante : murs pastel peints à l'éponge, mobilier souvent crème avec un réchampi aux couleurs de la chambre, confortables salles de bains à remous. Partout la vue est superbe, y compris depuis la piscine et le jacuzzi. Pour dîner, ne cherchez pas plus loin, le restaurant panoramique de l'hôtel propose une excellente cuisine inventive et fine parfaitement maîtrisée. Agréable et professionnel, le service peut néanmoins être un peu dépassé en pleine saison.

Accès (carte n° 31) : à 26 km au sud-est de Perpignan par N 114.

Hôtel Restaurant L'Atalaya

Llo - 66800 Saillagouse (Pyrénées-Orientales)
Tél. 04.68.04.70.04 - Fax 04.68.04.01.29
Mme G. Toussaint

Catégorie ★★★ **Fermeture** du 5 novembre au 15 décembre et du 15 janvier aux Rameaux **Chambres** 12 et 1 suite, avec tél., s.d.b., w.c., t.v. satellite, minibar et coffre-fort **Prix** des chambres : 520 à 795 F / 79,27 à 121,20 € - Petit déjeuner : 68 F / 10,37 €, servi de 7 h 30 à 10 h 30 - Demi-pension : 490 à 740 F / 74,70 à 112,81 € (par pers., 3 j. min.) **Carte de crédit** Visa **Divers** chiens admis en chambres - Piscine - Parking **Alentour** thermes d'eaux chaudes sulfureuses, ski à Eyne, Font-Romeu ; four solaire d'Odeillo ; lac des Bouillouses ; gorges de l'Aude ; château de Quérigut - Golfs de Cerdana et de Fontanals 18 trous **Restaurant** service de 12 h 30 à 14 h 30, 19 h 30 à 21 h 30 - Fermé lundi et mardi midi en basse saison - Menus : 170 à 390 F / 25,92 à 59,46 € - Carte.

Llo est un village pastoral, le plus typique de Cerdagne, à la frontière de l'Andorre et de l'Espagne. Autour des ruines de son château du XIᵉ siècle et de sa tour de guet, dite "Atalaya" en vieux castillan, le village surplombe les gorges du Sègre. C'est dans ce site enchanteur qu'est installée l'auberge. La demeure est ravissante : architecture traditionnelle de lauses et schiste recouvertes de vigne vierge et donnant sur la vallée, jolies pièces de réception, petites chambres douillettes et confortables à souhait dont Mme Toussaint s'est attachée à soigner particulièrement le décor. Certaines ouvrent sur la chaîne espagnole, tout comme la salle à manger où vous aurez, en plus du plaisir de la vue, celui d'y goûter une bonne cuisine rappelant le terroir cerdan. En été, les repas sont servis sur une terrasse où fleurissent géraniums et roses trémières. Le jardin abrite aussi une belle piscine mais, en hiver, c'est de la proximité de huit stations de ski dont vous profiterez. Une adresse accueillante et authentique, comme on aimerait en découvrir plus souvent.

Accès (carte n° 31) : à 90 km à l'ouest de Perpignan par N 116, jusqu'à Saillagouse, puis D 33.

La Maison des Consuls

09500 Mirepoix (Ariège)
Tél. 05.61.68.81.81 - Fax 05.61.68.81.15
M. Garcia
E-mail : pyrene@afatvoyage.fr - Web : maisondesconsuls.com

Catégorie ★★★ Ouverture toute l'année **Chambres** 7 (1 avec climatisation) et 1 suite, avec tél. direct, s.d.b., w.c., t.v. et minibar **Prix** des chambres doubles : 450 à 700 F / 68,60 à 106,71 € - Petit déjeuner : 40 et 60 F / 6,10 et 9,15 €, servi de 7 h 15 à 12 h **Cartes de crédit** Visa, Amex **Divers** chiens admis (40 F / 6,10 €). **Alentour** à Mirepoix : cathédrale, tour Sainte-Foy ; châteaux de Lagarde et de Caudeval, de Montségur et de Foix ; citadelles cathares ; grottes du mas d'Azil **Pas de restaurant** à l'hôtel.

La Maison des Consuls est une demeure historique située sur la place médiévale qui fait la renommée de Mirepoix. "Vue imprenable sur le XIIIe siècle" dit le papier à lettres de l'hôtel, c'est une façon imagée de dire que la moitié des chambres, récemment aménagées avec quelques meubles anciens, ouvrent sur les "couverts" aux armatures magnifiquement préservés. Chacune a son style, du XVIIe au contemporain, et toutes sont très confortables, dotées de belles salles de bains. Le petit déjeuner est servi dans une belle salle rustique du rez-de-chaussée, au *Café des maquignons* ouvrant sur une petite cour verdoyante et calme. Pour dîner, nous vous recommandons l'excellente *Auberge Llobet*, située à quelques minutes. Avant de la rejoindre, prenez le temps de flâner dans cet extraordinaire petit bourg, de prendre un verre à l'un des nombreux cafés installés sous les couverts et de regarder vivre Mirepoix. Un merveilleux moment, surtout si vous avez la chance de venir un jour de marché...

Accès (carte n° 31) : à 59 km au sud-ouest de Carcassonne par D 119.

Hôtel Eychenne

09200 Saint-Girons (Ariège)
8, avenue Paul-Laffont
Tél. 05.61.04.04.50 - Fax 05.61.96.07.20 - M. et Mme Bordeau
E-mail : eychen@club-internet.fr

Catégorie ★★★ Fermeture du 1er décembre au 31 janvier, dimanche soir et lundi de novembre à fin mars, sauf j. fériés **Chambres** 42 avec tél. direct, s.d.b. ou douche, w.c., t.v. câblée (16 avec minibar) **Prix** des chambres doubles : 350 à 600 F / 53,36 à 91,47 € - Lit suppl. : 100 F / 15,24 € - Petit déjeuner : 50 F / 7,62 €, servi de 7 h à 11 h - demi-pension : 710 à 930 F / 108,24 à 141,78 € (pour 2 pers., 3 j. min.) **Cartes de crédit** acceptées **Divers** chiens admis - Piscine - Parking (20 F / 3,05 €) **Alentour** Saint-Lizier, Montjoie, églises romanes de la vallée du Couserans : Oust, Cominac, chapelle d'Ercé dans la vallée du Garbet, Castillon, Audressein, Sentein, Ayet, Ourtjou-les-Bordes **Restaurant** service de 12 h 15 à 13 h 30, 19 h 45 à 21 h 30 - Fermé dimanche soir et lundi, de novembre à mars - Menus : 140 à 320 F / 21,34 à 48,78 € - Carte - Spécialités : foie de canard frais aux raisins ; pigeonneau au fitou ; gigot de lotte safrané ; soufflé au grand-marnier.

Voici un hôtel de la meilleure tradition comme il n'en reste plus guère, tenu par la même famille depuis des générations et qui conserve l'atmosphère d'antan avec un confort toujours actualisé. Dans les deux salons, dans le petit bar, dans la salle à manger, les meubles, les collections et les tableaux de famille créent une atmosphère très conviviale. Pas très grandes, les chambres sont très douillettes et généralement meublées à l'ancienne. Certaines jouissent de la vue sur les Pyrénées. La cuisine est savoureuse et mérite que l'on vienne y goûter. En été, on peut maintenant prendre les repas dans une cour récemment réaménagée à grand renfort de plantes et d'arbustes qui prennent racine dans de belles poteries. Les petits déjeuners sont copieux, l'accueil souriant et attentif.

Accès (carte n° 30) : dans Saint-Girons suivre direction Foix et fléchage.

Hôtel du Vieux Pont

12390 Belcastel (Aveyron)
Tél. 05.65.64.52.29 - Fax 05.65.64.44.32
Nicole et Michèle Fagegaltier

Catégorie ★★★ Fermeture janvier et février - Dimanche soir et lundi (lundi seulement en juillet, août) **Chambres** 7 avec tél. direct, s.d.b., t.v. et minibar; 1 chambre handicapés **Prix** des chambres simples et doubles: 430 à 510 F / 65,55 à 77,75 € - Petit déjeuner: 60 F / 9,15 €, servi de 8 h 30 à 10 h - Demi-pension: 480 à 520 F / 73,18 à 79,27 € (par pers.) **Carte de crédit** Visa **Divers** chiens admis (30 F / 4,57 €) - Parking **Alentour** Rodez; Sauveterre-de-Rouergue; plateau du Ségala; lacs du Lévezou; Causse Comtal **Restaurant** service de 12 h 15 à 13 h 30, 19 h 45 à 21 h - Menus: 150 à 400 F / 22,87 à 60,98 € Carte - Cuisine de marché et de saison.

Avec son vieux pont qui enjambe la rivière et ses maisons de pierre et de lauzes blotties au pied d'un château féodal, Belcastel fait à l'évidence partie des plus beaux villages de l'Aveyron. Sur la rive droite se trouve le restaurant, maison d'enfance de Nicole et Michèle Fagegaltier qui, après leurs grands-parents et leurs parents, régalent leurs hôtes et réalisent aujourd'hui d'inoubliables prouesses culinaires. Ce succès n'enlève rien à la simplicité et à la gentillesse des deux sœurs qui ne cessent d'améliorer l'endroit. C'est ainsi que, depuis peu, sept irrésistibles chambres ont été installées de l'autre côté du pont, dans une vieille maison voisine de l'église. D'un confort irréprochable, toutes affichent un décor simple et beau: sol en chêne clair, dessus-de-lit en piqué blanc, très élégants rideaux, un ou deux petits meubles anciens. Ajoutez-y de ravissantes salles de bains blanches et une superbe vue sur la rivière… Voilà pourquoi les séjours à l'*Hôtel du Vieux Pont* semblent toujours trop courts.

Accès (carte n° 31): à 25 km à l'ouest de Rodez.

Hôtel Longcol-en-Aveyron

12270 La Fouillade-Najac (Aveyron)
Route de Monteils
Tél. 05.65.29.63.36 - Fax 05.65.29.64.28
Famille Luyckx

Catégorie ★★★ **Fermeture** du 15 novembre au 13 février **Chambres** 18 et 1 studio (avec kitchenette) avec tél. direct, s.d.b. ou douche, w.c., t.v. satellite et minibar **Prix** des chambres : 680 à 1 250 F / 103,67 à 190,56 € - Petit déjeuner : 80 F / 12,20 €, servi de 7 h à 11 h **Cartes de crédit** Amex, Visa **Divers** chiens admis - Piscine chauffée, tennis, pêche - Hélisurface - Parking **Alentour** château de Najac ; gorges de l'Aveyron ; chartreuse, chapelle des Pénitents noirs, place Notre-Dame à Villefranche-de-Rouergue **Restaurant** service de 19 h 30 à 21 h 30 - Fermé lundi et mardi midi - Menus : 225 à 400 F / 34,30 à 60,98 €.

Cette ancienne bastide du Rouergue ressemble à un village miniature installé sur un petit col sauvage, en contrebas duquel coule l'Aveyron. Restaurée et décorée dans le meilleur goût, elle rassemble dans chaque pièce de très beaux objets orientaux, tapis anciens, vieux meubles, antiques portes cloutées… Une composition élégante, confortable et sans surcharge. Le salon et la salle de billard sont très accueillants, un coin-cheminée, de gros fauteuils en cuir créent une ambiance très conviviale. Les chambres, toutes différentes, sont lumineuses et gaies. Toutes donnent sur la piscine ou sur la vallée. En été, le grand parc offre de nombreux attraits et l'on peut même pêcher dans la rivière qui traverse la propriété. De même, les déjeuners peuvent être pris au bord de la piscine, face à un sublime paysage. Accueil agréable en harmonie avec la qualité du lieu et de la cuisine de Francis Cardaillac.

Accès (carte n° 31) : à 19 km au sud de Villefranche-de-Rouergue, direction Monteils D 47. Après le pont, direction La Fouillade, D 638 sur 2,5 km.

L'Oustal del Barry

12270 Najac (Aveyron)
Place du Bourg
Tél. 05.65.29.74.32 - Fax 05.65.29.75.32 - Mme Miquel
E-mail: oustald@caramail.com - Web: loustaldelbarry.com

Catégorie ★★ **Fermeture** de novembre à mars, les lundis et mardis midi (sauf jours fériés) d'avril à juin et octobre **Chambres** 20 avec tél. direct, s.d.b. ou douche, w.c. et t.v.; ascenseur **Prix** des chambres doubles: 330 à 430 F / 50,31 à 65,55 € - Petit déjeuner: 50 F / 7,62 €, servi de 8 h à 10 h 30 - Demi-pension et pension: 280 à 465 F / 42,69 à 70,89 € (par pers., 2 j. min.) **Cartes de crédit** Amex, Visa **Divers** chiens admis - Parking et garage fermé **Alentour** château de Najac; gorges de l'Aveyron; vieux monuments de Villefranche-de-Rouergue **Restaurant** service de 12 h 30 à 14 h, 19 h 30 à 21 h 30 - Menus: 120 à 280 F / 18,29 à 42,69 € - Carte.

C'est une même famille qui, depuis cinq générations, préside aux destinées de *L'Oustal del Barry*, et cet hôtel a les charmes d'une vieille tradition hôtelière à la française. Les chambres de style campagnard intègrent en un curieux mélange d'autres styles, du genre Art déco. La salle à manger rustique bénéficie d'une vue panoramique sur un grand parc de verdure fleuri de six hectares et sur la forteresse de Najac. Un coin-potager y a été installé où madame Miquel cultive quantité de plantes aromatiques. Vous les retrouverez sublimées dans de délicieuses créations culinaires qui respectent la qualité des produits régionaux et sont réalisées par le jeune Rémy Simon qui fut chef en second du désormais célèbre *Jardin des Sens* à Montpellier. Enfin, la gentillesse de l'accueil vous fera quitter à regret cet hôtel aussi simple que charmant. A noter que, dans ses tarifs de séjour, l'hôtel offre l'entrée à la piscine de Najac, une heure de tennis par jour et la mise à disposition de VTT.

Accès (carte n° 31): à 24 km au sud de Villefranche-de-Rouergue par la D 922, puis D 239.

Hôtel du Midi-Papillon

12230 Saint-Jean-du-Bruel (Aveyron)
Tél. 05.65.62.26.04 - Fax 05.65.62.12.97
M. et Mme Papillon

Catégorie ★★ **Fermeture** du 11 novembre aux Rameaux **Chambres** 18 et 1 suite, avec tél., s.d.b. ou douche, w.c. (sauf 1) **Prix** des chambres : 135 à 209 F / 20,58 à 31,86 € ; suite : 340 F / 51,83 € - Petit déjeuner : 27 F / 4,12 €, servi de 8 h à 10 h - Demi-pension : 199 à 302 F / 30,34 à 46,04 € (par pers. en chambre double, 3 j. min.) **Cartes de crédit** acceptées **Divers** chiens admis - Piscine chauffée, jacuzzi **Alentour** beffroi de Millau ; Montpellier-le-Vieux ; gorges du Tarn **Restaurant** service de 12 h 30 à 14 h, 19 h 30 à 21 h - Menus : 77 à 214 F / 11,74 à 32,62 € - Carte - Spécialités : poêlée de cuisses de grenouilles, crème de poireaux ; timbale à la gelée de gentiane, coulis et tuiles aux mûres sauvages.

Saint-Jean-du-Bruel est une bonne étape dans les gorges de la Dourbie, sur la route du mont Aigoual, point culminant des Cévennes. L'hôtel est un ancien relais de poste géré par la même famille depuis quatre générations. Bien situé, en balcon sur la rivière, il offre une vue de carte postale sur les anciennes maisons du village et sur un vieux pont de pierre. Vous y trouverez toutes les qualités d'une bonne auberge française : confort et bon goût. Les petits déjeuners sont excellents, la table également, confectionnée de façon traditionnelle ou plus élaborée avec les produits maison : légumes, volailles, confits, foie gras, charcuteries... Jean-Michel Papillon est aux fourneaux, il a passé un an chez Michel Bras à Laguiole et n'a pas fini d'enchanter les gastronomes. Toutes les chambres ont été rénovées, personnalisées avec un meuble, un tapis, une gravure ancienne... et disposent d'un balcon sur l'eau. Comment ne pas saluer, enfin, les prix étonnamment raisonnables et l'accueil sympathique de cette attachante adresse ?

Accès (carte n° 32) : à 99 km au nord-ouest de Montpellier par N 109 et N 9, vers Le Caylar jusqu'à La Cavalerie, puis D 999 (à l'entrée du village).

Le Sénéchal

12800 Sauveterre-de-Rouergue (Aveyron)
Tél. 05.65.71.29.00 - Fax 05.65.71.29.09
M. Truchon

Catégorie ★★★ Fermeture en janvier et février **Chambres** 11 climatisées avec tél. direct, s.d.b., w.c., t.v. et minibar; chambre handicapés; ascenseur **Prix** des chambres doubles: 600 F / 91,47 €, duplex: 790 F / 120,43 €; suites: 950 F / 144,83 € - Petit déjeuner: 85 F / 12,96 € - Demi-pension: 560 à 600 F / 85,37 à 91,47 € (par pers., 3 nuits min.) **Cartes de crédit** acceptées **Divers** chiens admis - Piscine chauffée et couverte **Alentour** Rodez, plateau le Ségala, lacs du Levézou et villages de Saint-Beauzély, Combéroumal, Castelnau-Prégayrols, Montjaux; château du Bosc; viaduc du Viaur; Albi - **Manifestations** locales: fête de la Châtaigne à la Toussaint, fête Saint-Christophe en juillet, fête de la Lumière en août **Restaurant** service 12 h à 14 h, 19 h 30 à 21 h 30 - Fermé lundi, mardi midi, jeudi midi, sauf jours fériés et juillet-août - Menus: 150 à 500 F / 22,87 à 76,22 € - Carte - Spécialités: terrine de queue de bœuf en gelée à l'orange; tournedos de pied de porc en écailles de truffes; mousse de verveine fraîche et son sorbet.

S auveterre-de-Rouergue est une bastide royale qui a très bien conservé son plan en échiquier, ses arcades, ses fortifications, son église-donjon… Un petit musée retrace son histoire. Dans le village, au cœur du paisible pays aveyronnais, une grosse auberge toute neuve cache un havre de raffinement et d'hospitalité traditionnelle. Ici, l'espace vous est généreusement offert : dans les chambres aux couleurs claires et acidulées qui donnent sur les verdoyants coteaux, dans les salles de bains très fonctionnelles, dans le salon et la salle à manger. Résolument moderne, l'aménagement intérieur privilégie le confort qu'enrichissent, çà et là, quelques meubles anciens. Très réputée, la table est délicieuse, inventive et parfumée, un régal.

Accès (carte n° 31) : à 32 km au sud-ouest de Rodez.

Auberge du Poids Public

31540 Saint-Félix-Lauragais (Haute-Garonne)
Tél. 05.61.83.00.20 - Fax 05.61.83.86.21
M. et Mme Taffarello

Catégorie ★★★ **Fermeture** en janvier et 1 semaine en novembre **Chambres** 10 avec tél. direct, s.d.b. ou douche, w.c., t.v. et minibar **Prix** des chambres doubles : 330 à 550 F / 50,31 à 83,85 € - Petit déjeuner : 55 F / 8,38 €, servi de 8 h à 10 h - Demi-pension : 670 à 880 F / 102,14 à 134,16 € (pour 2 pers.) **Cartes de crédit** acceptées **Divers** chiens admis - Parking **Alentour** cathédrale de Saint-Papoul ; Durfort (village du cuivre) ; musée Toulouse-Lautrec à Albi ; Toulouse ; route du Pastel ; circuit du canal du Midi - Golfs 9 et 18 trous à Toulouse **Restaurant** service de 12 h à 13 h 30, 19 h 30 à 21 h 30 - Fermé dimanche soir, d'octobre à avril - Menus : 140 à 350 F / 21,34 à 53,36 € - Carte - Spécialités : terrine de foie gras cuit au torchon ; gigotin d'agneau de lait des Pyrénées ; croustillant aux fruits rouges.

Postée à l'entrée du village, cette ancienne auberge sera un agréable lieu d'étape. Ses chambres, moyennement grandes, sont équipées de quelques meubles anciens et sont rénovées d'année en année avec des salles de bains modernes et même la climatisation dans la plus grande. Six d'entre elles ont une très belle vue. Dans l'ensemble, elles sont calmes et celles (rares) donnant sur la rue ne sont proposées qu'en dernier recours. Un petit salon-bar vous est réservé entre poutres, canapés et fauteuils en tissu à carreaux. Le restaurant est l'une des meilleures tables de la région. Déjeuners et dîners sont servis, selon la saison, dans une grande et lumineuse salle à manger joliment décorée, ou sur une exceptionnelle terrasse. Dans les deux cas, le très beau panorama rivalise avec la gastronomie ambiante.

Accès (carte n° 31) : à 40 km au sud-est de Toulouse ; sur la rocade de Toulouse (sortie n° 18), direction Revel par Saint-Orens ou par A61 sortie "Castelnaudary" en venant de Narbonne.

Hostellerie des Sept Molles

31510 Sauveterre-de-Comminges (Haute-Garonne)
Tél. 05.61.88.30.87 - Fax 05.61.88.36.42
M. Ferran
E-mail : 7.molles@hostellerie-7-molles.com - Web : hostellerie-7-molles.com

Catégorie ★★★ Fermeture de mi-février à mi-mars **Chambres** 19 avec tél. direct, s.d.b., w.c., t.v. et minibar ; ascenseur **Prix** des chambres simples et doubles : 420 à 845 F / 64,03 à 128,82 € ; suites : 900 à 1 100 F / 137,20 à 167,69 € - Petit déjeuner : 75 F / 11,43 €, servi de 8 h à 11 h - Demi-pension : 580 à 860 F / 88,42 à 131,11 € (par pers., 3 j. min.) **Cartes de crédit** acceptées **Divers** chiens admis - Piscine, tennis - Parking **Alentour** Saint-Bertrand-de-Comminges ; Montréjeau ; Montmaurin - Golf 18 trous à Lannemezan **Restaurant** service de 12 h à 13 h 30, 19 h 30 à 21 h 30 - Menus : 195 à 310 F / 29,73 à 47,26 € - Carte - Spécialités : foie chaud de canard poêlé à la pêche blanche ; cèpes ; truite du vivier.

Les sept moulins à eau de Sauveterre, accrochés jadis aux méandres du Roussec, donnaient un cachet particulier à ce joli coin de Comminges. Disparus depuis, seules les meules furent récupérées d'où le nom de l'hôtel. L'adresse est intéressante. Avant tout, l'environnement est superbe : prés, vignes, bosquets entourent la maison. Les chambres spacieuses et lumineuses sont meublées à l'ancienne. Certaines traduisent une atmosphère à l'anglaise avec leurs tissus à fleurs, d'autres affichent un style plus affirmé comme celle au mobilier Empire ; enfin, les petites suites ont conservé leur caractère d'antan. Dans la salle à manger et dans les salons règne une ambiance chaleureuse. La cuisine, traditionnelle et nouvelle à la fois, utilise le plus possible des produits maison : truites au bleu du vivier, foie gras, pâtisseries, confitures… L'accueil est sympathique et souriant.

Accès (carte n° 30) : à 74 km au sud-est de Tarbes par A 64, N 117 jusqu'à Saint-Gaudens, puis D 8 jusqu'à Valentine et D 9 (suivre fléchage).

Hôtel des Beaux-Arts

31000 Toulouse (Haute-Garonne)
1, place du Pont-Neuf
Tél. 05.34.45.42.42 - Fax 05.34.45.42.43 - M. Courtois de Viçose
E-mail : hba@internetclub.fr

Catégorie ★★★ **Ouverture** toute l'année **Chambres** 20 climatisées avec tél. direct, s.d.b. ou douche, w.c., t.v. et minibar ; ascenseur **Prix** des chambres simples et doubles : 490 à 980 F / 74,70 à 150,92 € ; suite : 1 000 F / 152,45 € - Petit déjeuner : 85 F / 12,96 €, servi de 7 h à 10 h **Cartes de crédit** acceptées **Divers** chiens non admis - Parking : Esquirol **Alentour** à Toulouse : musées Saint-Raymond, des Augustins, Georges-Labit et Paul-Dupuy, fondation Bemberg, basilique Saint-Sernin, église des Jacobins, Capitole (l'hôtel de ville) ; bastide de Grenade ; cathédrale de Lombez - Golf 9 et 18 trous à Toulouse **Pas de restaurant** à l'hôtel mais petite restauration.

Cet hôtel raffiné n'a gardé de son origine que sa façade XVIIIe siècle et la vue unique sur la Garonne, l'Hôtel-Dieu et le Pont-Neuf (particulièrement magnifique au soleil couchant). A l'intérieur, vingt chambres au confort des plus modernes, décorées sobrement avec le plus grand soin, ont été pensées pour que cet hôtel situé au cœur d'une grande ville soit aussi un lieu de détente : doubles vitrages et climatisation assurent repos et fraîcheur en toutes saisons. La plus délicieuse chambre, comme un grenier douillet, s'ouvre sur le ciel et sur le fleuve. Si vous n'avez décidément pas envie de ressortir, on pourra vous faire monter un repas de la *Brasserie Flo* qui se trouve dans le même bâtiment. Le petit déjeuner-buffet se prend dans une petite salle voûtée, au sous-sol, typique des caves toulousaines. Beaucoup de gentillesse et un accueil attentif font de cet hôtel une adresse de qualité. Restaurants conseillés : *Les Jardins de l'Opéra* gastronomique, *La Frégate*, la *Brasserie des Beaux-Arts*, *La Braisière*.

Accès (carte n° 30) : dans Toulouse, au pied du Pont-Neuf.

Hôtel des Trois Lys

32100 Condom (Gers)
38, rue Gambetta
Tél. 05.62.28.33.33 - Fax 05.62.28.41.85 - Mme Pascale Miguet
E-mail: hoteltroislys@minitel.net

Catégorie ★★★ Ouverture toute l'année **Chambres** 10 climatisées, avec tél. direct, s.d.b. ou douche, w.c. et t.v. satellite **Prix** des chambres simples et doubles: 290 à 650 F / 44,21 à 99,09 € - Petit déjeuner: 49 F / 7,47 €, servi de 7 h 30 à 11 h **Cartes de crédit** acceptées **Divers** chiens admis - Piscine - Parking fermé **Alentour** musée de l'Armagnac à Condom; châteaux, églises et bastides d'Armagnac: Flaran, Larressingle, Fourcès, Tillac, Bassoues, Lavardens, collégiale de La Romieu; croisières sur la Baïse à Condom - Golf de Guinlet 18 trous à Eauze **Restaurant** service de 12 h à 14 h, 19 h 30 à 22 h - Menus: 100 à 170 F / 15,24 à 25,92 €, plat du jour en semaine, à midi: 50 F / 7,62 € - Carte - Spécialités: poisson; canard et produits du terroir.

Ancien hôtel particulier du XVIIIᵉ siècle, cet établissement propose dix chambres, chacune dans sa tonalité, meublées en ancien ou avec de belles copies et toujours habillées d'élégants tissus. Grandes, parfois très grandes, certaines ont conservé leurs boiseries en alcôves Louis XV, alors que doubles portes, moquettes épaisses et doubles fenêtres assurent un silence total. Les salles de bains ne sont pas en reste. Précisons que l'hôtel vient de changer de propriétaire et que de très nombreuses améliorations sont au programme avec, notamment, la création d'un bar très *cosy* avec un espace fumoir et surtout l'installation d'un restaurant gastronomique confié à Bernard Caumont et dont on peut espérer beaucoup. De beaux développements en perspective, d'autant plus appréciables que les prix restent très raisonnables. A suivre…

Accès (carte n° 30): à 40 km au sud d'Agen.

Château de Fourcès

32250 Fourcès (Gers)
Tél. 05.62.29.49.53 - Fax 05.62.29.50.59
Mme Barsan
E-mail : chatogers@aol.com

Catégorie ★★★ Fermeture fin octobre à début avril **Chambres** 15 avec tél. direct, s.d.b. ou douche, w.c. et t.v. **Prix** des chambres doubles : 530 à 730 F / 80,80 à 111,29 € ; suites : 940 à 1 400 F / 143,30 à 213,43 € - Petit déjeuner : 70 F / 10,67 €, servi de 8 h à 10 h - Demi-pension : 510 à 700 F / 77,75 à 106,71 € (par pers.) **Cartes de crédit** acceptées **Divers** chiens admis - Piscine - Parking **Alentour** musée de l'Armagnac à Condom ; châteaux, églises et bastides d'Armagnac ; croisières sur la Baïse à Condom - Golf de Guinlet 18 trous à Eauze **Restaurant** fermé en février - Service de 12 h à 14 h, 20 h à 22 h - Menus : à partir de 155 F / 23,63 € - Carte.

Fourcès est l'une des plus petites des bastides d'Armagnac mais rien ne manque à cette ancienne place forte du XIe siècle : ni les maisons à colombage assemblées autour de sa petite place circulaire, ni les arcades, ni le castelnau devenu aujourd'hui l'hôtel. La noble et austère bâtisse se dresse dans un site plein de douceur où les prés viennent mourir au bord de la rivière. Beaucoup de sérénité aussi à l'intérieur même du château grâce à la lumière que distillent les fenêtres à meneaux, mais ne vous attendez pas à trouver ici une fastueuse décoration car *Fourcès* se veut sobre et pratique des prix en conséquence. Les chambres sont tout à fait plaisantes et souvent agrémentées d'un ou deux meubles anciens (beaucoup sont décorées dans des teintes pastel un peu surprenantes pour ce type d'édifice). Côté restaurant, la table "se cherche" et semble s'être "trouvée" avec l'arrivée d'un nouveau chef. A suivre donc… Sinon, l'*Auberge de Fourcès* (sur la place) propose une cuisine simple et bonne face aux charmantes maisons de la place.

Accès (carte n° 30) : à 50 km au sud d'Agen, 12 km à l'ouest de Condom.

Hôtel de Bastard

32700 Lectoure (Gers)
Rue Lagrange
Tél. 05.62.68.82.44 - Fax 05.62.68.76.81
M. Arnaud

Catégorie ★★ **Fermeture** du 20 décembre au 6 février **Chambres** 27 et 2 suites, avec tél. direct, s.d.b. ou douche, w.c. et t.v. **Prix** des chambres doubles : 270 à 395 F / 41,16 à 60,22 € ; suite : 610 à 710 F / 92,99 à 108,24 € - Petit déjeuner : 50 F / 7,62 € - Demi-pension : 280 à 500 F / 42,69 à 76,22 € (par pers., 3 jours min.) **Cartes de crédit** acceptées **Divers** chiens admis (15 F / 2,28 €) - Piscine - Parking **Alentour** château de Gramont ; châteaux, églises et bastides d'Armagnac : Flaran, Larresingle, Fourcès, Tillac, Bassoues, Lavardens ; collégiale de La Romieu ; festival du théâtre de la Nature à Lectoure fin juillet ; festival de jazz de Marciac mi-août - Golf de Fleurance 9 trous **Restaurant** service de 12 h 15 à 13 h 30, 19 h 30 à 21 h 30 - Menus : 90 à 350 F / 13,72 à 53,36 € - Carte - Spécialités : foie frais ; magret ; desserts de saison.

Lectoure est une magnifique petite ville fortifiée surplombant le paysage vallonné du Gers. En partant à la découverte de ses ruelles bordées d'antiques maisons, vous découvrirez le monumental portique en pierre de taille qui marque l'entrée de cet hôtel particulier du plus pur style XVIIIe. De l'autre côté, une vaste esplanade dallée, égayée par une piscine, domine les derniers toits du bourg puis s'ouvre sur la campagne. C'est sur ce panorama que donnent les pièces de réception. Leur décoration est des plus réussies : jolis tissus, hauts plafonds et mobilier d'un beau style XVIIIe. Vous serez peut-être un peu surpris par les chambres : petites, moins fastueuses mais confortables et personnalisées par de beaux tissus colorés. Choisissez celles du premier étage et, en week-end, assurez-vous qu'il n'y ait pas de mariage. Agréable salon-bar nouvellement créé cette année et alléchante cuisine. Une accueillante adresse de charme.

Accès (carte n° 30) : à 35 km au nord d'Auch par N 21.

Château de Projan

32400 Projan (Gers)
Tél. 05.62.09.46.21 - Fax 05.62.09.44.08
M. Bernard Vichet - Mme Christine Poullain

Ouverture de Pâques à fin-novembre, en hiver sur réservation uniquement **Chambres** 9 (4 avec s.d.b. ou douche et w.c.) **Prix** des chambres : 320 à 650 F / 48,78 à 99,09 € - Petit déjeuner : 45 F / 6,86 €, servi toute la matinée - Demi-pension : 315 à 460 F / 48,02 à 70,13 € (par pers., 3 j. min.) **Carte de crédit** Visa **Divers** petits chiens admis **Alentour** parc des Landes de Gascogne ; circuit des bastides ; château de Mascaraas ; Lourdes ; Pyrénées à 1 h, océan à 1 h 30 ; manifestations locales : festival de jazz de Marciac ; circuit de Nogaro ; feria et golf à Mont-de-Marsan **Table d'hôtes** pour les résidents, service à 20 h - Menu : 120 F / 18,29 € - Réservation pour les non-résidents.

Voici une adresse qui ne ressemble à aucune autre, tant par le décor que par l'ambiance. Ses actuels propriétaires, à la manière des anciens mécènes, ont rassemblé ici une impressionnante collection d'art contemporain et chacun peut en profiter, aussi bien dans les pièces de réception que dans les chambres. L'ensemble, panaché avec quelques imposants meubles XVIIe et XVIIIe, produit un effet chaleureux bien loin de la froideur de certains musées. Côté chambres, ne vous attendez pas au standard hôtelier. En effet, très bien rénovées et la décoration toujours "pensée", elles profitent d'un confort très variable. Il en est de vastes, de minuscules, certaines pour des familles. Habilement intégrés, les sanitaires, au *design* ultra-rationnel, sont plus ou moins complets selon l'espace disponible. Enfin, pour les chambres n'ayant pas de salle de bains, que cela ne vous effraie pas, *Projan* a su rendre contemporain et séduisant l'usage collectif des thermes antiques. Une adresse qui vaut largement le détour.

Accès (carte n° 29) : A 64, sortie Pau ; à 40 km au nord de Pau par N 134 jusqu'à Sarron, et D 646 direction Riscle.

Auberge du Bergerayre

32110 Saint-Martin-d'Armagnac (Gers)
Tél. 05.62.09.08.72 - Fax 05.62.09.09.74
Mme Sarran

Ouverture toute l'année **Chambres** 10 avec tél. direct, s.d.b. ou douche, w.c., 7 avec t.v. **Prix** des chambres : 300 à 700 F / 45,73 à 106,71 € - Petit déjeuner : 35 F / 5,34 € - Demi-pension : 255 à 500 F / 38,87 à 76,22 € (par pers., obligatoire en juillet-août) **Cartes de crédit** Diners, Visa **Divers** chiens admis - Parking **Alentour** parc régional des Landes de Gascogne ; circuit des bastides ; château de Mascaraas ; musée de Vic-Bilh ; manifestation locale : circuit de Nogaro ; festival de jazz de Marciac mi-août - Golfs de Quintet et de Bogorre 18 trous **Restaurant** service de 12 h à 14 h 30, 19 h 30 à 21 h - Fermé dimanche soir, mardi soir et mercredi - Menus : 100 à 200 F / 15,24 à 30,49 € - Carte - Spécialités : magret fourré de foie sur lit de cèpes et pommes de terre ; pastis gascon.

L'*Auberge du Bergerayre* est une typique maison gersoise, simple et solide, plantée parmi les vignes et les champs. Au pied, un lac ; au loin, apparaissant dans leur splendeur ou se faisant mystérieuses, les Pyrénées. Ici, vous trouverez quelques chambres : certaines dans l'ancienne maison, d'autres autour de la piscine, et les plus récentes dans une autre maison qui vient d'être rénovée, située à quelques pas. Différentes les unes des autres, certaines profitent de terrasses privatives et toutes offrent calme et confort. Un discret jardin ombragé protège une grande piscine pour le plus grand plaisir des hôtes. La généreuse cuisine de terroir de Pierrette Sarran, la maîtresse des lieux, qui devient professeur de cuisine de novembre à avril, utilise les produits des fermes voisines et achève de conférer à cette délicieuse auberge le parfum des maisons d'autrefois. Accueil souriant.

Accès (carte n° 29) : à 35 km au sud-est de Mont-de-Marsan jusqu'à Aire-sur-l'Adour, puis N 134 ; au rond-point prendre la départementale Nogaro/Riscle et suivre fléchage.

286

Domaine de Bassibé

32400 Ségos (Gers)
Tél. 05.62.09.46.71 - Fax 05.62.08.40.15
M. et Mme Lacroix

Catégorie ★★★★ **Fermeture** de janvier à mi-mars et les mardi et mercredi midi sauf en haute saison **Chambres** 11 et 7 suites, avec tél. direct, s.d.b., w.c. et t.v. **Prix** des chambres doubles et suites: 650 à 980 F / 99,09 à 149,40 € - Petit déjeuner: 75 F / 11,43 € - Demi-pension: 640 à 805 F / 97,57 à 122,72 € (par pers.) **Cartes de crédit** acceptées **Divers** chiens admis - Piscine, vélos - Parking **Alentour** parc régional des Landes de Gascogne; circuit des bastides; manifestation: festival de jazz de Marciac mi-août - Golf de Mont-de-Marsan et de Pau 18 trous; golf de Tursan **Restaurant** service de 12 h à 14 h, 19 h 30 à 22 h - Fermé mardi, mercredi midi sauf en haute saison - Menus: 160 à 240 F / 24,39 à 36,59 € - Carte - Spécialités: cou de canard farci aux champignons et foie gras; salade originale de poulet grillé aux condiments à la façon d'Alexandre Dumas; poêlée de cèpes, pommes de terres et oignons en jambonnade.

L e *Domaine de Bassibé* a été aménagé dans l'ancienne maison de maître d'une propriété agricole. Les arbres centenaires du parc et le jardin soigné confèrent au lieu un rassurant parfum de tradition. Confort et raffinement sont aussi les maîtres mots pour les chambres et leurs salles de bains, qu'elles se trouvent dans la "Maison Vieille" ou dans la "Maison des champs", plus récente, qui lui fait face. Toutes donnent sur le jardin odorant de chèvrefeuille ou, à perte de vue, sur les douces collines du Gers. Pas d'horaire imposé pour le petit déjeuner que vous prendrez en été dans le jardin fleuri. Autour de la grande piscine, à l'ombre des vieux chênes ou dans l'agréable salle à manger installée dans l'ancien pressoir, sont servis de bons repas accompagnés de vins choisis. Accueil souriant et attentif pour cette belle et authentique adresse de charme

Accès (carte n° 29): à 40 km au sud-est de Mont-de-Marsan jusqu'à Aire-sur-l'Adour, puis N 134. Aéroport et TGV à Pau, 40 km.

Claude Marco

Lamagdelaine 46090 Cahors (Lot)
Tél. 05.65.35.30.64 - Fax 05.65.30.31.40
M. et Mme Marco

Fermeture du 5 janvier au 5 mars, dimanche soir et lundi en basse saison **Chambres** 4 climatisées avec tél. direct, s.d.b. balnéo, w.c., t.v. satellite et minibar **Prix** des chambres doubles : 550 à 680 F / 83,85 à 103,67 € ; suite : 680 F / 103,67 € - Petit déjeuner : 60 F / 9,15 €, servi de 8 h à 11 h **Cartes de crédit** acceptées **Divers** chiens admis - Piscine - Parking **Alentour** Cahors ; circuit des vins de Cahors, de Mercues à Montcabrier ; vallées et villages du Lot et du Célé **Restaurant** service de 12 h à 14 h, 19 h 30 à 21 h 30 - Fermé dimanche soir et lundi sauf du 15 juin au 15 septembre - Menus : 140 F / 21,34 € (déjeuner), 195 à 320 F / 29,73 à 48,78 € - Carte - Spécialités : foie gras au sel ; tatin de foie gras ; pot-au-feu de canard ; filet de bœuf aux morilles.

*C*laude Marco est déjà connu et bien noté dans tous les guides gastronomiques ; la création de quelques chambres nous permet de l'accueillir et de vous proposer plus qu'une étape, un vrai séjour gourmand dans une maison de charme. L'ancienne et belle bâtisse, à galerie, quercynoise qui disparaît sous la verdure, abrite salons et salle à manger dans de superbes pièces voûtées en pierre blonde. On a installé les chambres dans le jardin, aux abords de la piscine : fraîches, gaies, élégantes, raffinées et très confortables, tout comme les salles de bains avec balnéothérapie. Au restaurant, vous aurez le choix entre le "Menu Quercynois" pour découvrir les saveurs régionales, le "Menu Surprise" établi selon le marché et l'inspiration du chef, et plus encore la "Carte des Saisons". Que la bonne chère ne vous fasse pas oublier que vous êtes dans une très belle région, riche en découvertes naturelles et touristiques.

Accès (carte n° 30) : à 7 km de Cahors par D 653, direction Figeac.

Chez Marcel

46100 Cardaillac (Lot)
Rue du 11-Mai-1944
Tél. 05.65.40.11.16 - Fax 05.65.40.49.08
M. B. Marcel

Fermeture 15 jours en octobre, 2 semaines en février, le dimanche soir et le lundi hors saison **Chambres** 5 avec lavabo **Prix** des chambres doubles : 160 F / 24,39 € - Petit déjeuner : 30 F / 4,57 € servi à toute heure - Demi-pension : 210 à 260 F / 32,01 à 39,64 € (par pers., 3 j. min.) **Carte de crédit** Visa **Divers** chiens admis au restaurant - Parking sur la place du Fort **Alentour** "Musée éclaté" de Cardaillac, circuit des vallées du Lot et du Célé (Figeac-Cahors-Figeac) **Restaurant** service de 12 h à 13 h 30, 19 h à 20 h 30 - Fermé dimanche soir et lundi, sauf juillet-août - Menus : 80 à 180 F / 12,20 à 27,44 € - Carte - Spécialités : foie gras ; omelette aux cèpes ou truffes ; cou de canard farci ; truite aux croûtons ; clafoutis ; profiterolles à la menthe et à la crème.

R ecensé parmi les "Plus beaux villages de France", Cardaillac garde encore de nombreux vestiges du Moyen Age et des guerres de Religion. Aujourd'hui, la commune s'efforce de conserver l'authenticité des lieux. L'épicerie fait encore office de bureau de tabac et de maison de la presse, et le bar-restaurant du village *Chez Marcel* offre quelques chambres aux visiteurs qui voudraient y faire étape. Au rez-de-chaussée, deux grandes salles de restaurant aux tables nappées de vichy rouge et blanc accueillent les habitants des alentours pour de bons repas cuisinés avec des produits du terroir. A l'étage, les petites chambres sont dotées de meubles de campagne chinés par le père de l'actuel propriétaire ; elles offrent le charme désuet des hôtels de campagne d'autrefois. Chacune d'elles comprend un lavabo et toutes se partagent une seule salle de douches qui doit être entièrement refaite prochainement. Ambiance décontractée et familiale pour cette adresse de charme à moins de 200 F.

Accès (carte n° 24) : 9 km au nord-ouest de Figeac par N 140, sur la droite, D 15.

Château de la Treyne

Lacave 46200 Souillac (Lot)
La Treyne
Tél. 05.65.27.60.60 - Fax 05.65.27.60.70 - Mme Gombert

Catégorie ★★★★ **Fermeture** mi-novembre à Pâques **Chambres** 14 et 2 appartements, avec climatisation, tél. direct, s.d.b., w.c. et t.v. **Prix** des chambres doubles : 750 à 1 650 F / 114,34 à 251,54 €; appartements : à partir de 1 850 F / 282,03 € - Petit déjeuner : 90 F / 13,72 € - Demi-pension : 850 à 1 260 F / 129,58 à 192,09 € (par pers.) **Cartes de crédit** acceptées **Divers** chiens admis - Piscine, tennis, canoë-kayak - Parking **Alentour** la Dordogne de Souillac à Saint-Céré; Rocamadour - Golf de Rochebois 9 trous **Restaurant** service de 12 h 30 à 14 h, 19 h 30 à 22 h - Fermé mardi, mercredi midi et jeudi midi - Menus : 220 F / 33,54 € (à midi, tout compris), 320 à 420 F / 48,78 à 64,03 € - Carte - Spécialité : langoustines au vinaigre de framboises.

S urplombant la Dordogne, le *Château de la Treyne* bénéficie d'une situation exceptionnelle. Une vaste forêt, offrant de belles possibilités de promenades, entoure le château qui profite d'un jardin à la française et d'un parc aux arbres séculaires, où se cachent une grande piscine cristalline et un tennis. On se sent bien dans cet édifice du XVIIe siècle aux dimensions humaines, que ce soit dans les salons, au bar ou encore dans la magnifique salle à manger. En été, les dîners aux chandelles migrent sur la terrasse en surplomb de la rivière, et les convives s'attardent alors jusque tard dans la nuit pour profiter du calme et de la fraîcheur du soir. Quelle que soit leur vue, les chambres, souvent grandes, sont toutes particulièrement agréables, confortables, très joliment meublées, et décorées avec goût. Chacune offre une atmosphère particulière, authentique. Une adresse précieuse où le luxe discret et le charme cohabitent à merveille.

Accès (carte n° 23) : à 37 km au sud de Brive-la-Gaillarde par N 20 ou A 20 jusqu'à Souillac, puis D 43 sur 5 km jusqu'à la Treyne.

Le Pont de l'Ouysse

46200 Lacave (Lot)
Tél. 05.65.37.87.04 - Fax 05.65.32.77.41
M. et Mme Chambon

Catégorie ★★★ **Fermeture** du 11 novembre à fin février **Chambres** 13 climatisées avec tél. direct, s.d.b., w.c., t.v. et minibar **Prix** des chambres simples et doubles : 800 à 850 F / 121,96 à 129,58 € ; suites : 950 F / 144,83 € - Petit déjeuner : 80 F / 12,20 €, servi de 8 h à 10 h - Demi-pension : 850 F / 129,58 € (par pers.) **Cartes de crédit** acceptées **Divers** chiens admis - Piscine - Parking **Alentour** Rocamadour ; Padirac - Golfs de Souillac et de Rochebois 9 trous **Restaurant** service de 12 h 30 à 14 h, 19 h 30 à 21 h - Fermé les lundi midi et mardi midi, et le lundi soir en basse saison - Carte - Spécialités : écrevisses ; foie gras ; pigeon aux cèpes ; poulette rôtie aux truffes.

Noyé dans la verdure, au pied d'un à-pic rocheux, cet hôtel domine de quelques mètres l'Ouysse qui rejoint la Dordogne un peu en aval. L'intérieur, entièrement réaménagé, profite d'une décoration chaleureuse au goût du jour. Bordé par une véranda, le rez-de-chaussée est réchauffé par des enduits aux tonalités chaudes (saumon pour le salon, ocre pour la salle à manger). Toutes les chambres donnent sur la terrasse ombragée par un tilleul et un marronnier où sont installées par beau temps les tables du restaurant. Tapissées de papiers peints discrets ou colorés, les chambres confortables sont dotées d'agréables salles de bains. Choisissez de préférence celles du second étage (un peu plus calmes quand l'écho des dîners en terrasse s'attarde plus que de raison), ou celles profitant d'une petite terrasse. L'excellente carte du restaurant n'est pas très longue, mais varie souvent au gré de l'imagination et du savoir-faire de monsieur Chambon ; son épouse, quant à elle, assure très aimablement l'accueil.

Accès (carte n° 23) : à 37 km au sud de Brive-la-Gaillarde par N 20 jusqu'à Souillac, puis D 43.

Domaine de Saint-Géry

46800 Lascabanes (Lot)
Tél. 05.65.31.82.51 - Fax 05.65.22.92.89 - Pascale et Patrick Duler
Web : saint-gery.com

Fermeture du 3 janvier au 31 mars, du 20 octobre au 26 décembre ; lundi sauf juillet-août **Chambres** 4 et 1 appartement, avec tél. direct, s.d.b., w.c. **Prix** des chambres doubles : à partir de 590 F / 89,94 € ; appart. : 1 150 F / 175,32 € - Petit déjeuner : 95 F / 14,48 €, servi de 8 h 30 à 10 h - Demi-pension : 580 à 1 020 F / 88,42 à 155,50 € (par pers., obligatoire en saison) **Carte de crédit** Visa **Divers** chiens admis (45 F / 6,86 €) - Piscine - Parking **Alentour** circuit des vins de Cahors, de Cahors à Bonaguil par la basse vallée du Lot ; vallée du Célé (Saint-Cirq-Lapopie) **Restaurant** service de 20 h à 21 h - Fermé lundi et mardi sauf juillet-août - Menus : 320 à 580 F / 48,78 à 88,42 € - Spécialités : carpaccio de magret à la truffe ; épaule d'agneau confite au four du boulanger.

C'est une auberge, mais c'est surtout la maison de Patrick et Pascale Duler qui vous en font partager le parfum d'autrefois. Les beaux bâtiments agricoles qui l'entourent sont utilisés pour le domaine : des hectares de céréales et de truffières, quelques porcs noirs gascons, des canards et un jardin potager servent de base aux plantureux repas préparés et servis par Pascale à la table d'hôtes, dans le salon ou, en été, sur la terrasse qui la prolonge. Des moments de grand plaisir comme en témoignent les sourires autour du buffet des desserts (il faut savoir que les "suggestions" en demi-pension sont en supplément). Très jolies chambres aux meubles campagnards aménagées avec soin et qui offrent espace, tranquillité et confort. Une charmante adresse qui peut cependant poser des problèmes de présence : avec seulement cinq chambres, difficile en effet de mobiliser quelqu'un sur place à plein temps…

Accès (carte n° 30) : à 18 km au sud-ouest de Cahors par N 20, direction Toulouse, puis à droite direction Montcuq sur 500 m, ensuite à gauche Labastide Marnhac par D 7 sur 15 km et fléchage.

Relais Sainte-Anne

46600 Martel (Lot)
Rue du Pourtanel
Tél. 05.65.37.40.56 - Fax 05.65.37.42.82
Mme Lachèze

Catégorie ★★★ **Fermeture** du 15 novembre au 25 mars **Chambres** 16 et 1 suite avec tél. direct, s.d.b. ou douche, w.c., t.v., 8 avec minibar ; 1 chambre handicapés **Prix** des chambres doubles : 400 à 880 F / 60,98 à 134,16 € ; suite : 1 250 F / 190,56 € - Petit déjeuner : 50 et 80 F / 7,62 et 12,20 €, servi de 8 h à 12 h **Cartes de crédit** acceptées **Divers** chiens admis (50 F / 7,62 €) - Piscine chauffée - Parking fermé **Alentour** Rocamadour ; Padirac ; grottes de Lacave ; vallée de la Dordogne ; Collonges-la-Rouge ; abbatiale d'Aubazines - Manifestation locale : festival de musique en été **Pas de restaurant** à l'hôtel.

En entrant, ne soyez pas surpris par la présence d'une chapelle : autrefois se tenait ici une pension religieuse. C'est d'ailleurs ce qui contribue au charme de l'endroit. Récemment rénovés, plusieurs corps de bâtiments abritent 16 chambres. Toutes sont dotées d'un confort très moderne mais chacune est décorée différemment, dans des matières et des couleurs sobres et élégantes. La plus grande a une cheminée et dispose d'une grande terrasse. Tout autour se trouve un jardin à l'ancienne, clos de murs mais suffisamment vaste pour qu'on y trouve une terrasse, des recoins et une belle piscine entourée de gazon. Selon le temps ou l'humeur, le petit déjeuner se prend dans les chambres, dans une salle devant la cheminée ou en terrasse. Deux fois au cours de l'été, la chapelle se transforme en salle de musique pour des concerts classiques. Il émane de ce lieu le charme provincial de la fin du siècle dernier.

Accès (carte n° 24) : à 30 km au sud de Brive.

Hostellerie Le Vert

Le Vert - 46700 Mauroux (Lot)
Tél. 05.65.36.51.36 - Fax 05.65.36.56.84
M. et Mme Philippe

Catégorie★★ **Fermeture** du 12 novembre au 13 février **Chambres** 7 avec tél. direct, s.d.b. ou douche, w.c. et t.v. **Prix** des chambres doubles : 300 à 450 F / 45,73 à 68,60 € - Petit déjeuner : 40 F / 6,10 €, servi de 7 h 30 à 10 h 30 - Demi-pension : 330 à 405 F / 50,31 à 61,74 € (par pers., 3 j. min.) **Cartes de crédit** Amex, Visa **Divers** chiens admis (25 F / 3,81 €) - Piscine - Parking **Alentour** cathédrale Saint-Etienne à Cahors ; circuit des vins de Cahors et des bastides, vallée du Lot, château de Bonaguil **Restaurant** service de 12 h à 13 h 15, 19 h 30 à 20 h 30 - Fermé jeudi et vendredi midi - Menus : 100 à 230 F / 15,24 à 35,06 € - Carte - Spécialités : foie gras frais aux fruits frais ; agneau du Quercy ; poêlée de cêpes aux petits gris.

L'*Hostellerie Le Vert* occupe un très beau site vallonné, en pleine nature. Les modestes ouvertures de la ferme d'autrefois, les mansardes surplombant les quatre façades et la belle fenêtre à meneaux de la salle à manger diffusent une lumière douce sur des intérieurs spacieux, confortables et raffinés. Une très belle terrasse aux voûtes où l'on sert les repas en été donne sur la campagne environnante ; aux beaux jours les petits déjeuners peuvent agréablement y être pris. La table est très bonne et l'ambiance extrêmement chaleureuse. En été, installez-vous dans la chambre n° 6 aménagée dans l'ancien cellier voûté. Elle est fraîche et surprenante mais sa salle de bains est un peu austère. Au-dessus d'elle se trouve une autre belle chambre, très vaste et très claire, avec une belle cheminée. Les chambres se trouvant dans l'hôtel même ont un peu moins de caractère mais sont tout à fait agréables, notamment les numéros 3 et 4, très spacieuses et joliment meublées. Ambiance sympathique et sereine.

Accès (carte n° 30) : à 37 km à l'ouest de Cahors par D 911 jusqu'à Puy-l'Evêque, puis D 5 direction Mauroux.

Hostellerie La Source Bleue

Touzac - 46700 Puy-l'Evêque (Lot)
Tél. 05.65.36.52.01 - Fax 05.65.24.65.69
M. et Mme Bouyou
E-mail : sourcebleue@wanadoo.fr - Web : sourcebleue.com

Catégorie ★★★ Fermeture du 15 décembre au 25 mars **Chambres** 15, 1 suite et 1 appart. (avec kitchenette), avec tél. direct, s.d.b., w.c. et t.v. ; accès handicapés **Prix** des chambres doubles et suite : 350 à 550 F / 53,36 à 83,85 € ; appart. : 750 F / 114,34 € - Petit déjeuner : 37 F / 5,64 € - Demi-pension : à partir de 290 F / 44,21 € (par pers., 2 j. min.) **Cartes de crédit** Amex, Visa **Divers** chiens admis (30 F / 4,57 €) - Piscine, sauna (100 F / 15,24 €), salle de remise en forme, barques, location de vélos - Parking **Alentour** randonnées sur le chemin de Saint-Jacques-de-Compostelle ; musée Marguerite-Moréno - Golf des Roucous, Golf Castelnaud-de-Gratecambe 18 trous **Restaurant** service de 12 h à 13 h 30, 19 h 30 à 21 h 15 - Fermé mercredi à midi - Menus : 100 à 245 F / 15,24 à 37,35 € - Carte - Spécialités : Saint-Jacques au safran ; agneau du Quercy ; nougat glacé.

L*a Source Bleue* occupe un ancien moulin à papier du XIVe siècle, bâti sur la rive gauche du Lot, et ses propriétaires l'ont restauré avec beaucoup de goût. Les chambres, parfois modernes dans leur ameublement, sont confortables et leur installation sanitaire irréprochable. Quatre nouvelles chambres ont été installées dans la tour, aménagées avec du mobilier ancien. Le restaurant situé à l'entrée du parc est indépendant de l'hôtel. On y sert une cuisine raffinée, servie dans une belle salle à manger avec parfois la diffusion discrète d'une musique bien choisie, agréable témoignage d'attention. Le cadre de l'hôtel a belle allure avec ses jardins et son parc aux espèces variées, où vous serez surpris par une impressionnante forêt de bambous géants.

Accès (carte n° 30) : à 39 km à l'ouest de Cahors par D 911, direction Fumel ; à Touzac, franchir le Lot.

Domaine de la Rhue

La Rhue
46500 Rocamadour (Lot)
Tél. 05.65.33.71.50 - Fax 05.65.33.72.48 - M. et Mme Jooris
E-mail : domainedelarhue@rocamadour.com

Catégorie ★★★ Fermeture fin octobre à début avril **Chambres** 14 (certaines climatisées) avec tél. direct, s.d.b. ou douche et w.c., 4 avec t.v. **Prix** des chambres : 390 à 610 F / 59,46 à 92,99 € ; appartement (4 pers.) : 700 à 800 F / 106,71 à 121,96 € - Lit suppl. : 110 F / 16,77 € - Petit déjeuner : 45 à 65 F / 6,86 à 9,91 €, servi de 8 h à 10 h **Cartes de crédit** Visa, Diners **Divers** chiens non admis - Piscine, montgolfière - Parking **Alentour** Rocamadour, musée d'Art sacré ; grotte de Lascaux ; gouffre de Padirac ; Sarlat - Golf de Montal 9 trous à Saint-Céré **Pas de restaurant** à l'hôtel.

C'est une belle campagne vallonnée qui entoure cet hôtel installé dans les splendides écuries d'un château. L'immense hall d'entrée conserve un très ancien pavage et quelques éléments de bois ciré, délimitant jadis les box. Près de la cheminée, un mobilier ancien et quelques fauteuils permettent de s'y détendre agréablement. C'est également non loin de là, sur de jolies tables, que sont servis les petits déjeuners (mais vous pouvez aussi les prendre dans votre chambre ou au jardin). Les chambres et leurs salles de bains très confortables occupent l'étage et une dépendance. Elles sont toutes très joliment décorées, avec de beaux tissus, des meubles chinés et des parquets. Certaines, au rez-de-chaussée, s'apparentent à des petites maisons avec une terrasse privative (deux sont équipées de kitchenette). A partir de là, en suivant un chemin buissonnier, vous rejoindrez directement Rocamadour et, si vous avez besoin de conseils pour choisir un restaurant, n'hésitez pas à questionner les propriétaires sur les bonnes adresses de la région.

Accès (carte n° 24) : à 55 km au sud de Brive-la-Gaillarde par A 20, puis N 140 ; chemin sur la droite, 1 km avant croisement avec D 673.

Château de Roumégouse

Rignac 46500 Gramat (Lot)
Tél. 05.65.33.63.81 - Fax 05.65.33.71.18 - M. et Mme Laine
E-mail : roumegouse@relaischateaux.fr

Catégorie ★★★★ **Fermeture** du 20 octobre à Pâques **Chambres** 15 dont 7 climatisées, avec tél. direct, s.d.b., t.v. et minibar **Prix** des chambres doubles : 650 à 1 000 F / 99,09 à 152,45 € ; suites : 1 200 à 1 400 F / 182,94 à 213,43 € - Petit déjeuner : 65 F / 9,91 €, servi de 8 h à 10 h - Demi-pension (obligatoire en été) : 1 020 à 2 300 F / 155,50 à 350,63 € (1 à 2 pers.) **Cartes de crédit** Amex, Visa **Divers** chiens admis - Piscine - Parking **Alentour** Rocamadour ; vallée de la Dordogne ; grotte de Lascaux ; gouffre de Padirac - Golf de Montal 9 trous à Saint-Céré **Restaurant** service de 12 h 30 à 13 h 45, 19 h 30 à 21 h 45 - Fermé mardi, sauf juillet-août - Menus : 105 à 350 F / 16,01 à 53,36 € - Carte - Spécialités : foie gras chaud ; côtes de canard ; pastis aux pommes.

Construit au XIXe siècle, sur les ruines d'un château très ancien, *Roumégouse* est une vraie maison de famille entourée de 5 hectares de parc. Transformée en hôtel, elle est merveilleusement aménagée, chaque pièce personnalisée par de beaux meubles anciens, des objets et des tableaux choisis. Il y a le salon Napoléon III, le petit bar-bibliothèque de la tour, les deux salles à manger, la véranda et quinze irrésistibles chambres. Toutes sont différentes, lumineuses, meublées d'ancien, très confortables, la décoration privilégiant souvent les teintes naturelles, les tons beiges, les éclairages délicats (chaque hiver, Luce confectionne des abat-jour qui s'harmonisent à la décoration de chaque chambre). Dans tout le monde le château, des bouquets de fleurs fraîches accompagnent le rythme des saisons, vous les retrouverez même sur le plateau de votre petit déjeuner. En été, les repas magistralement préparés par Jean-Louis sont servis sur la terrasse, fleurie d'une multitude de géraniums blancs qui dominent la campagne. Une adresse pleine de goût et de charme où l'on revient souvent en amis.

Accès (carte n° 24) : à 35 km au nord de Figeac par N 140 ; 4 km de Gramat.

Hôtel Beau Site

46500 Rocamadour (Lot)
Tél. 05.65.33.63.08 - Fax 05.65.33.65.23 - M. Martial Menot
E-mail : beausite.rocamadour@wanadoo.fr

Catégorie ★★★ **Fermeture** du 1er janvier au 5 février et en décembre **Chambres** 43 (21 climatisées) avec tél. direct, s.d.b. ou douche, w.c., t.v. ; ascenseur **Prix** des chambres doubles : 395 à 730 F / 60,22 à 111,30 € - Petit déjeuner : 55 F / 8,38 €, servi de 7 h à 9 h 30/10 h - Demi-pension : 325 à 410 F / 49,55 à 62,51 € (par pers.) **Cartes de crédit** acceptées **Divers** chiens admis - Parking et garage à l'hôtel, piscine privée à 1 km **Alentour** site, musée d'Art sacré ; grotte de Lascaux - Golf de Saint-Céré 9 trous **Restaurant** service de 12 h à 14 h, 19 h à 21 h (19 h 30/21 h 30 en été) - Menus : 120 à 285 F / 18,29 à 43,45 € - Carte - Spécialités : foie gras de canard à croque sel ; agneau fermier des Causses.

La notoriété mondiale de Rocamadour tient autant aux pèlerins, qui convergent ici depuis le Moyen Age, qu'à son exceptionnelle situation : sur les flancs d'un gigantesque rocher face aux falaises du Causse. L'hôtel se trouve au cœur même de la cité médiévale et, passée l'agitation de ses rues piétonnes (jusqu'à 19 heures), vous serez parmi les très rares privilégiés auxquels Rocamadour offre son plus beau visage. Témoin de l'ancienneté de la maison, le hall d'accueil affiche une ambiance très Haute Epoque avec, cachés derrière l'escalier central, deux petits salons voûtés fort appréciés en période caniculaire. Les chambres sont agréables et bénéficient toujours d'une belle vue, notre préférence allant à celles de la maison principale (les autres sont en face, au-dessus du restaurant). Leur rénovation sagement moderne, leurs coloris harmonieux les rendent très agréables. Bonne cuisine régionale servie au restaurant panoramique, en salle ou en terrasse. Accueil prévenant.

Accès (carte n° 24) : A 20 sortie Rocamadour-Rodez à 12 km au sud de Brive, puis N 140 et D 673. Au village suivre "Cité médiévale" puis prendre rue piétonne par la 1re porte fortifiée jusqu'au parking de l'hôtel.

Hôtel Les Vieilles Tours

Lafage - 46500 Rocamadour (Lot)
Tél. 05.65.33.68.01 - Fax 05.65.33.68.59 - M. Caulot
E-mail : les.vieillestours@wanadoo.fr

Catégorie ★★★ **Fermeture** de mi-novembre aux vacances de printemps **Chambres** 17 avec tél. direct, s.d.b. ou douche, w.c. **Prix** des chambres doubles : 330 à 520 F / 50,30 à 79,27 € - Petit déjeuner : 48 à 68 F / 7,32 à 10,37 €, servi de 8 h à 11 h - Demi-pension : 380 à 465 F / 57,93 à 70,88 € **Cartes de crédit** acceptées **Divers** chiens admis (30 F / 4,57 €) - Piscine - Parking **Alentour** site, vieille ville, musée d'Art sacré à Rocamadour ; grotte de Lascaux - Golf de Saint-Céré 9 trous **Restaurant** service de 19 h 30 à 21 h - Fermé à midi sauf dimanche et jours fériés - Menus-Carte : 130 à 335 F / 19,82 à 51,07 €, enfant : 57 F / 8,69 € - Carte - Spécialités : foie gras de canard aux pavots bleus et à la pistache ; magret de canard rôti au caramel de framboise et risotto aux fruits secs ; gratin d'ananas et poires caramélisées.

À trois kilomètres du site de Rocamadour, cette gentilhommière très bien restaurée (la partie la plus ancienne date du XIIIᵉ siècle) profite d'un calme et d'une vue exceptionnelle sur les vallées de l'Alzou et de l'Ouysse. La réception et la salle à manger ont gardé leurs murs en pierre apparente, et les tables sont dressées avec goût dans ce cadre rustique. Les chambres sont réparties dans deux bâtiments (dont un plus récent mais respectant le style régional). Agréablement aménagées avec quelques meubles du siècle dernier, elles sont toutes différentes et, pour la plupart, rajeunies et égayées. En cuisine, Frédéric Caulot accommode les produits régionaux, sa créativité varie au gré des saisons. Avec sa très avantageuse formule de demi-pension, la gentillesse, la disponibilité du personnel et les deux hectares qui entourent l'hôtel, voici une adresse idéale pour un séjour de calme et de détente.

Accès (carte n° 24) : à 53 km au sud de Brive. N 20 jusqu'à Cressensac, puis N 140 et D 673 ; à 3 km de Rocamadour, direction Payrac/Gourdon.

Auberge du Sombral

46330 Saint-Cirq-Lapopie (Lot)
Tél. 05.65.31.26.08 - Fax 05.65.30.26.37
M. et Mme Hardeveld

Catégorie ★★ **Fermeture** du 12 novembre au 31 mars, mardi soir et mercredi **Chambres** 8 avec tél. direct, w.c., 4 avec s.d.b., 4 avec douche **Prix** des chambres : 300 à 400 F / 45,73 à 60,98 € - Petit déjeuner : 48 F / 7,32 €, servi jusqu'à 9 h 30 **Carte de crédit** Visa **Divers** chiens admis **Alentour** cathédrale Saint-Etienne de Cahors ; circuit des vins de Cahors, de Cahors à Bonaguil par la basse vallée du Lot ; vallées du Lot et du Célé **Restaurant** service de 12 h à 14 h, 19 h 30 à 21 h - Menus : 100 à 280 F / 15,24 à 42,69 € - Carte - Spécialités : truite au vieux cahors ; feuilleté d'asperges aux morilles ; escalope de foie chaud aux pommes ; terrine de foie de canard confit.

Au cœur de ce superbe village classé, dominant la vallée du Lot, l'*Auberge du Sombral* est un exemple que devraient suivre plus souvent les hôtels installés dans les hauts lieux touristiques. Aménagé dans une jolie maison décorée simplement, cet hôtel est animé par des propriétaires qui aiment d'évidence leur métier et ne sont pas étrangers à l'atmosphère intimiste et agréable qui règne ici. Un tout petit coin-salon réchauffé par une cheminée est installé dans l'accueil. A côté, les deux salles à manger, très agréablement éclairées le soir, offrent un cadre harmonieux pour déguster de bons produits et des plats régionaux cuisinés avec goût et délicatesse. Le service, à la fois attentif et chaleureux, constitue également l'un des points positifs de cette adresse. Petites ou de taille moyenne, les chambres sont confortables, sobrement décorées et égayées par des tableaux d'artistes de la région également exposés dans le restaurant. En fin de journée, les visiteurs libèrent le village, le calme s'installe, il ne vous reste plus qu'à profiter de la douceur du soir…

Accès (carte n° 31) : à 33 km à l'est de Cahors par D 653, direction Saint-Géry, puis D 662.

La Pergola

65170 Saint-Lary-Soulan (Hautes-Pyrénées)
25, rue Principale
Tél. 05.62.39.40.46 - Fax 05.62.40.06.55 - M. Mir
E-mail : jean-pierre.mir@wanadoo.fr

Catégorie ★★ **Fermeture** en novembre **Chambres** 22 avec s.d.b. ou douche, w.c. et t.v.; ascenseur; 1 chambre handicapés **Prix** des chambres: 280 à 360 F / 42,69 à 54,88 € - Petit déjeuner: 40 F / 6,10 €, servi de 7 h 30 à 10 h - Demi-pension et pension: 260 à 470 F / 39,64 à 71,65 € (par pers.) **Cartes de crédit** acceptées **Divers** chiens non admis - Parking **Alentour** ski - thermes - haute vallée d'Aure: Arreau, églises de Sarrancolin, Cadéac, Ancizan, Bazuz-Aure, Vieille-Aure; parc national d'Espagne **Restaurant** service de 12 h à 14 h 30, 19 h à 21 h 30 - Menus: 105 à 220 F / 16,01 à 33,54 € - Carte - Spécialités: terrine de foie gras; magret de canard; agneau; chevreau.

À 827 mètres d'altitude, aux portes de la réserve naturelle de Néouvielle, Saint-Lary est une station de moyenne montagne connue également pour ses cures thermales. Un peu à l'écart de la rue principale et précédée par un grand jardin très soigné, *La Pergola* est l'hôtel idéal pour profiter de cet agréable site pyrénéen. Presque entièrement rénové, il conserve néanmoins son petit côté familial grâce à l'amabilité de l'accueil (votre hôte fut, en son temps, entraîneur de l'équipe de France de rugby) et à quelques vieux meubles disposés ici ou là pour réchauffer l'ambiance contemporaine des pièces de réception, du restaurant et des couloirs. Souvent de belles tailles, les chambres sont aménagées de manière simple, élégante et fonctionnelle. Très confortables, parfaitement tenues, elles ont toutes la vue sur le jardin et la montagne, certaines disposant d'une vaste terrasse plein sud. Servie l'été sous la pergola qui a donné son nom à l'hôtel, la cuisine est excellente, tout comme le petit déjeuner. Une adresse de qualité que nous n'hésitons pas à vous recommander pour un séjour.

Accès (carte n° 30): à 30 km de Lannemezan par D 929.

La Grange aux Marmottes

2001

65120 Viscos (Hautes-Pyrénées)
Tél. 05.62.92.88.88 - Fax 05.62.92.91.13
M. Senac

Catégorie ★★★ Fermeture du 15 novembre au 15 décembre **Chambres** 14 avec s.d.b., w.c. et t.v. ; ascenseur ; 6 avec minibar et coffre-fort ; 2 chambres handicapés **Prix** des chambres : 250 à 490 F / 38,11 à 74,70 € - Petit déjeuner : 40 F / 6,10 €, servi de 8 h à 9 h 30 - Demi-pension : 275 à 370 F / 41,92 à 56,46 € (par pers.) **Cartes de crédit** Visa, Diners **Divers** chiens admis (20 F / 3,05 €) - Piscine, vtt, paniers pique-nique - Parking **Alentour** Ski à 8 km - pic du Midi, cirque de Gavarnie **Restaurant** service de 12 h à 13 h 30, 19 h 30 à 21 h - Menus : 100 à 220 F / 15,24 à 33,54 € - Carte - Spécialité : suprême de pigeonneau au foie gras en habit de chou.

Des ruelles pavées, des maisons de schiste coiffées d'épaisses ardoises, des chemins pris en tenaille entre de vieux murs couverts de mousse… Viscos est un hameau de trente âmes accroché au flanc de la montagne. Parfaitement intégré, cet hôtel créé en 1999 affiche un excellent niveau de confort. Avec ses bois clairs et ses fauteuils à carreaux, le salon d'entrée correspond bien à ce que l'on attend en montagne. Au-dessus, la salle à manger joue la couleur avec son nappage bariolé sur fond de murs blancs. Réservée aux clients de l'hôtel, elle permet de goûter une cuisine saine, parfumée, bien ancrée dans son terroir et qui nous a réellement convaincus, y compris pour la formule "demi-pension à la carte", imbattable ! Côté chambres, la décoration est encore un peu raide (carrelage et tissus pastel, mobilier très simple) mais de belles salles de bains, une excellente literie, une tenue irréprochable et une superbe vue sur les massifs environnants compensent largement ce petit inconvénient. Une très attachante adresse pour se faire dorloter. A réserver très à l'avance !

Accès (cartes n° 29 et n° 30) : après Lourdes, prendre route d'Argelès-Gazost puis Pierrefitte, puis Luz-St-Sauveur ; après 12 km, prendre à droite vers Viscos.

Château d'Aiguefonde

81200 Aiguefonde (Tarn)
Rue du Château
Tél. 05.63.98.13.70 - Fax 05.63.98.69.90 - P. de Vilder - H. Goens

Catégorie ★★★★ **Fermeture** du 1er octobre au 25 mai **Chambres** 8 avec tél. direct, s.d.b., t.v. satellite, lecteur CD ; 1 chambre handicapés **Prix** des chambres simples : 750 F /114,34 € ; doubles : 1 000 F / 152,45 € - Petit déjeuner : 85 F / 12,96 € - Demi-pension : 6 500 F (4 jours pour 2 pers.) **Cartes de crédit** acceptées **Divers** chiens admis (chenil privé) - Piscine - Parking et garage (2 places) **Alentour** musée Goya à Castres ; massif du Sidobre et monts Lacaune, de Castres à Mazamet - Golf de la Barouge 18 trous à Pont-de-l'Arn **Restaurant** sur réservation - Service de 19 h à 21 h 15 - Menu unique : 250 F / 38,11 € - Cuisine du marché.

A u pied de la Montagne Noire, le *Château d'Aiguefonde* fut remanié au XVIIIe, époque à laquelle on lui adjoint aussi son jardin de buis dessiné par Le Nôtre. A l'intérieur, le somptueux escalier monumental décoré de trompe-l'œil, les tableaux flamands et hollandais, les tapis persans, les meubles anciens se mêlent sans surcharge à des œuvres contemporaines inhabituelles. Les chambres très confortables bénéficient de la même attention et du même aménagement hors du commun. Pour vous mettre dans l'ambiance, des chaînes CD remplacent ici les télévisions ; une idée plaisante, bien dans l'esprit de ce lieu original et artistique. Pour dîner, l'hôtel propose une alléchante cuisine de saison servie dans l'intimité d'une petite salle à manger décorée d'une belle tapisserie d'Aubusson. L'été, les petits déjeuners sont dressés au milieu des buis du jardin et, pour ne pas déparer, la piscine est traitée à la manière d'un bassin à l'italienne ; voici l'endroit idéal pour paresser au soleil en contemplant les cascades qui viennent terminer leur course dans une dernière vasque près de votre chaise longue. Accueil parfois un peu discret.

Accès (carte n° 31) : à 5 km de Mazamet.

Hostellerie Saint-Antoine

81000 Albi (Tarn)
17, rue Saint-Antoine
Tél. 05.63.54.04.04 - Fax 05.63.47.10.47
MM. Rieux et fils

Catégorie ★★★★ **Ouverture** toute l'année **Chambres** 48 climatisées avec tél. direct, s.d.b., w.c., t.v. et minibar **Prix** des chambres doubles : 550 à 850 F / 83,55 à 129,58 € ; suites : 950 à 1 100 F / 144,83 à 167,69 € - Petit déjeuner : 65 F / 9,91 € - Demi-pension : 480 à 720 F / 73,18 à 109,76 € (par pers.) **Cartes de crédit** acceptées **Divers** chiens admis (30 F / 4,57 €) - Piscine et tennis à "La Réserve" - Parking **Alentour** à Albi : cathédrale Sainte-Cécile et musée Toulouse-Lautrec ; viaduc de Viaur ; Ambialet ; Gaillac ; Cordes - Golf 18 trous à Albi **Restaurant** service de 19 h à 21 h 30 - Fermeture dimanche - Menu : 140 F / 21,34 € - Carte - Spécialités : foie gras ; salade de Saint-Jacques, vinaigrette aux truffes ; daube de bœuf à l'albigeoise ; tournedos Périgueux ; tarte à l'ancienne ; glace aux noix.

Fondée au XVIIIe siècle et exploitée depuis cinq générations par la même famille, cette auberge fut reconstruite en 1960, ce qui explique son aspect extérieur peu séduisant. Ses pièces de réception, aux volumes agréables, sont plus réussies notamment grâce à l'élégant mobilier qui les personnalise. D'un modernisme élégant, les chambres sont généralement agrémentées de quelques meubles anciens, souvent Directoire ou Louis-Philippe, et de tissus aux couleurs fraîches. Irréprochables de confort, elles sont calmes, soignées dans le détail et donnent le plus souvent sur un jardin fleuri. Certaines, plus grandes, intègrent un petit coin-salon. Au rez-de-chaussée, une salle à manger décorée dans le même esprit ouvre sur le jardin. Petit déjeuner-buffet servi dans une véranda. Cuisine traditionnelle agréable ; service et accueil attentifs.

Accès (carte n° 31) : dans le centre-ville.

Le Castel de Burlats

81100 Burlats (Tarn)
8, place du 8-Mai-1945
Tél. 05.63.35.29.20 - Fax 05.63.51.14.69 - M. Dauphin

Ouverture toute l'année **Chambres** 10 avec tél. direct, s.d.b. ou douche, w.c., t.v.; 1 chambre handicapés **Prix** des chambres: 350 à 420 F / 53,36 à 64,12 €; suites: 450 à 680 F / 68,60 à 103,67 € - Petit déjeuner: 40 F / 6,10 € - Demi-pension: 340 à 420 F / 51,83 à 64,12 € (par pers., 3 j. min.) **Cartes de crédit** acceptées **Divers** chiens admis - Parking et garage **Alentour** Castres (musée Goya; festival Goya en juillet); massif du Sidobre; Albi (cathédrale et musée Toulouse-Lautrec) - Golf La Barouge 18 trous et Golf Gourjade 9 trous à Mazamet **Restaurant** pour les résidents et sur réservation uniquement - Service à partir de 19 h 30 - Menus: 100 à 180 F / 15,24 à 27,44 € - Spécialité: fois gras maison.

Situé au début de la vallée de l'Agout conduisant au massif granitique du Sidobre, le village de Burlats existe depuis le VIIᵉ siècle. L'hôtel occupe le château des seigneurs locaux entouré d'un très beau parc à la française. Impressionnant avec sa tour du XIIIᵉ et son austère façade renaissance en "U", il s'adosse à la pente et fait face à la collégiale romane. Récemment ouvert après une rénovation très réussie, il propose des chambres très vastes, décorées de teintes claires, souvent jaune et bleu, aménagées avec un bel ensemble de meubles Louis-Philippe. Confortables, très bien tenues, dotées de salles de bains irréprochables, elles ont tout pour plaire, y compris leur excellent rapport qualité-prix. Vous profiterez également d'un immense salon, d'un bar-billard et d'une salle à manger donnant sur une terrasse plantée de camélias centenaires. Madame Dauphin est en cuisine et propose deux savoureux menus qui changent tous les soirs. Avec son mari, elle attache une grande importance à la tenue de l'hôtel et à la qualité de l'accueil. Une très sympathique adresse promise à un bel avenir.

Accès (carte n° 31): à 5 km de Castres.

Cuq en Terrasses

Cuq-le-Château 81470 Cuq-Toulza (Tarn)
Tél. 05.63.82.54.00 - Fax 05.63.82.54.11
M. Gallice
E-mail : cuq-en-terrasses@wanadoo.fr - Web : cuqenterrasses.com

Fermeture du 3 janvier au 5 avril **Chambres** 7 et 1 appartement en duplex, avec tél. numéris, s.d.b. ou douche, w.c. et t.v. **Prix** des chambres et suites (selon saison) : 450 à 750 F / 68,60 à 114,34 € ; appart. : 700 à 950 F / 106,71 à 144,83 € - Petit déjeuner : 65 F / 9,91 €, servi de 8 h 30 à 10 h **Cartes de crédit** acceptées **Divers** chiens admis - Piscine **Alentour** Albi ; Carcassonne ; Castres ; musées de Toulouse ; marché de Revel - Golf de Fiac 18 trous **Restaurant** uniquement sur réservation, service de 12 h à 14 h 30, 19 h 30 à 21 h 30 - Menus : 150 F / 22,87 € à midi, 180 F / 27,44 € le soir - Spécialités : soupe de melon à l'estragon ; poulet farci en croûte aux morilles ; tarte amandine aux poires et violettes.

Accrochée à la colline, cette ancienne maison dont l'entrée discrète se situe sur la place de l'église se déplie voluptueusement en niveaux successifs. De paliers en terrasses, de jardin en piscine, on découvre les vallons en patchwork du pays de cocagne. La maison a été magnifiquement restaurée et son aménagement doit beaucoup à la noblesse des matériaux utilisés et à la décoration soignée des chambres claires et de leurs salles de bains, où le respect de la tradition se marie au confort le plus actuel. Mettez ensuite un pied dehors et laissez-vous captiver par la sérénité du site que l'on goûte sur la terrasse, par l'escalier qui court dans un jardin de rocaille et par les coins ombragés aux abords de la piscine. Précisons que l'hôtel vient tout juste de changer de propriétaire et que, n'ayant pu y retourner, nous ne pouvons commenter l'accueil, la tenue et la table de cette adresse qui fut l'une de nos préférées de la région… A suivre.

Accès (carte n° 31) : à 35 km à l'est de Toulouse, direction Castres. Dans Cuq, direction Revel sur 2 km. Sur A 61, sortie n° 17.

Demeure de Flore

81240 Lacabarède (Tarn)
Tél. 05.63.98.32.32 - Fax 05.63.98.47.56
M. Francesco di Bari

Catégorie ★★★ **Ouverture** toute l'année **Chambres** 10 et 1 suite, avec tél. direct, s.d.b., w.c. et t.v., accès handicapés **Prix** des chambres simples et doubles : 390 à 510 F / 59,46 à 77,74 € ; suite : 870 F / 132,63 € - Petit déjeuner : 70 F / 10,67 € - Demi-pension : 490 à 520 F / 74,70 à 79,27 € (par pers., 3 j. min.) **Carte de crédit** Visa **Divers** petits chiens admis (70 F / 10,67 €) - Piscine - Parking et garage **Alentour** musée Goya à Castres ; massif du Sidobre et monts Lacaune de Castres à Mazamet - Golf de la Barouge 18 trous à Pont-de-l'Arn **Restaurant** service de 12 h à 14 h 30 et de 19 h 30 à 22 h - Fermé du 5 au 20 janvier et le lundi hors saison - Menus : 140 à 185 F / 21,34 à 28,20 € - Carte - Spécialités : cuisine méridionale (mélange de Provence et d'Italie).

Aménagé avec autant de soin qu'une maison privée, ce charmant petit hôtel est largement abrité de la route par une nature luxuriante. L'intérieur est d'un délicieux raffinement. Partout, les meubles anciens, les tableaux et les objets créent une ambiance cossue très accueillante. Chaque confortable chambre diffère de sa voisine ; les tissus colorés proviennent des meilleures maisons, les meubles ont été achetés chez les antiquaires locaux. Modernes, mais toujours élégantes, les salles de bains sont impeccables ; un vitrail en éclaire certaines. Si vous avez le choix, préférez les chambres avec une petite terrasse de plain-pied sur le jardin et la piscine, lieu idéal pour se détendre en profitant de la vue sur les prés et les collines. Enfin, il n'est pas nécessaire de ressortir dîner car une alléchante cuisine teintée de saveurs méridionales est proposée aux hôtes avec le sourire, dans une ravissante salle à manger. Une très bonne adresse qui pratique encore des prix raisonnables.

Accès (carte n° 31) : à 15 km à l'est de Mazamet par N 112.

La Métairie Neuve

81660 Pont-de-L'Arn (Tarn)
Tél. 05.63.97.73.50 - Fax 05.63.61.94.75
Mme Tournier

Catégorie ★★★ **Fermeture** du 15 décembre au 25 janvier **Chambres** 14 avec tél. direct, s.d.b., w.c., t.v. et minibar **Prix** des chambres doubles : 390 à 500 F / 59,46 à 76,22 € - Demi-pension : 350 à 550 F / 53,36 à 83,85 € (par pers., 3 j. min.) **Cartes de crédit** Diners, Visa **Divers** chiens admis - Piscine - Parking **Alentour** musée Goya à Castres ; massif du Sidobre et monts Lacaune de Castres à Mazamet - Golf de la Barouge 18 trous à Pont-de-l'Arn **Restaurant** service de 19 h 30 à 21 h - Fermé samedi et dimanche, du 1er octobre au 30 avril - Menus : 100 et 125 F / 15,24 et 19,06 € - Spécialités : cuisine régionale de saison.

C'est une ancienne et belle ferme au bout d'un village qui s'urbanise : pavillons et centres commerciaux sont en train de gagner du terrain, mais cet hôtel reste une vaste enclave de verdure. Les chambres sont toutes très bien équipées et leur aménagement témoigne du soin que l'on a apporté à chacune d'entre elles. Certaines, situées dans une petite aile, viennent d'être refaites dans un style campagnard raffiné et c'est une vraie réussite. Ces dernières sont, bien entendu, nos préférées et les projets de rénovation des chambres du bâtiment principal suivront cette tendance décorative. Très accueillante, madame Tournier a aménagé son hôtel comme une maison, avec plusieurs coins-salons et de nombreux détails sympathiques. Prolongeant la salle à manger, une superbe grange très largement ouverte permet de dîner l'été en profitant de la piscine et du grand jardin. Quant au restaurant, il tourne maintenant un peu au ralenti mais n'en demeure pas moins utile pour ceux qui ne désirent pas ressortir dîner.

Accès (carte n° 31) : à 19 km au sud-est de Castres par N 112, direction Mazamet.

L'Ancienne Auberge

2001

Place de l'Eglise
81140 Puycelsi (Tarn)
Tél. 05.63.33.65.90 - Fax 05.63.33.21.12 - Mme Alexander
E-mail : caddack@aol.com

Catégorie ★★★ **Fermeture** janvier **Chambres** 8 avec tél., s.d.b., w.c. et t.v. satellite ; 1 chambre handicapés **Prix** des chambres : 400 à 750 F / 60,98 à 114,34 € - Petit déjeuner : 40 F / 6,10 €, servi de 8 h à 11 h - Demi-pension : 120 F / 18,29 € (par pers.) **Carte de crédit** Visa **Divers** chiens non admis - Parking **Alentour** bastides et villages forts, Albi, Cordes-sur-Ciel **Restaurant** service de 12 h à 14 h, 19 h 30 à 22 h - Menus : 120 à 160 F / 18,29 à 16,77 € - Carte - Spécialités : soufflé au foie gras ; pot-au-feu de pigeon ; tartelette à la figue.

Dressé en position de forteresse sur un plateau rocheux, Puycelsi surplombe la vallée de la Vère et l'immense forêt de Grésigne avec, parfois à l'horizon, les dentelles blanches des Pyrénées. C'est sur la place de l'église, que cette grande maison a retrouvé sa vocation d'auberge dans la fraîcheur de ses vieux murs en pierre claire. Pour autant rien de ce qui fait l'attrait du confort moderne n'a été oublié. Ses huits chambres aux tonalités pâles sont meublées sobrement, avec goût, et s'agrémentent de salles de bains en travertin rehaussé de bois. Chacune a son caractère et plusieurs d'entre elles jouissent d'une extraordinaire vue sur les environs. Pour couronner le tout, près des deux belles ogives de pierre du restaurant, vous pourrez déguster la talentueuse cuisine de Guillaume Rozé, particulièrement à l'aise pour allier tradition et modernité. En saison, cette accueillante adresse s'agrandit d'une terrasse où sont servis les repas et d'où l'on peut sentir battre le cœur de ce superbe village médiéval.

Accès (carte n° 31) : à 45 km d'Albi. A 68 sortie Gaillac puis D 964 vers Castelnau-de-Montmirail puis vers Montauban.

Domaine de Rasigous

81290 Saint-Affrique-les-Montagnes (Tarn)
Tél. 05.63.73.30.50 - Fax 05.63.73.30.51
M. Fons Pessers

Fermeture du 15 décembre au 1er janvier **Chambres** 5 et 3 suites (dont 1 avec kitchenette), avec tél. direct, s.d.b. ou douche, w.c., t.v. ; 1 chambre handicapés **Prix** des chambres simples : 250 à 350 F / 38,11 à 53,36 € ; doubles : 450 à 550 F / 68,60 à 83,85 € ; suites : 650 et 750 F / 99,09 à 114,34 € - Petit déjeuner : 55 F / 8,38 €, servi à partir de 8 h **Cartes de crédit** acceptées **Divers** chiens admis - Piscine couverte - Parking et garage **Alentour** musée Goya à Castres ; Albi ; Carcassonne ; massif du Sidobre et monts Lacaune de Castres à Mazamet - Golf de Castres 9 trous **Restaurant** sur réservation pour les résidents, à partir de 19 h - Menu : 140 F / 21,34 € - Cuisine de saison.

Située dans la belle campagne verdoyante du sud du Tarn, cette grande maison du XIXe siècle a été rénovée avec talent par ses nouveaux propriétaires qui savent ce que confort et charme du passé veulent dire. Par leur travail et leur goût de l'accueil, ils lui ont redonné sa chaleureuse atmosphère de maison de vacances. Vous trouverez ici cinq chambres et trois suites pensées dans les moindres détails. De beaux meubles anciens et des tableaux leur confèrent l'atmosphère de chambres d'amis, et toutes sont dotées de salles de bains ultra modernes. Le mariage du passé et du présent est particulièrement réussi dans le jardin débordant de fleurs et dans le parc ombragé aux arbres centenaires. La table d'hôtes, réservée aux résidents, propose une copieuse cuisine légère où les légumes de saison sont très présents. Accueil simple et courtois. Voici une adresse pour les amateurs de calme et de repos.

Accès (carte n° 31) : à 18 km à l'ouest de Mazamet, direction Toulouse, Labruguière. Faire 12 km, puis direction Dourgne. A 2 km de Saint-Affrique sur la gauche.

Le Lys Bleu

82140 Saint-Antonin-Noble-Val (Tarn-et-Garonne)
29, place de la Halle
Tél. 05.63.30.65.06 - Fax 05.63.30.62.27 - M. Risi-Charlot

Catégorie ★★★ **Ouverture** toute l'année **Chambres** 11 avec tél. direct, s.d.b. ou douche, w.c., t.v. et minibar **Prix** des chambres simples et doubles : 410 à 560 F / 62,50 à 85,37 € - Petit déjeuner : 60 F / 9,15 € - Demi-pension : 410 à 480 F / 62,50 à 73,18 € (par pers., 3 nuits min.) **Carte de crédit** Visa **Divers** chiens admis - Parking et garage **Alentour** à Saint-Antonin-Noble-Val : quartier médiéval et hôtel de ville (musée de la Préhistoire) ; Varen ; abbaye de Beaulieu ; villages de la vallée de la Bonette (Caylus, Chapelle-Livron) ; Montauban (musée Ingres) ; Moissac ; Lauzerte ; Montpezat-de-Quercy ; Caussade **Restaurant** service de 12 h 30 à 14 h 30, 19 h 30 à 23 h - Menus : 100 F / 15,24 € (déjeuner), 200 à 340 F / 30,49 à 47,26 € - Carte - Spécialités : foie gras aux épices ; magret aux anchois ; boudin blanc truffé et sorbet à la truffe (en hiver) ; poissons et homards en arrivage direct ; duo de mousses exotiques en millefeuille.

De sa prospérité passée, Saint-Antonin-Noble-Val a gardé son élégante terrasse en bordure de l'Aveyron et ses belles maisons. C'est dans l'une d'elles que se situent les onze chambres simples du *Lys Bleu*. Aménagées sobrement, avec de petites salles de bains, elles bénéficient du calme de la ville tel qu'il devait être autrefois. En bas, vous pourrez choisir entre plusieurs coins-salons et un petit patio rafraîchissant où l'on sert les petits déjeuners en été. Le restaurant de l'hôtel, situé deux maisons plus loin, est un véritable délice, par sa cuisine tout d'abord mais aussi par sa grande salle un peu baroque où crépite un feu de bois en hiver, ou pour son jardin aux allures tropicales où l'on vous servira jusqu'à 23 heures en été. Il règne ici une rare atmosphère attentive et accueillante.

Accès (carte n° 31) : à 45 km au nord-est de Montauban, direction gorges de l'Aveyron et Saint-Antonin-Noble-Val.

Résidences du Golf des Roucous

82110 Sauveterre (Tarn-et-Garonne)
Tél. 05.63.95.83.70 - Fax 05.63.95.82.47
M. et Mme Finance

Ouverture toute l'année **Chambres** 5 maisonnettes de 2 chambres chacune avec s.d.b., w.c. et t.v. ; accès handicapés **Prix** des maisonnettes (pour 4 personnes) : 450 à 580 F / 68,60 à 88,42 € - Petit déjeuner : 40 F / 6,10 €, servi de 8 h à 10 h **Carte de crédit** Visa **Divers** chiens non admis - Golf de 9 trous, piscine, tennis - Parking **Alentour** cloître de Moissac, Cahors, vallée du Lot, villages fortifiés **Restaurant** réservé aux résidents - Service de 12 h à 15 h, 19 h à 22 h - Menu : 100 F / 15,24 € - Carte - Spécialités : foie gras de canard ; salade d'orange.

En pleine campagne quercynoise, dans une vallée perdue à l'écart des grands axes, le *Golf des Roucous* est un havre de calme. Si les golfeurs investissent le green verdoyant plutôt les week-ends, on peut paresser en toute quiétude au bord de la piscine ou manger dans le grand salon ou dans le jardin. Ici, cinq maisons de poupées, tout en bois, sont à la disposition des visiteurs. Chacune peut accueillir quatre personnes et comprend une kitchenette avec coins salle à manger, un petit salon confortable égayé de patchworks, une chambre pour un couple et une autre à deux lits. Les salles de bains sont petites mais chaudes et fonctionnelles. Dans le grand salon où se réunissent les golfeurs, une petite boutique avec tous les accessoires et des tables pour manger, à la carte, une cuisine simple et bonne. Des salades composées au bleu d'Auvergne ou à la mozzarella très copieuses, du poulet au curry, du magret de canard et même du foie gras. L'accueil est chaleureux et discret pour un séjour détente au vert.

Accès (carte n° 30) : à Cahors prendre direction Castelnau-Montratier par D 19. Dans Sauveterre suivre panneaux.

Château de Courcelles

2001

02220 Courcelles-sur-Vesle (Aisne)
Tél. 03.23.74.13.53 - Fax 03.23.74.06.41 - Michel Anthonioz
Web : chateau-de-courcelles.fr - E-mail : reservation@chateau-de-courcelles.fr

Catégorie ★★★★ Ouverture toute l'année **Chambres** 11 et 7 suites avec tél., s.d.b., t.v., minibar et 1 chambre pour handicapés **Prix** des chambres : 850 à 1 300 F / 129,58 à 198,18 € ; suites : 1 700 à 2 000 F / 259,16 à 304,90 € - Petit déjeuner : 100 F / 15,24 €, servi de 7 h 30 à 10 h 30 **Cartes de crédit** acceptées **Divers** chiens admis (+ 150 F / 22,87 €) - Tennis, piscine - Parking **Alentour** caves de Champagne, Reims, Soissons - Golf de l'Ailette 18 trous **Restaurant** service de 12 h 30 à 14 h, 19 h 30 à 21 h 30 - Menus : 240 à 450 F / 38,11 à 73,18 € - Carte - Spécialités : bar farci puis grillé à la cheminée, fumé de tomates cerises au basilic.

Ce petit château déploie sa belle façade XVIIIᵉ en bordure de village, dans un vaste paysage rural. Il s'agit, certes, d'une luxueuse adresse nécessitant quelques moyens mais le charme est bien là grâce, notamment, au décorateur Jacques Garcia, passé maître dans l'art de reconstituer les fastes du grand siècle. Tout le rez-de-chaussée est ainsi occupé par les pièces de réception : succession de salons de taille variable, meublés d'ancien, décorés de toiles peintes, de faïences, d'épaisses étoffes... Ravissante salle à manger avec plafond à la française, panneaux lambrissés beiges, lustres de cristaux, scènes de chasse... Serre aérienne rythmée par une succession de rideaux à rayures multicolores (utilisée en salle à manger d'été). Le ton est donné ; il ne sera démenti, ni par les chambres, classiquement superbes, ni par la cuisine, particulièrement remarquable due au talentueux Eric Samson, un jeune chef qui n'a pas fini de faire parler de lui. Ajoutez à cela un vaste parc très soigné et traversé par les eaux calmes de la Vesle, une terrasse sertie de fleurs, un accueil attentif.

Accès (carte n° 10) : à 20 km à l'est de Soissons. A Soissons, prendre N 31 - E 46 vers Reims, le château se trouve à 3 km après le village de Braine.

Hôtel de l'Abbaye

02600 Longpont (Aisne)
8, rue des Tourelles
Tél. 03.23.96.02.44 - Fax 03.23.96.02.44 - M. Verdun

Catégorie ★★ **Ouverture** toute l'année **Chambres** 11 avec tél., s.d.b. ou douche, w.c., 5 avec t.v. **Prix** des chambres doubles: 280 à 335 F / 42,69 à 51,07 € - Petit déjeuner campagnard: 40 F / 6,10 €, servi toute la journée - Demi-pension et pension: 390 à 470 F / 59,46 à 71,65 € (par pers., 3 j. min.) **Cartes de crédit** acceptées **Divers** chiens admis - Location de vélos à l'hôtel **Alentour** abbaye et château de Longpont; château, hôtel de ville et musée Alexandre-Dumas à Villers-Cotterêts; château de Vierzy - Golf du Valois 9 trous à Barbery **Restaurant** service de 12 h à 14 h, 19 h 30 à 21 h - Menus: 110 à 220 F / 16,77 à 33,54 € - Carte - Spécialités: grillades au feu de bois; canard aux cerises; gibier et champignons en saison.

Au cœur de la forêt de Retz, le village de Longpont et sa remarquable abbaye méritent le détour. Sur la place, cette petite auberge conviviale tenue par un très sympathique propriétaire fait également office de café du village. Elle constitue aussi le point de ralliement des randonneurs et des chasseurs. Autour des grandes tables en bois massif du rez-de-chaussée règne une atmosphère décontractée et animée. On y sert une cuisine de saison familiale et de bonnes viandes grillées. Lorsque le temps le permet, les repas sont servis dans le jardin. D'un style très simple, les chambres sont calmes, bien tenues et en progrès, y compris en ce qui concerne leur décoration. Certaines donnent sur la forêt, d'autres sur l'abbaye. Une toute petite salle de télévision et un salon de lecture sont à votre disposition. Vous y trouverez une importante documentation sur la région mais, si vous voulez en savoir plus, il vous suffira de questionner monsieur Verdun. Une petite adresse chaleureuse, simple mais authentique, non loin de Paris.

Accès (carte n° 10): à 20 km au sud de Soissons par N 2, direction Villers-Cotterêts, puis D 2.

Hostellerie Le Château

Neuville-Saint-Amand
02100 Saint-Quentin (Aisne)
Tél. 03.23.68.41.82 - Fax 03.23.68.46.02
M. Meiresonne

Catégorie ★★★ Fermeture 3 semaines en août **Chambres** 13 avec tél. direct, s.d.b., w.c. et t.v. (6 avec minibar) ; 2 chambres handicapés **Prix** des chambres simples et doubles : 330 à 390 F / 50,31 à 59,46 € - Petit déjeuner : 45 F / 6,86 €, servi à partir de 7 h 30 **Cartes de crédit** acceptées **Divers** chiens non admis - Parking **Alentour** musée Antoine-Lécuyer (pastels de Quentin de La Tour), collégiale et hôtel de ville de Saint-Quentin - Golf du Mesnil 9 trous **Restaurant** service de 12 h à 13 h 30, 19 h à 21 h - Fermeture samedi midi, dimanche soir et lundi midi - Menus : 125 à 350 F / 19,06 à 53,36 € - Carte - Spécialités : cassolette d'escargots crème d'ail et poivrons ; mélange de ris et rognons au genièvre de Houlles ; assiette gourmande.

Dans le Nord, on appelle château la plus importante maison du village. Vous trouverez celui-ci au cœur d'un beau parc arboré. Les pièces du rez-de-chaussée sont consacrées à un restaurant gastronomique réputé. Agréablement aménagées, elles débordent dans une partie plus moderne, généreusement pourvue de baies vitrées donnant sur le parc. De l'extérieur, l'effet est malheureusement moins réussi. Les chambres sont très plaisantes, tapissées dans des tons pastel, meublées avec recherche et confortables, tout comme leurs salles de bains. Celles du bâtiment moderne sont plus standard mais vastes et d'un excellent rapport qualité-prix. Vous y serez au calme et accueillis de la meilleure manière.

Accès (carte n° 2) : à 1 km au sud de Saint-Quentin. Par autoroute A 26, sortie n° 11, direction Laon par N 44. A Neuville-Saint-Amand-village, après l'église, à droite.

Château de Barive

Sainte-Preuve
02350 Liesse (Aisne)
Tél. 03.23.22.15.15 - Fax 03.23.22.08.39
M. Bergman

Catégorie ★★★★ **Fermeture** mi-décembre à fin janvier et le mardi **Chambres** 13 et 1 appart. avec tél. direct, s.d.b. ou douche (1 avec balnéo), w.c. et t.v. **Prix** des chambres simples : 380 F / 57,93 € ; doubles : 480 à 920 F / 73,18 à 140,25 € - Lit suppl. : 100 F / 15,24 € - Petit déjeuner : 75 F / 11,43 €, servi à partir de 7 h 30 **Cartes de crédit** acceptées **Divers** chiens non admis - Piscine chauffée couverte, sauna, tennis **Alentour** à Laon : cathédrale et musée d'Art et d'archéologie ; abbaye de Prémontré ; forêt de Saint-Gobain ; ruines des abbayes du Tortoir et de Saint-Nicolas-aux-Bois **Restaurant** service de 12 h à 14 h, 19 h à 21 h 30 - Menus : 185 à 350 F / 28,20 à 53,36 € - Carte - Spécialités : ravioles de crustacés servis dans leur nage ; filet de saint-pierre aux truffes et aux poireaux.

Perdu dans la campagne, au milieu d'un domaine de 500 hectares, ce château du XVIIᵉ siècle fut d'abord un rendez-vous de chasse, puis un genre de "pension de famille". C'est aujourd'hui un impeccable hôtel entièrement rénové. Les chambres sont grandes, vraiment confortables avec leurs épaisses couettes et leurs grandes salles de bains. Pas de meubles anciens, mais des copies recréent un peu l'ambiance d'autrefois. Les petits déjeuners sont servis dans une grande pièce généreusement ouverte sur la verdure et joliment aménagée comme un jardin d'hiver. Le salon et la salle à manger sont encore un peu raides, mais on s'y sent bien, et la cuisine gastronomique qui mélange gibiers, produits de la ferme et du potager du domaine, achève d'en réchauffer l'ambiance. A signaler également la superbe piscine "à débordement" (couverte et chauffée), le sauna et le tennis qui sont autant d'équipements idéaux pour se remettre en forme. Accueil attentif, très agréable, et service de grande maison.

Accès (cartes nᵒˢ 3 et 10) : à 18 km à l'est de Laon par D 977.

Auberge du Bon Fermier

59300 Valenciennes (Nord)
64, rue de Famars
Tél. 03.27.46.68.25 - Fax 03.27.33.75.01
M. Beine

Catégorie ★★★★ Ouverture toute l'année **Chambres** 16 avec tél., s.d.b., w.c., t.v. et minibar **Prix** des chambres : 500 à 750 F / 76,22 à 114,34 € - Petit déjeuner : 45 F / 6,86 €, servi à toute heure **Cartes de crédit** acceptées **Divers** chiens admis (50 F / 7,62 €) - Parking (50 F / 7,62 €) **Alentour** musée des Beaux-Arts de Valenciennes (salles Watteau et Carpeaux), bibliothèque jésuite ; vestiges de l'ancienne abbaye (tour) à Saint-Amand-les-Eaux ; fortifications de Le Quesnoy ; vallée de l'Helpe - Golf 9 trous à Valenciennes **Restaurant** service de 12 h à 14 h 30, 19 h à 22 h 30 - Menus : 128 à 275 F / 19,51 à 41,92 € - Carte - Spécialités : Lucullus de Valenciennes ; cochon de lait à la broche.

Sur l'ancienne route des Tuileries à Bruxelles, ce relais de poste du XVIIᵉ semble encore résonner du choc des sabots et du roulement des calèches. Auberge depuis 1840, il fut classé Monument historique, puis scrupuleusement restauré par ses propriétaires. Les briques rouges recouvrant les murs extérieurs et souvent l'intérieur même de la maison, les poutres, les planchers de chêne reconstituent, de façon étonnante, l'ambiance d'époque. Côté chambres, la décoration affiche un curieux mélange de style Haute Epoque et de Louis XV un peu "kitsch" (sauf pour la chambre "X" , sur rue, au décor contemporain très réussi et la "L", également moderne, mais que nous ne recommandons pas). Souvent spacieuses, elles sont très confortables, les plus calmes donnant sur le jardin. Le restaurant sert des spécialités régionales mais propose aussi un grand choix de viandes rôties à la broche. Une atmosphère un peu théâtrale mais une étape à ne pas manquer dans cette région.

Accès (carte n° 3) : dans le centre-ville, entre la place du Canada et l'hôtel de ville.

Domaine Bois d'Aucourt

60350 Pierrefonds (Oise)
Tél. 03.44.42.80.34 - Fax 03.44.42.80.36 - Thierry et Sylvie Clément-Bayard
E-mail : bois.d.aucourt@wanadoo.fr - Web : boisdaucourt.com

2001

Ouverture toute l'année **Chambres** 10 et 1 suite avec s.d.b. et w.c. **Prix** des chambres : 380 à 450 F /
48,78 à 68,60 € ; suite : 780 F / 118,91 € (pour 3 pers.) - Petit déjeuner : 50 F / 7,62 €, servi de 9 h
à 12 h **Carte de crédit** Visa **Divers** chiens non admis - Tennis, équitation, ᴠᴛᴛ - Parking **Alentour**
Pierrefonds et Compiègne **Pas de restaurant** à l'hôtel.

Chef-d'œuvre de Viollet-le-Duc, le château de Pierrefonds, est à quelques
minutes de ce domaine édifié en lisière de forêt, par le constructeur
automobile Clément-Bayard. Il y a fort à parier que les deux hommes se
connaissaient, notamment après avoir vu les motifs sculptés de la façade, le
fabuleux mobilier néo-gothique de certaines pièces et les étonnantes fresques
du "salon Bayard". Resté dans la même famille, le domaine vient de s'ouvrir au
public selon une formule qui tient à la fois de l'hôtel et de la maison d'hôtes.
Ses chambres se répartissent entre le logis principal et la "maison des amis".
Extrêmement confortables, elles déclinent différents thèmes (l'asiatique, la
toscane, la sévillane...) et sont décorées de façon très actuelle avec une belle
harmonie de tissus et un mobilier choisi. Mention particulière pour les salles de
bains associant lambris en bois naturel et carreaux de ciment teintés. Côté sud,
le manoir surplombe une charmante vallée avec, au loin les tours crénelée de
Pierrefonds. C'est face à ce paysage que l'on prend le petit déjeuner dès qu'il
fait soleil, sinon les pièces de réception et la belle cuisine offrent une agréable
alternative. Accueil jeune et particulièrement sympathique.

*Accès (cartes n° 9 et n° 10) : A 71 sortie Compiègne-sud. A Compiègne, 4ᵉ rond-
point vers Pierrefonds. Faire 15 km, traverser Pierrefonds en restant à droite, le
domaine est à 1 km après le sortie du village, en pleine forêt.*

Château de Cocove

Cocove
62890 Recques-sur-Hem (Pas-de-Calais)
Tél. 03.21.82.68.29 - Fax 03.21.82.72.59 - M. Cooren

Catégorie ★★★ Ouverture toute l'année - Fermé le 25 décembre **Chambres** 22 avec tél. direct, s.d.b. ou douche, w.c., et t.v. **Prix** des chambres simples et doubles : 480 à 770 F / 73,18 à 117,39 € - Petit déjeuner : 55 F / 8,38 €, servi de 7 h 30 à 10 h 30 - "Week-end gastronomique" : 2 360 F / 359,78 € pour 2 pers (2 nuits) **Cartes de crédit** acceptées **Divers** chiens admis (45 F / 6,86 €) - Sauna (35 F / 5,34 €) - Parking **Alentour** à Saint-Omer : basilique Notre-Dame, musées Sandelin et Henri-Dupuis ; blockhaus d'Eperlecques ; église Saint-Eloi et musée d'Hazebrouck ; à Calais : les "Bourgeois de Calais", musée des Beaux-Arts et de la Dentelle - Golf Club de Saint-Omer 27 trous à Lumbres **Restaurant** service de 12 h 30 à 14 h 30, 19 h 30 à 21 h 30 - Menus : 145 à 375 F / 22,11 à 57,17 € - Carte.

À quelques minutes de Calais, ce château XVIIIe se trouve en pleine campagne, isolé dans un vaste parc à l'anglaise. Vous y trouverez un accueil jeune et plein de bonne humeur. La rénovation intérieure est en parfaite harmonie avec l'ancienneté du lieu. La salle à manger occupe les anciennes écuries, ses larges portes arrondies ont été avantageusement remplacées par des baies vitrées, et sa décoration sobre et claire accentue encore l'élégance de la pièce. Parfois très grandes, les chambres sont lumineuses, calmes, avec souvent quelques éléments anciens. Leur rénovation est en cours d'achèvement et nous sommes d'ores et déjà très satisfaits du résultat, aussi bien pour la décoration gaie et raffinée que pour le confort que l'on y trouve. Avant de partir, les amateurs de vin pourront visiter les caves et acquérir, à des prix raisonnables, une large sélection d'excellents crus.

Accès (carte n° 2) : à 17 km au sud-est de Calais ; en provenance de Calais par A 26, sortie n° 2 Ardres-Licques. Ou N 43, direction Saint-Omer.

Chartreuse du Val Saint-Esprit

62199 Gosnay (Pas-de-Calais)
1, rue de Fouquières
Tél. 03.21.62.80.00 - Fax 03.21.62.42.50 - M. et Mme Constant
E-mail : lachartreuse@gofornet.com- Web : lachartreuse.com

Catégorie ★★★★ **Ouverture** toute l'année **Chambres** 56 avec tél. direct, s.d.b., w.c., t.v. et minibar **Prix** des chambres doubles : 420 à 945 F / 64,03 à 144,06 € ; suite : 1 800 F / 274,41 € - Petit déjeuner : 65 F / 9,91 €, servi de 6 h 30 à 10 h **Cartes de crédit** acceptées **Divers** chiens admis (45 F / 6,86 €) - Parking **Alentour** à Lille : Palais des Beaux-Arts, musée de l'Hospice Comtesse ; à Arras : ancienne abbaye Saint-Vaast, cathédrale, musée, la Grand'Place, la place des Héros - Golf de l'Aa **Restaurant** service de 12 h à 14 h 30, 19 h à 22 h - Menus : 185 F / 28,20 € (en semaine), 285 à 365 F / 43,45 à 55,64 € - Carte - Spécialités : médaillons de homard et ravioles de Royans dans son bouillon à la tomate au basilic ; filet d'esturgeon grillé, vinaigrette de lentilles et beurre battu.

Entre sa cour d'honneur et son parc, ce splendide édifice en brique et pierre pourrait sembler un peu guindé. Il n'en est rien grâce à un accueil très attentif. Magnifiques pièces de réception au rez-de-chaussée, harmonieusement décorées dans un style classique. Des chambres charmantes et agréables, un peu surannées dans le corps principal, luxueusement décorées dans l'aile qui vient d'être aménagée. Partout, vous apprécierez leur confort feutré. Celles du second sont parfois moins lumineuses, ce qui leur confère une chaleureuse intimité. Ravissante salle des petits déjeuners avec sa succession de fenêtres en arcades donnant sur la verdure. Le restaurant gastronomique est tout aussi réussi. Enfin, pour ceux qui désirent dîner plus simplement, signalons *La Distillerie*, une très élégante brasserie installée dans un bâtiment voisin, où l'on déguste une excellente cuisine pour un prix raisonnable.

Accès (carte n° 2) : à 5 km au sud de Béthune, sur A 26 sortie n° 6, direction Les Chartreuses.

Hôtel Cléry

62360 Hesdin-l'Abbé (Pas-de-Calais)
Tél. 03.21.83.19.83 - Fax 03.21.87.52.59
M. Durand - M. Lard

Catégorie ★★★ **Fermeture** du 17 décembre au 19 janvier **Chambres** 22 avec tél. direct, s.d.b., w.c. et t.v. satellite **Prix** des chambres doubles : 495 à 945 F / 75,46 à 144,06 € - Petit déjeuner : 60 F / 9,15 €, servi de 7 h à 10 h 30 **Cartes de crédit** acceptées **Divers** chiens non admis - Tennis, location de VTT - Parking **Alentour** château-musée et Centre national de la Mer à Boulogne-sur-Mer ; musée de la Faïence à Desvres ; Côte d'Opale ; cap Gris-Nez ; cap Blanc-Nez - Golf 18 trous à Hardelot **Restaurant** réservé aux résidents, service de 19 h à 21 h 30 - Menus : 145 à 265 F / 22,11 à 40,40 € - Carte.

C'est dans ce petit château que Napoléon aurait pris la décision de lever le camp de Boulogne. Au rez-de-chaussée, trois salons : une grande salle claire pour les petits déjeuners, un bar et une belle pièce où il fait bon se tenir autour de la cheminée. Un élégant escalier à rampe en fer battu, de style Louis XV, mène à l'étage. Les chambres sont confortables, y compris pour celles du second étage, légèrement mansardées avec de toutes petites salles d'eau. Qu'elles donnent sur les marronniers du parc ou sur l'allée, le calme est assuré. Derrière une belle cour pavée et fleurie, sept autres chambres se partagent les écuries, quatre étant de plain-pied. Enfin, dans un pavillon un peu à l'écart se trouvent deux autres chambres. A courte distance de la nationale, l'hôtel est stratégiquement placé sur la route de Grande-Bretagne. Au cas où vous ne desireriez pas dîner sur place, allez à Boulogne, *Chez Jules* ou au Centre national de la Mer dont le *Grand Pavois* propose, à midi, d'excellents fruits de mer. Enfin, au village même, l'*Auberge du Manoir* peut également s'avérer utile.

Accès (carte n° 1) : à 9 km au sud-est de Boulogne par N 1. A 1 km de la sortie n° 28, Isques-Samer, sur A 16.

Auberge de la Grenouillère

La Madelaine-sous-Montreuil
62170 Montreuil-sur-Mer (Pas-de-Calais)
Tél. 03.21.06.07.22 - Fax 03.21.86.36.36 - M. Roland Gauthier
E-mail : auberge.de.la.grenouillere@wanadoo.fr

Fermeture en janvier, mardi, mercredi sauf en juillet-août **Chambres** 3 et 1 appartement, avec tél. direct, s.d.b. et w.c. ; chambre handicapés **Prix** des chambres doubles : 400 à 500 F / 60,98 à 76,22 € ; appartement : 600 F / 91,47 € - Petit déjeuner : 50 F / 7,62 €, servi à partir de 8 h 30 **Cartes de crédit** acceptées **Divers** chiens admis - Parking **Alentour** Le Touquet-Plage ; Hesdin ; Stella-Plage ; Merlimont-Plage ; Etaples ; vallée de la Canche **Restaurant** service de 12 h à 13 h 45, 19 h à 21 h 30 - Fermé mardi et mercredi hors saison - Menus : 160 F / 24,39 € (sauf week-end) à 400 F / 60,98 € - Carte - Spécialité : grenouilles.

Nichée dans la verdure des rives de la Canche, au pied des remparts de la forteresse de Montreuil-sur-Mer remaniés par Vauban, cette délicieuse auberge est constituée de plusieurs petites maisons blanches. A l'origine ferme picarde, elle offre maintenant quatre chambres campagnardes au confort raffiné, dotées de belles salles de bains. C'est d'abord pour la table qu'on vient ici car Roland Gauthier s'est vu attribuer un macaron au guide *Michelin*. Dans la plus grande des maisons, plusieurs salles à manger sont placées sous le signe de la grenouille. On les trouve, bien sûr, dans les assiettes et représentées à table, mais aussi sous forme d'objets hétéroclites et par des fresques 1930 sur les murs de la plus grande salle d'entre elles, dans laquelle une grande cheminée fait régner une belle ambiance chaleureuse. La cuisine est inventive, légère et pleine de saveurs. Les poissons de la mer toute proche y occupent une belle place. Ajoutez à cela un accueil souriant fait d'attention discrète et ne résistez pas au plaisir de vous arrêter à l'*Auberge de la Grenouillère*.

Accès (carte n° 1) : à 13 km au sud du Touquet ; à 2,5 km de Montreuil par D 917 et D 139.

Auberge Le Fiacre

Routhiauville - 80120 Quend (Somme)
Rue des Pommiers - Route de Fort-Mahon
Tél. 03.22.23.47.30 - Fax 03.22.27.19.80 - M. Masmonteil

Catégorie ★★★ Fermeture mi-janvier à mi-février **Chambres** 12 et 2 appartements avec tél. direct, s.d.b., w.c. et t.v.; accès handicapés **Prix** des chambres: 400 à 500 F / 60,98 à 76,22 € - appartements (4 pers.): 780 à 860 F / 118,91 à 131,11 € - Petit déjeuner: 50 F / 7,62 €, servi de 8 h à 10 h - Demi-pension: 390 à 450 F / 59,46 à 68,60 € (par pers., 2 j. min.) **Cartes de crédit** acceptées **Divers** chiens non admis - Location de VTT - Parking, garages (50 F / 7,62 €) **Alentour** plages; parc ornithologique du Marquenterre; Le Crotoy; Le Touquet - Golf Belle-Dune 18 trous **Restaurant** service de 12 h à 14 h, 19 h 30 à 21 h 30 - Menus: 110 à 230 F / 16,77 à 35,06 € - Carte.

En pleine campagne picarde, cette vieille auberge est située dans un hameau très calme. Les corps de bâtiment, fort bien restaurés, encadrent un joli pigeonnier et le jardin entretenus avec soin. Réputés dans la région pour leur restaurant de qualité, les propriétaires ont ouvert douze chambres dont la moitié en rez-de-jardin. Toutes sont confortables, de bonne dimension, douillettement aménagées avec le souci du détail. L'hôtel s'est agrandi en investissant une maison mitoyenne où ont été créés deux appartements de deux chambres et un duplex dans le même style. Des viennoiseries maison et un bon café du matin sont servis dans une attrayante salle à manger. Le restaurant bénéficie d'un ravissant décor de ferme ancienne, avec cheminée et meubles d'époque. En cuisine, M. Masmonteil prépare d'excellents plats alors qu'en salle son élégante épouse met à profit ses connaissances œnologiques pour vous conseiller dans le choix des vins. Pour les beaux jours, quelques tables et des chaises longues sont installées dehors.

Accès (carte n° 1): à 30 km au sud du Touquet; à Quend-ville direction Fort-Mahon. Tournez au rond-point de Routhiauville.

Hôtel Jean-de-Bruges

80135 Saint-Riquier (Somme) - 18, place de l'Eglise
Tél. 03.22.28.30.30 - Fax 03.22.28.00.69 - Mme Stubbe
E-mail: jeandebruges@minitel.net

Catégorie ★★★ **Fermeture** janvier **Chambres** 9 et 2 suites, avec tél. direct, s.d.b., minibar, w.c. et t.v.; ascenseur **Prix** des chambres simples et doubles: 500 à 700 F / 76,22 à 106,71 € ; suites : 1 150 F / 175,32 € - Petit déjeuner: 65 F / 9,91 €, servi de 7 h 15 (8 h le week-end) à 10 h **Cartes de crédit** acceptées **Divers** chiens non admis - Parking (50 F / 7,62 €) **Alentour** baie de Somme; parc ornithologique du Marquenterre - golf à Abbeville, Quend et Nampont **Restaurant** service de 12 h à 14 h, 19 h 30 à 21 h - Petite restauration: salades; flamiches (de 40 à 90 F / 6,10 à 13,72 €).

A quelques kilomètres d'Abbeville, la cité médiévale de Saint-Riquier, non loin de la baie de Somme, abrite une abbatiale de style gothique flamboyant, un beffroi et l'Hôtel-Dieu. Tout à côté de l'église, un couple de Belges a transformé l'ancien hôtel de Pierre le Prestre, abbé, en petite maison de charme au décor sobre et impeccable. Les chambres, dédiées aux abbés qui se sont succédé à l'abbaye sont de dimensions variables, et certaines donnent sur le parvis de l'église ou sur la cour intérieure. Toutes jouent les tonalités de blanc, murs en pavés de craie, rideaux et dessus-de-lit damassés, meubles anciens patinés avec la touche moderne des éclairages, du mobilier Loom et des salles de bains impeccables. Le petit déjeuner peut être pris dans le salon de thé, sous la grande verrière, avec un grand choix copieux. A l'heure de l'apéritif ou du digestif, un petit salon où trônent un bahut de la fin du XVIIe siècle et des canapés anglais a toute l'atmosphère d'un club. Si l'hôtel ne fait pas restaurant, à midi et le soir, il offre la possibilité de déguster quelques assiettes de charcuterie ou des salades savamment préparées.

Accès (carte n° 1): A 16 Paris-Calais, sortie 22, suivre Saint-Riquier sur 8 km. Pour ceux qui viennent d'Arras, prendre la D 925.

Hostellerie du Château de Goville

14330 Le Breuil-en-Bessin (Calvados)
Tél. 02.31.22.19.28 - Fax 02.31.22.68.74
M. Vallée

Catégorie ★★★ Ouverture toute l'année **Chambres** 12 avec tél., s.d.b. ou douche, w.c. et minibar **Prix** des chambres doubles : 600 à 750 F / 91,47 à 114,34 € ; suites : 750 à 850 F / 114,34 à 129,58 € - Petit déjeuner : 65 F / 9,91 €, servi de 8 h 30 à 11 h 30 - Demi-pension : à partir de 550 F / 83,85 € (par pers., 2 j. min.) **Cartes de crédit** acceptées **Divers** chiens admis (75 F / 11,43 €) - Parking **Alentour** cathédrale et tapisserie de Bayeux ; châteaux de Vaulaville - Golf d'Omaha Beach 27 trous **Restaurant** "Le Baromètre" : service de 12 h 30 à 14 h, 19 h 30 à 21 h 30 - Fermé le mardi en basse saison, sauf sur réservation - Menus : 145 à 250 F / 22,11 à 38,11 € - Carte.

L e *Château de Goville* a conservé tout le charme d'une maison privée. Dans la famille de monsieur Vallée depuis 1813, celui-ci est très attaché au cadre, aux objets et aux meubles des générations précédentes. La décoration intérieure atteint des sommets de raffinement : pas un meuble, un objet, un tableau qui ne soit ancien et original. Les chambres sont particulièrement charmantes et décorées avec beaucoup d'attention et de goût, chacune ayant sa personnalité. Nos préférées sont au premier étage mais toutes sont agréables. Dans les étages, vous admirerez la collection de maisons de poupées anciennes ou réalisées par monsieur Vallée. Le salon, aux accents Napoléon III, est très chaleureux et confortable, que ce soit l'après-midi ou le soir pour l'apéritif. Les dîners, éclairés avec de vraies bougies par un immense lustre en cristal... sont un enchantement. Tous les produits sont "maison" y compris le pain, et les recettes sont toutes préparées à partir de produits frais. L'accueil ajoute la dernière touche de réussite et fait de *Goville* l'une des adresses les plus charmantes de Normandie.

Accès (carte n° 7) : à 38 km au nord-ouest de Caen par N 13 jusqu'à Bayeux, puis D 5 direction Molay-Littry, fléchage avant Molay.

Ferme Hôtel La Rançonnière

14480 Crépon (Calvados)
Entre Arromanches et Creully
Tél. 02.31.22.21.73 - Fax 02.31.22.98.39 - Mmes Vereecke et Sileghem
E-mail : ranconniere@wanadoo.fr

Catégorie ★★ **Ouverture** toute l'année **Chambres** 35 avec tél., s.d.b., w.c. et t.v. satellite **Prix** des chambres : 295 à 580 F / 44,97 à 88,42 € ; junior suites : 680 F / 103,67 € - Petit déjeuner : 50 F / 7,62 €, servi de 7 h 30 à 10 h - Demi-pension : 320 à 500 F / 48,78 à 76,22 € (par pers.) **Cartes de crédit** acceptées **Divers** chiens admis - Parking **Alentour** tapisserie de Bayeux ; châteaux de Creuillet et de Creully - Golf d'Omaha Beach 27 trous **Restaurant** service de 12 h à 14 h, 19 h à 21 h 30 - Menus : 98 à 280 F / 15,24 à 42,69 € - Carte - Spécialités : homard frais flambé.

Passée la grande porte crénelée de ce ravissant manoir typique du Bessin, on pénètre dans une vaste cour carrée autour de laquelle sont répartis les chambres, le restaurant et la réception. A l'intérieur, le parti pris décoratif est résolument rustique ; carrelages beiges, enduits, appareillages de bois et vieilles poutres sont le dénominateur commun de chaque pièce. Confortables, les chambres restent dans cet esprit, on y trouve toujours quelques vieux meubles et des tons bruns, ce qui produit un effet chaleureux (parfois un peu terne lorsque les fenêtres sont petites). Nous préférons les 2, 3, 5, 6, 7, 9, 12, 14, 23, 24, 27, 28, 29, 30, 33, 34, 35 et, pour les familles les 8, 18, 23, 25, 31 et 32. A signaler également la "Ferme de Mathan" (à 600 m) où ont été aménagées dix chambres, les plus vastes étant les plus réussies. Evitez, en revanche, celles situées dans la "Ferme de la Gronde" (à 10 km) qui conviennent surtout aux mini-groupes. Bon restaurant particulièrement prisé dans la région. Une adresse où vous trouverez un accueil familial d'une vraie gentillesse.

Accès (carte n° 7) : à 21 km au nord-ouest de Caen par D 22, sortie n° 7, direction Creully/Arromanches. A Creully, à droite de l'église et 3 km.

L'Absinthe

14602 Honfleur (Calvados)
1, rue de la Ville
Tél. 02.31.89.39.00 - Fax 02.31.89.53.60 - M. et Mme Ceffrey
E-mail : antoine.ceffrey@wanadoo.fr - Web : absinthe.fr

Catégorie ★★★ **Fermeture** mi-novembre à mi-décembre **Chambres** 6 et 1 suite, avec tél., s.d.b. (balnéo), w.c., t.v. satellite ; 1 chambre handicapés **Prix** des chambres doubles : 550 F (1 chambre) à 750 F / 83,85 à 114,34 € ; suite : 1 350 F / 205,81 € - Lit suppl. : 150 F / 22,87 € - Petit déjeuner : 65 F / 9,91 €, servi de 8 h à 11 h **Cartes de crédit** Diners, Visa **Divers** chiens admis (40 F / 6,10 €) - Garage fermé à l'hôtel (50 F / 7,62 €) **Alentour** vieux bassin, musées et monuments de Honfleur ; Deauville ; Trouville - New-Golf 27 trous et golf de Saint-Gatien 18 et 9 trous à Deauville **Restaurant** service de 12 h 15 à 14 h 30, 19 h 15 à 21 h 30 - Menus : 175 à 380 F / 26,68 à 57,93 €.

Ce petit hôtel est situé tout à côté de la place Eugène-Boudin. Cet emplacement n'est, certes, pas synonyme d'un calme total mais les chambres sont toutes bien isolées ; les plus à l'abri étant situées à l'arrière ou sur le côté (n°s 4, 5 et 6). Dès la réception où se trouvent le salon, avec son imposante cheminée en pierre, et le bar, vous serez séduits par la décoration raffinée digne d'un reportage de magazine. Partout, les matériaux anciens joliment patinés ont été utilisés pour réaménager cet ancien presbytère du XVIe siècle. Les chambres sont ravissantes et très confortables, plutôt petites, sauf la suite mansardée. Dotées de meubles, objets et tapis achetés çà et là chez les brocanteurs, elles affichent une coloration discrète et élégante. Accueil souriant et chaleureux des propriétaires habitués à recevoir depuis longtemps dans leur remarquable restaurant de poisson situé juste en face.

Accès (carte n° 8) : A 13 sortie Beuzeville, puis direction Honfleur. En face du port de pêche (parking près de l'hôtel).

Hôtel l'Ecrin

14602 Honfleur (Calvados)
19, rue Eugène-Boudin
Tél. 02.31.14.43.45 - Fax 02.31.89.24.41- Mme Blais
E-mail : hotel.ecrin@usa.net

Catégorie ★★★ Ouverture toute l'année **Chambres** 26 avec tél., s.d.b. ou douche, w.c., t.v. et minibar **Prix** des chambres doubles : 450 à 950 F / 68,60 à 144,83 € ; suite : 1 100 F / 167,69 € - Petit déjeuner : 55 F / 8,38 €, servi de 8 h à 11 h **Cartes de crédit** acceptées **Divers** chiens non admis - Sauna (55 F / 8,38 €) - Parking fermé **Alentour** vieux bassin, greniers à sel, église Sainte-Catherine, musée Eugène-Boudin à Honfleur ; Deauville ; Trouville - New-Golf 27 trous et golf de Saint-Gatien 18 et 9 trous à Deauville **Pas de restaurant** à l'hôtel.

Cette élégante maison Napoléon III, avec son jardin, offre un cadre reposant en pleine ville. Les pièces du rez-de-chaussée ont conservé leur agencement d'autrefois et beaucoup du style de l'époque. Le bureau-réception est remarquable avec sa grande cheminée. Le salon, où les dorures des boiseries font écho à celles des fauteuils, est chargé de tableaux, rideaux, tapis. La véranda, qui donne sur le jardin où sont servis les petits déjeuners, est très fleurie. Choisissez les chambres situées dans la maison. Le premier étage offre une suite pratique pour les familles. Au dernier étage, les chambres sont mansardées : les 11 et 12 sur cour sont gracieuses ; les 7 et 9 attendent d'être rénovées. Simples ou confortables, celles dans les dépendances donnent côté cour, sur les voitures en stationnement ; compte tenu de cette exposition, nous ne vous les recommandons pas. L'accueil est très agréable, d'une grande gentillesse. Pour dîner, nous vous conseillons *L'Absinthe*, *L'Assiette Gourmande*, les deux restaurants gastronomiques d'Honfleur, mais aussi *L'Hostellerie Lechat* et *Le Petit Mareyeur*.

Accès (carte n° 8) : à 97 km à l'ouest de Rouen par A 13, sortie Beuzeville, puis D 22 ; l'hôtel est situé dans la vieille ville, près du vieux bassin.

Le Manoir de Butin

14600 Honfleur (Calvados)
Phare du Butin
Tél. 02.31.81.63.00 - Fax 02.31.89.59.23
M. Hervé Delahaye

Catégorie ★★★★ **Ouverture** toute l'année **Chambres** 9 avec tél., s.d.b., w.c., t.v. et minibar **Prix** des chambres doubles : 640 à 1 970 F / 97,57 à 300,32 € - Petit déjeuner : 65 F / 9,91 €, servi de 7 h 30 à 11 h - Demi-pension : 565 à 1 230 F / 86,13 à 187,51 € (par pers., menu imposé) **Cartes de crédit** Amex, Visa **Divers** chiens admis (80 F / 12,20 €) - Parking **Alentour** vieux bassin, greniers à sel, église Sainte-Catherine, musée Eugène-Boudin à Honfleur ; Deauville ; Trouville - New-Golf 27 trous et golf de Saint-Gatien 18 et 9 trous à Deauville **Restaurant** service de 12 h 30 à 14 h, 19 h 30 à 21 h 30 - Fermé le mercredi, et le jeudi à midi - Menus : 128 à 265 F / 19,82 à 40,40 € - Carte.

Tout près de la mer, les propriétaires de la luxueuse *Chaumière* ont ouvert dans le même esprit *Le Manoir de Butin*. La maison est une belle demeure traditionnelle à colombage dans un parc arboré et fleuri. L'architecture intérieure, peu ouverte sur l'extérieur, crée une atmosphère d'intimité et de bien-être douillet très appréciable même quand le temps n'est pas au beau fixe. Meubles anciens, tissus bien choisis contribuent aussi au confort de l'hôtel. Les années devraient lui ajouter la patine qui lui manque encore. De très belles chambres s'ouvrent sur la campagne ou sur la mer. Pour dîner, le restaurant, également très élégant, propose une carte alléchante mais que nous n'avons pas eu l'occasion de tester jusqu'à présent. A signaler également que, l'été, quelques tables sont dressées en terrasse. Enfin, si l'hôtel affiche complet, *La Chaumière* pourra peut-être vous accueillir (tél. : 02.31.81.63.20).

Accès (carte n° 8) : à 97 km à l'ouest de Rouen par A 13, sortie n° 28, puis sortie Honfleur, direction Deauville par la côte.

Au Repos des Chineurs

14340 Notre-Dame-d'Estrées (Calvados)
Chemin de l'Eglise
Tél. 02.31.63.72.51 - Fax 02.31.63.62.38 - Mme Steffen
E-mail : au-repos-des-chineurs@wanadoo.fr - Web : au-repos-des-chineurs.com

Catégorie ★★ **Fermeture** mi-décembre à début mars (sauf réservation en week-end) **Chambres** 10 avec tél., s.d.b. (2 balnéo) ou douche (2 à pression), w.c. **Prix** des chambres doubles : 500 à 650 F / 76,22 à 99,09 € ; suite (4 pers.) : 1 000 F / 152,45 € - Petit déjeuner : 60 F / 9,15 €, servi de 8 h à 11 h **Cartes de crédit** Diners, Visa **Divers** chiens admis - Parking **Alentour** Bernay (musée) ; château de Broglie ; pays d'Auge de Lisieux à Deauville et de Lisieux à Cabourg par Vimoutiers, pays du camembert **Salon de thé** service de 10 h à 19 h - Assiette du chineur ; bouquets de saveurs salées ou sucrées.

B ordé par une route peu passante la nuit, cet ancien relais de poste des XVIIe et XVIIIe siècles, dominé par une belle église, a retrouvé une nouvelle vie grâce à la volonté et au goût très sûr de madame Steffen. En plein cœur du pays d'Auge, cet hôtel de campagne est séduisant et agréable à vivre. Il réunit un salon de thé, des chambres et une brocante (XVIIIe et XIXe). Les commodes, tables, armoires, guéridons, objets qui meublent la maison affichent chacun leurs prix mais continuent à vivre en attendant d'être emportés par un nouvel acquéreur. La réception comprend un coin-salon accueillant. Le salon de thé a un charme fou avec ses poutres et sa grande cheminée, ses petites tables dressées de jolie vaisselle dépareillée. C'est ici que sont servis les petits déjeuners et une légère restauration. Confortables, sobres mais très soignées, les chambres aux noms de fleurs sont très gaies avec leur sol en planches lasurées de couleurs assorties aux tapis, aux frises de papiers peints et aux tissus. Dans les jolies salles de bains, des peignoirs vous attendent.

Accès (carte n° 8) : à 23 km au sud de Cabourg.

Auberge Saint-Christophe

14690 Pont-d'Ouilly (Calvados)
Tél. 02.31.69.81.23 - Fax 02.31.69.26.58
Gilles et Françoise Lecœur

Catégorie ★★ Fermeture du 2 au 8 novembre et du 30 août au 6 septembre, dimanche soir et lundi **Chambres** 7 avec tél., s.d.b. ou douche, w.c. et t.v. **Prix** des chambres doubles : 280 F / 42,69 € - Petit déjeuner : 40 F / 6,10 €, servi de 8 h à 9 h 30 - Demi-pension : 295 F / 44,97 € (par pers., 2 j. min.) **Cartes de crédit** Amex, Visa **Divers** chiens admis (25 F / 3,81 €) - Parking **Alentour** château de Falaise ; Suisse normande : Thury-Harcourt, Clécy (pain de sucre, châteaux de la Pommeraye et de Placy), méandre de Rouvrou, rocher d'Oëtre, gorges de Saint-Aubert, château de Pontécoulant - Golf du Clécy-Cantelou 18 trous **Restaurant** service de 12 h à 13 h 30, 19 h 30 à 21 h - Menus : 105 à 260 F / 16,01 à 39,63 € - Carte - Spécialités : bœuf ficelle à la crème de camembert ; salade tiède de queues de langoustines ; crème brûlée.

A u bord d'une petite route, l'auberge occupe une belle maison de la Suisse normande. L'aménagement intérieur répond par mille détails au souci du confort et du bien-être des hôtes. Plantes et fleurs agrémentent ainsi des lieux où il fait bon séjourner : salon, salle des petits déjeuners (transformée le soir en petit bar), angles de pièces en retrait et aménagés pour qui recherche plus de calme encore. Les chambres aux couleurs claires sont petites et leur salle de bains aussi. Rénovées il y a quelque temps, elles souffrent d'une insonorisation intérieure pas toujours très efficace et donnent sur le beau jardin. En saison, les déjeuners peuvent être servis en terrasse et, comme nous, vous apprécierez la qualité de la cuisine. Accueil très sympathique des jeunes propriétaires.

Accès (carte n° 7) : à 26 km au sud de Caen par D 562, direction Flers, ou N 158 direction Falaise, puis D 1. A 1,5 km de Pont-d'Ouilly par D 23, direction Thury-Harcourt.

La Chenevière

Escures-Commes
14520 Port-en-Bessin (Calvados)
Tél. 02.31.51.25.25 - Fax 02.31.51.25.20 - M. Esprabens

Catégorie ★★★★ Fermeture du 3 janvier au 13 février **Chambres** 20 avec tél., s.d.b., w.c., t.v. et minibar; ascenseur, accès handicapés **Prix** des chambres doubles: de 920 F (basse saison) à 1 320 F (haute saison) / 140,25 à 201,23 €; junior suites (2/3 pers.): 1 120 à 1 620 F / 170,74 à 246,97 €; suites (2/4 pers.): 1 730 à 2 230 F / 263,74 à 339,96 € - Petit déjeuner compris **Cartes de crédit** acceptées **Divers** chiens admis (170 F / 25,92 €) - Parking fermé **Alentour** musée des Epaves à Commes, Port-en-Bessin, cathédrale et tapisserie de Bayeux - Golf d'Omaha Beach 27 trous, équitation, char à voile **Restaurant** Menus: 248 à 380 F / 37,81 à 57,93 € - Carte - Spécialités: langoustines rôties aux graines de sésame; blanc et noir de turbot au jus de carottes et de madras.

A proximité des plages du débarquement (Arromanches et Omaha Beach), cette charmante gentilhommière est entourée d'un parc extrêmement soigné et planté d'arbres séculaires. L'intérieur est celui d'une maison particulière que l'on aurait aménagée avec le constant souci d'y satisfaire le plaisir des yeux autant que le confort dont on rêve après les fatigues de la route. Cela donne une enfilade de salons lumineux très joliment meublés, abondamment pourvus en tissus aux tonalités pastel et gaies, en collections de tableaux (sceaux anciens, dessins d'architecture) et d'objets, l'ensemble évoquant un peu la vieille Angleterre. L'aménagement des chambres, décorées autour d'une thématique florale, témoigne de la même volonté d'esthétisme et de confort; s'y ajoutent de luxueuses salles de bains et une efficace insonorisation intérieure. Toutes les fenêtres donnent sur la verdure et les fleurs. Cette magnifique adresse est également reconnue pour être une étape gourmande. Accueil des plus agréables.

Accès (carte n° 7): à 8 km au nord de Bayeux par D 6, direction Port-en-Bessin.

Château de Sully

14400 Sully-Bayeux (Calvados)
Route de Port-en-Bessin
Tél. 02.31.22.29.48 - Fax 02.31.22.64.77 - M. et Mme Brault
E-mail : chsully@club-internet.com

Catégorie ★★★ **Fermeture** du 25 novembre au 10 mars **Chambres** 22 avec tél., s.d.b. ou douche, wc. et t.v. satellite ; 1 chambre handicapés **Prix** des chambres doubles : 570 à 740 F / 86,89 à 112,80 € ; suites : 900 à 1 000 F / 137,19 à 152,44 € - Petit déjeuner : 70 à 80 F / 10,67 à 12,19 €, servi de 8 h à 11 h - Demi-pension : 1 150 à 1 320 F / 175,30 à 201,22 € (pour 2 pers.) **Cartes de crédit** acceptées **Divers** chiens non admis - Tennis, fitness, billard - Parking **Alentour** cathédrale et tapisserie de Bayeux ; Caen ; circuit du débarquement ; Houlgate - Golf 27 trous, char à voile **Restaurant** service de 12 h à 13 h 45, 19 h 30 à 21 h 30 - Menus : 170 à 380 F / 25,91 à 57,93 € - Carte.

Un peu à l'écart de Bayeux, le *Château de Sully*, construit au XVIIIe siècle, a gardé fière allure entre son parc et son ravissant jardin fleuri entouré de murs. Dans le château même, treize chambres aux tons chaleureux, agrémentées de quelques meubles anciens, sont d'un confort moderne et feutré. Les neuf autres se trouvent dans un petit manoir situé dans le parc, à quelques pas de là ; quelques-unes d'entre elles bénéficient d'une petite terrasse privée. Le bar-salon et la salle de billard offrent de chaleureux espaces de détente, de même que la grande piscine couverte et chauffée. La salle à manger vient d'être agrandie d'une magnifique salle en véranda prolongée par un petit salon fumoir, l'ensemble s'ouvrant directement sur le jardin. C'est un véritable plaisir des yeux qui va de pair avec les délices gastronomiques de la table renommée, où officie le jeune chef Alexandre Bourdas. Une belle adresse entre les trésors de Bayeux et les plages du débarquement.

Accès (carte n° 7) : depuis Bayeux, prendre D 6 direction Port-en-Bessin, l'hôtel se trouve à 2 km, sur la droite.

Hôtel Victoria

Tracy-sur-Mer 14117 Arromanches (Calvados)
Tél. 02.31.22.35.37 - Fax 02.31.22.93.38
M. et Mme Selmi

Catégorie ★★ Fermeture d'octobre à mars **Chambres** 14 avec tél., s.d.b. ou douche, w.c. et t.v. **Prix** des chambres doubles: 360 à 620 F / 54,88 à 94,52 € - Petit déjeuner: 45 F / 6,86 €, servi de 7 h 30 à 10 h **Carte de crédit** Visa **Divers** petits chiens admis - Parking fermé **Alentour** Port-en-Bessin; plages du débarquement; à Bayeux: cathédrale et tapisserie de la reine Mathilde - Golf 27 trous à 10 km de Bayeux **Pas de restaurant** à l'hôtel.

À 2 km de la mer et du désormais célèbre bourg d'Arromanches (percée du 6 juin 1944), voici un petit hôtel de campagne coquet et bien tenu. Les chambres se répartissent entre les deux ailes et le corps central. Dans ce dernier se trouvent les plus vastes et les plus plaisantes (sauf la "verte" qui conviendra surtout aux familles). Décoration "de style" parfois agrémentée d'un meuble ancien et d'une jolie vue sur la campagne ou sur les fleurs du jardin. Ne redoutez pas celles du second étage, car, si elles sont basses de plafond et souvent éclairées par des Velux, leur aménagement est particulièrement chaleureux. En revanche, dans les ailes, nous avons du mal à apprécier celles dont les volumes, tout en longueur, ont imposé un aménagement sans intérêt; finalement, nous en venons à leur préférer les plus petites, sous les toits, mais intimes et à prix raisonnables. Salon bourgeoisement meublé en "style Régence" (bois doré, bibelots éclatants, lustres à cristaux…). Accueil plein de gentillesse.

Accès (carte n° 7): à 10 km au nord de Bayeux; à 2,5 km avant Arromanches, fléchage sur la D 516.

Le Moulin de Connelles

27430 Connelles (Eure)
40, route d'Amfreville-sur-les-Monts
Tél. 02.32.59.53.33 - Fax 02.32.59.21.83 - M. et Mme Petiteau
E-mail: moulindeconnelles@moulindeconnelles.com - Web : moulindeconnelles.com

Catégorie ★★★★ **Fermeture** en janvier; dimanche soir et lundi du 1er octobre au 1er mai **Chambres** 7 et 6 suites, avec tél., s.d.b., w.c., t.v., coffre-fort et minibar **Prix** des chambres: 650 à 850 F / 99,09 à 129,58 €; suites: 850 à 1 250 F / 129,58 à 190,56 € - Petit déjeuner: 70 F / 10,67 €, servi de 7 h 30 à 10 h **Cartes de crédit** acceptées **Divers** chiens admis - Piscine chauffée, tennis, VTT, barques - Parking à l'hôtel **Alentour** centre de loisirs Lery-Poses (ski nautique, plage, golf, voile, ULM…), église Notre-Dame à Louviers; cathédrale et musées de Rouen; musée Monet à Giverny - Golf du Vaudreuil 18 trous **Restaurant** fermé aux mêmes dates que l'hôtel (+ mardi midi en basse saison) - Service de 12 h 30 à 14 h, 19 h 30 à 21 h - Menus: 160 à 325 F / 24,39 à 49,55 € - Menu enfant: 70 F / 10,67 € - Carte - Spécialité: croustillant de langoustines, petits légumes parfumés aux épices.

D ans ce coin de Normandie, la Seine accomplit de multiples boucles, se sépare momentanément de son cours principal pour se ménager quelques îles. Tout cela est bien pratique lorsque, comme ici, on est un moulin. Depuis longtemps, les herbes folles des berges ont été domestiquées pour renaître en gazon, en massifs; le moulin est devenu une maison bourgeoise puis un luxueux hôtel. Dans ce site superbe, on peut aujourd'hui flâner ou prendre un verre sur l'île, profiter encore de la rivière au restaurant. L'intérieur est confortable à l'extrême: moelleuses moquettes, décoration basée sur des tons verts-amande ou vieux jaune, tissus coordonnés, superbes salles de bains… Beaucoup de chambres donnent sur la rivière, on y voit alors naviguer des poules d'eau et les clients à qui l'hôtel prête volontiers une barque.

Accès (cartes n°s 1 et 8): A 14 et A 13 direction Rouen, sortie Louviers, direction N 15, Saint-Pierre-du-Vauvray, Andé, Herqueville, Connelles.

Le Manoir des Saules

27370 La Saussaye (Eure)
2, place Saint-Martin
Tél. 02.35.87.25.65 - Fax 02.35.87.49.39
M. Monnaie-Metot

Fermeture vacances scolaires de février et début octobre **Chambres** 7 et 2 appartements avec tél., s.d.b. ou douche, w.c. et t.v.; 1 chambre handicapés **Prix** des chambres doubles: 880 à 980 F / 134,16 à 149,40 €; appartements: 1 280 F / 195,13 € - Petit déjeuner: 75 F / 11,43 € **Cartes de crédit** acceptées **Divers** chiens admis - Parking **Alentour** château du Champ-de-Bataille, château et arboretum d'Harcourt, collégiale de La Saussaye, abbaye du Bec-Hellouin - Golf du Champ-de-Bataille 18 trous **Restaurant** service de 12 h à 14 h, 20 h à 21 h 30 - Fermé dimanche soir et lundi, sauf jours fériés - Menus: 225 à 425 F / 34,30 à 64,79 € - Carte - Spécialités: foie gras; ragoût de homard frais; poisson frais selon arrivage.

Avec ses colombages, tourelles et petits décrochements, *Le Manoir des Saules* ressemble à une maison de conte de fées érigée en pleine terre normande. Ici, la décoration est résolument colorée et joyeuse. Les chambres sont très coquettes, aménagées avec un mélange de meubles anciens Louis XV, enrichies d'amusants bibelots et rehaussées d'épais rideaux associés à de soyeux dessus-de-lit. Toutes sont irréprochablement tenues, y compris les salles de bains. Au rez-de-chaussée, un salon de style, à dominante bleu et crème est l'occasion de prendre un verre dans une ambiance très *cosy*. A côté, la salle à manger aux tables bien dressées permet de goûter à une excellente cuisine qui s'accommode selon le marché et les saisons. Bien sûr, dès les beaux jours, il est possible de prendre ses repas dehors, sur la terrasse et au milieu des fleurs. Accueil très agréable et attentif.

Accès (carte n° 8): au sud de Rouen, à 4 km d'Elbeuf par D 840, direction Le Neubourg. Sur A 13, sortie Pont-de-l'Arche.

Hôtel du Golf

Golf du Vaudreuil
27100 Le Vaudreuil (Eure)
Tél. 02.32.59.02.94 - Fax 02.32.59.67.39
Mme Launay

Catégorie ★★ **Ouverture** toute l'année **Chambres** 20 avec tél., s.d.b. ou douche (17 avec w.c. et t.v., 10 avec minibar) **Prix** des chambres simples : 160 à 230 F / 24,39 à 35,06 € ; doubles : 230 à 350 F / 35,06 à 53,36 € - Petit déjeuner : 30 à 45 F / 4,57 à 6,86 €, servi de 7 h à 11 h **Cartes de crédit** Amex, Visa **Divers** chiens admis (25 F / 3,81 €) - Golf 18 trous sur place - Parking **Alentour** à Rouen : cathédrale, vieille ville, musées des Beaux-arts, des Antiquités, de la Céramique, Le Secq des Tournelles ; musée Pierre-Corneille à Petit-Couronne ; château Gaillard **Pas de restaurant** à l'hôtel.

Détruit pendant la Révolution, le château de Vaudreuil ne fut jamais reconstruit. Aujourd'hui, il ne reste donc du brillant édifice que deux pavillons bordant une allée qui ne mène nulle part... Transformé en un superbe golf, l'immense parc se perd à l'horizon, et l'un des pavillons est devenu un hôtel. Vous y serez donc au calme et profiterez d'une belle vue sur le "green". Eclairées par de grandes fenêtres, les chambres viennent d'être refaites (excepté trois) et l'on a choisi, pour les décorer, une palette de tons délicatement colorés. Toutes sont meublées avec un extrême simplicité, mais restent agréables. Très petites au premier et au deuxième étage, elles offrent nettement plus d'espace au troisième. L'ensemble est d'un modernisme élégant, la salle des petits déjeuners et le coin-salon attenant donnent sur la verdure. Pas de restaurant à l'hôtel mais les golfeurs pourront se restaurer au club-house du golf. Accueil très agréable.

Accès (carte n° 8) : à 15 km au sud-est de Rouen, par A 13, sortie 18 ou 19 ; puis D 77 jusqu'à l'entrée de Vaudreuil.

La Licorne

27480 Lyons-la-Forêt (Eure)
27, place Benserade
Tél. 02.32.49.62.02 - Fax 02.32.49.80.09 - M. et Mme Brun

Catégorie ★★★ Fermeture du 20 décembre au 25 janvier; dimanche soir à mardi midi du 1er octobre au 31 mars **Chambres** 19 avec tél., s.d.b. ou douche, w.c., t.v. satellite **Prix** des chambres doubles et appart.: 405 à 790 F / 61,74 à 120,43 € - Petit déjeuner: 60 F / 9,15 €, servi de 8 h à 11 h - Demi-pension: 420 à 595 F / 64,12 à 90,71 € (par pers.) **Cartes de crédit** acceptées **Divers** chiens non admis - Location de VTT - Parking **Alentour** forêt de Lyons; château de Martainville **Restaurant** service de 12 h 30 à 14 h, 19 h 30 à 21 h - Fermé aux même dates que l'hôtel et du 15/11 au 19/12; lundi et mardi midi du 1/04 au 30/09 (sauf fériés) - Menu: 205 F / 31,25 € - Spécialités: rognon de veau marchand de vin; tarte tatin.

Point de départ de belles promenades en forêt, Lyons est un charmant village très visité en week-end. Sur la grande place, vous ne manquerez pas la façade rose à colombage et aux volets bleus de *La Licorne*. Depuis 1610, cet ancien relais de poste n'a jamais cessé d'accueillir des hôtes (comme en témoigne le vénérable escalier de bois). La décoration allie l'ancien au rustique contemporain. Les chambres sont confortables, classiquement décorées dans un style un peu suranné qui n'est pas sans charme. Toutes sont de tailles et de prix variables: les 2, 3 et 9 étant les plus petites; les appartements qui disposent d'un coin-salon sont plus agréables (prix en rapport). Selon le nombre de clients, vous aurez le choix entre deux salles à manger: l'une petite et chaleureuse à gauche de l'entrée, l'autre aménagée dans une dépendance. La cuisine est classique et les spécialités fleurent bon les recettes régionales. Une agréable adresse, très représentative de la grande tradition hôtelière.

Accès (carte n° 8): à 21 km à l'est d'Evreux. Sur A 13, sortie Gaillon-les-Andelys, puis D 316 direction Les Andelys.

Château de Brécourt

27120 Douains - Pacy-sur-Eure (Eure)
Route de Vernon à Pacy
Tél. 02.32.52.40.50 - Fax 02.32.52.69.65 - M. Savry et Mme Langlais
E-mail: chateau.brecourt@wanadoo.fr

Catégorie ★★★★ Ouverture toute l'année **Chambres** 30 avec tél., s.d.b., douche et w.c. **Prix** des chambres simples et doubles: 490 à 960 F / 74,70 à 146,35 €; suites: 1 155 à 1 680 F / 176,08 à 256,11 € - Petit déjeuner: 80 F / 12,20 €, servi de 7 h à 12 h - Demi-pension: 560 à 960 F / 85,37 à 146,35 € (par pers.) **Cartes de crédit** acceptées **Divers** chiens admis (60 F / 9,15 €) - Piscine, jacuzzi, tennis - Parking **Alentour** musée de A.G. Poulain et église Notre-Dame à Vernon; château de Gaillon; musée Monet et musée d'Art américain à Giverny - Golf 18 trous à Ivry **Restaurant** service de 12 h à 14 h, 19 h 30 à 21 h 30 - Menus: 195 F / 30,46 € (déjeuner sauf fériés), 245 à 375 F / 37,35 à 57,17 € - Carte - Spécialités: pavé de bar cuit vapeur en couscous et petite ratatouille; aile de canard caramélisée au miel de romarin, ravioles aux pommes.

Aux portes de la Normandie et à seulement 60 km de Paris, ce superbe château Louis XIII déploie ses ailes symétriques au bord d'un parc de vingt-deux hectares. L'intérieur conserve un indéniable caractère. On appréciera tout particulièrement le ravissant pavage XVIIe qui rutile tout au long des couloirs et dans de nombreuses chambres. Aussi confortables que joliment meublées d'ancien, ces dernières bénéficient, dans leur grande majorité, de plafonds "à la française" et de hautes fenêtres donnant sur l'immensité verdoyante du parc. Alléchante cuisine, où les spécialités normandes tiennent une bonne place, servie dans deux salles à manger de grande allure. Excellent accueil réussissant à éviter le cérémonial "guindé" qui pourrait sévir dans ce genre d'adresses.

Accès (carte n° 8): à 21 km à l'est d'Evreux par N 13, sortie Pacy-sur-Eure, puis D 181 et D 533 - A 70 km à l'ouest de Paris par A 13, sortie n° 16 Vernon.

La Ferme de Cocherel

Hameau de Cocherel - 27120 Pacy-sur-Eure (Eure)
Route de la vallée de l'Eure (D. 836)
Tél. 02.32.36.68.27 - Fax 02.32.26.28.18 - M. et Mme Delton

Fermeture mardi et mercredi toute l'année, 3 semaines début janvier et 2 semaines début septembre
Chambres 2 avec s.d.b. et w.c. **Prix** des chambres doubles : 600 à 800 F / 91,47 à 121,96 € - Petit
déjeuner : 60 F / 9,15 €, servi de 8 h 15 à 9 h 30 **Cartes de crédit** acceptées **Divers** chiens admis -
Parking fermé **Alentour** village historique de Cocherel, château de Bizy, musée Claude-Monet à
Giverny - Golfs du parc de Nantilly et du Vaudreuil 18 trous **Restaurant** service de 12 h à 14 h et de
19 h 30 à 21 h - Fermé mardi et mercredi - Menu : 220 F / 33,54 € - Carte - Spécialités : craquelin
de queue de bœuf aux navets confits.

C'est à Cocherel qu'eut lieu l'une des plus belles victoires de Du Guesclin ; aujourd'hui, rien ne rappelle cette époque troublée, et le ravissant hameau se mire calmement dans les eaux de l'Eure qui longe ses habitations. L'hôtel n'est séparé de la rivière que par une petite départementale. Il se compose de plusieurs maisons aux vieux toits de tuiles plates. La plus grande est consacrée au restaurant gastronomique ; les tables sont installées dans une salle panoramique décorée comme un jardin d'hiver. On y goûte une très savoureuse cuisine maison basée sur des produits frais achetés au marché ou produits sur place. De plain-pied sur un jardin fleuri et très soigné, les deux chambres sont réparties dans des petites maisons indépendantes. Leur décor s'harmonise bien avec l'ambiance générale : quelques meubles rustiques ou en rotin laqué, des tissus à fleurs, quelques gravures… comme chez soi. Les petits déjeuners sont excellents. Une belle et accueillante adresse de campagne pour pêcher, faire du tourisme ou, simplement, se détendre à une heure de Paris.

Accès (carte n° 8) : sur A 13, sortie 16. A 7 km au nord-ouest de Pacy-sur-Eure par D 836, direction Louviers.

La Chaîne d'Or

27700 Petit-Andelys (Eure)
27, rue Grande
Tél. 02.32.54.00.31 - Fax 02.32.54.05.68
Mme Foucault

Catégorie ★★★ **Fermeture** en janvier **Chambres** 10 avec tél., s.d.b. ou douche, w.c. et t.v. **Prix** des chambres : 420 à 760 F / 64,12 à 115,86 € - Petit déjeuner : 75 F / 11,43 €, servi de 8 h à 10 h **Cartes de crédit** Amex, Visa **Divers** chiens admis - Parking **Alentour** église Notre-Dame et château Gaillard aux Andelys ; Giverny - Golf du Vaudreuil 18 trous **Restaurant** service de 12 h à 14 h, 19 h 30 à 21 h 30 - Fermé dimanche soir, lundi, et mardi à midi - Menus : 150 à 330 F / 22,87 à 50,31 € - Carte - Spécialités : miroir d'huîtres normandes au raifort ; langoustines royales croquant de pommes de terre ; plaisir au chocolat chaud et sirop de jasmin.

Une fois franchis le porche et la cour intérieure de cette accueillante hostellerie fondée en 1751, l'aile opposée nous dévoile une magnifique vue sur la Seine. Les chambres y sont souvent grandes et lumineuses. Celles qui donnent sur la rivière ont été totalement refaites ; élégantes, très raffinées, elles ont gagné en confort ce qu'elles ont perdu en authenticité. Les autres s'ouvrent sur l'église ou la cour ; mobilier ancien ou de style, tapis, gravures… les étrangers les préfèrent pour leur caractère "vieille France" ; vous y serez également très bien. Dans la grande salle à manger égayée de gros bouquets de fleurs et de tableaux, le ton chaud des tentures et le soin apporté au couvert prédisposent aux plaisirs de la table. Une cuisine traditionnelle, fine et légère, vous y sera servie avec beaucoup d'amabilité. Une belle adresse, avec un emplacement rare et qui a su conserver un petit et charmant parfum d'autrefois.

Accès (carte n° 8) : à 92 km au nord-ouest de Paris par A 13, sortie Gaillon, puis D 316.

Auberge du Vieux Puits

27500 Pont-Audemer (Eure)
6, rue Notre-Dame-du-Pré
Tél. 02.32.41.01.48 - Fax 02.32.42.37.28 - M. et Mme Foltz
E-mail: vieux-puits@wanadoo.fr

Catégorie ★★ Fermeture du 17 décembre au 26 janvier, les lundis et mardis (sauf en saison)
Chambres 12 avec tél., s.d.b. ou douche (10 avec w.c. et 6 avec t.v.); 2 chambres pour handicapés
Prix des chambres doubles: 320 à 450 F / 48,78 à 68,60 € - Petit déjeuner: 53 F / 8,08 €, servi de
8 h à 9 h 30 **Carte de crédit** Visa **Divers** chiens non admis - Parking **Alentour** collection d'insectes
au musée Canel de Pont-Audemer; circuit vallée de la Risle; abbaye du Bec-Hellouin - Golf du
Champ-de-Bataille 18 trous à Neubourg **Restaurant** service de 12 h à 14 h, 19 h 30 à 21 h - Menus:
240 à 340 F / 36,58 à 51,82 € - Carte - Spécialités: canard aux griottes, truite "Bovary".

Installée à Pont-Audemer, directement accessible par l'autoroute, cette
auberge peut constituer une étape parfaite pour les voyageurs qui
découvrent la Normandie. Ses bâtiments, de style parfaitement normand à
colombage du XVIIe, protègent un jardin fleuri, avec son vieux puits et deux
saules impressionnants, où l'on sert l'apéritif et le café à la belle saison. A
l'intérieur, on trouve plusieurs petits salons douillets où prendre le thé ou lire
au coin du feu, et une salle à manger un peu plus grande, décorée de faïences
anciennes et de cuivres rutilants, où vous sera servie une cuisine très savoureuse
qui sait se faire créative tout en conservant quelques solides références
normandes. Les chambres sont réservées en priorité aux clients du restaurant.
Vous avez le choix entre le charme rustique et simple des chambres des
anciennes maisons, et le confort moderne de celles ouvertes dans un autre
bâtiment, bien dans le style de l'ensemble lui aussi.

*Accès (cartes n° 1 et n° 8): à 52 km à l'ouest de Rouen par A 13, sortie Pont-
Audemer, puis D 139 et N 182 (à 300 m du centre-ville).*

Relais Moulin de Balisne

Balisne 27130 Verneuil-sur-Avre (Eure)
Tél. 02.32.32.03.48 - Fax 02.32.60.11.22 - M. Gastaldi
Web : moulin-de-balines.fr

Catégorie ★★ Ouverture toute l'année **Chambres** 10 et 2 suites, avec tél., s.d.b., w.c., t.v. et minibar **Prix** des chambres et suites : 450 à 550 F / 68,60 à 83,85 € - Petit déjeuner : 60 F / 9,15 €, servi de 8 h à 11 h - Demi-pension : 450 à 500 F / 68,60 à 76,22 € (par pers., 2 j. min.) **Cartes de crédit** acceptées **Divers** chiens admis - Pêche en étangs - Parking **Alentour** forêt de Senonches ; châteaux de Beaumesnil et d'Anet - Golf 9 trous à Coulonges **Restaurant** service de 12 h à 15 h, 19 h 30 à 22 h - Fermé le mardi (sauf réservation) - Menus : 165 à 300 F / 25,15 à 45,73 € - Carte - Spécialités : duo de sole et langouste ; "œuf d'autruche farci" ; lotte sauce caramel.

Lorsque l'on aperçoit l'hôtel depuis la route, on frémit un peu de cette proximité. Mais aussitôt le porche franchi, on se rend à l'évidence : le calme règne à l'intérieur, les seuls bruits de carrefour étant ceux de l'Avre et de l'Iton dont les eaux se rejoignent au pied de l'hôtel. Treize hectares alentour appartiennent au *Moulin* ; deux étangs s'y trouvent et des barques sont à la disposition des amateurs de pêche. Dans la maison, c'est le charme à l'état pur, aussi bien dans les salons (où de nombreux jeux de société sont à votre disposition), que dans le bar-salle à manger. On y goûte une copieuse cuisine qui, pour quelques plats, gagnerait à plus de finesse. Le décor est incroyablement chaleureux avec ses collections d'objets, ses tapis, le nappage à décor de perse, la grande cheminée… Chambres confortables, certaines sous les toits donnant l'impression d'être "perchées dans les arbres". Enfin, l'excellent accueil que vous trouverez ici et la proximité de Paris font du *Moulin de Balisne* une attrayante adresse.

Accès (carte n° 8) : à 100 km de Paris, par autoroute A 12 direction Dreux, sortie Bois-d'Arcy ; puis N 12 direction Dreux, Alençon.

Hôtel du Château d'Agneaux

Agneaux 50180 Saint-Lô (Manche)
Avenue Sainte-Marie
Tél. 02.33.57.65.88 - Fax 02.33.56.59.21 - M. et Mme Groult
E-mail : chateau.agneaux@wanadoo.fr

Catégorie ★★★ **Ouverture** toute l'année **Chambres** 12 avec s.d.b., w.c. et t.v. (10 avec minibar) **Prix** des chambres doubles : 475 à 810 F / 72,41 à 123,40 € ; suites : 970 F / 147,88 € - Petit déjeuner : 66 F / 10,06 € **Cartes de crédit** Amex, Visa **Divers** chiens admis (50 F / 7,62 €) - Tennis (30 F / 4,57 €) - Parking **Alentour** église et musée (tenture des Amours de Gombault et Macé) à Saint-Lô ; château de Torigni-sur-Vire - Golf 9 trous à Courtainville **Restaurant** service de 19 h 30 à 21 h - Menus : 150 à 360 F / 22,87 à 54,88 € - Carte - Spécialités : poissons et desserts du chef.

Agneaux c'est, en marge de toutes les inepties des urbanistes, une petite route de terre et de pierre qui, en une centaine de mètres, vous transporte bien loin des abords disgracieux des faubourgs de Saint-Lô. Puis c'est la vieille chapelle, le château, la tour de guet surveillant la vallée vierge, paisible, sans autre vis-à-vis que le bocage et la Vire qui s'écoule en contrebas, au milieu de toute cette campagne verdoyante. L'intérieur est à taille humaine, murs blancs, bois naturel, terre cuite… Monsieur et madame Groult ont parfaitement su résister à la tentation de "faire château" pour conserver au lieu sa sobriété un rien austère et en lui ajoutant ce qu'il faut de confort. Joliment décorées et réparties entre le logis principal et la tour de guet, les chambres ont juste la bonne mesure de baldaquins et de ciels de lit, de jolis dallages et de beaux parquets. Certaines sont immenses, d'autres plus intimes (nos favorites étant les 3, 4, 8 et 11) et toutes sont bien tenues. Seul petit défaut : les éclairages qui peuvent être insuffisants ou trop ternes. Une très charmante enclave de calme et de nature.

Accès (carte n° 7) : à 1,5 km à l'ouest de Saint-Lô par D 900.

Hôtel Le Conquérant

50760 Barfleur (Manche)
16-18, rue Saint-Thomas-Becket
Tél. 02.33.54.00.82 - Fax 02.33.54.65.25 - Mme Delomenède

Catégorie ★★ **Fermeture** du 15 novembre au 15 mars **Chambres** 13 avec tél., 10 avec s.d.b. ou douche, 3 avec cabinet de toilette, 8 avec w.c. et t.v. **Prix** des chambres doubles : 200 à 450 F / 30,49 à 68,60 € - Petit déjeuner : 30 à 55 F / 4,57 à 8,38 € (4 menus), servi de 8 h à 10 h **Carte de crédit** Visa **Divers** chiens non admis - Location de vélos au village - Parking (30 F / 4,57 €) **Alentour** île Tatihon ; Valognes - Golf 9 trous à Fontenay-en-Cotentin **Restaurant** Crêperie réservée aux résidents sur réservation - Service de 19 h à 21 h - Menus : 85 à 135 F / 12,96 à 20,58 € - Carte - Spécialités : galette camembert sur beurre d'escargot ; crêpe Le Conquérant ; crêpe reine Mathilde.

L'irrésistible petit port de Barfleur n'est qu'à une centaine de mètres de ce manoir XVIIIe qui cache, derrière ses murs, un charmant jardin où l'on soigne avec une attention toute particulière le *Sophora japonica* bientôt centenaire et les rares cordylines. Il s'agit d'un hôtel simple et très sympathique où l'on se sent toujours bien accueilli. Si la taille, le niveau de confort et l'isolation des chambres reste encore variable, les rénovations vont bon train et s'effectuent avec goût : papiers peints unis ou à motif toile de Jouy, quelques meubles anciens... Mention particulière pour la grande "verte", donnant à la fois sur la rue et le jardin et pour la chambre du petit pavillon, agrémentée d'une vaste terrasse face à la verdure. Les 1, 2, 3, 9, 16 et 17 ouvrent sur le jardin ; les autres sur la rue. Le soir, vous pourrez déguster quelques crêpes "à l'ancienne", spécialité de la maison et, le lendemain, vous choisirez selon votre goût, parmi les quatre formules de petit déjeuner, servies dehors dès qu'il fait beau.

Accès (carte n° 7) : à 30 km à l'est de Cherbourg par D 901.

Hôtel de la Marine

50270 Barneville-Carteret (Manche) - 11, rue de Paris
Tél. 02.33.53.83.31 - Fax 02.33.53.39.60 - M. Cesne-Emmanuel

Catégorie ★★ **Fermeture** du 3 novembre au 15 février **Chambres** 31 avec tél., s.d.b. ou douche, w.c., t.v. et minibar **Prix** des chambres doubles : 450 à 550 F / 68,60 à 83,85 € - Petit déjeuner : 52 F / 8,29 €, servi de 7 h 30 à 10 h - Demi-pension : 450 à 540 F / 68,60 à 82,32 € (par pers., 3 jours min.) **Cartes de crédit** acceptées **Divers** chiens non admis - Parking **Alentour** île de Jersey ; Valognes ; circuit du Cotentin entre le cap de La Hague, Barfleur et le cap de Carteret - Golf 9 trous à Saint-Jean-de-Rivière **Restaurant** service de 12 h 30 à 13 h 30, 19 h 30 à 21 h 30 - Menus : 150 à 450 F / 22,87 à 68,60 € - Carte - Spécialités : poissons et fruits de mer.

A Carteret, l'*Hôtel de la Marine* a les pieds dans l'eau. Si le bâtiment en lui-même est sans intérêt, sa situation est, elle, exceptionnelle et vous vous sentirez ici comme dans un paquebot. L'étendue marine que domine l'hôtel offre un spectacle permanent, de marées, de va-et-vient de bateaux. Vous profiterez des deux salles à manger, comme du salon en rotonde, de la terrasse ou de la plupart des chambres, notamment de celles avec terrasse ou balcon. Les chambres, très lumineuses, sont toutes différentes mais classiques avec des meubles "de style" et des tissus clairs. L'insonorisation n'est pas parfaite. Dans le second bâtiment, elles restent agréables même sans balcon mais leurs salles de bains ne sont équipées que de toilettes avec broyeur. Choisissez, en dernier lieu, celles donnant uniquement sur la rue, à l'arrière (nos 6, 9, 16, 20, 32, 34 et 37). Depuis cinq générations, les propriétaires prouvent que le métier et le talent de l'accueil sont parfois héréditaires. A cela est venu s'ajouter un macaron au *Michelin* obtenu par leur jeune fils. Cuisine inventive, fine, légère et parfumée, et petits déjeuners délicieux.

Accès (carte n° 6) : à 38 km au sud de Cherbourg ; sur A 13, sortie Barneville-Carteret.

Hôtel des Ormes

50270 Barneville-Carteret (Manche)
Quai Barbey-d'Aurevilly
Tél. 02.33.52.23.50 - Fax 02.33.52.91.65
M. et Mme Le Guevel

Catégorie ★★★ **Fermeture** du 5 janvier au 5 février **Chambres** 10 avec tél., s.d.b. ou douche, w.c. et t.v. satellite ; 1 chambre handicapés **Prix** des chambres doubles : 395 à 580 F / 60,22 à 88,42 € - Petit déjeuner : 55 F / 8,38 €, servi de 7 h 30 à 10 h 30 **Carte de crédit** Visa **Divers** chiens admis (50 F / 7,62 €) - Parking **Alentour** île de Jersey ; Valognes ; musée Thomas-Henry à Cherbourg ; circuit du Cotentin entre le cap de La Hague, Barfleur et le cap de Carteret - Golf 9 trous à Saint-Jean-de-Rivière **Pas de restaurant** à l'hôtel.

Entre mer et jardin, sur le port de plaisance de Carteret aux allures bretonnes, voici un petit hôtel fleuri plein de qualités. Vous trouverez ici dix chambres, petites, mais que l'on a meublées et décorées avec un soin tout particulier. Quelques beaux meubles cirés, chinés çà et là, et des papiers peints qui se marient avec élégance aux tissus colorés témoignent d'un souci où l'esthétique s'accorde avec le confort. Selon leurs préférences, les uns choisiront la vue sur la mer toujours changeante, les autres, celle donnant sur le jardin, très reposante. Les salles de bains sont agréables, certaines d'entre elles bénéficient même de grandes fenêtres. Le salon-bar aux tons chauds s'ouvre sur une petite terrasse abritée et, l'été, le petit déjeuner se prend dans le jardin au milieu des fleurs. L'accueil est simple et souriant. Pas de restaurant sur place, mais vous ne souffrirez pas trop de ce manque car la très bonne table de l'*Hôtel de la Marine* est toute proche.

Accès (carte n° 6) : A 13, sortie Caen puis N 13 vers Cherbourg, sortie Valognes. Prendre direction Barneville-Carteret ; au village, aller au port de plaisance.

La Beaumonderie

50290 Bréville-sur-Mer (Manche)
20, route de Coutances
Tél. 02.33.50.36.36 - Fax 02.33.50.36.45 - Mme Denèfle

Catégorie ★★★ **Ouverture** toute l'année **Chambres** 12 avec tél., s.d.b. ou douche, w.c., t.v., 8 avec minibar; 1 chambre handicapés **Prix** des chambres doubles : 570 à 870 F / 86,90 à 132,63 € - Petit déjeuner : 55 F / 8,38 €, servi de 7 h 30 à 11 h - Demi-pension : + 195 F / 29,73 € (par pers., 3 j. min.) **Cartes de crédit** acceptées **Divers** chiens admis (35 F / 5,34 €) - Piscine couverte, squash, tennis - Parking fermé **Alentour** centre de thalasso et casino à Granville; Mont-Saint-Michel; îles anglo-normandes; abbaye de La Lucerne; cathédrale de Coutances - Golf 18 trous de Granville **Restaurant** service de 12 h à 14 h, 19 h 30 à 22 h - Fermé dimanche soir et lundi midi hors saison - Menus : 119 à 249 F / 18,29 à 38,11 € - Spécialités : poissons et homards.

Cette élégante maison début de siècle a très judicieusement su repousser le bruit de la route toute proche grâce à d'efficaces doubles vitrages de sorte que l'on peut réserver à *La Beaumonderie* en toute quiétude. D'entrée, on est séduit par le soin apporté à la décoration jeune et classique, la beauté des matières et le souci du détail qui donnent à l'hôtel son charmant esprit "maison". Réservez les chambres côté ouest car leurs fenêtres dominent un paysage marin précédé par le jardin de l'hôtel, un petit champ de courses, un golf et des dunes. Des lits larges, confortables, des couleurs harmonieuses et d'agréables salles de bains achèvent de les rendre agréables (et totalement irrésistibles à chaque coucher de soleil). Le rez-de-chaussée profite aussi de ce superbe panorama. On y trouve un salon-bar très *british* relayé par la salle à manger largement ouverte sur l'extérieur et où l'on dîne particulièrement bien. Très bon accueil.

Accès (carte n° 6) : à 25 km au nord d'Avranches par D 973 jusqu'à Granville, puis direction Coutances (à 3 km de Granville).

Manoir de Roche Torin

50220 Courtils (Manche)
Tél. 02.33.70.96.55 - Fax 02.33.48.35.20 - Mme Barraux
E-mail : manoir.rochetorin@wanadoo.fr

Catégorie ★★★ **Fermeture** de mi-novembre à mi-décembre et de début janvier à mi-février
Chambres 15 avec tél., s.d.b. ou douche, w.c. et t.v. **Prix** des chambres : 480 à 1 100 F / 73,18 à
167,69 € - Petit déjeuner : 62 F / 9,46 €, servi de 8 h à 10 h **Cartes de crédit** acceptées **Divers** chiens
admis (42 F / 6,41 €) - Parking **Alentour** "Maison de la Baie", musée et observatoire ; Mont-Saint-
Michel : traversée guidée **Restaurant** fermé lundi, mardi midi et samedi midi - Service de 12 h à 13 h,
19 h à 20 h 30 - Menus : 130 à 350 F / 19,82 à 53,36 € - Carte.

Un heureux compromis entre l'ancien et le contemporain caractérise la
décoration de cette maison de maître du début du siècle. Des tissus à
fleurs ont été choisis pour le salon. Les chambres, comme le reste de la maison,
mélangent le moderne, le rotin, les meubles d'époque et de style. Trois d'entre
elles jouissent d'une vue sur le Mont-Saint-Michel. Au second étage, elles sont
mansardées mais bénéficient d'une belle luminosité et d'une jolie vue. Toutes
sont donc agréables, nos préférées ayant été égayées par de belles cotonnades à
carreaux ou à rayures. La petite salle à manger rustique, avec sa grande
cheminée, où l'on grille les côtes d'agneau de pré-salé et les homards, accueille
les fumeurs. Juste à côté, la salle pour non-fumeurs entourée de baies vitrées
panoramiques vous fera profiter de la lumière du soleil couchant. Si la cuisine
reste encore irrégulière et les boissons un peu chères, l'hôtel reste exceptionnel
par sa situation en pleine campagne, face à un paysage de polder parsemé de
moutons et d'où l'on peut admirer à loisir la magesté du Mont-Saint-Michel.

*Accès (carte n° 7) : à 12 km au sud-ouest d'Avranches par N 175, puis direction
le Mont-Saint-Michel par D 43.*

Château de la Roque

50180 Hébécrevon (Manche)
Tél. 02.33.57.33.20 - Fax 02.33.57.51.20
Famille Delisle
E-mail: mireille.delisle@wanadoo.fr - Web: chateau-de-la-roque.fr

Ouverture toute l'année **Chambres** 15 avec tél., s.d.b. ou douche, w.c. et t.v.; 2 chambres handicapés **Prix** des chambres doubles: 420 à 560 F / 64,03 à 85,37 € - Petit déjeuner compris **Cartes de crédit** acceptées **Divers** chiens admis (tenus en laisse) sur demande - Vélos, pêche, chasse, tennis - Parking - Golf **Alentour** église et musée (tenture des Amours de Gombault et Macé) à Saint-Lô; château de Torigny-sur-Vire - Golf 9 trous à Coutainville et Marchésieux **Table d'hôtes** service à 20 h - Menu: 105 F / 16,01 € (vin compris) - Cuisine traditionnelle et régionale.

En pleine campagne normande, au milieu d'un parc fleuri et très soigné, cet élégant petit château a été ouvert aux hôtes par le champion cycliste Raymond Delisle. C'est une vraie réussite; toutes les pièces sont confortables et belles, dans chaque chambre un effort particulier a été porté sur les tissus, et quelques meubles anciens viennent y ajouter souvent une note authentique. Qu'elles soient dans le corps de logis ou dans les dépendances, toutes sont à découvrir, aussi bien pour leur beauté que pour leur tenue. Le pain est cuit sur place dans un vieux four; on en profite au cours des bons petits déjeuners que les hôtes partagent entre eux à la grande table d'une salle à manger de caractère. Vous pourrez, en réservant à temps, participer à la table d'hôtes également servie en commun mais qui "sature" parfois en été compte tenu du nombre de convives. Celle-ci a lieu dans une vaste et belle pièce située dans la "grange" à côté de laquelle se trouve un agréable salon.

Accès (carte n° 7): à 6 km au nord-ouest de Saint-Lô. Avant Saint-Lô, prendre D 972, direction Coutances jusqu'à Saint-Gilles, puis direction Pont-Hébert (D 77) sur 3 km.

Le Gué du Holme

Saint-Quentin-sur-le-Homme 50220 Ducey (Manche)
14, rue des Estuaires
Tél. 02.33.60.63.76 - Fax 02.33.60.06.77 - M. Leroux
E-mail : info@le-gue-du-holme.com - Web : le-gue-du-holme.com

Catégorie ★★★ **Fermeture** du 2 au 24 janvier dimanche soir du 15 septembre à Pâques **Chambres** 10 avec tél., s.d.b., w.c. ; 1 chambre handicapés **Prix** des chambres : 400 à 500 F / 60,98 à 76,22 € - Petit déjeuner : 60 F / 8,38 € - Demi-pension : 500 F / 76,22 € (par pers., 3 j. min.) **Cartes de crédit** acceptées **Divers** chiens admis (40 F / 6,10 €) - Parking **Alentour** musée des Arts régionaux à Poilley-Ducey ; jardin des Plantes et musée du Palais épiscopal d'Avranches (manuscrits du Mont-Saint-Michel) **Restaurant** sur réservation - Fermé vendredi, samedi midi, dimanche soir du 15 septembre à Pâques - Service de 12 h à 14 h, 19 h à 21 h - Menus : 150 à 390 F / 22,87 à 59,46 € - Carte - Spécialités : foie gras aux pommes, aumônière de homard.

Ni trop près du Mont-Saint-Michel et ni trop loin, cette petite auberge de village est idéalement placée pour découvrir les richesses locales sans être gêné par l'affluence touristique qui caractérise ce coin de Normandie. Chaleureux et très soigné, son aménagement intérieur contraste avec une architecture un peu banale ; la surprise n'en est donc que meilleure. Nous avons particulièrement apprécié le souci du détail qui s'exprime partout, même dans les couloirs (profonde moquette verte, meubles anciens en bois clairs). Plaisantes, très confortables, les chambres sont gentiment modernes et parfaitement tenues. La majorité donne sur un petit jardin où l'on sert les petits déjeuners dès les beaux jours. Les repas sont pris, quant à eux, dans une très élégante salle à manger où les lithographies et les appliques en laiton ressortent sur l'orangé des murs. La cuisine met en scène avec talent les excellents produits locaux et constitue l'autre point fort de ce bel établissement. Accueil agréable et attentif.

Accès (carte n° 7) : à 40 km au sud-est de Granville. Sur A 11 sortie n° 175.

Hôtel de France et des Fuchsias

50550 Saint-Vaast-la-Hougue (Manche)
20, rue du Maréchal-Foch
Tél. 02.33.54.42.26 - Fax 02.33.43.46.79 - M. et Mme Brix
E-mail : france-fuchsias@wanadoo.fr - web : france-fuchsias.com

Catégorie ★★ **Fermeture** du 7 janvier au 1er mars, lundi de septembre à avril **Chambres** 34 avec tél., 29 avec s.d.b. ou douche, w.c. et t.v. **Prix** des chambres : 290 à 480 F / 44,21 à 73,18 € - Petit déjeuner : 46 F / 7,01 €, servi de 8 h à 10 h - Demi-pension : 325 à 415 F / 49,55 à 63,27 € (par pers., 3 j. min.) **Cartes de crédit** acceptées **Divers** chiens admis (30 F / 4,57 €) - Location de vélos **Alentour** île Tatihon ; Valognes ; Barfleur ; musée Thomas-Henry à Cherbourg - Golf 9 trous à Fontenay-en-Cotentin **Restaurant** fermé dimanche soir et mardi de novembre à mars, lundi midi en mai-juin (sauf ponts) - Service de 12 h à 14 h, 19 h à 21 h 15 - Menus : 88 à 310 F / 13,42 à 47,26 € - Carte - Spécialités : choucroute de la mer au beurre blanc ; soupe de queues de langoustines.

Sur cette côte orientale de la presqu'île du Cotentin si douce qu'y fleurissent les mimosas, cet ancien relais de poste, devenu auberge au siècle dernier, a su trouver le ton juste avec ses chambres simples et raffinées dans leur ameublement et leurs dégradés de teintes (la 14 est toutefois un peu petite). Celles qui se trouvent au fond du jardin, dans la maison "Les Feuillantines", traitées de la même manière, sont souvent plus spacieuses. La dernière quinzaine d'août, l'agréable petit salon sert de cadre (avec le jardin) à des concerts de musique de chambre dont les résidents profitent gratuitement. La table, excellente, associe avec bonheur les produits de la mer à ceux de la ferme voisine de Quettehou. Vous en profiterez dans une véranda "théâtralement" décorées de trompe-l'œil. Cet accueillant hôtel est, en outre, à proximité d'un petit port de pêche et d'une plage de sable fin très prisée en été.

Accès (carte n° 7) : à 37 km au sud-est de Cherbourg par N 13 jusqu'à Valognes, puis D 902 et D 1 jusqu'à Saint-Vaast-la-Hougue (centre-ville).

Château de Villeray

61110 Condeau (Orne)
Tél. 02.33.73.30.22 - Fax 02.33.73.38.28 - M. Eelsen
E-mail : moulindevilleray@wanadoo.fr

Catégorie ★★★ Ouverture toute l'année **Chambres** 11 et 2 suites avec tél., s.d.b., t.v. et minibar; 2 chambres handicapés **Prix** des chambres : 650 à 1 300 F / 99,09 à 198,18 €; suites : 1 800 F / 274,41 € - Petit déjeuner : 80 F / 12,20 € - Demi-pension : 495 à 925 F / 75,46 à 141,02 € (par pers., obligatoire en saison) **Cartes de crédit** acceptées **Divers** chiens admis (50 F / 7,62 €) - Piscine, VTT, canoë - Parking **Alentour** Golf du Perche 18 trous **Restaurant** au Moulin.

Passer le petit pont qui enjambe l'Huisne, gravir une ruelle bordée de murets, de rosiers et d'antiques maisons lilliputiennes, traverser le porche flanqué de ses tourelles… Il est des initiations plus douloureuses, celle-ci semble simplement vouloir concentrer en elle-même tout ce qui fait le charme du Perche : rivières, vallons, bois, architecture immémoriale. L'allure générale du château est XVIIIᵉ mâtinée d'un style fin XIXᵉ qui, pour une fois, a préféré l'évocation de la douceur Renaissance à l'habituel romantisme néo-gothique. Orienté plein sud, il domine le paysage et permet à presque toutes les chambres de profiter de cette superbe orientation. Immenses ou plus intimes, elles ont été restaurées avec beaucoup de respect sans céder à l'attrait du luxe clinquant. Quelques meubles anciens, un très beau choix de tissus, d'amusants volumes : alcôves, cagibis, couloirs dérobés et toujours de belles salles de bains en constituent les caractéristiques principales. Notez aussi l'enfilade de salons au rez-de-chaussée et leurs boiseries en chêne naturel, la vaste terrasse où l'on sert les petits déjeuners en été, la perspective d'excellents repas au *Moulin* situé juste à l'entrée du village et appartenant à la même famille. Sachez que c'est également au *Moulin* que, pour l'instant, s'effectue l'accueil des arrivants.

Accès (carte n° 8) : même itinéraire que pour le Moulin de Villeray (page 354).

Moulin de Villeray

61110 Condeau (Orne)
Tél. 02.33.73.30.22 - Fax 02.33.73.38.28 - M. Eelsen
E-mail : moulindevilleray@wanadoo.fr

Catégorie ★★★★ **Ouverture** toute l'année **Chambres** 20 et 4 appartements, avec tél., s.d.b. ou douche, w.c., t.v. et minibar; 1 chambre handicapés **Prix** des chambres: 390 à 1 250 F / 59,46 à 190,56 €; appartement: 950 à 1 500 F / 144,83 à 228,67 € - Petit déjeuner: 80 F / 12,20 € - Demi-pension: 495 à 925 F / 75,46 à 141,02 € (par pers., obligatoire en saison) **Cartes de crédit** acceptées **Divers** chiens admis (50 F / 7,62 €) - Piscine, VTT, Canoë - Parking **Alentour** collines du Perche (circuit de 150 km environ); musée du philosophe Alain à Mortagne - Golf du Perche 18 trous **Restaurant** service de 12 h à 14 h, 19 h à 22 h - Menus: 145 à 360 F / 22,11 à 54,88 € - Carte - Cuisine à base de produits locaux.

L'Huisne s'écoule paisiblement au pied de ce ravissant hameau du Perche. Un bras de rivière forme le bief, calme en amont du moulin, tumultueux en aval, au niveau de l'hôtel. Tout autour, un superbe parc fleuri accompagne le cours d'eau. Les chambres sont réparties entre les deux étages du bâtiment principal et quatre ravissantes petites maisons (nos préférées). Décorées joliment avec des tissus aux couleurs harmonieuses, des meubles anciens, de style, ou en pin ciré et des sols souvent en jonc de mer, elles sont généralement très réussies. Leurs salles de bains bénéficient d'améliorations régulières et s'agrémentent notamment de faïences réalisées par madame Eelsen. Ravissant salon qui donne sur une grande salle à manger largement ouverte sur le jardin. Décorée dans un style rustique, elle conserve à son extrémité la grande roue à aubes du moulin. Parfaitement maîtrisée, inventive, parfumée et légère, la cuisine est absolument excellente (prix en conséquence). Accueil agréable et attentif.

Accès (carte n° 8): à 9 km au nord de Nogent-le-Rotrou; sur A 11, sortie Chartres, Luigny ou La Ferté-Bernard.

Manoir du Lys

La Croix Gauthier
61140 Bagnoles-de-l'Orne (Orne)
Tél. 02.33.37.80.69 - Fax 02.33.30.05.80 - M. et Mme Quinton
E-mail : manoirdulys@lemel.fr - Web : manoir-du-lys.fr

Catégorie ★★★ **Fermeture** du 5 janvier au 14 février, dimanche soir et lundi du 14 février à Pâques et du 1er novembre au 5 janvier **Chambres** 25 avec tél., s.d.b., w.c., t.v. et minibar ; ascenseur ; accès handicapés **Prix** des chambres : 370 à 1 500 F / 56,41 à 228,67 € ; suites : 900 à 1 500 F / 137,20 à 228,67 € - Petit déjeuner : 70 F / 10,67 € - Demi-pension et pension : 450 à 1 000 F / 68,60 à 152,45 € (par pers.) **Cartes de crédit** acceptées **Divers** chiens admis (35 F / 6,10 €) - Tennis, piscine couverte - Parking **Alentour** forêt d'Andaine ; tour de Bonvouloir ; château de Carrouges - Golf 9 trous à Bagnoles **Restaurant** service de 12 h 30 à 14 h 30, 19 h 30 à 21 h 30 - Menus : 150 à 360 F / 22,87 à 54,88 € - Carte - Spécialités : dos de sandre fumé au hêtre et poêlée d'asperges au jus de persil.

En bordure de la superbe forêt d'Andaine, le *Manoir du Lys* jouit d'un très grand calme. Les chambres sont claires, très bien équipées. Souvent grandes, leur décoration varie du classique au sagement moderne (meubles cérusés ou laqués). Des coloris gais, de superbes salles de bains (dans la partie récente) et une insonorisation parfaite les rendent des plus agréables. Certaines profitent de terrasses, et celles, mansardées ont vue sur le verger (il est courant d'y voir des biches attirées par les fruits). Le salon et le piano-bar sont très chaleureux ; à côté, dans la salle à manger panoramique, l'alliance de jaune et de vert clair semble prolonger la verdure du jardin (où l'on peut également dîner en été). Monsieur Quinton et son fils Franck sont aux fourneaux. Comme nous, vous apprécierez leur cuisine qui allie, avec beaucoup de justesse, les recettes normandes à des saveurs fines et originales. Accueil vraiment agréable par toute une famille qui aime son métier autant que sa région.

Accès (carte n° 7) : à 53 km à l'ouest d'Alençon par N 12 jusqu'à Pré-en-Pail, puis N 176 et D 916.

Hôtel du Tribunal

61400 Mortagne-au-Perche (Orne)
4, place du Palais
Tél. 02.33.25.04.77 - Fax 02.33.83.60.83
M. le Boucher

Catégorie ★★ **Ouverture** toute l'année **Chambres** 16 avec tél., s.d.b. ou douche (2 avec balnéo), w.c. et t.v. satellite **Prix** des chambres : 280 à 560 F / 42,69 à 85,37 € - Petit déjeuner : 42 F / 6,40 €, servi de 7 h 30 à 10 h 30 - Demi-pension : 320 F / 48,78 € (par pers. en chambre double) **Carte de crédit** Visa **Divers** chiens admis (20 F / 3,05 €) **Alentour** musée Alain (natif de Mortagne), église Notre-Dame à Mortagne-au-Perche ; forêts et collines du Perche - Golf 18 trous de Bellême-Saint-Martin **Restaurant** service de 12 h à 14 h, 19 h à 21 h - Menus : 90 à 190 F / 13,72 à 28,97 € - Carte - Spécialités : croustillant de boudin mortagnais ; ris de veau à la normande.

Installé dans un bâtiment classé des XIIIᵉ et XVIIIᵉ siècles, l'*Hôtel du Tribunal* se trouve sur une petite place plantée de tilleuls au cœur de l'un des plus beaux bourgs du Perche. Dès l'entrée, vous ressentirez l'atmosphère familiale et chaleureuse que les propriétaires ont voulu créer en réalisant ici un décor à la fois simple et raffiné. Les chambres sont habillées de papiers peints, avec un mélange de meubles anciens, de style ou en rotin et dotées de salles de bains confortables. Eclairée par trois fenêtres, la "familiale" est particulièrement réussie avec sa grande table de ferme et son coin-salon. Très agréables aussi, les cinq chambres créées dernièrement satisferont les plus exigeants. Dans la chaleureuse salle à manger, avec son beau nappage blanc et ses couverts élégants, vous goûterez une cuisine orientée sur les produits et saveurs du terroir. L'absence de salon est astucieusement remplacée par la sympathique pièce à l'entrée qui dispose de plusieurs tables près de la cheminée et, en été, par la possibilité de prendre un verre dans la petite cour intérieure.

Accès (carte n° 8) : à 38 km à l'est d'Alençon par N 12.

Le Donjon

76790 Etretat (Seine-Maritime)
Tél. 02.35.27.08.23. - Fax 02.35.29.92.24
M. Omar Abodib
E-mail : ledonjon@wanadoo.fr - Web : le-donjon.com

Catégorie ★★★ **Ouverture** toute l'année **Chambres** 11 avec tél., s.d.b., w.c., t.v. satellite et Canal + **Prix** des chambres : 480 à 1 330 F / 73,18 à 202,76 € - Petit déjeuner : 75 F / 11,43 €, servi de 8 h à 10 h 30 - Demi-pension (obligatoire le week-end) : 420 à 1 000 F / 64,12 à 152,45 € (en chambre double) **Cartes de crédit** acceptées **Divers** chiens admis, sauf au restaurant (50 F / 7,62 €) - Parking **Alentour** falaises d'Etretat, clos Lupin, musée Bénédictine à Fécamp - Golf 18 trous à Etretat **Restaurant** service de 12 h à 14 h, 19 h à 21 h 30 - Menus : 130 à 300 F / 19,82 à 45,73 € - Carte.

En contrebas du *Donjon*, l'anse d'Etretat déploie ses petites maisons tournées vers la plage de galets, les falaises de craie et la célèbre "Aiguille creuse" que connaissent tous les amateurs d'Arsène Lupin. Rien d'étonnant donc à ce que ce soit sous le signe du gentleman-cambrioleur que l'hôtel ait été aménagé. A l'intérieur, le salon, les petites salles à manger-boudoirs (deux dominent la Manche) sont tous décorés de tissus chatoyants, de tableaux et de meubles anciens souvent de style 1900. Les chambres profitent aussi de ce même souci décoratif et rivalisent de qualités ; citons la "Suite orientale", la "Chambre horizon" et la "Marjorie room" qui jouissent toutes d'une vue magnifique. Demi-pension de rigueur au *Donjon*, ce qui nous conduit à quelques précisions concernant la table. Globalement bonne, voire excellente (comme la salade de ris de veau), celle-ci nous semble plus au point du côté des viandes que des poissons dont la cuisson, souvent excessive, peut déconcerter les puristes. Très agréable ambiance *cosy* et accueil des plus aimables.

Accès (carte n °8) : A 13 sortie "Le Havre-Pont de Tancarville" après le pont, direction Saint-Romain-de-Colbose puis Etretat.

Les Hêtres

Le Bourg - 76460 Ingouville-sur-Mer (Seine-Maritime)
Tél. 02.35.57.09.30 - Fax 02.35.57.09.31
M. Liberge

Fermeture du 10 janvier au 11 février, lundi et mardi hors saison **Chambres** 5 avec tél., s.d.b. (1 avec jacuzzi), w.c. et t.v.; accès handicapés **Prix** des chambres doubles: 480 à 980 F / 73,18 à 149,40 € - Petit déjeuner: 85 F / 12,96 €, servi de 8 h à 12 h **Carte de crédit** Visa **Divers** chiens admis (50 F / 7,62 €) - Parking **Alentour** plages à 3 km; château et musée de Dieppe; église et cimetière de Varengeville; villages du pays de Caux (Luneray, Blosseville...); Fécamp; château de Bailleul; Etretat **Restaurant** service de 12 h 15 à 14 h, 19 h 30 à 22 h - Fermé lundi et mardi - Menus: 175 à 400 F / 26,68 à 60,98 € - Carte - Spécialités: poissons selon la pêche du jour et produits des fermes cauchoises.

Dans son hameau à l'habitat dispersé, non loin des falaises crayeuses du littoral, ce très accueillant petit hôtel est une bonne adresse. Pour en profiter, il faudra vous y prendre très à l'avance car *Les Hêtres* ne disposent que de 4 chambres, mais quelles chambres! Chacune est un modèle de goût et de confort, on y admire des tissus signés *Frey* ou *Braquenier*, quelques beaux meubles anciens encaustiqués à souhait et une élégante série de gravures. Leurs prix varient selon la taille (la plus chère dispose d'une terrasse privée sur le jardin), les salles de bains affichent, quant à elles, un luxe de bon aloi. Excellents petits déjeuners servis sous les colombages du toit. Au rez-de-chaussée, la longue salle à manger est, elle aussi, des plus séduisantes avec son coin-cheminée. Unanimement célébrée, la cuisine de Bertrand Warin mérite, elle aussi, votre curiosité, en toute confiance. Idéal pour une étape.

Accès (carte n° 1): à 30 km au sud de Dieppe par D 925, jusqu'à Saint-Valéry-en-Caux, puis direction Cany-Barville. Après le rond-point, direction aéroclub de Saint-Sylvain et 2ᵉ à droite.

Auberge du Val au Cesne

Le Val au Cesne 76190 Croix-Mare (Seine-Maritime)
Tél. 02.35.56.63.06 - Fax 02.35.56.92.78
M. Carel
Web: pageszoom.com/val.au cesne. - E-mail: val-au-cesne@lerapporteur.fr

Fermeture du 8 au 28 janvier, du 20 août au 2 septembre et les lundis et mardis **Chambres** 5 avec tél., s.d.b., w.c. et t.v. **Prix** des chambres doubles : 480 F / 73,18 € - Petit déjeuner : 50 F / 7,62 €, servi de 8 h à 11 h - Demi-pension et pension : 690 F / 105,19 € (en chambre simple), 440 à 550 F / 68,60 à 83,85 € (par pers. en chambre double) **Cartes de crédit** Visa, Amex **Divers** chiens admis - Parking **Alentour** cathédrale de Rouen ; église et musée d'Yvetot ; abbaye de Saint-Wandrille - Golf 18 trous à Etretat **Restaurant** service de 12 h à 14 h, 19 h à 21 h - Menu : 150 F / 22,87 € - Carte - Spécialités : terrine de raie ; tête et fraise de veau ; sole farcie à la mousse de langoustine ; escalope de dinde "Vieille Henriette" ; feuilleté aux pommes.

D'abord responsable d'un restaurant de très bonne réputation et chaleureusement aménagé (avec ses deux petites pièces séparées par une cheminée), monsieur Carel a ouvert, à la demande de ses clients, cinq chambres confortables dans une maison toute proche de l'auberge. Celle-ci, située dans une charmante petite vallée, offre une atmosphère raffinée et accueillante grâce à sa décoration de très bon goût, fidèle au style régional et à l'architecture initiale qui donnent une impression de chez-soi. Le jardin est en partie consacré aux animaux : on peut y admirer, une volière de perruches, des espèces rares de poules, des colombes... Les cinq chambres, qui portent des noms de canards, sont agréables. Enfin, la proximité de la petite route départementale n'est pas gênante, car elle devient heureusement silencieuse avant que la nuit ne tombe en plein cœur du pays de Caux.

Accès (cartes n° 1 et n° 8) : à 30 km au nord-ouest de Rouen par A 15, jusqu'à Yvetot, puis D 5 sur 3 km, direction Duclair.

Le Vieux Carré

2001

76000 Rouen (Seine-Maritime)
34, rue Ganterie
Tél. 02.35.71.67.70 - Fax 02.35.71.19.17
M. Patrick Beaumont

Ouverture toute l'année **Chambres** 14 avec tél., s.d.b. ou douche, w.c. et t.v. **Prix** des chambres doubles : 330 à 360 F / 50,31 à 54,88 € - Petit déjeuner : 39 F / 6,05 €, servi de 8 h à 10 h **Cartes de crédit** acceptées **Divers** chiens admis **Alentour** Rouen : place du Vieux-Marché, cathédrale Notre-Dame, palais de justice, église Saint-Maclou, église Saint-Ouen, musée des Beaux-Arts ; parc zoologique de Clères **Restaurant** à midi uniquement.

C'est dans une rue piétonne en plein cœur du vieux Rouen que vous découvrirez cette superbe maison à colombage sang de bœuf, protégée par la végétation luxuriante d'une petite cour carrée. Cette bonne impression est confirmée dès que l'on franchit le seuil de la pièce de réception où un petit coin-salon un rien *british* cotoie l'espace "bistrot" harmonieusement décoré. Là, déjeuners et excellents petits déjeuners vous seront servis, mais aussi des brunchs (très tentants) le dimanche. Les chambres, pas très grandes, pratiques et confortables, sont réussies elles aussi : meublées avec simplicité au goût du jour, elles disposent toutes d'un *tallboy* (petite armoire conçue pour les collégiens britanniques dans les années 1940) pour les personnaliser. La n° 15 donne en plus de plain-pied sur la terrasse-jardin du 1er étage d'où l'on aperçoit la cathédrale. A noter que les budgets plus modestes profiteront du même accueil souriant à l'*Hôtel des Carmes* (qui appartient aux mêmes propriétaires), dans un cadre un peu moins actuel mais sympathique et également très bien situé dans Rouen.

Accès (carte n° 8) : dans le centre-ville.

Relais Hôtelier Douce France

76980 Veules-les-Roses (Seine-Maritime)
13, rue du Docteur-Girard
Tél.02.35.57.85.30 - Fax 02.35.57.85.31 - M. Bardot

Catégorie ★★★ **Fermeture** 15 jours en novembre et 3 semaines en janvier-février **Chambres** 13 suites avec kitchenette, tél., s.d.b. et t.v.; 1 suite handicapés **Prix** des suites: 420 à 590 F / 64,03 à 89,94 € - Petit déjeuner: 55 F / 8,38 €, servi de 8 h à 10 h 30 - Demi-pension sur demande **Carte de crédit** Visa **Divers** chiens admis (50 F / 7,62 €) - Location de VTT **Alentour** Côte d'Albâtre, pays de Caux, Angot, de Miromesnil et de Cany, jardins de varengeville et de Vasterival - Golf de Dieppe (18 trous), tennis, mer à 100 mètres **Restaurant** service de 12 h 30 à 14 h 30, 19 h 30 à 21 h 30 - Menus: 95 à 280 F / 14,48 à 42,69 € - Carte - Spécialité: marmite de la mer.

En plein cœur du charmant petit village de Veules-les-Roses, cet ancien relais de poste du XVIIᵉ siècle a été complètement restauré par les compagnons du Tour de France. Bordant la Veules qui longe paisiblement le bourg, les loggias aux murs jaunes et aux colombages vert d'eau ont été aménagées en salon d'été avec sièges en rotin. Juste à côté, les treize suites, toutes dotées d'un coin-cuisine et d'une petite salle à manger, jouent le style contemporain avec gaieté. Sols en carreaux de terre cuite, poutres blanches, murs patinés beige rosé, rideaux bouillonnés et têtes de lit dans des tissus fleuris et stylisés s'accordent bien avec le mobilier et les lampes d'un *design* récent. Egalement modernes, les salles de bains sont fonctionnelles, avec douche ou baignoire, w.c. et sèche-cheveux. Le jardin, comme un cloître fleuri, offre un havre de calme et de fraîcheur à l'heure de l'apéritif; quant à la cuisine du joli restaurant, elle propose un bon choix de plats traditionnels ou régionaux. Accueil professionnel, sans plus.

Accès (carte n° 1): *à Rouen prendre A 15 direction Le Havre, sortir après Barentin, direction Pavilly, Yerville, Fontaine puis fléchage.*

Saint-Christophe

44502 La Baule (Loire-Atlantique)
Place Notre-Dame
Tél. 02.40.60.35.35 - Fax 02.40.60.11.74 - M. Joüon

Ouverture toute l'année **Chambres** 28 et 5 suites familiales, avec tél., s.d.b. ou douche, t.v. satellite;
1 chambre handicapés **Prix** des chambres doubles: 250 à 710 F / 38,11 à 108,24 € - Petit déjeuner:
50 F / 7,62 €, servi à toute heure - Demi-pension (obligatoire en été): 255 à 545 F / 38,87 à 83,08 €
Cartes de crédit acceptées **Divers** chiens admis (40 F / 6,10 €) - Parking **Alentour** La Baule; circuit
de la Brière et des marais de Guérande - Golf de la Baule 18 trous à Saint-Denac **Restaurant** service
de 12 h 30 à 14 h, 19 h 30 à 22 h - Menus: 125 à 195 F / 19,06 à 29,73 € - Spécialités: noix de Saint-
Jacques de Saint-Quay en fine croûte persillée; moelleux au chocolat amer et brochettes de fruits.

Au cœur de La Baule, rachetée dans les années 1970 par la famille Joüon,
cette pension de famille à l'architecture balnéaire début de siècle, en pleine
verdure, n'est qu'à cent cinquante mètres de la plage et reste pourtant très au
calme. Formée de trois villas aux noms de Sainte-Claire, Saint-François et
Saint-Christophe, les chambres se déclinent en doubles et juniors suites pour
les familles, confortables et décorées de meubles anciens. Le petit salon à
l'anglaise est agréable pour la lecture ou l'apéritif. La grande salle à manger
contiguë au piano-bar propose, sous des tableaux modernes, une cuisine
parfumée qui change tous les jours avec une préférence pour le poisson, comme
le filet de saint-pierre rôti à l'ananas et au poivre vert, mais aussi des produits
maison comme le foie gras de canard. L'accueil et le service mériteraient un peu
plus d'attention.

Accès *(carte n° 14): à 15 km de Saint-Nazaire. Dans le centre de La Baule, à un
grand carrefour, laisser sur la gauche le square avec le manège et l'office du
tourisme et continuer tout droit direction Atlantia, Pouliguen, prendre 4ᵉ rue à
gauche (fléchage), allée des Pétrels.*

Le Fort de l'Océan

44490 Le Croisic (Loire-Atlantique)
La Pointe du Croisic
Tél. 02.40.15.77.77 - Fax 02.40.15.77.80

Ouverture toute l'année **Chambres** 9 climatisées avec tél., s.d.b. avec balnéo, w.c., minibar et t.v. satellite; 1 chambre handicapés **Prix** des chambres: 900 à 1 300 F / 137,21 à 198,18 €; suites: 1 600 F / 243,93 € - Petit déjeuner: 85 F / 12,95 €, servi de 7 h 30 à 11 h - Demi-pension: 830 à 1 180 F / 126,54 à 179,90 € (par pers., 3 j. min.) **Cartes de crédit** acceptées **Divers** chiens admis (50 F / 7,62 €) - Piscine, vélos - Parking et garage **Alentour** La Baule - Golf du Croisic 9 trous (gratuit pour les résidents de l'hôtel) **Restaurant** service de 12 h à 14 h 30,19 h 30 à 21 h 30/ 22 h - Fermé du 17 novembre au 12 décembre et du 5 janvier au 6 février, lundi soir et mardi du 15 septembre au 10 juin - Menus: 130 F / 19,82 € (menu du jour), 265 à 420 F / 40,40 à 64,12 € - Carte.

L es forts occupent souvent une position stratégique permettant, une fois reconvertie, d'offrir une vue privilégiée. C'est le cas du *Fort de l'Océan*, situé à fleur de rocher de la pointe du Croisic, qui fut longtemps abandonné mais toujours but de la promenade du soir des estivants. Ces fortifications de Vauban se doivent d'être devenues un hôtel de charme grâce à la rencontre entre de bons professionnels locaux, monsieur et madame Louis, et la talentueuse Catherine Painvin qui a réalisé un superbe travail décoratif. Charme et confort luxueux dans les chambres où l'on a coordonné de très beaux tissus à des meubles anciens souvent peints et aux créations "artisanales" de grande qualité de la maison *Everwood*. Les salles de bains ont opté pour le style blanc "grand hôtel", avec d'épaisses et moelleuses éponges chiffrées. Les pièces de réception où l'on aime s'attarder sont élégantes et raffinées, mais l'on ne résiste pas longtemps à l'appel du large dont on profite, confortablement installé sur les transats du jardin, vous donnant la vivifiante impression d'être en bateau.

Accès (carte n° 14): à 15 km à l'est de La Baule.

Abbaye de Villeneuve

44840 Les Sorinières (Loire-Atlantique)
Route de La-Roche-sur-Yon
Tél. 02.40.04.40.25 - Fax 02.40.31.28.45 - M. Brevet
E-mail : abbayevilleneuve@aol.com

Catégorie ★★★★ Ouverture toute l'année **Chambres** 20 avec tél., s.d.b. et w.c. (15 avec t.v.) **Prix** des chambres : 390 à 890 F / 59,46 à 135,68 € ; suites : 1 095 à 1 245 F / 166,93 à 189,80 € - Petit déjeuner : 75 F / 11,43 €, servi de 7 h à 10 h 30 - Demi-pension : 430 à 970 F / 65,55 à 147,88 € **Cartes de crédit** acceptées **Divers** chiens admis - Piscine - Parking **Alentour** musée des Beaux-Arts, musée Dobrée, musée Jules-Verne à Nantes ; vallée de L'Erdre ; Clisson - Golf 18 trous à Nantes **Restaurant** service de 12 h à 14 h, 19 h à 21 h 30 - Menus : 140 à 310 F / 21,34 à 47,26 € - Spécialités : maraîchère de homard et sa vinaigrette parfumée ; dos de sandre poché au beurre blanc primeurs nantais ; charlotte moelleuse au chocolat amer.

Cette abbaye, fondée en 1201 par Constance de Bretagne, fut en partie détruite à la Révolution ; restaurée en 1977, l'abbaye cistercienne est aujourd'hui un hôtel de luxe et de charme. La bibliothèque des moines abrite le restaurant principal. Quant aux chambres, toujours meublées d'ancien, elles ont conservé leur noble volume au premier étage et, au second, le magnifique colombage de la charpente. Dans l'enfilade de salons et de salles à manger, les plafonds à la française et les cheminées de pierre créent une atmosphère un peu majestueuse mais préférable, quand il s'agit d'y séjourner, à l'austérité d'une abbaye. Un grand confort et une réelle élégance règnent dans cet établissement, à seulement dix minutes du centre-ville de Nantes. Service et accueil d'un grand hôtel (malgré quelques lacunes inexplicables telle l'absence de sèche-cheveux dans les salles de bains…). Cuisine classique et de qualité.

Accès (carte n° 14) : à 10 km au sud de Nantes par A 83, direction Bordeaux, La-Roche-sur-Yon, puis Viais.

Hôtel de la Bretesche

44780 Missillac (Loire-Atlantique)
Tél. 02.51.76.86.96 - Fax 02.40.66.99.47
M. Christophe Delahaye

Catégorie ★★★★ **Fermeture** du 21 janvier au 10 mars **Chambres** 32 avec tél., s.d.b., w.c., t.v. satellite et minibar; ascenseur; 2 chambres handicapés **Prix** des chambres: 500 à 1 200 F / 76,22 à 182,94 €; suites: 950 à 1 500 F / 144,83 à 228,67 € - Petit déjeuner: 85 F / 12,96 €, servi de 7 h 30 à 10 h 30 **Cartes de crédit** acceptées **Divers** chiens admis sauf au restaurant - Piscine chauffée (mai-septembre) - Parking **Alentour** La Baule; circuit de la Brière et des marais de Guérande - Golf sur place 18 trous **Restaurant** service de 12 h 30 à 14 h, 19 h 30 à 21 h - Fermé dimanche soir et lundi du 15/10 au 15/03 et lundi midi et mardi midi du 15/03 au 15/10 - Menus: 165 F / 25,15 € (déjeuner en semaine), 220 à 450 F / 33,54 à 68,60 € - Carte - Spécialité: pigeonneau poêlé au foie gras, cuisse farcie en salmi, fricassée de girolles au goût de noisettes.

L e site est enchanteur: un petit château Renaissance posé sur un lac, de grands arbres centenaires qui laissent entrevoir le vallonnement d'un *green* de golf, de très élégantes dépendances organisées autour d'une cour carrée. C'est dans ces bâtiments du XIXᵉ, autrefois affectés aux calèches, que se trouve l'hôtel. Superbement rénové, l'intérieur exprime une ambiance feutrée. Les chambres sont généralement tendues de tissus, aménagées avec un beau mobilier de style Directoire. Leurs prix varient selon leur taille, mais le niveau de confort y est toujours excellent et toutes bénéficient d'une vue. N'hésitez pas à prendre votre petit déjeuner en chambre, excellent et très joliment présenté. C'est également sur un beau panorama que donne la salle à manger. La cuisine n'usurpe pas sa réputation gastronomique, et vous pourrez prolonger la soirée au salon-bar, installé dans l'ancienne écurie comme en témoignent les stalles en bois. Un très bel établissement, particulièrement accueillant.

Accès (carte n° 14): A 11, sortie Nantes et N 165 dans le prolongement.

Hôtel Sud-Bretagne

44380 Pornichet (Loire-Atlantique)
42, boulevard de la République
Tél. 02.40.11.65.00 - Fax 02.40.61.73.70
M. Bardouil

Catégorie ★★★★ **Ouverture** toute l'année **Chambres** 30 avec tél., s.d.b., w.c. et t.v. **Prix** des chambres doubles : 600 à 1 200 F / 91,47 à 182,94 € ; suites : 1 500 à 1 800 F / 228,67 à 274,41 € - Petit déjeuner : 65 F / 9,91 € - Demi-pension 650 à 1 050 F / 99,09 à 160,07 € **Cartes de crédit** acceptées **Divers** chiens admis - Piscine - Parking **Alentour** La Baule ; circuit de la Brière et des marais de Guérande - Golf de la Baule 18 trous à Saint-Denac **Restaurant** fermé dimanche soir et lundi hors saison - Service de 12 h à 14 h, 19 h à 22 h - Menus-carte : 165 à 225 F / 25,15 à 34,30 €.

Non loin de la plage de La Baule, le *Sud-Bretagne* appartient à la même famille depuis 1912. Aujourd'hui encore, chaque membre participe à son amélioration, selon son âge et sa compétence. On s'y sent donc comme chez soi, un magnifique "chez-soi", où chaque pièce a son style. Il y a le salon avec son coin-cheminée, le billard, les nombreuses salles à manger donnant sur les eaux turquoises d'une piscine intérieure. Dehors, un élégant mobilier de jardin permet de se délasser au soleil. Les chambres ont toutes un thème (canard, cerise, Joséphine, etc.). Leur décoration s'y réfère à travers le choix des tissus, des meubles, des objets... Certaines sont même de petits appartements avec salon, une terrasse extérieure, des lits clos typiquement bretons pour les enfants. Les produits de la mer, cuisinés avec finesse, par madame Bardouil sont de première fraîcheur (des pêcheurs travaillent "à façon" pour l'hôtel). Cet ensemble d'une vraie qualité fait du *Sud-Bretagne* l'un de ces rares hôtels de luxe qui ont su rester charmants.

Accès (carte n° 14) : à 5 km à l'est de La Baule.

Hôtel Villa Flornoy

44380 Pornichet (Loire-Atlantique)
7, avenue Flornoy
Tél. 02.40.11.60.00 - Fax 02.40.61.86.47 - M. Rouault
E-mail : hotflornoy@aol.com - Web : villa-flornoy.com

Catégorie ★★ **Fermeture** de novembre à février **Chambres** 21 avec tél., s.d.b. ou douche, w.c., t.v. satellite et Canal+; accès handicapés **Prix** des chambres doubles : 360 à 540 F / 54,88 à 82,32 € - Petit déjeuner : 42 F / 6,50 €, servi à partir de 7 h - Demi-pension : 340 à 420 F / 51,83 à 64,03 € **Carte de crédit** Visa **Divers** chiens admis (35 F / 5,34 €) **Alentour** La Baule ; circuit de la Brière et des marais de Guérande - Golf de la Baule 18 trous à Saint-Denac **Restaurant** service de 19 h 30 à 21 h 30.

À 300 mètres des plages de Pornichet et de La Baule, cet hôtel ne souffre pas de l'agitation estivale. Installé au calme dans un quartier résidentiel, il arbore une façade début de siècle traitée dans un style très "côte normande". Aujourd'hui, intégralement remis au goût du jour, la *Villa Flornoy* propose de jolies chambres, lumineuses, meublées dans un style gai, classique et très *cosy*. Celles où l'on rajoute un troisième lit perdent cette harmonie. Toutes donnent sur la rue et les villas voisines ou sur l'agréable jardin situé à l'arrière de l'hôtel. Au rez-de-chaussée, un très élégant salon d'accueil, avec ses meubles anciens, ses gravures, ses objets choisis, pourrait être celui d'une maison privée et se prolonge, d'un côté sur un *bow-window* donnant accès au jardin, de l'autre, sur une ravissante salle à manger aux tonalités orange. Le restaurant réservé aux résidents propose une cuisine correcte dans une atmosphère détendue de pension de famille. Accueil très sympathique.

Accès (carte n° 14) : à 5 km à l'est de La Baule. En face de l'hôtel de ville de Pornichet.

Auberge du Parc - La Mare aux Oiseaux

44720 Saint-Joachim (Loire-Atlantique)
162, île de Fédrun
Tél. 02.40.88.53.01 - Fax 02.40.91.67.44
M. Guérin

Fermeture mars, dimanche soir et lundi hors saison **Chambres** 5 avec tél., s.d.b. ou douche et w.c. **Prix** des chambres simples ou doubles : 380 F / 57,93 € - Petit déjeuner : 40 F / 6,10 € **Cartes de crédit** acceptées **Divers** chiens admis - Parking **Alentour** cité médiévale de Guérande ; marais salants ; parc régional de la Brière ; aquarium du Croisic - Golf 18 trous de la Bretesche, golf de La Baule 18 trous à Saint-Denac **Restaurant** service de 12 h à 14 h, 19 h à 21 h - Fermé dimanche soir et lundi hors saison - Menus : 195 à 250 F / 29,73 à 38,11 € - Carte - Spécialités : croquant de grenouilles aux algues bretonnes, gingembre confit et beurre d'agrumes ; anguilles rôties aux pommes acidulées.

Fédrun est une île-village perdue au milieu des immenses marais de la Brière. Amoureux de ses petites chaumières et de cette nature sauvage qu'il connaît à merveille, le jeune Eric Guérin a choisi d'interrompre une carrière parisienne très prometteuse (il officia notamment à *La Tour d'Argent*, chez *Taillevent* et, comme chef de partie, au *Jules Verne*) et de transférer ici ses compétences. Difficile en effet de rêver plus charmant mariage entre un superbe environnement, une gastronomie fine et inventive qui nous a totalement séduits, et des chambres douillettes, délicieusement décorées (teintes naturelles, mobilier sobre et beau, amusantes lithographies d'art eskimo…). Partout, l'ambiance est artistique, élégante, jeune. Un lieu magique où l'on vous conseillera aussi quant au choix du guide qui vous expliquera le Marais, sa faune et son histoire (à moins que vous ne préfériez emprunter la barque de l'hôtel et partir seul à la découverte du Marais…).

Accès (carte n° 14) : à 16 km au nord-ouest de Saint-Nazaire par D 47.

Hôtel du Mail

49100 Angers (Maine-et-Loire)
8-10, rue des Ursules
Tél. 02.41.25.05.25 - Fax 02.41.86.91.20
M. Dupuis

Catégorie ★★ **Ouverture** toute l'année - Fermeture de 12 h à 18 h 30, dimanche et jours fériés **Chambres** 26 avec tél., w.c., s.d.b. ou douche (1 avec cabinet de toilette), minibar et t.v. satellite et Canal + **Prix** des chambres simples : 220 à 260 F / 33,54 à 39,64 € ; doubles : 290 à 350 F / 44,21 à 53,36 € - Petit déjeuner-buffet : 39 F / 5,95 €, servi de 7 h à 10 h **Cartes de crédit** acceptées **Divers** chiens admis (20 F / 3,05 €) - Parking (18 F / 2,74 €) **Alentour** tenture de l'Apocalypse au château d'Angers et musées d'Angers ; abbayes de Solesmes et de Fontevrault ; vallée de la Loire - Golf Anjou country club 18 trous **Pas de restaurant** à l'hôtel.

Au cœur d'Angers, voici une adresse agréable, installée dans un hôtel particulier du XVIIIe siècle. Vous y dormirez bien car la rue est très calme et les grilles de la cour où l'on gare les voitures se referment à 22 h 30 pour garantir votre quiétude. Toutes différentes, les chambres sont rénovées et décorées avec soin dans des coloris variés souvent gais, avec des meubles lasurés ou plus modernes. Les plus lumineuses donnent côté cour (dont trois chambres de plain-pied) où, l'été, quelques tables sont installées à l'ombre du tilleul. Agrémentée de quelques meubles anciens, la grande salle à manger accueille le copieux buffet des petits déjeuners, alors qu'à l'arrière un petit salon permet de se détendre confortablement. Vous y serez accueillis avec sourire et dynamisme par monsieur et madame Dupuis. Restaurants conseillés : *L'Auberge d'Eventard* et le *Provence Caffé,* nos préférés, mais aussi *Le Relais* et *Lucullus.*

Accès (carte n° 15) : devant la mairie, prendre 1re rue à droite (rue David-d'Angers) et encore à droite rue des Ursules.

Hôtel Le Castel

49320 Brissac-Quincé (Maine-et-Loire)
1, rue Louis-Moron
Tél. 02.41.91.24.74 - Fax 02.41.91.71.55 - Cécile Bourron

Catégorie ★★ **Ouverture** toute l'année **Chambres** 10 et 1 suite, avec tél., s.d.b., w.c., t.v. satellite et Canal + **Prix** des chambres doubles : 330 à 365 F / 50,31 à 55,64 € ; triples : 430 F / 65,55 €, suite (4 pers.) : 475 F / 72,41 € - Petit déjeuner-buffet : 40 F / 6,10 €, servi de 7 h à 10 h **Cartes de crédit** acceptées **Divers** chiens non admis - Parking **Alentour** château de Brissac, château et musées d'Angers, Doué-la-Fontaine, vignobles coteaux du Layon - Golf 18 trous, équitation **Pas de restaurant** à l'hôtel.

Au cœur du village, face à l'entrée du superbe château de Brissac, de l'autre côté de la route, se trouve un bâtiment construit il y a une trentaine d'années. Style anonyme, crépi blanc, fenêtres standard… s'il n'y avait la terrasse fleurie et les grands parasols, on serait tenté de passer son chemin. Et l'on aurait tort car l'intérieur de l'hôtel mérite un peu d'attention. Totalement rénové, il présente une décoration agréable et très homogène : épaisse moquette rouge brique mouchetée et rideaux jaune pâle à larges entrelacs bleus dans les parties communes, moquette azur et tissus coordonnés à décor de perse pour les chambres. Pour un petit deux étoiles, les choses ont été bien faites, pas seulement en matière de décoration (la "suite" est particulièrement réussie, de même que la grande chambre familiale), mais aussi pour ce qui est du confort des salles de bains et de la tenue générale de l'hôtel. Egalement très soigné, le petit déjeuner servi sous forme de buffet est des plus agréables, surtout quand les premiers rayons du soleil font sortir les tables, s'ouvrir les parasols, et qu'à travers les hautes branches des cèdres qui couronnent le portail du château on entr'aperçoit la façade ciselée du noble édifice.

Accès (carte n° 15) : N 748 sortie Angers-Poitiers ; à Brissac, face à la grille du château.

Château des Briottières

49330 Champigné (Maine-et-Loire)
Tél. 02.41.42.00.02 - Fax 02.41.42.01.55
M. et Mme de Valbray
Web: briottieres.com - E-mail: briottieres@wanadoo.fr

Ouverture toute l'année, sur réservation en hiver **Chambres** 10 avec tél., s.d.b. et w.c. **Prix** des chambres doubles: 550 à 750 F / 83,85 à 114,34 €; supérieures: 900 à 1 800 F / 137,20 à 274,41 € - Petit déjeuner: 60 F / 9,15 € - Demi-pension: 1 370 à 2 520 F / 208,86 à 384,17 € (pour 2 pers.) **Cartes de crédit** acceptées **Divers** chiens admis (50 F / 7,62 €) - Piscine chauffée, bicyclettes, billard - Parking **Alentour** abbayes de Solesmes et de Fontevrault; tenture de l'Apocalypse au château d'Angers - Golf Anjou 18 trous **Restaurant** service à 20 h 30 (uniquement pour les résidents et sur réservation) - Menu du jour: 300 F / 45,73 € (apéritif et café compris).

Hors des sentiers battus, dans son immense parc à l'anglaise dont on ne sait pas très bien où il s'arrête, le *Château des Briottières* mérite que l'on vienne ici tout spécialement pour lui. Les maîtres de maison vous y accueilleront avec chaleur et spontanéité. Une vaste galerie dessert les pièces de réception: salons meublés comme au XVIIIe, grande salle à manger gris perle rehaussé de soie rose, bibliothèque avec billard français. A l'étage, les superbes chambres sont toutes décorées avec le meilleur goût, des tissus choisis, de très beaux meubles anciens. Certaines ont l'intimité d'un boudoir, d'autres sont vastes comme des appartements. Salles de bains charmantes, voire luxueuses. Agréable piscine, installée dans l'ancien potager bordé de fleurs. Cuisine saine et sans prétention mais servie dans l'argenterie et la porcelaine. Sachez enfin que si l'on prolonge le séjour, la sixième nuit est gratuite, du 15 octobre au 15 avril.

Accès (carte n° 15): de Paris A 11 sortie Durtal. A 30 km au nord d'Angers direction Laval et prendre tout de suite direction Sablé à Montreuil-Juigné. Le château est fléché à partir de Champigné.

Haras de la Potardière

La Potardière
72200 Crosmières (Sarthe)
Tél. 02.43.45.83.47 - Fax 02.43.45.81.06 - M. et Mme Benoist
E-mail : haras-de-la-potardiere@wanadoo.fr

Ouverture toute l'année **Chambres** 17 (7 au château, 10 dans les écuries) avec tél., 16 avec s.d.b., 1 avec douche, w.c., t.v., 16 avec minibar; accès handicapés **Prix** des chambres simples et doubles : 450 à 650 F / 68,60 à 99,09 € - Petit déjeuner : 50 F / 7,62 € **Carte de crédit** Visa **Divers** chiens admis - Piscine chauffée de mai à septembre, billard français, compact golf 3 trous, tennis à l'hôtel, promenades équestres sur réservation **Alentour** château du Lude - Golf de Sablé-Solesmes, 27 trous **Pas de restaurant** à l'hôtel, service de plateau en hiver.

Situé dans un superbe paysage tout en vallons, herbages, futaies, cet ancien haras comprend un château XIXᵉ, des écuries et une chapelle. Dans le château, le rez-de-chaussée parqueté de chêne et capitonné de boiseries aligne un grand salon, une salle pour les petits déjeuners et une petite bibliothèque. "Nobles", spacieuses, joliment meublées et tendues de tissus, les chambres du premier étage donnent toutes plein sud. Au second, elles sont en soupente (mais hautes de plafond) et conservent beaucoup de charme. Du côté des écuries, hormis une sympathique salle de billard, l'ambiance est un peu plus impersonnelle, mais les chambres restent néanmoins attrayantes. A côté se trouve une agréable piscine abritée du vent et particulièrement appréciée en été. Une belle adresse, accueillante et extrêmement calme. Pas de restaurant sur place mais *La Petite Auberge* de Malicorne n'est pas loin et, à La Flèche, *Le Vert Galant*, *La Fesse d'Ange* et *Le Moulin des quatre Saisons* sont nos adresses préférées.

Accès (carte n° 15) : à 10 km au nord-ouest de La Flèche. A 11, sortie La Flèche/Sablé, Crosmières, puis direction Bazouges jusqu'à La Potardière.

Relais Cicéro

72200 La Flèche (Sarthe)
18, boulevard d'Alger
Tél. 02.43.94.14.14 - Fax 02.43.45.98.96 - Mme Chérel

Catégorie ★★★ Fermeture du 20 décembre au 6 janvier **Chambres** 21 avec tél., s.d.b. ou douche, w.c. et t.v. **Prix** des chambres doubles: 535 à 675 F / 81,56 à 102,90 € - Petit déjeuner: 50 F / 7,62 €, servi à partir de 7 h **Cartes de crédit** Amex, Visa **Divers** petits chiens admis **Alentour** chapelle Notre-Dame-des-Vertus; parc zoologique du Tertre-Rouge; château du Lude (son et lumière); abbaye de Solesmes **Pas de restaurant** à l'hôtel.

R epris voici trois ans par Mme Chérel, cet hôtel situé au centre de La Flèche est installé dans une jolie maison des XVIe et XVIIIe siècles, assortie d'un petit jardin soigné où l'été vous pourrez profiter du calme environnant. Aménagées avec goût, raffinement et un grand sens du confort par le précédent propriétaire, également antiquaire, la maison principale et ses chambres sont des plus agréables. Au rez-de-chaussée, vous profiterez du bar au décor très *british*, d'un confortable salon avec piano réchauffé par une cheminée et d'une charmante salle à manger pour de très bons petits déjeuners servis dehors quand il fait beau. A l'étage, les chambres sont décorées avec le même soin; nos favorites étant les 11, 16, 19 et 20 (réellement grandes avec un petit balcon sur le jardin). Il règne ici une atmosphère de maison comme en témoignent les quelques livres mis à votre disposition dans les chambres. Précisons que celles de l'annexe sont tout aussi confortables et soignées bien qu'un peu moins personnelles. Dans un autre bâtiment, on trouve deux suites plus rustiques et plus sombres mais bien pratiques pour les familles. Pas de restaurant sur place mais *La Fesse d'Ange*, *Le Vert Galant*, et *Le Moulin des Quatre Saisons* sont tout proches.

Accès (carte n° 15): par A 11, sortie Durtal, puis N 23 jusqu'à La Flèche.

Auberge du Port-des-Roches

72800 Luché-Pringé (Sarthe)
Tél. 02.43.45.44.48 - Fax 02.43.45.39.61
M. et Mme Lesiourd

Catégorie ★★ Fermeture en février, dimanche soir et lundi **Chambres** 12 avec tél., s.d.b. ou douche, w.c. (4 avec t.v.) **Prix** des chambres doubles : 240 à 310 F / 36,59 à 47,26 € - Petit déjeuner : 35 F / 5,34 €, servi de 8 h à 9 h 30 - Demi-pension : 260 à 290 F / 39,64 à 44,21 € (par pers., 3 j. min.) **Carte de crédit** Visa **Divers** chiens admis sur réservation - Location de vélos, barque - Parking **Alentour** châteaux de Montmirail, Courtanvaux et Saint-Calais ; château du Lude ; château de Bazouges - Golf du Mans 18 trous à Mulsanne **Restaurant** service de 12 h à 13 h 30, 19 h 30 à 20 h 30 - Menus : 115 à 205 F / 17,53 à 31,25 € - Carte - Spécialités : blanquette de sandre aux noix et jasnières ; crème caramélisée au cidre en coque de pomme.

Cette auberge profite d'un environnement agréable et riant traversé par le Loir en bordure duquel est installée une ravissante terrasse où, par beau temps, sont servis les petits déjeuners et les repas. L'hôtel est juste derrière, séparé par la petite route dont la fréquentation varie selon les jours et les heures. Trois chambres donnent sur la rivière. Les plus calmes sont à l'arrière (évitez la 2). Malgré des couloirs encore vieillots, la plupart des chambres témoignent des constants efforts et travaux faits par les jeunes propriétaires. Petites, elles sont soignées, décorées dans des tonalités fraîches et gaies. Préférez celles dont les salles de bains sont fermées par une porte (et non par un rideau). Agréable salon rose et jaune agrémenté de canapés et lumineuse salle à manger repeinte en rose et blanc. Une sympathique adresse qui pratique des prix raisonnables et où vous trouverez un accueil attentif et gentil.

Accès (carte n° 16) : à 40 km au sud-ouest du Mans, direction La Flèche, puis D 13 jusqu'à Luché-Pringé, et D 214 jusqu'au lieu-dit Le Port-des-Roches.

Le Relais des Etangs de Guibert

72600 Neufchâtel-en-Saosnois (Sarthe)
Tél. 02.43.97.15.38 - Fax 02.43.33.22.99 - M. et Mme Gaultier
E-mail : gillesgaultier@wanadoo.fr

Ouverture toute l'année **Chambres** 15 avec s.d.b., w.c. et t.v. ; accès handicapés **Prix** des chambres doubles : 270 à 320 F / 41,16 à 48,78 € ; triple : 380 F / 57,93 € - Petit déjeuner : 35 F / 5,34 €, servi de 7 h 30 à 11 h - Demi-pension : 280 F / 42,69 € **Carte de crédit** Visa **Divers** chiens non admis - Pêche en étang **Alentour** forêt domaniale de Perseigne, Alpes mancelles - Golfs d'Arconnay et de Bellème **Restaurant** service de 12 h à 14 h, 19 h 30 à 22 h - Menus : de 85 à 190 F / 12,96 à 28,97 € - Carte - Spécialités de poissons.

La petite route serpente de colline en vallon, traverse quelques hameaux entourés de potagers et d'herbages, puis descend vers un bois qui se reflète dans le vaste plan d'eau que domine l'auberge. Décorées avec des meubles souvent en rotin laqué et des couleurs gaies, les quinze chambres du relais sont très simples, certes, mais néanmoins agréables et toujours dotées de confortables salles de bains. Au rez-de-chaussée, dominée par de vastes volumes sous charpente, la salle à manger est bordée par une imposante cheminée, une estrade où trône un piano et des baies vitrées ouvrant sur la terrasse (où l'on installe des tables dès les beaux jours) surplombant l'étang. La décoration y est coquette, chaleureuse ; malheureusement, n'ayant pu goûter la cuisine, nous ne pouvons vous la recommander. L'ensemble jouit du calme le plus total et fera le bonheur des amoureux de la nature et des pêcheurs à la mouche (l'étang fait l'objet d'un empoissonnement et d'équipements spécifiques).

Accès (carte n° 8) : sur D 311, entre Mamers er Alençon. A Neufchâtel, prendre à droite (en venant de Mamers) au niveau de la station Renault. Puis fléchage.

Château de Saint-Paterne

72610 Saint-Paterne (Sarthe)
Tél. 02.33.27.54.71 - Fax 02.33.29.16.71
M. et Mme de Valbray
E-mail : paterne@club-internet.fr - Web : chateau-saintpaterne.com

Catégorie ★★★ Fermeture du 15 janvier au 30 mars, sur réservation hors saison **Chambres** 9 avec tél., s.d.b. et w.c. **Prix** des chambres doubles : 450 à 750 F / 68,60 à 114,34 € ; suites : 900 à 1 100 F / 137,20 à 167,69 € - Petit déjeuner : 50 F / 7,62 €, servi de 8 h 30 à 12 h **Cartes de crédit** Amex, Visa **Divers** chiens admis sur réservation - Piscine, tennis - Parking **Alentour** Alençon ; Haras-du-Pin ; Chartres ; château de Carrouges ; vallons du Perche - Golf du Mans 18 trous à Lulsanne **Table d'hôtes** en tables indépendantes - Service à 20 h - Menu : 240 F / 36,59 € (apéritif et café compris).

A lençon est aux portes du village de Saint-Paterne mais le château reste à l'abri dans son vaste parc clos de murs. Ses jeunes propriétaires vous y accueilleront de la plus agréable manière, et la qualité du lieu doit beaucoup à leur bonne humeur. Au rez-de-chaussée se trouvent un superbe salon, très élégamment meublé d'ancien, une non moins belle salle à manger et une chambre. A l'étage, d'autres chambres vous attendent, chacune avec son style particulier dont la "Henri IV" avec son superbe plafond polychrome à la française. Toutes affichent une ravissante décoration, qui met parfaitement en valeur les meubles de famille, et d'irréprochables salles de bains. Pour dîner, ambiance "maison" avec plusieurs petites tables installées dans l'élégante salle à manger du château. On y goûte une cuisine familiale basée sur d'excellents produits (dont les légumes mûris sur pied dans l'extraordinaire potager du parc). Une très belle adresse avec les charmes d'une demeure privée et le confort d'un hôtel de luxe.

Accès (carte n° 8) : à 3 km à l'est d'Alençon, direction Chartres-Mamers.

Hôtel du Martinet

85230 Bouin (Vendée)
1 bis, place de la Croix-Blanche
Tél. 02.51.49.08.94 - Fax 02.51.49.83.08 - Mme Huchet

Catégorie ★★ **Ouverture** toute l'année **Chambres** 24 et 6 duplex avec tél., s.d.b. ou douche, w.c. et t.v. **Prix** des chambres doubles : 280 à 360 F / 42,69 à 54,88 € ; duplex : 400 à 450 F / 60,98 à 68,60 € - Petit déjeuner : 38 F / 5,79 € - Demi-pension : 280 à 320 F / 42,69 à 48,78 € (par pers.) **Cartes de crédit** acceptées **Divers** chiens admis (20 F / 3,05 €) - Vélos, piscine - Parking **Alentour** église de Saint-Philibert-de-Grand-Lieu ; île d'Yeu - Golfs 18 trous à Saint-Jean-de-Monts et Pornic **Restaurant** climatisé côté jardin - Fermé du 15 au 31 janvier et du 15 au 28 février - Service de 12 h 30 à 13 h 30, 19 h 30 à 21 h - Menus : 100 à 125 F / 15,24 à 19,06 €, (enfant : 60 F / 9,15 €) - Carte - Spécialités : poissons, fruits de mer (à commander la veille), crustacés.

On ne peut qu'être séduit par cette vieille demeure de la fin du XVIIIe siècle où règne une très agréable atmosphère de maison. Dans les chambres du rez-de-chaussée et du premier étage, le mobilier est simple mais elles restent confortables bien que moyennement insonorisées. Sous les combles, on a aménagé deux chambres, idéales pour des familles de quatre personnes. A l'extérieur, dans une petite aile, sept belles chambres viennent d'être installées. Elles sont très mignonnes, gaies, avec de belles salles de bains et donnent toutes de plain-pied sur un grand jardin fleuri où se trouve également la piscine. Vous ne serez pas déçus non plus par la table, saine et bonne. Idéale pour visiter le marais vendéen, voici une accueillante petite adresse, toute simple et qui pratique des tarifs très raisonnables.

Accès (carte n° 14) : à 51 km au sud-ouest de Nantes par D 751 et D 758, direction Noirmoutier.

Hôtel de l'Antiquité

85300 Challans (Vendée)
14, rue Galiéni
Tél. 02.51.68.02.84 - Fax 02.51.35.55.74
M. et Mme Belleville

Catégorie ★★ Fermeture 15 jours en hiver **Chambres** 16 avec tél., s.d.b. ou douche, w.c. et t.v. (Canal +); accès handicapés **Prix** des chambres doubles: 260 à 400 F / 39,64 à 60,98 € - Petit déjeuner: 35 F / 5,34 €, servi de 7 h 30 à 10 h **Cartes de crédit** acceptées **Divers** chiens non admis - Piscine - Parking fermé **Alentour** château et halles de Clisson; église Saint-Philibert-de-Grand-Lieu; Machecoul; le Puy-du-Fou; plages à 15 km **Pas de restaurant** à l'hôtel.

À quelques minutes de l'île de Noirmoutier, voici un petit hôtel qui, côté rue, ne paye pas de mine et la surprise n'en est que meilleure dès que l'on en franchit le seuil. On y découvre la salle à manger, avec son vieux vaisselier et ses amusantes petites tables en bois exotique, puis le salon-jardin d'hiver meublé de rotin qui laisse entrevoir un patio très fleuri sur fond de piscine. L'hôtel tient son nom de l'autre activité de la famille qui l'avait créé il y a une vingtaine d'années et qui a laissé, en le cédant, le mobilier ancien que l'on trouve un peu partout. Les chambres et leurs salles d'eau viennent d'être rénovées avec un joli sens du détail. Quatre d'entre elles sont installées de l'autre côté de la piscine. Confortables, bien meublées, décorées avec beaucoup de goût, elles disposent de salles de bains luxueuses et restent nos préférées. Une bonne petite adresse d'un rapport qualité-prix avantageux. Pas de restaurant sur place mais *Le Gîte de Tourne Pierre* est parfait pour dîner à Challans, à moins que vous ne préfériez rouler un peu sur la route de Saint-Gilles et rejoindre le bon restaurant du *Château de la Vérie*.

Accès (carte n° 14): à 60 km au sud de Nantes, Saint-Philibert par D 65, Machecoul par D 117, et D 32 jusqu'à Challans.

Château de la Vérie

85300 Challans (Vendée)
Route de Saint-Gilles-Croix-de-Vie
Tél. 02.51.35.33.44 - Fax 02.51.35.14.84 - M. Martin
E-mail : verie@wanadoo.fr - Web : chateau-verie.com

Catégorie ★★★ Ouverture toute l'année **Chambres** 23 avec tél., s.d.b., w.c., t.v., minibar et coffre-fort **Prix** des chambres : 300 à 880 F / 45,73 à 134,16 € - Petit déjeuner : 60 F / 9,15 €, servi de 8 h à 10 h 30 **Cartes de crédit** acceptées **Divers** chiens admis (50 F / 7,62 €) - Piscine, tennis - Parking **Alentour** château et halles de Clisson ; église de Saint-Philibert-de-Grand-Lieu ; Machecoul ; Saint-Gilles-Croix-de-Vie ; Fromentine ; Les Sables-d'Olonne ; plages à 15 km **Restaurant** service de 12 h à 14 h, 19 h 30 à 21 h 30 - Menus : 100 à 320 F / 15,24 à 48,78 € - Carte - Spécialités : canard challandais au sang, au miel et gingembre, tourte de pommes de terre à la crème et jambon.

L a mer, qui jadis parvenait jusqu'ici, s'est retirée au loin, laissant quelques luxuriants marais. Transformé en hôtel, le château aligne de ravissantes chambres confortables. Paille japonaise, assortiment de couleurs vives, charmantes petites gravures et meubles anciens, rien ne manque, pas même les frises de faïence pour encadrer les glaces des salles de bains. C'est dans le même esprit que sont décorés la grande salle à manger (où l'on sert une cuisine délicieusement saine aux saveurs raffinées) et le salon élégant d'un confort feutré. Ces deux pièces donnent sur une vaste terrasse, idéale pour y prendre le petit déjeuner et contempler la verdure du parc qui ne compte pas moins de dix-sept hectares. Non loin de là se trouve la piscine, bienvenue, car nous sommes ici dans le deuxième département le plus ensoleillé de France. Une belle adresse à dix minutes des plages.

Accès (carte n° 14) : à 60 km au sud de Nantes par D 65, Saint-Philibert puis D 117, Machecoul, D 32 jusqu'à Challans ; à 2,5 km de la mairie, en direction de Saint-Gilles-Croix-de-Vie sur D 69.

Hôtel L'Escale

85350 Ile-d'Yeu (Vendée)
Port-Joinville - 14, rue Croix-du-Port
Tél. 02.51.58.50.28 - Fax 02.51.59.33.55 - M. et Mme Taraud
E-mail : yeu.escale@voila.fr

Catégorie ★★ **Fermeture** du 15 novembre au 15 décembre **Chambres** 26 et 2 suites familiales (15 climatisées), avec tél., s.d.b. ou douche et w.c. **Prix** des chambres simples ou doubles : 190 à 330 F / 28,97 à 50,31 € ; suites familiales : 450 F / 68,60 € - Petit déjeuner-buffet : 35 F / 5,34 € **Carte de crédit** Visa **Divers** chiens admis (30 F / 4,57 €) - Parking **Alentour** plage de Ker-Chalon ; grand phare ; ruines du vieux château ; église Saint-Sauveur **Pas de restaurant** à l'hôtel.

Situé à cinq minutes du port, cet ancien établissement vient de s'agrandir d'une nouvelle maison avec quinze chambres et constitue désormais la plus belle adresse de l'île même si elle ne propose pas de vue sur mer. Confortable et parfaitement tenue, la partie récente est la seule que nous vous recommandons (l'autre ne présente aucun intérêt particulier). Son hall affiche un élégant caractère balnéaire avec ses fauteuils "metteur en scène" assortis à quelques tables en teck et son coin-cheminée. Toujours très réussies, les chambres associent un sobre mobilier moderne brun-rouge à d'épais couvre-lits écrus en toile de Mayenne et de jolis rideaux à grosses rayures ou à motifs colorés assortis aux têtes de lit... On s'y sent très bien et les petites salles de bains sont tout à fait agréables. Une attachante adresse, accueillante à souhait et idéale pour découvrir cette île aux multiples possibilités de randonnées à pied ou à vélo. Pour déjeuner ou dîner, nous vous conseillons le *Flux-Hôtel* (tout près) avec sa salle à manger panoramique sur la mer et le restaurant du port de La Meule.

Accès (carte n° 14) : liaisons maritimes de Port-Joinville (tél. 02.51.58.36.66) et de Fromentine (tél. 02.51.49.59.69) ; sur le port direction Saint-Sauveur.

Fleur de Sel

85330 Noirmoutier-en-L'Ile (Vendée)
Tél. 02.51.39.09.07 - Fax 02.51.39.09.76 - M. et Mme Wattecamps
E-mail : contact@fleurdesel.fr - Web : fleurdesel.fr

Catégorie ★★★ **Fermeture** de mi-octobre à fin-février **Chambres** 35 avec tél., s.d.b., w.c., t.v. et 22 avec minibar ; accès handicapés **Prix** des chambres doubles : 400 à 740 F / 60,98 à 112,81 € - Petit déjeuner : 57 F / 8,69 €, servi de 8 h à 9 h 30 en salle, 10 h 30 en chambre - Demi-pension : 395 à 615 F / 60,22 à 93,76 € (par pers., 2 j. min.) **Cartes de crédit** Amex, Visa **Divers** chiens admis (40 F / 6,10 €) - Piscine chauffée avec jacuzzi, practice de golf, location de vtt beach bikes - Parking **Alentour** château et musées de Noirmoutier ; passage du Gois et le Bois de la Chaize ; église Saint-Philibert-de-Grand-Lieu ; marais salants - Golf 18 trous à Saint-Jean-de-Monts **Restaurant** service de 12 h à 13 h 30, 19 h à 21 h 30 - Menus : 138 à 230 F / 21,34 à 35,06 € - Carte.

Un peu à l'écart du village, *Fleur de Sel* se présente comme une grande maison blanche aux multiples décrochements, construite autour d'une superbe piscine et d'un jardin très soigné. Les chambres sont lumineuses (celles du rez-de-chaussée donnent sur des terrasses privatives) et très agréables. La plupart ont été rénovées : soit *cosy* en pin anglais ou acajou, soit "marine" style bateau, fauteuils en rotin coloré, tissus assortis. Salles de bains irréprochables, faïences blanches et peintures à l'éponge bleue ou jaune. Excellente cuisine, inventive, servie dans deux vastes salles à manger permettant, grâce à de larges baies vitrées, l'installation de tables à l'extérieur. A côté, deux petits salons très chaleureux ; on peut y prendre un verre et s'attarder au coin du feu, atout non négligeable en arrière-saison. Une belle et accueillante adresse très bien dirigée par monsieur et madame Wattecamps.

Accès (carte n° 14) : à 82 km au sud-ouest de Nantes. Pont routier à Fromentine. L'hôtel est à 500 m derrière l'église.

Hôtel Les Prateaux

85330 Noirmoutier-en-l'Ile (Vendée)
Bois de la Chaize
Tél. 02.51.39.12.52 - Fax 02.51.39.46.28
M. Blouard

Catégorie ★★★ Fermeture du 12 novembre au 12 février **Chambres** 22 avec tél., s.d.b. ou douche, w.c. et t.v. **Prix** des chambres : 380 à 870 F / 57,93 à 132,63 € - Petit déjeuner : 55 à 65 F / 8,38 à 9,91 € - Demi-pension et pension : 410 à 790 F / 62,50 à 120,43 € (par pers.) **Cartes de crédit** acceptées **Divers** chiens non admis - Parking **Alentour** église de Saint-Philibert-de-Grand-Lieu ; Machecoul ; parcs ostréicoles ; île d'Yeu - Golfs 18 trous à Saint-Jean-de-Monts et à Pornic **Restaurant** service de 12 h 30 à 13 h 30, 19 h 30 à 20 h 30 - Carte - Spécialités : poissons et crustacés, vivier à homards et à coquillages.

R écemment rénové, agrandi et paysagé, l'hôtel se présente comme une charmante juxtaposition de maisons vendéennes se refermant sur un grand jardin. Nouvelles ou anciennes, les chambres sont toujours très confortables et très bien insonorisées. De belle taille, voire franchement grandes, elles disposent très souvent d'un balcon ou d'une terrasse (l'une d'elles au premier étage profite même d'une terrasse privée de 16 m²). Le restaurant, décoré dans des tons de bleu et de blanc, se trouve dans la maison principale. Les tables sont également dressées en terrasse bordée de fleurs et d'arbustes. On y dîne très bien, autour des produits de la mer et sous l'œil attentif de monsieur Blouard qui veille à ce que tout se passe bien. A toutes ces qualités s'ajoute l'emplacement de l'hôtel : construit à l'extrémité de l'île, au milieu d'une belle pinède, il bénéficie du calme absolu et de la proximité immédiate des plages.

Accès (carte n° 14) : à 82 km au sud-ouest de Nantes par D 751 et D 758. Accès par le pont routier au départ de Fromentine (à 1,5 km de Noirmoutier jusqu'au Bois de la Chaize, puis suivre fléchage).

Logis de La Couperie

85000 La Roche-sur-Yon (Vendée)
Tél. 02.51.37.21.19 - Fax 02.51.47.71.08
Mme Oliveau

Catégorie ★★★ Ouverture toute l'année **Chambres** 6 et 1 suite, avec tél., s.d.b. ou douche, w.c. et t.v. **Prix** des chambres simples et doubles : 295 à 500 F / 41,92 à 79,27 €, en juillet-août : 340 à 560 F / 51,83 à 85,37 € - Petit déjeuner : 47 F / 7,17 €, servi de 7 h 30 à 10 h **Cartes de crédit** Amex, Visa **Divers** chiens non admis - Etang, vélos, calèche, petite salle de gym - Parking **Alentour** musée historique et Logis de la Chabotterie ; Saint-Sulpice-le-Verdon ; Tiffauges ; Le Puy-du-Fou ; Vendée militaire ; mer à 30 km **Pas de restaurant** à l'hôtel.

Le *Logis de la Couperie* est une ancienne seigneurie reconstruite à la fin du XVIIIe siècle. Situé en pleine campagne, à cinq minutes du centre-ville, entouré d'un parc de deux hectares possédant un étang, les amoureux de la nature y trouveront le calme et un accueil chaleureux. Il s'agit d'une vraie maison de famille. Dans le grand hall d'entrée, un bel escalier à colombage mène à l'étage. Les chambres sont toutes différentes, très joliment aménagées avec de vieux meubles régionaux mis en valeur par un bel assortiment de tissus et de papiers peints. Très calmes, elles donnent sur le jardin ou la pièce d'eau. Un salon-bibliothèque bien fourni, où brûle un bon feu de bois en hiver, est à votre disposition. Délicieux petit déjeuner, confectionné à partir de produits bio et servi à volonté dans une charmante pièce ; vous y goûterez, entre autres, du jus de pomme maison et de la brioche vendéenne. Une charmante adresse, à quelques minutes de quelques bons restaurants de la ville : *Le Pavillon Gourmand*, *Le Saint-Charles* et *Le Hunier*.

Accès (carte n° 14) : sur la D 80 direction Château-Fromage, à 5 minutes du centre-ville, par la nationale de Cholet ou la nationale de Niort.

Auberge de la Rivière

85770 Velluire (Vendée)
Tél. 02.51.52.32.15 - Fax 02.51.52.37.42
M. et Mme Pajot

Catégorie ★★ Fermeture du 3 janvier au 27 février, lundi en basse saison **Chambres** 11 avec tél., s.d.b., w.c., 7 avec t.v. **Prix** des chambres simples et doubles: 430 à 520 F / 65,55 à 79,27 € - Petit déjeuner: 65 F / 9,91 €, servi de 8 h à 10 h 30 - Demi-pension: 470 à 510 F / 71,65 à 77,74 € (par pers., 3 j. min.) **Carte de crédit** Visa **Divers** chiens admis (30 F / 4,57 €) - Prêt de vélos - Parking **Alentour** église Notre-Dame et musée vendéen à Fontenay-le-Comte; marais poitevin - Golf Club niortais 9 trous **Restaurant** service de 12 h 15 à 14 h, 20 h à 21 h 30 - Fermé dimanche soir et lundi en basse saison - Menus: 120 à 245 F / 18,29 à 37,35 € - Carte - Spécialités: feuilleté de langoustines; bar aux artichauts; pigeonneau sauce aux morilles.

Sur les rives mêmes de la Vendée, à quelques kilomètres de Fontenay-le-Comte, l'*Auberge de la Rivière* se trouve dans un endroit très calme, à peine troublé par le coup de queue d'une carpe, le sifflement d'un merle (et parfois le passage, lointain, d'un train). Réparties entre le bâtiment principal et la maison voisine, les chambres sont rénovées au fil des ans avec un grand souci d'y mettre des moquettes confortables, des tissus aux couleurs vives et fraîches en rideaux ou sur les lits, tout en prêtant attention à ce que les salles des bains soient et restent impeccables. Toutes (sauf une) donnent sur la rivière le long de laquelle un chemin vous invite à de longues promenades bucoliques. Dans la grande et chaleureuse salle à manger, sont servis poissons et spécialités régionales toujours excellemment cuisinés par madame Pajot. Loin des routes touristiques, c'est une étape agréable et sans prétention où vous serez très gentiment accueillis.

Accès (carte n° 15): à 45 km au nord-ouest de Niort par N 148, direction Fontenay-le-Comte, puis D 938 sur 10 km et D 68 jusqu'à Velluire.

Hostellerie du Maine Brun

16290 Hiersac (Charente)
Asnières-sur-Nouère
Tél. 05.45.90.83.00 - Fax 05.45.96.91.14
Mme Ménager

Catégorie ★★★ **Fermeture** du 15 octobre au 15 avril **Chambres** 18 et 2 appartements, avec tél., s.d.b. ou douche, w.c., t.v. **Prix** des chambres doubles : 590 à 750 F / 89,94 à 114,34 € ; appartements : 950 à 1 300 F / 144,83 à 198,18 € - Lit suppl. : 70 F / 10,67 € - Petit déjeuner : 65 F / 9,90 € - Demi-pension : 485 à 570 F / 73,94 à 86,90 € (par pers., 3 j. min.) **Cartes de crédit** acceptées **Divers** chiens admis (50 F / 7,63 €) - Piscine, VTT - Parking **Alentour** Angoulême ; forêt de Braconne ; La Rochefoucauld ; églises romanes de l'Angoumois (Cellefrouin, Lichères, Diran, Dignac, Villebois-Lavalette, Mouthiers-sur-Boëme, Saint-Michel, Saint-Amand-de-Boixe) **Restaurant** service de 12 h à 14 h, 19 h 30 à 21 h - Fermé le lundi (ouvert le soir aux résidents sur réservation) - Menus : 98 à 198 F / 14,96 à 30,22 € - Carte.

L a Nouère alimente le bief de cet ancien moulin situé à la porte d'Angoulême, dans un site calme et verdoyant. Très typique de l'architecture locale avec ses murs de pierres blanches et ses toits presque plats couverts de tuiles canal, il déploie ses terrasses extérieures qui, dès les beaux jours, se couvrent de tables et de parasols. Derrière la fraîcheur de ses vieux murs, les deux vastes salles à manger et le salon sont aménagés dans un style rustique mâtiné de Haute Epoque un peu vieillot mais non sans charme. A l'étage, plusieurs chambres sont particulièrement bien décorées avec un riche assortiment de meubles anciens ou de style (XVIIIe ou XIXe). Plus standard, les autres restent néanmoins tout aussi confortables. Bons dîners servis avec amabilité et empressement. Accueil agréable.

Accès *(carte n° 22) : à 17 km à l'est d'Angoulême par D 699.*

Les Pigeons Blancs

16100 Cognac (Charente)
110, rue Jules-Brisson
Tél. 05.45.82.16.36 - Fax 05.45.82.29.29
Famille Tachet

Ouverture toute l'année **Chambres** 7 avec tél., s.d.b. ou douche, w.c. et t.v. **Prix** des chambres doubles : 380 à 600 F / 57,93 à 91,47 € - Petit déjeuner : 55 F / 8,38 €, servi de 8 h à 10 h **Cartes de crédit** acceptées **Divers** chiens non admis **Alentour** à Cognac : musée du Cognac, visite des chais de Cognac - Manifestation locale : festival du film policier ; églises romanes de Cherves, de Saint-Sauvant, de Saint-Hérie à Matha, du Marestay ; randonnées en roulotte à partir de Matha ; route le long des bords de la Charente de Jarnac à Angoulême, croisières sur la Charente de juin à septembre **Restaurant** service de 12 h à 14 h, 19 h 30 à 21 h - Menus : 130 à 290 F / 19,82 à 44,21 € - Carte - Spécialités : filet de rouget poêlé au foie gras ; pièce de bœuf des tonnellies charentais.

Dans la même famille depuis le XVIIIᵉ, cet ancien relais de poste jouit d'un agréable parc qui lui garantit calme et sérénité. Connu pour être l'une des très bonnes tables de la région, rendez-vous des repas d'affaires des grandes maisons de Cognac, l'hôtel peut également être fier de ses chambres. D'un confort feutré, décorées avec un élégant mobilier ancien ou de style, égayées par des tissus coordonnés et de beaux papiers peints, elles sont, tout comme leurs salles de bains, impeccablement tenues. Au rez-de-chaussée, les profonds canapés bleus d'un petit salon *cosy* avec livres, revues, jeux de société, permettent de se détendre en dégustant quelque vieil alcool local… A côté se trouvent les deux salles à manger chaleureusement décorées et agrémentées de meubles de famille. Deux générations officient en ces lieux : à l'accueil, aux cuisines, en salle ; voilà qui explique le succès des *Pigeons Blancs*, véritable hostellerie de charme.

Accès (carte n° 22) : à 40 km à l'ouest d'Angoulême par N 141 ; route de Saint-Jean-d'Angély, Matha.

Hostellerie Château Sainte-Catherine

16220 Montbron (Charente)
Route de Marthon
Tél. 05.45.23.60.03 - Fax 05.45.70.72.00
Mme Crocquet

Catégorie ★★★ Fermeture en février **Chambres** 10 et 4 suites, avec tél., s.d.b. ou douche, w.c. et t.v. **Prix** des chambres doubles : 350 à 550 F / 53,36 à 83,85 € ; suites (2 chambres, 2 s.d.b.) : 600 à 800 F / 91,47 à 121,96 € - Petit déjeuner : 49 F / 7,62 €, servi de 8 h à 10 h 30 - Demi-pension : 350 à 450 F / 53,36 à 68,60 € (par pers., 3 j. min.) **Cartes de crédit** acceptées **Divers** chiens admis - Piscine, VTT - Parking **Alentour** Angoulême ; forêt de Braconne ; La Rochefoucauld ; source de la Tiouvre ; grottes et château de Rancogne ; églises romanes de l'Angoumois (Cellefrouin, Lichères, Diran, Dignac, Villebois-Lavalette, Mouthiers-sur-Boëme, Saint-Michel, Saint-Amand-de-Boixe) **Restaurant** service de 12 h à 14 h, 19 h 30 à 21 h - Fermé en février - Menus-carte : 120 F (déjeuner) à 250 F / 18,29 à 38,11 € - Spécialités : foie gras ; confits ; magret ; mousses ; tarte Tatin.

Situé au milieu d'un parc soigné de huit hectares, à l'écart de l'agitation, voici un beau manoir que Napoléon avait destiné à Joséphine de Beauharnais. Ici, les dix chambres et les quatre suites (douze donnent sur le parc) ont été aménagées sobrement, dans des couleurs claires ; elles disposent de salles de bains récemment rénovées offrant tout le confort moderne. Les deux salles à manger qui ont gardé leur caractère d'origine donnent aussi sur le parc. Celle du petit déjeuner est égayée par des panneaux de bois peints représentant des scènes champêtres ; les boiseries qui tapissent l'autre lui donnent une atmosphère chaleureuse à l'ancienne. Le parc environnant est un lieu de tranquillité dont on a du mal à s'arracher l'été. La cuisine, à base de spécialités du Périgord voisin, est excellente. Une belle adresse pour une halte de qualité.

Accès (carte n° 23) : à 17 km à l'est d'Angoulême par D 699.

Château de Nieuil

16270 Nieuil (Charente)
Tél. 05.45.71.36.38 - Fax 05.45.71.46.45 - M. et Mme Bodinaud
E-mail : nieuil@relaischateaux.fr

Catégorie ★★★★ **Fermeture** du 2 novembre au 28 avril **Chambres** 11 climatisées avec tél., s.d.b., w.c., t.v. et minibar **Prix** des chambres doubles : 750 à 1 600 F / 114,34 à 243,92 € ; suites : 1 650 à 2 500 F / 251,54 à 381,12 € - Petit déjeuner : 85 F / 12,96 €, servi de 8 h à 11 h - Demi-pension : 800 à 1 395 F / 121,96 à 212,67 € (par pers., 3 j. min.) **Cartes de crédit** acceptées **Divers** chiens bienvenus - Piscine, tennis, galerie d'art - Parking **Alentour** forêt de Braconne ; églises romanes **Restaurant** service de 12 h à 14 h, 20 h à 21 h 30 - Fermé dimanche soir et lundi sauf résidents et sauf juillet-août - Menus : 200 F / 30,49 € (déjeuner), 260 à 350 F / 39,64 à 53,36 € - Carte - Spécialités : poissons et viandes avec légumes du potager.

A u XIVe, le château était fortifié, au XVIe, François Ier en fit un rendez-vous de chasse, au XIXe, la mode lui rendit tourelles, créneaux, balustres et autres échauguettes. Puis, en 1937, les grands-parents du propriétaire actuel le transformèrent en hôtel. *Nieuil* se présente donc comme un ensemble romantique précédé par les volutes d'un jardin à la française serti de douves et environné d'un immense parc avec étang. A l'intérieur, le style Haute Epoque domine dans les pièces de réception. Quant aux chambres, chacune a son style restitué par une décoration souvent superbe. Partout, mobilier ancien et collections de tableaux, mais à souligner aussi l'accueil chaleureux et attentif de monsieur Bodinaud et de son équipe. Enfin, l'excellente cuisine de Luce Bodinaud et les nombreux loisirs font de *Nieuil* un luxueux hôtel de détente. En hiver, un restaurant de campagne installé dans les écuries du château, *La Grange aux Oies*, permet d'apprécier de façon plus rustique mais tout aussi goûteuse la cuisine du château fermé en cette saison (menu : 195 F boisson comprise).

Accès (carte n° 23) : à 40 km au nord-ouest d'Angoulême par N 141 direction Chasseneuil, Fontafie et Nieuil sur D 739.

Hôtel Le Sénéchal

2001

17590 Ars-en-Ré (Charente-Maritime)
6 rue Gambetta
Tél. 05.46.29.40.42 - Fax 05.46.29.21.25 - Christophe et Marina Ducharme
E-mail : marina.ducharme@wanadoo.fr

Catégorie ★ **Fermeture** du 6 janvier au 1er avril et du 15 novembre au 15 décembre **Chambres** 12 avec tél., s.d.b., w.c. et 5 avec cabinet de toilette **Prix** des chambres : 190 à 460 F / 28,97 à 70,13 € - Petit déjeuner : 38 F / 5,90 €, servi de 8 h à 10 h 30 **Carte de crédit** Visa **Divers** chiens admis **Alentour** église d'Ars ; tennis, plage, voile, pêche, pistes cyclables **Pas de restaurant** à l'hôtel.

Un peu en retrait de la rue principale, ce petit hôtel vient d'être en partie rénové par un jeune couple d'architectes. Volontairement simple et en marge des tendances à la mode, l'aménagement intérieur se veut celui d'une maison d'amis. On y trouve beaucoup de bois, peint ou laissé brut, des portions de mur en pierres apparentes, un éclairage délicat. Parfois, un bouquet de fleurs, un tableau ou un pan de tissu viennent rehausser d'une touche de couleur franche cet univers pastel teinté de bleu-ciel, de gris-clair ou de blond. Préférez pour l'instant les sept chambres qui ont été refaites. Elégantes bien qu'extrêmement sobres, elles profitent de salles de bains impeccables et donnent sur le patio fleuri (quelques tables y sont installées en été) ou sur les petites maisons d'Ars. Deux d'entre elles, équipées de terrasses, se combinent en suite car les enfants sont les bienvenus dans cette ambiance informelle et chaleureuse. Ils y trouveront même un petit salon de jeu installé à leur intention. Le matin, ceux qui le souhaitent peuvent partager leur petit déjeuner à la grande table d'hôtes, non loin d'une cheminée très appréciée en hiver. Une accueillante petite adresse, prometteuse et comme on aimerait en trouver plus souvent sur la côte atlantique.

Accès (carte n° 14) : prendre la route qui traverse l'île en direction du Phare des Baleines. A Ars, l'Hôtel se situe juste avant d'arriver à la place de l'Eglise.

Hôtel Le Chat Botté

Ile de Ré
17590 Saint-Clément-des-Baleines (Charente-Maritime)
Tél. 05.46.29.21.93 - Fax 05.46.29.29.97
Mme Massé-Chantreau

Catégorie ★★ **Fermeture** du 26 novembre au 15 décembre et du 5 janvier au 9 février **Chambres** 19 avec tél., s.d.b. ou douche et w.c.; accès handicapés **Prix** des chambres simples et doubles : 340 F / 51,83 €, 460 et 640 F / 70,13 à 97,57 € - Petit déjeuner : 50 F / 7,62 €, servi de 8 h 15 à 10 h 30 **Cartes de crédit** Visa, Diners **Divers** chiens admis (40 F / 7,62 €) - Espace beauté, bien-être, tennis, location de vélos - Parking **Alentour** musée et citadelle de Saint-Martin-de-Ré; phare des Baleines - Golf de Trousse-Chemise 9 trous **Pas de restaurant** à l'hôtel.

Tenue par deux sœurs : Chantal et Géraldine, cette charmante petite maison de village cache un agréable patio et un grand jardin fleuri. A l'intérieur, le bois clair des lambris, les terres cuites naturelles et les tissus déclinent une ambiance jeune, actuelle et balnéaire. Tout est d'une grâce élégante et les confortables chambres bénéficient de la même recherche décorative. A noter leur calme même en période estivale, Saint-Clément étant encore épargné par la frénésie touristique de l'île. A cette tranquillité s'ajoute la détente, grâce à un espace beauté et bien-être. Les petits déjeuners (énergétiques ou traditionnels) sont servis dans une très jolie pièce ou juste à côté : soit au jardin, soit dans le patio. Pas de restaurant à l'hôtel mais tout proches le célèbre *Chat Botté* et *L'Auberge de la Rivière* aux Portes-en-Ré sont également tenus par d'autres membres de la famille. Enfin, à La Flotte, se trouve notre petit préféré : *L'Ecailler,* où vous dégusterez les meilleurs poissons de la côte charentaise et vendéenne accompagnés d'une remarquable sélection de vins de propriétaires.

Accès (carte n° 14) : à 28 km à l'ouest de La Rochelle, par le pont de La Pallice.

Hôtel de l'Océan

Ile de Ré - 17580 Le Bois-Plage-en-Ré (Charente-Maritime)
172, rue Saint-Martin
Tél. 05.46.09.23.07 - Fax 05.46.09.05.40 - M. et Mme Bourdet
Web : iledere.com

Catégorie ★★ Fermeture du 5 janvier au 5 février **Chambres** 24 avec tél., s.d.b. ou douche, w.c., t.v.; accès handicapés **Prix** des chambres : 350 à 600 F / 53,36 à 91,47 € - Petit déjeuner : 50 F / 7,62 €, servi de 8 h à 10 h 45 - Demi-pension : 350 à 620 F / 53,36 à 94,52 € (par pers.) **Cartes de crédit** Amex, Visa **Divers** chiens admis - Parking privé à 150 m **Alentour** musée et citadelle de Saint-Martin-de-Ré; phare des Baleines - Golf de Trousse-Chemise 9 trous **Restaurant** service de 12 h 15 à 14 h 30, 19 h 15 à 22 h 30 - Menus : 140 à 180 F / 21,34 à 27,44 € - Carte.

Bois-plage est un bourg qui, jusqu'à présent, a su rester à l'écart des tendances "mode" qui s'emparent peu à peu de l'île. Le long d'une petite rue, la jolie façade blanc et vert de l'hôtel laisse présager une qualité qui se confirme dès que l'on en franchit le seuil. A gauche, la salle de restaurant, avec sa cheminée, son mobilier d'esprit colonial peint en gris perle, ses murs en lambris blanc sur lesquels ressortent quelques superbes lithographies de paquebots, invite à prolonger les excellents repas que l'on y sert. A droite, deux petits salons dans des tonalités écrues nous rappellent le passé d'antiquaire de ses propriétaires. Puis on traverse une terrasse utilisée pour dîner en extérieur, et le long jardin sur lequel donnent plusieurs chambres. Sols en jonc de mer, épais couvre-lits en piqué, ravissants rideaux, enduits naturels sur les murs, et pour compléter le tout, un ou deux meubles anciens; voici de solides qualités qui devraient plaire (si vous réservez à temps, demandez les chambres situées au-dessus du restaurant, ce sont les plus grandes et nos préférées). Bons petits déjeuners servis avec d'excellentes confitures maison, accueil agréable.

Accès (carte n° 14) : à 28 km à l'ouest de La Rochelle, par le pont de La Pallice.

Hôtel France Angleterre et Champlain

17000 La Rochelle (Charente-Maritime)
20, rue Rambaud
Tél. 05.46.41.23.99 - Fax 05.46.41.15.19 - Mme Jouineau
Web : bw-fa-champlain.com - E-mail : hotel@bw-fa-champlain.com

Catégorie ★★★ **Ouverture** toute l'année **Chambres** 36 climatisées avec tél., s.d.b. ou douche, w.c., t.v. câblée et minibar ; ascenseur **Prix** des chambres simples et doubles : 320 à 600 F / 48,78 à 91,47 € ; suites : 750 F / 114,34 € - Petit déjeuner : 55 F / 8,38 €, servi de 7 h 15 à 11 h 30 **Cartes de crédit** acceptées **Divers** chiens admis (30 F / 4,57 €) - Garage (35 à 48 F / 5,34 à 7,62 €) **Alentour** à La Rochelle : musée du Nouveau-Monde, Muséum d'histoire naturelle (cabinet Lafaille), musée des Beaux-Arts, musée d'Orbigny-Bernon ; île de Ré ; Esnandes ; portail de l'église et donjon à Vouvant ; marais poitevin - Golf de La Prée 18 trous à La Rochelle **Pas de restaurant** à l'hôtel.

Cet ancien couvent du XVIIe transformé en hôtel cache à l'abri de ses murs un grand jardin très fleuri où il fera bon prendre son petit déjeuner. Pour l'atteindre, vous traverserez un grand hall et de superbes salons. Boiseries d'époque, statues à l'antique et meubles anciens créent une ambiance d'un grand raffinement qui a su rester chaleureux. Pour les chambres, desservies par un ascenseur ou un splendide escalier de pierre, vous aurez le choix entre un modernisme très confortable et le charme élégant du passé. Toujours différentes et toujours réussies, vous préférerez néanmoins celles donnant sur le jardin, pour la vue plus que pour le calme, car celles sur rue ont un double vitrage et sont toutes climatisées. Pas de restaurant à l'hôtel mais une formule de demi-pension est possible. Un accueil plein de gentillesse s'ajoute aux multiples qualités du lieu. Sinon, vous n'aurez pour dîner que l'embarras du choix, que ce soit autour du port ou dans les vieilles rues de la ville.

Accès (carte n° 22) : au centre de La Rochelle.

Hôtel de Bordeaux

17800 Pons (Charente-Maritime)
1, rue Gambetta
Tél. 05.46.91.31.12 - Fax 05.46.91.22.25 - M. Jaubert - Mlle Muller
Web : hotel-de-bordeaux.com

Catégorie ★★ **Fermeture** dimanche en basse saison **Chambres** 16 avec tél., s.d.b., w.c. et t.v. **Prix** des chambres : 220 à 260 F / 33,54 à 39,64 € - Petit déjeuner : 40 F / 6,10 €, servi de 7 h 30 à 10 h 30 - Demi-pension et pension : 240 et 315 F / 36,59 et 48,02 € (par pers., 3 j. min.) **Cartes de crédit** Amex, Visa **Divers** chiens admis - Parking **Alentour** donjon de Pons ; château d'Usson ; églises romanes de Saintonges : Colombiers, Montils, Jazennes, Belluire, Rétaud - Golf de Saintes 18 trous **Restaurant** service de 12 h à 14 h, 19 h 30 à 21 h 30 - Menus : 90 à 240 F / 13,72 à 36,59 € - Carte - Spécialités : salade fraîche de crustacés et haricots verts ; rognonnade de veau au jus de thym.

Côté rue, l'hôtel est semblable à ces nombreux établissements de centre-ville mais, à l'intérieur, les bonnes surprises se succèdent. Il y a d'abord le petit bar un rien *british* (réservé à l'hôtel sauf les samedis matin), le salon décoré avec une vraie élégance, et enfin le patio qui vient très judicieusement prolonger les deux salles à manger. Abrité du vent, bordé d'arbustes et de roses trémières, il offre un cadre parfait pour dîner et profiter de la clémence du climat saintongeais. En cuisine, le jeune Pierre Jaubert réalise de véritables prouesses et pratique des prix très raisonnables. Après avoir fait ses classes chez les plus grands, il est revenu dans sa ville natale pour créer sa propre affaire et sa réputation n'a pas fini de croître. Restent les chambres, d'un confort et d'un aménagement très standard mais pas désagréables. Quatre donnent sur le patio, les autres sur une rue (calme la nuit) et toutes sont parfaitement tenues. Ajoutons à cela une ambiance très accueillante, jeune et détendue, et l'on comprendra pourquoi l'*Hôtel de Bordeaux* réjouit tous ceux qui y font étape.

Accès *(carte n° 22)* : à 22 km au sud de Saintes.

Relais du Bois Saint-Georges

2001

17100 Saintes (Charente-Maritime)
Tél. 05.46.93.50.99 - Fax 05.46.93.34.93 - M. Jérôme Emery
Web : relaisdubois.com - E-mail : info@relaisdubois.com

Catégorie ★★★ Ouverture toute l'année **Chambres** 27 et 3 suites avec tél., s.d.b., w.c., t.v. satellite, 20 avec climatisation, 15 avec minibar ; 3 chambres handicapés **Prix** des chambres doubles : 660 à 1 400 F / 100,62 à 213,43 € - Petit déjeuner : 105 F / 16,01 €, servi de 6 h 45 à 11 h 30 - Demi-pension sur demande - Soirée étape (en semaine sauf juillet-août et juin selon disponibilité) : de 460 à 530 F / 70,13 à 80,80 € **Carte de crédit** Visa **Divers** chiens admis - Piscine couverte - Parking et garage fermés **Alentour** Saintonge romane **Restaurant** service de 12 h à 13 h 30, 19 h 30 à 21 h 30 - Menus : 215 à 620 F / 32,78 à 94,52 € - Carte.

Servies par d'étonnantes trouvailles et avec pour thèmes "Nautilus", "l'Arlé-sienne", "Tombouctou"... les chambres du *Relais* auraient enthousiasmé Lewis Caroll. Voici donc le seul hôtel de France où l'on passe au-delà du miroir pour rejoindre un monde imaginaire et romanesque. Vous y trouverez toujours le confort et une excellente tenue, mais il vous faudra accepter d'être surpris car la place manque pour vous en décrire la variété, la beauté, et parfois l'exiguïté et les outrances aussi... Certes, il est des chambres plus classiques mais, à tout prendre, on préférera l'aventure. Autour, dans les salons et les deux restaurants, l'architecture privilégie l'espace et les ouvertures vitrées pour embrasser la vue sur les sept hectares du parc avec ses essences rares et son petit lac sillonné par des armadas de canards. Un service particulièrement agréable, une cuisine de qualité, de somptueux petits déjeuners complètent encore les qualités de cet hôtel qui, par ailleurs, souffre de la proximité de la rocade (dont la rumeur se fait entendre depuis certaines chambres). Enfin, ne négligez pas la "soirée étape", d'un superbe rapport qualité-prix.

Accès (carte n° 22) : A 10 sortie N° 35, prendre à droite aux trois ronds-points.

Résidence de Rohan

17640 Vaux-sur-Mer (Charente-Maritime)
Parc des Fées (près Royan), route de Saint-Palais
Tél. 05.46.39.00.75 - Fax 05.46.38.29.99 - M. et Mme Seguin

Catégorie ★★★ Fermeture du 11 novembre au 25 mars **Chambres** 41 avec tél., s.d.b. ou douche, w.c. et t.v. **Prix** des chambres simples et doubles : 300 à 700 F / 45,73 à 106,71 € - Petit déjeuner : 58 F / 8,84 €, servi de 7 h 30 à 13 h **Cartes de crédit** Amex, Visa **Divers** chiens admis - Piscine chauffée, tennis (50 F / 7,62 €), forfait golf-hôtel - Parking **Alentour** phare de Cordouan ; La Rochelle ; abbaye de Sablonceaux ; Talmont-sur-Gironde ; zoo de la Palmyre - Golf de la côte de Beauté 18 trous à Royan **Pas de restaurant** à l'hôtel.

Cette élégante maison bourgeoise se trouve dans le parc des Fées, joli petit bois qui borde la plage de Nauzan. Le bosquet qui entoure la maison, la pelouse en pente douce qui descend vers la mer, quelques chaises longues entre les pins parasols font tout le charme de cette villa rose et blanc de la fin du XIXe siècle. L'intérieur n'a pas le décor habituel d'une maison en bordure de mer : les fauteuils en velours capitonné du salon, le mobilier acajou de style Charles X du bar, les tapis et moquettes créent un confort cossu. Toutes les chambres ont leur style avec, souvent, quelques meubles anciens et un bel assortiment de tissus. Certaines, dans l'annexe notamment, sont très spacieuses, d'autres ouvrent directement sur le jardin. Excellent petit déjeuner que l'on peut prendre sur la terrasse avec, en toile de fond, les lueurs changeantes de l'Océan. Accueil sympathique et souriant. Une piscine en bordure de mer, avec service snack, permet aussi de profiter des plaisirs de l'eau. *Le Chalet, Les Trois Marmites* ou *Les Filets bleus* et *La Jabotière*, voici quelques adresses qui pallieront l'absence de restaurant à l'hôtel.

Accès (carte n° 22) : à 3 km au nord-ouest de Royan, par la D 25 qui suit le bord de mer, direction Saint-Palais-sur-Mer.

Au Marais

79510 Coulon (Deux-Sèvres)
46-48, quai Louis-Tardy
Tél. 05.49.35.90.43 - Fax 05.49.35.81.98 - Martine Nerrière
Web : hotel-aumarais.com - E-mail : information@hotel-aumarais.com

Catégorie ★★★ **Fermeture** en janvier **Chambres** 18 avec tél., s.d.b., w.c. et t.v. **Prix** des chambres : 300 à 460 F / 45,73 à 70,13 € - Petit déjeuner-buffet : 44 F / 6,71 €, servi de 7 h 30 à 10 h **Carte de crédit** Visa **Divers** chiens admis (30 F / 4,57 €) **Alentour** Marais poitevin (Coulon, principal centre d'excursions à travers la Venise verte ; église Sainte-Trinité de Coulon) - Golf 18 trous à Niort **Pas de restaurant** à l'hôtel.

Toute la magie du Marais poitevin est là, à deux pas, devant vous, car la Sèvre niortaise passe en face même de l'hôtel, à demi couverte de lentilles, et les bateaux qui vous mènent en promenade prennent leur départ à quelques mètres de là. Les chambres de l'hôtel sont dans deux maisons de construction classique du Poitou, totalement restaurées sans être dénaturées. Très soignée, la décoration joue sur les couleurs vives et fraîches et les sols en terre cuite. Irréprochables dans l'hôtel, plus grandes et plus déco dans le bâtiment de l'ancien restaurant, toutes sont recommandables. L'ensemble est remarquablement tenu, les salles de bains sont impeccables et le calme préservé (malgré le succès touristique du lieu en juillet-août). Une excellente petite adresse, idéale pour sillonner la "Venise verte" et où vous trouverez un accueil jeune, attentif et très sympathique. Pas de restaurant à l'hôtel mais on saura vous conseiller pour passer une agréable soirée. *Le Central*, sur la place de l'église de Coulon, est l'adresse recommandée si vous voulez rester dans le village, et à Niort la délicieuse *Belle Etoile*.

Accès (carte n° 15) : à 10 km à l'ouest de Niort par D 9 et D 1 (au bord de la Sèvre niortaise).

Le Logis Saint-Martin

79400 Saint-Maixent-l'Ecole (Deux-Sèvres)
Chemin de Pissot
Tél. 05.49.05.58.68 - Fax 05.49.76.19.93
M. et Mme Heintz

Catégorie ★★★ Fermeture en janvier **Chambres** 10 et 1 suite, avec tél., s.d.b. ou douche, w.c. et t.v. satellite **Prix** des chambres simples et doubles : 520 à 795 F / 79,27 à 121,20 € - Petit déjeuner : 75 F / 11,43 €, servi de 8 h à 10 h - Demi-pension : 560 à 720 F / 85,37 à 109,76 € (par pers., 3 j. min.) **Cartes de crédit** acceptées **Divers** chiens non admis - Parking **Alentour** à Niort : Musée ethnographique, musée des Beaux-Arts, église Notre-Dame ; église de Melle ; musée des Tumulus de Bougon ; Futuroscope de Poitiers ; Marais poitevin ; La Rochelle ; île de Ré - Golf de Mazières-en-Gatine, golf de Sainte-Maxire, golf Les Forges 3 x 9 trous **Restaurant** service de 12 h 15 à 14 h, 19 h 30 à 21 h 30 - Menus : 175 F / 26,68 € (déjeuner), 250 à 380 F / 38,11 à 57,93 € - Carte - Spécialité : pigeonneau rôti en cocotte julienne de citron confit sauce aux légumes et cardamome.

Cette grande maison de pierre du XVIIe siècle, si fraîche lorsqu'il fait chaud, si chaleureuse l'hiver, est une halte pleine de charme pour un week-end. Elle peut être le point de départ de promenades en bordure de la Sèvre niortaise qui coule le long d'un rideau d'arbres, à une trentaine de mètres de l'hôtel, dans un site riche en édifices romans et célébré par *L'Eglise verte* de René Bazin. Confortables, lumineuses, plaisamment décorées, les chambres sont calmes et profitent toutes d'une jolie vue (une suite vient d'être installée dans la tour). Au rez-de-chaussée, une grande salle à manger, où crépitent souvent de belles flambées, sert de cadre à la cuisine de Bertrand Heintz et de son équipe : justesse des cuissons, équilibre des saveurs et des accompagnements, inventivité… elle vous laissera, comme à nous, d'excellents souvenirs. Une adresse très attachante.

Accès (carte n° 15) : à 24 km au nord-est de Niort par N 11.

Le Relais du Lyon d'Or

86260 Angles-sur-L'Anglin (Vienne)
4, rue d'Enfer
Tél. 05.49.48.32.53 - Fax 05.49.84.02.28 - M. et Mme Thoreau
E-mail : thoreau@lyondor.com - Web : lyondor.com

Fermeture décembre à février **Chambres** 10 avec tél., s.d.b. ou douche, t.v. ; 1 chambre handicapés **Prix** des chambres : 370 à 450 F / 56,41 à 68,60 € - Petit déjeuner-buffet : 40 à 75 F / 6,10 à 11,43 €, servi de 8 h 30 à 11 h - Demi-pension : 260 à 360 F / 39,64 à 54,88 €, (par pers., 3 j. min.) **Carte de crédit** Visa **Divers** chiens admis - Stages de peinture, centre de bien-être - Parking **Alentour** église romane de Saint-Savin ; Antigny ; Poitiers **Restaurant** service de 19 h 30 à 21 h - Fermé hors saison les lundis et mardis midi - Menus-carte : 110 à 190 F / 16,77 à 28,97 € - Carte - Spécialités : flan de foie gras et son coulis de langoustines.

Situés dans la partie haute du très beau village Angles-sur-l'Anglin, les différents bâtiments de cet ancien relais de poste entourent une petite cour. Rénové avec beaucoup de goût, l'intérieur est tout à fait charmant et très confortable. Egayés par de nombreux motifs à fleurs ou à fruits, réalisés au pochoir, les murs peints à l'éponge ou à la brosse apportent toujours une note colorée. Les ravissantes chambres se répartissent entre deux bâtiments. Nos préférées sont situées dans la partie la plus ancienne. Les autres sont tout aussi jolies mais leur sol en lino, façon parquet, les rend moins authentiques. Les deux mansardées sont très douillettes. Ici et là, un meuble de brocante, de beaux tissus, des moustiquaires… et de jolies salles de bains. Dans la chaleureuse salle à manger où brûle un feu de bois, l'alléchante cuisine commence à avoir ses inconditionnels. Par beau temps, installés sous la pergola donnant sur une petite rue du vieux village, vous pourrez vous désaltérer, déjeuner ou encore dîner de grillades. Une jolie adresse accueillante à un prix raisonnable.

Accès (carte n° 16) : à 16 km au nord de Saint-Savin.

Les Orangeries

86320 Lussac-les-Châteaux (Vienne)
12, avenue du Docteur-Dupont
Tél. 05.49.84.07.07 - Fax 05.49.84.98.82 - M. et Mme Gautier
E-mail: orangeries@wanadoo.fr

Fermeture du 15 décembre au 30 janvier **Chambres** 10 avec tél., s.d.b., w.c., t.v., minibar et coffre-fort; 1 chambre handicapés **Prix** des chambres doubles: 350 à 485 F / 53,36 à 73,94 € (formule étape avec dîner et petit déjeuner: +100 F / 15,24 €); suite: 600 à 700 F / 91,47 à 106,71 € (4-5 pers.) - Petit déjeuner: 55 à 85 F / 8,38 à 12,96 €, servi à partir de 8 h **Carte de crédit** Visa **Divers** chiens admis (30 F / 4,57 €) - Piscine - Parking **Alentour** Saint-Savin (fresques); Poitiers; Chauvigny; cité du livre à Montmorillon - Equitation, canoë-cayak **Pas de restaurant** à l'hôtel.

A u cœur du Poitou roman, *Les Orangeries* ont été aménagées dans la propriété familiale de Jean-Philippe Gautier. Architecte de métier, il a su conserver aux vastes pièces toute leur authenticité. Sobrement aménagées, très confortables et décorées avec un grand raffinement, les chambres sont dotées de salles de bains soignées. Au premier, sous une exceptionnelle charpente, une immense salle de billard bordée de nombreux canapés propose aussi des jeux anciens collectionnés par Olivia. En bas, un chaleureux salon avec cheminée satisfera ceux qui préfèrent plus d'intimité. Aux beaux jours, le grand jardin recèle des merveilles: beaucoup de fleurs, de grands arbres à l'ombre généreuse, une piscine de 35 mètres bordée de teck, qui contraste avec le coin de jardin à la française et aux vieux buis taillés et une terrasse abritée pour le petit déjeuner ou le brunch servis toute la matinée. Jean-Philippe et Olivia sont pleins de projets pour l'autre maison et les belles dépendances de la propriété. Accueil disponible et attentionné pour cette très belle adresse.

Accès (carte n° 16): A 10, au sud-est de Poitiers, prendre N 147 (Poitiers-Limoges), l'hôtel est dans le centre de Lussac-les-Châteaux.

Auberge Charembeau

04300 Forcalquier (Alpes-de-Haute-Provence)
Route de Niozelles
Tél. 04.92.70.91.70 - Fax 04.92.70.91.83 - M. Berger
E-mail : charembeau@provenceweb.fr

Catégorie ★★ **Fermeture** du 15 novembre au 15 février **Chambres** 23 avec tél., s.d.b. ou douche et w.c. **Prix** des chambres : 315 à 510 F / 48,02 à 77,75 € ; suite : 650 F / 99,09 € ; avec cuisinette (par semaine) : 2 000 à 4 300 F / 304,90 à 655,53 € - Petit déjeuner : 48 F / 7,32 €, servi de 8 h à 10 h **Cartes de crédit** acceptées **Divers** chiens admis (20 F / 3,05 €) - Piscine, tennis, location de vélos et de tandems - Parking **Alentour** montagne de Lure ; prieurés de Salagon et de Ganagobie ; château de Sauvan ; dégustations du *Site remarquable du goût* **Pas de restaurant** à l'hôtel.

Cette auberge se trouve en pleine campagne, dans la très belle région de Forcalquier. C'est une vieille maison très bien restaurée, au climat très familial, tenue par un couple fort sympathique. Vous aurez le choix entre des chambres traditionnelles, pimpantes et fraîches, entièrement rénovées comme leurs salles de bains, ou des "suites" avec une petite cuisine, charmantes elles aussi. Devant la maison, une terrasse promet des *farniente* paresseux au bord de la piscine, dans un décor de campagne provençale. L'auberge propose aussi en location des vélos ou tandems avec porte-bébé à la demande, qui vous permettront de randonner sur les chemins pittoresques et à travers les villages du parcours fléché "Le Luberon en vélo". Pour dîner, nous vous conseillons d'aller goûter la cuisine de terroir de *La Campagne Saint-Lazard* à Forcalquier ou à l'*Auberge Pierry* à Reillanne, *Bello Visto* à Lurs ou le *Café de la Lavande* à Lardiers.

Accès (carte n° 34) : à 39 km au sud de Sisteron par N 96 (ou A 51, sortie La Brillanne), puis N 100 direction Forcalquier ; à 4 km de Forcalquier par N 100, direction Niozelles.

Auberge du Clos Sorel

04400 Pra-Loup (Alpes-de-Haute-Provence)
Les Molanès
Tél. 04.92.84.10.74 - Fax 04.92.84.09.14 - Mme Dominique Mercier
E-mail : info@seolan.com - Web : seolan.com/clos-sorel

Catégorie ★★★ Fermeture du 5 septembre au 10 décembre et du 6 avril au 15 juin **Chambres** 11 avec tél., s.d.b., w.c. et t.v. **Prix** des chambres doubles : 420 à 900 F / 64,02 à 137,20 € - Petit déjeuner : 50 F / 7,62 €, servi de 8 h à 9 h 30 - Demi-pension : 400 à 600 F / 60,98 à 91,47 € (par pers., 3 j. min.), avec cuisine diététique en été (50 F / 7,62 € par pers.) **Carte de crédit** Visa **Divers** chiens admis (35 F / 5,34 €) - Piscine, aquagym en été **Alentour** ski au départ de l'hôtel ; route du col la Bonnette ; Cayolle ; Allos **Restaurant** service de 12 h 30 à 14 h 30 - Menu-carte : 160 F / 24,39 € - Spécialités : ravioles ; gigot ; tourtes aux herbes ; tartes.

B ien située, à flanc de montagne, dans un hameau qui semble n'avoir pas bougé depuis des siècles, l'auberge occupe la plus ancienne ferme du pays, à proximité immédiate des pistes. En parfaite harmonie avec les petits chalets qui l'entourent, l'édifice a conservé ses beaux murs de pierres apparentes et son entrée en rondins. A l'intérieur, on retrouve la même authenticité : les poutres, la grande cheminée, les chambres mansardées, les meubles cirés recréent l'atmosphère douillette et chaleureuse qu'on aime retrouver après une grande journée de ski ou de randonnée. Le soir, on dîne aux chandelles dans la grande salle de l'ancienne ferme. Les tables sont jolies, la cuisine traditionnelle et raffinée. En été, une piscine et des tennis font de cette auberge un lieu de séjour agréable, face à un superbe panorama. Une ambiance très "maison", heureux mélange de décontraction et de sophistication. Accueil et ambiance informels.

Accès (carte n° 34) : à 70 km au sud-est de Gap par D 900B et D 900 jusqu'à Barcelonnette, puis D 902 et D 109 jusqu'à Pra-Loup. (Les Molanès est un peu avant la station.)

La Bastide de Moustiers

04360 Moustiers-Sainte-Marie (Alpes-de-Haute-Provence)
Tél. 04.92.70.47.47 - Fax 04.92.70.47.48 - M. Ducasse
E-mail : bastide@i2m.fr - Web : bastide-moustiers.i2m.fr

Catégorie ★★★★ **Ouverture** toute l'année **Chambres** 12 climatisées avec tél., fax, s.d.b., w.c., t.v., minibar et coffre-fort ; 1 chambre handicapés **Prix** des chambres (selon la saison) : 900 à 1 750 F / 137,20 à 266,79 € - Petit déjeuner : 80 F / 12,20 €, servi dans la salle à manger toute la journée **Cartes de crédit** acceptées **Divers** chiens non admis - Piscine chauffée, VTT, panier pique-nique - Parking **Alentour** gorges du Verdon par la route ou par le GR4 ; lac de Sainte-Croix ; musée de la Faïence **Restaurant** service de 12 h à 14 h, 19 h 30 à 21 h 45 - Fermé mercredi et jeudi du 15 décembre au 1er mars - Menus : 225 à 295 F / 34,30 à 44,97 € - Cuisine méditerranéenne.

Quel bonheur d'arpenter les routes et les villages de cette Haute-Provence et de ce parc du Verdon, récemment classé, le protégeant ainsi de toutes les spéculations. La propriété d'Alain Ducasse s'est agrandie de cinq nouveautés : un pigeonnier en duplex, une grande suite avec salon et cheminée pouvant se combiner avec une seconde chambre, recréant ainsi une petite villa pour quatre personnes. Deux autres enfin tout aussi charmantes, de plain-pied sur la nature. Comme dans la bastide, on retrouve le même confort raffiné, le même soin obsessionnel du précieux détail, les meubles anciens, les couleurs qui se déclinent sur les noms de fleurs, de fruits ou de légumes, dotant chacune d'un confort luxueux plein de fraîcheur et de gaieté provençales. En cuisine officient les collaborateurs du maître-chef pour vous offrir des menus qui honorent avec talent le terroir et la Méditerranée. Une superbe piscine avec vue, des coins aménagés pour profiter encore de la campagne et des prix qui permettent d'avoir une délicieuse "mise en bouche" de ce que peut être le style Ducasse.

Accès (carte n° 34) : Sur A 51, sortie Cadarache-Vinon, direction Gréoux-les-Bains, Riez, Moustiers. Sur A 8, sortie Le Muy, direction Draguignan, Aups, Moustiers.

La Ferme Rose

04360 Moustiers-Sainte-Marie (Alpes-de-Haute-Provence)
Tél. 04.92.74.69.47 - Fax 04.92.74.60.76
M. Kako Vagh

Catégorie ★★★ Fermeture du 15 novembre au 15 mars **Chambres** 12 (6 climatisées) avec tél., s.d.b. ou douche, w.c. et t.v. **Prix** des chambres doubles : 390 à 750 F / 59,46 à 114,34 € - Petit déjeuner : 48 F / 7,62 €, ou brunch à la carte **Carte de crédit** Visa **Divers** chiens admis - VTT et tandems à disposition **Alentour** église et musée de la Faïence à Moustiers ; grand canyon des gorges du Verdon par la route ou par le GR4 ; lac de Sainte-Croix **Pas de restaurant** à l'hôtel.

*L*a *Ferme Rose* se trouve en pleine nature, à un kilomètre de Moustiers et, depuis sa terrasse, on profite pleinement de la vue sur ce splendide village qui semble escalader une faille entre deux falaises. L'hôtel est plus que charmant. Kako l'a aménagé de manière très personnelle, en y mêlant sa collection d'objets 1950, les tableaux de son grand-père, peintre méridional réputé, et un amusant mobilier parmi lequel on remarque les tables, chaises et banquettes du bar qui proviennent de l'ancienne brasserie *Noailles* à Marseille. Les chambres sont vraiment plaisantes, lumineuses et gaies, avec de ravissantes salles de douches en faïence de Salernes. Seule petite réserve : l'exiguïté des "rangements". Cette très sympathique adresse, simple et à l'ambiance informelle, ne dispose pas de restaurant mais deux bonnes tables se trouvent à proximité : *Les Santons* dans le village, et bien sûr, l'excellente *Bastide de Moustiers*.

Accès (carte n° 34) : Sur A 51 (Aix-en-Provence/Manosque), sortie Cadarache/Vinon-sur-Verdon, direction Gréoux-les-Bains, Riez, Moustiers. Sur A 8 (Nice/Aix-en-Provence), sortie Le Luc, direction Aups, Moustiers. A Moustiers, prendre direction village de Sainte-Croix sur 1 km.

Auberge de Reillanne

04110 Reillanne (Alpes-de-Haute-Provence)
Tél. et Fax 04.92.76.45.95
Mme Monique Balmand

Fermeture du 30 octobre au 1er mars **Chambres** 6 avec s.d.b., w.c. et minibar **Prix** des chambres simples et doubles : 290 à 390 F / 44,21 à 59,46 € - Petit déjeuner : 45 F / 6,86 € - Demi-pension : 380 F / 57,93 € (par pers.) **Carte de crédit** Visa **Divers** chiens admis - Parking **Alentour** Manosque ; prieurés de Salagon et de Ganagobie ; château de Sauvan **Restaurant** service de 19h30 à 21h - Fermé mercredi - Menu : 140 F / 21,34 € - Carte - Spécialités : cuisine régionale de saison.

Situé dans une campagne encore bien préservée, l'hôtel se présente comme une grosse bastide quadrangulaire environnée de verdure. Ses quelques chambres sont de belle taille, très simplement agencées mais d'un confort suffisant. Leur aménagement privilégie les matériaux naturels, le bois clair ou le rotin, les tissus colorés et toutes profitent de grandes salles de bains couvertes de terre cuite. A l'image du lieu, la cuisine est sobre et saine. Les menus accompagnent le rythme des saisons et privilégient des produits de première fraîcheur, très sincèrement mis en valeur. Vous en apprécierez le résultat dans une charmante petite salle à manger et pourrez continuer la soirée dans le coin-salon, face à une cheminée qui fonctionne dès que le climat le suggère. Une adresse, sans prétention, pour ceux qui savent goûter au bonheur des choses simples.

Accès (carte n° 33) : à 15 km au nord-ouest de Manosque direction Apt, puis N 100 et D 214 vers Reillanne.

Le Pyjama

04400 Super-Sauze (Alpes-de-Haute-Provence)
Tél. 04.92.81.12.00 - Fax 04.92.81.03.16
Mme Merle

Catégorie ★★★ Fermeture du 5 septembre au 15 décembre et du 20 avril au 25 juin **Chambres** 10 avec tél., s.d.b., w.c., t.v. et minibar **Prix** des chambres doubles : 350 à 470 F / 53,36 à 71,65 € ; suites (4 pers.) : 490 à 680 F / 74,70 à 103,67 € - Petit déjeuner : 20 à 45 F / 3,05 à 6,87 €, servi à toute heure **Cartes de crédit** acceptées **Divers** chiens admis **Alentour** ski au départ de l'hôtel ; Barcelonnette, carrefour des 7 cols, vallée de Maurin ; route de la Bonnette **Pas de restaurant** à l'hôtel.

Après vingt ans passés à diriger un autre hôtel de la station, Geneviève Merle (mère de Carole, notre championne de ski…) a fait construire ce petit hôtel dont les dimensions et les matériaux employés s'intègrent parfaitement à l'environnement. Huit des dix chambres sont exposées au sud et leurs terrasses donnent sur un champ de mélèzes. Il faut souligner qu'elles sont décorées avec goût. Monsieur Merle tient une brocante à côté, et les meubles de l'hôtel sont le fruit de ses recherches. Parmi les chambres, quatre ont une mezzanine qui permet de loger deux personnes de plus. Toutes les salles de bains sont très agréables. Dans le chalet attenant, quatre studios dotés de coin-cuisine sont aussi à louer, idéal pour les familles. Petit déjeuner particulièrement soigné. Un hôtel très confortable au pied des pistes et d'un bon rapport qualité-prix, où l'ambiance n'est pas convenue et où l'accueil est très sympathique. L'hôtel ne dispose pas de restaurant, mais il n'en manque pas dans le village et *L'Optraken,* tenu par les enfants de madame Merle, n'est pas loin.

Accès (carte n° 34) : à 79 km au sud-est de Gap par D 900B et D 900 direction Barcelonnette, puis D 9 et D 209 jusqu'à Super-Sauze.

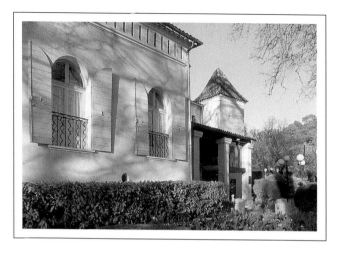

Hostellerie de la Fuste

La Fuste 04210 Valensole (Alpes-de-Haute-Provence)
Tél. 04.92.72.05.95 - Fax 04.92.72.92.93 - Famille Jourdan-Bucaille
E-mail : lafuste@aol.com

Catégorie ★★★★ **Fermeture** du 10 janvier au 10 février, dimanche soir et lundi du 1er octobre au 15 juin, sauf fériés **Chambres** 14 (4 climatisées) avec tél., s.d.b., w.c., t.v. câble., minibar, coffre-fort ; 1 chambre handicapés **Prix** des chambres : 700 à 1 100 F / 99,09 à 137,20 € ; suite : 1 000 à 1 400 F / 152,45 à 213,43 € - Petit déjeuner : 90 F / 13,72 €, servi de 8 h 30 à 10 h - Demi-pension : 900 F à 1 200 F / 149,40 € (par pers.) **Cartes de crédit** acceptées **Divers** chiens admis - Piscine chauffée et couverte l'hiver - Parking **Alentour** plateau de Valensole ; Manosque : fondation Carzou, musée J.-Giono ; Moustiers ; gorges du Verdon **Restaurant** service de 12 h à 13 h 30, 19 h à 21 h 30 - Menus : 280 à 490 F / 38,11 à 60,98 € - Spécialités : agneau de pays, truffes et gibier en saison.

A u pays de Giono, dans cette merveilleuse région de Haute-Provence où se tutoient oliviers et lavandes, cette ancienne bastide est devenue une halte gourmande. Servie dans le jardin dès que le temps le permet ou autour de la cheminée, vous apprécierez en effet la cuisine de Daniel Jourdan, faite avec passion, et qui marie harmonieusement création et tradition (les plus curieux pourront voir travailler l'équipe à travers une vaste baie vitrée en surplomb des cuisines). Les chambres sont classiquement décorées, toujours confortables quelle que soit leur taille et bien tenues. Certaines disposent de vastes balcons et donnent sur le verger et les herbes aromatiques, d'autres s'ouvrent sur les platanes géants de la terrasse. Le petit déjeuner est délicieux. L'ensemble est d'une réelle qualité même si les tarifs pratiqués nous paraissent élevés. Lors de votre visite à Manosque, vous pourrez découvrir de vraies spécialités provençales au restaurant *Dominique Bucaille*, dans l'ambiance conviviale d'une ancienne filature également dirigée par la famille.

Accès (carte n° 34) : sur A 51 (Aix-en-Provence/Manosque), sortie Manosque ; à 6 km de Manosque par D 4, direction Oraison.

Le Pi-Maï

05240 La Salle-les-Alpes (Hautes-Alpes)
Hameau de Fréjus
Station de Serre-Chevalier
Tél. 04.92.24.83.63 - M. et Mme Charamel

Catégorie ★★ **Fermeture** du 15 septembre au 1er décembre et du 1er mai au 1er juillet **Chambres** 6 avec s.d.b. ou douche et w.c. **Prix** des chambres doubles (par pers., en demi-pension) : 445 à 575 F / 67,84 à 87,66 € - Petit déjeuner compris **Carte de crédit** Visa **Divers** chiens non admis **Alentour** ski au départ de l'hôtel, golfs, mountainbike, randonnées à cheval **Restaurant** service de 12 h à 15 h, 20 h à 21 h - Menus : 160 à 180 F / 24,39 à 27,44 € - Spécialités : croûte au fromage ; grillades de charolais aux braises de mélèze.

Entièrement remis à neuf après un incendie, *Le Pi-Maï* a retrouvé l'aspect intime et charmant qui en avait fait le succès. Au départ, il s'agit d'un restaurant de piste réputé pour sa cuisine saine et bonne, mais quelques petites chambres en madriers de mélèze, lumineuses et parfois dotées d'un balcon, viennent d'y être aménagées ("Torrent" est la plus grande). Ne leur en demandez cependant pas trop en matière de confort et d'insonorisation. A 2000 mètres, accroché à la pente et un peu à l'écart des pistes les plus fréquentées, l'hôtel domine la vallée. En fin de journée, les derniers skieurs rejoignent la station et c'est un vrai plaisir de les voir s'éloigner alors que l'on reste là, presque seul, à profiter des derniers rayons du soleil et à goûter au pur silence de la montagne (en été, *Le Pi-Maï* devient plus aisément accessible mais l'impression d'isolement reste présente). Une adresse à part pour les sportifs.

Accès (carte n° 27) : à 10 km au nord-ouest de Briançon par N 91. A Villeneuve-la-Salle, Hauts de Fréjus, 7 km de chemin accessible sauf enneigement, ou télécabine de Fréjus depuis Villeneuve 1400 (dernière montée à 16 heures), puis chemin 10 minutes à pied, 3 minutes à ski, 20 minutes en voiture l'été.

Hôtel Alliey

Serre-Chevalier 1500 - 05220 Le Monestier-les-Bains (Hautes-Alpes)
Tél. 04.92.24.40.02 - Fax 04.92.24.40.60
Hervé et Eliane Buisson
E-mail : hotel@alliey.com - Web : alliey.com

Catégorie ★★ **Fermeture** du 16 avril au 23 juin et du 2 septembre au 18 décembre
Chambres 24 avec tél., s.d.b., w.c., 8 avec t.v. **Prix** des chambres simples et doubles : 315 à 435 F /
48,02 à 66,32 € ; duplex : 590 F / 89,95 € - Petit déjeuner : 50 F / 7,62 €, servi de 8 h à 10 h 30 -
Demi-pension : 345 à 475 F / 52,60 à 72,41 € (par pers.) **Carte de crédit** Visa **Divers** chiens admis
Alentour ski domaine du "Grand Serre Che", escalade, VTT - cols du Lautaret, Galibier, Izoard - Golf
de Clavière 9 trous à 21 km **Restaurant** service de 12 h 30 à 13 h 30, 19 h 30 à 21 h - Fermé mardi
midi - Menus : 135 à 160 F / 20,58 à 24,39 € - Spécialités : viandes de pays, fondue aux cèpes.

Le-Monestier-les-Bains est le village le mieux préservé parmi ceux qui constituent la célèbre station du "Grand Serre Che". C'est ici, à côté de la chapelle Saint-Pierre, que vous découvrirez la maison de famille d'Hervé et Eliane Buisson. L'entrée principale se fait à côté d'un irrésistible bar tapissé de bois clair et décoré dans un esprit actuel très réussi. Dans cette partie de l'hôtel, les chambres sont d'une charmante simplicité, douillettes et fleuries avec de confortables salles de bains décorées de faïences de Salernes ; celles de l'aile latérale sont plus petites et plus sommaires. L'élégant restaurant permet de goûter des "recettes de grand-mère" et quelques plats plus travaillés, accompagnés de l'un des cent soixante crus de la cave. L'été, quelques tables dressées dans le patio permettent de prendre un verre et de participer à l'ambiance détendue et amicale que souhaitent créer Hervé et Eliane pour que votre passage dans leur maison laisse un réel souvenir de bien-être, de dépaysement et de plaisir.

Accès (carte n° 27) : à 13 km de Briançon.

Auberge du Soleil

06390 Coaraze (Alpes-Maritimes)
Quartier Porta-Savel
Tél. 04.93.79.08.11 - Fax 04.93.79.37.79 - M. et Mme Jacquet

Catégorie ★ **Fermeture** du 1er novembre au 15 février **Chambres** 8 et 2 suites en annexe, avec tél., s.d.b. ou douche, w.c., t.v. sur demande **Prix** des chambres doubles : 380 à 530 F / 57,93 à 80,80 € ; suites : 530 à 980 F / 80,80 à 149,40 € - Petit déjeuner : 50 F / 7,62 €, servi de 8 h à 12 h - Demi-pension : 390 à 470 F / 59,46 à 71,65 € (par pers., 3 j. min.) **Cartes de crédit** Amex, Visa **Divers** chiens admis (35 F / 5,34 €) - Piscine, jeu de boules, tennis de table **Alentour** réserve du Mercantour ; vallée des Merveilles ; forêt de Turini ; villages de Lucéram, Peille et Peillon, Sospel - Golf du mont Agel 18 trous à La Turbie **Restaurant** service de 12 h à 14 h, 19 h 30 à 21 h - Menus : 118 et 145 F / 17,99 et 22,11 € - Carte - Spécialités : tourte maison ; gibelotte de lapin ; caille aux raisins.

A une demi-heure de Nice et non loin du parc du Mercantour, l'auberge est située dans un village médiéval accroché à 640 mètres d'altitude, sur un piton. Son dédale de rues étroites assure une très grande tranquillité. (Prévenez l'hôtel si vous avez de lourds bagages). Dans cette vieille demeure restaurée avec goût règne une ambiance bohème, bien éloignée de l'hôtellerie classique. Les chambres, certes simples, n'en sont pas moins confortables ; vous y trouverez aussi un salon-billard aménagé dans la fraîcheur d'une cave voûtée. Accueillante salle de restaurant qui se prolonge par une terrasse couverte dont la vue embrasse toute la vallée et où l'on vous proposera une cuisine simple et bonne. Signalons enfin que le jardin en restanques propose coin d'ombre, jeu de boules, ping-pong, etc. L'accès à la piscine se fait par un petit chemin qui serpente dans la colline.

Accès (carte n° 35) : à 25 km au nord de Nice par A 8, sortie Nice-Est, puis voie rapide direction Drap-Sospel ; à la pointe des Contes, prendre à gauche direction Contes-Coaraze.

Hôtel L'Aiglon

06500 Menton (Alpes-Maritimes)
7, avenue de la Madone
Tél. 04.93.57.55.55 - Fax 04.93.35.92.39 - M. Jacques Servoin
E-mail : aiglon.hotel@wanadoo.fr - Web : perso.wanadoo.fr/aiglon

Catégorie ★★★ **Fermeture** du 6 novembre au 16 décembre **Chambres** 26 climatisées, 1 appartement et 2 suites avec tél., s.d.b., w.c., t.v. satellite, coffre-fort et minibar ; ascenseur **Prix** des chambres : 310 à 790 F / 47,26 à 120,43 € ; suites et appartement : 760 à 1 200 F / 115,86 à 182,94 € - Petit déjeuner : 50 F / 7,62 € - Demi-pension : 420 à 735 F / 64,03 à 112,05 € (par pers.) **Cartes de crédit** acceptées **Divers** chiens admis - Piscine chauffée - Parking fermé **Alentour** à Menton : musée Jean-Cocteau, jardin exotique, fête du citron en février ; Gorbio ; vallée de la Roya ; Riviera ; villa Hambury - Golf de Mougins 18 trous **Restaurant** service de 12 h 30 à 14 h, 19 h 30 à 21 h 30 - Menus : 110 F / 16,77 € (en semaine sauf fériés) et 190 à 300 F / 28,97 à 45,73 € - Carte.

Cet ancien hôtel particulier est une bonne adresse d'hôtel de ville. Ses vastes pièces de réception avec leurs dorures rococo, les nombreux coins-salons au mobilier rétro, les journaux du jour accrochés à une patère… Tout cela restitue l'ambiance des palaces au temps où les vénérables Anglais venaient passer l'hiver sur la Riviera. Décorées dans les tonalités sépia d'un cliché de l'époque, les chambres ont des lits et des salles de bains confortables (bonne insonorisation, mais mieux vaut dormir sur le jardin en été). Leurs prix, toujours raisonnables, varient selon leur taille et la période, certaines bénéficiant même d'un coin de mer bleue, l'hôtel n'étant séparé de la Méditerranée que par une rangée de petits immeubles. Servis dans une véranda ou à l'ombre de la tonnelle, les déjeuners et les dîners permettent d'apprécier une cuisine simple et savoureuse (non loin de là, le grand jardin luxuriant cache une piscine extérieure chauffée à 30° C). Accueil agréable.

Accès (carte n° 35) : à 29 km de Nice, 7 de Monaco.

Le Manoir de l'Etang

06250 Mougins (Alpes-Maritimes)
"Bois de Font-Merle" - Route d'Antibes
Tél. 04.92.28.36.00 - Fax 04.92.28.36.10 - Famille Gridaine-Labro

Catégorie ★★★ **Fermeture** de novembre à mars **Chambres** 17 et 4 suites, avec tél., s.d.b. ou douche, w.c., t.v. et minibar **Prix** des chambres doubles : 600 à 1 000 F / 91,47 à 152,45 € ; suites : 1 200 à 1 600 F / 182,94 à 243,92 € - Petit déjeuner : 65 F / 9,91 €, servi de 8 h à 10 h 30 **Cartes de crédit** Amex, Visa **Divers** petits chiens admis sur réservation - Piscine - Parking **Alentour** côte d'Azur ; villages de l'arrière-pays - Golf de Cannes-Mougins 18 trous **Restaurant** service de 12 h à 13 h 30, 20 h à 21 h 30 - Menus : 150 F / 22,87 € (déjeuner) et 190 F / 28,97 € - Carte - Spécialités : aïoli de lotte fumée et pommes de terres confites à l'huile d'olive ; canette mijotée au miel et romarin ; mendiant de figue rôtie et crème glacée à l'amande.

Installé dans une superbe bastide datant du début du XIXᵉ siècle, cet hôtel surplombe un parc privé et très vallonné avec étang, cyprès, lauriers-roses. Aux abords immédiats du manoir et de sa terrasse dallée, le jardin concentre une très belle variété de fleurs et d'arbustes qui diffusent, au fil des saisons, toutes les senteurs de la Provence. Au rez-de-chaussée, un chaleureux salon ocre rouge avec son pavage en terre cuite et son mobilier provençal fait face à une lumineuse salle à manger. On y mange une savoureuse cuisine régionale, inventive et légère. Les chambres, toujours très confortables, sont égayées de beaux tissus et possèdent quelques meubles anciens. En contrebas se trouve la piscine, encadrée d'oliviers et qui profite d'une vue très étendue sur la campagne méridionale. Partout le calme est garanti, de même que la bonne humeur, car l'accueil est ici une affaire de famille. Une belle adresse de charme.

Accès (carte n° 34) : à 5 km au nord de Cannes par voie rapide.

Les Muscadins

06250 Mougins Village (Alpes-Maritimes)
18, boulevard Courteline
Tél. 04.92.28.28.28 - Fax 04.92.92.88.23 - M. Bianchini
E-mail : muscadins@alcyonis.fr

Catégorie ★★★★ Fermeture de mi-novembre à mi-décembre **Chambres** 10 et 1 suite climatisées, avec tél., s.d.b. ou douche, w.c. et t.v. satellite **Prix** des chambres doubles : 950 à 1 800 F / 144,83 à 274,41 € ; suite : 1 800 à 2 200 F / 274,41 à 335,39 € - Petit déjeuner-buffet : 100 F / 15,24 €, servi de 7 h 30 à 11 h - Demi-pension : + 245 F / 37,35 € **Cartes de crédit** acceptées **Divers** chiens non admis - Parking **Alentour** mer à 10 km ; villages de l'arrière-pays ; très nombreux musées - Golf de Cannes-Mougins 18 trous **Restaurant** service de 12 h 15 à 14 h 45, 19 h 30 à 22 h - Menus : 185 à 250 F / 28,20 à 38,11 € - Carte - Spécialités : risotto à l'italienne ; fondant au chocolat.

A l'entrée du vieux village de Mougins, surplombant la baie de Cannes et les îles de Lérins, cette ancienne pension de famille abrita le séjour d'Eluard, de Cocteau, de Man Ray et de Picasso qui, dit-on, peignit quelques murs pour s'acquitter de sa dette, au grand dam du propriétaire qui lui enjoignit de remettre les murs en l'état… ce qu'il fit, hélas ! Il s'agit aujourd'hui d'un petit hôtel discrètement luxueux. Dès l'entrée, on est saisi par le raffinement de l'atmosphère : le confort feutré du petit bar, l'éclairage doux indirect des couloirs. Les chambres offrent un grand confort fait d'objets et de meubles anciens rares et originaux, de tissus soigneusement choisis. Celles qui donnent sur la mer sont délicieuses, la junior-suite est inoubliable, mais les autres ont aussi leur agrément avec, notamment, de belles salles de bains en marbre. Depuis plusieurs années, le chef Noël Mantel propose une cuisine du sud légère et parfumée dans la grande salle à manger en véranda ou, l'été, sur la terrasse ombragée qui la prolonge. Une adresse rare, à l'accueil souriant et disponible.

Accès (carte n° 35) : A 8, sortie Cannes-Mougins, puis direction Grasse.

Hôtel La Pérouse

06300 Nice (Alpes-Maritimes)
11, quai Rauba-Capeu
Tél. 04.93.62.34.63 - Fax 04.93.62.59.41 - Mme Giometti
E-mail : lp@hroy.com

Catégorie ★★★★ **Ouverture** toute l'année **Chambres** 64 climatisées avec tél., s.d.b. ou douche, w.c., t.v. et minibar **Prix** des chambres selon saison : 680 à 2 350 F / 103,67 à 358,26 € ; appart. : à partir de 3 250 F / 495,46 € - Petit déjeuner : 95 F / 14,48 €, servi de 7 h à 11 h **Cartes de crédit** acceptées **Divers** chiens admis - Piscine, sauna, jacuzzi et solarium **Alentour** musées de Nice ; forêt de Turini ; vallée de la Tinée (Roure, Roubron) ; vallée de La Vésubie : villages d'Utelle, Belvédère, Boréon (point de départ des promenades dans le parc du Mercantour), Venanson - Golf d'Opio 18 trous à Valbonne ; golf de la Bastide-du-Roy 18 trous à Biot **Restaurant** service de 12 h à 14 h, 19 h 30 à 22 h - Fermé du 15 septembre au 15 mai - Carte - Spécialités : grillades dans les jardins de l'hôtel.

Au pied du château dominant la baie des Anges et le vieux Nice, au milieu de citronniers et d'aloès, l'hôtel occupe une grande maison de style méditerranéen. L'accès se situe cependant sur le quai ; deux ascenseurs vous conduisent au niveau de l'hôtel. Les chambres sont toutes confortables, élégantes et calmes, leurs prix (qui ont fortement augmenté cette année...) varient selon la saison, leur taille et la vue, sur le jardin ou sur la mer. Certaines ont aussi de grandes terrasses avec transat. En été, un grill permet de vivre davantage à l'hôtel, de paresser au bord de la piscine tout en profitant du solarium panoramique et de prendre un verre à l'ombre des citronniers qui prospèrent sur une ravissante terrasse. Accueil amical et très sympathique, une heureuse surprise que l'on aimerait connaître plus souvent dans les établissements de ce niveau.

Accès (carte n° 35) : dans le centre-ville.

Hôtel Windsor

06300 Nice (Alpes-Maritimes) - 11, rue Dalpozzo
Tél. 04.93.88.59.35 - Fax 04.93.88.94.57 - M. Redolfi-Strizzot
E-mail: windsor@webstore.fr

Catégorie ★★★ **Ouverture** toute l'année **Chambres** 57 climatisées avec tél., s.d.b. ou douche, w.c., t.v., minibar; ascenseur **Prix** des chambres simples et doubles: 450 à 750 F / 68,60 à 114,34 € - Petit déjeuner: 54 F / 7,62 €, servi de 7 h à 10 h 30 - Demi-pension: + 150 F / 22,87 € (par pers.) **Cartes de crédit** acceptées **Divers** chiens admis - Piscine, salle de remise en forme, sauna (70 F / 10,67 €), massages (240 F / 36,59 €) - Parking (60 F / 9,15 €) **Alentour** musées de Nice; forêt de Turini; vallée de la Tinée; vallée de La Vésubie - Golf d'Opio 18 trous à Valbonne; golf 18 trous à Biot **Restaurant** service de 12 h à 14 h, 19 h à 22 h 30 - Fermé samedi midi et dimanche - Carte.

Côté rue, l'*Hôtel Windsor* semble un classique hôtel de centre-ville. A l'intérieur, il n'en est rien. Il y a d'abord, installés dans la réception moderne, ce lit d'apparat asiatique tout incrusté de nacre et cette ancienne châsse dorée avec un bouddha assis. Il y a aussi, juste à côté, ce jardin exotique luxuriant, où une volière occupe le creux d'un vieil arbre, où quelques tables sont disséminées non loin d'une petite piscine et où l'on entend souvent le chant d'oiseaux des îles. Vous l'avez compris, un esprit particulier habite ces lieux, à déconseiller aux adeptes d'une hôtellerie traditionnelle. Le mobilier des chambres, souvent grandes, fait volontiers hôtel des années 1950-1960. Mais sa personnalité réside dans celle de son propriétaire qui propose seize "chambres d'artistes" contemporains (Ben, Peter Fend, Honegger, Panchounette…). Pour expliquer sa démarche, mieux vaut lui laisser la parole. "Un artiste est relié à une réalité immanente. C'est ce qui m'attire. En hôtellerie, on est arrivé à une limite sur le plan de la compétition matérielle. On peut rajouter un fer à repasser, un séchoir, bien sûr, mais il vaut mieux approfondir le tissu humain…"

Accès *(carte n° 35): dans le centre-ville.*

Auberge de la Madonne

2001

06440 Peillon-village (Alpes-Maritimes)
Tél. 04.93.79.91.17 - Fax 04.93.79.99.36 - Famille Millo
E-mail : cmillo@club-internet.fr

Catégorie ★★★ **Fermeture** du 7 au 31 janvier et du 20 octobre au 20 décembre **Chambres** 20 avec tél. direct, s.d.b., douche **Prix** des chambres : 500 à 1 000 F / 76,22 à 152,44 €; suites : 1 200 à 1 700 F / 182,93 à 259,16 €- Petit déjeuner : 70 F / 10,67 €, servi de 8 h à 10 h 30 - Demi-pension : 580 à 900 F / 88,42 à 137,20 € (par pers.) **Carte de crédit** Visa **Divers** chiens non admis - Tennis - Parking **Alentour** Nice; vallées de la Tinée et de la Vésubie - Golf du Mont-Agel 18 trous **Restaurant** service de 12 h à 14 h et sur commande le soir - Menus : 220 à 270 F / 33,54 à 41,16 € - Carte - Spécialité: agneau de lait confit, herbes des garrigues, gâteau de pommes rattes, jus à la tapenade.

Peillon est un spectaculaire village accroché au rocher, en surplomb de l'un des plus beaux panoramas de l'arrière-pays niçois. Pour rêver à loisir devant ce paysage de ravins et de crêtes, voici *la Madonne*, un établissement au luxe de bon aloi, tenu depuis plusieurs générations par une même famille. Très attrayantes, les chambres disposent souvent de balcon ou de terrasse. Elles viennent d'être redécorées dans un style feutré et gai très réussi. Même ambiance élégante et cossue dans les couloirs, les salons et la vaste salle à manger panoramique. Très présente, volubile, totalement passionnée par son métier, madame Millo à l'œil sur tout et dirige *la Madonne* avec des manières de chef d'orchestre, tantôt en retrait, tantôt en avant. En cuisine, son frère ne ménage pas non plus sa peine pour glorifier la gastronomie régionale servie en salle par un personnel très stylé. Certes, l'étape reste chère mais, pour satisfaire tous les budgets, *Le Pourtail*, une petite maison du village offrant des prestations plus abordables (220 à 420 F la chambre) sert d'annexe à l'auberge.

Accès (carte n° 35) : A 10 sortie n° 55, direction Sospel. D 2204 - D 21 puis D 121.

Hôtel Les Deux Frères

Roquebrune Village - 06190 Cap-Martin (Alpes-Maritimes)
Place des Deux-Frères
Tél. 04.93.28.99.00 - Fax 04.93.28.99.10
M. W. Bonestroo

Fermeture du 14 novembre au 14 décembre **Chambres** 10 avec tél., s.d.b. ou douche et t.v. **Prix** des chambres simples et doubles : 425 à 595 F / 64,79 à 90,71 € - Petit déjeuner : 60 F / 9,15 € **Cartes de crédit** acceptées **Divers** chiens admis **Alentour** la rue Moncolet à Roquebrune, église de la Turbie ; sentier de promenades au Cap-Martin ; à Menton : palais Carnolès et musées Jean-Cocteau - Golf de Monte-Carlo 18 trous à La Turbie **Restaurant** service de 12 h à 14 h, 19 h 30 à 22 h - Carte - Spécialités : poissons, canard, foie gras.

D ans le village médiéval de Roquebrune, protégé par son château carolingien, l'école construite en 1854 avait eu le meilleur emplacement, juste en face du café de la grotte, sur la place des Deux-Frères (du nom des deux rochers qui sont à l'origine du village) qui domine de manière vertigineuse et magnifique, toute la baie de Monte-Carlo. Pourtant, peu à peu, l'école a été désertée. La maison aux volets verts a été restaurée par un architecte hollandais, les salles de classe transformées en jolies petites chambres très simples et toutes blanches, le préau en agréable terrasse de restaurant. Autour de la cheminée, de gros canapés en cuir ont été installés pour donner l'envie aux invités de rester après la cloche de 18 heures. On y profite alors d'une ambiance très chaleureuse, toujours fleurie, avec de nombreux tableaux et objets personnels. Accueil décontracté.

Accès (carte n° 35) : à 5 km au sud de Menton par A 8 ou N 98.

Auberge du Colombier

06330 Roquefort-les-Pins (Alpes-Maritimes)
Tél. 04.92.60.33.00 - Fax 04.93.77.07.03 - MM. Wolff
Web : auberge-du-colombier.com - E-mail : info@auberge-du-colombier.com

Catégorie ★★★ **Fermeture** du 4 janvier au 13 février **Chambres** 18 et 2 suites, avec tél., s.d.b. ou douche, w.c. et t.v. **Prix** des chambres simples et doubles : 300 à 680 F / 45,73 à 103,66 € ; suites : 450 à 800 F / 68,60 à 121,96 € - Petit déjeuner : 50 F / 7,62 € - Demi-pension : + 170 F / 25,92 € (par pers.) **Cartes de crédit** acceptées **Divers** chiens admis (40 F / 6,10 €) - Piscine, tennis (50 F / 7,62 €) - Parking **Alentour** Nice ; Grasse ; gorges du Loup et Gourdon ; Vence ; Saint-Paul-de-Vence (fondation Maeght) - Golf d'Opio 18 trous à Valbonne **Restaurant** service de 12 h à 14 h 30, 19 h 30 à 22 h - Fermé le mardi d'octobre à mars - Menus : 150 à 195 F / 22,87 à 29,73 € - Carte - Spécialités : ravioles de homard en nage de pistou ; carré d'agneau en croûte d'herbes.

Le voyage entre Nice et Grasse nécessitait autrefois deux jours et c'est pourquoi l'on avait construit ici cet ancien relais de poste. Aujourd'hui encore, il s'agit d'une bonne étape et d'une agréable base de séjour pour découvrir les multiples attractions touristiques de la région. Modernisée depuis 1980, l'auberge est aujourd'hui un peu démodée mais conserve tout de même du charme, notamment grâce à la qualité de son accueil. Elle dispose d'une belle piscine, d'un tennis et de quelques chambres plus récentes, confortables mais qui manquent malgré tout d'atmosphère ; cet inconvénient est racheté par leur accès direct sur le jardin. La salle du restaurant se prolonge par une agréable terrasse extérieure abritée en été par un vélum. L'on s'y régale car l'*Auberge du Colombier* est également très appréciée pour sa cuisine et ses spécialités maison.

Accès (carte n° 34) : à 25 km à l'ouest de Nice par A 8, sortie Villeneuve-Loubet, puis D 2085 direction Grasse. De Cannes, sortie Cagnes-sur-Mer, direction Grasse.

Hôtel Brise Marine

06230 Saint-Jean-Cap-Ferrat (Alpes-Maritimes)
58, avenue Jean-Mermoz
Tél. 04.93.76.04.36 - Fax 04.93.76.11.49 - M. Maîtrehenry
E-mail : info@hotel-brisemarine.com - Web : hotel-brisemarine.com

Catégorie ★★★ Fermeture du 1ᵉʳ novembre au 1ᵉʳ février **Chambres** 16 climatisées avec tél., s.d.b. ou douche, w.c., t.v. et coffre-fort **Prix** des chambres doubles : 750 à 810 F / 114,34 à 123,48 € - Petit déjeuner : 60 F / 9,15 €, servi de 8 h à 10 h **Carte de crédit** Amex, Visa **Divers** chiens admis **Alentour** chapelle Saint-Pierre (Cocteau) à Villefranche ; villa Ephrussi-de-Rothschild à Saint-Jean-Cap-Ferrat ; villa Kerylos à Beaulieu - Golf de la Bastide-du-Roy 18 trous à Biot **Pas de restaurant** à l'hôtel.

A Saint-Jean-Cap-Ferrat, il y a des villas fastueuses, des palaces de légende, des demeures de prince et, juste à côté, une petite maison construite à l'italienne à la fin du siècle dernier. Elle a conservé son jardin en espaliers, très fleuri, planté de palmiers, ses balustres, fontaines et terrasses. Depuis quarante-cinq ans, son propriétaire veille jalousement sur les seize petites chambres de la maison. Elégantes et confortables, beaucoup d'entre elles offrent, en plus, le luxe d'ouvrir leurs fenêtres sur le jardin d'un château inaccessible avec la mer tout autour. Régulièrement remises au goût du jour, elles conservent leur petit charme balnéaire (seules quelques-unes, de plain-pied sur une charmante petite cour, sont encore un peu vieillottes). Excellents petits déjeuners face à l'une des plus jolies vues qui soit : la végétation luxuriante du jardin, la mer en léger contrebas et la baie de Monte-Carlo au loin. Pas de restaurant à l'hôtel mais quelques bons établissements à proximité ; citons notamment *La Voile d'Or* et *Le Provençal*, parmi les bons restaurants chics et chers de Saint-Jean, et *Le Sloop*, une adresse plus raisonnable où l'on peut manger du poisson.

Accès (carte n° 35) : à 15 km à l'est de Nice par N 98.

Hôtel Le Hameau

06570 Saint-Paul-de-Vence (Alpes-Maritimes)
528, route de La Colle
Tél. 04.93.32.80.24 - Fax 04.93.32.55.75
Famille Burlando

Catégorie ★★★ **Fermeture** du 8 janvier au 15 février et du 15 novembre au 22 décembre **Chambres** 14 et 3 appartements climatisés, avec tél., s.d.b. ou douche, sèche-cheveux, w.c., t.v. satellite, minibar et coffre-fort **Prix** des chambres simples et doubles : 550 à 830 F / 83,85 à 126,53 € ; appart. (2 pers.) : 950 F / 144,83 € - Lit suppl. : 95 F / 14,48 € - Petit déjeuner : 68 F / 10,37 €, servi de 8 h à 10 h **Cartes de crédit** Visa, Amex **Divers** chiens admis - Piscine - Parking fermé **Alentour** chapelle du Rosaire (Matisse) ; musée du Parfum à Grasse ; fondation Maeght, église Saint-Charles-Borromée à Saint-Paul-de-Vence ; Clues de Haute-Provence - Golf d'Opio 18 trous à Valbonne **Pas de restaurant** à l'hôtel.

Une allée de citronniers entourée d'un jardin odorant très fleuri mène vers cette maison blanche 1920 qui domine toute la vallée et le village de Saint-Paul-de-Vence. L'hôtel, construit en terrasses et en arcades, est enfoui sous le chèvrefeuille, les figuiers et les vignes grimpantes. Les chambres spacieuses et très joliment décorées avec leurs meubles provençaux anciens, disposent, pour certaines, d'une loggia avec une vue impressionnante sur Saint-Paul. Les carrelages anciens vert irisé de certaines salles de bains sont magnifiques. Dans la ferme attenante du XVIIIe siècle, les chambres, plus petites et mansardées, bénéficient de la même vue. Une excellente adresse, un petit peu gênée par la route en période d'affluence, mais qui reste l'une des plus charmantes de la région. Pas de restaurant mais, outre le pèlerinage à *La Colombe d'Or* qu'aimait tant Picasso, vous pourrez vous dépayser délicieusement à *La Brouette*.

Accès (carte n° 34) : à 20 km à l'ouest de Nice par A 8, sortie Cagnes-sur-Mer, puis D 7 direction Vence par La Colle-sur-Loup ; à 1 km avant Saint-Paul-de-Vence.

La Tour de l'Esquillon

Miramar 06590 Théoule-sur-Mer (Alpes-Maritimes)
Tél. 04.93.75.41.51 - Fax 04.93.75.49.99 - M. et Mme Dérobert
E-mail : esquillon@compuserve.com

Catégorie ★★★ **Fermeture** du 15 octobre au 1er février **Chambres** 25 avec tél., s.d.b., w.c., t.v. et minibar **Prix** des chambres : 550 à 1 100 F / 83,85 à 167,69 € ; appartements (4/6 pers.) : à partir de 1 600 F / 243,92 € - Petit déjeuner compris, servi de 8 h à 10 h - Demi-pension : 520 à 720 F / 79,27 à 109,76 € **Cartes de crédit** acceptées **Divers** chiens admis - Plage privée - Parking **Alentour** château de La Napoule ; corniche de l'Estérel ; pointe de l'Esquillon ; baie de La Napoule - Golf de Mandelieu 18 trous **Restaurant** service de 12 h à 14 h, 19 h à 21 h - Menus : 160 à 220 F / 24,39 à 33,54 € - Carte - Spécialités : poissons, bourride, aïoli.

Entre Cannes et Saint-Raphaël, le massif de l'Estérel a les pieds dans l'eau. Les rochers, d'un rouge dense, forment sur la mer une belle côte abrupte et déchiquetée. En bordure de la route en lacet qui domine falaises et criques inaccessibles, *La Tour de l'Esquillon* s'est creusé un nid. Genêts, lauriers, hortensias et arbres fruitiers du jardin en terrasses séparent l'hôtel de sa plage privée (reliée par minibus) où des repas légers pourront vous être servis. L'établissement, malgré ses vingt-cinq chambres, conserve des dimensions modestes. Il est empreint d'un charme un peu désuet qu'accentuent les restes d'un mobilier années 50 et le service discret d'un personnel souriant. Côté route, la maison aux volets jaunes expose sa petite tour. Réparties entre l'hôtel et une villa, les chambres sont grandes et fraîches, invariablement tournées vers la mer. Certaines (plus chères) disposent d'un balcon, agréable au petit déjeuner. Le restaurant propose une cuisine simple et jouit, avec ses grandes baies vitrées, d'une vue imprenable sur Cannes et les montagnes. A signaler, le bruit de la route les jours de grande circulation.

Accès (carte n° 34) : entre Saint-Raphaël et Cannes, sur A 8, sortie Mandelieu, puis direction Théoule-Miramar.

Hôtel Villa La Roseraie

06140 Vence (Alpes-Maritimes)
Avenue Henri-Giraud
Tél. 04.93.58.02.20 - Fax 04.93.58.99.31
M. et Mme Martefon

Catégorie ★★★ **Ouverture** toute l'année **Chambres** 14 avec tél., s.d.b. ou douche, w.c., t.v. et minibar **Prix** des chambres simples et doubles : 395 à 750 F / 60,22 à 114,34 € - Petit déjeuner : 70 F / 10,67 € (obligatoire en été), servi de 8 h 30 à 12 h **Cartes de crédit** Amex, Visa **Divers** chiens admis - Piscine, vélos (50 F / 7,62 €) - Parking fermé **Alentour** chapelle du Rosaire (chapelle Matisse), fondation Maeght à Saint-Paul-de-Vence ; clues de Haute-Provence - Golf d'Opio 18 trous à Valbonne **Pas de restaurant** à l'hôtel.

*L*a Roseraie est une ancienne résidence privée de style méditerranéen, datant du début du siècle, enclavée dans la ville. Par chance, la luxuriante végétation méridionale du jardin (à laquelle se mêlent plusieurs sculptures contemporaines, mobiles, bronzes) lui assure une intimité bien préservée. Au milieu de cette oasis, la maison ne compte que quelques chambres aménagées dans un style jeune et ensoleillé très réussi auquel s'ajoutent souvent des éléments anciens chinés chez les brocanteurs, tombées de tissus Olivades, lampes Tiffany, faïences de Salernes. Un charmant ensemble où la Provence se mêle au romantisme à travers un beau travail d'artisans locaux (ferronniers, peintres, carreleurs, etc.). Précisons que l'hôtel vient tout juste de changer de propriétaires, nous attendrons donc l'an prochain pour pouvoir vous en dire plus à l'issue de notre prochaine visite. Enfin, l'établissement ne faisant pas restaurant, nous vous recommandons *Les Templiers*, l'adresse prometteuse de la région.

Accès (voir carte n° 35) : à 10 km au nord de Cagnes-sur-Mer par D 36.

Auberge des Seigneurs et du Lion d'Or

06140 Vence (Alpes-Maritimes)
Place du Frêne
Tél. 04.93.58.04.24 - Fax 04.93.24.08.01 - M. et Mme Rodi

Catégorie ★★ **Fermeture** du 1er novembre au 15 mars **Chambres** 10 avec tél., douche et w.c. **Prix** des chambres doubles : 384 à 454 F / 58,54 à 69,21 € - Petit déjeuner : 55 F / 8,38 €, servi de 7 h 30 à 10 h **Cartes de crédit** acceptées **Divers** chiens admis **Alentour** chapelle du Rosaire (Matisse), musée du Parfum à Grasse ; fondation Maeght, église Saint-Charles-Borromée à Saint-Paul-de-Vence ; clues de Haute-Provence - Golf d'Opio 18 trous à Valbonne **Restaurant** service à 12 h 30, 19 h 30 - Fermé lundi, mardi midi et mercredi midi - Menus : 170 à 250 F / 25,92 à 38,11 € - Carte - Spécialités : carré d'agneau à la broche ; tian vençois.

Située dans une aile du château des Villeneuve de Vence, sur la place du célèbre frêne planté par François Ier, cette auberge cossue, sans âge (certaines parties datant du XIVe siècle, d'autres du XVIIe), a accueilli de nombreux hôtes illustres comme François Ier, et plus récemment Renoir, Modigliani, Dufy, Soutine. La propriétaire, madame Rodi, a repris le flambeau laissé par son père, personnage haut en couleur qui fut l'âme du lieu. La décoration des salons est constituée d'une collection d'objets hétéroclites (un lavabo du XVIe, une presse de moulin à huile, des lithographies modernes…) qui ont tous une histoire. Les chambres sont grandes, aménagées sobrement, bien adaptées à l'endroit ; une corbeille de fruits et quelques fleurs souhaitent la bienvenue à chaque nouvel hôte. Les plus sympathiques ont vue sur la place, les plus calmes sont celles qui donnent sur les toits. L'ensemble est très chaleureux. Le restaurant est connu pour son carré d'agneau cuit à la broche dans la cheminée centenaire ; en dehors de cette spécialité, la carte et les menus sont très classiques avec des prix un peu élevés.

Accès (carte n° 35) : à 10 km au nord de Cagnes-sur-Mer par D 36.

Hôtel Welcome

06230 Villefranche-sur-Mer (Alpes-Maritimes)
1, quai Courbet
Tél. 04.93.76.27.62 - Fax 04.93.76.27.66 - M. et Mme Galbois
E-mail : rivage@welcomehotel.com - Web : welcomehotel.com

Catégorie ★★★ Fermeture du 15 novembre au 23 décembre **Chambres** 32 climatisées avec tél., s.d.b. ou douche, w.c., t.v. et minibar **Prix** des chambres simples et doubles : 400 à 1 150 F / 60,98 à 175,32 € - Petit déjeuner : 40 F / 6,10 €, servi de 7 h 15 à 10 h **Cartes de crédit** acceptées **Divers** chiens admis (35 F / 5,34 €) **Alentour** villa Ephrussi de Rothschild à Saint-Jean-Cap-Ferrat ; villa Kerylos à Beaulieu - Golfs 18 trous d'Opio et du Montagel **Pas de restaurant** à l'hôtel.

Sur les quais du petit port de Villefranche, il y a des bateaux de pêcheurs de toutes les couleurs, une chapelle décorée par Jean Cocteau, et un hôtel construit sur les ruines d'un monastère du XVIIe siècle. Sa situation lui a permis d'être le témoin de la vie du village, c'est pourquoi le *Welcome* fait partie de la mémoire de Villefranche. Il est moderne, parcouru de balcons sur lesquels donnent des chambres souvent grandes, confortables, ensoleillées et très joliment décorées dans des tonalités gaies. Toutes ont vue sur la mer et bon nombre d'entre elles disposent d'un balcon où l'on peut prendre le petit déjeuner. Au dernier étage, l'hôtel a su tirer partie de leur exiguïté en les décorant à la manière d'une cabine de bateau et en traitant leur balcon comme un bastingage de paquebot. Accueil attentif et très courtois. Avant de quitter Villefranche, accordez-vous quelques minutes de promenade à travers les ruelles étroites de la vieille ville (juste à l'arrière de l'hôtel). On y trouve déjà un parfum d'Italie et l'on est heureux de constater qu'il existe encore, à quelques mètres de la mer, des lieux épargnés par les bétonneurs de la côte.

Accès (carte n° 35) : à 6 km de Nice par N 559.

Le Mas d'Entremont

13090 Aix-en-Provence (Bouches-du-Rhône)
315, route nationale 7
Tél. 04.42.17.42.42 - Fax 04.42.21.15.83 - M. Marignane
E-mail : entremont@wanadoo.fr

Catégorie ★★★★ **Fermeture** du 1ᵉʳ novembre au 15 mars **Chambres** 16 et 1 suite climatisées, avec tél., s.d.b., w.c., minibar, coffre-fort et t.v. satellite **Prix** des chambres (selon saison) : 680 à 1 100 F / 103,67 à 167,69 € ; suite : 1 400 à 1 450 F / 213,43 à 221,05 € (pour 2 pers.) - Petit déjeuner : 85 F / 12,96 € **Carte de crédit** Visa **Divers** chiens admis - Piscine, tennis - Parking **Alentour** à Aix-en-Provence : place d'Albertas, hôtel de ville, musée Granet, cathédrale Saint-Sauveur et pavillon Vendôme ; aqueduc de Roquefavour - Golfs 18 trous des Milles et de Fuveau **Restaurant** service de 12 h 30 à 14 h, 19 h 30 à 21 h 30 - Fermé dimanche soir - Menus : 210 à 250 F / 32,01 à 38,11 € - Carte.

Depuis déjà bien longtemps *Le Mas d'Entremont* est pour les festivaliers un havre de verdure, de calme et de repos. C'est un grand mas entouré d'arbres, à l'ombre bienfaisante de jardins fleuris et soignés, de patios aérés où il fait bon se retirer. Un grand bassin-fontaine couvert de nymphéas achève de dispenser la fraîcheur si recherchée en été. Dans la maison, les voûtes en pierre, les grandes poutres et les meubles anciens concourent à une ambiance traditionnelle tout en détails raffinés. Les chambres allient le confort au style avec leurs beaux meubles anciens cirés et leurs salles de bains agréables. La plupart d'entre elles disposent d'une petite terrasse à laquelle vasques fleuries et élégantes grilles en fer forgé donnent du cachet. Selon le moment, les repas se prennent dans une chaleureuse salle à manger, sous les arbres ou à l'abri d'un grand auvent au toit de tuile. On y déguste une cuisine provençale subtile et parfumée où les mets de poisson ont la part belle. Ajoutez à cela un accueil attentif et très courtois. Une très belle adresse à 3 km du cœur d'Aix.

Accès (carte n° 33) : après Aix, sur N 7, suivre direction Avignon.

Hôtel Le Pigonnet

13090 Aix-en-Provence (Bouches-du-Rhône)
5, avenue du Pigonnet
Tél. 04.42.59.02.90 - Fax 04.42.59.47.77 - MM. Swellen
E-mail : reservation@hotelpigonnet.com - Web : hotelpigonnet.com

Catégorie ★★★★ **Ouverture** toute l'année **Chambres** 52 avec tél., s.d.b. ou douche, w.c., minibar et t.v. satellite; ascenseur **Prix** des chambres : 700 à 1 700 F / 106,71 à 259,16 € ; suite : 2 000 à 2 400 F / 304,90 à 365,88 € - Petit déjeuner : 80 à 130 F / 12,20 à 19,82 €, servi de 7 h à 11 h - Demi-pension : + 300 F / 45,73 € (par pers., 3 j. min.) **Cartes de crédit** acceptées **Divers** chiens admis - Piscine - Parking **Alentour** à Aix-en-Provence : place d'Albertas, hôtel de ville, cathédrale Saint-Sauveur, pavillon Vendôme, musée Granet, musée des Tapisseries - Golfs 18 trous des Milles 1et de Fuveau **Restaurant** service de 12 h 15 à 13 h 30, 19 h 15 à 21 h 30 - Fermé samedi midi et dimanche midi sauf en juillet - Menus : 280 à 350 F / 42,69 à 53,36 € - Carte.

L e Pigonnet a retrouvé son caractère intime et familial grâce à sa récente reprise en main par les deux garçons de la maison aidés dans leur gestion par la précieuse expérience de leurs parents. Situé au cœur d'un magnifique parc à la française et offrant à ses hôtes la vue "historique" sur la montagne Sainte-Victoire immortalisée par Cézanne, l'hôtel se trouve à 800 mètres du cours Mirabeau. Le grand raffinement de sa décoration s'exprime dans les salons avec leur belle collection de tableaux de peintres provençaux qui créent une superbe atmosphère. Absolument ravissantes, les chambres ne rompent pas le charme et se répartissent entre la maison ancienne, la résidence et la villa (avec deux chambres, deux salles de bains de part et d'autre d'un salon). Les résidents auront le choix entre deux formules de restauration : gastronomique dans la belle salle ivoire du *Riviera* qui donne sur le parc, plus légère autour de la piscine ou sur la terrasse ombragée. Accueil charmant.

Accès (carte n° 33) : Par A 8 ou A 51, sortie Aix/Pont-de-l'Arc, puis centre-ville, et au 3ᵉ feu à gauche.

Hôtel des Quatre-Dauphins

13100 Aix-en-Provence (Bouches-du-Rhône)
54, rue Roux-Alphéran
Tél. 04.42.38.16.39 - Fax 04.42.38.60.19
MM. Darricau et Juster

Catégorie ★★ Ouverture toute l'année **Chambres** 12 avec tél., s.d.b. ou douche, w.c. et t.v. **Prix** des chambres simples et doubles: 295 à 420 F / 44,97 à 64,12 €; 3 pers.: 520 F / 79,27 € - Petit déjeuner: 42 F / 6,41 €, servi de 7 h à 10 h **Carte de crédit** Visa **Divers** chiens admis **Alentour** à Aix-en-Provence : place d'Albertas, hôtel de ville, cathédrale Saint-Sauveur (triptyque du Buisson ardent de Nicolas Froment), musée Granet, pavillon Vendôme, musée des tapisseries et musée du Vieil Aix; aqueduc de Roquefavour - Golfs 18 trous des Milles et de Fuveau **Pas de restaurant** à l'hôtel.

Située dans une des petites rues d'Aix, tout près de la célèbre place des Quatre-Dauphins, cette maison bourgeoise de trois étages a été transformée en hôtel. Une petite réception et un salon, qui est aussi la salle du petit déjeuner, se trouvent au rez-de-chaussée. Les chambres se répartissent dans les étages. On a opté pour une décoration de style provençal avec des imprimés assortis au mobilier de bois peint. Petites, les chambres offrent des rangements succincts mais assez fonctionnels. Leurs salles de bains sont, quant à elles, bien équipées. Précisons que cet hôtel, qui se situe en plein cœur de la vieille ville, n'est pas climatisé, aussi l'été on peut avoir chaud et devoir dormir fenêtre ouverte avec le risque d'être un peu dérangé par le bruit de la rue. Pour les restaurants: *Maxime*, *Côté Cour* sur le cours Mirabeau, *L'Amphitryon* bon et très sympathique, *Le Bistro Latin*, *Chez Gu*, le gastronomique *Clos de la Violette*, sans oublier un verre au *Café des 2 Garçons*. Une charmante adresse, *Le Garde*, vous amènera jusqu'à Vauvenargues pour un dîner en pleine campagne.

Accès (carte n° 33) : dans le centre-ville.

Villa Gallici

13100 Aix-en-Provence (Bouches-du-Rhône)
Avenue de la Violette
Tél. 04.42.23.29.23 - Fax 04.42.96.30.45
M. Gil Dez - M. Jouve - M. Montemarco

Catégorie ★★★★ **Ouverture** toute l'année **Chambres** 22 climatisées avec tél., s.d.b., w.c., minibar, coffre-fort et t.v. satellite **Prix** des chambres et suites : 1 000 à 3 300 F / 152,45 à 503,08 € - Petit déjeuner : 120 et 150 F / 18,29 à 22,87 € **Cartes de crédit** acceptées **Divers** chiens admis (100 F / 15,24 €) - Piscine - Parking **Alentour** à Aix-en-Provence : place d'Albertas, hôtel de ville, cathédrale Saint-Sauveur (triptyque du Buisson ardent de Nicolas Froment) musée Granet, pavillon Vendôme, musée des Tapisseries et musée du Vieil Aix ; aqueduc de Roquefavour - Golfs 18 trous des Milles et de Fuveau **Restaurant** réservé aux résidents de l'hôtel - service de 12 h 30 à 14 h, 19 h 30 à 21 h 30 - Carte - Cuisine provençale.

Gil Dez a mis dans cette belle bastide tous ses talents de décorateur offrant à Aix-en-Provence, l'hôtel de luxe et de charme qui lui manquait. Aménagée comme s'il s'agissait de sa propre maison, le résultat est exquis et admirable. Toutes les chambres confortables, spacieuses, sont différentes. Toile de Jouy et vichy pour l'une, lit à la polonaise dans une belle cotonnade fleurie et à rayures pour l'autre… autant de mélanges subtils colorés et réussis. Les salles de bains sont immaculées : faïences, marbre de Carrare et boiseries laquées blanches sont d'un grand raffinement. Le petit déjeuner sous les platanes de la terrasse est un délice. Dans une annexe, de nouvelles chambres ont été aménagées, véritables appartements encore plus luxueux. Une adresse de référence qui a réussi le difficile mariage du luxe et du charme. Tout à côté, l'un des meilleurs restaurants de Provence : *Le Clos de la Violette* devrait satisfaire les gastronomes les plus exigeants.

Accès (carte n° 33) : près de l'archevêché.

428

Hôtel d'Arlatan

13200 Arles (Bouches-du-Rhône)
26, rue du Sauvage
Tél. 04.90.93.56.66 - Fax 04.90.49.68.45 - M. Desjardin

Catégorie ★★★ **Ouverture** toute l'année **Chambres** 48 climatisées avec tél., s.d.b., w.c., t.v. satellite et minibar **Prix** des chambres doubles : 498 à 850 F / 76,22 à 129,58 € ; suites : 980 à 1 450 F / 149,40 à 221,05 € - Petit déjeuner : 62 F / 9,46 €, servi de 7 h à 11 h **Cartes de crédit** acceptées **Divers** chiens admis - Garage (60 à 70 F / 9,15 à 10,67 €) **Alentour** en Arles : église et cloître Saint-Trophime, arènes, Alyscamps, musée Réattu, Museon Arlaten et musée de l'Arles antique ; abbaye de Montmajour ; Camargue - Golf de Servanes 18 trous à Mouriès **Pas de restaurant** à l'hôtel.

Arles, ville musée, a un hôtel à sa mesure, où s'amoncellent à travers les vestiges, les traces des différentes époques. Construit sur l'emplacement de la basilique et des thermes de Constantin, le bâtiment tout entier est un véritable patchwork architectural et l'on en a déjà une idée en admirant la colonne romaine (IVe siècle) de la salle des petits déjeuners. C'est donc un hôtel bien particulier que l'*Arlatan*, propriété de la même famille depuis trois générations ; on y restaure les chambres autant qu'on les rénove. Les décrire ferait en soi l'objet d'un ouvrage. Fragments de murs du IVe siècle et de poutres du XVIIe dans la suite 43, cheminée monumentale du XVIIe dans la suite 41. Préférez celles qui viennent d'être très bien refaites, entre autres les numéros 23 et 27, avec vue sur le Rhône, la 34, l'une des moins coûteuses avec de très beaux murs de pierre, ou bien une des suites, grandes ou petites. Un singulier hôtel de charme, caché dans une ruelle donnant sur les jardins, qui ne pourra que vous séduire. Pas de restaurant à l'hôtel mais les bonnes tables ne manquent pas en Arles, notamment *L'Olivier*, qui affiche l'un des meilleurs rapport qualité-prix de la ville.

Accès (carte n° 33) : *dans le centre-ville, hôtel fléché.*

Hôtel Calendal

13200 Arles (Bouches-du-Rhône)
5, rue Porte de Laure
Tél. 04.90.96.11.89 - Fax 04.90.96.05.84 - Mme Lespinasse-Jacquemin
Web: lecalendal.com - E-mail: contact@lecalendal.com

Catégorie ★★ **Ouverture** toute l'année **Chambres** 38 climatisées avec tél., s.d.b., w.c. et t.v. satellite; chambres handicapés **Prix** des chambres doubles: 290 à 480 F / 44,21 à 73,18 €; suite: 450 à 530 F / 68,60 à 80,80 € - Petit déjeuner: 40 F / 6,10 €, servi de 7 h à 10 h 30 (buffet), 7 h à 12 h (continental) **Cartes de crédit** acceptées **Divers** chiens admis - Parking conventionné avec l'hôtel sur réservation **Alentour** en Arles: église et cloître Saint-Trophime, arènes, Alyscamps, musée Réattu, Museon Arlaten et musée de l'Arles antique; abbaye de Montmajour; Camargue - Golf de Servanes 18 trous à Mouriès **Salon de thé** salades, omelettes, pâtisseries anglaises.

Magnifiquement situé entre les deux principaux monuments romains d'Arles: le théâtre antique et les arènes (sur lesquelles donnent quelques chambres), ce petit hôtel permet de rayonner très facilement dans tout le centre historique. On y accède en automobile et, pour les problèmes de stationnement, une carte fournie par l'établissement permet l'accès au parking des boulevards extérieurs. Récemment rénovées aux couleurs traditionnelles de la Provence, toutes les chambres sont spacieuses, fraîches et pimpantes. Il en est de même pour les salles de bains très confortables. Un salon de thé "à l'ancienne", décoré de belles affiches tauromachiques, propose une restauration légère et de délicieuses pâtisseries maison; mais, dès les beaux jours, on sert sur la terrasse ou dans le délicieux jardin ombragé de palmiers et d'un micocoulier bicentenaire. Ce grand jardin est un véritable atout pour cet hôtel de centre-ville, le lieu idéal pour se détendre et boire un verre à l'abri de l'agitation urbaine.

Accès (carte n° 33): près des arènes.

Grand Hôtel Nord-Pinus

13200 Arles (Bouches-du-Rhône)
Place du Forum
Tél. 04.90.93.44.44 - Fax 04.90.93.34.00 - Mme Igou
Web: nord-pinus.com - E-mail: info@nord-pinus.com

Catégorie ★★★★ **Ouverture** toute l'année **Chambres** 25 climatisées avec tél., s.d.b., w.c., t.v. et minibar **Prix** des chambres doubles: 840 à 990 F / 128,06 à 150,92 €; suites: 1 700 F / 259,16 € - Petit déjeuner: 75 F / 11,43 €, servi de 7 h à 11 h **Cartes de crédit** acceptées **Divers** chiens admis **Alentour** monuments et musées d'Arles; abbaye de Montmajour; Camargue - Golf de Servanes 18 trous à Mouriès **Restaurant** service de 19 h 30 à 22 h - Menu: 210 F / 32,01 € - Carte.

C omme Giono, on se demande: « Pourquoi Pinus? Nord, je comprenais, mais Pinus? Or c'est, m'a-t-on dit, simplement le nom du fondateur de l'hôtel. Rien de plus logique. J'ai compris que je venais d'entrer dans le pays de l'imagination et de la démesure. » "Le livre d'Or" égrène ainsi les souvenirs de cette maison ayant accueilli Picasso, Cocteau, Dominguez…, tenu pendant longtemps par Germaine, une ancienne chanteuse, et Nello, clown célèbre en son temps, devenus des figures de la ville d'Arles. A leur mort, l'hôtel avait perdu son âme. Amoureuse des lieux, Anne Igou a su avec beaucoup de sensibilité faire revivre la magie et l'atmosphère de l'hôtel. La décoration du salon-réception, du bar, de la salle à manger où se mêlent boutis colorés, terres cuites, et une superbe collection d'anciennes affiches tauromachiques évoque bien l'ambiance "Provence gitane" de la ville. Les chambres sont spacieuses, les salles de bains confortables, décorées de jolis meubles et de tissus provençaux. A retenir, la suite 10 (notre préférée) et les chambres qui donnent sur la cour, recommandées à ceux qui redoutent l'animation de la place en été. Un véritable hôtel de charme.

Accès (carte n° 33): dans le centre-ville.

Hôtel Castel-Mouisson

13570 Barbentane (Bouches-du-Rhône)
Quartier Castel-Mouisson
Tél. 04.90.95.51.17 - Fax 04.90.95.67.63 - Mme Mourgue
E-mail : castel.mouisson@wanadoo.fr

Catégorie ★★ **Fermeture** du 31 octobre au 1er mars **Chambres** 17 avec tél., s.d.b. et w.c. **Prix** des chambres doubles : 280 à 400 F / 42,69 à 60,98 € - Petit déjeuner : 40 F / 6,10 €, servi de 8 h à 10 h 30 **Cartes de crédit** acceptées **Divers** chiens non admis - Piscine, tennis - Parking **Alentour** château de Barbentane ; Avignon ; Villeneuve-lès-Avignon ; Saint-Rémy-de-Provence ; abbaye Saint-Michel de Frigolet - Golfs 18 trous à Châteaublanc et à Vedène **Pas de restaurant** à l'hôtel.

Non loin d'Avignon, au pied de la Montagnette, l'*Hôtel Castel-Mouisson* est une halte calme et abordable : c'est un petit mas de style provençal construit il y a une vingtaine d'années, entouré par la quiétude de la campagne. Cyprès et arbres fruitiers s'alignent sous les falaises grises de la Montagnette qui surveillent le paysage. Les chambres, sans grande extravagance et d'un confort acceptable, sont égayées par des tissus provençaux et viennent d'être repeintes. Pas de restaurant, seuls les petits déjeuners vous y seront servis, mais les villes et villages alentour ne manquent pas de bonnes tables. Une piscine vous permettra de vous détendre et de vous rafraîchir l'été. Vous trouverez, en Avignon, de nombreux petits restaurants sympathiques tels que *La Fourchette*, *L'Entrée des Artistes*, des adresses charmantes pour vos déjeuners comme le salon de thé-librairie *Les Félibres* ou encore *Le Bain-Marie* et *Simple Simon*. Pour un dîner de charme, le restaurant de la *Mirande* ou *La Vieille Fontaine* de l'*Hôtel d'Europe*.

Accès (carte n° 33) : à 8 km au sud-ouest d'Avignon par N 570, puis D 35 direction Tarascon par les bords du Rhône.

Le Mas d'Aigret

2001

13520 Les-Baux-de-Provence (Bouches-du-Rhône)
Tél. 04.90.54.20.00 - Fax 04.90.54.44.00
Frédéric Laloy
Web : masdaigret.com - E-mail : masdaigret@aol.com

Catégorie ★★★ **Fermeture** du 1er janvier au 15 février **Chambres** 15 et 1 suite avec climatisation, tél., s.d.b., w.c., t.v. satellite et minibar **Prix** des chambres : 450 à 950 F / 68,60 à 144,83 € - Petit déjeuner : 70 F / 10,67 €, servi de 8 h à 10 h 30 **Cartes de crédit** Visa, JCB **Divers** chiens admis - Piscine - Parking **Alentour** Avignon, Tarascon, Saint-Rémy, Pont du Gard - Golfs 18 trous des Baux et de Mouriès **Pas de restaurant** à l'hôtel.

A l'abri de la falaise que domine l'ancien château des Baux, *Le Mas d'Aigret* profite sans doute de l'un des plus beaux panoramas de la région. En effet, s'étend ici à nos pieds un paysage totalement vierge où l'on devine déjà la Camargue par-delà les Alpilles et les champs d'oliviers. C'est sur cette vue qu'ouvrent la plupart des chambres. Pas très grandes, elles possèdent toutes (excepté la 11) un balcon ou une terrasse de plain-pied. Murs clairs, mobilier en rotin blanc et tissus colorés en font l'essentiel du décor : c'est simple, bien tenu, avec des rangements bien étudiés. Les chambres 15 et 16, situées à fleur de rocher, sont plus spacieuses et leurs salles de bains troglodytiques ne les laissent pas sans caractère. On retrouve ce même univers architectural dans la maison car le salon voûté et la salle à manger ont, eux aussi, été creusés dans le roc. Mais l'été, à moins qu'il ne fasse trop chaud, on préférera s'installer dans le joli jardin sous les mûriers-platanes de la terrasse, ou bien paresser au bord de la piscine d'où l'on profite encore de cette vue dont on ne se lasse pas. L'accueil est des plus sympathiques.

Accès (carte n° 33) : à 30 km au sud d'Avignon par A 7, sortie Cavaillon, D 99 vers Saint-Rémy et D 5.

Auberge de La Benvengudo

13520 Les Baux-de-Provence (Bouches-du-Rhône)
Tél. 04.90.54.32.54 - Fax 04.90.54.42.58 - Famille Beaupied
E-mail: benvengudo@aol.com

Catégorie ★★★ Fermeture de début novembre à début mars **Chambres** 24 climatisées avec tél., s.d.b. ou douche et t.v. **Prix** des chambres doubles: 650 à 990 F / 99,09 à 150,92 € - Petit déjeuner: 70 F / 10,67 €, servi de 7 h 30 à 10 h - Demi-pension: 1 200 à 1 600 F / 182,94 à 243,92 € (pour 2 pers., 3 j. min.) **Cartes de crédit** Amex, Visa **Divers** petits chiens admis (55 F / 8,38 €) - Piscine, tennis - Parking (box fermé) **Alentour** hôtel des Porcelets (musée d'Art contemporain) aux Baux; pavillon de la reine Jeanne; Val d'Enfer; moulin d'Alphonse Daudet à Fontvieille - Avignon; Arles; Saint-Rémy-de-Provence - Golf des Baux et golf de Servanes 18 trous à Mouriès **Restaurant** service de 19 h 30 à 21 h 30 - Fermé les dimanches - Menu: 240 F / 36,59 € - Spécialités: croustillant de ris d'agneau coulis de tomates fraîches; pavé de mérou de Méditerranée basilic rouge; soufflé glacé au marc de châteauneuf-du-pape.

E tranges et belles Alpilles, dont l'aspect déchiqueté rappellerait quelques-unes des plus hautes crêtes du monde, tandis que leur végétation et la blancheur de leurs rocs donnent à cette partie de la Provence un petit air de Grèce. C'est au pied de cette chaîne que se camoufle *La Benvengudo*. Construit il y a une trentaine d'années, le mas semble avoir toujours été là. Les chambres, toutes climatisées, sont très confortables, chacune dans son style et sa teinte, et quelques-unes avec de petites terrasses privées. Le salon et la salle à manger affichent un élégant décor provençal agrémenté de quelques beaux meubles anciens. Le fils de la maison est en cuisine et prépare pour le dîner des recettes aux saveurs du terroir; en été, pour le déjeuner, une petite carte allégée. Prix susceptibles de changer, se renseigner lors de la réservation.

Accès (carte n° 33): à 30 km au sud d'Avignon par A 7, sortie Cavaillon, puis D 99 jusqu'à Saint-Rémy, D 5 jusqu'aux Baux et D 78 direction Arles.

Les Roches Blanches

13260 Cassis (Bouches-du-Rhône)
Route des Calanques
Tél. 04.42.01.09.30 - Fax 04.42.01.94.23 - M. Dellacase
Web : roches-blanches-cassis.com

Catégorie ★★★★ Fermeture du 15 novembre au 15 février **Chambres** 24 avec tél., s.d.b., w.c., t.v. et minibar; ascenseur **Prix** des chambres : 480 à 1 000 F / 73,18 à 152,45 €; suites : 1 200 à 1 400 F / 182,94 à 213,43 € - Petit déjeuner : 75 F / 11,45 €, servi de 7 h 15 à 10 h 30 **Cartes de crédit** acceptées **Divers** chiens admis - Piscine - Parking **Alentour** calanques - golfs 18 trous de la Frégate et de la Salette **Restaurant** service de 12 h 30 à 14 h, 19 h 00 à 21 h 30 - Menu : 230 F / 35,06 € - Carte.

Construite en 1885, puis transformée en hôtel en 1930, cette grande maison bâtie sur les rochers, allie les charmes d'un hôtel de plage — le jardin en terrasse descend directement jusqu'au bord de l'eau où l'on peut se baigner — à ceux d'une maison de famille avec sa vaste salle à manger dont les grandes fenêtres donnent sur la mer. De qualité inégale, les chambres sont toujours confortables, (la plupart ayant été très joliment rénovées) et allient des couleurs gaies à un mobilier de style Louis-Philippe, en osier peint ou en merisier. Certaines jouissent de terrasses où affleurent les pins avec vue soit sur la mer, soit sur le cap Canaille. Les propriétaires, soucieux de conserver à la maison son caractère, ont gardé quelques jolis meubles 1930, la porte et le vaste escalier en fer forgé Art déco, et les jolies tables en mosaïque de faïence du jardin. Belle piscine à débordement relayée par le bleu profond de la mer qui vient battre les rochers à quelques mètres en dessous. Une très belle adresse qui, néanmoins, peut être perturbée lors de mariages ou de réceptions et qui peut poser certains problèmes de parking et de tenue générale en pleine saison.

Accès (carte n° 33) : A 50 direction Toulon, sortie Cassis. En été, le village ne pouvant se traverser, prendre la route des calanques, plage du Bestouan.

Hôtel La Bastide

13810 Eygalières (Bouches-du-Rhône)
Chemin de Pestelade, route d'Orgon
Tél. 04.90.95.90.06 - Fax 04.90.95.99.77
Nathalie Calabrese

Catégorie ★★★ **Fermeture** janvier **Chambres** 12 avec tél., s.d.b. ou douche, w.c., t.v. satellite et coffre-fort ; 1 chambre handicapés **Prix** des chambres doubles : 380 à 480 F / 57,93 à 73,18 € - Petit déjeuner : 45 F / 6,86 €, servi de 8 h à 10 h 30 **Carte de crédit** Visa **Divers** petits chiens admis sur demande - Piscine - Parking **Alentour** Les Baux ; Saint-Rémy-de-Provence ; Fontvieille - Golf de Servanes 18 trous à Mouriès **Pas de restaurant** à l'hôtel.

Voici un délicieux petit hôtel, idéal pour séjourner au cœur d'une région pleine de merveilles. Dans un rayon de 30 km, on découvre Les Baux, Saint-Rémy, le Luberon, Arles et Avignon. *La Bastide* est une solide maison, tout en longueur. En son centre, une belle entrée fraîche d'où part un escalier qui se sépare en deux branches pour desservir les chambres disposées de part et d'autre. Qu'elles soient au rez-de-chaussée ou à l'étage, elles offrent un confort discret et soigné et une magnifique vue sur le pays. Le jardin composé d'oliviers et de garrigue embaume le thym, la lavande et le romarin. Dans le salon où les petits canapés voisinent avec les banquettes provençales, il règne comme partout ailleurs une douce quiétude. Pour dîner, vous n'aurez que l'embarras du choix. On trouve beaucoup de bonnes adresses à proximité (*L'Auberge Provençale*, *Les Micocouliers*, *La Maison d'Adeline*, le *Bistrot d'Eygalières*, etc.). Enfin, la gentillesse de l'accueil de Nathalie Calabrese achève de donner de l'agrément au lieu.

Accès (carte n° 33) : à 13 km au sud-est de Cavaillon par A 7, sortie Cavaillon, direction Saint-Rémy. Après Plan-d'Orgon, prendre direction Eygalières puis, dans le village, prendre la route d'Orgon.

Mas doù Pastré

13810 Eygalières (Bouches-du-Rhône)
Quartier Saint-Sixte
Tél. 04.90.95.92.61 - Fax 04.90.90.61.75
M. et Mme Roumanille

Ouverture toute l'année **Chambres** 14 avec tél., s.d.b. ou douche, w.c., t.v. et 5 avec minibar - réservation par écrit en juillet et août - **Prix** des chambres doubles : 400 à 750 F / 60,97 à 114,33 € ; suite (4 pers.) : 1 150 F / 175,32 € - Petit déjeuner : 60 F / 9,15 €, servi de 8 h à 10 h 30 **Carte de crédit** Visa **Divers** chiens non admis - Piscine chauffée (1er avril au 1er novembre), spa - Parking **Alentour** Les Baux ; Saint-Rémy-de-Provence ; Fontvieille - Golf de Servanes 18 trous à Mouriès **Pas de restaurant** à l'hôtel mais en été salades dans le jardin.

Madame Roumanille a aménagé ce vieux mas comme sa propre maison. Dans chaque pièce, les couleurs de la Provence habillent murs et plafonds. Il y a aussi beaucoup de vieux meubles et d'objets régionaux, des bouquets de fleurs séchées, des tableaux, gravures, chromos... Les chambres aux noms évocateurs ont chacune leur style, décorées avec le même souci de la perfection, et mille trouvailles nées de l'imaginaire des maîtres de maison y ajoutent toujours une note de bonne humeur. Vous pourrez aussi dormir dans une authentique et ancienne roulotte aux bois sculptés (elle est climatisée et dispose de tout le confort). Enfin, les excellents petits déjeuners agrémentés de jus de fruits frais sont servis dehors ou dans la belle salle à manger, et la vaisselle varie selon le lieu. Une très provençale adresse dans un paysage d'oliviers et de cyprès. *L'Auberge Provençale* est le restaurant incontournable d'Eygalières (accueil malheureusement très inégal), *Les Micocouliers*, l'adresse à la mode.

Accès (carte n° 33) : à 13 km au sud-est de Cavaillon par A 7, sortie Cavaillon, puis D 99 et D 74a.

Le Relais de la Magdeleine

13420 Gémenos (Bouches-du-Rhône)
Route d'Aix-en-Provence
Tél. 04.42.32.20.16 - Fax 04.42.32.02.26
M. et Mme Marignane

Catégorie ★ ★ ★ ★ Fermeture du 1er décembre au 15 mars **Chambres** 24 avec tél., s.d.b. ou douche, w.c. et t.v. **Prix** des chambres doubles : 690 à 890 F / 105,19 à 135,68 € ; suites : 1 200 F / 182,94 € - Petit déjeuner : 75 F / 11,43 €, servi à partir de 7 h 15 - Demi-pension : 680 à 780 F / 103,67 à 118,91 € (par pers., 3 j. min.) **Carte de crédit** Visa **Divers** chiens admis sauf à la piscine (50 F / 7,62 €) - Piscine - Parking **Alentour** Marseille ; Aix ; Cassis et les calanques - Golf de la Salette 18 trous **Restaurant** service de 12 h à 14 h, 20 h à 21 h 30 - Menu : 260 F / 39,64 € - Carte - Spécialités : galettes de grenouilles à la provençale ; pavé de canard au miel de lavande.

Après avoir quitté la route, on longe une allée de platanes centenaires, on traverse un jardin à la française dessiné par Le Nôtre, avant de découvrir cette belle bastide du début du XVIIIe siècle couverte de lierre et de roses. Hôteliers depuis trois générations, monsieur et madame Marignane sont également grands amateurs de jolies choses. C'est ainsi que les pièces de réception présentent un superbe ensemble des XVIIe et XVIIIe et que les très confortables chambres ont chacune leur décor correspondant à une époque. Au rez-de-chaussée, le restaurant, sous la direction du fils de famille, propose une cuisine provençale raffinée et sagement inventive. A quelques kilomètres de Marseille et d'Aix-en-Provence, *Le Relais de la Magdeleine* est un lieu rare, élégant, qui réussit à ne jamais tomber dans les pièges de la mode et de la "déco", et où vous trouverez toujours un accueil très sympathique.

Accès (carte n° 33) : à 23 km de Marseille par A 50, direction Toulon, sortie Aubagne-Est ou Sud, puis D 2 jusqu'à Gémenos.

Le Cadran Solaire

2001

5, rue du Cabaret-Neuf
13690 Graveson (Bouches-du-Rhône)
Tél. 04.90.95.71.79 - Fax 04.90.90.55.04 - Sophie et Olivier Guilmet
E-mail : cadransolaire@wanadoo.fr

Catégorie ★★ **Ouverture** toute l'année **Chambres** 12 avec tél. dont 10 avec s.d.b., w.c. ; 1 chambre handicapés **Prix** des chambres : 280 à 380 F / 42,69 à 48,78 € - Petit déjeuner : 40 F / 9,15 € servi de 8 h à 10 h **Carte de crédit** Visa **Divers** chiens admis (20 F / 3,04 €) - Parking **Alentour** Avignon, Tarascon, Les Baux, St-Rémy, le Pont du Gard - Golf des Baux 18 trous **Pas de restaurant** à l'hôtel.

S uccessivement relais de poste, atelier de soirie puis petit hôtel de séjour, *Le Cadran Solaire* présente l'avantage d'être à mi-chemin d'Avignon et des Alpilles. Emballés par la maison, sa terrasse et son petit jardin de village, Sophie et Olivier ont repris récemment cet établissement vieillissant. Depuis, ils débordent d'idées autant que d'énergie pour refaire peu à peu l'endroit à leur goût et lorsqu'ils auront terminé, ce sera sans doute une réussite. La grande et lumineuse salle du petit déjeuner est jonchée de beaux tapis, les tables nappées de blanc et de toile de Jouy framboise et, quand le temps est moins clément, un feu brûle dans la cheminée en pierre. Partout ailleurs, le jonc de mer recouvre les sols, des tissus raffinés éclairent les chambres parfois un peu petites mais meublées avec goût et simplicité (la 2 et la 3 conservent, pour l'instant, une atmosphère plus classique). Les salles de bains attendent leur tour pour être rénovées, mais cela ne saurait tarder (celle, toute neuve, de la chambre 14, est très jolie). Une adresse en pleine évolution, avec des prix doux et un accueil vraiment sympathique.

Accès (carte n° 33) : à 13 km au sud d'Avignon par N 570. Au centre du village, fléchage à partir de la caserne des pompiers.

Le Mas de Peint

Le Sambuc - 13200 Arles (Bouches-du-Rhône)
Tél. 04.90.97.20.62 - Fax 04.90.97.22.20 - M. Bon
E-mail : peint@avignon.pacwan.net

Fermeture du 10 janvier au 10 mars **Chambres** 8 et 3 suites climatisées avec tél., s.d.b., w.c., t.v. satellite, coffre-fort et minibar **Prix** des chambres doubles : 1 250 à 1 595 F / 190,56 à 243,16 € ; suites : 2 050 à 2 280 F / 312,52 à 347,58 € - Petit déjeuner : 105 F / 16,01 €, servi de 8 h à 10 h 30 **Cartes de crédit** acceptées **Divers** chiens admis (120 F / 18,29 €) - Piscine, location de VTT, promenades à cheval et en 4x4 - Parking **Alentour** Saintes-Maries-de-la-Mer (pèlerinage des Gitans 24 et 25 mai) ; digue de mer (30 km) ; Arles (feria de printemps et d'automne) **Restaurant** sur réservation - Service de 12 h à 13 h, 20 h à 21 h - Menus : 195 F / 29,73 € (déjeuner), 255 F / 38,87 € (dîner) - Spécialités : produits de la ferme ; taureaux de notre élevage ; riz du mas.

Vous trouverez au *Mas de Peint*, un formidable compromis entre la convivialité d'une table d'hôtes camarguaise et le confort d'un hôtel "de charme" luxueux. Jacques Bon est une figure de la Camargue ; propriétaire d'une manade réputée, il parle (et montre) avec un plaisir renouvelé de ses cinq cents hectares de terres partagées en rizières, élevage de chevaux et de taureaux. L'hôtel ressemble à une maison d'amis : pas de réception mais une entrée, avec sa grande table toujours ornée de bouquets, un canapé confortable encadré de bibliothèques. A droite, un petit salon de lecture ; à gauche un plus grand, organisé autour d'une cheminée, pour boire un verre ou discuter. Ce dernier mène à la cuisine. C'est là qu'on se retrouve pour des repas à menu unique où l'on célèbre la "bonne franquette" autour de spécialités maison. Les chambres, de dimensions peu ordinaires, ont chacune un style propre, un charme personnel. Une adresse qu'on aimerait garder secrète.

Accès (carte n° 33) : à 20 km au sud d'Arles par D 36, direction Salin-de-Giraud ; à la sortie du Sambuc, 3 km à gauche.

L'Oustaloun

13520 Maussane-les-Alpilles (Bouches-du-Rhône)
Place de l'Eglise
Tél. 04.90.54.32.19 - Fax 04.90.54.45.57
M. et Mme Fabregoul

Catégorie ★★ Fermeture du 8 janvier au 15 février **Chambres** 10 avec tél., s.d.b. ou douche, w.c., 6 avec t.v. **Prix** des chambres doubles : 295 à 420 F / 44,97 à 64,12 € - Petit déjeuner : 40 F / 6,10 €, servi de 7 h 40 à 9 h 30 **Cartes de crédit** Amex, Visa **Divers** chiens admis - Parking fermé **Alentour** Avignon ; Arles ; Saint-Rémy-de-Provence ; Les Baux et Val d'Enfer ; moulin d'Alphonse Daudet à Fontvieille - Golf 9 trous aux Baux ; golf de Servanes 18 trous à Mouriès **Restaurant** service de 12 h 15 à 13 h 30, 19 h 15 à 21 h 30 - Menus : 110 F / 16,77 € (déjeuner), 160 à 210 F / 24,39 à 32,01 € - Carte - Spécialités provençales.

Après avoir été une abbaye au XVIe siècle, la première mairie du village, en 1792, puis la gendarmerie et la prison, *L'Oustaloun* est devenu une typique petite auberge provençale, installée, comme il se doit, au bord d'une place avec platanes et fontaine. Les chambres souvent exiguës sont mignonnes, confortables, toujours décorées avec des tissus provençaux et un meuble ancien ; toutes les salles de bains ont été refaites. L'une des deux salles à manger rustiques est l'ancienne "chapelle" ; dans la seconde, on pressait les olives. Dès les beaux jours, l'hôtel déborde sur le centre de la place et on y installe un bar-terrasse où l'ombre des larges parasols se mêle à celle des grands platanes. Une attachante adresse à quelques minutes des Baux, qui pratique des prix raisonnables et où l'accueil est plus que sympathique.

Accès (carte n° 33) : à 40 km au sud d'Avignon par A 7, sortie Cavaillon, puis D 99 jusqu'à Saint-Rémy et D 5.

Le Pré des Baux

13520 Maussane-les-Alpilles (Bouches-du-Rhône)
8, rue du Vieux-Moulin
Tél. 04.90.54.40.40 - Fax 04.90.54.53.07
M. et Mme Pinchinat

Catégorie ★★★ Fermeture de début novembre à mi-mars **Chambres** 10 climatisées et accessibles aux handicapés avec tél., s.d.b. ou douche, w.c. et t.v. **Prix** des chambres doubles : 500 à 700 F / 76,22 à 106,71 € - Lit suppl. : 100 F / 15,24 € - Petit déjeuner : 60 F / 9,15 €, servi de 8 h à 11 h **Cartes de crédit** Amex, Visa **Divers** chiens admis (30 F / 4,57 €) - Piscine - Parking fermé **Alentour** Les Baux-de-Provence ; Alpilles ; Camargue - 2 golfs à 6 km **Pas de restaurant** à l'hôtel.

Depuis sa création, il y a une dizaine d'années, *Le Pré des Baux* réussit cette gageure d'être à la fois un hôtel de village et une véritable petite oasis de verdure, pleine de tranquillité. Les dix chambres de plain-pied sont disposées autour de la piscine, on y accède par une coursive à l'arrière, ce qui permet une circulation discrète. Claires avec leurs murs et leur sol blanc, elles sont égayées par les fauteuils en rotin coloré du petit coin-salon. Les salles de bains sont agréables et soignées. Chaque chambre dispose d'une petite terrasse ombragée donnant sur le jardin qui entoure la piscine. Il règne ici un grand calme reposant. La disponibilité de monsieur Pinchinat et ses précieux conseils en font un lieu de séjour particulièrement bien choisi pour découvrir les merveilles de la région : de la Camargue à Avignon, de Saint-Rémy à Aix-en-Provence, les buts de promenade ne manquent pas. Pour dîner tout près, *La Petite France* ou *Le Margaux* et, bien sûr, toutes les bonnes adresses gastronomiques de la région.

Accès (carte n° 33) : à 40 km au sud d'Avignon par A 7, sortie Cavaillon, puis D 99 jusqu'à Saint-Rémy. A Maussane depuis Saint-Rémy ; l'hôtel se trouve à 50 m à droite, sur le petit chemin en face du stop.

La Maison - Domaine de Bournissac

2001

Montée d'Eyragues
13550 Paluds de Noves (Bouches-du-Rhône)
Tél. 04.90.90.25.25 - Fax 04.90.90.25.26 - Mme Zéau
Web : lamaison-a-bournissac.com

Catégorie ★★★ **Fermeture** janvier et février **Chambres** 11 et 2 suites avec climatisation, tél., s.d.b., w.c. et t.v. satellite ; 1 chambre handicapés **Prix** des chambres : 600 à 1 200 F / 92 à 184 € ; suites : 1 200 à 1 400 F / 184 à 214 € - Petit déjeuner : 70 F / 10,67 € - Demi-pension : 600 à 900 F / 92 à 138 € (par pers.) **Cartes de crédit** Visa, Amex **Divers** chiens admis (50 F / 7,62 €) - Piscine - Parking **Alentour** Les Baux, Avignon, Camargue - Golf de Mouriès 18 trous **Restaurant** service de 12 h à 13 h 45 et de 19 h 30 à 21 h 30 - Menus : 160 F / 16,77 € (midi), 220 et 380 F / 33,54 à 48,78 € - Carte - Spécialités : millefeuilles d'oreillettes aux mendiants caramélisés.

Pourquoi "La Maison" ? Voilà, peut-être, le seul mystère de ce bel endroit qui souffre encore d'un manque de personnalité. Dès l'entrée, ouverte sur un grand patio, les sols, les tissus, les livres et les objets flattent l'œil. Les plantes séchées, les meubles décapés, le jonc de mer, les petits cadres en bois brut, les draps en métis, les salles de bains en marbre vieilli, les teintes qui se déclinent en blanc, en beige, en mastic... rivalisent de beauté et s'accordent à vous donner l'impression d'être dans les photos les plus réussies des revues de décoration actuelles. L'excellent petit déjeuner est à prendre sur la terrasse surplombant un superbe paysage où le jardin de plantes aromatiques, la piscine et les terrasses se succèdent par niveaux, délimités au loin par les Alpilles. Evitez les deux chambres qui donnent sur le parking, ne vous formalisez pas d'un accueil pas toujours très professionnel, et découvrez impérativement la cuisine fine et savoureuse d'Hervé Gely.

Accès (carte n° 33) : A 7 sortie Avignon-sud vers Noves puis route de Saint-Rémy par D 30 puis D 29 vers Eyragues.

Le Berger des Abeilles

13670 Saint-Andiol (Bouches-du-Rhône)
Tél. 04.90.95.01.91 - Fax 04.90.95.48.26
Mme Grenier
E-mail: abeilles13@aol.com

Catégorie ★★ Fermeture de janvier au 10 février **Chambres** 9 avec tél., s.d.b. ou douche et t.v. **Prix** des chambres simples : 320 F / 48,78 € ; doubles : 400 à 490 F / 60,98 à 74,70 € - Petit déjeuner : 64 F / 9,76 €, servi de 8 h 30 à 10 h - Demi-pension : 550 F / 83,85 € (pour 1 pers.), 920 F / 140,25 € (pour 2 pers., 3 j. min.) **Cartes de crédit** Amex, Visa **Divers** chiens admis (50 F / 7,62 €) - Parking **Alentour** Les Baux ; Saint-Rémy-de-Provence ; Avignon **Restaurant** service de 12 h 30 à 13 h 30, 20 h à 21 h 30 - Fermé dimanche soir et lundi sauf pour résidents - Menus : 180 à 260 F / 27,44 à 39,64 € - Carte - Spécialités provençales, mousse au miel de lavande et vieux marc.

*L*e *Berger des Abeilles* est un nom charmant qui illustre bien l'esprit de ce petit hôtel aussi accueillant que possible. Il n'y a que huit chambres, ce qui permet aux propriétaires d'accorder à chacun une amicale prévenance. Vous serez confortablement et impeccablement installés, mais choisissez en priorité les deux nouvelles chambres, "Maya" et "Marie" ; installées dans le jardin, elles profitent d'un décor plus jeune et disposent chacune d'une terrasse de plain-pied. Dans la maison, notre préférence va à "Alexia" ou "Caroline". D'une façon générale, leur aménagement est soigné et basé sur quelques meubles anciens ou de style. Madame Grenier est aux fourneaux, sa cuisine jouit d'une excellente réputation. Vous dînerez dans une jolie salle à manger rustique ou dehors, à l'ombre d'un platane gigantesque. Enfin, la rumeur de la nationale, étouffée par une luxuriante végétation, ne parvient que péniblement dans le jardin de l'hôtel et ne franchit pas l'épaisseur des murs. Une bonne étape.

Accès (carte n° 33) : à 13 km au sud d'Avignon par N 7 (à 2 km au nord de Saint-Andiol). Sur A 7, sortie Avignon-sud, direction Cabannes, à 5 km au sud, direction Salon, Marseille.

Mas de Fauchon

2001

Lieu-dit "Fauchon"
13760 Saint-Cannat (Bouches-du-Rhône)
Tél. 04.42.50.61.77 - Fax 04.42.57.22.56 - Nicole Pardigon-Chouchanian
E-mail : mas-de-fauchon@wanadoo.fr - Web : mas-de-fauchon.fr

Ouverture toute l'année **Chambres** 9 climatisées avec tél. direct, s.d.b. et t.v. ; 1 chambre handicapés **Prix** des chambres doubles : 600 à 850 F / 91,47 à 129,58 € - Petit déjeuner : 65 F / 9,91 €, servi de 8 h à 10 h - Demi-pension : 980 à 1 350 F (pour 2 pers.) **Cartes de crédit** Visa, Amex **Divers** chiens admis - Piscine - Parking **Alentour** Aix-en-Provence, les Alpilles - Golf de Pont-Royal 18 trous **Restaurant** service de 12 h à 13 h 30, 19 h 30 à 21 h 30 - Menus : 150 à 295 F / 22,87 à 44,97 € - Carte - Spécialitées : croustillant de Saint-Jacques ; gibier en saison.

Jusqu'à présent, les clients du restaurant qui venaient ici pour la cuisine traditionnelle, le calme et l'isolement, trouvaient dommage de ne pas pouvoir y rester dormir. En effet, le *Mas de Fauchon* est totalement isolé et merveilleusement placé entre le Luberon, les Alpilles et la montagne Sainte-Victoire. Madame Pardigon s'est finalement laissé convaincre et a édifié, un peu à l'écart dans la pinède, une maison de plain-pied abritant neuf grandes et confortables chambres, chacune agrémentée d'une petite terrasse privée. L'esprit provençal a servi de base à leur décor, mais toutes ont été meublées différemment. Les styles et les coloris changent, les tissus sont souvent signés Pierre Frey, et le tout donne une impression harmonieuse, tout à fait au goût du jour. Les salles de bains sont également très réussies et les rangements bien pensés. De bons petits déjeuners sont préparés sur place par Pascale, aussi gentille qu'efficace, et servis sur une grande terrasse fleurie. Une belle adresse pour un séjour.

Accès (carte n° 33) : A 7 sortie Senas direction Aix-en-Provence par RN 7.

Les Ateliers de l'Image

2001

5, avenue Pasteur
13210 Saint-Rémy-de-Provence (Bouches-du-Rhône)
Tél. 04.90.92.51.50 - Fax 04.90.92.43.52 - Antoine et Nathalie Godard
Web : hotelphoto.fr - E-mail : ateliers.images@pacwam.fr

Catégorie ★★★ Ouverture toute l'année **Chambres** 16 avec ascenceur, tél., s.d.b., w.c. et t.v. satellite ; 2 chambres handicapés **Prix** des chambres : 560 à 660 F / 85,37 à 100,62 € - Petit déjeuner : 70 F / 10,67 €, servi de 8 h à 10 h 30 **Cartes de crédit** Visa, Amex **Divers** chiens non admis - Piscine, labo et stages photos, massages les jeudis et vendredis - Parking (5 places) **Alentour** Avignon ; Alpilles ; Camargue ; baptême de l'air en planeur **Pas de restaurant** à l'hôtel.

Caché au fond d'une impasse en plein cœur de Saint-Rémy, voici un lieu inattendu d'espace et de paix. Passionnés de photo, Nathalie et Antoine ont fait entrer la lumière dans les volumes d'un cinéma désaffecté. Ils ont su donner de la chaleur à un style résolument contemporain et ont réussi l'alliance du confort et de l'art. Les chambres, ombragées de claustras en bois clair, sont toutes semblables (seules les dimensions changent), le verre sablé des lampes de chevet se retrouve dans les étagères des belles salles de bains blanches aux murs ocre jaune ou ocre rouge. Le matin, dans le hall à l'acoustique parfaite (des concerts, classique ou jazz, sont régulièrement organisés) le buffet vaut à lui seul une mention spéciale : thés en feuille, fruits secs, céréales, fromages, saumon fumé, fruits frais, pains délicieux, etc., sont à déguster à profusion. Installés dans de confortables fauteuils tournés vers le patio au milieu duquel la piscine joue avec le soleil, c'est le moment idéal pour profiter de cet espace harmonieux. L'accueil est discret (Nathalie est peut-être un peu timide ?) autant que gentil et souriant. Un endroit original qui mérite vraiment que l'on s'y arrête.

Accès (carte n° 33) : dans le centre-ville, suivre les signalisations d'hôtels.

Château de Roussan

13210 Saint-Rémy-de-Provence (Bouches-du-Rhône)
Tél. 04.90.92.11.63 - Fax 04.90.92.50.59
Mme McHugo
E-mail : chateau.de.roussan.@wanadoo.fr

Ouverture toute l'année **Chambres** 21 avec tél., s.d.b. ou douche et w.c. ; accès handicapés **Prix** des chambres doubles : 460 à 630 F / 70,13 à 96,04 € - Petit déjeuner : 60 à 80 F / 9,15 à 12,20 €, servi de 8 h à 11 h - Demi-pension : 415 à 575 F / 63,27 à 87,66 € (par pers., 3 j. min.) **Cartes de crédit** Amex, Visa **Divers** chiens admis - Parking **Alentour** muséon Frédéric-Mistral à Maillane - Golf de Servanes 18 trous **Restaurant** fermé à midi, en hiver - Service de 12 h à 14 h, 19 h 30 à 21 h 30 - Menus-carte : 145 à 170 F / 22,11 à 25,92 €.

Une allée de platanes séculaires, immuables comme le temps en ces lieux, conduit jusqu'à cette splendide folie édifiée au début du XVIIIe siècle par les marquis de Ganges à la place d'une métairie de leur aïeul Nostradamus. Hôtel, le château n'en conserve pas moins tout son caractère. Les salons, la salle à manger, la bibliothèque gardent un beau mobilier ancien ; murs et linteaux de porte sont ornés de bas-reliefs, les sols sont en parquet ou en vieille terre cuite, enfin, les chambres également meublées d'ancien, présentent souvent d'amusants cagibis et des lits en alcôve. Rénovées depuis peu, elles offrent toutes un décor différent ; on a su préserver ici le caractère et l'atmosphère des demeures d'autrefois tout en y assurant un bon confort. Seules restrictions : "bleue" nous plaît moins car sa salle d'eau mériterait à son tour d'être refaite et "blanche", bien que mignonne, nous semble un peu simple. Vaste et paisible parc avec une serre, un bassin et une pièce d'eau terminée par un îlot où le riche marquis devait donner des soupers galants. Accueil aimable, un peu rigide parfois.

Accès (carte n° 33) : à 14 km à l'ouest de Cavaillon par A 7, sortie Cavaillon, puis D 99 ; à 2 km de Saint-Rémy, route de Tarascon.

Château des Alpilles

13210 Saint-Rémy-de-Provence (Bouches-du-Rhône)
Ancienne route des Baux
Tél. 04.90.92.03.33 - Fax 04.90.92.45.17 - Mmes Bon
E-mail : chateau.alpilles@wanadoo.fr

Catégorie ★★★★ **Fermeture** du 12 novembre au 22 décembre et du 6 janvier au 15 février
Chambres 15 climatisées, 4 suites et 1 petite maison, avec tél., s.d.b., w.c., t.v. et minibar **Prix** des
chambres : 1 000 à 1 250 F / 152,45 à 190,56 €; suites : 1 520 à 1 790 F / 231,72 à 272,88 €;
maison : 1 630 à 2 150 F / 248,49 à 327,77 € - Petit déjeuner : 95 F / 14,48 €, servi de 7 h 30 à
11 h 30 **Cartes de crédit** acceptées **Divers** chiens admis (50 F / 7,62 €) - Piscine, tennis, sauna -
Parking **Alentour** : muséon Frédéric-Mistral à Maillane; Eygalières; Les Baux; Avignon; Arles - Golfs
des Baux 9 trous et de Servanes 18 trous **Restaurant** sur réservation - Menu : 215 F / 32,78 € - Carte.

Construit au début du xixe siècle par une des plus vieilles familles d'Arles, le château devient à cette époque le lieu de rencontre des hommes politiques et des écrivains séjournant dans la région. Le salon, le bar, la salle à manger, richement décorés de stucs, de trumeaux et de glaces en bois clair, sont des pièces très accueillantes et très ouvertes sur le jardin. Leur mobilier contemporain (canapés ou fauteuils gainés de cuir vieux rouge) s'harmonise bien avec ce décor; seul l'impressionnant ensemble blanc de la salle à manger ravira les amoureux du style *Knoll* mais en choquera peut-être d'autres moins sensibles aux années 1970. Les chambres sont beaucoup plus classiques avec leur mobilier ancien ou de style, leur décoration chaleureuse, toujours très soignée, et leurs grandes salles de bains fonctionnelles. Si vous désirez rester le soir à l'hôtel, on vous servira une cuisine simple mais raffinée. Le grand parc, qui abrite piscine et tennis, est planté d'arbres centenaires et d'essences rares.

Accès (carte n° 33) : à 14 km à l'ouest de Cavaillon par A 7, sortie Cavaillon, puis D 99 ; à 1 km de Saint-Rémy-de-Provence.

Domaine de Valmouriane

13210 Saint-Rémy-de-Provence (Bouches-du-Rhône)
Petite route des Baux
Tél. 04.90.92.44.62 - Fax 04.90.92.37.32 - Famille Strahle
E-mail : domdeval@wanadoo.fr

Catégorie ★★★★ **Ouverture** toute l'année **Chambres** 14 climatisées avec tél., s.d.b., w.c., minibar, coffre-fort, t.v. satellite et Canal+ ; ascenseur, 1 chambre handicapés **Prix** des chambres doubles (selon saison) : 640 à 1 400 F / 97,57 à 213,43 € ; familiales : 1 210 à 1 600 F / 184,46 à 243,92 € - Petit déjeuner : 75 F / 11,43 €, servi de 7 h à 10 h 30 - Demi-pension : + 300 F / 45,73 € (par pers.) **Cartes de crédit** acceptées **Divers** chiens admis (50 F / 7,62 €) - Piscine, tennis - Parking gardé **Alentour** muséon Frédéric-Mistral - Golf 18 trous à Mouriès **Restaurant** service de 12 h 15 à 13 h 30, 19 h 45 à 21 h 30 - Menus à 160 F / 24,39 € (en semaine à midi), 230 et 290 F / 35,06 et 44,21 € - Carte - Spécialités : mini-ratatouille en croûte de raviolis ; foie gras fumé.

A u cœur d'un vallon protégé par les Alpilles, entouré de grands pins et d'un ravissant jardin de rocailles composé de plantes méditerranéennes, Le *Domaine de Valmouriane* apparaît comme une grosse bastide aux murs épais où règne une véritable atmosphère de maison. Le luxe raffiné des quatorze chambres (deux bénéficient d'une terrasse, trois autres, au rez-de-chaussée disposent d'une entrée indépendante), nous rappelle qu'ici tous les services sont de grande qualité. Le petit bar chaleureux aux boiseries sombres, l'immense salon du premier étage, la terrasse sont autant de lieux dédiés au repos et au plaisir. Les plus courageux pourront faire une partie de tennis avant de se rafraîchir dans la belle piscine abritée du vent. Le restaurant n'est pas non plus le moindre des atouts de ce séduisant hôtel : vous y goûterez une cuisine inventive et légère, aux saveurs de Provence. Accueil courtois et attentif.

Accès (*carte n° 33*) : *A 7, sortie Cavaillon, puis D 99. Juste avant Saint-Rémy prendre vers Beaucaire, puis D 27 vers Les Baux. Hôtel à 2 km.*

Le Mas des Carassins

13210 Saint-Rémy-de-Provence (Bouches-du-Rhône)
1, chemin Gaulois
Tél. 04.90.92.15.48 - Fax 04.90.92.63.47
M. Michel Dimieux

Catégorie ★★★ **Fermeture** de janvier à fin mars **Chambres** 13 (8 climatisées) avec tél., s.d.b., w.c., minibar et t.v. satellite; accès handicapés **Prix** des chambres doubles: 400 à 695 F / 60,98 à 105,95 € - Petit déjeuner-buffet: 62 F / 9,45 €, servi de 8 h à 10 h **Cartes de crédit** Visa, Eurocard et MasterCard **Divers** chiens non admis - Piscine en projet - Parking fermé **Alentour** muséon Frédéric-Mistral à Maillane; Eygalières; Les Baux; Avignon; Arles - Golf 9 trous aux Baux; golf de Servanes 18 trous à Mouriès **Pas de restaurant** à l'hôtel mais grill pour le déjeuner.

Ce vieux mas du milieu du XIXᵉ siècle abrite aujourd'hui un petit hôtel de famille avec dix chambres. Situé un peu à l'écart du centre de Saint-Rémy-de-Provence, dans ce qui est devenu le quartier résidentiel, *Le Mas des Carassins* et son joli jardin semblent cependant être en pleine campagne. Les chambres sont toutes différentes. Vous pourrez choisir par exemple "La Magnaneraie", chambre très rustique aux murs de pierres apparentes, ou "la Jassé". Une jolie salle à manger et une agréable petite salle de séjour (salon t.v.), meublées en rotin, complètent le cadre. Pas de restaurant mais, si vous restez le soir à l'hôtel, on vous préparera un petit en-cas. Dans le village, vous pourrez dîner aux *Bistrot des Alpilles*, *Café des Arts*, *Jardin de Frédéric*, *Chez Xa*, à l'*Orangerie* et à *La Serre*. A quelques kilomètres, *L'Oustalet Maïanen* à Maillane.

Accès (carte n° 33): à 14 km à l'ouest de Cavaillon par A 7, sortie Cavaillon, puis D 99. Suivre "Les Baux", l'hôtel est à 3 mn du centre, chemin Gaulois.

Hostellerie de Cacharel

13460 Saintes-Maries-de-la-Mer (Bouches-du-Rhône)
Route de Cacharel
Tél. 04.90.97.95.44 - Fax 04.90.97.87.97 - M. Colomb de Daunant
E-mail : mail@hotel-cacharel.com - Web : hotel-cacharel.com

Catégorie ★★★ **Ouverture** toute l'année **Chambres** 15 avec tél., s.d.b. ou douche et w.c. **Prix** des chambres : 610 F / 92,99 € - Petit déjeuner : 60 F / 9,15 €, servi de 8 h à 10 h **Carte de crédit** Visa **Divers** chiens admis - Piscine, randonnées à cheval - Parking **Alentour** église (reliques) des Saintes-Maries-de-la-Mer ; pèlerinage des Gitans (24 et 25 mai) ; digue de mer (30 km) ; Arles - Golf de Servanes 18 trous à Mouriès **Petite restauration** 90 F / 13,72 € l'assiette campagnarde.

Amateurs de nature, de grands espaces et d'authenticité, voici l'hôtel qu'il vous faut. Situé dans la réserve de Camargue, au milieu des étangs, des herbages et des marais, le mas semble être ici depuis toujours. Vous en apprécierez l'impression d'ancienneté dans la salle commune, lorsque le feu brûle dans l'immense cheminée encadrée par deux petits bancs de pierre. Utilisée pour les petits déjeuners et pour une restauration légère, cette vaste et haute pièce dispose d'un coin-salon. Vous y admirerez les très belles photographies de paysages camarguais et des scènes de corridas réalisées par le père du propriétaire ; et si vous questionnez monsieur Colomb sur les richesses culturelles et les bons restaurants de la région, vous bénéficierez de conseils précieux pour découvrir la vraie Camargue. De plain-pied sur un jardin ombragé, les chambres sont de belle taille, leurs fenêtres ouvrent sur un paysage sauvage et fascinant. Elégantes, sobres, à dominante blanche, elles sont des plus agréables. Vous profiterez aussi d'une immense piscine abritée par un périmètre de murs blancs et des bons chevaux réservés aux clients de l'hôtel. Une très belle et authentique adresse de séjour.

Accès (carte n° 33) : à 38 km au sud-ouest d'Arles ; à 4 km au nord des Saintes-Maries-de-la-Mer par D 85a, dite route de Cacharel.

Mas du Clarousset

13460 Saintes-Maries-de-la-Mer (Bouches-du-Rhône)
Route de Cacharel
Tél. 04.90.97.81.66 - Fax 04.90.97.88.59 - Mme Eysette

Catégorie ★★★ Fermeture du 15 novembre au 18 décembre **Chambres** 10 avec tél., s.d.b., w.c., t.v. et minibar **Prix** des chambres : 780 à 970 F / 118,91 à 147,88 € - Petit déjeuner : 60 F / 9,15 €, servi de 7 h à 11 h - Demi-pension : 960 à 1 510 F (1 à 3 pers.) / 146,35 à 230,20 € **Cartes de crédit** acceptées **Divers** chiens admis (50 F / 7,62 €) - Piscine, soirées gitanes (sur demande) - Garage individuel **Alentour** église (reliques) des Saintes-Maries-de-la-Mer ; pèlerinage des Gitans (24 et 25 mai) ; feria du Cheval (9 au 14 juillet) ; digue de mer (30 km) ; réserve de Camargue et Musée camarguais ; Arles - Golf de la Grande Motte 18 trous **Restaurant** service de 12 h à 14 h (sur réservation), 20 h à 22 h - Fermé du lundi midi au mardi midi - Menus : 180 à 350 F / 27,44 à 53,36 € - Carte - Spécialités : sufrigi aux croûtons ; terrine de canard sauvage.

Vivre dans l'esprit provençal, garder la mémoire de Frédéric Mistral qui a fait connaître cette culture… c'est au *Mas du Clarousset* que vous le pourrez. Henriette est l'âme de cette maison, ce sont ses meubles de famille décorent le chaleureux coin-cheminée du salon et c'est elle qui officie en cuisine pour concocter quelques bonnes spécialités locales. A moins que vous ne soyez en demi-pension, mieux vaut réserver votre table si vous décidez d'y dîner. Les dix chambres en rez-de-chaussée s'alignent le long d'une annexe. Confortables, sobrement aménagées et personnalisées par une commode ancienne, elles ouvrent toujours sur une terrasse couverte donnant à perte de vue sur la Camargue. Henriette, qui connaît tout de sa région, saura vous donner toutes les adresses secrètes du pays. Un petit hôtel à taille humaine, qui vous charmera par la qualité de son accueil.

Accès (carte n° 33) : à 38 km au sud-ouest d'Arles ; puis D 85a, à 7 km des Saintes-Maries.

Logis du Guetteur

83460 Les Arcs-sur-Argens (Var)
Place du Château
Tél. 04.94.99.51.10 - Fax 04.94.99.51.29
M. Callegari

Catégorie ★★★ **Fermeture** du 15 janvier au 13 mars **Chambres** 12 climatisées avec tél., s.d.b. ou douche, w.c., t.v. et minibar **Prix** des chambres doubles : 600 à 880 F / 91,47 à 134,16 € - Petit déjeuner : 68 F / 10,38 €, servi de 8 h à 10 h 30 - Demi-pension : 580 F / 88,42 € (par pers., 2 j. min.) **Cartes de crédit** acceptées **Divers** chiens admis (30 F / 4,57 €) - Piscine - Parking **Alentour** chapelle Sainte-Roseline à 4 km des Arcs ; château d'Entrecasteaux ; abbaye du Thoronet ; Seillans ; musée Simon-Segal à Aups - Golf de Saint-Endreol **Restaurant** service à 12 h et 19 h 15 - Menus : 150 à 350 F / 22,87 à 53,36 € - Carte - Spécialités : saumon fourré à l'écrevisse ; Saint-Jacques au beurre de muscat ; pigeon de ferme aux truffes ; ris de veau aux oranges ; bourride.

L'ancien château de Villeneuve, datant du XIᵉ siècle et restauré en 1970, est devenu aujourd'hui le *Logis du Guetteur*. Il existe encore, tel qu'au Moyen Age, dans son appareillage rustique de pierres brutes, comme si les siècles l'avaient épargné. A l'arrivée, dès le porche franchi, la cour ronde au centre de laquelle subsiste un vieux puits embrasse magnifiquement toute la région. Nul risque pourtant d'invasions vous surprenant au réveil, dans le confort des chambres disposant toutes d'une vue panoramique sur les environs. Il n'y a plus qu'à se laisser prendre par le charme des lieux : salle à manger installée dans les caves, terrasse couverte où l'on dîne l'été et offrant une superbe vue sur les toits du village et le campanile ; agréable piscine. Enfin, la cuisine est appétissante et l'accueil plein de gentillesse.

Accès (carte n° 34) : à 12 km au sud de Draguignan par N 555 et D 555 ; dans le village médiéval.

Hostellerie de la Reine Jeanne

RN 98 - Forêt du Dom
83230 Bormes-les-Mimosas (Var)
Tél. 04.94.15.00.83 - Fax 04.94.64.77.89 - M. Roux - Mme Héry

Catégorie ★★★ Fermeture en janvier **Chambres** 8 avec tél., s.d.b. ou douche, w.c., t.v. satellite, coffre-fort et minibar **Prix** des chambres simples et doubles : 750 à 830 F / 114,34 à 126,53 € - Petit déjeuner : 75 F / 11,43 € - Demi-pension : 600 à 620 F / 91,47 à 94,52 € (par pers., 3 j. min.) **Carte de crédit** Visa **Divers** chiens admis sur demande - Piscine - Parking **Alentour** chartreuse de la Verne - forêt du Dom - Golfe de Saint-Tropez **Restaurant** service à 12 h et 19 h 30 - Fermé dimanche soir et lundi midi hors saison - Menus : 170 à 300 F / 25,92 à 45,73 € - Carte.

Située en pleine forêt, le long d'une route qui serpente longuement vers Saint-Tropez, cette hostellerie a su installer ses chambres à l'écart, de manière à ce qu'elles ne souffrent aucunement de la circulation. Spacieuses, gaies et très confortablement aménagées dans un style souvent rétro, toutes donnent sur un bois de résineux et de chênes-lièges précédé d'un petit jardin et non loin d'un bassin à jeux d'eau. Trois d'entre elles ouvrent de plain-pied sur la verdure, les autres disposent d'une terrasse. L'ensemble des bâtiments s'organise autour d'un vaste patio superbement aménagé et terminé par un auvent qui héberge un immense grill et une… rutilante Harley-Davidson. Ce dernier ne se contente pas d'être l'un des éléments clés du décor, mais à l'heure des repas il se fait odorant, rougeoyant, et l'on a bien du mal à résister à l'appel gourmand du cochon de lait qui tourne lentement à la broche (nous vous recommandons d'ailleurs surtout les grillades qui sont la vraie spécialité du lieu). Une agréable adresse à mi-chemin entre Toulon et Saint-Tropez et amoureusement tenue par madame Héry. Ambiance et accueil décontractés.

Accès (carte n° 34) : à 42 km de Toulon ; direction Hyères-Saint-Tropez par N 98 (forêt du Dom).

Hostellerie Bérard

83740 La Cadière-d'Azur (Var) - Rue Gabriel-Péri
Tél. 04.94.90.11.43 - Fax 04.94.90.01.94 - Mme Bérard
E-mail: berard@hotel-berard.com - Web: hotel-berard.com

Catégorie ★★★ Fermeture du 4 janvier au 4 février **Chambres** 40 climatisées avec tél., s.d.b., w.c., minibar et t.v. **Prix** des chambres: 480 à 800 F / 73,18 à 121,96 €; suites: 900 à 1 200 F / 137,20 à 182,94 € - Petit déjeuner: 90 F / 13,72 €, servi de 7 h 30 à 9 h 30 **Cartes de crédit** acceptées **Divers** chiens admis sauf dans les chambres (40 F / 6,10 €) - Piscine, sauna (massages), stages-cuisine et aquarelles - Parking et garage **Alentour** Cassis; îles de Porquerolles; Bandol; Le Castellet; plages à 3 km - Golf de la Frégate 18 trous à Saint-Cyr-sur-Mer **Restaurant** service de 12 h 30 à 14 h, 19 h 30 à 21 h 30 - Fermé lundi midi, samedi midi et du 4 janvier au 4 février - Menus: 85 à 120 F / 12,96 à 18,29 € (midi) et 180 à 450 F / 27,44 à 68,60 € - Carte - Spécialités: lotte piquée aux anchois frais; filet de bœuf au mourvèdre et fondue d'échalotes; moelleux chocolat-griottes.

Il faut arriver dans ce joli village le jour du marché, le jeudi, quand tout le monde se retrouve à la terrasse du café. L'hostellerie profite de cette animation, mais possède aussi un jardin très calme, derrière ses vieux murs médiévaux. Les chambres de l'ancien couvent y sont grandes, fraîches en été, décorées dans des tons bruns et assorties de belles salles de bains couvertes de carreaux de Salernes. A la "bastide", les chambres sont plus classiques, mais aussi plus colorées avec leurs très beaux tissus provençaux. Toutes sont confortables et bien meublées. On peut choisir sa vue: les toits, le jardin, les remparts, le village ou la plaine, avec au loin le village du Castellet. Grâce à la cuisine de monsieur Bérard qui se fait un honneur de n'utiliser que les produits régionaux, sa table est une des meilleures de Provence. Une adresse pleine de bonne humeur grâce à l'accueil sympathique de Danièle Bérard et de sa fille.

Accès (carte n° 34): à 20 km à l'ouest de Toulon par A 50, sortie n° 11, La Cadière-d'Azur.

Hostellerie Les Gorges de Pennafort

RD 25 - 83830 Callas (Var)
Tél. 04.94.76.66.51 - Fax 04.94.76.67.23
M. Philippe Da Silva

Catégorie ★★★ **Fermeture** du 15 janvier au 15 mars, dimanche soir et lundi en basse saison **Chambres** 12 et 4 suites, climatisées avec tél., s.d.b., t.v. satellite et minibar **Prix** des chambres : 620 à 850 F / 94,53 à 129,58 € ; suites : 950 à 1 100 F / 144,83 à 167,69 € - Petit déjeuner : 85 F / 12,96 €, servi de 8 h à 10 h - Demi-pension : 600 à 780 F / 91,47 à 118,91 € (par pers., 2 j. min.) **Cartes de crédit** Amex, Visa **Divers** chiens admis (50 F / 7,62 €) - Piscine, VTT, tennis - Parking **Alentour** Le Malmont ; villages de Bargemon, Seillans, Salernes, Tourtour, Aups (musée Simon-Segal) ; Les Arcs (chapelle Sainte-Roseline) ; château d'Entrecasteaux ; abbaye du Thoronet **Restaurant** service de 12 h à 14 h, 19 h 30 à 22 h - Fermé lundi en haute saison - Menus : 190 F / 28,97 € (midi en semaine), 265 à 370 F / 40,40 à 56,41 € - Carte - Spécialités : raviolis de langoustines ; morue fraîche aux pommes de terre et marjolaine ; carré d'agneau et gâteau d'aubergines ; coupe d'oranges en gelée, sabayon et sorbet au xérès.

Si vous arrivez de nuit dans ce petit cirque rocheux, vous serez saisis par le spectacle des arbres, des falaises et de la pièce d'eau, éclairés par des projecteurs bien dissimulés. Devancé par un jardin fleuri et soigné, l'hôtel occupe le centre des gorges. De beaux tissus imprimés tendus sur les murs et un mobilier en bois cérusé décorent les chambres. Celles-ci sont sagement modernes, impeccables, très confortables, avec des salles de bains rutilantes. Les salons, le bar et la salle à manger, où l'on dîne fort bien, sont traités dans le même esprit. Très agréable terrasse ombragée et service attentif toujours parfaitement professionnel.

Accès (carte n° 34) : à 20 km au nord-est de Draguignan par D 56 et D 25. Sur A 8, sortie Le Muy et D 25.

Château de Valmer

83420 La Croix-Valmer (Var)
Route de Gigaro
Tél. 04.94.79.60.10 - Fax 04.94.54.22.68 - Mme Jouanny
E-mail : chatvalmer@aol.com - Web : chateau-valmer.com

Catégorie ★★★ **Fermeture** d'octobre à mars **Chambres** 42 climatisées avec tél., s.d.b., w.c., t.v. et coffre-fort ; ascenseur, accès handicapés **Prix** des chambres doubles : 960 à 1 805 F / 146,35 à 275,17 € - Petit déjeuner-buffet : 100 F / 15,24 €, servi à partir de 8 h **Cartes de crédit** Amex, Visa **Divers** chiens admis (50 F / 7,62 €) - Piscine, tennis, plage privée - Parking fermé **Alentour** golfe de Saint-Tropez ; îles de Porquerolles et Port-Cros **Restaurant** service de 12 h 30 à 15 h, 19 h 30 à 21 h - Déjeuner : petite carte provençale - Menu du marché : 265 F / 40,40 € - Carte.

Demeure de grand luxe, aussi élégante que confortable, le *Château de Valmer* est situé sur les hauteurs, au milieu d'un vignoble de cinq hectares traversé par une palmeraie centenaire qui descend vers une plage privée. L'intérieur a été magnifiquement rénové. Dans les salons, les meubles anciens côtoient de profonds canapés recouverts d'élégants tissus imprimés dont les couleurs se combinent avec les rideaux et les peintures. Les chambres sont toutes belles et impeccables, dotées de salles de bains de grand standing. Leur prix varie selon leur taille et la vue sur laquelle elles donnent. Des terrasses à colonnades de pierres sont aménagées le long de la façade, c'est ici que l'on déguste une cuisine particulièrement savoureuse qui vous laissera le délicieux souvenir des produits frais de la région. Vous pouvez aussi rejoindre la plage où se trouve *La Pinède* (grill à midi, gastronomique le soir), hôtel-restaurant appartenant aux mêmes propriétaires. L'ensemble constitue sans conteste l'une des plus belles adresses de la Côte d'Azur.

Accès (carte n° 34) : sur A 8, sortie Le Luc, direction La Garde-Freinet, Gassin et La Croix-Valmer.

Moulin de la Camandoule

83440 Fayence (Var)
Chemin Notre-Dame-des-Cyprès
Tél. 04.94.76.00.84 - Fax 04.94.76.10.40 - M. et Mme Rilla
E-mail : moulin.camandoule@wanadoo.fr - Web : perso.wanadoo.fr/camandoule/

Catégorie ★★★ **Ouverture** toute l'année **Chambres** 11 avec tél., s.d.b., douche et t.v. satellite **Prix** des chambres simples : 335 à 515 F / 51,07 à 78,51 € ; doubles : 525 à 735 F / 80,04 à 112,05 € ; suites : 850 à 990 F / 129,58 à 150,92 € - Petit déjeuner : 70 F / 10,67 €, servi de 8 h à 10 h - Demi-pension : 545 à 760 F / 83,08 à 115,86 € (obligatoire du 15 mars au 31 octobre et du 24 décembre au 2 janvier) **Carte de crédit** Visa **Divers** chiens admis (50 F / 7,62 €) - Piscine - Parking **Alentour** Seillans ; Bargemon ; lac de Saint-Cassien - Golf 18 trous à Roquebrune-sur-Argens **Restaurant** service de 12 h à 14 h, 19 h 30 à 22 h - Fermé mercredi midi et jeudi midi - Menus : 155 à 320 F / 23,63 à 48,78 € - Carte - Grill à la piscine de juin à septembre.

Entouré d'un grand parc, au bord de la Camandre, cet authentique moulin à huile, conservé en l'état, est aujourd'hui la propriété d'un couple d'Anglais. On trouve dans ce lieu toute la chaleur, le charme et l'accueil propres aux *guest houses* anglaises, joints au confort et au service d'un hôtel. L'aménagement intérieur témoigne de beaucoup de goût. Toutes les salles de bains affichent des carreaux blancs avec des liserés de couleurs, certaines disposent de grandes baignoires. La plupart des chambres, décorées dans un beau style provençal, ont des dessus-de-lit et des rideaux aux couleurs du Sud. Etonnant salon intégrant habilement les vieux mécanismes de pressage du moulin, menus encadrés sur les murs du bar de la piscine… En cuisine, madame Rilla, qui travailla longtemps en Angleterre pour des émissions gastronomiques, propose une carte alléchante mais que nous n'avons pu tester lors de notre dernier passage. Une belle et agréable adresse.

Accès (carte n° 34) : à 31 km au nord de Fréjus par D 4, puis D 19.

La Grillade au feu de bois

Flassans-sur-Issole
83340 Le Luc (Var)
Tél. 04.94.69.71.20 - Fax 04.94.59.66.11
Mme Babb

Catégorie ★★ Ouverture toute l'année **Chambres** 16 avec tél., s.d.b. ou douche et t.v. **Prix** des chambres simples et doubles : 400 à 600 F / 60,98 à 91,47 € ; suite avec jacuzzi : 900 F / 137,20 € - Petit déjeuner : 50 F / 7,62 €, servi de 8 h à 10 h 30 **Cartes de crédit** Amex, Visa **Divers** chiens admis - Piscine chauffée - Parking **Alentour** abbaye du Thoronet ; circuit du Luc ; abbaye de la Celle ; montagne de la Loube ; Cotignac et Entrecasteaux - Golf de Barbaroux 18 trous à Brignoles **Restaurant** service de 12 h à 14 h, 19 h 30 à 21 h - Menu : 180 F / 27,44 € - Carte - Cuisine provençale traditionnelle.

Ce mas du XVIIIe siècle, très bien restauré, est environné de verdure et d'une ravissante terrasse ombragée par de grands arbres, dont un mûrier centenaire. A l'intérieur, la longue salle à manger voûtée, terminée par une cheminée, et les différents coins-salons sont remarquablement aménagés (madame Babb, qui est également antiquaire, ne manque pas d'objets, de tableaux et de meubles pour personnaliser l'endroit). Les chambres très confortables sont de deux styles : rustique dans la maison principale, jeune et coloré dans l'autre bâtiment (tissus pastel, meubles en osier blanc). Toutes sont très bien tenues et leur parfaite insonorisation rend insoupçonnable la proximité de la N 7 (à 500 mètres). Bonne cuisine provençale et grillades servies dans la superbe salle à manger ou sur la terrasse, au milieu des innombrables fleurs et arbustes qui égayent le jardin.

Accès (carte n° 34) : à 13 km à l'est de Brignoles sur N 7, entre Flassans-sur-Issole et Le Luc.

Auberge du Vieux Fox

83670 Fox-Amphoux (Var)
Place de l'Eglise
Tél. 04.94.80.71.69 - Fax 04.94.80.78.38
M. et Mme Staudinger

Catégorie ★★★ **Ouverture** toute l'année **Chambres** 8 avec tél., s.d.b. ou douche, w.c. et t.v. satellite **Prix** des chambres doubles : 380 à 530 F / 57,93 à 80,80 € - Petit déjeuner : 40 F / 6,10 €, servi de 8 h à 12 h - Demi-pension : 730 à 840 F / 111,29 à 128,06 € (pour 2 pers.) **Cartes de crédit** Amex, Visa **Divers** chiens admis (35 F / 5,34 €) **Alentour** abbayes du Thoronet et de La Celle ; lac et gorges du Verdon ; Aups, Cotignac et Entrecasteaux - Golf de Barbaroux 18 trous à Brignoles **Restaurant** service à 12 h 30 et à 19 h 30 - Menus : 150 à 250 F / 22,87 à 38,11 € - Carte - Spécialités : agneau de Haute-Provence, galette du berger.

Perché sur une butte boisée, le vieux village de Fox-Amphoux fut d'abord un ancien camp romain, puis un relais de chevaliers templiers. Installée dans l'ancien presbytère, l'auberge occupe, avec l'église attenante, la place du village. A l'intérieur, la salle à manger, où les tables joliment dressées côtoient de beaux meubles anciens, est un peu sombre mais ne manque pas de caractère. En été, l'on déjeune sur une petite terrasse charmante, ombragée par un gros figuier. La cuisine y est copieuse mais manque un peu de raffinement. A l'étage, toutes les chambres et salles de bains sont confortables et ouvrent sur les massifs de la Sainte-Victoire et de la Sainte-Baume, certaines offrant une vue vraiment magnifique. Une adresse authentiquement rurale, parfaite pour vivre au rythme d'un petit village calme de l'arrière-pays provençal. Accueil réservé.

Accès (carte n° 34) : à 32 km au nord de Brignoles par A 8, sortie Saint-Maximin-la-Sainte-Baume, puis D 560 jusqu'à Tavernes, D 71, et D 32.

L'Aréna

83600 Fréjus (Var) - 145, rue du Général-de-Gaulle
Tél. 04.94.17.09.40 - Fax 04.94.52.01.52
Mme Bouchot - M. Bluntzer
Web: arena-hotel.com - E-mail: info@arena-hotel.com

Catégorie ★★★ Fermeture en novembre **Chambres** 30 climatisées avec tél., s.d.b. ou douche, w.c. et t.v. satellite; 2 chambres handicapés **Prix** des chambres doubles: 450 à 850 F/68,60 à 129,58 € - Petit déjeuner: 55 F/8,38 €, servi de 7 h 30 à 10 h 30 **Cartes de crédit** acceptées **Divers** chiens admis (80 F/12,20 €) - Piscine - Parking fermé (60 F/9,15 €) **Alentour** Fréjus, cathédrale et cloître; massif de l'Estérel entre Saint-Raphaël et La Napoule; Saint-Tropez; Cannes - 5 golfs à proximité **Restaurant** fermé lundi midi et samedi midi - Service de 12 h à 14 h, 19 h à 22 h 30 - Menus: 140 à 250 F/21,34 à 38,11 € - Carte - Cuisine méditerranéenne.

Situé en pleine ville, ce petit hôtel a su admirablement tirer parti de son jardin de sorte qu'à part un peu de bruit extérieur on oublie vite son environnement urbain (lequel peut même devenir un avantage si l'on veut visiter les vestiges romains de la vieille cité). A l'intérieur, un élégant dallage, un mobilier en bois peint, des tissus provençaux aux tonalités vives, expriment la gaieté et la douceur de vivre méridionales. Toutes les chambres de la maison principale ont été rénovées dans un style provençal standard et leur insonorisation est d'une efficacité totale. Six nouvelles ont été créées dans l'ancien bâtiment au bout de la piscine, plus spacieuses aux coloris de jaune. Elles disposent même d'un petit salon au rez-de-chaussée. Fine et goûteuse, la cuisine de Loïc de Bacanec, le nouveau chef, est servie en terrasse ou dans une très élégante salle à manger. Une étape agréable où l'on est sûr de trouver un excellent accueil. De plus, deux parkings permettent de se garer sans problème.

Accès (carte n° 34): à 40 km à l'ouest de Cannes; sur A 7, sortie Fréjus-Saint-Raphaël.

461

La Boulangerie

83310 Grimaud (Var)
Route de Collobrières
Tél. 04.94.43.23.16 - Fax 04.94.43.38.27
Mme Piget

Catégorie ★★★ **Fermeture** du 11 octobre au 31 mars **Chambres** 11 climatisées avec tél., s.d.b., w.c. (4 avec t.v., 1 avec minibar) **Prix** des chambres doubles: 660 à 690 F / 100,62 à 105,19 €; suites: 780 à 1 520 F / 118,91 à 231,72 € - Petit déjeuner: 60 F / 9,15 €, servi de 7 h 45 à 11 h **Cartes de crédit** Amex, Visa **Divers** chiens admis (60 F / 9,15 €) - Piscine, tennis, tennis de table - Parking **Alentour** La Garde-Freinet; route des crêtes jusqu'à l'ermitage Notre-Dame-des-Anges; Collobrières; chartreuse de la Verne; Saint-Tropez - Golf de Beauvallon 18 trous à Sainte-Maxime **Restaurant** déjeuner seulement - Service de 12 h à 13 h 30 - Carte - Spécialités: aïoli de poissons; poulet fermier aux truffes; filet de loup aux fruits de Provence; moelleux au chocolat.

Cette *Boulangerie* n'a pas grand rapport avec la fabrication du pain – elle doit son nom à un lieu-dit. On y retrouve l'ambiance d'une maison de vacances de l'arrière-pays, loin des foules, bien au calme, avec une vue éblouissante sur le massif des Maures. Tout concourt à cela: la terrasse bordée par la piscine où peuvent se prendre tous les repas, la salle à manger que rien ne sépare du salon, l'accueil sympathique et original de madame Piget. C'est donc un lieu un peu informel, gai, confortable et très élégamment meublé. Les chambres ont chacune leur style, elles sont simples, confortables et ressemblent plus à des chambres d'amis qu'à des chambres d'hôtel. Cette année, les rénovations nécessaires ont eu lieu: climatisation, réfection des salles de bains... De sorte que c'est désormais sans restriction que nous vous recommandons cette belle adresse.

Accès (carte n° 34): à 10 km à l'ouest de Saint-Tropez par D 14; à 1 km du village.

Le Verger

83310 Grimaud (Var)
Route de Collobrières
Tél. 04.94.43.25.93 - Fax 04.94.43.33.92
Mme Zachary

Fermeture de novembre à mars **Chambres** 9 (4 climatisées) avec tél., s.d.b. ou douche, w.c. et t.v. **Prix** des chambres doubles: 550 à 1 200 F / 83,85 à 182,94 € - Petit déjeuner: 60 F / 9,15 €, servi de 8 h 30 à 11 h 30) **Carte de crédit** Visa **Divers** chiens admis - Piscine - Parking **Alentour** La Garde-Freinet; route des crêtes; Collobrières; chartreuse de la Verne; Saint-Tropez - Golf de Beauvallon 18 trous à Sainte-Maxime **Restaurant** service de 12 h à 14 h 30, 19 h 30 à 23 h - Menus : 180 à 250 F / 27,44 à 38,11 € - Carte - Spécialités: filet de dorade à la crème d'olives vertes; salade de foie gras aux truffes; noisettes d'agneau au miel; beignets de fleurs de courgettes.

C ette jolie maison a des proportions qui évoquent plus une habitation qu'un hôtel traditionnel, ce qui est à l'avantage des chambres dont les portes-fenêtres s'ouvrent soit sur une terrasse-balcon, soit sur une belle pelouse plantée d'arbres fruitiers. On apprécie le soin apporté à la décoration très provençale et à la qualité des tissus, autant que le confort des belles salles de bains. La couverture est faite chaque soir, et des bouquets de fleurs ajoutent une touche champêtre bien agréable. Chaque jour, des fidèles de la cuisine de monsieur Zachary et de nouveaux amateurs vite convaincus, s'assoient sous la grande ramade du restaurant (ou, en cas de mistral, dans l'élégante véranda nouvellement installée) et goûtent à une très bonne cuisine dont les herbes aromatiques et les légumes proviennent du potager. Grâce aux bambous poussant derrière la petite rivière qui délimite la propriété, on est ici au calme. A signaler, de nouvelles rénovations qui témoignent du dynamisme de cet hôtel.

Accès (carte n° 34) : à 9 km à l'ouest de Saint-Tropez. A Grimaud, prendre D 14 sur 1 km en direction de Collobrières (suivre fléchage).

Les Glycines

83400 Porquerolles (Var)
22, place d'Armes
Tél. 04.94.58.30.36 - Fax 04.94.58.35.22
Mme Meyer

Catégorie ★★ **Ouverture** toute l'année **Chambres** 11 climatisées avec tél., s.d.b. ou douche et t.v. **Prix** des chambres doubles en demi-pension: 340 à 890 F / 51,83 à 129,58 € (par pers.) - Petit déjeuner-buffet servi à partir de 8 h 30 **Cartes de crédit** Amex, Visa **Divers** chiens non admis **Alentour** nombreuses promenades à vélo dans les sentiers de l'île; plages; location de bateaux **Restaurant** service de 19 h 30 à 22 h 30 - Menus: 99 à 169 F / 15,24 à 25,76 € - Carte - Spécialités: choix de tartares de poisson, omelette aux oursins; loup grillé au fenouil; carpaccio de thon; aïoli.

L'Auberge *Les Glycines* est située sur la place du village. Repliée sur un jardin où un figuier centenaire étale son ombre, l'auberge aux murs chaulés perpétue, derrière des volets bleu gitane, le charme paisible des demeures provençales d'antan. Dans les chambres, ouvrant soit sur le jardin, soit sur la place, toutes climatisées et confortables, on retrouve cette harmonie faite de tissus provençaux, de carrelage de grès et murs aux teintes pastel. Confort aussi dans les salles de bains bien équipées. Le petit déjeuner et le dîner sont servis dans la fraîcheur ombragée du jardin, sur des nappes aux patterns carminés (demi-pension de rigueur, sauf d'octobre à mars). Enfin, avant que les premiers bateaux ne déversent leur flot quotidien de touristes, profitez-en pour aller prendre votre café à la terrasse de *L'Escale* et, le soir, dînez sur la *Plage d'Argent* (retour à vélo dans la nuit inoubliable), codes pour être un authentique "Porquerollais".

Accès (carte n° 34): liaisons maritimes (tél.: 04.94.58.21.81) ou bateau-taxi (tél. 04.94.58.31.19) à toute heure, de Hyères et de La Tour Fondue. Aéroport Toulon-Hyères, 7 km.

L'Oustaou de Porquerolles

83400 Porquerolles (Var)
Place d'Armes
Tél. 04.94.58.30.13 - Fax 04.94.58.34.93
M. et Mme Garbit

Fermeture du 11 novembre au 5 février **Chambres** 5 climatisées avec tél., douche et t.v. **Prix** des chambres doubles: 500 à 850 F / 76,22 à 129,58 € - Petit déjeuner: 45 F / 6,86 €, servi à partir de 8 h **Cartes de crédit** Amex, Visa **Divers** chiens admis **Alentour** nombreuses promenades à vélo dans les sentiers de l'île; plages; location de bateaux **Restaurant** service de 11 h 30 à 15 h 30, 19 h 30 à 22 h 30 - Plat du jour: 70 F / 10,67 € - Menu: 130 F / 19,82 € - Carte - Spécialités: marmite du pêcheur; poissons; assiette provençale; tian d'aubergines.

A dossé au port, les volets à demi clos sur la place du village, *L'Oustaou de Porquerolles* a aménagé ses chambres sous le double signe de la simplicité de bon aloi et du confort. Deux profitent d'une vue sur la mer, les trois autres donnent sur la place. Au rez-de-chaussée, en terrasse côté place ou côté port, un restaurant permet, sans quitter les lieux, d'associer le calme de la vue du large au spectacle de la vie du village. De bonnes spécialités de poisson y sont servies et l'on peut également vous proposer une assiette diététique. Enfin, sachez que la location de vélos est indispensable pour rejoindre les plages et les calanques du sud de l'île, ou pour circuler sur les quatre-vingts kilomètres de sentiers ou de chemins que compte le parc domanial de 1 250 hectares.

Accès (carte n° 34): liaisons maritimes (tél.: 04.94.58.21.81) ou bateau-taxi (Tél. 04.94.58.31.19) à toute heure, de Hyères et de La Tour Fondue. Aéroport Toulon-Hyères, 7 km.

Le Manoir

83400 Port-Cros (Var)
Tél. 04.94.05.90.52 - Fax 04.94.05.90.89
M. Buffet

Catégorie ★★★ **Fermeture** début octobre à Pâques **Chambres** 22 avec tél., s.d.b. ou douche et w.c. **Prix** des chambres doubles en demi-pension: 850 à 1 200 F (par pers.) / 129,58 à 182,94 €- Petit déjeuner: 70 F / 10,67 €, servi de 8 h à 11 h **Carte de crédit** Visa **Divers** chiens non admis - Piscine chauffée **Alentour** sentier botanique dans le parc national de Port-Cros; Porquerolles **Restaurant** service à 13 h et à 20 h - Menus-carte: 270 à 300 F / 41,16 à 45,73 € - Spécialités: bourride provençale; carré d'agneau à la fleur d'oranger; tarte tatin de légumes.

Les eucalyptus, les palmiers, la blancheur de ce *Manoir*, les colonnes de son entrée, tout ici évoquerait une exotique et douce rêverie, une île perdue, une époque passée et pourtant… Toulon n'est qu'à quelques dizaines de milles. L'île de Port-Cros est une réserve naturelle, sous-marine et terrestre, seuls les piétons peuvent s'y rendre. Cette demeure familiale transformée en hôtel juste après la guerre conserve précieusement une atmosphère rare, mélange de convivialité et d'un raffinement sans emphase. Dès le seuil passé, un grand salon vous accueille, d'autres plus petits mais tout aussi chaleureux hébergent les longues parties de cartes de la fin de saison. Les chambres y sont fraîches et charmantes, certaines ont de petites terrasses ou mezzanines. Douze hectares de parc et une piscine en pleine nature sont les gardiens de la tranquillité de cet endroit particulièrement agréable à vivre.

Accès (carte n° 34): liaisons maritimes depuis Le Lavandou et Cavalaire (tél: 04.94.71.01.02), depuis Hyères (tél.: 04.94.58.21.81). Aéroport Toulon-Hyères.

Grand Hôtel des Lecques

Les Lecques 83270 Saint-Cyr-sur-Mer (Var)
24, avenue du Port
Tél. 04.94.26.23.01 - Fax 04.94.26.10.22 - Mme Vitré

Catégorie ★★★ **Fermeture** du 31 octobre au 15 avril **Chambres** 58 avec tél., s.d.b. ou douche, w.c. et t.v. satellite ; ascenseur **Prix** des chambres : 435 à 740 F / 66,32 à 112,81 € - Petit déjeuner : 75 F / 11,43 €, servi de 7 h 30 à 10 h - Demi-pension obligatoire en été : 625 à 685 F / 95,28 à 104,43 € (par pers.) **Cartes de crédit** Amex, JCB, Visa **Divers** chiens admis - Piscine, tennis - Parking **Alentour** jardin exotique de Sanary ; Bandol - Golf de la Frégate 18 trous à Saint-Cyr-sur-Mer **Restaurant** *Le Parc* : service de 12 h à 14 h, 19 h à 21 h 15 - Menus : 115 à 165 F / 17,53 à 25,15 € - Formule déjeuner à la piscine de 12 h 30 à 14 h 30, buffet : 130 F / 19,82 €.

Saint-Cyr-sur-Mer, dont la place de l'église s'enorgueillit d'une statue de la Liberté, est resté un village traditionnel où les paysans du coin viennent encore animer le gros marché du dimanche matin. Les Lecques, c'est le côté plage et vacances. Le *Grand Hôtel* a perduré depuis l'époque où il recevait les familles bourgeoises, au temps où la plage avait encore des dunes... Aujourd'hui, le long ruban de sable attire familles et aoûtiens. Un peu à l'écart de la rue principale longeant la mer, on a conservé ce qu'il fallait de parc et de jardin pour assurer une oasis calme et verdoyante. La grosse bâtisse blanche a du charme et même de l'allure dans les salons et la salle à manger. Si les plus belles chambres sont situées en façade, dans les étages supérieurs, avec vue sur la mer, toutes ont été refaites en style provençal aux murs d'aspect chaulé jaune pâle et égayées de tissus colorés (leur climatisation est au programme). Il suffit de traverser la rue pour aller se baigner, à moins que vous ne préfériez la piscine et son service snack. Au restaurant, cuisine aux influences méditerranéennes. Accueil chaleureux. Un bon hôtel de vacances, de mer et de Provence.

Accès (carte n° 33) : à 25 km à l'ouest de Toulon par A 50, sortie Saint-Cyr-sur-Mer, puis direction Les Lecques.

La Ferme d'Augustin

83350 Ramatuelle (Var)
Tél. 04.94.55.97.00 - Fax 04.94.97.40.30 - Mme Vallet
E-mail : vallet.ferme.augustin@wanadoo.fr - Web : fermeaugustin.com

Catégorie ★★★ Fermeture du 20 octobre au 20 mars **Chambres** 46 climatisées avec tél., s.d.b. (5 avec douche), w.c., t.v., coffre-fort et minibar; ascenseur **Prix** des chambres doubles: 580 à 1 600 F / 88,42 à 243,92 €; suites: 1 600 à 1 800 F / 243,92 à 274,41 € - Petit déjeuner: 75 F / 11,43 €, servi de 6 h à 14 h **Cartes de crédit** acceptées **Divers** chiens admis (70 F / 10,67 €) - Piscine de plein air chauffée avec hydromassages - Parking fermé **Alentour** à Saint-Tropez musée de l'Annonciade; route des crêtes jusqu'à l'ermitage Notre-Dame-des-Anges; Collobrières; chartreuse de la Verne - Golf de Beauvallon 18 trous à Grimaud **Pas de restaurant** à l'hôtel mais cuisine "bourgeoise" du marché et vin de la propriété pour les résidents.

L'hôtel occupe l'ancienne ferme de la famille mais sa "ruralité" n'est plus aujourd'hui qu'un lointain souvenir. Dès l'arrivée, vous ne pourrez que tomber sous le charme de la pinède et du jardin méridional qui déborde de glycines, de bougainvillées, de rosiers grimpants et de grands mûriers taillés en parasol. Dans les salons, chaleureusement décorés aux couleurs de la Provence, on trouve un agréable mélange de mobilier campagnard ancien et de canapés contemporains. Les chambres sont élégantes, meublées d'ancien et profitent de jolies salles de bains en faïence de Salernes (suites avec bain balnéo et douche, certaines avec hammam); toutes donnent sur le jardin et ont des balcons ou des terrasses avec vue sur la mer, certaines bénéficient même d'un ravissant jardin privatif. Un splendide hôtel, à deux pas de la plage de Tahiti et à 200 mètres du départ des sentiers piétonniers. Si vous souhaitez passer la journée à la plage, vous pourrez vous faire préparer un pique-nique; le bar sert aussi une restauration légère et assure un room-jardin-service 24 h sur 24.

Accès (carte n° 34) : à 5 km de Saint-Tropez, route de la plage de Tahiti.

La Ferme d'Hermès

83350 Ramatuelle (Var)
Route de l'Escalet - Val de Pons
Tél. 04.94.79.27.80 - Fax 04.94.79.26.86
Mme F. Verrier

Catégorie ★★★ **Fermeture** du 1er novembre au 26 décembre et du 11 janvier au 30 mars **Chambres** 8 et 1 suite, avec tél., s.d.b., w.c., t.v., minibar et cuisine **Prix** des chambres doubles : 600 à 880 F / 91,47 à 134,16 € ; suite : 1 100 F / 167,69 € - Petit déjeuner : 80 F / 12,20 €, servi de 9 h à 12 h **Carte de crédit** Visa **Divers** chiens admis (50 F / 7,62 €) - Piscine et parking à l'hôtel **Alentour** à Saint-Tropez musée de l'Annonciade, manifestations : festival de Ramatuelle en juillet-août, Nioulargue en octobre ; Grimaud ; cité lacustre de Port-Grimaud **Pas de restaurant** à l'hôtel.

Un chemin de terre à travers des vignobles, un jardin odorant planté de romarins et d'oliviers, une maison toute simple, escaladée par la verdure, font de cet hôtel joli et raffiné le lieu dont on rêve pour accueillir ses amis. Cheminée (dans le petit salon d'accueil et dans la suite), confitures et gâteaux maison servis au petit déjeuner, bouquets de fleurs… Nous voilà bien loin de l'anonymat hôtelier qui sévit souvent sur la Côte. Généralement équipées d'une kitchenette, les chambres sont coquettes, gentiment décorées avec un mobilier en pin et parfois agrémentées d'une petite terrasse de plain-pied cloisonnée de haies vives face aux vignes. C'est également en chambre ou sur votre terrasse qu'est servi le petit déjeuner, l'hôtel ne disposant pas d'une salle à manger. L'ensemble est vraiment sympathique, accueillant, loin des phénomènes de mode. En ce qui concerne vos repas, madame Verrier sera de bon conseil ; citons cependant quelques bons restaurants-bistrots à Saint-Tropez : *Chez Fuchs, Le Café des Arts, Le Petit Charron, Le Caprice des Deux,* ou encore *La Forge,* à Ramatuelle.

Accès (carte n° 34) : à 2 km au sud de Ramatuelle, par la route de l'Escalet.

La Figuière

83350 Ramatuelle (Var)
Route de Tahiti
Tél. 04.94.97.18.21 - Fax 04.94.97.68.48 - Mme Chaix

Catégorie ★★★ Fermeture du 8 octobre au 5 avril **Chambres** 41 climatisées avec tél., s.d.b, w.c., t.v., minibar et coffre-fort ; 2 chambres handicapés **Prix** des chambres doubles : 500 à 1 100 F / 76,22 à 167,69 € ; duplex (4 personnes) : 1 500 à 1 600 F / 228,67 à 243,92 € - Petit déjeuner : 70 F / 10,67 €, servi de 8 h à 11 h **Cartes de crédit** acceptées **Divers** chiens admis (60 F / 9,15 €) - Piscine, tennis - Parking fermé **Alentour** à Saint-Tropez musée de l'Annonciade, manifestations : festival de Ramatuelle en juillet-août, Nioulargue en octobre ; route des crêtes jusqu'à l'ermitage Notre-Dame-des-Anges ; chartreuse de la Verne - Golf de Beauvallon 18 trous à Sainte-Maxime **Restaurant** service de 12 h à 15 h, 20 h à 23 h - Carte - Spécialité : cuisine provençale.

Eh oui ! il existe encore quelques maisons authentiques avec des façades sobres, des pièces fraîches, carrelées de terre cuite rouge comme autrefois, des maisons qui résistent à la mode et au clinquant. En voici une, sur la route des plages, à quelques minutes de Saint-Tropez. *La Figuière* dissimule ses cinq petites maisons dans un jardin de figuiers, avec des chambres spacieuses, calmes, sentant bon l'huile de lin et s'ouvrant souvent sur une petite terrasse privée. Leur décoration d'inspiration régionale est simple, élégante, agrémentée de meubles anciens et de jolies cotonnades. Nos préférées : la série des 30 et des 40, avec de jolies terrasses fleuries de lavandes et de lantanas et une vue très dégagée sur les champs de vignes et les collines de pins parasols. Salles de bains grandes et confortables avec souvent double lavabo, douche et baignoire. Bons petits déjeuners servis avec le journal du jour. Plats provençaux, au bord de la piscine entourée de lauriers-roses et de cognassiers. Prix raisonnables pour la région. Accueil sympathique et disponible.

Accès (carte n° 34) : à 2,5 km au sud de Saint-Tropez, par la route des plages vers Tahiti.

Les Moulins

83350 Ramatuelle (Var)
Lieu-dit "Les Moulins "- Route des Plages
Tél. 04.94.97.17.22 - Fax 04.94.97.72.70
M. Ch. Leroy

Catégorie ★★★ Fermeture du 1ᵉʳ novembre au 1ᵉʳ mars **Chambres** 5 avec tél., s.d.b., w.c., t.v. satellite, coffre et minibar **Prix** des chambres : 1 250 F / 190,56 € ; suite : 1 450 F / 221,05 € - Petit déjeuner : 95 F / 14,48 €, servi de 8 h 30 à 11 h **Cartes de crédit** Amex, Visa **Divers** chiens admis - Parking **Alentour** Saint-Tropez ; La Garde-Freinet ; route des crêtes ; Collobrières ; chartreuse de la Verne - Plages de Pampelone - Golf 18 trous à Sainte-Maxime **Restaurant** service 19 h 30 à minuit - Menus : 330 à 580 F / 50,31 à 88,42 € - Carte - Spécialités : tarte fine aux senteurs de Provence ; soupe de pommes de terre aux truffes ; agneau rôti à la broche ; tarte aux framboises et pignons.

Après l'excellente *Table du Marché,* Christophe Leroy confirme son attachement à la région en créant son auberge dans une ferme de Ramatuelle. Les vieilles et belles pierres croulent sous les plantes odorantes et grimpantes qui courent sur les charmilles et les tonnelles ombrageant la cour. La maison dont on a voulu conserver l'authenticité ne compte donc que quelques chambres et une salle à manger utilisée surtout lorsque les jours frileux permettent de profiter de l'extraordinaire cheminée. L'été, on sert dans la cour, au jardin et dans la véranda. Les chambres dispensent une atmosphère de fraîcheur juvénile : du blanc, exalté de quelques touches de couleurs acidulées, des voiles, des organdis légers et transparents… Deux ont été relookées, l'une avec des camaïeux de beige (superbe couvre-lit en coton piqué, et toujours des tonalités d'azur, d'anis, de jaune). Même réussite dans les salles de bains, petites, à l'image des chambres qui ont gardé leur volume d'origine. Idéal pour un week-end amoureux plus que pour des vacances en famille.

Accès (carte n° 34) : à 3 km à l'est de Saint-Tropez, route des plages.

Hôtel Le Pré de la Mer

83990 Saint-Tropez (Var)
Route des Salins
Tél. 04.94.97.12.23 - Fax 04.94.97.43.91 - Mme Blum

Catégorie ★★★ Fermeture d'octobre à Pâques **Chambres** 3 et 8 studios, 1 suite, avec tél., s.d.b., w.c., t.v., coffre-fort et minibar **Prix** des chambres : 600 à 860 F / 91,47 à 131,11 € ; studios : 720 à 1 090 F / 109,76 à 166,17 € ; suite : 1 150 à 1 600 F / 175,32 à 243,92 € - Petit déjeuner : 70 F / 10,67 €, servi de 8 h 30 à 12 h **Cartes de crédit** acceptées **Divers** chiens admis (60 F / 9,15 €) - Parking **Alentour** à Saint-Tropez musée de l'Annonciade ; route des crêtes ; Collobrières ; chartreuse de la Verne - Golf de Beauvallon 18 trous à Sainte-Maxime **Pas de restaurant** à l'hôtel.

Cette maison basse et blanche, construite dans le style mexicano-tropézien, propose de grandes et très agréables chambres parfois équipées d'une petite cuisine. Confortables et aérées par un grand ventilateur, elles sont toujours sobrement décorées avec leurs murs blancs, leur superbe sol en terre cuite cirée, leurs cotonnades imprimées et, toujours, une belle commode ancienne. Toutes s'ouvrent sur une petite terrasse individuelle équipée d'une table et de chaises en bois blanc et donnant de plain-pied sur le jardin totalement clos où fleurissent lauriers-roses, althéas, grenadiers et citronniers. Vous y dégusterez l'excellent petit déjeuner qui fait la part belle aux confitures de fruits produits sur place. Amoureuse de son hôtel, Joséphine Blum a pensé à tout pour votre bonheur ; c'est ainsi que vous trouverez dans votre placard une petite bougie neuve, une boîte d'allumettes et un dispositif anti-moustiques au cas où vous désireriez improviser un dîner romantique sur votre terrasse. En ce qui concerne les restaurants de Saint-Tropez, les modes se font et se défont, mais quelques petites adresses-bistrots sont immuables comme *Chez Fuchs*, l'adresse des vrais et vieux Tropéziens, *Le Café des Arts*, où encore *Le Petit Charron*.

Accès (carte n° 34) : 3 km à l'est de Saint-Tropez, par la route des Salins.

Hostellerie La Croisette

2001

9, boulevard des Romarins
83120 Sainte-Maxime (Var)
Tél. 04.94.96.17.75 - Fax 04.94.96.52.40 - Mme Léandri
Web : hotel-la-croisette.com - E-mail : contact@hotel-la-croisette.com

Catégorie ★★★ **Fermeture** du 1er novembre au 28 février **Chambres** 16 et 3 suites avec tél., s.d.b., w.c., t.v. satellite, coffre-fort, minibar, 13 avec climatisation ; 1 chambre handicapés **Prix** des chambres doubles : 390 à 930 F / 59,46 à 141,78 € ; suites : 1 020 à 2 090 F / 155,50 à 318,62 € - Petit déjeuner : 60 F / 9,15 €, servi de 8 h à 10 h **Cartes de crédit** Visa, Amex **Divers** chiens admis (70 F / 10,67 €) - Parking **Alentour** Saint-Tropez, îles de Lérins, gorges du Verdon **Pas de restaurant** à l'hôtel.

Dès l'entrée, les lauriers en pots donnent le ton de cette villa élevée sur les hauteurs de Sainte-Maxime. Toute rose et ponctuée de volets bleus, elle date des années 1950 et fut remaniée un peu plus tard. L'ambiance est celle d'une maison de vacances familiale entourée d'un petit jardin luxuriant planté de palmiers, chênes verts et cyprès. les chambres blanches égayées de tissus colorés ont, pour la plupart, des petits balcons. Les deux du dernier étage sont les plus grandes et donnent chacune sur une grande terrasse avec plantes en pots, géraniums florissants et vue imprenable sur la mer. Toutes les salles de bains sont en faïence de Salerne dans des tons doux ou plus forts. Les chambres en contrebas du jardin ont l'avantage d'être très fraîches en été. L'hôtel dispose aussi d'un appartement avec salon où l'on peut coucher des enfants ou un couple ami, une cuisine et deux salles de bains aux douches mauresques. Le petit déjeuner se prend sous deux grands parasols blancs sur la terrasse avec toute la gentillesse de la personne responsable de l'établissement.

Accès (carte n° 34) : A 8 sortie Le Muy puis route de Saint-Tropez. Après le pont, à la sortie de Sainte-Maxime, tourner à droite et suivre le fléchage.

Hôtel des Deux Rocs

83440 Seillans (Var)
Place Font-d'Amont
Tél. 04.94.76.87.32 - Fax 04.94.76.88.68 - Mme Hirsch

Catégorie ★★★ Ouverture toute l'année **Chambres** 14 avec tél., s.d.b. ou douche et w.c. **Prix** des chambres doubles : 300 à 600 F / 45,73 à 91,47 € - Petit déjeuner : 50 F / 7,62 €, servi de 8 h à 10 h - Demi-pension : 350 à 500 F / 53,36 à 76,22 € (par pers., 3 j. min.) **Carte de crédit** Visa **Divers** chiens admis **Alentour** chapelle Saint-André à Comps-sur-Artuby ; Fayence ; les Arcs et la chapelle Sainte-Roseline à 4 km ; château d'Entrecasteaux ; abbaye du Thoronet ; villages de Callian et Mons - Golf 18 trous à Roquebrune-sur-Argens **Restaurant** service de 12 h à 14 h, 19 h 30 à 21 h - Fermé mardi et jeudi midi - A midi : plat du jour à partir de 80 F / 12,20 € - Menus : 160 à 225 F / 24,39 à 34,30 € - Carte - Spécialités : cuisine provençale.

E n haut du splendide village de Seillans, près des remparts et du vieux château, l'*Hôtel des Deux Rocs* est une grosse bâtisse provençale et bourgeoise, réplique rustique et modeste, avec ses alignements de fenêtres, de certaines demeures italiennes. Un goût très sûr, ennemi de l'uniformité, a présidé à l'aménagement des lieux. Un petit salon avec cheminée vous permet de lire ou de vous reposer comme chez vous. Aucune chambre n'est semblable aux autres : meubles anciens, tissus muraux, rideaux, et jusqu'aux serviettes de la salle de bains, tout contribue à personnaliser le décor de chacune d'elles. Le matin, quelques tables préparées sur la petite place où, non loin, se dresse "le génie de la Bastille" de Max Ernst, permettent de prendre des petits déjeuners face à une vue fascinante. Un vrai coup de cœur à prix très doux, qui vient de bénéficier d'une rénovation totale et où vous trouverez toujours un excellent accueil.

Accès (carte n° 34) : à 34 km au nord de Fréjus par A 8, sortie Les Adrets, puis D 562 direction Fayence et D 19.

Les Bastidières

83100 Toulon (Var)
Cap Brun 2371, avenue de la Résistance
Tél. 04.94.36.14.73 - Fax 04.94.42.49.75
Mme Lagriffoul

Ouverture toute l'année **Chambres** 5 climatisées, avec tél., s.d.b. ou douche, w.c., t.v. et minibar **Prix** des chambres doubles (selon saison) : 550 à 700 F / 83,85 à 106,71 € - Lit suppl.: 70 F / 10,67 € - Petit déjeuner: 70 F / 10,67 €, servi de 8 h à 10 h **Cartes de crédit** non acceptées **Divers** chiens admis - Piscine - Parking **Alentour** mont Faron (téléphérique); gorges d'Ollioules et Evenos; villages du Castellet et de La Cadière-d'Azur; Porquerolles; Port-Cros; presqu'île de Saint-Tropez **Pas de restaurant** à l'hôtel.

Dans un quartier résidentiel et verdoyant de Toulon, cette belle villa est entourée d'un jardin où se mêlent harmonieusement l'exotisme et la Provence: palmiers, yuccas et pins centenaires ombragent les jarres regorgeant d'impatiens et de géraniums. Les propriétaires occupent la maison principale, tout à côté se trouve l'annexe où ont été aménagées cinq chambres spacieuses, extrêmement confortables, décorées avec élégance et classissisme. Chacune dispose d'une petite terrasse fleurie (15 m²) où l'été il est agréable de prendre son petit déjeuner, soigné et servi dans une argenterie rutilante. Les plus calmes et les plus intimes sont situées côté piscine. Celles-ci, de belles proportions, font face à un cadre très arboré où se mêlent plantes exotiques et fleurs méditerranéennes. A signaler que l'on vit ici très indépendamment de la maison principale (salon dans la maison des propriétaires accessible sur demande) et que tous les services d'un hôtel ne sont pas assurés. Ces petites restrictions mises à part, *Les Bastidières* assure des prestations de bonne qualité.

Accès (carte n° 34): sur A 8, sortie Toulon; direction plages du Mourillon, Cap Brun, Pradet.

Château de Trigance

83840 Trigance (Var)
Tél. 04.94.76.91.18 - Fax 04.94.85.68.99 - Famille Thomas
E-mail : trigance@relaischateaux.fr

Catégorie ★★★ Fermeture du 1er novembre au 23 mars **Chambres** 10 avec tél., s.d.b., w.c. et t.v. **Prix** des chambres doubles: 650 à 750 F / 99,10 à 114,34 € ; suites: 950 F / 144,82 € - Petit déjeuner: 75 F / 11,43 €, servi de 7 h 30 à 10 h - Demi-pension: 610 à 760 F / 92,99 à 115,85 € (par pers.) **Cartes de crédit** acceptées **Divers** chiens admis - Parking **Alentour** grand canyon du Verdon ; route des Crêtes depuis La-Palud-sur-Verdon ; Moustiers-Sainte-Marie - Golf du château de Toulane 18 trous à La Martre **Restaurant** service de 12 h à 14 h, 19 h 30 à 21 h - Fermé mercredi midi en basse saison - Menus: 210 à 360 F / 32,01 à 54,88 € - Carte - Spécialités: duo de foie gras aux truffes noires et blinis au pain d'épice ; pommes de terre "grenaille" au lard fumé; trigançois aux infusions de miel de thym et d'hypocras (liqueur médiévale).

Située en nid d'aigle au sommet d'une colline, cette forteresse fut créée par les moines de l'abbaye de Saint-Victor au IXᵉ siècle et devint château, propriété des comtes de Provence au XIᵉ siècle. Acquis dans un état proche de la ruine, il a bénéficié d'une très énergique restauration en pierre du pays avec le constant souci d'en reconstituer l'aspect médiéval. C'est ainsi que le salon et la salle à manger présentent un aspect un peu austère et rustique (pierres apparentes, petites ouvertures). Aménagées autour d'une vaste terrasse dominant la campagne, les chambres sont, quant à elles, très confortables, décorées dans un style Haute Epoque et des tonalités souvent à dominante de prune et de vieux rose. Dès les beaux jours, une excellente cuisine régionale vous sera servie en terrasse, face au fantastique paysage qui s'étend en contrebas. Propriétaires au contact très amical.

Accès (carte n° 34) : à 44 km au nord de Draguignan par D 955, jusqu'à Comps-sur-Artuby, puis D 905 jusqu'à Trigance.

Hôtel de l'Atelier

2001

30400 Villeneuve-lès-Avignon (Gard)
5, rue de la Foire
Tél. 04.90.25.01.84 - Fax 04.90.25.80.06
Agnès Berméjo et Guy Lainé

Catégorie ★★ **Fermeture** début novembre à mi-décembre **Chambres** 19 avec tél. direct, s.d.b. ou douche, w.c., (17 avec t.v.) **Prix** des chambres doubles : 300 à 600 F / 45,73 à 91,47 € - Petit déjeuner : 40 F / 6,10 €, servi de 7 h à 10 h 30 **Cartes de crédit** acceptées **Divers** chiens admis - Garage fermé **Alentour** "couronnement de la Vierge" d'Enguerand Quarton au musée municipal à Villeneuve ; chartreuse du Val-de-Bénédiction ; fort Saint-André à Villeneuve ; chapelle Notre-Dame-de-Belvezet ; Avignon - Golf de Châteaublanc-les-Plans 18 trous à Avignon **Pas de restaurant** à l'hôtel.

De l'autre côté du Rhône, "hors Avignon" serait-on tenté de dire, dans la petite ville de Villeneuve-lès-Avignon dont les maisons se ramassent au pied du fort Saint-André qui contemple impassible la Cité des Papes (Villeneuve fut celle des cardinaux), se trouve l'*Hôtel de l'Atelier*. Cette paisible maison de village a plus d'un charme caché : une enfilade de patios fleuris ombragés de figuiers, une terrasse sur les toits où l'on peut prendre un verre ou le thé, et surtout des chambres très séduisantes, chacune ayant sa propre atmosphère. La forme et la taille des pièces varient, tout comme la décoration et l'ameublement. Mention spéciale pour la chambre n° 42 : sous les toits, elle en épouse les formes mais reste fraîche (air conditionné) et une petite estrade permet d'apercevoir Avignon par la haute fenêtre. Précisons que l'hôtel vient de changer de main et devrait connaître une belle remise au goût du jour (réfection des salles de bains, rajeunissement des tissus et des moquettes, réaménagement des patios). Accueil jeune et détendu.

Accès (voir carte n° 33) : à 2 km à l'ouest d'Avignon par N 100, par A 7 sortie Avignon-nord.

Auberge de Cassagne

84130 Le Pontet - Avignon (Vaucluse)
450, allée de Cassagne
Tél. 04.90.31.04.18 - Fax 04.90.32.25.09 - MM. Gallon, Boucher et Trestour
E-mail : cassagne@wanadoo.fr - Web : valrugues-cassagne.com

Catégorie ★★★★ Ouverture toute l'année **Chambres** 35 et 5 appartements, climatisés, avec tél., s.d.b., w.c., t.v. satellite, minibar et coffre-fort **Prix** des chambres simples et doubles (selon saison) : 650 à 1 880 F / 99,09 à 286,62 € ; suites : 1 880 à 2 980 F / 286,62 à 454,33 € - Petit déjeuner : 110 F / 16,77 €, servi de 7 h 30 à 10 h 30 - Demi-pension : 835 à 1 985 F / 127,30 à 302,63 € (par pers.) **Cartes de crédit** acceptées **Divers** chiens admis (60 F / 9,15 €) - Tennis, piscine, sauna et salle de musculation - Parking (20 F / 3,05 €) **Alentour** musées d'Avignon ; manifestation : festival de Théâtre en juillet - Golfs 18 trous du Grand-Avignon et de Châteaublanc à Avignon **Restaurant** service de 12 h à 13 h 30, 19 h 30 à 21 h 30 - Menus : 195 à 480 F / 29,73 à 73,18 € - Carte - Spécialité : émincé d'agneau et de lapereau aux petits légumes farcis.

Vous découvrirez ce très bel hôtel au milieu d'une oasis de verdure où s'estompe totalement la proximité d'Avignon. Ici, l'accueil et le service combinent parfaitement professionnalisme et chaleur humaine. La majeure partie des chambres se trouve dans un ensemble de bâtiments de style provençal, autour ou à proximité de la piscine, noyé dans la végétation et les fleurs. Beaucoup de confort, agréable décoration intérieure, salles de bains irréprochables. Philippe Boucher, qui a fait ses classes chez Bocuse et chez Blanc, réalise une cuisine renommée, alors que la très belle cave a été confiée à André Trestour. Les déjeuners et les dîners sont donc de grands moments ; l'été s'y ajoute le plaisir de les déguster à l'ombre d'un gigantesque platane. Une belle adresse, chère il est vrai.

Accès (carte n° 33) : à 5 km à l'est d'Avignon par A 7, sortie Avignon-nord. Après le péage, aller jusqu'au rond-point et suivre la direction du Golf ; puis fléchage.

Hôtel d'Europe

84000 Avignon (Vaucluse)
12, place Crillon
Tél. 04.90.14.76.76 - Fax 04.90.14.16.71 - M. Daire
E-mail : reservations@hotel-d-europe.fr - Web : hotel-d-europe.fr

Catégorie ★★★★ Ouverture toute l'année **Chambres** 47 climatisées avec tél., s.d.b., w.c., t.v. et minibar **Prix** des chambres doubles : 1 800 à 2 450 F / 274,41 à 373,51 €, suites : 3 500 à 4 000 F / 533,58 à 609,80 € - Petit déjeuner : 115 F / 17,54 €, servi de 6 h 30 à 11 h **Cartes de crédit** acceptées **Divers** chiens admis (50 F / 7,63 €) - Garage privé (80 F / 12,20 €) **Alentour** en Avignon palais des Papes, Notre-Dame-des-Doms, collection Campana au Petit-Palais, musée Calvet ; festival de Théâtre en juillet ; Villeneuve-lès-Avignon ; Provence romaine et les Alpilles ; Luberon - Golf de Châteaublanc 18 trous **Restaurant** service de 12 h à 14 h, 19 h 30 à 22 h - Fermé le lundi midi et le dimanche mais brunch dominical de 11 h 30 à 15 h - Menus : 200 à 450 F / 30,49 à 68,61 € - Carte.

A l'intérieur des remparts, l'*Hôtel d'Europe* occupe l'ancienne demeure du marquis de Graveson, construite au XVIᵉ siècle. Avec beaucoup de goût et de soin, ceux qui en ont assuré la restauration ont su conserver à la maison son caractère raffiné : meubles, tableaux anciens, tapisseries d'Aubusson décorent ainsi les salons et la très belle salle à manger. Les chambres, de tailles inégales, sont toutes décorées de beaux meubles anciens et dotées d'un très grand confort. Trois suites avec terrasse privée offrent, le soir, un spectacle unique sur les toits de la ville et le palais des Papes (illuminé l'été). Dès que le temps le permet, on prend ses repas dans le joli patio, à l'ombre des platanes et des palmiers plantés dans de grands pots d'Anduze. Cuisine excellente et très belle cave. Le service, parfait, est à l'image du bon état esprit qui règne dans cette belle maison. A noter, la possibilité d'utiliser un garage privé, ce qui résout le délicat problème du stationnement dans la vieille ville.

Accès (carte n° 33) : à l'intérieur des remparts.

Les Géraniums

84330 Le Barroux (Vaucluse)
Place de la Croix
Tél. 04.90.62.41.08 - Fax 04.90.62.56.48
M. et Mme Roux

Catégorie ★★ Fermeture du 15 novembre au 24 mars **Chambres** 22 avec tél., s.d.b. ou douche et w.c. **Prix** des chambres doubles : 260 à 290 F / 39,64 à 44,21 € - Petit déjeuner : 40 F / 6,10 €, servi de 8 h à 10 h - Demi-pension : 250 à 270 F / 38,11 à 41,16 € (par pers., 3 j. min.) **Cartes de crédit** acceptées **Divers** chiens admis (30 F / 4,57 €) - Parking fermé **Alentour** château du Barroux ; monastère Sainte-Madeleine ; élevage de lamas ; pharmacie-musée à l'Hôtel-Dieu de Carpentras ; cimetière gallo-romain de Mazan ; dentelles de Montmirail - Golf du Grand-Avignon 18 trous **Restaurant** service de 12 h à 14 h, 19 h à 21 h - Menus : 95 à 185 F / 14,48 à 28,20 € - Carte - Spécialités : pâté de caille à la confiture d'oignon ; foie gras au muscat de Beaumes-de-Venise ; cuisses de grenouilles à la provençale ; lapin à la sarriette ; parfait à la lavande.

Dominé par un superbe château, le village du Barroux est perché sur sa colline, entre le Ventoux et les dentelles de Montmirail. De sa hauteur, on aperçoit tout le Comtat Venaissin avec ses vergers, ses vignes et ses cyprès. L'endroit n'est pas sans charme, et il est possible d'y séjourner en choisissant ce petit hôtel d'un confort séduisant, qui tient lieu également de "café de la place". C'est l'auberge de village typique, simple, mais où les patrons sympathiques s'occupent gentiment de leurs clients. Les chambres sont agréables et leur rénovation récente les a dotées d'un meilleur confort. Préférez celles avec les petites terrasses. On dîne bien, d'une cuisine de produits locaux (gibier en saison), dans la haute salle de restaurant comme sur la terrasse.

Accès (carte n° 33) : à 9 km de Carpentras par D 938, entre Carpentras et Malaucène.

La Maison

84340 Beaumont-du-Ventoux (Vaucluse)
Tél. 04.90.65.15.50 - Fax 04.90.65.23.29
Mme Michèle Laurelut

Fermeture de novembre à mars **Chambres** 3 avec s.d.b. et w.c. **Prix** des chambres doubles : 300 à 400 F / 45,73 à 60,97 € - Petit déjeuner : 50 F / 7,62 €, servi de 8 h 30 à 10 h - Demi-pension : 350 à 400 F / 53,35 à 60,97 € (par pers.) **Carte de crédit** Visa **Divers** chiens non admis **Alentour** chapelles de Beaumont - Vaison-la-Romaine - arc de triomphe et théâtre antique à Orange ; Carpentras-Mornas ; musée Henri-Fabre à Sérignan **Restaurant** service à 12 h et à 19 h 30 - Fermé lundi et mardi sauf en été - Menu : 160 F / 24,39 € - Carte - Spécialités : aubergines confites à la provençale ; tian d'agneau ; petits farcis de saison ; chausson aux pêches tièdes.

Dans sa jolie *Maison* aux volets bleus, située en lisière des vignes et des vergers du village, Michèle Laurelut ne vous invite plus seulement à venir goûter ses petits farcis, son tian d'aubergines et sa compote de pêches chaudes, mais vous engage aussi à séjourner dans une de ses quatre chambres (l'une d'elles communique avec sa voisine et en partage la salle de bains) ouvertes depuis peu. La Provence, bien sûr, est encore son inspiratrice dans la décoration simple des chambres égayées des tissus régionaux colorés. Le confort est tout aussi soigné, voire raffiné. La terrasse ombragée de tilleuls se parfume délicieusement au moment de la floraison. Les petits déjeuners, les repas y sont servis dès les beaux jours, alors qu'en demi-saison l'âme de *La Maison* se retrouve autour d'un feu de bois. L'accueil est tout aussi chaleureux et convivial. Ceux qui connaissaient le restaurant se réjouiront de pouvoir prolonger le plaisir.

Accès (carte n° 33) : à 9 km au sud-est de Vaison-la-Romaine.

Château de Rocher - La Belle Ecluse

84500 Bollène (Vaucluse)
156, rue Emile-Lachaux
Tél. 04.90.40.09.09 - Fax 04.90.40.09.30 - M. Carloni
Web : lechateauderocher.com

Catégorie ★★★ Ouverture toute l'année **Chambres** 19 avec tél., s.d.b. et t.v. **Prix** des chambres : 290 à 430 F / 44,21 à 65,55 € - Petit déjeuner : 45 à 60 F / 6,86 à 9,15 €, servi de 7 h à 10 h - Demi-pension : 500 à 600 F / 76,22 à 91,47 € (pour 2 pers., 3 j. min.) **Cartes de crédit** acceptées **Divers** chiens admis (30 F / 4,57 €) - Parking fermé **Alentour** monuments romains d'Orange ; musée Henri-Fabre à Sérignan ; château de Grignan ; gorges de l'Ardèche (canoë) - Golf du Grand-Avignon 18 trous **Restaurant** service à 12 h et à 19 h - Menus : 100 F / 15,24 € (déjeuner en semaine), 150 à 250 F / 22,87 à 38,11 € - Carte - Spécialités : foie gras mi cuit et poêlé ; filet de bœuf aux truffes.

Cette belle demeure aristocratique, bâtie en 1826, fut décorée par des artistes florentins. Elle se dresse au bord d'un parc de quatre hectares, peuplé d'animaux domestiques et de quelques espèces sauvages, l'ensemble se terminant par un superbe hémicycle de verdure face à l'entrée. Les chambres du 1er étage sont souvent grandes, claires et confortables. Leur décoration mêle le classique au rétro avec, parfois, une certaine originalité telle la chambre 8, installée dans l'ancienne chapelle et éclairée par des vitraux ; les 4, 5 et 6 se partagent en plus une belle terrasse face au parc. Nous aimons moins celles du second étage : confortables, certes, mais aussi plus simples et plus petites et dont les sols en carrelage neuf ont tout à envier aux parquets du 1er étage. Vous pourrez goûter à la cuisine sur la terrasse ombragée, l'été, ou bien dans la salle à manger "Richelieu" au plafond en bois peint et à la belle cheminée en pierre sculptée sur laquelle trône le fameux portrait du cardinal.

Accès (carte n° 33) : à 20 km au nord d'Orange par A 9, sortie Bollène. Prendre direction "centre-ville", à 600 mètres tourner à gauche vers Gap, route de Nyons.

Auberge de l'Aiguebrun

RD 943 - 84480 Bonnieux (Vaucluse)
Tél. 04.90.04.47.00 - Fax 04.90.04.47.01
Mme Buzier

Catégorie ★★★ Fermeture de décembre à fin février **Chambres** 10 avec tél., s.d.b., w.c. et t.v. satellite **Prix** des chambres simples et doubles : 650 à 1 200 F / 99,09 à 182,94 € - Petit déjeuner : 90 F / 13,72 €, servi de 8 h à 10 h - Demi-pension : 650 F / 99,09 € (par pers.) **Carte de crédit** Visa **Divers** chiens non admis - Piscine - Parking **Alentour** vallée du Luberon ; varape à Buoux ; festival de La Roque-d'Antéron ; marché d'Apt le samedi - Golf de Saumane 18 trous **Restaurant** service de 12 h à 14 h, 20 h à 22 h - Fermé le mardi et le mercredi midi - Menu du jour : 250 F / 38,11 € - Spécialités : tatin de laitue au saumon fumé ; gâteau de châtaignes à la sauce au chocolat

L a combe de Lourmarin est la seule brèche qui traverse le massif du Luberon. C'est sur cette jolie route que vous apercevrez les quelques peupliers qui dépassent du bois, tels des clochers de village, et vous avertissent que l'arrivée est proche. Il faut descendre encore jusqu'au bord de l'Aiguebrun pour trouver l'auberge, rachetée par madame Buzier qui tenait le restaurant de *La Treille* à Avignon ; elle a repris son nom d'origine et compte désormais parmi les très bonnes adresses de la région. L'intérieur exprime le meilleur de la tendance décorative en Provence : mobilier chiné chez les antiquaires de L'Isle-sur-la-Sorgue, peintures patinées avec les ocres de Roussillon, objets curieux, jolis tissus… Les chambres confortables restent dans cet esprit mais avec un peu plus de sobriété. Au restaurant, un menu propose des spécialités provençales élaborées à partir de produits frais, d'huile d'olive fruitée et de légumes du potager. En hiver, viandes rôties à la cheminée et foie gras maison et, en toute saison, des desserts "comme à la maison". Accueil sympathique.

Accès (carte n° 33) : sur A 7 sortie Cavaillon ; direction Apt, puis D 36, dir. Bonnieux. A 6 km de Bonnieux, direction Lourmarin puis Buoux par D 943.

Bastide de Capelongue

84480 Bonnieux (Vaucluse)
Tél. 04.90.75.89.78 - Fax 04.90.75.93.03
Mme Loubet
E-mail : bastide@francemarket.com

Catégorie ★★★★ Fermeture de mi-novembre à mi-mars **Chambres** 17 avec tél., s.d.b., w.c., t.v. satellite et minibar **Prix** des chambres simples et doubles : 1 000 à 1 800 F / 152,45 à 274,41 € - Petit déjeuner : 90 F / 13,72 €, servi de 8 h à 11 h - Demi-pension et pension : 950 à 1 500 F / 144,83 à 228,67 € (par pers., 2 j. min.) **Cartes de crédit** acceptées **Divers** chiens admis (90 F / 13,72 €) - Piscine - Parking et garage **Alentour** Avignon ; Aix-en-Provence ; Alpilles ; villages du Luberon - Golf de Pont-Royal 18 trous **Restaurant** service de 12 h 15 à 14 h, 19 h à 22 h - Menus : 280 et 350 F / 42,69 et 53,36 € - Carte.

Nichée au flanc de sa colline parsemée de lavandes, la *Bastide* profite d'une vue magnifique sur le vieux village de Bonnieux. Ce luxueux hôtel appartient à la famille Loubet, également propriétaire du *Moulin de Lourmarin*, l'une des grandes tables de Provence. La décoration intérieure en demi-teinte privilégie le beige, le gris pâle, le bleu tendre, l'ocre des terres cuites, et c'est à Marina que l'on doit les ravissantes patines du mobilier provençal présent dans tout l'établissement (belles rééditions d'armoires, de tables et de sièges du XVIIIe). Cela produit une ambiance raffinée, sereine et douce. Chaque chambre porte le nom d'un auteur méridional, de "Daudet" à "Giono" nous avons aimé leur confort très au goût du jour et, là aussi, la délicatesse des teintes et des matières. Servis dans une lumineuse salle à manger ou en terrasse, les repas changent tous les jours selon la qualité des légumes produits dans leur potager (un hectare) et les arrivages du marché en viandes, poissons, volailles. Une adresse haut de gamme et au luxe de bon aloi.

Accès (carte n° 33) : sur A 7 sortie Cavaillon ; direction Apt, puis D 36 Bonnieux.

Hostellerie du Prieuré

84480 Bonnieux (Vaucluse)
Tél. 04.90.75.80.78 - Fax 04.90.75.96.00
Mme Coutaz - M. Chapotin

Catégorie ★★★ Fermeture du 1er novembre au 1er mars **Chambres** 10 avec tél., s.d.b. et w.c. **Prix** des chambres doubles : 560 à 700 F / 85,37 à 106,71 € - Petit déjeuner : 55 F / 8,38 €, servi de 8 h à 10 h **Carte de crédit** Visa **Divers** chiens admis (40 F / 6,10 €) - Parking, garage fermé (40 F / 6,10 €) **Alentour** Avignon ; Aix-en-Provence ; les Alpilles ; villages du Luberon - Golf de Saumane 18 trous **Restaurant** service de 12 h 30 à 14 h, 19 h 30 à 21 h - Fermé de mardi à vendredi midi de juillet à septembre et les mardis, jeudis midi et mercredis de mars à octobre - Menus : 98 à 220 F / 15,24 à 33,54 € - Carte : 150 F / 22,87 € - Spécialités : chartreuse d'agneau aux aubergines ; crème brûlée à l'essence de truffes.

Épargné par les effets de mode qui s'emparent peu à peu de tous les hôtels du Luberon, cet hôtel a su préserver l'authenticité des vieilles demeures d'autrefois. C'est ainsi que l'escalier d'honneur et sa rampe en fer forgé, les tommettes des sols, les lourdes portes de chêne expriment un "parfum d'antan" qui ravira les amateurs. Nous aimons aussi les chambres confortables avec leur mobilier souvent ancien et leurs coloris chaleureux. Ici, les tailles, les ouvertures (les plus sombres sont merveilleuses en plein été, plus tristes en hiver), les aménagements diffèrent toujours. A la belle saison, le service bar et le restaurant se transportent sous les frondaisons du jardin, mais les pièces intérieures dédiées à ces fonctions ont également leur attrait (le bar comporte notamment un exceptionnel meuble-vitrine avec les maquettes anciennes des principaux théâtres parisiens). L'accueil est agréable, parfois un peu désinvolte, mais cette spontanéité fait aussi un peu partie du charme du lieu. Si vous décidez un soir d'aller dîner dehors, *Le Fournil* propose une cuisine délicate servie en terrasse.

Accès (carte n° 33) : A 7 sortie Cavaillon, direction Apt ; D 36 Bonnieux.

La Bastide de Voulonne

84220 Cabrières-d'Avignon (Vaucluse) - RD 943
Tél. 04.90.76.77.55 - Fax 04.90.76.77.56
Sophie et Alain Rebourg-Poiri

Catégorie ★★★ Ouverture toute l'année mais sur réservation en janvier et février **Chambres** 5 et 1 suite, avec tél., s.d.b., w.c. et t.v. **Prix** des chambres et suites: 400 à 1 000 F / 60,98 à 152,45 € - Petit déjeuner: 55 F / 8,38 €, servi de 8 h à 10 h **Carte de crédit** Visa **Divers** chiens admis sur demande - Piscine - Parking **Alentour** vieux villages du Luberon; varape à Buoux; festival de La Roque-d'Antéron; marché d'Apt le samedi - Golf de Saumane 18 trous **Restaurant** service à 20 h - Menu du jour: 155 F / 23,63 €.

Deux gros platanes cachent et rafraîchissent l'authentique façade de cette maison de maître qui appartint autrefois au député local. Nous sommes dans la plaine du Luberon, parmi les arbres fruitiers et à quelques minutes des célèbres villages qui se succèdent sur les deux versants de la vallée. Sophie et Alain sont tombés amoureux du site autant que de la maison et viennent de lui redonner vie et couleur. Les fameux ocres de Roussillon ont inspiré la tonalité générale de la décoration qui se décline en orangé, en jaune, en rouge brique, aussi bien sur les murs que sur les sols et sur les tissus provencaux à petits motifs. Du fer forgé, du rotin, un vieux meuble parfois... l'ensemble est gai, actuel, un peu "neuf" encore mais néanmoins plaisant. Eclairée par des baies en arc de cercle donnant sur la cour intérieure, la vaste salle à manger occupe l'ancienne boulangerie, près du four à pain; Alain y propose une cuisine très provençale confectionnée à partir des produits du marché et d'après des recettes familiales. Beaux abords fleuris avec, un peu à l'écart, une grande piscine chauffée; accueil vraiment agréable.

Accès (carte n° 33): sur A 7 sortie Cavaillon; direction Apt. A Coustellet suivre direction Gordes-Les Imberts, et 2 km après, fléchage à droite.

Château des Fines Roches

84230 Châteauneuf-du-Pape (Vaucluse)
Tél. 04.90.83.70.23 - Fax 04.90.83.78.42
Philippe et Jean-Pierre Estevenin

Catégorie ★★★★ **Fermeture** du 15 au 30 novembre **Chambres** 6 climatisées avec tél., s.d.b., w.c. et minibar **Prix** des chambres simples ou doubles : 850 à 1 100 F / 129,58 à 167,69 € - Petit déjeuner : 80 F / 12,19 €, servi de 8 h à 10 h **Cartes de crédit** Amex, Visa **Divers** chiens non admis - Parking **Alentour** à Châteauneuf-du-Pape : Musée vigneron du Père-Anselme ; caves et domaines (château de la Gardine, château de la Nerte, clos du Mont-Olivet, clos des Papes, domaine Bousquet des Papes, domaine Durieu ; à Bédarrides : domaine Font de Michelle) ; Avignon ; Orange **Restaurant** service de 12 h à 14 h, 19 h à 21 h - Fermé le lundi - Menus : 175 F / 26,68 € (à midi) et 270 à 340 F / 41,16 à 51,83 € - Carte.

Châteauneuf-du-Pape évoque plus aujourd'hui le vignoble des Côtes-du-Rhône que la résidence d'été du pape à l'époque où le Comtat Venaissin était propriété du Saint-Siège et où Jean XXII vint se fixer en Avignon. C'est le château du marquis Folco de Baroncelli que l'on a transformé en hôtel où luxe et charme font bon ménage. Les pièces de réception ont retrouvé l'atmosphère cossue et romantique des beaux châteaux provinciaux. Les chambres aux couleurs vives sont plus "décoratives". Partout, un grand confort avec quelques douches qui se nichent dans les tourelles offrant une exceptionnelle vue sur les vignes. Les frères Estevenin qui officient en cuisine proposent des spécialités gourmandes gastronomiques, dans un très beau décor de salles à manger aux couleurs du cépage, ou sur la terrasse où, là encore, la nature fait partie de la fête.

Accès (carte n° 33) : à 20 km d'Avignon, sur A 7, sortie Avignon-nord ; sur A 9, sortie Roquemaure.

Le Mas de Magali

84110 Le Crestet (Vaucluse)
Tél. 04.90.36.39.91 - Fax 04.90.28.73.40
M. et Mme Bodewes

Fermeture du 27 octobre au 1er avril **Chambres** 10 avec tél., s.d.b. et t.v. satellite **Prix** par pers. en chambre double, en demi-pension uniquement : 350 à 425 F / 53,36 à 64,79 € - Petit déjeuner : 45 F / 6,86 €, servi de 8 h à 10 h **Carte de crédit** Visa **Divers** chiens admis avec suppl. - Piscine - Parking **Alentour** Vaison-la-Romaine, Séguret, dentelles de Montmirail, route des vins **Restaurant** service de 19 h 30 à 21 h - Menu : 205 F / 31,25 € - Carte - Spécialités : rougets au pastis ; poulet fermier aux morilles ; moruette à la landaise.

À l'écart du petit bourg médiéval de Crestet, *Le Mas de Magali* semble perdu dans la campagne. L'hôtel domine un superbe panorama de collines, de vignes, de cyprès avec, au loin, la silhouette du mont Ventoux. Cette vue, les abords fleuris, le bel espace aménagé autour de la piscine donnent au lieu le charme qui manque à son architecture. Un peu précieuse mais gaie et plaisante, la décoration intérieure joue essentiellement sur les tonalités de jaune et de bleu, associe et superpose les tissus, "chante" la Provence d'aujourd'hui. A droite de l'entrée, une salle à manger lumineuse permet de goûter à une alléchante cuisine du marché dont l'unique menu change tous les jours. Les chambres se répartissent entre le rez-de-chaussée et l'étage (où se trouve aussi un confortable salon-bibliothèque). Elles sont coquettes et plutôt soignées ; hors saison, réservez celles côté vue (qui ont également l'avantage d'une terrasse), en plein été, vous pouvez aussi demander celles sur l'arrière, plus fraîches, en sachant que certaines souffrent un peu du bruit de la soufflerie du restaurant. Une adresse utile à prix raisonnables.

Accès (carte n° 33) : à Vaison-la-Romaine prendre D 930 vers Malaucène, puis suivre fléchage.

Hostellerie de Crillon-le-Brave

84410 Crillon-le-Brave (Vaucluse)
Place de l'Eglise
Tél. 04.90.65.61.61 - Fax 04.90.65.62.86
MM. Chittick et Miller

Catégorie ★★★★ **Fermeture** du 2 janvier au 1ᵉʳ mars **Chambres** 19 (dont 1 climatisée) et 4 suites (dont 2 climatisées), avec tél., s.d.b. ou douche, w.c. (t.v. sur demande) **Prix** des chambres simples et doubles : 950 à 2 150 F / 144,82 à 327,76 € ; suites : 1 450 à 2 800 F / 221,05 à 426,85 € - Petit déjeuner : 90 F / 13,72 €, servi de 7 h 30 à 11 h - Demi-pension : + 370 F / 56,40 € (par pers., 3 j. min.) **Cartes de crédit** acceptées **Divers** chiens admis (80 F / 12,20 €) - Piscine, vélos - Garage **Alentour** Bédoin ; dentelles de Montmirail ; chapelle du Grozeau ; château du Barroux ; pharmacie-musée à l'Hôtel-Dieu de Carpentras - Golf du Grand-Avignon 18 trous **Restaurant** déjeuner le week-end seulement : service de 12 h à 14 h 30 - Grill piscine tous les jours en été : service de 19 h 30 à 21 h 30 - Menus : 160 F / 24,39 € (déjeuner), 250 à 400 F / 38,11 à 60,98 € - Carte.

A quelques champs d'oliviers du mont Ventoux, niché en haut d'une colline, se trouve le petit village de Crillon-le-Brave. Juste à côté de l'église, un très bel hôtel : grande maison de famille dont les chambres portent encore le nom des anciens occupants. La demeure a conservé ses anciennes tommettes bien patinées, et on l'a très joliment décorée de terre cuite et de meubles provençaux anciens, chinés chez les brocanteurs d'Isle-sur-la-Sorgue. Dans les chambres, très douillettes et confortables, les murs jaune ocre restituent tout le soleil du Midi. Les deux salons sont ceux d'une maison de vacances : rayonnages chargés de vieux livres, canapés accueillants et fenêtres s'ouvrant sur les toits roses du village. Un jardin en escalier, aux multiples recoins, mène depuis un bassin de nénuphars jusqu'à la piscine où l'on a installé un grill, et où un joli mobilier en fer forgé aménage les coins d'ombre du jardin.

Accès (carte n° 33) : à 15 km au nord de Carpentras par D 974 et D 138.

Hostellerie La Manescale

Les Essareaux - 84340 Entrechaux (Vaucluse)
Route de Faucon
Tél. 04.90.46.03.80 - Fax 04.90.46.03.89
Mme Warland

Fermeture de mi-octobre à Pâques **Chambres** 5 avec tél., s.d.b. ou douche, w.c., t.v. et minibar
Prix des chambres doubles: 475 à 675 F / 72,41 à 102,90 €; suites: 575 à 975 F / 87,66 à
148,64 € - Petit déjeuner: 80 F / 12,20 €, servi de 8 h 30 à 10 h **Cartes de crédit** acceptées **Divers**
chiens admis (60 F / 9,15 €) - Piscine - Parking **Alentour** cathédrale Notre-Dame-de-Nazareth à
Vaison-la-Romaine; dentelles de Montmirail; Séguret - Golf du Grand-Avignon 18 trous **Restaurant**
sur demande et réservé aux résidents: petite restauration et vins régionaux.

Edifiée sur une ancienne bergerie très bien reconstruite, cette séduisante
hostellerie se perd au milieu des vignes et des oliviers, entre Drôme et
Vaucluse, en face du mont Ventoux. On y trouve des chambres d'un grand
confort, très bien équipées. Certaines sont de véritables petites suites (la
chambre "Provence"), et d'un goût très sûr qui montre que rien ici n'a été laissé
au hasard, comme pour faire honneur à la magie du paysage. Une vallée
paisible, où trône le Ventoux dans un jeu subtil de lumières et de teintes. Une
terrasse divine à l'heure du robuste petit déjeuner vous ferait déserter l'agréable
salle à manger, tant le tableau qu'elle vous offre est grandiose. Une superbe
piscine complète le tout. Un endroit que l'on aimerait garder pour soi, bien
secret, mais que l'on est heureux d'avoir partagé. Le soir, un bon repas froid
pourra vous être servi sur demande. Vous pourrez aussi aller dîner, à
Entrechaux, au *Saint-Hubert* ou chez *Anaïs*. A noter que seuls les enfants de
plus de sept ans peuvent séjourner à l'hôtel.

*Accès (carte n° 33): à 8 km à l'est de Vaison-la-Romaine par D 205 - Par A 7,
sortie Bollène.*

Les Florets

84190 Gigondas (Vaucluse)
Route des Dentelles
Tél. 04.90.65.85.01 - Fax 04.90.65.83.80 - Mme Bernard

Catégorie ★★ Fermeture en janvier, février et le mercredi **Chambres** 14 et 1 appartement, avec tél., s.d.b. ou douche, w.c. et t.v. **Prix** des chambres doubles : 470 à 750 F / 71,65 à 114,34 € - Petit déjeuner : 65 F / 9,91 €, servi de 8 h à 10 h - Demi-pension : 950 à 1 200 F / 144,83 à 182,94 € (2 pers., 3 j. min.) **Cartes de crédit** acceptées **Divers** chiens admis (40 F / 6,10 €) - Parking **Alentour** chapelle Notre-Dame-d'Aubune ; Séguret ; dentelles de Montmirail ; cathédrale et pont romain à Vaison-la-Romaine - Golf du Grand-Avignon 18 trous **Restaurant** service de 12 h à 14 h, 19 h 30 à 21 h - Menus : 110 à 195 F / 16,77 à 29,73 € - Carte - Spécialités : courgette ronde farcie à la brandade au beurre d'orange ; joue de bœuf braisée au vin des Côtes-du-Rhône ; crème brûlée aux herbes de Provence.

En pleine verdure, à 400 mètres d'altitude, face aux dentelles de Montmirail dont les roches finement ouvragées dominent le vignoble du Gigondas, *Les Florets* est un hôtel de campagne traditionnel et familial. Dès l'arrivée, on est conquis par sa vaste terrasse plantée d'arbres séculaires où, bien à l'abri d'un soleil parfois sans tendresse, on profite d'une vue somptueuse. Les chambres installées dans la maison principale donnent sur les arbres ; elles sont soignées et confortables mais nous gardons une légère préférence pour celles qui se trouvent à quelques mètres, dans une autre maison. Chacune y ouvre de plain-pied sur l'extérieur, le mobilier est plaisant, le confort jamais négligé, y compris dans les salles de bains. Côté restaurant, bonne cuisine régionale à découvrir, le fin du fin étant de l'accompagner par l'un des très bons crus de Gigondas produits par la maison. Enfin, l'accueil est plein de gentillesse et le patron sera heureux de vous faire visiter sa cave et de vous faire goûter sa production.

Accès (carte n° 33) : à 25 km à l'est d'Orange par D 975, direction Vaison-la-Romaine, puis D 8 et D 80 ; sur la route des dentelles de Montmirail.

Hôtel La Gacholle

84220 Gordes (Vaucluse) - Route de Murs
Tél. 04.90.72.01.36 - Fax 04.90.72.01.81- Eric Bongert et Hervé Sabat
E-mail : la.gacholle.gordes@wanadoo.fr - Web : lagacholle.com

Catégorie ★★★ **Fermeture** du 3 janvier au 2 mars **Chambres** 11 avec tél., s.d.b., w.c., minibar, t.v. et 3 avec coffre-fort **Prix** des chambres doubles (selon saison) : 490 à 820 F / 74,70 à 125,01 € - Petit déjeuner : 70 F / 10,67 € - Demi-pension : + 195 F / 29,73 € (par pers.) **Cartes de crédit** Amex, Visa **Divers** chiens admis (60 F / 9,15 €) - Piscine, tennis - Parking **Alentour** Gordes, vieux villages du Luberon ; abbaye de Sénanque ; marché d'Apt le samedi - Golf de Saumane 18 trous **Restaurant** service de 12 h à 14 h, 19 h à 22 h 30 - Menus-carte : 135 F / 20,58 € (midi en semaine) et 205 F / 31,25 €.

Gordes est probablement le village le plus connu et le plus "couru" du Luberon, ce qui n'est pas sans inconvénients en haute saison. Nous n'en sommes que plus satisfaits d'avoir découvert ce petit hôtel situé à l'écart du village, au calme et face à une vue époustouflante sur la plaine. Conscient de cet atout, l'édifice est entièrement tourné vers ce panorama. Les petites chambres confortables viennent d'être rénovées dans un style au goût du jour : épais couvre-lits gris-brun rehaussés d'arabesques en piqué blanc, murs beiges, sol en jonc de mer, mobilier moderne aux tonalités assorties, rideaux à motifs tabac ou jaune… Terrasses privatives pour celles du rez-de-chaussée. Un beau salon avec cheminée, aménagé aux couleurs de la Provence avec quelques éléments baroques en fer forgé, donne accès à la salle à manger panoramique qui se prolonge sous un auvent tout en longueur. La table est vraiment excellente, avec des saveurs franches et une grande maîtrise dans les cuissons et l'accommodement des légumes. Bar extérieur très agréable près de la piscine.

Accès (carte n° 33) : à Avignon prendre N 100 direction Apt. A Coustellet, prendre à gauche vers Gordes. Au château, tourner à gauche vers Murs, l'hôtel est à 1,5 km.

Ferme de la Huppe

Les Pourquiers - 84220 Gordes (Vaucluse)
Route D 156
Tél. 04.90.72.12.25 - Fax 04.90.72.01.83 - M. Konings
E-mail : gerald.konings@wanadoo.fr

Fermeture de fin décembre à fin mars **Chambres** 9 (dont 4 climatisées) avec tél., s.d.b. ou douche, w.c., t.v. et minibar **Prix** des chambres simples et doubles : 400 à 750 F / 60,98 à 114,34 € - Petit déjeuner compris, servi de 8 h 30 à 10 h **Carte de crédit** Visa **Divers** chiens non admis - Piscine - Parking **Alentour** village des Bories ; abbaye de Sénanque ; Roussillon ; L'Isle-sur-la-Sorgue ; Fontaine-de-Vaucluse - Golf de Saumane 18 trous **Restaurant** ouvert le soir et dimanche midi, fermé le jeudi - Service de 12 h à 13 h 30, 19 h 30 à 21 h - Menus : 150 à 250 F / 22,87 à 38,11 € - Carte - Cuisine semi-gastronomique, semi-traditionnelle, avec les produits de saison de la région.

L a petite route qui se faufile dans la plaine du Luberon prend peu à peu des allures de chemin. Pas de doute, cette vieille ferme admirablement restaurée est un lieu des plus calmes. Ici, tout s'organise autour de l'olivier, du figuier et du puits qui occupent le centre d'une petite cour intérieure d'où l'on accède aux chambres, charmantes, dont les noms rappellent l'ancienne fonction : "la cuisine", "l'écurie", "la cuve", etc. Les sols sont en terre cuite, les murs épais et les petites fenêtres garantissent intimité et fraîcheur mais rendent les chambres un peu sombres, ce qui ne plaira pas à tout le monde. Il y a aussi quelques vieux éléments, d'élégants tissus ; le tout est d'un confort irréprochable. La salle à manger se prolonge par une terrasse couverte donnant sur une belle piscine (réservée aux clients de l'hôtel) cachée dans les fleurs et les lavandes. Ajoutez à cela un excellent accueil et des prix encore très raisonnables.

Accès (carte n° 33) : à 25 km au nord-est de Cavaillon jusqu'à Gordes par D 2 puis direction Joucas pendant 2,5 km, puis à droite, direction Goult, pendant 500 m.

Domaine de la Fontaine

84800 Isle-sur-la-Sorgue (Vaucluse)
920, chemin du Bosquet
Tél. 04.90.38.01.44 - Fax 04.90.38.53.42 - M. et Mme Sundheimer
E-mail : domainedelafontaine@wanadoo.fr - Web : domainedelafontaine.com

Ouverture toute l'année **Chambres** 3 et 2 suites familiales, avec tél., douche., w.c. et t.v. **Prix** des chambres : 490 à 580 F / 74,70 à 88,42 € ; suites (3 pers.): 820 F / 125,01 € - Lit suppl.: 100 F / 15,24 € - Petit déjeuner compris **Cartes de crédit** non acceptées **Divers** chiens non admis - Piscine - Parking **Alentour** L'Isle-sur-la-Sorgue: village d'antiquaires ; descente de la Sorgue en kayak (Tél. 04.90.20.35.44); Fontaine-de-Vaucluse ; Gordes ; village des Bories ; abbaye de Sénanque - Golf de Saumane 18 trous **Restaurant** réservé aux résidents sur réservation - Service à 20 h - Menu: 140 F / 21,34 € - Spécialités: lotte à la provençale ; lapin aux pruneaux ; magret de canette.

A près avoir dirigé deux restaurants à Munich, les Sundheimer sont tombés sous le charme de ce vieux mas provençal situé à quelques minutes de L'Isle-sur-la-Sorgue, au milieu d'une immense plaine cultivée et quadrillée par une série de haies coupe-mistral. Sa capacité d'accueil très restreinte et son ambiance calme et confidentielle le mettent à égale distance du petit hôtel et de la maison d'hôtes. Toutes les chambres ont été remises à neuf. Chacune a sa couleur dominante, l'ameublement y est simple, plaisant, la literie remarquable, les salles de bains vastes. Certains soirs et seulement sur réservation, vous pourrez goûter au menu qui varie au gré du marché. Les tables sont dressées dans la vaste salle à manger (qui manque encore de patine) ou à l'ombre de trois platanes centenaires. C'est également là que sont servis les excellents petits déjeuners, et l'on prolonge volontiers le plaisir en écoutant chanter la fontaine qui a donné son nom au domaine.

Accès (carte n° 33) : sur A 7, sortie Avignon-sud ou Cavaillon. Dans le village, N 100 dir. Apt ; après garage Citroën /Total à droite, et 1ère à gauche.

Mas de Cure Bourse

84800 Isle-sur-la-Sorgue (Vaucluse)
Carrefour de Velorgues
Tél. 04.90.38.16.58 - Fax 04.90.38.52.31 - M. et Mme Pomarède

Catégorie ★★★ Ouverture toute l'année **Chambres** 13 avec tél., s.d.b., w.c. et t.v. **Prix** des chambres doubles: 450 à 650 F / 68,60 à 99,09 € - Petit déjeuner: 50 F / 7,62 € - Demi-pension: 455 à 555 F / 69,36 à 84,61 € (par pers.) **Carte de crédit** Visa **Divers** chiens admis (50 F / 7,62 €) - Piscine - Parking **Alentour** L'Isle-sur-la-Sorgue: village d'antiquaires, foire à la brocante et marché le dimanche; descente de la Sorgue en kayak; fontaine-de-Vaucluse; marché de Coustellet le dimanche; Gordes; village des Bories; abbaye de Sénanque - Golf de Saumane 18 trous **Restaurant** fermé lundi et mardi midi, 3 semaines en novembre, 2 semaines en janvier - service de 12 h à 13 h 30, 20 h à 21 h 30 - Menus: 170 à 280 F / 25,92 à 42,69 € - Carte - Spécialités: fleurs de courgettes farcies; becquet d'agneau du Luberon; moelleux chocolat pralin.

Cet ancien relais de poste, entouré de vergers et d'un parc de deux hectares, fut construit en 1754 dans la plaine de L'Isle-sur-la-Sorgue, et vous aurez l'impression de vous perdre dans un dédale de minuscules routes avant de rejoindre le mas. Repris récemment par la famille Pomarède, la tradition d'une bonne cuisine semble être perpétuée. Spécialités de saison (dont on peut suivre l'élaboration grâce à cette grande ouverture vitrée percée entre la réception et les cuisines), servies dans la jolie salle à manger devant un grand feu de cheminée ou sur la terrasse ombragée. La décoration et le confort des chambres sont parfaits. Comme dans une maison particulière, elles ont été baptisées chambres des filles ou chambre du couloir. Notre préférée: la chambre du bout, avec son petit balcon et vue sur la piscine.

Accès (carte n° 33): sur A 7, sortie Avignon-sud ou Cavaillon. A 3 km de L'Isle-sur-la-Sorgue, sur la D 938, route de Carpentras à Cavaillon, carrefour de Velorgues.

Auberge du Cheval Blanc

84240 La Bastide-des-Jourdans (Vaucluse)
Tél. 04.90.77.81.08 - Fax 04.90.77.86.51
Mme Agnès Moullet

Fermeture du 20 janvier à fin février **Chambres** 4 climatisées, avec tél., s.d.b., w.c., t.v. et minibar **Prix** des chambres doubles : 420 à 600 F / 64,03 à 91,47 € - Petit déjeuner : 60 F / 9,15 €, servi à partir de 8 h - Demi-pension : 820 F / 125,01 € (pour 2 pers.) **Carte de crédit** Visa **Divers** chiens admis - Piscine en projet - Parking **Alentour** La Tour-d'Aigues ; châteaux d'Ansouis et de Lourmarin ; Manosque - Golf de Pierrevert 18 trous **Restaurant** service de 12 h à 13 h 30, 19 h 30 à 21 h 30 - Fermé le jeudi - Menus : 160 à 220 F / 24,39 à 33,54 € - Carte - Spécialités : rougets poêlés à l'huile d'olive ; tartare de tomates aux avocats ; ragoût d'artichauts à la caillette provençale.

Entre Cavaillon et Manosque, le vieux massif du Luberon est devenu en quelques années le refuge des Parisiens et des étrangers fortunés. A la limite entre le Vaucluse et les Alpes-de-Haute-Provence, le village de La Bastide-des-Jourdans a gardé l'authenticité du pays de Giono. Cette *Auberge du Cheval Blanc* est un ancien relais de chevaux qu'Agnès et Serge Maillet ont investi, il y a déjà plusieurs années, pour y faire goûter une fine cuisine qui s'inspire de la Provence. Aujourd'hui, la jolie maison s'est adjoint, au premier étage, quatre chambres de charme. Tradition et élégance ont guidé la décoration sans rien concéder à un confort qui se veut raffiné. Spacieuses, fraîches et claires, toutes ont un petit salon, et sont climatisées. A seulement quinze kilomètres de Manosque, un joli gîte et un bon couvert vous engagent à venir séjourner au pays des lavandes, et quand la piscine (en projet pour 2001) sera réalisée, il sera bien difficile de quitter les lieux…

Accès (carte n° 33) : à 37 km d'Aix-en-Provence ; à 15 km de Manosque. Sur le D 956, entre Pertuis et Manosque.

Le Mas des Grès

84800 Lagnes (Vaucluse)
Route d'Apt
Tél. 04.90.20.32.85 - Fax 04.90.20.21.45 - M. et Mme Crovara
E-mail : info@mas.des.gres.com - Web : masdesgres.com

Catégorie ★★ **Fermeture** du 15 novembre au 15 mars, sauf sur réservation **Chambres** 14 et 2 suites, avec tél., s.d.b., w.c., radio-CD (6 avec t.v.) **Prix** des chambres doubles : 390 à 750 F / 59,46 à 114,34 € ; suites (4 pers.) : 1 100 F / 167,69 € - Petit déjeuner : 55 F / 8,38 €, servi à partir de 8 h - Demi-pension : 425 à 750 F / 64,79 à 114,34 € (par pers. en chambre double) **Carte de crédit** Visa **Divers** chiens non admis - Piscine - Parking fermé **Alentour** L'Isle-sur-la-Sorgue : village d'antiquaires, foire à la brocante et marché provençal le dimanche ; descente de la Sorgue en kayak ; Fontaine-de-Vaucluse ; Gordes ; village des Bories ; abbaye de Sénanque - Golf de Saumane 18 trous **Restaurant** sur réservation pour les non-résidents - Plats froids à midi en juillet-août - Dîner : 20 h à 21 h 30 - Menus : 100 F / 15,24 € (déjeuner), 165 F / 25,15 € (dîner) - Cuisine provençale du marché.

Un brin maison d'hôtes, un brin auberge, *Le Mas des Grès*, tout proche de la très courue L'Isle-sur-la-Sorgue, est toujours aussi sympathique. Tout y est gai et de bon goût ; c'est un endroit de charme, plutôt une maison de vacances où règnent gaieté et joie de vivre. Salon et chambres sont d'une simplicité très raffinée. Ces dernières affichent le charme de belles chambres d'amis, avec aussi parfois le côté pratique, comme la 8 et les deux qui communiquent pour pouvoir accueillir toute une famille. Le soir, le restaurant propose une cuisine provençale de saison, servie sous la treille ; pour le déjeuner, on dresse pour les deux mois d'été un petit buffet froid. Une piscine, près de la route il est vrai, permet de se rafraîchir. *Le Mas des Grès,* c'est un peu votre maison dans le Luberon.

Accès (carte n° 33) : sur A 7, sortie Avignon-sud direction L'Isle-sur-la-Sorgue ; à L'Isle, direction Apt par N 100 sur 5 km.

Auberge La Fenière

84160 Lourmarin (Vaucluse)
Route de Cadenet
Tél. 04.90.68.11.79 - Fax 04.90.68.18.60 - Reine et Guy Sammut

Fermeture en janvier et en novembre **Chambres** 7 climatisées avec tél., s.d.b., w.c. et t.v. ; 1 chambre handicapés **Prix** des chambres doubles : 600 à 800 F / 91,47 à 121,96 € ; suites : 1 050 F / 160,07 € - Petit déjeuner : 80 F / 12,20 €, servi à toute heure **Cartes de crédit** acceptées **Divers** chiens admis (40 F / 6,10 €) - Piscine - Parking **Alentour** Luberon - Aix-en-Provence ; marché d'Apt - Golf 18 trous Pont-Royal à Mallemort **Restaurant** service de 12 h à 13 h 30, 19 h 30 à 21 h 30 - Fermé le lundi et le mardi midi d'octobre à juillet, et le lundi de juillet à septembre - Menus : 230 à 550 F / 35,06 à 83,85 € - Spécialités : saint-pierre à la vanille et huile d'olive de Cucuron ; pigeonneau fermier rôti en cocotte à l'ail confit.

On ne présente plus Reine Sammut, célébrée comme l'une des meilleures cuisinières de France, et *La Fenière* réveillera sûrement chez certains quelques émouvants souvenirs gustatifs. Aujourd'hui, le restaurant a quitté le centre de Lourmarin pour s'installer tout près, mais en pleine nature. Profitant de ce déménagement et du nouvel espace disponible, on a créé sept chambres totalement confortables, chacune dédiée à un art ou un artisanat. Respectivement aménagées en fonction de leur nom, elles présentent une décoration à la fois actuelle, chaleureuse et originale. Cinq d'entre elles profitent d'une agréable terrasse avec vue sur la vallée de la Durance, et nous vous les recommandons en priorité. Au rez-de-chaussée se trouvent le salon d'accueil et la grande salle à manger qui exprime toute la gaieté méridionale avec ses hautes chaises rouge vif et ses superbes assiettes en verre bigarré. Une très belle adresse aux abords soignés et très fleuris.

Accès (carte n° 33) : à 30 km au nord-est d'Aix-en-Provence ; sur A 7, sortie Sénas, sur A 51 sortie Pertuis.

Le Mas du Loriot

Murs 84220 Gordes (Vaucluse)
Route de Joucas
Tél. 04.90.72.62.62 - Fax 04.90.72.62.54 - Mme Thillard

Fermeture du 15 décembre au 6 mars **Chambres** 8 avec tél., s.d.b. ou douche, w.c., t.v. et minibar; accès handicapés **Prix** des chambres doubles: 550 à 700 F / 83,85 à 106,71 € (1 chambre à 270 F / 41,16 €) - Petit déjeuner: 70 F / 10,67 €, servi de 8 h 30 à 10 h 30 - Demi-pension (souhaitée en été): 498 à 575 F / 75,92 à 87,66 € (par pers., en chambre double) **Carte de crédit** Visa **Divers** chiens admis (50 F / 7,62 €) - Piscine - Parking **Alentour** village des Bories; abbaye de Sénanque; Roussillon; L'Isle-sur-la-Sorgue; Fontaine-de-Vaucluse - Golf de Saumane 18 trous **Restaurant** fermé le samedi et du 10 novembre au 6 mars - Service à partir de 20 h - Menu: 190 F / 28,96 € - Spécialités: croustillant d'agneau du Luberon; charlotte de turbot aux poires; pavé de cabillaud à l'huile d'olive et tapenade.

L a petite route contourne le village de Joucas, commence à gravir la colline, puis, quelques centaines de mètres plus haut, un petit chemin trouve la garrigue et nous mène vers ce minuscule hôtel serti de lavandes, de pins et de chênes verts. Huit chambres confortables récemment aménagées, toutes avec terrasse, une charmante décoration aux tonalités fraîches et une superbe vue, voici de quoi faire le bonheur des amateurs de calme et d'intimité. Le restaurant propose un menu unique, différent tous les soirs, amoureusement préparé par madame Thillard. On déguste sa très bonne cuisine familiale, toujours préparée à partir de bons produits, dans une salle à manger ouverte sur les paysages du Luberon ou sur la terrasse. Enfin, l'excellent accueil des propriétaires et de leurs jeunes enfants, Julien et Sophie-Charlotte, donneront à beaucoup l'envie de revenir.

Accès (carte n° 33): à 25 km au nord-est de Cavaillon par D 2, puis direction Joucas, puis Murs.

Mas des Capelans

84580 Oppède (Vaucluse)
Tél. 04.90.76.99.04 - Fax 04.90.76.90.29
M. et Mme Poiri

Fermeture du 30 octobre au 29 février **Chambres** 8 avec tél., s.d.b., w.c. et t.v. **Prix** des chambres doubles : 400 à 900 F / 60,98 à 137,20 € ; suites : 800 à 1 000 F / 121,96 à 152,45 € - Petit déjeuner : 60 F / 9,15 €, servi de 8 h 30 à 10 h 30 - Demi-pension : 400 à 650 F / 60,98 à 99,09 € (par pers., 3 j. min.) **Cartes de crédit** acceptées **Divers** chiens admis sur réservation (70 F / 10,67 €) - Piscine chauffée, billard et parking à l'hôtel **Alentour** le nord du Luberon (Ménerbes, Lacoste, Bonnieux, prieuré Saint-Symphorien, Buoux, Saignon) - Golf de Saumane 18 trous **Table d'hôtes** service à 20 h - Fermé dimanche et deux soirs en basse saison - Menu : 160 F / 24,39 € - Spécialités : lapereau au romarin ; navarin aux petits légumes ; pintade aux cerises.

Ancienne magnanerie des moines de l'abbaye de Sénanque, le *Mas des Capelans* propose huit chambres d'hôtes, toutes spacieuses, confortables et très soignées. Chacune porte le nom de la vue dont elle profite : "Roussillon", "Gordes" ou plus simplement "Les vignes". La salle de séjour, dominée par une haute charpente, est aménagée avec un mobilier confortable de style variable, qui s'organise autour de la grande cheminée. Certains soirs, monsieur et madame Poiri organisent une très alléchante table d'hôtes largement dédiée à la Provence. Dressée dans la salle de séjour ou dehors sous la gloriette, elle est un lieu d'échanges cosmopolites et se termine souvent tard dans la nuit. Les bons petits déjeuners sont, quant à eux, servis en tables indépendantes, dans une véranda décorée d'une quantité d'objets méridionaux ou dans la cour intérieure, à l'ombre des mûriers. Les alentours sont particulièrement bien fleuris, y compris autour de la piscine que l'on quitte à regret tant on s'y sent bien…

Accès (carte n° 33) : 10 km à l'est de Cavaillon - Par A 7, sortie Avignon-sud, N 100 direction Apt, entre Coustellet et Beaumette, puis fléchage.

Hôtel Arène

84100 Orange (Vaucluse)
Place de Langes
Tél. 04.90.11.40.40 - Fax 04.90.11.40.45
M. et Mme Coutel

Catégorie ★★★ Fermerture du 8 novembre au 1er décembre **Chambres** 30 climatisées avec tél., s.d.b. ou douche, w.c., minibar, coffre-fort et t.v. **Prix** des chambres simples et doubles : 440 à 600 F / 67,08 à 91,47 € - Petit déjeuner provençal : 50 F / 7,62 €, servi de 7 h à 12 h **Cartes de crédit** acceptées **Divers** chiens admis - Garage privé **Alentour** à Orange : théâtre antique et arc de triomphe ; les Chorégies en juillet ; Mornas ; musée Henri-Fabre à Sérignan ; gorges de l'Ardèche, Vaison-la-Romaine ; Avignon - Golf d'Orange 9 trous **Pas de restaurant** à l'hôtel.

Circuler en voiture dans le vieil Orange demande des nerfs d'acier mais, une fois arrivé à l'hôtel (la rue qui y mène est semi-piétonne), on oublie d'autant plus vite ce désagrément que plusieurs garages sont réservés aux clients. Vous voici donc près du théâtre antique, sur une petite place piétonne ombragée de platanes bientôt bicentenaires, et la ville vous semble déjà beaucoup plus charmante. Les chambres, plus ou moins grandes, ont été rénovées pour la plupart : ce sont bien sûr celles qu'il faut réserver en priorité (seule la n° 22 ne nous plaît pas du tout). D'une façon générale, toutes sont différentes, confortables et très bien tenues (certaines restent un peu sombres). Six d'entre elles ont un balcon et les 19 et 21 profitent d'une grande terrasse. Petits déjeuners soignés, servis dans une salle à manger aux couleurs de la Provence. Pas de restaurant sur place mais les propriétaires se feront un plaisir de vous indiquer les bonnes adresses de la ville.

Accès (carte n° 33) : rentrer dans Orange par l'avenue de l'Arc-de-Triomphe puis continuer tout droit, rue Victor-Hugo, l'hôtel se trouve presque au bout, sur la gauche.

Mas La Bonoty

84210 Pernes-les-Fontaines (Vaucluse)
Chemin de la Bonoty
Tél. 04.90.61.61.09 - Fax 04.90.61.35.14 - Richard Ryan et Peter Cuff
E-mail: bonoty@aol.com - Web: bonoty.com

Fermerture 2 semaines en novembre et 3 semaines en février **Chambres** 8 avec tél., s.d.b. ou douche, certaines avec t.v. **Prix** des chambres: 300 à 350 F / 45,73 à 53,36 € - Petit déjeuner: 50 F / 7,62 €, servi de 8 h à 10 h - Demi-pension: 380 F / 57,94 € (par pers.) **Cartes de crédit** Amex, Visa **Divers** chiens admis sur réservation - Piscine - Parking fermé **Alentour** Mazan; Comtat Venaissin, Crillon-le-Brave, Bédouin, Chalet-Reynard, Malaucène, le Barroux, Caromb, Carpentras (église Saint-Siffrein, synagogue, musée comtadin) **Restaurant** service de 12 h à 14 h, 19 h 30 à 21 h - Fermé dimanche soir et lundi hors saison - Menus: 120 F / 18,29 € (midi en semaine), de 170 à 230 F / 25,92 à 35,06 € - Carte - Spécialités: foie gras de canard poêlé au rasteau sur risotto d'épautre; noix de Saint-Jacques pœlées au beurre d'oursin, lit de riz sauvage.

Ancienne ferme du XVIIe siècle restaurée avec soin, le *Mas La Bonoty* est à l'écart des routes fréquentées. On sert ici une cuisine provençale raffinée, dans une très agréable salle à manger aux murs de pierre, réchauffée par une gracieuse cheminée. L'été on déjeune à l'ombre des pins et l'on dîne sur la terrasse au bord de la piscine. Tommettes, meubles de bois ciré et cotonnades donnent aux chambres l'atmosphère des maisons provençales d'antan. Elles ne sont pas très grandes mais offrent tout le confort. Tout autour, un parc planté d'abricotiers, de cerisiers, d'oliviers et de lavande ajoutent à l'harmonie du lieu. Accueil courtois de Richard Ryan et de Peter Cuff qui avaient créé, il y a quelques années, la belle *Auberge d'Enrose* dans le Gers. Une adresse de qualité.

Accès (carte n° 33): A 7 sortie Avignon-nord, direction Carpentras. Dans le centre de Pernes, prendre direction Mazan par D 1, puis fléchage.

L'Orangerie

84420 Piolenc (Vaucluse)
4, rue de l'Ormeau
Tél. 04.90.29.59.88 - Fax 04.90.29.67.74 - Mme de La Rocque
E-mail : orangerie@orangerie.net - Web : orangerie.net

Ouverture toute l'année **Chambres** 5 avec tél., s.d.b. ou douche et t.v. **Prix** des chambres : 300 à 480 F / 45,73 à 73,18 € ; appart. (4 pers.) : 600 F / 91,47 € - Petit déjeuner : 50 F / 7,62 €, servi de 8 h 30 à 10 h 30 - Demi-pension (obligatoire en été) : à partir de 340 F / 51,83 € **Carte de crédit** Visa **Divers** chiens admis sur réservation avec supplément - Parking fermé **Alentour** musée Henri-Fabre ; théâtre antique et arc de triomphe d'Orange ; Mornas ; Vaison-la-Romaine **Restaurant** service de 12 h à 13 h 30, 19 h 30 à 21 h 30 - Menus : 100 à 210 F / 15,24 à 32,01 € - Carte.

La végétation a pris d'assaut la cour de cette maison où tout est un peu fouillis. Retiré dans une ruelle, l'hôtel est au calme. Son restaurant occupe une belle salle voûtée dont les portes-fenêtres permettent de faire déborder les tables dehors, sous cet enchevêtrement de fleurs et de plantes grimpantes. La cuisine est généreuse (nous vous conseillons surtout les plats les plus simples), s'y ajoute une superbe carte des vins et des whiskies. Artiste à ses heures, monsieur de La Rocque copie les clairs-obscurs de De La Tour et les accroche ici ou là... ; son épouse s'est amusée à installer un étonnant musée de poche dans les toilettes. Les chambres aménagées, avec des meubles souvent XIXe et des objets anciens, ont un charme provincial très attachant (la plus belle, "Delatour", profite d'une vaste terrasse-solarium), mais "charme" ne rime pas avec "vieillissement" et certaines chambres méritent maintenant un petit lifting... Si vous préférez une décoration provençale et un aménagement plus actuel, réservez sans hésiter les chambres de *La Mandarine*, située à 1,5 km et dépendant de l'hôtel. Accueil très amical.

Accès (carte n° 33) : à 6 km au nord d'Orange. Par A 7 sortie Orange centre (ou sortie Bollène si l'on vient de Lyon, N 7 direction Marseille).

Mas de Garrigon

84220 Roussillon (Vaucluse)
Route de Saint-Saturnin
Tél. 04.90.05.63.22 - Fax 04.90.05.70.01 - Mme Druart
E-mail : mas.de.garrigon.@wanadoo.fr

Catégorie ★★★ **Ouverture** toute l'année **Chambres** 9 avec tél., s.d.b. ou douche, t.v. et minibar
Prix des chambres doubles (selon saison) : 650 à 890 F / 99,09 à 135,68 € ; suites (3 pers.) : 900 à
2 270 F / 137,20 à 346,06 € - Lit suppl. : 150 F / 22,87 € - Petit déjeuner : 90 F / 13,72 €, servi de
7 h 30 à 10 h 30 - Demi-pension (obligatoire de Pâques à septembre) : 1 470 à 1 690 F / 224,10 à
257,64 € (pour 2 pers.) **Cartes de crédit** acceptées **Divers** chiens non admis - Piscine - Parking
Alentour Gordes ; village des Bories ; abbaye de Sénanque ; L'Isle-sur-la-Sorgue ; Luberon -
Montgolfières - Golf de Saumane 18 trous **Restaurant** service de 12 h à 14 h, 20 h à 21 h - Fermé
lundi et mardi à midi et du 15 novembre au 28 décembre - Menus : 145 F / 22,10 € (déjeuner), 195
à 360 F / 29,73 à 54,88 € - Carte - Spécialités : agneau des Alpes et jus au romarin ; poissons de
Méditerranée.

Voici un lieu de séjour attrayant quelle que soit la saison. Il s'agit d'une
maison de style provençal, construite en 1978 et entourée d'une végétation
sentant merveilleusement la Provence. Au bord de la piscine réservée aux
personnes résidant à l'hôtel, les chaises longues invitent à la détente ; vous
pourrez même y déjeuner. Le confortable salon-bibliothèque a toutes les
séductions d'une pièce privée avec ses objets, ses tableaux et sa belle cheminée
intime, quant aux chambres, elles ont bénéficié de la même attention et l'on s'y
sent vraiment très bien (chacune possède une terrasse privative plein sud, avec
une vue superbe sur les célèbres terres ocre de Roussillon). Sous la houlette de
J-P. Minery, la cuisine subtile et légère met en valeur, avec beaucoup de respect,
les produits frais du terroir et du marché.

*Accès (carte n° 33) : à 48 km à l'est d'Avignon par N 100, direction Apt, puis D 2
direction Gordes, et D 102.*

Auberge du Presbytère

Saignon - 84400 Apt (Vaucluse)
Place de la Fontaine
Tél. 04.90.74.11.50 - Fax 04.90.04.68.51 - M. et Mme Bernardi
E-mail: auberge.presbytere@provence-luberon.com.

Ouverture sur demande à partir du 15 novembre **Chambres** 10 avec s.d.b. et w.c. **Prix** des chambres doubles: 310 à 620 F / 47,26 à 94,52 € - Petit déjeuner: 55 F / 8,40 €, servi de 8h30 à 10h **Cartes de crédit** Amex, Visa **Divers** petits chiens admis sur réservation **Alentour** église de Saignon; marché d'Apt le samedi matin; villages du Luberon: Buoux, prieuré Saint-Symphorien, Bonnieux, Lacoste, Ménerbes, Oppède - Golf de Saumane 18 trous **Restaurant** service de 12 h 30 à 13 h 30, 20 h à 21 h - Menu: 130 F (à midi) à 180 F / 19,82 à 27,44 € - Carte - Spécialités: en apéritif le "coup du curé"; cuisine provençale; ruchamandier.

L a première idée de monsieur et madame Bernardi, lorsqu'ils quittèrent Saint-Tropez, fut d'ouvrir une maison avec chambres d'hôtes. L'opportunité en décida autrement, mais l'idée resta la même: accueillir leurs clients comme des amis. L'*Auberge du Presbytère* est constituée de trois maisons du village réunies, créant d'amusantes différences de niveaux. A l'intérieur, on a décoré les chambres avec des meubles anciens comme on l'aurait fait pour une maison de campagne. Charmantes, de tailles très variables, elles ont conservé une rare authenticité. Certaines ont une vue, d'autres pas, le mieux reste, lors de votre réservation, de vous faire décrire celles qui sont disponibles. Le restaurant propose deux menus quotidiens avec d'appétissantes recettes traditionnelles et régionales servis, à midi, en salle ou sur la terrasse et, le soir, dans le jardin intérieur. Une maison de vacances pleine de bonne humeur, située sur une irrésistible petite place en haut de l'un des très charmants villages du Luberon. Prix particulièrement raisonnables pour la région.

Accès (carte n° 33): à 3,5 km au sud-est d'Apt; dans le haut du village.

Hostellerie du Val de Sault

84390 Sault (Vaucluse)
Route de Saint-Trinit
Tél. 04.90.64.01.41 - Fax 04.90.64.12.74

Fermeture de début novembre au début avril **Chambres** 11 et 5 suites, avec tél., s.d.b., t.v. satellite et minibar; 1 chambre handicapés **Prix** des chambres: 510 à 790 F / 77,75 à 120,43 € - Petit déjeuner: 72 F / 11,43 €, servi de 8 h à 10 h - Demi-pension: 495 à 620 F / 75,46 à 94,52 € **Cartes de crédit** acceptées **Divers** chiens admis - Piscine, tennis, salle de sport - Parking **Alentour** Venasque; Pernes-les-Fontaines; comtat Venaissin **Restaurant** service de 12 h 30 à 14 h, 19 h 30 à 21 h - Menus-carte: 149 F / 22,71 € (déjeuner en semaine), 190 à 280 F / 28,97 à 42,69 € - Spécialité: l'œuf frais du jour cuit minute à l'infusion de truffes du Ventoux, mouillettes à l'épeautre.

Nul ne peut deviner la présence de cet hôtel perdu au milieu des chênes, à 800 mètres d'altitude au-dessus d'une superbe vallée qui s'émaille de bleu dès la floraison des premières lavandes. Récents, les bâtiments s'intègrent bien au site. Le premier est dédié au restaurant dont les hauts volumes sous charpente s'ouvrent sur une belle terrasse. On y déguste une très alléchante cuisine. Les chambres se trouvent un peu plus haut, dans l'autre maison. Très confortables, avec leur salon en véranda que prolonge une grande terrasse privative face à la verdure et au soleil du soir, elles affichent une décoration simple et gaie rappelant un peu celle d'un chalet (pin naturel ou lasuré, parquet, tissus colorés…). Les nouvelles suites, sur le jardin avec chambre et salon à la déco très bois, sont sobres et chaleureuses, leurs terrasses individuelles et bien protégées donnent sur le majestueux Ventoux. Une excellente adresse, d'un calme total, où l'on vous réservera un accueil attentif et très aimable.

Accès (carte n° 33): à 45 km à l'est de Carpentras par D 1, direction Mazan et Sault, route de Saint-Trinit, ancien chemin d'Aurel.

La Table du Comtat

84110 Séguret (Vaucluse)
Tél. 04.90.46.91.49 - Fax 04.90.46.94.27
M. Franck Gomez

Catégorie ★★★ **Fermeture** février **Chambres** 8 avec tél., s.d.b., w.c. et t.v. **Prix** des chambres doubles : 480 à 630 F / 73,18 à 96,04 € - Petit déjeuner : 75 F / 11,43 €, servi de 8 h à 10 h - Demi-pension : 600 à 660 F / 91,47 à 100,62 € (par pers.) **Cartes de crédit** acceptées **Divers** chiens admis - Piscine - Parking **Alentour** dentelles de Montmirail ; mont Ventoux ; Séguret ; Vaison-la-Romaine ; vignobles **Restaurant** fermé mardi soir et mercredi (sauf du 1ᵉʳ juillet au 30 septembre) - service de 12 h 30 à 14 h, 19 h 30 à 21 h - Menus : 175 à 465 F / 26,68 à 70,89 € - Carte - Spécialités : cuisine du terroir.

Accroché au petit massif rocheux qui forme un peu plus loin les dentelles de Montmirail, Séguret fait incontestablement partie des plus beaux villages du Vaucluse. L'hôtel se trouve tout en haut, près de l'église, et c'est cette situation exceptionnelle qui nous a incités à le sélectionner. Comment, en effet, rester insensible à l'immense plaine qui s'étend à ses pieds et devient somptueuse lorsque les derniers feux du soleil projettent l'ombre des cyprès sur l'océan vert des vignes et couvre d'or le village-colline de Sablet, situé en contrebas. Vous profiterez de ce panorama depuis les petites chambres (blanches, toutes simples et décorées dans un style rustique) et, surtout, depuis la belle salle à manger, entièrement tournée vers le vide. C'est également le cas de la charmante terrasse, ombragée par un mûrier, et de la petite piscine aménagée dans le rocher. Cuisine à la gastronomie réputée, un peu chère mais incontestablement maîtrisée, salon agréable meublé d'ancien et, dans la cheminée, crèche étonnante représentant les gens du village.

Accès (carte n° 33) : autoroute A 7 sortie Bolène (en venant du nord), ou Orange (en venant du sud) puis D 8 et D 23.

Hostellerie du Vieux Château

84830 Sérignan (Vaucluse)
Route de Sainte-Cécile
Tél. 04.90.70.05.58 - Fax 04.90.70.05.62 - M. et Mme Truchot

Fermeture du 15 au 31 décembre, et 1 semaine en novembre et en février **Chambres** 8 (dont 1 climatisée) avec tél., s.d.b. ou douche (1 avec balnéo), w.c., t.v. et minibar; accès handicapés **Prix** des chambres: 400 à 800 F / 60,98 à 121,96 €; 1 chambre à 1 400 F / 213,43 € - Petit déjeuner: 60 F / 9,15 €, servi de 8 h à 10 h - Demi-pension obligatoire d'avril à octobre : 375 à 785 F / 57,17 à 119,67 € (par pers.) **Cartes de crédit** Amex, Visa **Divers** chiens non admis - Piscine - Parking **Alentour** citadelle de Mornas - Golf du Moulin 18 trous **Restaurant** service de 12 h 30 à 13 h 30, 19 h 30 à 21 h - Fermé dimanche soir et lundi hors saison - Menus: 155 à 260 F / 23,63 à 39,64 € - Carte.

À l'origine, c'était une ferme avec un moulin derrière, dont le seul vestige reste un minuscule canal qui court le long de l'édifice. Aujourd'hui, l'hôtel a l'aspect d'une grosse maison de village, avec un petit potager, un agréable jardin et une piscine autour de laquelle prospèrent lavandes, rosiers et géraniums. Les chambres confortables ont toutes une décoration personnalisée. La 1 a beaucoup d'allure avec son lit en alcôve, la 2 a l'avantage de comporter un petit salon (meublé de manière un peu "froide" à notre goût), les 3 et 6 ont du charme avec leur mobilier ancien ou rétro, les autres sont également recommandables, sauf la 5, petite aux fenêtres trop hautes. Et la table ? Depuis l'arrivée de Pascal Alonzo, celle-ci est une merveille d'équilibre et de saveurs toujours accompagnée d'un excellent choix de vins de propriétaires. Servie dans une vaste salle à manger ou à l'ombre de beaux platanes, cette cuisine au bel avenir est, à notre avis, d'autant plus incontournable que les prix pratiqués restent très raisonnables.

Accès (carte n° 33) : à 7 km au nord-est d'Orange. Par A 7, sortie Orange centre (ou Bollène si l'on vient de Lyon), N 7 et D 976 vers Sérignan.

Domaine de la Ponche

84190 Vacqueras (Vaucluse)
Tél. 04.90.65.85.21 - Fax 04.90.65.85.23
M. Jean-Pierre Onimus

Ouverture toute l'année **Chambres** 4 et 2 suites, avec tél., s.d.b., w.c. et t.v. satellite **Prix** des chambres doubles : 500 à 900 F / 76,22 à 137,20 € ; triples : 600 à 750 F / 91,47 à 114,34 € ; suites : 1 180 F / 179,89 € (2 pers.) - Petit déjeuner : 40 F / 6,10 €, servi de 8 h à 10 h 30 - Demi-pension : 160 F / 24,39 € **Carte de crédit** Visa **Divers** chiens admis (50 F / 7,62 €) - Piscine - Parking **Alentour** dentelles de Montmirail, Séguret, Vaison-la-Romaine, route des vins - Golf 18 trous à Vedène **Restaurant** service de 12 h à 14 h, 20 h à 21 h 30 - Fermé à midi - Menus : 135 à 190 F / 20,58 à 28,97 € - Carte - Spécialités : pigeon au rasteau.

Dans la plaine viticole, non loin des célèbres dentelles de Montmirail, cette accueillante et ancienne bastide du XVIIe fait partie des belles découvertes de cette année. Nous avons particulièrement aimé la très élégante sobriété des chambres et leurs vastes volumes parfois agrémentés d'une cheminée où il est possible de faire du feu. Murs unis pastel, sols en tommettes cirées, un ou deux vieux meubles régionaux… Un esthétisme dépouillé, apaisant, avec, en prime, une large et excellente literie et de superbes salles de bains. Les différences de prix tenant à la présence ou non d'un coin-salon dans la chambre (celles qui n'en disposent pas sont néanmoins très vastes et tout aussi confortables). Pour dîner, ne cherchez pas plus loin, le restaurant est l'autre point fort de cette adresse. Il propose un menu-carte aux saveurs très méridionales et toujours basé sur des produits de première fraîcheur. Vous le dégusterez dans une belle salle à manger ou dehors, sous la gloriette, près de la fontaine. Agréable coin-piscine très fleuri et où l'on peut goûter une restauration légère.

Accès (carte n° 33) : A 7 sortie Bollène, puis D 8 vers Carpentras, l'hôtel est fléché 2 km avant Vacqueras.

Hostellerie Le Beffroi

84110 Vaison-la-Romaine (Vaucluse)
Rue de l'Evêché
Tél. 04.90.36.04.71 - Fax 04.90.36.24.78 - M. Christiansen
E-mail : lebeffroi@wanadoo.fr

Catégorie ★★★ **Fermeture** du 31 janvier à fin mars **Chambres** 22 avec tél., s.d.b. ou douche, t.v. et minibar **Prix** des chambres : 470 à 700 F / 71,65 à 106,71 € - Petit déjeuner : 60 F / 9,15 €, servi de 7 h 30 à 9 h 45 - Demi-pension : 405 à 605 F / 61,74 à 92,23 € (par pers., 3 j. min.) **Cartes de crédit** acceptées **Divers** chiens admis (40 F / 6,10 €) - Piscine - Garage (50 F / 7,62 €) **Alentour** à Vaison : fouilles de Puymin, Musée archéologique, pont romain ; à Orange : arc de triomphe et théâtre antique ; Mornas ; musée Henri-Fabre à Sérignan ; route des vins ; mont Ventoux ; villages du Crestet et Séguret **Restaurant** fermé de novembre à fin mars - Service de 12 h à 13 h 45, 19 h 15 à 21 h 30 - Menus : de 98 F / 15,24 € (à midi) à 195 F / 29,73 € - Carte.

En hauteur, dans le vieux Vaison médiéval, *le Beffroi* est constitué par la réunion de plusieurs maisons particulières dont il a conservé l'atmosphère avec ses carrelages et ses boiseries cirées, ses escaliers à vis, ses beaux meubles, ses tableaux et ses bibelots. Les chambres, toutes différentes, sont réparties entre la vieille maison et une dépendance, ancien hôtel particulier, à une centaine de mètres. Elles sont d'autant plus séduisantes que le mobilier d'époque, de bonne facture, est en parfait état. Les salles de bains, quant à elles, ont été refaites et sont maintenant toutes agréables. Les salons d'entrée avec cheminée sont également très bien meublés. A l'extérieur, un superbe jardin en balcon, où l'on sert aussi en été un petit menu et des salades pour le déjeuner, offre une très belle vue sur les toits de la ville. Cependant, n'ayant eu l'occasion de goûter la cuisine, nous ne pouvons malheureusement pas vous la recommander.

Accès (carte n° 33) : à 30 km au nord-est d'Orange par D 975 ; dans la haute ville.

Hostellerie La Grangette

84740 Velleron (Vaucluse)
Chemin Cambuisson
Tél. 04.90.20.00.77 - Fax 04.90.20.07.06 - M. et Mme Blanc-Brude

Catégorie ★★★ **Fermeture** du 11 novembre au 20 janvier **Chambres** 16 avec tél., s.d.b. ou douche, w.c., t.v. sur demande **Prix** des chambres doubles : 700 à 1 340 F / 106,71 à 204,28 € - Petit déjeuner compris, servi de 8 h à 10 h - Demi-pension : 1 200 à 1 750 F / 182,94 à 266,79 € (pour 2 pers.) **Cartes de crédit** acceptées **Divers** chiens admis (140 F / 21,34 €) - Piscine, tennis - Parking **Alentour** à L'Isle-sur-la-Sorgue : brocante le dimanche ; Fontaine-de-Vaucluse ; Gordes ; abbaye de Sénanque - Golf 18 trous de Saumane **Restaurant** service de 12 h à 14 h, et à partir de 20 h - Menus : de 160 F (déjeuner en semaine) à 250 F / 24,39 à 38,11 € - Carte - Spécialités : ris de veau et Saint-Jacques, sauce caramel ; pœlée de fraises et d'abricot à l'anis et à la vanille.

*L*a Grangette occupe une ancienne et superbe ferme ouverte sur la nature et enfouie sous les bignones et la vigne vierge. L'intérieur est aménagé dans un très élégant style provençal. La succession des petits salons du rez-de-chaussée comporte de beaux meubles anciens abondamment cirés et rehaussés de tissus chatoyants. Seize superbes chambres toutes différentes, aux couleurs du Midi et décorées avec un très beau choix de mobilier (souvent ancien), de tissus et d'objets, offrent un excellent confort et profitent toutes du calme ambiant. Il y a "Mistral", "Mule du pape", "Mireïo" et surtout "l'Arlésienne" avec sa terrasse et deux fenêtres, tournées vers la lumière du soir. Une immense piscine entourée d'arbustes et de fleurs, une terrasse ombragée pour les repas et un grand parc boisé d'où l'on peut partir pour des randonnées achèveront de rendre votre séjour des plus agréables. Une adresse attachante, au luxe de bon aloi et aux prix justifiés.

Accès (carte n° 33) : A 7, sortie Avignon direction L'Isle-sur-la-Sorgue, à L'Isle direction Pernes-les-Fontaines par D 938 sur 4 km, puis fléchage.

Auberge de la Fontaine

84210 Venasque (Vaucluse)
Place de la Fontaine
Tél. 04.90.66.02.96 - Fax 04.90.66.13.14 - M. et Mme Sœhlke
E-mail : Fontvenasq@aol.com

Ouverture toute l'année **Chambres** 5 suites climatisées avec tél., s.d.b., w.c., t.v. et minibar **Prix** des suites : 800 F / 121,96 € - Petit déjeuner : 50 F / 7,62 € **Carte de crédit** Visa **Divers** chiens admis - Parking privé dans le village **Alentour** église de Venasque ; cimetière gallo-romain à Mazan ; Pernes-les-Fontaines ; Carpentras ; mont Ventoux ; dentelles de Montmirail ; Gordes ; Fontaine-du-Vaucluse - Golf de Saumane 18 trous **Restaurant** service le soir de 20 h à 22 h - Fermé le mercredi, et de mi-novembre à mi-décembre - Menu-carte : 220 F / 33,54 € - Spécialités : assiette du pêcheur ; gibier frais en saison ; pigeonneau aux airelles - "Bistro" : fermé dimanche soir et lundi - Menu : 90 F / 13,72 €, menu-truffes : 195 F / 29,73 € - Carte.

L'*Auberge de la Fontaine* est une ancienne et belle maison de village. Ingrid et Christian Sœhlke ont complètement restructuré l'intérieur en créant un amusant enchevêtrement de mezzanines, de terrasses et d'escaliers ; tout en conservant l'aspect noble de cette maison, ils ont surtout voulu créer une maison d'amis où l'on prend ses habitudes, où l'on se sent libre et à l'aise. Difficile de ne pas l'être : chaque suite comporte une chambre, un salon avec cheminée, meublés et décorés avec goût, et une salle de bains confortable, certaines ont vue sur la campagne. Ajoutez aux téléphone et téléviseur habituels, un fax, un lecteur de cassettes et disques compacts et même un Minitel. Vous pourrez aussi préparer vos repas dans la kitchenette, mais la cuisine savoureuse des Sœhlke et le charme de la salle à manger méritent qu'on fasse aussi la connaissance du restaurant. A noter qu'un dîner-concert a lieu chaque mois et que, hors saison, l'hôtel propose un forfait de quatre jours avec cours de cuisine.

Accès (carte n° 33) : à 11 km au sud de Carpentras par D 4.

Hôtel de la Tour

2001

01400 Châtillon-sur-Chalaronne (Ain)
Place de la République
Tél. 04.74.55.05.12 - Fax 04.74.55.09.19 - Famille Rassion-Cormorèche
Web : hotel-latour.com

Catégorie ★★ **Fermeture** 15 jours en décembre **Chambres** 20 avec tél., s.d.b., w.c., t.v. et 8 avec minibar **Prix** des chambres : 285 à 400 F / 43,45 à 60,98 € - Petit déjeuner : 39 F / 5,95 €, servi à partir de 7 h 30 **Carte de crédit** Visa **Divers** chiens admis **Alentour** Pérouge ; parc des Oiseaux à Villars-les-Dombes ; route des étangs - Golf de la Bresse à 5 km **Restaurant** fermé mercredi et dimanche soir - Service de 12 h à 14 h, 19 h 30 à 21 h 30 - Menus : 115 à 345 F / 17,53 à 52,59 € - Carte - Spécialités : fricassée de langoustines aux cèpes rôtis ; croustillant de ris de veau.

A proximité des étangs de la Dombe, Châtillon est un gros bourg connu des touristes pour son quartier médiéval et des paysans des alentours pour sa grande place du marché. L'un et l'autre se trouvent juste à côté de l'hôtel. Ce bel édifice en brique rose conserve quelques vestiges des XVIᵉ (sa petite échauguette) et XVIIᵉ siècles (le vaste escalier et la poutraison des chambres). Pour le reste, une importante rénovation s'est chargée de rajeunir et d'égayer l'ancienne austérité du lieu. Vertes, bleues, jaune orangé ou écrues, les chambres offrent un indéniable confort. Presque toutes sont aménagées avec un mobilier en fer forgé patiné d'esprit mérovingien. Les papiers peints teintés "à l'éponge" sont souvent rehaussés de petits motifs dorés et d'une frise coordonnée aux rideaux et couvre-lits. C'est actuel, plaisant, parfaitement insonorisé et les salles de bains, toutes neuves, sont impeccables. Egalement très joliment décoré dans des tonalités lumineuses, la vaste salle à manger permet de goûter à une excellente cuisine, fine et très bien enracinée dans le terroir. Accueil sympathique et très concerné.

Accès (carte n° 26) : A 6 sortie Belleville puis route de Châtillon ou A 40 sortie Bourg puis D 936 vers Villefranche-sur-Saône.

Hôtel de France

01210 Ferney-Voltaire (Ain)
1, rue de Genève
Tél. 04.50.40.63.87 - Fax 04.50.40.47.27 - M. et Mme Boillat

Fermeture fin décembre à début janvier **Chambres** 15 avec tél., s.d.b., w.c. et t.v. satellite **Prix** des chambres : 325 à 435 F / 49,55 à 66,32 € - Demi-pension : 495 F / 75,46 € (par pers.) - Petit déjeuner : 50 F / 7,62 €, servi de 7 h à 10 h **Cartes de crédit** acceptées **Divers** chiens admis - Parking privé **Alentour** château de Voltaire, Genève, lac Léman - ski - 4 golfs 18 trous à proximité **Restaurant** service de 12 à 13 h 45, 19 h 30 à 21 h 45 - Menus : 110 à 260 F / 16,77 à 39,64 € - Carte - Spécialités : ballotine de volaille aux morilles et vin jaune ; poissons du lac.

Aux portes de la Suisse, Ferney, devenu "Ferney-Voltaire" en l'honneur de son plus illustre habitant, aligne ses antiques maisons délicatement teintées et serties de pierres de taille. L'*Hôtel de France* n'échappe pas à la règle et sa charmante façade donne irrésistiblement envie d'en franchir le seuil. Ici, pas de vaste hall d'accueil, c'est au bar que l'on vient s'annoncer et prendre la clé de sa chambre. A cette occasion, le regard balaie la salle à manger, rénovée dans un style mi-rustique, mi-raffiné : murs jaunes, gravures, belle poutraison en bois naturel, mobilier ancien. Une pièce ravissante et soignée qui se prolonge par une véranda et une terrasse ombragée où l'on sert dès que le temps s'y prête. Voilà de quoi se convaincre de retenir une table et l'on fait bien, l'adresse étant particulièrement prisée des Genevois qui savent en apprécier la cuisine fine et très savoureuse. Réparties sur trois étages (sans ascenseur), les chambres sont simples et plaisantes avec leurs moquettes et tissus colorés et leur petit mobilier rétro. Confortables, agrémentées de sanitaires impeccables, elles offrent un bon rapport qualité-prix pour leur catégorie.

Accès (carte n° 27) : à Genève, prendre direction "aéroport", puis route de Ferney-Voltaire. L'hôtel est à l'entrée du village.

Auberge des Chasseurs

Naz-Dessus - 01170 Echenevex (Ain)
Tél. 04.50.41.54.07 - Fax 04.50.41.90.61
M. et Mme Lamy

Catégorie ★★★ Fermeture du 16 novembre au 1er mars **Chambres** 15 avec tél., s.d.b. ou douche, w.c., coffre-fort, radio et t.v. **Prix** des chambres : 450 à 800 F / 68,60 à 121,96 € - Petit déjeuner : 58 F / 9,15 €, servi de 8 h à 10 h - Demi-pension : 530 à 750 F / 80,80 à 114,34 € (par pers.) **Cartes de crédit** acceptées **Divers** chiens admis (40 F / 6,10 €) - Piscine, tennis - Parking **Alentour** le Pailly et le col de la Faucille - Casino de Divonne - Golf club de Maison-Blanche à Echenevex 27 trous **Restaurant** service de 12 h à 13 h 30, 19 h à 21 h 30 - Fermé dimanche soir, lundi, mardi midi - Menus : 175 à 290 F / 26,68 à 44,21 € - Carte - Spécialités : ravioles de langoustines accompagnées d'une fine nage de légumes légèrement crémés ; feuilletés aux fruits rouges et coulis de framboise.

À quinze minutes de Genève, sur les flancs du Jura, au milieu des champs et des bois, l'*Auberge des Chasseurs* est une ancienne ferme très bien restaurée. A l'intérieur, l'ambiance "maison" ne peut que séduire. Des fresques de fleurs habillent les poutres, les chaises, les portes des chambres, et rappellent ainsi le récent passage d'une artiste suédoise. Dans le restaurant se trouve une magnifique série de photographies de Cartier-Bresson. A l'étage, on voudrait ne plus quitter le salon et son coin-bar ; pourtant, les chambres, avec leur assortiment de papiers et de tissus Laura Ashley, leur mobilier en pin anglais, leurs charmantes salles de bains n'ont rien à lui envier… Dehors, mobilier de jardin en chêne dessiné par un créateur (par une artiste aussi, la mosaïque du sol de la terrasse), massifs fleuris, coins ombragés et splendide vue. La cuisine excellente, le service attentif et l'accueil de Dominique Lamy, autant de raisons pour revenir.

Accès (carte n° 20) : à 17 km au N.O de Genève par D 984, vers Saint-Genis-Pouilly, puis D 978c vers Gex ; Echevenex se trouve à 2 km avant Gex, à gauche.

Ostellerie du Vieux Pérouges

01800 Pérouges (Ain)
Place du Tilleul
Tél. 04.74.61.00.88 - Fax 04.74.34.77.90 - M. Thibaut
E-mail : thibaut@ostellerie.com - Web : ostellerie.com

Catégorie ★★★★ **Ouverture** toute l'année **Chambres** 28 avec tél., s.d.b. ou douche, w.c. et t.v. **Prix** des chambres simples et doubles : 580 à 1 150 F / 88,43 à 175,33 € - Petit déjeuner : 70 F / 10,67 €, servi de 8 h à 12 h **Carte de crédit** Visa **Divers** chiens admis - Parking **Alentour** Trévoux ; parc ornithologique de Villard-les-Dombes ; Montluel - Golf du Clou 18 trous à Villard-les-Dombes **Restaurant** service de 12 h à 14 h, 19 h à 21 h - Menus : 200 à 450 F / 30,49 à 68,60 € - Carte - Spécialités : filet de carpe farci à l'ancienne ; volaille de Bresse ; panaché pérougien ; galette de l'Ostellerie.

Pérouges est une exceptionnelle petite cité médiévale qu'il faut absolument découvrir et, pour se plonger dans l'ambiance, quoi de plus appropriée que cette "ostellerie" composée de plusieurs maisons très anciennes ? Escaliers de pierre, vitraux, fenêtres à meneaux, plafonds à la française, cheminées… rien ne manque. Les chambres les plus luxueuses s'enorgueillissent d'un superbe mobilier Haute Epoque et de salles de bains en marbre. Les autres, plus simples, sont également bien meublées et proposent un excellent niveau de confort. Chaque maison borde une ruelle pavée avec, ici, un jardinet, là, une ruine à ciel ouvert envahie de végétation, l'ensemble amenant invariablement à la place principale où se trouve le restaurant. Là aussi, l'ambiance médiévale est de règle : plancher à larges lattes, pétrins, vaisseliers, profond foyer où flambent souvent quelques grosses bûches, cela donne bel appétit et l'on y goûte une cuisine régionale servie en costume traditionnel.

Accès (carte n° 26) : à 35 km au nord-est de Lyon par A 42, sortie Pérouges.

La Huchette

01750 Replonges (Ain)
Tél. 03.85.31.03.55 - Fax 03.85.31.10.24
M. Fabrice Alran

Fermeture de mi-novembre à mi-décembre et le lundi **Chambres** 12 avec tél., s.d.b., w.c., t.v. et minibar ; accès handicapés **Prix** des chambres simples et doubles : 400 à 650 F / 60,98 à 99,09 € ; suites : 1 000 à 1 200 F / 152,45 à 182,94 € - Petit déjeuner : 65 F / 9,91 €, servi à partir de 7 h **Cartes de crédit** acceptées **Divers** chiens admis - Piscine - Parking **Alentour** Mâcon ; église de Saint-André-de-Bagé ; circuit Lamartine (65 km environ) : Roche de Solutré, Pouilly-Fuissé, Chasselas, col du Grand-Vert et lac de Saint-Point, Berzé-le-Châtel et chapelle des moines de Berzé-la-Ville, Milly-Lamartine et le château de Pierre-Clos, château de Monceau **Restaurant** fermé le lundi et mardi midi - Service à 12 h, 19 h 30 - Menus : 180 à 250 F / 27,44 à 38,11 € - Carte - Spécialités : gâteau de foie bressan ; suprême de poulet de Bresse aux morilles ; nougatine au coulis de fraises.

Replonges se trouve à la frontière de la Bourgogne et de la Bresse tout en étant administrativement rattachée à la région Rhône-Alpes. De prime abord, la situation de l'auberge fait peur (la route nationale longe le jardin), mais il serait tout de même dommage de délaisser cette ancienne maison bressane, car son confort, son esthétisme et ses qualités d'accueil méritent vraiment que l'on s'y arrête. Bien insonorisées, les chambres sont aussi spacieuses, confortables, avec vue sur les arbres séculaires de la propriété. Traités à l'anglaise dans des tonalités de vert bouteille, de jaune et de rouge bordeaux, les salons sont intimes et très confortables. A côté, la salle à manger, avec sa fine poutraison, sa cheminée et le subtil trompe-l'œil d'un immense papier panoramique à décor de chasse, constitue un cadre des plus charmeurs pour apprécier une cuisine fine et savoureuse orientée vers les excellentes productions locales. Voilà de quoi se mettre en appétit alors que midi sonne au clocher du village…

Accès *(carte n° 19) : à 4 km à l'est de Mâcon.*

Hôtel de la Santoline

07460 Beaulieu (Ardèche)
Tél. 04.75.39.01.91 - Fax 04.75.39.38.79
M. et Mme Espenel
E-mail : contacts@santoline.com - Web : lasantoline.com

Catégorie ★★★ Fermeture d'octobre à fin avril **Chambres** 7 (certaines climatisées) avec tél., s.d.b. ou douche, w.c. et minibar **Prix** des chambres doubles : 370 à 650 F / 56,41 à 99,09 € - Petit déjeuner : 50 F / 7,62 €, servi de 8 h 30 à 10 h - Demi-pension : 370 à 500 F / 56,41 à 76,22 € (par pers. en chambre double, 3 j. min.) **Carte de crédit** Visa **Divers** chiens admis (30 F / 4,57 €) - Piscine - Parking **Alentour** grotte de la Cocalière ; bois de Païolive ; corniche du Vivarais, des Vans à la Bastide-Puylaurent ; vieux villages **Restaurant** Fermé à midi - service de 19 h 30 à 20 h 30 - Menu : 170 F / 25,92 € - Carte - Spécialités : cuisine de marché.

En pleine Ardèche provençale, entourée par la garrigue, *La Santoline* occupe un ancien pavillon de chasse tout en pierre. La vue s'étend aux Cévennes et la tranquillité règne. En contrebas, une piscine permet de se rafraîchir en été, saison où la terrasse fleurie est aussi très appréciée. On peut y servir les petits déjeuners ou les dîners. Une belle cave voûtée abrite la salle de restaurant. La cuisine est fine et la formule "menu-carte", si elle limite le choix, permet de garantir une cuisine fraîcheur. Vous résisterez difficilement au charme des chambres. On y retrouve les couleurs de la Provence, de ravissantes cotonnades imprimées, quelques vieux meubles, des patchworks… Les salles de bains ne sont pas en reste. Partout, la vue est splendide. L'agrément du coin-piscine environné de lavandes et de santolines, la gentillesse des propriétaires et les prix très raisonnables qu'ils pratiquent nous incitent à vous recommander cette charmante auberge pour de longs séjours.

Accès (carte n° 32) : à 84 km au nord de Nîmes par N 106 jusqu'à Alès, puis D 904 et D 104 jusqu'à La Croisée-de-Jalès, puis D 225.

Château d'Urbilhac

07270 Lamastre (Ardèche)
Tél. 04.75.06.42.11 - Fax 04.75.06.52.75
Mme Xompero

Catégorie ★★★ **Fermeture** du 1er octobre au 30 avril **Chambres** 11 avec tél., s.d.b. ou douche et w.c. **Prix** des chambres doubles : 700 à 750 F / 106,71 à 114,34 € - Petit déjeuner : 65 F / 9,90 €, servi de 8 h à 10 h 30 - Demi-pension : 650 à 700 F / 99,09 à 106,71 € (par pers.) **Cartes de crédit** acceptées **Divers** chiens admis - Piscine chauffée, tennis - Parking **Alentour** Tournon ; le petit train à vapeur du Vivarais, entre Tournon et Lamastre - Golf du Chambon-sur-Lignon 18 trous **Restaurant** service à 12 h 30 et 19 h 30 - Fermé à midi, sauf week-end - Menu-Carte : 250 F / 38,11 € - Spécialité : carpaccio de magret de canard à l'huile d'olive et vinaigre balsamique

L e *Château d'Urbilhac*, reconstruit au siècle dernier dans le style Renaissance sur les bases d'un édifice du XVIe, est situé dans un domaine d'environ soixante hectares. Dans les pièces de réception, le style XIXe est souvent à l'honneur. Avec tout autant d'allure, les chambres ont chacune leur personnalité. D'un confort feutré, agrémentées de belles salles de bains, elles donnent souvent sur un sublime panorama. Dès le printemps, la salle à manger se déplace dans une vaste véranda. On vous y servira une cuisine de grande qualité, respectueuse des produits régionaux et bien préparée par le chef, Fabien Redon. Les prix démarrent hauts, mais la demi-pension est applicable dès la première nuit. Particulièrement attentive, madame Xompero passe de table en table, veille à ce que tout se passe bien et cela participe à l'excellente ambiance qui règne ici. Enfin, il ne faut pas quitter *Urbilhac* sans s'être installé sur l'immense terrasse et avoir laissé courir son regard sur la vallée où de lointaines fermes ardéchoises semblent perdues entre pâtures et bois de châtaigniers.

Accès (carte n° 26) : à 36 km à l'ouest de Valence par D 533. A Lamastre, 2 km à gauche, route de Vernoux (D 2).

Domaine de Rilhac

07320 Saint-Agrève (Ardèche)
Tél. 04.75.30.20.20 - Fax 04.75.30.20.00
M. et Mme Sinz

Catégorie ★★ **Fermeture** en janvier et février, mardi soir et mercredi (même en juillet-août) **Chambres** 8 avec tél., s.d.b., w.c. et t.v. **Prix** des chambres : 400 à 500 F / 60,98 à 76,22 € ; appartement : 800 F / 121,96 € - Petit déjeuner : 65 F / 9,91 €, servi de 8 h à 10 h 30 - Demi-pension : 460 à 520 F / 70,13 à 79,27 € (par pers.) **Carte de crédit** Visa **Divers** chiens admis (40 F / 6,10 €) - Parking **Alentour** Mont-Gerbier-de-Jonc - Golf du Chambon 18 trous **Restaurant** service de 12 h 30 à 13 h 15, 20 h à 21 h 15 - Menus : 135 à 430 F / 20,58 à 65,55 € (enfant : 80 F / 12,20 €) - Carte.

Face aux monts Gerbier-de-Jonc et Mézenc, l'immense plateau culmine à 1 000 mètres. L'air y est pur, des vaches brunes mènent leur existence paisible dans des pâturages vert vif traversés par quelques ruisseaux à truites qui suivent le creux des vallons. Ludovic Sinz pouvait donc difficilement trouver mieux placée que cette opulente maison pour créer son premier hôtel de charme. Avec son épouse Florence, il réussit, à force de goût et de courage, à rendre chaleureux un intérieur qui, au départ, devait afficher la rudesse des vieilles fermes ardéchoises. Un escalier à la belle rampe forgée conduit aux chambres. Toujours confortables, à la décoration fraîche, élégante et gaie, elles offrent une vue magnifique. L'enduit jaune de l'entrée, du petit salon et de la salle à manger assure, par tous les temps, une ambiance ensoleillée, alors que, dehors, le jardin ombragé s'abrite derrière un vieux mur. Et la cuisine ? Une merveille de justesse, de saveurs et de simplicité qui nous rappelle que Ludovic n'est pas revenu bredouille de son expérience de chef de partie chez Bernard Loiseau. Fort de toutes ces qualités, voici un très séduisant ensemble pour se mettre au vert sans renoncer aux bienfaits de la modernité.

Accès (carte n° 26) : à 56 km à l'ouest de Valence par D 533.

La Châtaigneraie

07130 Soyons (Ardèche)
Tél. 04.75.60.83.55 - Fax 04.75.60.85.21 - M. Philippe Michelot
E-mail : musard@club-internet.fr

Ouverture toute l'année **Chambres** 18 climatisées avec tél., s.d.b., w.c., t.v. et minibar ; chambres accessibles aux handicapés **Prix** des chambres doubles : 490 à 690 F / 74,70 à 105,19 €, triples : 750 à 1 000 F / 114,34 à 152,45 € - Petit déjeuner : 55 à 90 F / 8,38 à 13,72 €, servi de 8 h à 10 h - Demi-pension : à partir de 450 F / 68,60 € (par pers.) **Cartes de crédit** acceptées **Divers** chiens admis (50 F / 7,62 €) - Piscine, tennis (dont 1 couvert), sauna, jacuzzi - Parking **Alentour** musée de Soyons ; dégustation aux châteaux de Saint-Peray et Cornas ; Valence (musée H. Robert) - Golf 18 trous à Saint-Didier-de-Charpey **Restaurant** service de 12 h à 14 h, 19 h à 22 h - Menus : 125 F / 19,06 € (déjeuner) à 280 F / 42,69 € - Cuisine ardéchoise et provençale.

L a vallée du Rhône est l'un des axes les plus fréquentés au monde, aussi cet hôtel peut-il s'avérer pratique, malgré sa situation en bordure de route. Il faut dire qu'ici tout a été fait pour nous faire oublier cette proximité : insonorisation parfaite doublée d'une climatisation, nombreux loisirs, sans oublier les efforts de décoration et d'accueil qui, somme toute, confèrent au lieu d'indéniables qualités. Celui-ci comporte deux maisons, *La Musardière*, un 4 étoiles très bourgeoisement aménagé mais avec des prix en conséquence… Nous lui préférons donc sans hésiter *La Châtaigneraie*, 3 étoiles, un bon confort et une décoration plus jeune teintée de provençal. Plusieurs chambres, prévues pour les familles, disposent d'une kitchenette, certaines avec un lit en mezzanine. Pour les couples, nous recommandons les 701, 702, 703 et 704. Alléchante cuisine servie dans une pièce *cosy*, dans la véranda ou en terrasse. Une adresse utile que nous ne vous recommandons néanmoins que pour une étape.

Accès (carte n° 26) : à 10 km au sud de Valence, vers La Voulte-sur-Rhône.

La Bastide du Soleil

07110 Vinezac (Ardèche)
Tél. 04.75.36.91.66 - Fax 04.75.36.91.59 - MM. Labaune et Chatel
E-mail : la.bastide@en.arcdèche.com

Fermeture fin janvier à début mars **Chambres** 6 avec tél, s.d.b., w.c., t.v. et minibar ; ascenseur **Prix** des chambres : 540 à 640 F / 82,32 à 97,57 € ; triple : 640 F / 97,57 € ; 4 pers. : 740 F / 112,81 € - Petit déjeuner : 70 à 90 F / 10,67 à 13,72 €, servi de 8 h à 10 h 30 - Demi-pension : 470 F / 71,56 € (3 nuits min.) **Cartes de crédit** acceptées **Divers** chiens admis (30 F / 4,57 €) **Alentour** Balazuc, gorges de l'Ardèche, grotte Chauvet **Restaurant** service de 12 h à 14 h, 19 h 30 à 22 h - Menus : 98 F / 15,24 € (déjeuner), 140 à 285 F / 21,34 à 43,45 € - Carte - Spécialités : raviolis de picodon à la sauge ; consommé à l'ail.

L égèrement en hauteur, Vinezac est un hameau médiéval solidement appareillé avec ce grès brun-rouge qui s'enflamme si bien au soleil couchant. Sur la petite place principale, fleurie de lauriers, géraniums, et autres romarins, l'hôtel occupe l'ancien château XVIIe .Face à l'entrée, une tente, où l'on peut déjeuner ou dîner, permet de profiter au mieux du site. Car *La Bastide du Soleil* est, avant tout, un excellent restaurant où l'on déguste une cuisine fine, exacte, délicatement parfumée de senteurs méridionales. Rénovées de frais, calmes et confortables, parquetées de bois clair, les chambres ne sont cependant pas à négliger et jouissent souvent d'une très belle vue (même si certaines nécessitent quelques acrobaties pour en profiter…). Décoration jeune, colorée, mobilier de style Directoire en merisier spécialement exécuté par un ébéniste d'Aubenas. Le moins que l'on puisse dire est que l'on s'y sent bien. Ajoutez à cela un salon-bar avec son immense cheminée, une ravissante salle à manger aux vastes volumes dominés par un plafond à la française, un splendide escalier de pierre à balustre, et vous comprendrez pourquoi cet hôtel fait partie de nos belles découvertes récentes.

Accès (carte n° 32) : à 13 km au sud d'Aubenas, sur la route d'Alès.

Domaine des Buis

Les Buis - 26140 Albon (Drôme)
Tél. 04.75.03.14.14 - Fax 04.75.03.14.14
M. et Mme Kirch

Ouverture toute l'année **Chambres** 5 et 3 suites avec s.d.b., w.c. et t.v. **Prix** des chambres doubles : 460 à 630 F / 70,13 à 96,04 € ; suites : 690 à 850 F / 105,19 à 129,65 € - Petit déjeuner : 55 F / 8,38 €, servi toute la matinée **Cartes de crédit** Visa, Eurocard et MasterCard **Divers** petits chiens admis - Piscine - Garage **Alentour** palais du facteur Cheval à Hauterives ; musée de l'Alambic ; chemin de fer du Vivarais - Golf d'Albon à 500 mètres **Pas de restaurant** à l'hôtel.

Ce n'est pas sans raison que le *Domaine des Buis* s'intitule Relais d'Hôtes. Cette grande maison XVIIIe en galets du pays offre toutes les qualités d'un hôtel et d'une maison d'hôtes. Les chambres viennent d'être rénovées avec goût et bénéficient de salles de bains impeccables, spacieuses, lumineuses, souvent luxueuses. Les murs sont clairs, les sols en parquet ou en tommettes, et les tissus aux couleurs élégantes donnent à l'endroit un confort de grande qualité. Hélène et Didier Kirch, dont c'est aussi la maison, sont attentifs au bien-être de leurs hôtes pour lesquels ils ont aménagé salons et jardin avec le plus grand soin. Il faut dire que l'environnement est particulièrement verdoyant et harmonieux. De magnifiques arbres ombragent le parc. Il arrive parfois qu'on perçoive, quand le vent s'y prête, la rumeur de l'autoroute, mais jamais au point d'en être dérangé. Voici une belle adresse pour un séjour reposant ou pour découvrir une région parfois délaissée au profit de la Drôme du Sud. C'est aussi, bien sûr, une maison idéale pour les golfeurs dont les greens voisinent avec la maison. Les restaurants de proximité conseillés : *L'Albatros* et chez *A. Lecomte*.

Accès (carte n° 26) : à 40 km au nord de Valence par A 7, sortie Chanas, direction Valence sur N 7. A 500 m après le golf d'Albon, direction St-Martin-des-Rosiers.

La Treille Muscate

26270 Cliousclat (Drôme)
Tél. 04.75.63.13.10 - Fax 04.75.63.10.79 - Mme Delaitre
E-mail : latreillemuscate@wanadoo.fr - Web : treille-muscate.fr.st

Catégorie ★★★ Fermeture du 15 décembre au 1er mars **Chambres** 12 avec tél., s.d.b. ou douche, w.c. et t.v. **Prix** des chambres doubles : 350 à 650 F / 53,36 à 99,09 € - Petit déjeuner : 48 F / 7,62 €, servi de 8 h à 10 h **Carte de crédit** Visa **Divers** chiens admis - Parking fermé **Alentour** Mirmande ; Poët-Laval ; quartier des forts à Nyons - Golf de la Valdaine 18 trous **Restaurant** service de 12 h à 13 h 30, 20 h à 21 h 30 - Fermé mercredi - Menus : 90 à 145 F / 13,72 à 22,11 € - Carte - Cuisine de saison : beignets d'aubergines ; croustillant de pigeon laqué au miel d'épices.

Cliousclat est un de ces sympathiques petits villages de la Drôme avec ses ruelles irrégulières au détour desquelles on trouve quelques charmantes boutiques. L'hôtel est exactement tel qu'on le voudrait à cet endroit. Un bel enduit jaune ensoleille les pièces du rez-de-chaussée : la salle à manger au joli nappage provençal, le coin-salon-bar et le petit salon-t.v. où l'on s'enfonce dans un confortable canapé vert. Quelques meubles régionaux, de grandes aquarelles, des jarres vernissées, de splendides plats réalisés par un artiste potier complètent le décor. Les petites chambres sont charmantes avec leurs dessus-de-lit en toile de Nîmes moletonnée, et les grandes, totalement irrésistibles avec leur enduit à l'éponge, leurs frises au pochoir reprenant le motif des rideaux, et leur mobilier toujours judicieusement choisi. Quatre disposent d'une terrasse ou d'un balcon. Jolie vue sur le village ou sur un superbe paysage. La cuisine de qualité privilégie les saveurs aromatiques et les produits locaux. Quand il fait beau, on en profite sur quelques tables côté village ou dans un petit jardin bordé de murets et ouvrant sur la campagne. Accueil amical et détendu.

Accès (carte n° 26) : à 16 km au nord de Montélimar par A 7, sortie Loriol, puis 5 km sur N 7, direction Loriol-Montélimar.

Au Clair de la Plume

26230 Grignan (Drôme)
Place du Mail
Tél. 04.75.91.81.30 - Fax 04.75.91.81.31 - Mme Filliette-Neuville

Catégorie ★★★ **Fermeture** de fin janvier à début février **Chambres** 10 avec tél., s.d.b., w.c., t.v. satellite et minibar **Prix** des chambres simples et doubles : 490 à 890 F / 74,70 à 135,68 € - Petit déjeuner compris, servi de 8 h à 12 h **Cartes de crédit** acceptées **Divers** chiens admis (40 F / 6,09 €) - Parking privé gratuit à 300 m **Alentour** château de Mme de Sévigné et musée de Grignan, festival de la correspondance (1er week-end de juillet) ; quartier des forts à Nyons ; Poët-Laval ; Dieulefit ; arrière-pays drômois - Golf de Valaurie 9 trous **Restaurant** à 50 m de l'hôtel.

Située presque au pied de l'imposant château immortalisé par la marquise de Sévigné, cette élégante maison du XVIIIe cache de délicieuses chambres d'amis qui, toutes, donnent sur le jardin d'entrée. Ici, la verdure prend aisément de l'altitude, glycines, rosiers, vignes se partageant les treilles et les gloriettes pour former autant d'espaces ombragés. Le principal est aménagé avec des tables en faïence et sert de cadre aux petits déjeuners et à un salon de thé l'après-midi. A l'intérieur, les pièces ont conservé leurs proportions d'origine. Il y a le salon, la petite salle à manger, la grande cuisine… L'ensemble est décoré avec un goût juste et sobre, quelques meubles XIXe, un délicat assortiment de tissus, des gravures. On retrouve cette même élégante sobriété dans les chambres. Hautes de plafond au premier étage, plus intimes au second, elles sont soignées, confortables, avec toujours de beaux boutis provençaux en guise de couvre-lits et de plaisantes salles de bains. Beaucoup de qualités donc pour ce petit hôtel récemment créé et qui devrait rapidement connaître un vif succès. Accueil jeune, amical et concerné. Pour dîner, nous vous recommandons *Le Poème*, *L'Eau à la Bouche* et, plus gastronomique, *La Roseraie*.

Accès (carte n° 33) : A 7, sortie Montélimar sud puis N 7 et D 133.

Manoir de la Roseraie

26230 Grignan (Drôme)
Tél. 04.75.46.58.15 - Fax 04.75.46.91.55 - M. et Mme Alberts
E-mail : Roseraie.hotel@wanadoo.fr

Catégorie ★★★★ **Fermeture** du 3 au 12 décembre ; du 8 janvier au 15 février, le mardi et les mercredis matins en basse saison **Chambres** 15 et 2 suites, avec tél., s.d.b., w.c. et t.v. satellite ; facilités handicapés **Prix** des chambres : 900 à 1 180 F / 137,20 à 179,89 € ; suites : 1 700 à 1 900 F / 259,16 à 289,65 € - Petit déjeuner : 95 F / 14,48 €, servi de 8 h à 10 h - Demi-pension : 795 à 935 F / 121,20 à 142,54 € (par pers.) **Cartes de crédit** acceptées **Divers** chiens admis (60 F / 9,15 €) - Piscine chauffée, tennis - Parking fermé **Alentour** château de Mme de Sévigné et musée de Grignan ; quartier des forts à Nyons ; Poët-Laval ; Dieulefit - Golf de Valaurie 9 trous **Restaurant** service de 12 h à 13 h 30, 20 h à 21 h 15 - Menus : 190 à 355 F / 28,96 à 54,12 € - Carte - Spécialité : tournedos de baudroie piqué aux anchois de Collioure, fondue d'ail, bouillon de coquillages.

Michèle Alberts et son mari ont aménagé avec beaucoup de fraîcheur cette maison bourgeoise construite en 1850 par le maire de Grignan. Confortables au possible, les chambres et les suites affichent toutes une décoration classique et très élégante. Particulièrement spacieuses au premier étage, elles sont plus *cosy* au second. Dans une dépendance, deux ouvrent de plain-pied sur le jardin, les autres profitent d'un immense volume en soupente. Partout, les salles de bains rivalisent de luxe et parfois d'originalité (dans les suites, certaines font même office de salon avec canapé-lit…). Sous sa verrière en rotonde, la salle à manger dresse avec élégance ses tables face à une vue panoramique sur le parc. Véritable joyau, celui-ci ne recèle pas moins de quatre cents rosiers ; s'y ajoutent une multitude de plantes vivaces, de bougainvillées, de tilleuls et de cèdres. Parfaitement intégrée, la piscine chauffée est peut-être le lieu le plus agréable pour profiter de ce cadre.

Accès (carte n° 33) : A 7, sortie Montélimar-sud, puis N 7 et D 133.

Le Domaine du Colombier

26780 Malataverne (Drôme)
Route de Donzère
Tél. 04.75.90.86.86 - Fax 04.75.90.79.40 - M. et Mme Chochois
E-mail : domainecolombier@voila.fr

Catégorie ★★★ **Ouverture** toute l'année **Chambres** 22 et 3 suites, avec tél., s.d.b., w.c., t.v. et minibar **Prix** des chambres simples et doubles : 480 à 880 F / 73,18 à 134,16 € ; suites : 1 200 à 1 300 F / 182,94 à 198,18 € ; triples et quadruples : 580 à 1 080 F / 88,42 à 164,64 € - Petit déjeuner : 70 F / 10,67 €, servi de 7 h 30 à 11 h - Demi-pension : + 260 F / 39,64 € (par pers.) **Cartes de crédit** acceptées **Divers** chiens admis (50 F / 7,62 €) - Piscine, boulodrome, vélos, hélisurface - Parking **Alentour** Poët-Laval ; Nyons ; château et musée de Mme de Sévigné à Grignan ; villages de l'arrière-pays de la Drôme ; gorges de l'Ardèche **Restaurant** service de 12 h à 13 h 30, 19 h 15 à 21 h 30 - Menus : 150 F / 22,87 € (à midi sauf dimanche), 195 à 360 F / 29,73 à 54,88 € - Carte - Spécialités : omelette aux truffes du Tricastin ; carré d'agneau de pays au romarin.

Comme en des temps plus reculés cette ancienne abbaye du XIVe siècle persiste à accueillir les voyageurs et constitue une étape aussi pratique qu'agréable sur la route du Sud. Bien qu'à quelques minutes de l'autoroute, l'hôtel semble perdu en pleine campagne. Lorsqu'on pénètre dans le hall, on est tout d'abord surpris par le nombre de tissus et de meubles qui s'amoncellent dans cette entrée-boutique. Les chambres sont gaies, colorées et d'un très bon confort, trois d'entre elles ont, en plus, de petites mezzanines. Dans le jardin, une piscine entourée de fauteuils invite au repos. Le soir, il est encore possible de dîner ou de prendre un verre dans le patio, à moins que l'on ne préfère la salle à manger, son nappage fleuri et son mobilier bleu lavande, déjà très provençal. Tarifs préférentiels hors saison.

Accès (carte n° 33) : à 9 km au sud de Montélimar sur N 7 et D 144a (2 km après Malataverne, direction Donzère) ; A 7 sortie Montélimar-sud, vers Malataverne.

Auberge de la Gloriette

26170 Mérindol-les-Oliviers (Drôme)
Tél. 04.75.28.71.08
M. et Mme Mina

Fermeture en janvier, février et jeudi et dimanche soir ; ouvert le week-end en novembre et décembre **Chambres** 8 avec s.d.b. ou douche et w.c. **Prix** des chambres simples et doubles : 250 à 350 F / 38,11 à 53,36 € - Petit déjeuner : 30 à 50 F / 4,57 à 7,62 €, servi de 8 h 30 à 11 h **Carte de crédit** Visa **Divers** chiens admis - Piscine - Parking **Alentour** Orange ; Mornas ; Musée Henri-Fabre à Sérignan ; Vaison-la-Romaine ; Villages de Séguret, du Crestet, Brantes, etc ; Vignobles **Restaurant** sur réservation uniquement - Service de 12 h à 14 h, 19 h 30 à 21 h - Fermé jeudi (sauf en été) et dimanche soir - Menu : 100 F / 15,24 € - Carte - Spécialités provençales cuites au four.

Il était une fois… un fils de boulanger, qui n'avait pas suivi la voie de son père mais pour qui l'odeur de la levure, le rituel du pétrin, le "défournage" des miches dorées avaient les mêmes effets qu'un "chant des sirènes". En 1988, il cédait donc à la tentation et, avec Michèle, sa compagne, il quittait Paris pour acquérir la boulangerie de Mérindol, ouvrir un petit restaurant mitoyen et créer quelques chambres. Cette savoureuse alliance et la sympathie naturelle de ses initiateurs allaient vite connaître un certain succès. Il faut dire que les spécialités provençales mitonnées au four du boulanger et généreusement servies sont une réussite, que la jolie salle à manger ou la terrasse ombragée face aux vignes et aux oliviers ne gâtent rien, et que les gentilles petites chambres (extrêmement simples, précisons-le) achèvent de rendre *La Gloriette* particulièrement agréable. Un hôtel au charme "pagnolesque" et à l'accueil décontracté pour ceux qui savent apprécier la convivialité et l'inimitable saveur des choses simples.

Accès (carte n° 33) : à 9 km à l'est de Vaison-la-Romaine, direction Buis-les-Barronies, Puymeras, Mérindol.

528

La Capitelle

26270 Mirmande (Drôme)
Rue du Rempart
Tél. 04.75.63.02.72 - Fax 04.75.63.02.50 - M. et Mme Melki
E-mail : capitelle@wanadoo.fr

Catégorie ★★ Fermeture en décembre, janvier et février ; mardi et mercredi midi sauf juin, juillet, août, septembre **Chambres** 9 et 2 appartements (3/4 pers.), avec tél., s.d.b. ou douche, w.c. et t.v. satellite **Prix** des chambres doubles et des appartements en demi-pension : 420 à 555 F / 64,02 à 84,60 € (par pers.) - Petit déjeuner compris, servi de 8 h à 10 h **Cartes de crédit** acceptées **Divers** chiens admis (35 F / 5,34 €) - Garage (60 F / 9,15 €) **Alentour** église de Mirmande ; Poët-Laval ; Cliousclat ; musée de l'Insolite à Loriol ; le quartier des forts à Nyons - Golf de la Valdaine 18 trous **Restaurant** service de 12 h à 13 h 45, 19 h 30 à 21 h - Menus : 175 à 280 F / 26,07 à 42,68 € - Carte - Spécialités : terrine de foie gras aux pommes confites ; filet de daurade en marinière de coquillages ; millefeuille de nougat ; pyramide de chocolat et mousse à l'orange.

*L*a Capitelle est une haute maison Renaissance aux fenêtres à meneaux. Les pièces voûtées du rez-de-chaussée, ornées de belles cheminées de pierre, sont dédiées au salon et à la salle à manger. Meubles anciens, rustiques et parfois contemporains y font bon ménage. Dans les chambres, simples et de bon goût, on trouve presque toujours une belle armoire ancienne surmontée de gerbes de fleurs séchées. Toutes sont différentes et la plupart jouissent d'une vue saisissante sur la plaine qui s'étend en contrebas. Le petit déjeuner et l'apéritif peuvent être pris sur le rempart. Quant aux repas, ils sont servis dans la salle à manger ou sur la terrasse ombragée en été ; vous y goûterez une très bonne cuisine régionale. Pour éviter toute précipitation et profiter du site, il est demandé aux clients d'arriver au plus tard à 20 h 30. Accueil attentif et très sympathique.

Accès (carte n° 26) : à 35 km au sud de Valence ; sur A 7 sortie Montélimar-nord, N 7 jusqu'à Saulce, puis D 204.

Une Autre Maison

Place de la République
26110 Nyons (Drôme)
Tél. 04.75.26.43.09 - Fax 04.75.26.93.69 - Pascal Ruiz

Ouverture toute l'année **Chambres** 5 et 1 suite avec tél., s.d.b., w.c. et t.v. satellite **Prix** des chambres doubles selon saison : 450 à 590 F / 68,68 à 90,05 € ; suite : 550 à 690 F / 83,95 à 105,30 € - Petit déjeuner : 65 F / 9,91 €, servi de 8 h à 11 h 30 - Demi-pension : 475 à 660 F / 72,41 à 100,74 € **Carte de crédit** Visa **Divers** chiens admis (100 F / 15,26 €) - Hammam - Parking (100 F / 15,26 €) **Alentour** pays de Grignan, Vaison-la-Romaine, enclave des papes **Restaurant** service de 12 h à 14 h, 20 h à 22 h - Menus : 110 à 175 F / 16,77 à 26,68 € - Spécialités : lapin aux olives ; loup grillé au citron confit.

L e charmant petit jardin teinté d'exotisme avec sa piscine lilliputienne vient buter sur un large escalier de pierre. Quelques marches plus haut, trois tables en fer forgé occupent la terrasse palière, apéritifs, toasts à la tapenade… Voici le lieu idéal pour profiter des derniers rayons du soleil avant de rejoindre la petite salle à manger. Auparavant, vous aurez traversé la cuisine avec ses meubles peints en gris, ses vitrines à épices, ses casseroles rutilantes. On y concocte des plats du marché, simples, goûteux et qui exhalent le Midi. A l'étage, les chambres ont sacrifié, peut-être un peu excessivement, à la tendance provençale actuelle qui joue sur les enduits colorés artisanalement étalés. Sobrement aménagées, elles sont apaisantes et disposent toujours de très agréables salles de bains. Toutes ont vue sur le jardin mais celles en soupente sont surtout éclairées par un Velux, leur petite fenêtre étant au ras du sol. Acccueil très sympathique, ambiance intime ; une bien agréable petite adresse urbaine au rapport qualité-prix avantageux si l'on choisit la demi-pension.

Accès (carte n° 33) : A 7 sortie Bollène ou Montélimar-sud puis route de Gap. A Nyons prendre rue du 4-Septembre ou rue Gambetta pour accéder à l'hôtel.

La Maison

26130 Saint-Restitut (Drôme)
Tél. 04.75.04.46.30 - Fax 04.75.04.46.39 - Mme Nurys Seligmann

Fermeture début novembre à fin mars **Chambres** 2 et 4 appartements, avec tél., s.d.b., w.c., t.v. satellite, 4 avec minibar **Prix** des chambres (2 nuits min.) : 790 à 990 F / 120,43 à 150,92 € ; appart. : 1 390 à 1 690 F / 211,90 à 257,64 € - Petit déjeuner compris, servi de 8 h à 10 h 30 **Cartes de crédit** Amex, Visa **Divers** chiens non admis - Piscine - Parking **Alentour** Grignan ; Orange - Golf de Valaurie 9 trous **Table d'hôtes** service de 12 h à 13 h 30 - Menu : 190 F / 28,97 € - Petite restauration dès 20 h 30.

Qu'est-ce qui fait courir la charmante Nurys Seligmann ? Elle naît en République dominicaine, adolescence romaine, se marie en Suisse, devient designer et décoratrice, puis entreprend de restaurer et d'aménager une importante propriété, tout en mettant au monde quatre adorables petites filles… La famille aurait pu se contenter d'y recevoir parents et amis, mais le désir de Nurys de montrer son travail, lié à son goût de bien recevoir, lui a fait franchir le pas et ouvrir quelques chambres pour des hôtes. Il faut dire que la maison s'y prête car, même si on cohabite dans le salon et la salle à manger, les chambres qui occupent différents bâtiments laissent beaucoup d'indépendance. Celles-ci sont superbes, spacieuses avec, pour certaines, un petit salon. Aménagées dans des tons de beige et de blanc, agrémentées de meubles de famille et d'objets décoratifs bien choisis, elles sont raffinées. Les salles de bains ont fait aussi l'objet d'une agréable recherche tant pour leur aménagement que pour leur confort (très beau linge de toilette.) Bonne nourriture provençale, belle cave de Monsieur, piscine olympique dans le jardin bien aménagé pour profiter de la campagne. Une belle adresse à découvrir.

Accès (carte n° 33) : A 7 sortie Bollène, dir. St-Restitut par D 160 ; à 1,5 km du village, à droite "La Plaine" puis fléchage.

La Ferme Saint-Michel

26130 Solérieux (Drôme) - D 341
Tél. 04.75.98.10.66 - Fax 04.75.98.19.09
M. Laurent

Catégorie ★★ **Ouverture** toute l'année **Chambres** 14 (dont 5 climatisées), avec tél., s.d.b. ou douche, w.c. et t.v. **Prix** des chambres simples et doubles : 360 à 560 F / 54,88 à 85,37 € - Petit déjeuner : 38 F / 6,10 €, servi de 7 h à 10 h **Carte de crédit** Visa **Divers** chiens non admis - Piscine - Parking **Alentour** château de Mme de Sévigné et musée de Grignan ; quartier des forts à Nyons ; Poët-Laval ; Dieulefit ; villages de l'arrière-pays de la Drôme - Golf de Valaurie 9 trous **Restaurant** sur réservation - Fermé du 23 décembre au 24 janvier, dimanche soir, lundi midi et mardi midi - Service de 12 h à 13 h 30, 19 h 30 à 21 h 15 - Menus : 130 à 180 F / 19,82 à 27,44 € - Carte - Spécialités : menus à base de truffes.

*L*a Ferme Saint-Michel est un ancien mas, isolé de la route par une épaisse végétation et dont l'origine remonte au XVIe. Son architecture en U intègre une accueillante terrasse où, les soirs d'été, quelques tables sont dressées pour dîner ; on y goûte alors d'excellents produits locaux comme les truffes récoltées dans la propriété et, en saison, le gibier. A côté, de grands arbres dispensent une ombre généreuse, un peu plus loin, le soleil reprend ses droits et chauffe la piscine. Toutes les chambres ont été rénovées, elles sont calmes, bien tenues et tout à fait plaisantes. Leur aménagement reste simple mais confortable, et les tissus Souleïado s'harmonisent tout à fait au mobilier peint de style provençal. Au rez-de-chaussée, la fraîche salle à manger aux voûtes enduites de jaune clair, le petit bar, les salons se suivent en enfilade et, dès qu'il fait gris, de belles flambées crépitent dans les cheminées. Une sympathique petite adresse familiale.

Accès (carte n° 33) : au nord de Bollène. Sur A 7 sortie Bollène ou Montélimar-sud, vers Saint-Paul-Trois-Châteaux. Sur la D 341, vers Beaume-de-Transit.

Maison Pic

26001 Valence (Drôme)
285, avenue Victor-Hugo
Tél. 04.75.44.15.32 - Fax 04.75.40.96.03 - Anne-Sophie et David Pic-Sinapian
E-mail : pic@relaischateaux.fr - Web : pic-valence.com

Catégorie ★★★★ **Ouverture** toute l'année **Chambres** 15 climatisées avec tél., s.d.b., w.c., t.v. satellite et minibar ; ascenseur ; 1 chambre handicapés **Prix** des chambres : 750 à 1 350 F / 114,34 à 205,81 €; suites : 1 150 à 1 800 F / 175,32 à 274,41 € - Lit suppl. : 200 F / 30,49 € - Petit déjeuner : 100 et 130 F / 15,24 et 19,82 €, servi de 7 h à 11 h - Demi-pension 1 300 F / 198,18 € (par pers.) **Cartes de crédit** acceptées **Divers** chiens admis (avec suppl) - Piscine - Parking et garage **Alentour** Grignan ; Orange - Golf de Valaurie 9 trous **Restaurants** Pic : fermé dimanche soir et lundi - Service de 12 h à 14 h, 20 h à 22 h - Menus : 290 F / 44,21 € (déj. en semaine), 690 à 890 F / 105,19 à 135,68 € - L'Auberge du Pin (tél. 04.75.44.53.86) - Menu-carte : 155 F / 23,63 €.

L égendaire Nationale 7 qui va toujours de Paris à Sète… et où se succèdent les étapes gastronomiques célèbres. L'histoire, pour Pic, commence dans un café de campagne de Saint-Péray où Sophie Pic mitonne une cuisine qui attire de plus en plus de gourmets. C'est en 1936 que la maison "descend" à Valence pour se rapprocher de la clientèle qui se rend dans le Midi. Aujourd'hui, c'est l'arrière-petite-fille qui conduit le restaurant gastronomique et qui a créé cet hôtel, offrant une occasion supplémentaire de faire étape. Certes, les crépis sont neufs et l'ensemble manque encore de patine, mais le charme opère. Grandes chambres poétiques et gracieuses, atmosphère intime du salon voûté, confort raffiné et totalement chaleureux. Une vraie réussite ! Quant à la table, si votre budget ne vous permet pas de cumuler luxe et gastronomie, sachez qu'à L'Auberge du Pin vous trouverez, dans une délicieuse cuisine qui se dit "rustique", toutes les saveurs de la nature.

Accès (carte n° 26) : sur A 7 sortie Valence-sud, direction centre-ville.

Le Hameau de la Valouse

Grange-Basse - 26110 Valouse (Drôme)
Tél. 04.75.27.72.05 - Fax 04.75.27.75.61 - M. Eric Gaulard
E-mail : egauhdv@aol.com

Catégorie ★★★ Fermeture de début novembre à fin février ; lundi soir et mardi en basse saison **Chambres** 10 et 8 appartements, avec tél., s.d.b. ou douche, w.c. et t.v. ; accès handicapés **Prix** des chambres doubles : 340 à 430 F / 51,83 à 65,55 € ; appartements (pour 1 semaine) : 2 600 à 5 900 F / 396,37 à 900,76 € (2 à 6 pers.) - Petit déjeuner : 40 F / 6,10 €, servi de 8 h à 10 h - Demi-pension et pension : + 130 à 200 F / 19,82 à 30,49 € **Carte de crédit** Visa **Divers** chiens admis (30 F / 4,57 €) - Piscine - Parking **Alentour** Grignan ; quartier des forts à Nyons ; Valréas ; Vaison-la-Romaine ; Saint-Jalle ; Poët-Laval ; Dieulefit - Golf de Valaurie 9 trous **Restaurant** service de 12 h à 13 h 30, 19 h à 20 h 30 - Fermeture lundi soir et mardi en basse saison - Menus : 98 à 180 F / 15,24 à 27,44 € - Spécialités : ravioles ; truites ; carré d'agneau.

L e hameau de la Valouse est un charmant village de la Drôme provençale où l'on trouve encore des oliviers, des genêts et des champs de lavande. Les différents bâtiments qui forment le hameau sont accolés à une colline verdoyante en pleine nature. Une importante restauration a conservé les différentes architectures en pierre de taille qui donnent d'intéressants volumes. Les intérieurs ont été complètement restructurés pour créer non seulement des chambres mais aussi des appartements loués à la semaine. Les chambres sont spacieuses, aménagées de meubles régionaux, décorées avec le souci de personnaliser chacune ; quelques-unes ont aussi une cheminée. Hiver comme été (où le service se fait en terrasse), le restaurant s'ouvre sur les soixante hectares que compte la propriété. Une grande piscine permet de recevoir, sans trop de promiscuité, tous les résidents. Une adresse idéale et décontractée pour prévoir un séjour familial.

Accès (carte n° 33) : à 15 km au nord de Nyons. Prendre à Nyons D 94 vers Gap, puis à gauche vers le col de La Valouse.

Auberge de la Rochette

26400 Vaunaveys-la-Rochette (Drôme)
Tél. 04.75.25.79.30 - Fax 04.75.25.79.25
MM. Cordonier et Danis

Fermeture en février et en octobre ; le mercredi en basse saison **Chambres** 5 avec tél., douche ou bain, w.c., t.v., coffre-fort et minibar **Prix** des chambres doubles : 460 à 550 F / 70,13 à 83,85 € ; duplex 4 pers. : 750 F / 114,34 € - Petit déjeuner : 70 F / 10,67 €, servi de 8 h 30 à 10 h - Demi-pension obligatoire : 440 à 490 F / 67,08 à 74,70 € (par pers., 3 j. min.) **Carte de crédit** Visa **Divers** chiens non admis - Piscine - Parking fermé **Alentour** palais du facteur Cheval, Vercors, arrière-pays drômois **Restaurant** service de 12 h à 13 h 15 (d'octobre à avril), 19 h 30 à 20 h 30 - Menus : 175 à 210 F / 26,68 à 32,01 € - Spécialités : foie gras de canard maison ; agneau de la Drôme au jus d'ail doux ; crème brûlée à la lavande.

Après avoir tenu un restaurant à Lyon, les propriétaires de cette charmante auberge ont choisi une activité plus sereine dans le cadre ensoleillé de la Drôme provençale. Construit en respectant le style local, leur petit hôtel ne propose que cinq chambres. Il s'agit d'un choix délibéré qui permet à chacun d'être traité en ami. Enduits sable, dessus-de-lit en courtepointe, rideaux assortis, terre cuite au sol, meubles peints… leur aménagement très réussi ne néglige rien (ainsi, les familles trouveront leur bonheur sous les hauts volumes d'une chambre à mezzanine). Elégante petite salle à manger donnant sur une terrasse fleurie de plantes vivaces. L'on cédera volontiers à la tentation d'une cuisine très réussie, délicate et savoureuse, toujours fondée sur des produits de première fraîcheur. Un ensemble fort bien tenu, un accueil plein de gentillesse, des prix raisonnables… voilà un vrai lieu où séjourner.

Accès (carte n° 26) : sur D 538 entre Crest et Chabeuil, à 20 km au sud de Valence. Sur A 7, en venant du sud : sortie Loriol (dir. Crest, Romans, Chabeuil). En venant du nord : Valence-sud (dir. Romans, Grenoble, Chabeuil, Crest).

Les Séquoias

38300 Bourgoin-Jallieu (Isère)
54, Vie de Boussieu - Ruy
Tél. 04.74.93.78.00 - Fax 04.74.28.60.90
M. Laurent Thomas

Fermeture du 5 août au 1er septembre **Chambres** 5 avec tél., s.d.b., w.c., t.v. et minibar **Prix** des chambres doubles : 600 à 800 F / 91,47 à 121,96 € - Petit déjeuner : 65 F / 9,91 €, servi de 8 h à 10 h **Cartes de crédit** acceptées **Divers** chiens admis (40 F / 6,10 €) - Piscine - Parking fermé **Restaurant** service de 12 h à 13 h 30, 19 h à 21 h 30 - Fermé dimanche soir, lundi, mardi à midi - Menus : 160 F / 24,39 € (à midi en semaine), 210 à 400 F / 32,01 à 60,98 € - Spécialités : petites ravioles de chèvre au bouillon de poule ; pigeonneau des Terres-Froides en bécasse.

Construite au milieu du XIXᵉ par un industriel de la soie, cette opulente maison bourgeoise s'élève au milieu d'un parc de cinq hectares planté d'essences vénérables (cèdres, ginkobiloba, séquoias...). Témoins du modernisme de l'architecte, les volumes intérieurs sont étonnants, et l'on ne manquera pas d'admirer la superbe rampe en marbre de l'escalier qui mène aux chambres. Spacieuses, hautes de plafond, ces dernières affichent un luxe de bon ton et une décoration belle et classique où dominent le blanc et le bleu. Qu'il s'agisse des chambres ou des immenses suites, toutes sont très confortables et profitent d'agréables salles de bains. Leur nombre limité et la protection du parc leur assurent un excellent niveau de calme. Au rez-de-chaussée, les deux très belles salles de restaurant illustrent, par leur élégance et leur confort, l'importance que l'on attache ici à la gastronomie, et ce n'est pas la qualité de la cuisine, dignement "étoilée", qui démentira cette remarquable impression.

Accès (carte n° 26) : autoroute A 43, au niveau de Bourgoin-Jallieu, sortie "Le Rivet, Ruy-Montceau". Prendre à droite N 6 vers La Tour-du-Pin, au garage Nissan, prendre à droite, route de Boussieu, fléchage.

Domaine de Clairefontaine

38121 Chonas-L'Amballan (Isère)
Tél. 04.74.58.81.52 - Fax 04.74.58.80.93
M. Girardon

Catégorie ★★ Fermeture du 15 décembre au 31 janvier **Chambres** 25 et 2 appartements (dont 18 climatisés), avec tél. s.d.b., w.c., t.v. et minibar **Prix** des chambres : 200 à 600 F / 30,49 à 91,47 € ; triples : 370 à 700 F / 56,41 à 106,71 € - Petit déjeuner : 50 ou 60 F / 7,62 ou 9,15 €, servi de 7 h 30 à 9 h **Cartes de crédit** acceptées **Divers** chiens admis - Tennis - Garage et parking **Alentour** Vienne (église Saint-Pierre et Musée lapidaire) ; musée et site archéologique de Saint-Romain-en-Gal ; vignobles des Côtes-du-Rhône **Restaurant** service de 12 h à 13 h 45, 19 h à 21 h - Fermé dimanche soir, lundi et mardi midi en basse saison - Menus : 180 à 450 F / 27,44 à 68,60 € - Carte - Spécialités : homard breton cuit minute à la courte nage ; mi-cuit au chocolat, glace verveine.

Cette affaire de famille est de plus en plus connue pour sa cuisine, justement "étoilée", servie dans une ravissante salle à manger tout illuminée de jaune. Vous vous régalerez donc, et la magie opérera jusqu'aux digestifs car la maison dispose d'une cave époustouflante. A l'étage, les chambres ont un charme très provincial avec leurs parquets qui craquent, leur mobilier rétro et leurs vieux papiers peints. D'autres viennent de les rejoindre, dans un nouveau bâtiment noyé dans la verdure. Hyper-confortables, elles sont d'une grande élégance avec leur mobilier de style Directoire, peint et vieilli, leur murs unis teintés de pigments naturels (avec, toujours, une citation littéraire sur le thème de l'eau), leurs beaux tissus coordonnés. S'y ajoutent de superbes salles de bains dignes d'un palais marocain et des loggias pour profiter du soleil. Une remarquable et très accueillante adresse que nous vous recommandons tout comme Le *Marais Saint-Jean*, l'autre hôtel de la famille, situé à proximité.

Accès *(carte n° 26) : A 7 sortie Vienne, puis N 7 ou N 86 et D 7 direction Le Péage-en-Roussillon ; ou sortie Chonas, puis N 7, direction Vienne.*

Hôtel du Golf

Les Ritons 38250 Corrençon-en-Vercors (Isère)
Tél. 04.76.95.84.84 - Fax 04.76.95.82.85
M. Sauvajon
E-mail : hotel-du-golf@wanadoo.fr

Catégorie ★★★ **Fermeture** de fin mars à début mai et de mi-octobre à mi-décembre **Chambres** 8 et 4 duplex, avec tél., s.d.b., w.c., t.v. satellite et minibar **Prix** des chambres doubles : 500 à 790 F / 76,22 à 120,43 € ; duplex (4 pers.) : 650 à 960 F / 99,09 à 146,35 € - Petit déjeuner : 60 F / 9,15 €, servi de 7 h 30 à 11 h - Demi-pension : 440 à 615 F / 67,08 à 93,76 € (par pers.) **Cartes de crédit** acceptées **Divers** chiens admis - Piscine, sauna - Parking **Alentour** ski à Corrençon et à Villard-de-Lans (5 km) - Réserve naturelle des hauts plateaux du Vercors ; route des gorges de la Bourne ; grottes de Choranche - Golf de Corrençon, 18 trous **Restaurant** service de 12 h 30 à 13 h 30/15 h, 19 h 30 à 20 h 30/21 h - Menus : 100 à 180 F / 15,24 à 27,44 € - Carte.

Inutile d'insister, la route ne va pas plus loin. Après l'hôtel, le parc naturel du Vercors s'étend à perte de vue, immense plateau aux formes douces, paradis des skieurs en hiver et des marcheurs le reste du temps. On y pratique aussi le golf, le parapente, le VTT... le tout à proximité immédiate de cet établissement familial où trois générations partagent le sens de l'accueil et des choses bien faites. Les chambres, certaines avec mezzanine, sont confortables et bien tenues, (la 2 est un peu petite). Récemment redécorées avec goût et simplicité, elles sont tout à fait agréables. Au rez-de-chaussée un salon-bar agrémenté de confortables fauteuils en cuir beige permet de se détendre et de prendre un verre avant le dîner. La cuisine est alléchante, notamment en ce qui concerne les poissons, l'ancienne place du chef à *La Marée* (à Paris) n'y est, évidemment, pas pour rien. Copieux brunchs et bon rapport qualité-prix de la demi-pension.

Accès (carte n° 26) : à 40 km au sud-ouest de Grenoble, sortie Villard-de-Lans.

Hôtel Chalet Mounier

38860 Les Deux-Alpes (Isère)
Tél. 04.76.80.56.90 - Fax 04.76.79.56.51 - M. et Mᵐᵉ Mounier
E-mail : doc@chalet-mounier.com - Web : chalet-mounier.com

Catégorie ★★★ **Fermeture** du 1er mai au 29 juin et du 1er septembre au 15 décembre
Chambres 47 avec tél., s.d.b., t.v., radio, coffre-fort, 46 avec w.c. **Prix** des chambres doubles : 490 à
1 050 F / 74,70 à 160,07 € - Petit déjeuner compris, servi de 7 h à 9 h 30 - Demi-pension : 430 à
715 F / 65,55 à 109 € (par pers., 3 j. min.) **Carte de crédit** Visa **Divers** chiens non admis - Piscine
intérieure à remous et piscine extérieure chauffées, jacuzzi, sauna, hammam, health center, massage
(80 F / 12,20 €), tennis (half court en été) **Alentour** ski, à 100m. des pistes - village de Venosc ; vallée
de la Bérarde, parc des Ecrins, massif de la Meije - Golf 9 trous à 300 m **Restaurant** service de 19 h 30
à 21 h - Fermé à midi - Menus : 145 à 320 F / 22,11 à 48,78 € - Carte - Cuisine gourmande.

Depuis 1933, cet hôtel n'a cessé de s'agrandir, de se moderniser, d'améliorer ses équipements de loisir et de porter sa gastronomie à des sommets récemments étoilés. Certes, ne lui demandez pas de vous aider à retrouver l'ambiance des chalets d'antan (l'architecture de la station ne prétend pas à autre chose qu'à la fonctionnalité…) et laissez-vous simplement gagner par la gaieté du lieu. Adepte des couleurs vives et des motifs mélangés, madame Mounier a trouvé ici un vaste champ d'expression. Résultat très convivial, aussi bien du côté des chambres, toutes avec balcon et vue imprenable sur le cirque de montagnes, qu'en ce qui concerne les salons et le bar. Pour les repas, une grande salle (qui s'ouvre par des baies vitrées sur le jardin, la piscine et le front de neige en hiver), est réservée aux demi-pensionnaires. Une autre, petite et très coquette, accueille le restaurant gastronomique.

Accès (carte n° 27) : au sud-est de Grenoble (déviation de Grenoble par Pont-de-Claix) par N 85 jusqu'à Vizille, puis N 91 jusqu'au barrage du Chambon par Bourg-d'Oisans, puis D 213 jusqu'aux Deux-Alpes.

Château de la Commanderie

Eybens 38320 Grenoble (Isère)
17, avenue d'Echirolles
Tél. 04.76.25.34.58 - Fax 04.76.24.07.31 - M. de Beaumont
E-mail : chateau.commanderie@wanadoo.fr

Catégorie ★★★ **Ouverture** toute l'année **Chambres** 25 avec tél., s.d.b. ou douche, w.c., t.v. satellite et minibar **Prix** des chambres doubles : 450 à 720 F / 68,60 à 109,00 € - Petit déjeuner : 63 F / 9,65 €, servi de 7 h à 10 h **Cartes de crédit** acceptées **Divers** chiens non admis - Piscine - Parking fermé **Alentour** Grenoble (nombreux musées) ; massifs du Vercors - Golf de Bresson-Eybens 18 trous **Restaurant** service de 12 h à 13 h 15, 20 h à 21 h 15 - Fermé le samedi midi, dimanche soir et lundi - Menus : 170 à 350 F / 25,92 à 41,92 € - Carte.

Cette ancienne hospitalerie des chevaliers de Malte jouit d'une situation exceptionnelle, à 5 km du centre de Grenoble et à une demi-heure des premières pistes de ski. Le parc, clos de murs et planté d'arbres séculaires, assure un bon niveau de calme à cette adresse mi-urbaine mi-rurale. Dans les chambres, le confort moderne ne nuit pas au charme du lieu restitué, ici ou là, par un meuble ancien, une série d'aquarelles ou de gravures, et égayé par de jolis tissus. Chaque matin, le buffet du petit déjeuner est dressé dans un splendide salon aux boiseries XVIII° décoré de meubles anciens, cheminée de marbre et portraits de famille. Juste à côté, en enfilade, se trouve l'immense salle à manger aux volumes rythmés par cinq hautes portes-fenêtres encadrant une paire de sculptures en bois doré et deux splendides verdures d'Aubusson (XVII°). C'est ici, ou dehors sous une vaste tente ouverte sur la nature, que l'on savoure une cuisine très fine, créative et brillamment exécutée par le jeune et talentueux Denis Coutarel. Bon rapport qualité-prix, accueil familial.

Accès (carte n° 26) : à 4 km à l'est de Grenoble par la rocade sud, sortie Eybens (route Napoléon) ; au centre du village.

Chavant

Bresson 38320 Grenoble (Isère)
Rue de la Mairie
Tél. 04.76.25.25.38 - Fax 04.76.62.06.55
M. et Mlle Chavant

Catégorie ★★★★ **Fermeture** du 25 au 31 décembre **Chambres** 7 avec tél., s.d.b., t.v. et minibar **Prix** des chambres doubles : 680 à 1 050 F / 103,67 à 160,07 € - Petit déjeuner : 70 F / 10,67 €, servi de 7 h 30 à 11 h **Cartes de crédit** acceptées **Divers** chiens admis (40 F / 6,10 €) - Piscine - Parking et garage (70 F / 10,67 €) **Alentour** musées de Grenoble ; massifs du Vercors, de la Chartreuse et de l'Oisans - Golf de Bresson-Eybens 18 trous **Restaurant** service de 12 h 30 à 14 h, 19 h 30 à 21 h 30 - Fermé le samedi midi, le lundi - Menus : 205 à 270 F / 31,25 à 41,16 € - Carte - Spécialités : homard ; cailles à la Chavant ; gratin de fruits rouges au Grand Marnier.

A quelques minutes seulement du cœur de Grenoble, *Chavant* est une auberge "à l'ancienne", conviviale et confortable. C'est surtout pour la table et pour la riche cave de vins régionaux que l'on vient ici. L'hiver dans une vaste salle à manger aux boiseries blondes, réchauffée par une grande cheminée, l'été dans un délicieux jardin ombragé foisonnant de fleurs, où l'on se régale du homard que Jean-Pierre Chavant, en digne successeur de son père, propose cuisiné de mille façons. Avec sa sœur Danielle, ils œuvrent pour conserver au lieu ses qualités traditionnelles qu'ils allient au confort moderne des sept chambres, différentes les unes des autres mais toutes chaleureuses. Un grand salon à la lumière douce et une belle piscine ombragée ajoutent encore à la sensation de calme et de repos dégagée par le lieu. Enfin, l'accueil y est attentionné.

Accès (carte n° 26) : à 4 km à l'est de Grenoble par la rocade sud, sortie n° 6 direction Bresson (route Napoléon).

Hôtel des Skieurs

38700 Le Sappey-en-Chartreuse (Isère)
Tél. 04.76.88.82.76 - Fax 04.76.88.85.76 - M. Jail
Web : lesskieurs.com - E-mail : hotelskieurs@wanadoo.fr

Catégorie ★★ Fermeture en avril, novembre, décembre ; dimanche soir et lundi **Chambres** 18 avec tél., s.d.b. ou douche, t.v. **Prix** des chambres : 310 F / 47,26 € - Petit déjeuner : 35 F / 5,34 €, servi de 7 h 30 à 9 h 30 - Demi-pension et pension : 345 à 395 F / 52,59 à 60,22 € (par pers., 3 j. min.) **Carte de crédit** Visa **Divers** chiens admis (30 F / 4,57 €) - Piscine - Parking et garage **Alentour** ski ; massif de la Chartreuse : belvédère des Sangles, couvent de la Grande Chartreuse, gorges du Guiers-Vif ; musée de Beaux-Arts de Grenoble **Restaurant** service 12 h 30 à 13 h 30, 19 h 30 à 21 h 30 - Fermé dimanche soir et lundi - Menus : 130 à 250 F / 19,82 à 38,11 € - Carte - Spécialités : ragout de noix de Saint-Jacques aux ravioles du Dauphiné ; chariot de desserts maison.

Depuis Grenoble, la route grimpe vaillamment le flanc du massif de la Chartreuse avant d'atteindre le petit bourg de moyenne montagne (1 000 mètres) où se situe cet hôtel. Tenu par un jeune couple très motivé, ce gros chalet vient de bénéficier d'une importante rénovation au cours de laquelle le petit salon-bar, le restaurant, l'escalier et les chambres furent intégralement recouverts de planches en mélèze. Depuis, tous affichent un caractère chaleureux, gai, montagnard avec, en prime, une délicate petite odeur de résineux. Au rez-de-chaussée, la vaste salle à manger, généreusement ouverte sur une non moins vaste terrasse (où l'on sert les repas dès les premiers beaux jours) permet de goûter à une cuisine fine et traditionnelle réalisée par le maître des lieux et servie avec beaucoup d'amabilité. Un ensemble simple, confortable, très sérieusement tenu, que nous recommandons particulièrement aux amateurs de marche et de grand air.

Accès (carte n° 26) : à 12 km au nord de Grenoble, direction Saint-Pierre-de-Chartreuse par la D 512.

Hôtel Le Christiania

38250 Villard-de-Lans (Isère)
Tél. 04.76.95.12.51 - Fax 04.76.95.00.75
Mme Buisson

Catégorie ★★★ **Fermeture** du 20 avril au 22 mai et du 26 septembre au 19 décembre **Chambres** 18 et 5 suites juniors avec tél., s.d.b. ou douche, w.c. et t.v. ; ascenseur **Prix** des chambres doubles : 520 à 700 F / 79,27 à 106,71 € ; suites : 780 à 880 F / 118,91 à 134,16 € - Petit déjeuner-buffet : 60 F / 9,15 €, servi de 7 h 30 à 10 h - Demi-pension : 480 à 640 F / 73,18 à 97,57 € ; pension : + 90 F / 13,72 € (par pers., 4 j. min.) **Cartes de crédit** acceptées **Divers** chiens admis (40 F / 6,10 €) - 2 piscines (1 couverte avec fitness) **Alentour** Ski alpin et de fond ; route des gorges de la Bourne ; grottes de Choranche - Golf de Corrençon, 18 trous **Restaurant** service de 12 h 30 à 14 h, 19 h 30 à 21 h - Menus-carte : 130 à 195 F et 260 F / 19,82 à 29,73 € et 39,64 € - Spécialités : terrine de foie gras au vin de noix ; carré d'agnea ; croustillant aux poires caramélisées.

Extérieurement, *Le Christiania* affiche une architecture classique et sa situation en bordure de village ne l'avantage pas plus qu'un autre. La surprise n'en est que meilleure une fois franchi le seuil. Très accueillants, monsieur et madame Buisson l'ont en effet aménagé comme leur maison. Ce sont des tableaux, des objets et des meubles de famille qui ornent le petit salon, à gauche. C'est leur collection d'anciennes carafes qui rutile dans un coin de l'élégante salle à manger. C'est madame Buisson qui a peint, sur chaque porte, un petit motif floral… Dans le même esprit, les tissus écossais vert et rouge, les rideaux, les édredons à carreaux ont toujours été choisis avec soin ; tout cela donne à l'ensemble un indéniable attrait. Les dernières suites sont très belles. Le fils de la maison, qui a fait ses classes chez Georges Blanc à Vonnas, dirige l'établissement et officie en cuisine, entretenant l'excellente réputation d'une gastronomie servie dehors dès les beaux jours.

Accès (carte n° 26) : à 35 km au sud-ouest de Grenoble.

543

Les Iris

42160 Andrézieux-Bouthéon (Loire)
32, avenue Jean-Martouret
Tél 04.77.36.09.09 - Fax 04.77.36.09.00 - Mme Sylvie Fontvieille

Catégorie ★★★ **Fermeture** vacances de février et de la Toussaint, 15 jours en août **Chambres** 10 avec tél., s.d.b. ou douche, w.c., t.v. et minibar **Prix** des chambres : 455 F / 69,36 € (-10 % aux lecteurs du guide) - Petit déjeuner : 50 F / 7,62 €, servi de 7 h à 10 h 30 - Demi-pension : 515 F / 78,51 € (par pers.) **Cartes de crédit** Visa, Amex **Divers** chiens admis - Piscine - Parking **Alentour** musée d'Art moderne de Saint-Etienne - Golf 18 trous de Saint-Etienne **Restaurant** service de 12 h à 13 h 30, 19 h à 21 h 30 - Fermé dimanche soir et lundi - Menus : 85 à 215 F / 12,96 à 32,78 €.

L'entrée de l'agglomération stéphanoise a de quoi faire peur : enchevêtrement d'autoroutes, aéroport, Z.I... C'est pourtant sur ce terreau peu romantique que *Les Iris* parviennent à pousser, à l'abri d'un grand jardin ombragé. Très apprécié par une clientèle d'affaires attirée par la qualité de sa cuisine et par son petit côté "maison", cet établissement constitue une étape utile. Le restaurant a incontestablement de l'élégance avec ses tables espacées, entourées de chaises Directoire, ses murs orangés et ses vastes fenêtres sur le jardin et la terrasse (où l'on sert en été). Plus standard, les petites chambres sont tapissées de paille japonaise unie, vert profond ou rose orangé, leur mobilier est en rotin laqué assorti, les tissus restent dans le ton avec un motif à ramages verts égayés de rose. Toutes occupent une construction indépendante généreusement ouverte sur la verdure et la piscine. Leur nombre restreint et les qualités d'accueil de Sylvie et d'Yves font que vous pourrez choisir le lieu de votre petit déjeuner : salle à manger, terrasse, bord de piscine ou encore juste devant la porte-fenêtre de votre chambre (surtout pour celles qui ouvrent de plain-pied sur le jardin).

Accès (carte n° 25) : autoroute A 72-E 70, sortie 8B vers Andrézieux centre, au bourg prendre direction "La gare" puis vers Saint-Just-bord de Loire.

Hôtel Troisgros

42300 Roanne (Loire)
Tél 04.77.71.66.97 - Fax 04.77.70.39.77 - Marie-Pierre et Michel Troisgros

Catégorie ★★★★ **Fermeture** mardi et mercredi toute l'année, vacances de février, et du 1er au 15 août **Chambres** 18 climatisées avec tél., s.d.b., t.v., minibar ; ascenseur **Prix** des chambres : 950 à 1 700 F / 144,83 à 259,16 €, suites : 1 900 à 2 200 F / 289,65 à 335,39 € - Petit déjeuner : 125 F / 19,06 € **Cartes de crédit** acceptées **Divers** chiens admis - Parking **Alentour** Musée Déchelette - Eglises du Roannais **Restaurant** Michel Troigros, service 12 h à 13 h 30, 20 h à 21 h 30 - Menus : 720 à 870 F / 109,76 à 132,63 € - Carte.

Ce n'est pas la légendaire table de Troisgros qui nous fit faire le voyage de Roanne. Notre intention était de combiner une étape entre l'hôtel et *Le Central*, le nouveau restaurant de charme qui diffuse la "petite ligne" Troisgros, l'ensemble ayant été "relooké" par Christian Liaigre. Si la réception et le bar de la maison mère ont conservé leur caractère cossu, on retrouve dans les duplex le raffinement classique du *designer*, avec ses meubles en wengé, ses beaux textiles et sa subtile palette. A noter qu'ils ont conservé leur salle de bains-boudoir d'origine, hors normes. Dans le même esprit, de ravissantes chambres moins spectaculaires, plus petites, moins chères ont eu notre faveur. Au *Central*, se décline encore tout le vocabulaire de l'artiste décorateur. Une épicerie précède la salle à manger où est servie une "cuisine de famille" savoureuse, réputation oblige… Il faut cependant savoir que Roanne constitue pour le voyageur un vrai détour, sans doute plus justifié pour aller apprécier la gastronomie de Michel Troisgros et l'exceptionnel accueil de Marie-Pierre, son épouse. Néanmoins, vous avez à présent le choix entre une étape de charme et une étape d'exception dans cette maison qui "vit depuis trente ans dans les étoiles".

Accès (carte n° 25) : éviter Lyon. Sur A 7, en venant du nord, sortie Villefranche-sur-Saône-sud. En venant du sud, passer par Saint-Etienne.

Hôtellerie Beau-Rivage

69420 Condrieu (Rhône)
2, rue du Beau-Rivage
Tél. 04.74.56.82.82 - Fax 04.74.59.59.36 - Famille Humann-Donet
E-mail : hotel-beaurivage.com

Catégorie ★★★★ **Ouverture** toute l'année **Chambres** 21 et 4 junior suites (20 climatisées), avec tél., s.d.b., douche, w.c., t.v. satellite et minibar **Prix** des chambres : 550 à 850 F / 83,85 à 129,58 € - Petit déjeuner : 80 F / 12,20 €, servi de 7 h 30 à 10 h **Cartes de crédit** acceptées **Divers** chiens admis (60 F / 9,15 €) - Parking, garage (70 F / 10,67 €) **Alentour** vignobles de Condrieu, Côtes Rôties et Saint-Joseph ; musée archéologique de Saint-Romain-en-Gal ; vestiges romains de Vienne **Restaurant** service de 12 h à 13 h 30, 19 h 30 à 21 h - Menus : 310 à 450 F / 47,26 à 68,60 € - Carte.

Coincé entre les hauts vignobles des Côtes Rôties et les berges du Rhône, Condrieu est un petit bourg tout en longueur. Vous trouverez l'hôtel juste au bord du fleuve et profiterez presque partout (y compris dans les chambres) de ce voisinage nonchalant, à peine troublé par quelques cygnes ou par le passage d'une barque échappée du petit club nautique mitoyen. Il s'agit d'un établissement très classique, fréquemment remis au goût du jour mais qui ne se départit jamais de son style cossu et feutré. La salle à manger, ouverte en demi-cercle sur la terrasse et sur le fleuve, est une célébrité ; depuis de longues années on y sert une cuisine gastronomique arrosée, comme il se doit, de quelque côtes-du-rhône septentrional bien choisi. Réparties entre la maison principale et une construction voisine, les chambres sont toujours confortables, tendues de tissus souvent très élégants et agrémentées d'un mobilier de style. Certaines se prolongent par une terrasse ou une véranda parfois de belle taille. Accueil aimable et service très professionnel.

Accès (carte n° 26) : A 7 sortie Condrieu (en venant du nord) ou Chanas (en venant du sud), puis direction Serrières, Annonay et N 86 jusqu'à Condrieu.

Hôtel des Artistes

69002 Lyon (Rhône)
8, rue Gaspard-André
Tél. 04.78.42.04.88 - Fax 04.78.42.93.76 - Mme Durand
Web : hartiste@club-internet.fr

Catégorie ★★★ **Ouverture** toute l'année **Chambres** 45 avec tél., s.d.b. ou douche, w.c. et t.v. (36 avec minibar) **Prix** des chambres simples et doubles : 400 à 600 F / 60,98 à 91,47 € - Petit déjeuner : 50 F / 7,62 €, servi de 7 h à 11 h 30 **Cartes de crédit** acceptées **Divers** chiens non admis - Parking : place des Célestins **Alentour** hôtel de ville, musée des Beaux-Arts à Lyon ; Yzeron ; Mont-d'Or lyonnais ; Trévoux ; Pérouges - Golf de Lyon-Verger 18 trous, golf de Lyon-Chassieux 9 trous **Pas de restaurant** à l'hôtel.

L*'Hôtel des Artistes* (comme en témoignent les nombreux autographes d'artistes venus y séjourner) se trouve dans cet agréable vieux quartier de Lyon situé entre les quais du Rhône et de la Saône, proche de la place Bellecour et du théâtre des Célestins. Les chambres ont toutes un mobilier moderne très simple, seules changent les tonalités gaies des tissus. Bien insonorisées, confortables et pourvues d'agréables petites salles de bains, elles donnent sur l'arrière de l'hôtel, la façade latérale du théâtre, ou sur l'élégante place du même nom ; évitez celles qui donnent sur une minuscule cour. Les petits déjeuners, servis dans une agréable pièce animée d'une fresque "à la Cocteau", sont soignés. L'ambiance est fort sympathique et, si vous venez en week-end, l'hôtel propose des forfaits. En ce qui concerne les restaurants, Lyon compte de nombreuses adresses de réputation mondiale qui méritent un pèlerinage. Il y en a aussi qui "montent" irrésistiblement, comme l'excellente *Soupière* (rue Molière) sans oublier les incontournables bouchons qui ont fait aussi la réputation de Lyon : *Le Bistrot de Lyon, Le Bouchon aux vins, Le Garet*…

Accès *(carte n° 26)* : *dans le centre-ville, place des Célestins.*

Globe & Cécil Hôtel

2001

21, rue Gasparin
69002 Lyon (Rhône)
Tél. 04.72.42.58.95 - Fax 04.72.41.99.06 - Nicole Renard
Web : globeetcecil.com - E-mail : globe.et.cecil@wanadoo.fr

Catégorie ★★★ **Ouverture** toute l'année **Chambres** 60 avec ascenseur, tél., s.d.b., w.c., et t.v. satellite **Prix** des chambres simples et doubles : 660 à 760 F / 100,62 à 115,86 € (par pers.) - Petit déjeuner compris, servi de 6 h à 10 h **Cartes de crédit** acceptées **Divers** chiens admis (40 F / 6,10 €) - Garage pour 2 voitures et parking à proximité (tarifs préférenciels) **Alentour** quartier historique, musées des Beaux-Arts et des Tissus - Golf de La Tour de Salvagny 18 trous à 30 minutes **Pas de restaurant** à l'hôtel.

Remarquablement situé à deux pas de la place Bellecourt et du vieux Lyon, cet hôtel réussit la prouesse de concilier une importante capacité d'hébergement et une ambiance totalement personnalisée. Ici, pas une chambre identique à sa voisine, les tissus de belle facture, les meubles de style (et parfois même authentiquement anciens), les lampes, les tableaux forment toujours un ensemble confortable, élégant, parfois enrichi d'une cheminée ou d'un plafond mouluré (celles se terminant par un 1 ou un 4 sont nos favorites mais toutes restent très recommandables). Servi au "saut du lit" ou dans une agréable salle à manger, le petit déjeuner est inclus dans le prix de la chambre. A côté, le vaste hall d'entrée est le royaume de Sandrine. Son sourire et sa disponibilité ajoutent un atout supplémentaire et non négligeable à ce bel hôtel. Pour dîner, les bons restaurants à proximité ne manquent pas mais nous vous incitons particulièrement à découvrir *La Soupière*, l'un des meilleurs et des plus prometteurs restaurants de Lyon.

Accès (carte n° 26) : dans le centre de Lyon, à proximité de la place Bellecour.

Château de Candie

73000 Chambéry-le-Vieux (Savoie)
Rue du Bois-de-Candie
Tél. 04.79.96.63.00 - Fax 04.79.96.63.10 - M. Lhostis

Catégorie ★★★★ Ouverture toute l'année **Chambres** 19 avec tél., s.d.b., w.c. et t.v. satellite ; 1 chambre handicapés ; ascenseur **Prix** des chambres et suites : 700 à 1 300 F / 106,71 à 198,18 € - Petit déjeuner : 70 F / 10,67 € - Demi-pension : 500 à 1 400 F / 76,22 à 213,43 € **Cartes de crédit** Amex, Visa **Divers** chiens admis - Piscine - Parking **Alentour** château de Miolans ; maison de J.J.-Rousseau ; Gorges du Guiers ; lac du Bourget **Restaurant** service de 11 h 30 à 14 h, 19 h à 22 h - Fermé dimanche soir, lundi, mardi midi - Menus : 260 à 400 F / 39,64 à 60,98 € - Carte - "Les comptoirs de Candie" : du vendredi soir au mardi midi et tous les midis en été - Menu : 110 F / 16,77 €.

Édifiée voici plus de quatre siècles pour surveiller la vallée, la maison forte de *Candie*, typiquement savoyarde, domine fièrement Chambéry. Il y a huit ans, elle eut la chance d'émouvoir un esthète collectionneur qui s'est entièrement consacré à elle, pour l'embellir et faire partager sa passion à ceux qui ont l'excellente idée de s'arrêter ici. Que ce soit dans les chambres, les salons et même les couloirs, le résultat est magnifique car, sans jamais rechercher l'effet "décoratif", il allie les plus grandes exigences du confort à la noblesse des très beaux meubles anciens, des tableaux, objets, lustres, étoffes, etc. Toutes les chambres sont donc des plus plaisantes, bien exposées (cinq d'entre elles n'excèdent pas 700 F). Les repas sont servis dans une partie récemment construite, habillée extérieurement de trompe-l'œil dans le goût régional et intérieurement de boiseries anciennes, peintes en blanc ou cirées. Cuisinés par le talentueux Gilles Hérard, ils mettent en scène de manière savoureuse et très habile la richesse des produits régionaux. Accueil particulièrement agréable, à l'image de ce lieu en tous points exceptionnel.

Accès (carte n° 27) : à 5 km de Chambéry.

Hôtel Adray-Télébar

73550 Méribel-les-Allues (Savoie)
Tél. 04.79.08.60.26 - Fax 04.79.08.53.85
M. Bonnet

Catégorie ★★ Fermeture du 25 avril au 19 décembre **Chambres** 24 avec tél., s.d.b. ou douche et w.c. **Prix** des chambres simples et doubles : 550 à 750 F / 83,85 à 114,34 € - Petit déjeuner : 60 F / 9,15 €, servi de 8 h à 11 h - Demi-pension et pension : 620 à 800 F / 94,52 à 121,96 € (par pers., 3 j. min.) **Cartes de crédit** Visa, Amex **Divers** chiens admis **Alentour** ski au départ de l'hôtel ; Les Trois Vallées - Golf de Courchevel 9 trous - Golf de Méribel 18 trous **Restaurant** service de 12 h à 16 h, 20 h à 22 h - Menu : 190 F / 28,97 € - Carte - Spécialités : escalope à la crème ; steak au poivre ; tarte aux myrtilles ; fondue savoyarde ; raclette.

Vous devrez laisser votre voiture à Méribel 1600 puis contacter l'hôtel pour vous faire conduire jusqu'à l'Adray (en chenillette l'hiver). Au milieu des pistes et près du départ du télésiège, ce joli chalet domine la vallée et jouit d'une vue extraordinaire sur les sapins et les montagnes. A Méribel, le lieu est incontournable, notamment lors du déjeuner où sa grande terrasse ensoleillée est prise d'assaut. Ambiance gaie, service attentionné, cuisine familiale de bonne qualité… Côté chambres, leur aménagement rustique et naturel satisfera pleinement les amateurs d'authenticité d'autant plus que le confort reste tout à fait satisfaisant. Et le succès est là, fondé sur une recette simple, mais dans cette station à la mode, garder les pieds sur terre et ne pas succomber à la tentation de laisser flamber les prix, c'est déjà faire preuve d'une belle indépendance d'esprit. Une précieuse adresse où, est-il nécessaire de le préciser ?, vous trouverez toujours un excellent accueil.

Accès (carte n° 27) : à 39 km au sud d'Albertville par N 90 et D 95, puis D 90.

Le Yéti

73553 Méribel-les-Allues (Savoie)
Tél. 04.79.00.51.15 - Fax 04.79.00.51.73
M. et Mme Saint-Guilhem
E-mail : le.yeti@telepost.fr - Web : hotel-yeti.com

Catégorie ★★★ **Fermeture** du 21 avril au 30 juin et du 1er septembre au 16 décembre **Chambres** 37 avec tél., s.d.b., w.c., coffre-fort et t.v. satellite **Prix** de la demi-pension ; l'hiver : 710 à 1 090 F / 108,24 à 166,18 €, l'été : 590 à 790 F / 89,95 à 120,44 € (par pers.) **Cartes de crédit** acceptées **Divers** chiens non admis ; piscine, sauna **Alentour** ski au départ de l'hôtel ; Les Trois Vallées - Golf de Courchevel 9 trous - Golf de Méribel 18 trous **Restaurant** service de 12 h à 14 h 30, 19 h 30 à 22 h - Menus : 125 à 260 F / 19,05 à 39,64 € - Carte gastronomique : 315 F / 48,02 €.

Sophie et Frédéric Saint-Guilhem ont aménagé passionnément ce chalet-hôtel accroché au versant ouest de la station. L'ambiance intérieure s'en ressent : murs habillés de bois raboté et ciré à la main, jolis objets, kilims, confortables fauteuils rassemblés autour du coin-bar ou de la cheminée. Partout la vue est superbe et les chambres sont particulièrement confortables, décorées comme on les aime dans un chalet de montagne. Dans la continuité du salon, le restaurant panoramique se prolonge par une vaste terrasse plein sud accessible sans avoir à déchausser les skis. A ses pieds, une piscine permet de se rafraîchir en été. Enfin, lorsque vous partirez pour les sommets, Frédéric, qui est également guide de haute montagne, sera toujours là pour vous conseiller ou même partager avec vous cette aventure. A noter enfin qu'en janvier, avril et juillet, l'hôtel consent des tarifs-semaine intéressants.

Accès (carte n° 27) : à 39 km au sud d'Albertville par N 90 et D 95, puis D 90.

La Tour de Pacoret

Montailleur - 73460 Grésy-sur-Isère (Savoie)
Tél. 04.79.37.91.59 - Fax 04.79.37.93.84
M. Chardonnet

Catégorie ★★ Fermeture du 1er novembre au 1er mai **Chambres** 9 avec tél., s.d.b. ou douche, w.c. et t.v. **Prix** des chambres : 300 à 560 F / 45,73 à 85,41 € - Petit déjeuner : 60 F / 9,15 €, servi de 8 h à 10 h - Demi-pension : 370 à 450 F / 56,41 à 68,60 € (par pers., 3 j. min.) **Carte de crédit** Visa **Divers** petits chiens admis (30 F / 4,57 €) - Piscine - Parking **Alentour** Conflans ; fort du Mont ; château de Miolans - Golf de Giez-Faverges 27 trous **Restaurant** service de 12 h à 13 h 30, 19 h 30 à 21 h - Menus : 90 à 280 F / 13,72 à 42,69 € - Carte - Spécialités : mitonnée fondante de joues de cochon ; filet de féra en croûte de sésame ; moelleux chaud au chocolat.

En pleine campagne, au sommet d'une colline et au pied des Alpes, cette belle et pure tour de guet du XIV ͤ siècle a été transformée en un charmant petit hôtel de campagne. Un magnifique escalier à vis en pierre noire conduit aux chambres. Toutes différentes, elles sont régulièrement rafraîchies, gentiment meublées et tout à fait confortables. Les pièces du rez-de-chaussée forment plusieurs salles à manger très agréablement décorées, juste à côté, les terrasses-jardins offrent une vue splendide. C'est ici, à l'ombre de la glycine ou des parasols que quelques tables sont dressées. Elles permettent aux premiers arrivants de déjeuner ou de dîner face aux Alpes enneigées et en surplombant l'Isère qui serpente dans la vallée. Lors de notre passage nous avons tout particulièrement apprécié la qualité de la cuisine ainsi que la gentillesse de l'accueil.

Accès (carte n° 27) : à 19 km au sud-ouest d'Albertville par N 90, direction Montmélian jusqu'à Pont-de-Grésy, puis D 222 et D 201, direction Montailleur.

Hôtel Le Calgary

73620 Les Saisies (Savoie)
Tél. 04.79.38.98.38 - Fax 04.79.38.98.00
M. Berthod

Catégorie ★★★ **Fermeture** en mai, octobre et novembre **Chambres** 40 avec tél., s.d.b., t.v. (Canal +) et minibar ; 2 chambres handicapés **Prix** des chambres doubles et triples en demi-pension et pension : 360 à 720 F / 54,88 à 109,76 € (par pers.) **Cartes de crédit** acceptées **Divers** chiens admis (50 F / 7,62 €) - Piscine, hammam, sauna - Garage (50 F / 7,62 € par jour) **Alentour** ski depuis l'hôtel, stade olympique de fond à 200 m - Golf 18 trous à Megève à 15 km **Restaurant** service de 12 h 15 à 13 h 30, 19 h 15 à 21 h - Menus : 145 à 230 F / 22,11 à 35,06 € - Carte - Spécialités : carpaccio de noix de Saint-Jacques, vinaigrette de corail à l'huile de truffe ; filet de féra à l'unilatéral, sauce à la vapeur de foin et polenta ; moelleux de filet de veau aux poires confites, jus clair aux airelles, galette de pain pauvre et soufflé de pommes de terre au beaufort ; pyramide de fruits séchés avec sorbet glacé au vin de Mondeuse.

Médaillé olympique à Calgary, le skieur Frank Picard est un amoureux des hôtels autrichiens. Aussi, quand la commune lui offrit un terrain, il décida d'y implanter un hôtel inspiré du Tyrol. Voici pourquoi l'on retrouve sur ce gros chalet les balcons abondamment fleuris et les deux oriels traditionnels. A l'intérieur, les références se font plus discrètes et, même si le salon rappelle les Stuben autrichiens, l'ambiance générale reste plutôt standard. Les chambres sont néanmoins spacieuses, élégantes, confortables. Toutes disposent d'un balcon pour profiter de la splendide vue sur le Beaufortain avec les aravis en toile de fond. Une bonne adresse, parfaitement tenue et dotée d'un excellent restaurant, le tout à quelques mètres des remontées mécaniques.

Accès (carte n° 27) : à 31 km au nord-est d'Albertville par D 925 direction Beaufort, et D 218 direction col des Saisies. Ou à 30 km au sud-ouest de Sallanches, Praz-sur-Arly et direction Notre-Dame-de-Bellecombe.

Les Campanules

73320 Tignes (Savoie)
Le Rosset, BP 32
Tél. 04.79.06.34.36 - Fax 04.79.06.35.78 - Philippe et Thierry Reymond

Catégorie ★★★ **Fermeture** de mai à juin et de septembre à octobre **Chambres** 33 et 10 suites, avec tél., s.d.b., w.c., coffre-fort et t.v. satellite ; ascenseur ; 1 chambre handicapés **Prix** des chambres doubles : 600 à 1 300 F / 91,47 à 198,18 € ; suites : 800 à 1 580 F / 121,96 à 240,87 € - Petit déjeuner compris, servi de 7 h 30 à 10 h 30 - Demi-pension : 430 à 1 040 F / 65,55 à 158,55 € (par pers., 2 j. min.) **Cartes de crédit** acceptées **Divers** chiens non admis - Sauna, hammam, jacuzzi **Alentour** ski ; parc de la Vanoise **Restaurant** "Le Chalet", service de 12 h 30 à 13 h 45, 19 h 30 à 21 h 45 - Menus : 135 à 280 F / 20,58 à 42,69 € - Carte - Spécialités régionales.

A l'occasion de son réaménagement total, cet hôtel a choisi de compenser sa taille importante par de nombreux détails qui lui confèrent un côté "chalet d'amis". Murs tapissés de bois blond, mobilier en pin d'inspiration savoyarde, ambiance chaleureuse. Côté chambres, saluons tout d'abord l'excellente insonorisation, la tenue irréprochable et le confort général. Aménagées de manière simple mais néanmoins agréable, elles sont toutes décorées à l'identique : lambris vernis, épaisse moquette, tissus crème à ramages colorés spécialement conçus pour l'hôtel. On appréciera aussi ces petits suppléments de confort qui rendent les fins de journées si agréables : d'abord pouvoir ranger ses skis dans des casiers individuels, y faire sécher ses chaussures grâce à un système d'air chaud, pouvoir se faire un petit sauna… Avant de rejoindre le restaurant où l'on goûte une cuisine régionale raffinée, y compris en demi-pension. Ajoutez à tout ceci un emplacement privilégié, été comme hiver, avec la proximité du lac et de l'*Espace Killy*.

Accès (carte n° 27) : à 85 km au sud-est d'Albertville, voie express jusqu'à Moûtiers, N 90 jusqu'à Bourg-Saint-Maurice et Tignes.

Le Blizzard

73150 Val-d'Isère (Savoie)
Tél. 04.79.06.02.07 - Fax 04.79.06.04.94
M. Cerboneschi

Catégorie ★★★★ Fermeture de mai à juin et de septembre à novembre **Chambres** 60 et 14 suites (certaines avec cheminée, jacuzzi, minibar), avec tél., s.d.b., w.c. et t.v. ; ascenseur **Prix** des chambres en hiver : 990 à 1 930 F / 150,92 à 294,23 €, en été : de 710 à 940 F / 108,24 à 143,30 € - Petit déjeuner compris - Demi-pension en hiver : 710 à 1 200 F / 108,24 à 182,94 € (par pers.), en été : 545 à 655 F / 83,08 à 99,85 € (par pers.) **Cartes de crédit** acceptées **Divers** chiens admis (70 F / 10,67 €) - Piscine chauffée, sauna, jacuzzi - Parking couvert (65 F / 9,91 €) **Alentour** ski ; Vanoise **Restaurant** service de 12 h 30 à 15 h, 19 h 30 à 22 h - Menus : à partir de 180 F / 27,44 € - Carte.

Concilier charme et forte capacité hôtelière relève, en général, du pari impossible. C'est pourtant ce que réussit à faire *Le Blizzard* et l'on ne peut que saluer les efforts en aménagements et en décoration réalisés dans ce sens. Les différents salons, le billard, le bar, le restaurant... toutes les pièces d'accueil affichent la patine d'un noble et vieux chalet de montagne et constituent un ensemble intime, élégant, chaleureux. Refaites dans ce même esprit, les chambres sont également très réussies et parviennent, elles aussi, à nous faire oublier les dimensions et la façade peu séduisante de l'hôtel. Celles situées au sud sont plus calmes et bénéficient d'un balcon et d'une jolie vue sur la descente olympique de Bellevarde. Autre point fort, le restaurant qui, sous la conduite de Stéphane Benchérif, propose une très bonne cuisine traditionnelle, servie dehors dès que le temps le permet. Près de la terrasse se trouve la piscine : grande et chauffée, elle devient le centre de la vie de l'hôtel durant toute la période estivale, lorsque le blizzard se transforme en brise rafraîchissante...

Accès (carte n° 27) : à 85 km au sud-est d'Albertville voie express jusqu'à Moûtiers puis Bourg-Saint-Maurice, et D 902 jusqu'à Val-d'Isère.

Hôtel Fitz Roy

73440 Val-Thorens (Savoie)
Tél. 04.79.00.04.78 - Fax 04.79.00.06.11
Mme Loubet

Catégorie ★★★★ **Fermeture** du 5 mai au 1er décembre **Chambres** 33 (dont 3 avec mezzanine) et 3 appartements, avec tél., s.d.b. avec bain bouillonnant, w.c., t.v. câblée et minibar ; ascenseur **Prix** des chambres doubles en demi-pension et pension : 800 à 1 900 F / 121,96 à 289,65 € (par pers.) - Petit déjeuner compris, servi de 7 h à 11 h **Cartes de crédit** Amex, Visa **Divers** chien admis dans les chambres seulement (90 F / 13,72 €) ; petits chiens admis au restaurant - Piscine, sauna, hammam, centre de remise en forme, coiffeur - Parking public obligatoire **Alentour** ski ; club sportif de Val-Thorens ; ULM ; promenades en raquettes **Restaurant** service de 12 h à 15 h, 19 h à 22 h - Menus : 220 à 500 F / 33,54 à 76,22 € - Carte.

Surgie au beau milieu d'un champ de neige, Val-Thorens ne peut prétendre au charme des vieilles stations, n'en oublions pas pour autant le *Fitz Roy* car ce luxueux chalet reste un lieu d'exception à découvrir. Grand confort, boiseries blondes, tissus, objets et meubles bien choisis… Compte tenu du standing de l'hôtel et des prix pratiqués, on ne s'étonnera pas outre mesure de telles qualités. Plus remarquables sont celles qui concernent l'art de vivre au *Fitz Roy*. Un seul exemple les résume toutes : le somptueux buffet dressé le long de la terrasse-solarium. Il est midi, cuisiniers et serveurs s'activent autour des braseros d'argent, les arômes se faufilent entre les tables bien dressées, les clients déchaussent leurs skis après un dernier dérapage. Et les voici sur la scène d'un véritable ballet gourmand qui se prolonge sans fausse note jusqu'à ce que le soleil disparaisse derrière les crêtes. Voilà un peu du *Fitz Roy*, suffisamment peut-être pour vous donner l'envie de vous y faire dorloter…

Accès (carte n° 27) : à 62 km au sud-est d'Albertville par N 90 jusqu'à Moûtiers, puis D 915 et D 117.

Hameau Albert-Ier

74402 Chamonix (Haute-Savoie)
119, impasse du Montenvers
Tél. 04.50.53.05.09 - Fax 04.50.55.95.48 - Pierre et Martine Carrier
E-mail : info@hameaualbert.fr - Web : hameaualbert.fr

Catégorie ★★★★ Fermeture du 2 novembre au 3 décembre **Chambres** 27 (hôtel), 12 (fermes) et 2 chalets avec tél., s.d.b., w.c., t.v. satellite et minibar ; chambres handicapés ; ascenseur **Prix** des chambres : 690 à 1 700 F / 105,19 à 259,16 € ; suites : 1 270 à 1 750 F / 193,61 à 266,79 € - Petit déjeuner 95 F / 14,48 €, servi de 7 h 30 à 10 h 30 - Demi-pension : + 310 F / 47,26 € (par pers.), **Cartes de crédit** acceptées **Divers** chiens admis - Sauna, hammam, piscine - Parking couvert **Alentour** Golf des Praz 18 trous **Restaurant** *Albert-Ier* : service de 12 h 30 à 14 h, 19 h 30 à 21 h 30 - Fermé les mercredis (sauf à midi du 10 juillet au 31 août) et le jeudi à midi - Menus : 220 à 620 F / 33,54 à 94,52 € - *Maison Carrier* fermé lundi - Menus : 145 à 240 F / 22,11 à 36,59 € - Carte.

Trois générations de Carrier se sont succédé pour conserver à l'*Albert 1er* son statut d'hôtel de grand luxe et de restaurant gastronomique. Non seulement la table y est l'une des toutes premières de la région mais l'hôtel s'est agrandi magnifiquement par la construction, dans le parc, d'une ferme remontée avec des matériaux anciens. Désormais, c'est ici que se trouvent les plus belles chambres : une douzaine de délicieuses cellules tapissées de bois naturel où le charme alpin s'allie au *design* italien. Vastes, souvent agrémentées d'une cheminée (avec, en prime, la vue sur les Aiguilles Rouges et le mont Blanc), elle s'organisent autour d'une somptueuse piscine semi-couverte et se complètent d'un "restaurant de pays". Cette plaisante alternative à la table gastronomique de l'hôtel bénéficie d'un beau décor traditionnel d'éco musée idéal pour découvrir, avec raffinement, les recettes de base de la cuisine savoyarde. Une adresse chère mais d'une incontestable qualité.

Accès (carte n° 27) : sur la route du Montenvers.

Hôtel du Jeu de Paume

Le Lavancher 74400 Chamonix (Haute-Savoie)
705, route du Chapeau
Tél. 04.50.54.03.76 - Fax 04.50.54.10.75
Mlle Scomparin

Catégorie ★★★★ **Fermeture** du 5 mai au 5 juin et du 10 septembre au 5 décembre **Chambres** 18, 4 suites et un chalet de 3 chambres, avec tél., s.d.b. ou douche, w.c., t.v. et minibar **Prix** des chambres : 960 à 1 160 F / 146,35 à 176,84 € ; suites : 1 500 F / 228,67 € - Petit déjeuner : 70 F / 10,67 €, servi de 7 h 15 à 10 h en salle - Demi-pension : 741 à 1 011 F / 112,81 à 153,97 € (par pers. en chambre double) **Cartes de crédit** acceptées **Divers** chiens admis dans les chambres (50 F / 7,62 €) - Piscine, tennis, hammam, jacuzzi, sauna - Parking **Alentour** ski à Argentière 3 km (Les Grands Montets) et à Chamonix ; excursions - Golf des Praz 18 trous **Restaurant** service de 12 h à 14 h, 19 h à 21 h - Menus : 185 à 350 F / 28,20 à 53,36 € - Carte.

A 5 km de Chamonix, Le Lavancher se cache en surplomb de la vallée d'Argentière et a su préserver son petit côté "village de montagne" qui en fait, aujourd'hui, un site résidentiel très recherché. Luxueux chalet-hôtel, le *Jeu de Paume* utilise abondamment le bois naturel et, sortant des poncifs montagnards, affiche une décoration très personnelle. Partout, des meubles, des miroirs, des objets curieux, des tableaux achetés au hasard de coups de cœur chez les antiquaires participent à une ambiance raffinée, très confortable, où les styles se mélangent avec bonheur. Décorées dans des teintes claires, toutes les chambres sont très fonctionnelles, meublées avec goût et chaleur, la plupart disposant d'un balcon (pour la 15, il s'agit même d'une vraie terrasse). Cuisine à tendance gastronomique, traditionnelle et conviviale, réinventée au rythme des saisons. Service stylé et très bon accueil. A noter qu'en hiver une navette de l'hôtel peut conduire les clients jusqu'au départ des pistes.

Accès (carte n° 27) : à 67 km au nord-est d'Albertville par N 212.

Le Montagny

490, Le Pont 74310 Les Houches
Chamonix (Haute-Savoie)
Tél. 04.50.54.57.37 - Fax 04.50.54.52.97 - M. Ravanel
E-mail : montagny@wanadoo.fr - Web : http://perso.wanadoo.fr/hotel.montagny

Catégorie ★★ **Fermeture** du 1er novembre au 15 décembre **Chambres** 8 avec tél., s.d.b., w.c. et t.v.
Prix des chambres doubles : 410 F / 62,50 € - Petit déjeuner : 42 F / 6,40 €, servi de 7 h 30 à 10 h
Carte de crédit Visa **Divers** chiens non admis - Parking **Alentour** ski à 3 km des remontées
mécaniques - Golf des Praz 18 trous à Chamonix (7 km) **Pas de restaurant** à l'hôtel.

C'est l'une des plus anciennes familles de la vallée qui vient d'ouvrir cet
accueillant petit chalet-hôtel adossé à la pente en contrebas du Dôme du
Goûter. Cet emplacement et le nombre restreint des chambres permettent
d'associer au plus feutré des silences cet air cristallin pour lequel on est prêt à
faire des kilomètres... D'entrée, on éprouve de la sympathie pour l'intérieur,
avec son capitonnage de pin clair, le tissu écossais vert qui recouvre les
banquettes de la salle des petits déjeuners (excellents) et celles du coin-salon
(où brûle souvent ce feu de bois inséparable des soirées montagnardes). Les
chambres ne démentissent vraiment pas cette excellente impression.
Confortables à souhait, elles affichent de très jolis tissus bleus et blancs, en
parfait accord avec le miel des lambris et la faïence des sanitaires. La 104 est
idéale pour les familles, les 206 et 207, installées sous les volumes angulaires du
toit, sont dotées d'amusantes salles de bains en alcôve, et toutes sont
recommandables sans la moindre restriction. Une véritable adresse de charme
qui a déjà ses inconditionnels.

*Accès (carte n° 27) : par A 40, direction Chamonix (à 5 km avant Chamonix)
quitter voie rapide à la dernière sortie "Les Houches", 50 m sur D 243, puis
première route à gauche "route du Pont" sur 500 m.*

Hôtel La Savoyarde

74400 Chamonix (Haute-Savoie)
28, route des Moussoux
Tél. 04.50.53.00.77 - Fax 04.50.55.86.82 - M. et Mme Carrier
E-mail : savoyarde@silicone.fr.

Catégorie ★★★ **Fermeture** du 9 au 23 mai et du 26 novembre au 20 décembre **Chambres** 14 avec tél., s.d.b., w.c. et t.v. **Prix** des chambres doubles : 695 à 854 F / 105,95 à 130,19 € - Petit déjeuner : 46 F / 6,86 €, servi à partir de 7 h **Carte de crédit** Visa **Divers** chiens admis - Garage (50 F / 7,62 €) - Sauna et spa à l'Auberge du Bois-Prin (60 F / 9,15 €) - Parking **Alentour** ski à 50 m : téléphérique du Brévent-Flégère ; alpinisme ; excursions - Golf des Praz 18 trous **Restaurant** service de 12 h à 14 h, 19 h 30 à 21 h 30 - Menu : 88 F / 13,72 € (enfant : 38 F / 6,10 €).

A u sommet du bourg et profitant d'une vue extraordinaire sur l'Aiguille du Midi, *La Savoyarde* occupe l'un des plus beaux emplacements de Chamonix. Dans un style qui tient du cottage anglais et du chalet traditionnel, l'hôtel est constitué de deux maisons fleuries reliées l'une à l'autre. Le petit perron et le coquet hall de réception donnent immédiatement le ton : plafonds peints, murs blancs ; ici, les propriétaires ont écarté toute tentation pseudo-rustique au profit d'un confort simple et de bon goût. Moquette tilleul, tissus à fleurs, mobilier de bois clair, les chambres sont à cette image. Toutes profitent de balcons ou de terrasses et seulement deux donnent sur l'arrière. Parmi nos préférées, la 5 avec son grand balcon et la 14. Signalons également que celles situées près de l'escalier peuvent être dérangées par les skieurs matinaux. Cuisine simple, satisfaisante pour les recettes de montagne, moins convaincante pour le reste. Service (parfois lent) au coin du feu ou dans une petite salle face au mont Blanc ou même dehors, en tête à tête avec le glacier des Bossons…

Accès (carte n° 27) : à 67 km d'Albertville. Par A 40 sortie Chamonix-sud ; à côté de la gare de la télécabine du Brévent.

Les Chalets de la Serraz

74220 La Clusaz (Haute-Savoie)
Rue du col des Aravis
Tél. 04.50.02.48.29 - Fax 04.50.02.64.12 - Mme M.-C. Gallay

Catégorie ★★★ **Fermeture** mai et octobre **Chambres** 12 avec tél., s.d.b., w.c., t.v. satellite ; 1 chambre handicapés **Prix** des chambres simples et doubles : 470 à 980 F / 71,65 à 149,40 € ; suites : 650 à 1 150 F / 99,09 à 175,32 € - Petit déjeuner : 65 F / 9,91 €, servi de 8 h à 10 h 30 - Demi-pension : 425 à 750 F / 64,79 à 114,34 € (par pers.) **Cartes de crédit** Amex, Visa **Divers** chiens admis (65 F/9,91 €) - Piscine - Garage (65 F/9,91 €) **Alentour** ski ; lac d'Annecy **Restaurant** service de 12 h 15 à 13 h 30, 19 h 30 à 21 h - Menus : 125 à 240 F / 19,06 à 36,59 € - Spécialités : péla traditionnelle au reblochon des Aravis ; rognons d'agneau façon grand-mère.

C'est à la sortie de La Clusaz, en direction du col des Aravis et sur la route pittoresque des alpages d'été que se trouve cet ensemble de chalets traditionnels. Le site, un vallon émaillé de sapins et traversé par une petite rivière, garantit à chaque chambre une agréable vue. Vous aurez le choix entre les petits "mazots" individuels équipés de kitchenettes et de mezzanines (parfaits pour les familles) et les chambres installées dans le bâtiment principal : une ancienne ferme savoyarde rénovée, couverte de tavaillons (tuiles en bois). Leur décoration, basée sur un mobilier montagnard et des tissus à carreaux rouges et blancs, correspond bien à ce que l'on attend dans ce type de lieu (seules les couleurs des sanitaires sont un peu tristes). Toujours bien tenues et confortables, elles bénéficient parfois de terrasses de plain-pied sur l'extérieur. Pour dîner, vous apprécierez l'élégance de la salle à manger, totalement capitonnée de bois clair. Bonne cuisine qui propose des plats délicatement gastronomiques et, une fois par semaine, des spécialités savoyardes servies en table d'hôtes. Accueil et ambiance très agréables.

Accès (carte n° 27) : à 32 km d'Annec par D 909.

Au Cœur des Prés

74920 Combloux (Haute-Savoie)
Tél. 04.50.93.36.55 - Fax 04.50.58.69.14
M. Paget

Catégorie ★★★ **Fermeture** du 25 septembre au 19 décembre et du 6 avril au 1er juin **Chambres** 35 avec tél., s.d.b., w.c. et t.v. **Prix** des chambres simples et doubles : 410 à 600 F / 62,50 à 91,47 € - Petit déjeuner : 50 F / 7,62 €, servi à partir de 7 h 30 - Demi-pension : 410 à 490 F / 62,50 à 74,70 € (par pers.) **Carte de crédit** Visa **Divers** chiens admis - Tennis, sauna, jacuzzi, piscine chauffée - Billard - Parking et garage (35 F / 5,34 €) **Alentour** ski à 1 km des pistes - Megève ; Chamonix - Golf du mont d'Arbois 18 trous à Megève **Restaurant** service de 12 h 30 à 14 h, 19 h 30 à 20 h 30 - Menus : 155 à 190 F / 23,63 à 28,97 € - Carte.

C et hôtel bénéficie non seulement d'une vue imprenable sur le mont Blanc et la chaîne des Aravis, mais aussi d'un grand pré qui l'entoure et le protège ainsi de tout voisinage gênant. La plupart des chambres donnant sur le mont Blanc ont un balcon . Confortables, toutes sont à présent rénovées ; celles du troisième étage, mansardées, ont plus de caractère. Dans le salon vous attendent de nombreux fauteuils moelleux et une grande cheminée. Aussi soignée, la salle à manger avec ses carrelages, ses nappes roses et ses poutres profite de la vue panoramique. La cuisine du chef Nicolas est très appréciée. Primé par la commune pour sa floraison, l'hôtel satisfera les amateurs de calme et de repos dans un cadre grandiose. En période de sports d'hiver, l'hôtel dispose d'une navette pour conduire les clients aux différents domaines skiables.

Accès (carte n° 27) : à 36 km au nord-est d'Albertville par N 212 jusqu'à Combloux par Megève. Par A 40 sortie Sallanches.

Les Roches Fleuries

74700 Cordon (Haute-Savoie)
Tél. 04.50.58.06.71 - Fax 04.50.47.82.30 - J. et G. Picot
E-mail : info@rochesfleuries.com - Web : rochesfleuries.com

Catégorie ★★★ **Fermeture** du 23 septembre au 17 décembre et du 9 avril au 6 mai
Chambres 25 avec tél., s.d.b., w.c. et t.v. par satellite **Prix** des chambres : 570 à 870 F / 86,90 à
132,63 € ; suites : 1 000 à 1 200 F / 152,45 à 182,94 € - Petit déjeuner : 78 F / 11,89 €, servi de
7 h 30 à 10 h - Demi-pension : 490 à 820 F / 74,70 à 125,01 € (par pers.) **Cartes de crédit** acceptées
Divers chiens admis (60 F / 9,15 €) - Piscine chauffée, health center, jacuzzi, hammam, UVA, VTT,
navette gratuite pour les pistes de Megève/Combloux - Parking et garage **Alentour** ski - Megève ;
Chamonix - Golf du mont d'Arbois 18 trous - Guide de moyenne montagne à l'hôtel **Restaurant** service
de 12 h 30 à 14 h, 19 h 30 à 21 h 30 - Menus : 150 à 340 F / 22,87 à 51,83 € - Carte - *La Boîte à
Fromages* : menu : 165 F / 25,15 € (vin compris).

Tout proche de Combloux et de Megève, en avant-scène sur le mont Blanc,
Cordon est un ravissant village, plus charmant et plus authentique que ses
voisins très à la mode. Ici, la montagne est belle en toutes saisons, même en été,
lorsque les chalets se nichent entre cerisiers et noyers sans jamais rien perdre de
l'exceptionnel panorama sur les aiguilles de Chamonix et la chaîne des Aravis.
Cet hôtel en profite merveilleusement, notamment grâce aux terrasses
individuelles dont disposent bon nombre de chambres. Le joli mobilier ancien,
chiné dans la région, la décoration raffinée et confortable, le feu de cheminée
en hiver dans le salon contribuent au charme douillet et chaleureux de l'hôtel.
La cuisine est légère et raffinée, mais vous pourrez aussi profiter du second
restaurant de l'hôtel, *La Boîte à Fromages,* pour goûter les spécialités
régionales. Accueil attentif et amical. Une bien jolie adresse.

*Accès (carte n° 27) : à 40 km au nord-est d'Albertville N 212 jusqu'à Combloux,
puis D 113. Par A 40 sortie Sallanches, à 5 km.*

L'Ancolie

Lac des Dronières 74350 (Haute-Savoie)
Cruseilles
Tél. 04.50.44.28.98 - Fax 04.50.44.09.73 - M. Lefebvre

Catégorie ★★★ **Fermeture** vacances de la Toussaint et vacances scolaires de février - dimanche soir en basse saison **Chambres** 10 avec tél., s.d.b., w.c., et t.v. satellite **Prix** des chambres : 395 à 560 F / 60,22 à 85,37 € - Petit déjeuner : 58 F / 8,84 €, servi de 7 h 30 à 10 h 30 - Demi-pension : 460 à 490 F / 70,13 à 74,70 € (par pers., 3 j. min.) **Cartes de crédit** acceptées **Divers** chiens admis (30 F / 4,57 €) - Parking et garage (30 F / 4,57 €) **Alentour** lac d'Annecy ; Semnoz par la route des Crêtes ; gorges du Fier - Golfs de Bossey et d'Annecy-Talloires 18 trous **Restaurant** service de 12 h à 14 h, 19 h à 21 h 15 - Menus : 135 à 375 F / 20,58 à 57,17 € - Carte - Spécialités : rissoles de reblochon fermier ; croustillant de pigeon de la ferme Trottet.

Face au mont Salève, cet hôtel de construction récente se mire dans les eaux d'un petit lac partiellement aménagé en base de loisirs et bénéficie d'une très belle situation à peine troublée par trois géants d'acier signés EDF… On est également conquis par l'aménagement intérieur de *L'Ancolie* où meubles en pin ciré, épaisses moquettes et ravissants tissus coordonnés forment un ensemble lumineux, bien au goût du jour. Confortables et très scrupuleusement tenues, les chambres disposent souvent d'une terrasse. Certaines sont idéales pour les familles, et nos préférées donnent, bien sûr, directement sur le lac. Yves Lefebvre dirige l'hôtel et les cuisines ; l'excellente qualité de la table s'en ressent, tout comme l'accueil et le rapport qualité-prix, à notre avis irréprochables. Une très plaisante adresse, appréciée des randonneurs et des cueilleurs de champignons mais aussi par ceux qui ont à faire à Annecy ou à Genève et qui ont bien raison de vouloir joindre l'utile à l'agréable.

Accès (carte n° 27) : à 20 km au nord d'Annecy.

Château des Avenières

Les Avenières - Cruseilles - 74350 (Haute-Savoie)
Tél. 04.50.44.02.23 - Fax 04.50.44.29.09 - Laurence et Nicolas Odin
Web : chateau-des-avenieres.com - E-mail : chateau-des-avenieres@aic.fr

Catégorie ★★★★ **Fermeture** du 1er au 10 janvier **Chambres** 12 avec tél., s.d.b., w.c., minibar et t.v. satellite **Prix** des chambres : 700 à 1 500 F / 106,71 à 228,67 € - Petit déjeuner : 95 F / 14,48 €, servi de 7 h 30 à 10 h 30 - Demi-pension : 630 à 1 030 F / 96,05 à 157,04 € (par pers.) **Cartes de crédit** Visa, Amex **Divers** chiens non admis - Piscine **Alentour** lac d'Annecy ; Semnoz par la route des Crêtes ; gorges du Fier ; Genève - Golf de Bossey, golf d'Annecy 18 trous à Talloires **Restaurant** fermeture dimanche soir et lundi hors saison et lundi midi du 1er juin au 30 septembre - Service de 12 h à 14 h, 19 h à 21 h 30 - Menus : 180 à 480 F / 27,44 à 73,18 € - Carte.

Extraordinaire ! Le mot n'est pas trop fort pour qualifier ce château construit en 1907 par une riche Américaine puis aménagé par le grand initié hindou qu'elle épousera un peu plus tard. De cette époque bohème où se mêlaient art, science et ésotérisme, il reste une étrange chapelle en mosaïques d'or dédiée aux religions, à la Kabbale, aux tarots… une salle à l'étage, deux fabuleuses salles de bains en marqueterie de marbre. Puis ce fut l'abandon avant le rachat du lieu par Nicolas Odin qui a su admirablement "réveiller la belle endormie". Superbes chambres à thème où l'ancien côtoie l'exotique avec parfois de vastes *bow-windows* embrassant à l'infini un spectaculaire paysage de montagnes et de plaines s'achevant dans le lac d'Annecy (notez la chambre "Observatoire" et sa terrasse équipée d'un télescope électronique). Escalier monumental intégrant successivement le *Steinway* sur lequel Phil Collins a enregistré son dernier album, un bar dans une loggia et un salon sur son palier. Nobles salles à manger aux lambris XVIII e en chêne naturel se prolongeant par une terrasse panoramique. Cuisine subtile. A découvrir !

Accès (carte n° 27) : à 20 km au nord d'Annecy. A 40 sortie Cruseilles, N 201.

Marceau Hôtel

Marceau-Dessus 74210 Doussard (Haute-Savoie)
115, chemin de la Chapelière
Tél. 04.50.44.30.11 - Fax 04.50.44.39.44 - M. et Mme Sallaz
E-mail : hotelmarceau@aol.com - Web : lac-annecy.com

Catégorie ★★★ Ouverture toute l'année **Chambres** 16 avec tél., s.d.b. ou douche, w.c., sèche-cheveux, minibar et t.v. **Prix** des chambres : 480 à 700 F / 73,18 à 106,71 € ; appart. : 900 F / 137,20 € - Petit déjeuner : 55 F / 8,38 €, servi de 8 h à 11 h **Cartes de crédit** acceptées **Divers** chiens admis (50 F / 7,62 €) - Tennis - Parking **Alentour** lac d'Annecy ; le Semnoz par la route des Crêtes ; gorges du Fier - 2 golfs 18 trous à Talloires et Giez **Pas de restaurant** mais petite restauration.

En pleine campagne, avec une vue très belle sur le lac et la vallée, cet hôtel chaleureux et confortable possède quelques solides atouts. Lecture et télévision vous sont proposées dans un salon bien aménagé, avec cheminée. Une vaste terrasse vous attend à la belle saison, parmi les fleurs et à proximité du potager. C'est ici (ou en chambre) que sont servis les petits déjeuners. Partout, à l'intérieur, des bouquets tirés du jardin expriment l'attention que l'on accorde ici aux hôtes. Bien tenues, les chambres ont conservé un petit côté suranné, somme toute plutôt charmant, et le mobilier bien choisi leur confère même une certaine allure. Seuls les couloirs sont un peu tristes. Vous pourrez également commander un dîner léger avec un plat du jour préparé avec soin par monsieur Sallaz et servi dans l'ambiance mi-rustique, mi-raffinée de la grande salle à manger nappée de rose sur fond de bois clair. Sinon, l'excellent restaurant *Chappet* se trouve tout près. Approvisionné quotidiennement en poissons du lac, il propose une cuisine remarquable pour un prix raisonnable avec, en prime, une terrasse les pieds dans l'eau.

Accès (carte n° 27) : à 20 km au sud d'Annecy par N 508, direction Albertville, Bout-du-Lac, Doussard et Marceau-Dessus.

La Marmotte

74260 Les Gets (Haute-Savoie)
Tél. 04.50.75.80.33 - Fax 04.50.75.83.26
Famille Mirigay
E-mail : marmotte@portesdusoleil.com - Web : hotel-marmotte.com

Catégorie ★★★ Fermeture du 8 avril au 30 juin et du 10 septembre au 16 décembre **Chambres** 48 avec tél., s.d.b., w.c. et t.v. **Prix** des chambres : 430 à 1 460 F / 65,55 à 222,58 € - Petit déjeuner : 50 F / 7,62 €, servi de 7 h 30 à 10 h - Demi-pension : 340 à 970 F / 51,83 à 147,87 € par pers. **Cartes de crédit** acceptées **Divers** chiens admis (50 F / 7,62 €) - Piscine (couverte et découverte), fitness, club-enfants **Alentour** ski ; parapente - Golf 18 trous à 3 km **Restaurant** service de 19 h 30 à 21 h 30 - Menus : 90 à 160 F / 13,72 à 16,77 €.

L*a Marmotte* est né en 1936, l'année des premiers congés payés, au milieu d'une prairie en sortie de village. Depuis l'hôtel a grandi, le village s'est fortement construit, les prés ont été transformés en pistes de ski. Trois générations d'une même famille cohabitent sur place : il y a les grands-parents, les oncles, les frères, les cousins… et ce n'est pas un vain mot de dire que tous veillent sur l'ambiance de leur maison et sur la satisfaction des clients. Voilà pourquoi l'on retrouve souvent, à *La Marmotte,* des parents revenus sur les traces de leur enfance et qui semblent ici chez eux. L'hôtel n'en est pourtant pas vieillissant, bien au contraire : ses salons viennent d'être très chaleureusement décorés, ses chambres sont confortables (même si nous ne sommes pas toujours d'accord avec certains assemblages de couleurs) et ses équipements de remise en forme impressionnants. Chaque fin d'après-midi d'hiver, les clients déchaussent à la porte de l'hôtel, le ski est fini pour aujourd'hui mais d'autres plaisirs les attendent, à commencer par le vin chaud qui mitonne au bar…

Accès *(carte n° 27) : A 40 sortie Cluses puis D 902 (à proximité de la télécabine des Chavannes).*

Hôtel des Cimes

Le Chinaillon 74450 Le Grand-Bornand (Haute-Savoie)
Tél. 04.50.27.00.38 - Fax 04.50.27.08.46
Marie-Christine et Jean Losserand
E-mail : info@hotel-les-cimes.com - Web : hotel-les-cimes.com

Catégorie ★★★ Fermeture du 21 avril au 15 juin et du 8 septembre au 30 novembre **Chambres** 10 avec tél., s.d.b., w.c., t.v. et Canal +, minibar **Prix** des chambres : 500 à 750 F / 76,22 à 114,34 € - Petit déjeuner compris, servi de 8 h à 11 h - En janvier, semaine à 3 400 F / 518,33 € (par pers.), forfait et matériel compris **Carte de crédit** Visa **Divers** petits chiens admis - Sauna - Parking et garage (2 places) **Alentour** La Clusaz ; col des Aravis ; gorges du Fier **Pas de restaurant** à l'hôtel mais plateau-repas à partir de 80 F / 12,20 € - Possibilité de demi-pension avec un restaurant voisin.

L e Grand-Bornand et la vallée de Manigod font partie des rares sites savoyards où l'on peut encore admirer quelques belles concentrations de chalets anciens. La commune compte 2 000 habitants, 2 000 vaches et ce petit hôtel tenu par Kiki et Jeannot. Très accueillants, ils tiennent également le magasin de sport contigu où se fait souvent l'accueil. Dès l'entrée, on est sous le charme, il y a quelques vieux meubles du coin, des objets, des bouquets de fleurs séchées et, dans le buffet, chaque petit pot en terre cuite cache la clé d'une chambre. Partout flotte une odeur de rose ou de muguet, les murs sont tapissés de larges planches en pin doré, meubles et portes sont habillés de frises ou de motifs peints par Kiki et une artiste amie. Nous adorons les chambres, leurs couettes à carreaux, leurs petites salles de bains et toujours une table pour accueillir les bons petits déjeuners ou le plateau-repas des dîners (la cuisine de la famille s'ouvre aussi parfois pour les hôtes en séjour…). L'une de nos plus charmantes adresses de montagne, à réserver sans tarder.

Accès (carte n° 27) : à 35 km à l'est d'Annecy. A 3, sortie Annecy-nord puis dir. Thônes et Saint-Jean-de-Six ; sur A 10, sortie Bonneville, dir. Le Grand-Bornand.

Hôtel de La Croix-Fry

74230 Manigod-Thônes (Haute-Savoie)
Tél. 04.50.44.90.16 - Fax 04.50.44.94.87 - Mme Guelpa-Veyrat
Web : hotelchaletcroixfry.com

Catégorie ★★★ Fermeture de mi-septembre à mi-décembre et de mi-avril à mi-juin **Chambres** 12 avec tél., s.d.b. (5 avec balnéo), w.c. et t.v. satellite **Prix** des chambres et suites : 950 F à 2 000 F / 144,83 à 304,90 € - Petit déjeuner : 100 F / 15,24 €, servi de 8 h à 10 h - Demi-pension : 750 à 950 F / 114,34 à 144,83 € (par pers., 3 j. min.) **Cartes de crédit** Amex, Visa **Divers** chiens admis (25 F / 3,81 €) - Piscine chauffée, tennis, salle de gym - Parking **Alentour** ski à La Croix-Fry/l'Etoile, 1 km, et à La Clusaz (navette privée gratuite jusqu'aux pistes) - Golf d'Annecy 18 trous à Talloires **Restaurant** service de 12 h 30 à 13 h 30, 19 h 30 à 20 h 30 - Menus : 150 à 430 F / 22,87 à 65,55 € - Carte - Spécialités : tartiflette maison ; foie gras maison ; desserts aux fruits sauvages.

Encore très riche en vieux chalets, la vallée de Manigod est une petite rareté. Juste avant sa jonction avec le col de la Croix-Fry, vous trouverez, accrochée à son flanc, cette ancienne ferme transformée en un irrésistible hôtel. Ici, les chambres ont fait l'objet de soins continuels. Le bois des poutres et celui des vieux meubles savoyards leur donnent un charme et un caractère montagnard égayé par de beaux couvre-lits en piqué rouge et vert. Celles, situées plein sud, font face à la vallée et jouissent d'une sublime vue ; balcons et mezzanines se répartissent équitablement et rattrapent l'exiguïté des salles de bains. Dans ce qui fut l'étable se trouvent un bar aux banquettes chaudement revêtues de peau de mouton et la salle de restaurant (prolongée par une vaste terrasse face au massif de la Tournette) ; l'ensemble décoré de cuivres, de vieilles poteries et d'objets traditionnels. Enfin, la cuisine célèbre avec génie l'authenticité des produits savoyards. Une merveilleuse et très accueillante adresse.

Accès (carte n° 27) : à 27 km à l'est d'Annecy par D 909 jusqu'à Thônes, puis D 12 et D 16 jusqu'à Manigod, puis La Croix-Fry.

La Chaumine

74120 Megève (Haute-Savoie)
36, chemin des Bouleaux - Les Mouilles
Tél. 04.50.21.37.05 - Fax 04.50.21.37.21
M. et Mme Socquet

Catégorie ★★ **Fermeture** du 15 avril au 30 juin et du 15 septembre au 20 décembre **Chambres** 11 avec tél, s.d.b., w.c. minibar et t.v. **Prix** des chambres : 350 à 550 F / 53,40 à 83,85 € - Petit déjeuner : 40 F / 6,10 € **Carte de crédit** Visa **Divers** chiens admis - Parking (6 places) **Alentour** ski à 300 m ; vallée de Chamonix - Golf du mont d'Arbois, 18 trous **Restaurant** ouvert l'hiver sur réservation - Menu : 120 F / 18,29 €.

Cette ancienne ferme est devenue un charmant petit hôtel de faible capacité qui répondra bien aux attentes de ceux qui recherchent calme, confidentialité et confort. Ses 15 chambres sont toutes aménagées dans le même esprit "chalet" avec leurs parois couvertes de bois blond, un joli couvre-lit en patchwork aux couleurs toniques et toujours un petit meuble ancien. Agréablement aménagé autour d'un feu de cheminée, le salon s'ouvre sur la chaîne des Aravis et le Charvin. A côté se trouve la petite salle à manger nappée de bleu où l'on sert les petits déjeuners (vrai jus d'orange). A toutes ces qualités s'ajoutent la gentillesse et la bonne humeur de l'accueil qui font de *La Chaumine* une adresse de montagne plus proche de la maison d'amis que de l'hôtel. A noter cependant qu'il faut avoir ici une voiture car l'hôtel se situe en bout de village sur les hauteurs de Megève et il peut être nécessaire de ressortir le soir pour dîner. Quant au matériel de ski, tout est prévu : une consigne est à votre disposition en bas de la côte. Une mesure bienvenue pour ménager votre souffle.

Accès (carte n° 27) : A 40 sortie Sallanches (dans Megève, prendre le chemin du Maz, à l'angle de la route du mont d'Arbois, puis le chemin des Bouleaux).

Le Coin du Feu

74120 Megève (Haute-Savoie)
Route de Rochebrune
Tél. 04.50.21.04.94 - Fax 04.50.21.20.15
M. et Mme Sibuet

Catégorie ★★★ **Fermeture** du 6 avril au 24 juillet et du 1er septembre au 19 décembre **Chambres** 23 avec tél., s.d.b., w.c. et t.v. **Prix** des chambres simples et doubles : 820 à 1 280 F / 125,01 à 195,13 € - Petit déjeuner : 35 F / 5,34 € - Demi-pension : 740 à 890 F / 112,81 à 135,68 € (par pers.) **Cartes de crédit** Amex, Visa **Divers** chiens admis avec suppl. **Alentour** ski à 200 m des remontées mécaniques ; vallée de Chamonix - Golf du mont d'Arbois, 18 trous **Restaurant** ouvert uniquement l'hiver - Service de 19 h 30 à 22 h 30 - Carte : 250 F / 38,11 €.

Depuis longtemps, *Le Coin du Feu* est connu à Megève comme étant l'endroit sympathique où il faut descendre si l'on aime le confort et la tradition. Parmi tous les hôtels créés ou repris par la famille Sibuet, il est resté notre préféré pour son intimité, son authentique patine et ses tarifs relativement abordables compte tenu de son emplacement dans une station à la mode où les prix ont tendance à monter plus haut que les remonte-pentes… Jolis meubles en pin, boiseries de chêne, tissus fleuris et, bien sûr, un irrésistible coin-cheminée en ont fait le succès. Toutes les chambres sont des petites merveilles de confort et de bon goût et correspondent parfaitement à ce que l'on attend dans un chalet de montagne. Pour dîner, le restaurant *Le Saint-Nicolas* accueille aussi bien les clients de l'hôtel que les habitués de la station qui apprécient la cuisine simple mais savoureuse de la maison. Enfin, l'accueil amical et attentif d'un personnel concerné ajoute au *Coin du Feu* cette chaleur humaine sans laquelle un hôtel, même beau et confortable, ne peut prétendre avoir vraiment du charme.

Accès (carte n° 27) : à 34 km au nord-est d'Albertville par N 212. Par A 40 sortie Sallanches (l'hôtel est sur la route de Rochebrune).

Le Fer à Cheval

74120 Megève (Haute-Savoie)
36, route du Crêt-d'Arbois
Tél. 04.50.21.30.39 - Fax 04.50.93.07.60 - M. Sibuet
E-mail : fer-a-cheval@wanadoo.fr

Catégorie ★★★★ **Fermeture** après Pâques jusqu'au 15 juin et du 15 septembre au 14 décembre **Chambres** 37 et 9 suites, avec tél., s.d.b., w.c., t.v. satellite et minibar **Prix** des chambres doubles en demi-pension : 700 à 1 060 F / 106,71 à 161,60 € (par pers.) - Petit déjeuner : 70 F / 10,67 €, servi de 7 h 45 à 10 h 30 **Cartes de crédit** Amex, Visa **Divers** chiens admis (65 F / 9,91 €) - Piscine, sauna, jacuzzi, hammam, health center - Parking et garage **Alentour** ski à 450 m des remontées mécaniques ; vallée de Chamonix - Golf du mont d'Arbois 18 trous **Restaurant** *L'alpage* : spécialités savoyardes, service de 19 h 30 à 21 h 30, et restaurant gastronomique.

*L*e *Fer à Cheval* est l'un des plus charmants hôtels de Megève. Tout y est admirablement réussi : le chalet a été très bien restauré et, à l'intérieur, le bois des poutres et des lambris crée une atmosphère très chaleureuse, à laquelle contribuent également les meubles anciens, cirés et patinés, chinés dans la vallée, et le choix des tissus et des objets. Inutile de recommander telle ou telle chambre, elles sont toutes adorables. Les prix varient seulement en fonction de leur superficie. En hiver, on prend les repas près du feu de cheminée dans la salle à manger, en été au bord de la piscine. Navette de l'hôtel en direction des pistes et, en été, possibilité d'aller passer une journée à l'alpage *Les Moliettes*, situé à 1 560 mètres d'altitude. Montée en 4x4 ou à pied (une heure), puis déjeuner et découverte de la faune et de la flore. Accueil sympathique.

Accès (carte n° 27) : à 34 km au nord-est d'Albertville par N 212. Par A 40 sortie Sallanches.

Les Fermes de Marie

74120 Megève (Haute-Savoie)
Chemin de Riante-Colline
Tél. 04.50.93.03.10 - Fax 04.50.93.09.84 - M. et Mme Sibuet
E-mail : contact@fermesdemarie.com - Web : fermesdemarie.com

Catégorie ★★★★ Fermeture du 12 avril au 20 juin et du 10 septembre au 17 décembre **Chambres** 69 avec tél direct, s.d.b., w.c. et t.v. **Prix** des chambres en demi-pension : 890 à 2 200 F / 135,68 à 335,39 € (par pers.) **Cartes de crédit** acceptées **Divers** chiens admis avec supplément - Centre de fitness avec sauna, piscine jacuzzi et centre de remise en forme - Piano-bar **Alentour** ski à 500 m du téléphérique du Chamois ; vallée de Chamonix - Golf du mont d'Arbois 18 trous **Restaurant** service de 12 h 30 à 14 h, 19 h 30 à 22 h - Carte : 300 F / 45,73 € - Spécialités : cuisine du terroir, poissons du lac - Restaurant à fromages : menu : 230 F / 35,06 € - Rôtisserie : menu : 260 F / 39,64 €.

*L*es *Fermes de Marie* sont en fait un véritable hameau d'autrefois peuplé de chalets reconstitués avec d'anciens mazots récupérés dans la montagne. La réception, les trois restaurants, la bibliothèque et le bar occupent le grand chalet principal. Toutes les chambres sont superbement aménagées dans le meilleur style montagne, très confortables et dotées d'un balcon-terrasse et d'un coin-salon. Jocelyne a chiné tous les meubles anciens qui décorent l'hôtel. Trois restaurants : une rôtisserie, un spécialisé dans les fromages, le dernier enfin "régionalement" gastronomique. Le même souci est apporté au service du petit déjeuner : de délicieuses confitures maison accompagnent le bon pain de campagne et la baguette croustillante. A signaler aussi *La Ferme de Beauté* permet de faire un séjour d'une semaine de remise en forme avec des tarifs préférentiels en janvier, mars, juin et juillet. Un excellent et luxueux hôtel de charme.

Accès (carte n° 27) : à 34 km au nord-est d'Albertville par N 212. Par A 40 sortie Sallanches (l'hôtel est à la sortie de Megève, direction Albertville).

Hôtel Le Mégevan

74120 Megève (Haute-Savoie)
Route de Rochebrune
Tél. 04.50.21.08.98 - Fax 04.50.58.79.20 - M. Demarta
E-mail : megevan@online.fr - Web : netarchitects.com/megevan

Catégorie ★★ **Fermeture** 15 jours au printemps et 15 jours en automne **Chambres** 10 avec tél., s.d.b., w.c., minibar et t.v. **Prix** des chambres : 350 à 700 F / 53,36 à 106,71 € - Petit déjeuner compris, servi à partir de 7 h **Cartes de crédit** Amex, Visa **Divers** chiens admis - Piscine l'été à 50 m **Alentour** ski à 100 m ; Chamonix - Golf du mont d'Arbois 18 trous **Pas de restaurant** à l'hôtel.

*L*e *Mégevan* est un petit hôtel sans prétention, tout en finesse et très prisé par une clientèle d'habitués. Ici, pas d'ambiance rigide où l'on vous refuse le petit déjeuner à 10 h 03 : les horaires sont élastiques et l'accueil avenant. En contrebas de la route de Rochebrune, à cent mètres du téléphérique, cet établissement abrite onze chambres plaisantes, malgré un décor quelque peu démodé ; chacune avec un petit balcon donnant sur les mélèzes. Tout au long, longueur, le petit salon-bar avec ses profonds canapés invite à la détente après-ski autour de la cheminée. C'est peut être là que l'on ressent le mieux l'ambiance "maison" qui fait le succès de l'hôtel. Chaque matin, la table basse, le plateau du bar et les petits meubles sont débarrassés pour accueillir les tasses et les assiettes du petit déjeuner, puis les hôtes prennent place et l'on sympathise vite dans cette conviviale promiscuité. Pour dîner, le choix est vaste à Megève, citons *Le Délicium* et *Le Grenier de Megève*, la fondue du *Chamois* dans le village, plus branché *Le Saint-Nicolas* (même si l'on regrette le départ du chef) et, pour le déjeuner, la belle terrasse de *L'Alpette* à Rochebrune.

Accès (carte n° 27) : à 34 km au nord-est d'Albertville par N 212. Par A 40 sortie Sallanches (l'hôtel est sur la route de Rochebrune).

Le Mont-Blanc

74120 Megève (Haute-Savoie)
Place de l'Eglise, rue Ambroise-Martin
Tél. 04.50.21.20.02 - Fax 04.50.21.45.28 - M. et Mme Sibuet

Catégorie ★★★★ **Fermeture** du 1er mai au 15 juin **Chambres** 40 avec tél direct, s.d.b., w.c., t.v., minibar et coffre-fort **Prix** des chambres simples, doubles et suites : 850 à 3 480 F / 129,58 à 530,52 € - Petit déjeuner : 80 F / 12,20 € **Cartes de crédit** Amex, Visa **Divers** chiens admis (80 F / 12,20 €) - Spa (sauna, jacuzzi, massages) - Service voiturier **Alentour** ski à 50 m de la télécabine du Chamois ; vallée de Chamonix - Golf du mont d'Arbois 18 trous **Pas de restaurant** à l'hôtel.

L e talent, le succès ont conduit Jocelyne et Jean-Louis Sibuet à prendre en charge la nouvelle vie du *Mont-Blanc. Le Mont-Blanc* ! Ce fut l'un de ces lieux symboles de la prospérité et de l'insouciance des années 1960 quand tout ce qui était célébrités passait de Saint-Tropez à Megève pour prendre ses quartiers d'hiver. On profitait tard dans la journée du confort cossu de l'hôtel, car on avait passé une longue partie de la nuit dans l'ambiance très délurée des *Enfants-Terribles*, son célèbre bar, décoré par Jean Cocteau (et complété, depuis, par un chaleureux salon de thé où l'on déguste un excellent chocolat chaud "maison"). Retrouver cet esprit, pari difficile, l'époque et la clientèle n'ont plus l'insouciance et la fantaisie de cet "âge d'or". L'hôtel aujourd'hui se pare d'un très beau décor, mariant harmonieusement les ambiances anglaise, autrichienne et savoyarde. Tout est luxueusement parfait. Grand confort, très bon service qui satisfait une clientèle internationale amatrice de luxe lorsqu'il s'accompagne de discrétion.

Accès (carte n° 27) : à 34 km au nord-est d'Albertville par N 212. Par A 40 sortie Sallanches. Direction route de Rochebrune, à gauche à l'angle de la Maison de la Montagne, (contacter l'hôtel dès l'arrivée pour permettre l'ouverture des bornes de la zone piétonne).

La Bergerie

74110 Morzine (Haute-Savoie)
Rue du Téléphérique
Tél. 04.50.79.13.69 - Fax 04.50.75.95.71 - Mme Marullaz
E-mail : info@hotel-bergerie.com - Web : hotelbergerie.com

Catégorie ★★★ Fermeture de mi-avril à fin juin et de mi-septembre au 20 décembre **Chambres** 27 (dont studios et appartements), avec tél., s.d.b., w.c., t.v. et 21 avec kitchenette **Prix** des chambres et studios (1 ou 2 pers.) : 400 à 800 F / 60,98 à 121,96 € ; appartements (4/6 pers.) : 600 à 1 000 F / 91,47 à 152,45 € - Petit déjeuner : 60 F / 9,15 €, servi de 7 h à 11 h **Carte de crédit** Visa **Divers** chiens admis - Piscine chauffée, sauna, solarium, health center, salle de jeux - Garage **Alentour** ski à 50 m des remontées mécaniques - Avoriaz ; Evian - Golf de Morzine 9 trous ; golfs 18 trous des Gets et du Royal-Hôtel à Evian **Table d'hôtes** 1 fois par semaine - Carte.

Impossible d'évoquer *La Bergerie* sans parler en priorité de la gentillesse de la famille Marullaz. L'accueil constitue en effet l'une des grandes qualités de cet hôtel. Particulièrement bien conçu pour les familles, il comporte chambres, studios et appartements, l'ensemble bénéficiant des mêmes services. Gai et convivial, le salon et son agréable cheminée illustrent l'ambiance propre à l'hôtel. Côté chambres, réservez en priorité celles donnant plein sud, sur le jardin et la piscine. Globalement, si leur mobilier commence à dater, il est régulièrement rajeuni par un beau choix de tissus et l'on aimerait que les couloirs bénéficient, à leur tour, d'un petit rafraîchissement. Pour dîner, l'hôtel propose une petite carte et organise, une fois par semaine, la table d'hôtes où sont servies des spécialités savoyardes. En hiver, la piscine extérieure chauffée est accessible par un passage couvert.

Accès (carte n° 27) : à 93 km au nord-est d'Annecy par A 41 et A 40, sortie Cluses, puis D 902 (l'hôtel est près de l'E.S.F.).

La Griyotire

74120 Praz-sur-Arly
Tél. 04.50.21.86.36 - Fax 04.50.21.86.34
M. et Mme Apertet
E-mail : griyotire@wanadoo.fr- Web : griyotire.com

2001

Catégorie ★★ **Fermeture** de Pâques à mi-juin et de mi-septembre à mi-décembre **Chambres** 17 et 1 suite avec tél., s.d.b., w.c., t.v. **Prix** des chambres doubles : 370 à 450 F / 56,41 à 68,60 € ; suites : 710 à 820 F / 108,24 à 125,01 € - Petit déjeuner : 45 F / 6,86 €, servi de 8 h à 10 h - Demi-pension : 350 à 390 F / 53,36 à 59,46 € (par pers.) **Cartes de crédit** acceptées **Divers** chiens admis avec (40 F / 6,10 €) - Piscine, sauna, soins esthétiques, massages, cours de ski et de surf, baptêmes de l'air **Alentour** ski ; parapente ; équitation - Golf du mont d'Arbois à Megève **Restaurant** service de 19 h 30 à 21 h - Menu : 145 F / 22,11 € - Carte - Spécialité : fondue aux cèpes.

De vieilles fermes d'alpages, des potagers, quelques ruelles tortueuses… Malgré la proximité immédiate de Megève, Praz-sur-Arly reste un vrai village de montagne. C'est en retrait de la route principale que se cache cet adorable chalet. Un petit hôtel comme on aimerait en trouver plus souvent et que Muriel et Dominique ont aménagé pour en faire un peu leur maison et beaucoup celle de leurs hôtes. Plafonds bas, parois de pin ou de pierre, vieux meubles du Queyras, objets traditionnels, coussins colorés et même poteries savoyardes réalisées par Muriel… voilà pour le salon et la salle à manger (où l'on sert une simple et alléchante cuisine). Très joliment décorées avec leurs murs beiges toujours complétés par une paroi en larges planches de pin chablis, les chambres respirent le confort avec leurs élégants édredons et d'impeccables salles de bains. Douze d'entres elles profitent de balcons. Enfin, il est peut-être utile de préciser que Dominique est aussi moniteur de ski et que les pistes sont à cinq minutes de cette accueillante adresse…

Accès (carte n° 27) : A 40 sortie Sallanches. Dans Praz, 1ère route à droite.

Chalet Hôtel L'Igloo

74170 Saint-Gervais (Haute-Savoie)
3120, route des Crêtes
Tél. 04.50.93.05.84 - Fax 04.50.21.02.74
M. Chapelland

Catégorie ★★★ **Fermeture** du 20 avril au 15 juin et du 20 septembre au 15 décembre
Chambres 12 avec tél., s.d.b., w.c., t.v. satellite, 9 avec minibar **Prix** des chambres doubles en demi-pension : 630 à 1 100 F / 96,04 à 167,69 € (par pers., réduction en été) - Petit déjeuner : 70 F / 10,67 €, servi de 8 h à 10 h **Cartes de crédit** Amex, Visa **Divers** chiens admis (50 F / 7,62 €) - Piscine **Alentour** ski ; Chamonix ; Megève - Golf du mont d'Arbois à Megève, 15 km **Restaurant** service de 12 h à 16 h, 19 h à 21 h - Menus : à partir de 130 F / 19,82 € - Carte.

L orsque le soleil du soir dore les cimes et que les derniers skieurs disparaissent derrière les bosses pour plonger dans la vallée, qui n'a pas rêvé de rester seul avec la montagne ? Situé au sommet du mont d'Arbois, juste à l'arrivée de la télécabine (en effet, en hiver, l'accès ne peut se faire que par télécabine au départ de Megève), *L'Igloo* rend ce vœu accessible aux quelques privilégiés qui ont choisi de passer la nuit dans l'une de ses confortables chambres. Le contraste est saisissant entre l'agitation de la journée, avec les nombreux clients qui vont et viennent au restaurant, au self-service ou au bar, et la quiétude vespérale qui gagne le site passé 18 heures. Chacun peut alors prendre un verre sur la terrasse, face au plus haut sommet d'Europe, avant de rejoindre la salle du restaurant où une excellente cuisine gastronomique est servie.

Accès (carte n° 27) : en hiver uniquement par les téléphériques du mont d'Arbois et de la Princesse au départ de Megève ; en été, par Saint-Gervais, Le Bettex en 4x4 et Megève-mont d'Arbois.

Chalet Rémy

Le Bettex
74170 Saint-Gervais (Haute-Savoie)
Tél. 04.50.93.11.85 - Fax : 04.50.93.14.45
Mme Didier

Ouverture toute l'année **Chambres** 19 avec lavabo ; bains, douches et w.c. à l'étage **Prix** des chambres doubles : 250 F / 38,11 € - Petit déjeuner : 35 F / 5,34 €, servi de 8 h à 10 h - Demi-pension (obligatoire en hiver) : 320 F / 48,78 € (par pers., 3 j. min.) **Carte de crédit** Visa **Divers** chiens admis **Alentour** ski à 300 m des remontées mécaniques ; Chamonix ; Megève - Golf du mont d'Arbois à Megève, 15 km **Restaurant** service de 12 h à 14 h, 19 h à 21 h - Menu : 120 F / 18,29 € - Carte - Spécialités : cuisine familiale et régionale.

Amateurs d'ambiance rétro, voici votre hôtel ! Difficile en effet de trouver un équivalent à cette ancienne ferme du XVIIIe siècle dont le décor semble surgir d'un vieux film en noir et blanc. Toutes ses boiseries, panneaux, et plafonds lambrisés datent des années 1940. De cette époque également, l'escalier occupe le centre du chalet et conduit à une vaste galerie rectangulaire rythmée d'un côté par les balustrades face aux portes des chambres. Pour le confort de ces dernières, soyez très très indulgents car elles sont petites, tout en bois, sommaires (mais avec de mignons couvre-lits), peu insonorisées... et pourtant on en redemande ! (malgré des sanitaires communs mais très propres). La cuisine aussi a ses adeptes. Traditionnelle et familiale, elle correspond bien à ce que l'on attend en montagne et l'on ne voudrait pas la déguster ailleurs que dans la grande salle à manger aux nombreuses petites tables éclairées par des chandelles. Un lieu accueillant, qu'il faut découvrir, tout là-haut, à l'écart de Saint-Gervais, et souvent, au-dessus des nuages qui coiffent la vallée.

Accès (carte n° 27) : à 50 km au nord-est d'Albertville par N 212 et D 909 jusqu'à Robinson et Le Bettex. Par A 40, sortie Le Fayet-Passy.

Hôtel Beau-Site

74290 Talloires (Haute-Savoie)
Tél. 04.50.60.71.04 - Fax 04.50.60.79.22- M. Conan
Web : hotel-beausite-fr.com

Catégorie ★★★ **Fermeture** du 15 octobre au 7 mai **Chambres** 29 avec tél., s.d.b., w.c., t.v. (10 avec minibar) **Prix** des chambres : 450 à 825 F / 68,60 à 125,77 € ; suites : 900 à 1 000 F / 137,20 à 152,45 € - Petit déjeuner : 65 F / 9,91 € - Demi-pension : 475 à 760 F / 72,41 à 115,86 € (par pers., 2 j. min.) **Cartes de crédit** acceptées **Divers** chiens admis - Tennis, plage privée - Parking **Alentour** châteaux de Menthon, Thorens et Montrottier ; lac, vieille ville, musée et château à Annecy - Golf de Talloires 18 trous **Restaurant** service de 12 h 30 à 14 h, 19 h 30 à 21 h 15 - Menus : 175 à 295 F / 26,68 à 44,97 € - Carte - Spécialités : poissons du lac.

Avec son parc soigné qui s'achève dans les magnifiques eaux du lac d'Annecy, le *Beau-Site* a quelque chose de ses collègues des lacs italiens. Certes, il ne s'agit pas d'un vieux palace, mais d'une propriété familiale transformée en hôtel à la fin du siècle dernier. Avec son aspect suranné, il devrait facilement émouvoir les nostalgiques d'une époque qui n'a plus cours. Au rez-de-chaussée, dominant le lac, la grande salle à manger-véranda en est la meilleure illustration, notamment grâce à son carrelage, à ses immenses fenêtres et à ses vieux plats qui ressortent sur la blancheur monacale des murs. A côté, le salon, très bien meublé d'ancien, permet de prolonger la soirée autour d'une tisane ou d'un vieil alcool. Correctement rénovées, les chambres donnent souvent sur le lac et profitent de terrasses (celles de l'annexe sont tout aussi belles). Certaines ont conservé quelques vieux meubles, d'autres sont plus modernes et plus impersonnelles, d'autres encore disposent de mezzanines. Bonne cuisine et mention particulière pour la gentillesse de l'accueil.

Accès (carte n° 27) : à Annecy, prendre rive est du lac, direction Thônes jusqu'à Veyrier, puis direction Talloires.

Les Prés du Lac

74290 Talloires (Haute-Savoie)
Tél. 04.50.60.76.11 - Fax 04.50.60.73.42 - Melle Marie-Paule Conan
E-mail : les.pres.du.lac@wanadoo.fr

Catégorie ★★★★ **Fermeture** du 15 octobre au 15 mars **Chambres** 16 avec tél., s.d.b. ou douche, w.c., t.v. et minibar **Prix** des chambres doubles : 800 à 1 500 F / 121,96 à 228,67 € ; triples : 1 100 à 1 250 F / 167,69 à 190,56 € - Lit suppl. : 150 F / 22,87 € - Petit déjeuner : 85 F / 12,97 €, servi à partir de 7 h 30 **Cartes de crédit** acceptées **Divers** chiens admis (60 F / 9,15 €) - Tennis - Parking **Alentour** Ermitage Saint-Germain ; Thorens et Montrottier ; lac, vieille ville, musée et château à Annecy - Golf d'Annecy 18 trous à Talloires **Restaurant** room-service uniquement.

Peu de chambres, une ambiance "maison", la proximité immédiate du lac (avec plage privée), un accueil charmant et un calme total… Voilà de quoi s'intéresser aux *Prés du Lac* et nous donner envie de vous détailler un peu ce lieu d'exception. Créé par madame Conan et sa fille sur une parcelle de la propriété familiale, ce petit hôtel répartit ses chambres entre *"La maison principale"*, *"les Trémières"* et la *"Villa Caron"*. Presque toutes jouissent d'une superbe vue sur le lac avec, en prime pour certaines, une terrasse de plain-pied ou un balcon. Décoration claire, tissus souvent anglais, gravures, tableaux, lits larges et très confortables, mobilier en rotin laqué (progressivement remplacé par des meubles anciens), difficile de ne pas être séduit ; d'autant que l'hôtel encourage nos penchants les plus oisifs en acceptant de servir le petit déjeuner jusqu'à des heures très tardives. Vous lambinerez ainsi, selon votre humeur, dans la chambre, au coin-bar du salon ou sur la terrasse face aux eaux changeantes du lac et au château de Duingt qui se profile sur la rive opposée. Pour dîner, le restaurant du *Beau-Site* est à quelques pas.

Accès (carte n° 27) : à Annecy, prendre la rive est du lac, direction Thônes jusqu'à Veyrier, puis direction Talloires.

INDEX DES PETITS PRIX

INDEX DES PETITS PRIX

INDEX DES PETITS PRIX

BRETAGNE

CENTRE - VAL-DE-LOIRE

INDEX DES PETITS PRIX

CHAMPAGNE - ARDENNE

C O R S E

ILE - DE - FRANCE

SEINE-ET-MARNE

ESSONNE

LANGUEDOC-ROUSSILLON

AUDE

GARD

HÉRAULT

INDEX DES PETITS PRIX

INDEX DES PETITS PRIX

INDEX DES PETITS PRIX

INDEX DES PETITS PRIX

INDEX DES PETITS PRIX

RHÔNE - ALPES

INDEX DES PETITS PRIX

* Les prix indiqués entre parenthèses correspondent au prix d'une chambre double, parfois en demi-pension. Pour plus de précisions, reportez-vous à la page mentionnée.

INDEX ALPHABÉTIQUE
DU GUIDE DES HÔTELS ET AUBERGES
DE CHARME EN FRANCE

A

B

S

T

U

V

W

Z

Guide
de Charme

MAISONS
D'HÔTES
DE CHARME
EN FRANCE

Rivages

- 40% de réduction sur le prix d'une chambre
- 3ᵉ nuit gratuite
- 1 dîner offert pour tout séjour de 2 nuits

… retrouvez en permanence des dizaines d'offres comme celle-ci sur :

www.guidesdecharme.com

Le prolongement internet des
guides de charme Rivages

En service actuellement : hôtels et auberges de charme en France

et aussi…

- des idées originales de séjours à thèmes,
- des lieux où organiser des séminaires,
- des liens vers les sites des hôtels de charme, etc.

LES GUIDES
DE
CHARME RIVAGES
Les guides qui aiment la France

Disponible également
en version anglaise,
allemande, italienne.

Disponible également
en version anglaise,
allemande, italienne.

Disponible également
en version anglaise,
allemande, italienne.

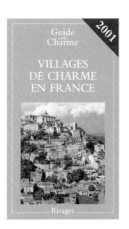

Guide de Charme

2001

VILLAGES
DE CHARME
EN FRANCE

Rivages

Guide de Charme

nouvelle édition

PARCS ET
JARDINS EN
FRANCE

Rivages

Guide de Charme

2001

PROVENCE
DE CHARME

Rivages

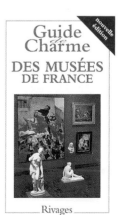

Guide de Charme

nouvelle édition

DES MUSÉES
DE FRANCE

Rivages

Disponible également
en version anglaise,
allemande, italienne.

Disponible également
en version allemande,
italienne.

Disponible également
en version allemande,
italienne.

Disponible également
en version anglaise,
allemande, italienne.

Disponible également
en version anglaise,
allemande, italienne.

Disponible également
en version anglaise,
allemande.

Disponible également
en version italienne.

Guide *de* Charme

HÔTELS DE CHARME À PARIS

2001

Rivages